R. Liehr / G. Maihold / G. Vollmer (Hrsg.)

Ein Institut und sein General

D1729225

BIBLIOTHECA IBERO–AMERICANA

Veröffentlichungen des Ibero-Amerikanischen Instituts
Preußischer Kulturbesitz

Band 89

BIBLIOTHECA IBERO–AMERICANA

Reinhard Liehr / Günther Maihold / Günter Vollmer
(Hrsg.)

Ein Institut und sein General

Wilhelm Faupel und das Ibero-Amerikanische Institut
in der Zeit des Nationalsozialismus

VERVUERT · FRANKFURT/MAIN · 2003

Die Deutsche Bibliothek - CIP-Einheitsaufnahme

Ein Institut und sein General : Wilhelm Faupel und das
Ibero-Amerikanische Institut in der Zeit des Nationalsozialismus /
Reinhard Liehr / Günther Maihold / Günter Vollmer (Hrsg.). -
Frankfurt am Main : Vervuert, 2003
  (Bibliotheca Ibero-Americana ; Bd. 89)
  ISSN 0067-8015
  ISBN 3-89354-589-1

© Vervuert Verlag, Frankfurt am Main 2003
Alle Rechte vorbehalten
Umschlaggestaltung: Michael Ackermann, unter Verwendung des Fotos:
Faupel mit ausländischem Gast (o. J.) [Name des Gastes ist unbekannt]
Quelle: IAI, Ba, Deut ba 36.02
Satz: Anneliese Seibt, Ibero-Amerikanisches Institut PK
Gedruckt auf säure- und chlorfreiem, alterungsbeständigem Papier
Printed in Germany

INHALTSVERZEICHNIS

Abkürzungsverzeichnis

Archive

BA Berlin	Bundesarchiv Berlin
BA Freiburg	Bundesarchiv Militärarchiv Freiburg
BA Potsdam	Bundesarchiv Potsdam
BA Berlin, ehem.	Bundesarchiv Berlin, Bestände des ehemaligen
BDC	Berlin Document Center
BStU	Bundesbeauftragter für die Unterlagen des Staatssicherheitsdienstes der ehemaligen DDR
DMA	Deutsches Militärarchiv Potsdam
DZA Potsdam	Deutsches Zentralarchiv Potsdam
GStA HA I, Rep. ...	Geheimes Staatsarchiv (Berlin)/Preußischer Kulturbesitz, Hauptabteilung I, Repositur ...
HU-Archiv	Humboldt-Universität, Archiv
IAI, Ba	Ibero-Amerikanisches Institut, Bildarchiv
IAI, Dok	Ibero-Amerikanisches Institut, Dokumente zur Geschichte des Instituts
IAI, Za	Ibero-Amerikanisches Institut, Zeitungsausschnittarchiv
IML	ehemaliges Institut für Marxismus-Leninismus, heute Stiftung Archiv der Parteien und Massenorganisationen der DDR im Bundesarchiv
KA Uckermünde	Kreisarchiv Uckermünde
NAUS	National Archives of the United States
PAAA	Politisches Archiv des Auswärtigen Amtes (Berlin, vormals Bonn)
StA Görlitz	Stadtarchiv Görlitz
Thür. LHA	Thüringisches Landeshauptarchiv (heute: Thüringisches Hauptstaatsarchiv)

Zeitschriften, Zeitungen

ASS	Archiv für Sozialwissenschaft und Sozialpolitik
DAZ	Deutsche Allgemeine Zeitung
EE	Ensayos y Estudios
FAZ	Frankfurter Allgemeine Zeitung
GG	Geschichte und Gesellschaft
HAHR	Hispanic American Historical Review
HZ	Historische Zeitschrift
IAA	Ibero-Amerikanisches Archiv
IAK	Ibero-Amerikanische Korrespondenz
IWK	Internationale wissenschaftliche Korrespondenz zur Geschichte der deutschen Arbeiterbewegung
JbLA	Jahrbuch für Geschichte von Staat, Wirtschaft und Gesellschaft Lateinamerikas
JLAS	Journal of Latin American Studies
JbGMO	Jahrbuch für Geschichte Mittel- und Ostdeutschlands
LARR	Latin American Research Review
MGM	Militärgeschichtliche Mitteilungen
VjZ	Vierteljahrshefte für Zeitgeschichte
VSWG	Vierteljahrschrift für Sozial- und Wirtschaftsgeschichte
ZfG	Zeitschrift für Geschichtswissenschaft
Z. f. Päd.	Zeitschrift für Pädagogik

Weitere Abkürzungen

Auf die Auflistung gebräuchlicher Abkürzungen wurde verzichtet.

AA	Auswärtiges Amt
Abw	Abwehr
AG	Amtsgericht
Anm.	Anmerkung
A.O. (AO)	Auslandsorganisation der NSDAP
AOK	Allgemeine Ortskrankenkasse
Aufl.	Auflage
Bd.	Band

BDM	Bund Deutscher Mädel
Best.	Bestand
BGB	Bürgerliches Gesetzbuch
Bl.	Blatt, Blätter
CEDI	Centro Europeo de Documentación e Información
CROM	Confederación Regional Obrera Mexicana
DAI	Deutsches Ausland-Institut, Stuttgart
DAWI	Deutsches Auslandswissenschaftliches Institut
DHV	Deutschnationaler Handlungsgehilfenverband
DIA	Deutsch-Ibero-Amerikanische Handelsgesellschaft m.b.H.
DIAG	Deutsch-Ibero-Amerikanische Gesellschaft
DP	Deutsche Partei
DSG	Deutsch-Spanische Gesellschaft
FA	Forschungsauftrag/Fahndungsauftrag (MfS)
FAD	Freiwilliger Arbeitsdienst
FU Berlin	Freie Universität Berlin
FV	Fahndungsvorgang/Forschungsvorgang
Gen.	Genosse (als offizielle Anrede in DDR-Dokumenten)
GSF	Gesellschaft zum Studium des Faschismus
GSt	Generalstab
HA	Hauptabteilung (des MfS)
HJ	Hitlerjugend
HVA	Hauptverwaltung Aufklärung (Auslandsspionagedienst des Ministeriums für Staatssicherheit der DDR)
IAI	Ibero-Amerikanisches Institut
Inf. Regt.	Infanterie-Regiment
Jg.	Jahrgang, Jahrgänge
Kdo.	Kommando
KO	Kriegsorganisation der deutschen Abwehr im Ausland
Krs.	Kreis
KWI	Kaiser-Wilhelm-Institut
KWS	Kurzwellensender
Lfrg.	Lieferung

LR	Legationsrat
MdB	Mitglied des Bundestages
MdI	Ministerium des Inneren der DDR
MdR	Mitglied des Reichstages
MfS	Ministerium für Staatssicherheit der DDR
Mgverz.	Mitgliederverzeichnis
Ms.	Unveröffentlichtes Manuskript
NL	Nachlass
NLP	Niedersächsische Landespartei
Nr.	Nummer(n)
NSDAP	Nationalsozialistische Deutsche Arbeiterpartei
NSDAP/A.O.	Auslandsorganisation der NSDAP
NSRB	Nationalsozialistischer Rechtswahrerbund
o.Bl.	ohne Blattangabe
o.D.	ohne Datum
OdF	Opfer des Faschismus
OKH	Oberkommando des Heeres
OKW	Oberkommando der Wehrmacht
OMGUS	Office of Military Government for Germany, United States
o.O.	ohne Ort
Ordn.	Ordner
o.S.	ohne Seitenangabe
OSS	Office of Strategic Services, Washington, D.C., US-amerikanischer Auslands-Geheimdienst
o.V.	ohne Verlagsangabe
Pg.	Parteigenosse
PrFM	Preußischer/s Finanzminister/ium
PrMW	Preußischer/s Minister/ium für Wissenschaft, Kunst und Volksbildung (Variationen des Namens dieses Ministeriums bleiben hier unberücksichtigt)
Promi	Propagandaministerium
R	Recto
Regt.	Regiment
RFM	Reichsfinanzminister/ium
RJM	Reichsjustizminister/ium

RM	Reichsmark
RMdI	Reichsministerium des Innern
RPMW	Reichs- und Preußischer/s Minister/ium für Wissenschaft, Erziehung und Volksbildung (seit 1.5.1934) bzw. Reichsminister/ium für Wissenschaft, Erziehung und Volksbildung (seit 1.10.1938)
RSHA	Reichssicherheitshauptamt
RW	Reichswehr
RWM	Reichswirtschaftsminister/ium
S.	Siehe
S.u.	Siehe unten
SD	Sicherheitsdienst
SIM	Servicio de Información Militar
STOPP	Strafprozessordnung (DDR)
TU Berlin	Technische Universität Berlin
V	Verso
VBA	Volksbund für Arbeitsdienst
VDA	Volksbund für das Deutschtum im Ausland
VdN, VVN	Vereinigung der Verfolgten des Naziregimes
VMA	Vorzimmer Minister (Post-)Ausgang (MfS/Arbeitsbereich Erich Mielke)
VoPo	Volkspolizei der DDR
VzV	Vereinigung zwischenstaatlicher Verbände und Einrichtungen e.V.
Zs.	Zeitschrift

Zur Einführung

Über Jahrzehnte war die Geschichte des Ibero-Amerikanischen Instituts (IAI) und seine Tätigkeit während des Nationalsozialismus ein ungeklärtes Kapitel in der Entwicklung der politischen und kulturellen Beziehungen zwischen Deutschland und Lateinamerika. Vereinzelte Untersuchungen warfen erste Schlaglichter auf Teilaspekte dieser Phase der Institutsgeschichte, ohne dass es jedoch gelungen wäre, die vorhandenen Quellen zusammenzuführen und einer Auswertung näher zu bringen. Eine Geschichte dieser Kultureinrichtung liegt bisher noch nicht vor. Das vorliegende Buch ist keine homogene Monographie, es schließt jedoch eine wichtige Lücke: In diesem Band werden verschiedene Beiträge mit neuen Forschungsergebnissen präsentiert, die zusammengenommen eine erste wissenschaftliche Darstellung der Geschichte des Ibero-Amerikanischen Instituts unter den Nationalsozialisten bieten und zugleich Aufklärung angesichts der bestehenden Mythen über die Rolle dieser Institution leisten.

Das IAI, 1930 in Berlin von Preußen, dem größten deutschen Teilstaat, als zentrale Einrichtung des Kulturaustauschs zwischen Deutschland und den iberischen und lateinamerikanischen Ländern gegründet, wurde 1934 von Wilhelm Faupel als von den Nationalsozialisten eingesetztem Präsidenten übernommen und von ihm in den folgenden Jahren immer stärker für politische und auch geheimdienstliche Zwecke instrumentalisiert. Da gegen Ende des Krieges viele Dokumente des Instituts gezielt vernichtet wurden, ist es bis heute schwierig, zuverlässige Aussagen über die Tätigkeit des IAI in dieser Zeit zu machen. Einige Aspekte der Institutsgeschichte bleiben deshalb immer noch ungeklärt, wie etwa die Beziehungen Faupels zu Gestapo, SS und SD oder die Rolle des Instituts bei der Entdemokratisierung der lateinamerikanischen Staaten und bei der faschistischen Einflussnahme auf deren Eliten zwischen 1933 und 1945. Am Ende des Krieges entzogen sich der Präsident und der Generalsekretär als nationalsozialistische Strategen des Instituts durch Selbstmord beziehungsweise durch Flucht der politischen Verantwortung. Nach dem Krieg konnte ein Bibliothekar als kommissarischer Leiter die Buchbestände des in "Lateinamerikanische Bibliothek" umbenannten Instituts dadurch retten, dass er dessen politische Rolle im "Dritten Reich" verschleierte und das IAI wieder in die Tradition einer preußischen Wissenschafts- und Kultureinrichtung stellte.

Der vorliegende Sammelband ist im Rahmen der Vorbereitung einer Ausstellung zum 12. Oktober 2000, dem 70-jährigen Jubiläum der Eröffnung des IAI, konzipiert worden. Auf der Grundlage der Ausstellung, aus der die meisten Fotos des Bandes stammen, wurde von Günter Vollmer als Historiker und wissenschaftlichem Mitarbeiter des IAI die Idee zu der vorliegenden Publikation entwickelt. Als Mitarbeiter bei der Konzeption der Ausstellung und als Autoren des Bandes konnten die Herausgeber die jungen Historiker Dawid D. Bartelt, Silke Nagel und vor allem den seit langem mit der Geschichte des IAI vertrauten Oliver Gliech gewinnen. Zu dieser Gruppe stieß Friedrich Schuler aus den USA.

Im ersten Beitrag des Buches schildert Oliver Gliech die Gründung des Instituts. Der Aufsatz konzentriert sich dabei jedoch auf die wichtigste kulturpolitische Funktion des IAI in den ersten Jahren nach seiner Eröffnung, "Multiplikatoren" aus den lateinamerikanischen Ländern nach Deutschland einzuladen, um sie zu Gunsten deutscher Interessen zu beeinflussen.

Im Zentrum des Bandes steht der umfangreiche biographische Artikel von Oliver Gliech über Wilhelm Faupel. Dieser Beitrag ist biographisch und nicht, wie die meisten anderen, institutionengeschichtlich angelegt, weil Faupel als nationalsozialistischer Militär und Stratege die herausragende Person im IAI während des "Dritten Reichs" gewesen ist. Mit seiner Ernennung wurde einem hochrangigen politischen Offizier die Leitung des Instituts übertragen, was einen Bruch mit der Tradition der auswärtigen Kulturpolitik der Weimarer Republik darstellte. Die Beschreibung der Quellenlage zu Beginn des Aufsatzes ist auch für die Beurteilung der Probleme, die in den übrigen Beiträgen des Bandes behandelt werden, von Interesse.

Dawid D. Bartelt ordnet am Beispiel der symbolträchtigen Feiern des "Día de la Raza" am 12. Oktober die Tätigkeit des IAI in die Kulturpolitik der Nationalsozialisten gegenüber Lateinamerika ein. Der Jahrestag der Entdeckung Amerikas, der in Spanien und vielen Staaten Lateinamerikas als Fest der *Hispanidad* gefeiert wurde, bot dem IAI die Gelegenheit, sich alljährlich in einem großen Festakt nach außen darzustellen. An diesem Tag berührten sich in den Festansprachen die konzeptionell offenere *Raza*-Ideologie der Spanier einerseits und die Rassevorstellungen der Nationalsozialisten andererseits. Die Feiern fanden im Spannungsfeld zwischen US-amerikanischer *Good Neighbor-Policy* und den Deutschtums- und Handelsinteressen Deutschlands statt.

Silke Nagel untersucht, wie in der Gründungsphase das IAI als Kulturinstitut eine Brücke des Austauschs von Spezialisten und Studenten zwischen Deutschland und den iberischen wie lateinamerikanischen Ländern bildete und wie es sich unter General Faupel in der Zeit von 1934-1945 zu einem strategischen Brückenkopf nationalsozialistischer Kulturpolitik und Propaganda wandelte. Der Beitrag stellt vor allem die institutionellen Grundlagen des Austauschs in Verbindung mit zahlreichen nichtstaatlichen Vereinigungen dar. Ab 1934 intensivierte sich die Zusammenarbeit des IAI sowohl mit staatlichen Behörden, vor allem dem Auswärtigen Amt und dem neuen Reichsministerium für Volksaufklärung und Propaganda, als auch mit der Auslandsorganisation der NSDAP. In Zusammenarbeit mit der Deutsch-Ibero-Amerikanischen Handelsgesellschaft m.b.H. (DIA) bemühte sich das IAI ebenfalls, deutschen Unternehmen Aufträge aus Lateinamerika zu verschaffen. Ab 1937 kam die Hilfestellung des IAI für die verschiedenen Geheimdienste des nationalsozialistischen Staats hinzu.

Friedrich Schuler beschreibt als US-amerikanischer Lateinamerika-Historiker und Kenner der Verbindungen der nationalsozialistischen Geheimdienste zur Zivilgesellschaft die schrittweise Entwicklung des IAI vom unpolitischen Kulturinstitut der Weimarer Republik zum revolutionären faschistischen Träger und Organisator des Kulturaustauschs, danach vom gelegentlichen Zuarbeiter für die Geheimdienste zum geplanten "SS-Institut" mit Geheimdienstarbeit und verschleiernder Kulturfassade.

Günter Vollmer klärt endlich mit bewundernswerter quellenkritischer Akribie das Dickicht der Dokumentenfälschungen, Anschuldigungen und Mythen des Fälschers Heinrich Jürges gegen das IAI und dessen nationalsozialistischen Direktor Wilhelm Faupel auf, die das Verhältnis zwischen Deutschland und Argentinien nachhaltig belasteten.

In einem weiteren Beitrag beschreibt Oliver Gliech die Ergebnisse eines Forschungsauftrags des Staatssicherheitsdienstes der DDR, der

1969/70 nach Informationen und Materialien zur Geschichte des IAI und der iberoamerikanischen Vereine samt Mitarbeitern und Mitgliedern suchte. Das Hauptinteresse dabei war, eine Kontinuität zwischen den nationalsozialistischen und den in der Bundesrepublik angesiedelten iberoamerikanischen Institutionen und Verbänden aufzuzeigen und insbesondere den ehemaligen Minister der Regierung Konrad Adenauer, Hans Joachim von Merkatz, den früheren Generalsekretär des IAI, zu diskreditieren.

Eine ausführliche Bio-Bibliographie der Generalsekretäre und Referenten des IAI in der Zeit von 1929-1945 von Oliver Gliech schließt den Band ab. Unter den einzelnen Namen wird auch auf ergänzende Ausführungen in den übrigen Beiträgen des Sammelbands hingewiesen.

Schließlich möchten die Herausgeber den Autoren für ihre Beiträge, Herrn Oliver Gliech für die Erschließung der Fotos und Herrn Sebastian Chávez Wurm für die Mitarbeit bei der Korrektur der Manuskripte danken.

Berlin, im September 2002   Im Namen der Herausgeber
                                                Reinhard Liehr

Oliver Gliech

Lateinamerikanische "Multiplikatoren" im Visier. Kulturpolitische Konzeptionen für das Ibero-Amerikanische Institut zum Zeitpunkt seiner Gründung

1. Die Grundkonstellationen

Das Ibero-Amerikanische Institut (IAI) wurde in den Jahren 1927-1929 ins Leben gerufen und am 12. Oktober 1930 offiziell eröffnet. In kurzer Zeit entwickelte es sich zu einer einflussreichen zwischenstaatlichen Einrichtung. Es verdankte seine Existenz der Schenkung einer der größten Privatbibliotheken Lateinamerikas an den preußischen Staat, doch ist es unabdingbar, die Gründung in einem größeren Zusammenhang zu betrachten. In den immer komplexer werdenden zwischenstaatlichen Beziehungen der Zeit nach dem Ersten Weltkrieg klaffte eine Lücke, die das Institut zu schließen hatte: Es fehlte die vermittelnde Instanz, die "intermediäre Institution", der Koordinator. Das IAI wurde in diese Position gerückt. Will man die Funktionen des Instituts in der Vergangenheit annähernd richtig umschreiben, so ist es erforderlich, die historischen Konstellationen zu analysieren, die im zeitlichen Vorfeld seiner Gründung bestanden. Dies soll im Folgenden in groben Zügen geschehen.[1]

Jenseits der offiziellen Außenpolitik, auf die sich die Historiographie in der Regel weitgehend beschränkt, gab und gibt es eine Vielzahl zwischennationaler Beziehungen, auf die der Staat nur mittelbar oder gar nicht, oder nur im Falle schwerwiegender Konflikte einwirkt. Diese Beziehungen werden in der Regel von einzelnen Sektoren der Gesellschaft organisiert, die über eigene Kommunikationskanäle verfügen, zum Beispiel von der Exportwirtschaft, den Universitäten, den Massenmedien, konfessionellen Gemeinschaften wie den Kirchen und

---

[1]   Für diesen Beitrag gelten die gleichen Danksagungen wie für jenen über Faupel im vorliegenden Sammelband.

den Freimaurern sowie nicht zuletzt den großen Adelsfamilien mit
ihren internationalen Verflechtungen. Daneben gibt es Verbände und
Lobbys, die über keine direkten zwischenstaatlichen Kontakte verfügen, deren Interessen aber unmittelbar von außenpolitischen Faktoren
beeinflusst sind, so dass sie sich gezwungen sehen, eigene außenpolitische Positionen zu entwickeln und sich bei den eigentlichen Entscheidungsträgern Gehör zu verschaffen.[2] Im Gegensatz zur offiziellen Außenpolitik lassen sich auf dem Feld der inoffiziellen außenpolitischen Beziehungen nur selten klare Gemeinsamkeiten erkennen. Das
besagt keineswegs, dass diese automatisch apolitisch sind oder in wesentlichen Bereichen im Widerspruch zu den außenpolitischen Intentionen der Regierung stehen.

Aber wenn es neben der staatlichen Außenpolitik auch noch interatlantische *Gesellschaftsbeziehungen* gab und die beteiligten Sektoren
über ihre eigenen Kommunikationskanäle verfügten, wozu benötigte
man dann eine vermittelnde und ordnende Institution wie das IAI?
Wie hat es die Position des Koordinators gewonnen? Welche Bereiche
der interatlantischen Beziehungen gerieten unter seinen Einfluss? Inwiefern diente das Institut später nationalsozialistischen Interessen
und welche Langzeitwirkung haben seine Aktivitäten gehabt? Welche
Ressourcen standen ihm dabei zur Verfügung? Wie repräsentierte das
IAI Deutschland in der iberischen und lateinamerikanischen Welt?
Welche strategischen Konzepte, welche ideologischen und mentalen
Prämissen lagen der auswärtigen Kulturpolitik und dem Handeln der
Entscheidungsträger zugrunde? War die Umsetzung ihrer Konzepte in
die Praxis in sich stimmig und welche konterkarierenden Effekte gab
es, die die Wirksamkeit ihrer Maßnahmen eingeschränkt haben?

Dies sind einige der Fragen, auf die die verschiedenen Beiträge
des vorliegenden Sammelbandes einzugehen versuchen, soweit die

---

[2]   Allgemeine methodische Literatur hierzu Duroselle/Renouvin (1964) sowie Mil-
      za (1988). Überblicksdarstellungen zur Adelsdiplomatie im 20. Jahrhundert, die
      den Ansprüchen moderner Sozialgeschichtsschreibung genügen, fehlen meines
      Wissens. Untersuchungen zu den auswärtigen Beziehungen etwa der katholi-
      schen Kirche sind überwiegend politik- oder diplomatiegeschichtlich ausgerichtet
      und auf den Vatikan fixiert (Kent/Pollard 1994). Außenpolitiken einzelner Lan-
      deskirchen scheinen dabei nur in seltenen Einzelfällen Berücksichtigung zu fin-
      den.

Quellen dies erlauben.[3] Im Folgenden soll es primär um die Grundkonstellationen gehen, die im Vorfeld der Gründung des IAI in Deutschland den Charakter der zwischenstaatlichen Beziehungen auf dem kulturpolitischen Feld bestimmten.

2. Die deutsche auswärtige Kulturpolitik bis 1933

Vor dem Ersten Weltkrieg gab es in Deutschland keine zentralstaatlich organisierte auswärtige Kulturpolitik. Bei der Reichsgründung hatten sich aus Furcht vor der Dominanz des protestantisch geprägten Preußen vor allem die deutschen Teilstaaten mit starkem katholischen Bevölkerungsanteil kulturpolitische Autonomie ausbedungen. Diese föderalistische Struktur, die sich bis heute erhalten hat, hätte die Möglichkeiten der Reichsregierung, die Kulturpolitik in den Dienst ihrer imperialen Außenpolitik zu stellen, massiv beeinträchtigt, sofern sie überhaupt Interesse daran gezeigt hätte.[4]

Was den lateinamerikanischen und iberischen Kulturraum betraf, kamen die Spätfolgen des "Kulturkampfes" erschwerend hinzu, der sich nach der Reichsgründung gegen die Katholiken gerichtet hatte: Zu Spanien, Portugal und Lateinamerika hatten neben den Handelsstädten vor allem katholische Kreise traditionell enge Beziehungen. Hätte eine preußisch und protestantisch geprägte Reichsregierung ihre Außenpolitik gegenüber dieser Hemisphäre um eine kulturelle Komponente erweitern wollen (erwogen hat sie das erst kurz vor dem Ersten Weltkrieg), wäre sie an diesen Kreisen nicht vorbeigekommen, die sie innenpolitisch gerade erst vor den Kopf gestoßen hatte. An zusätzlichen Affronts, die gerade im katholischen Ausland – und damit auch im iberischen Raum – auf negative Resonanz stoßen mussten, hat es nicht gefehlt. Während des Ersten Weltkrieges kam es zu einem folgenschweren Zwischenfall: Deutsche Truppen ließen als Repressalie wegen belgischer Freischärleraktivitäten die altehrwürdige Universitätsbibliothek von Löwen in Flammen aufgehen. Die belgische Universität Löwen war traditionell ein bedeutendes Ausbildungszentrum

---

[3]   Auf die Quellenproblematik wird im Beitrag über den Institutspräsidenten Faupel genauer eingegangen.

[4]   Allgemein zur deutschen auswärtigen Kulturpolitik 1871-1933: Bruch (1982); *Hochschule und Ausland, Zeitschrift für Kulturaustausch* 31 (1981) (Sonderband zum Thema Auswärtige Kulturpolitik und kultureller Imperialismus); Becker (1919); Düwell (1976); Düwell/Link (1981) und Pyenson (1985).

für katholische Theologen und Priester, auch für solche, die später in Übersee eingesetzt wurden. Dieser Akt von militärischem Vandalismus wurde auf diese Weise weltweit gerade für Katholiken zum Politikum, dessen Nachspiel aufgrund alliierter Wiedergutmachungsforderungen bis weit in die Zwischenkriegszeit hinein reichte (Schivelbusch 1993).

Die Reichsführung hat – nicht zuletzt wegen der genannten konstitutionellen Beschränkungen – nahezu gänzlich auf eine auswärtige Kulturpolitik verzichtet. Somit blieb die Initiative auf diesem Feld nicht-staatlichen Interessenverbänden, Vereinen, kirchlichen Organisationen und Universitäten überlassen. Kulturimperialistische Bestrebungen gingen in Deutschland vor 1914 fast ausschließlich von nationalistischen Massenverbänden aus, die vom Staat nicht direkt kontrolliert wurden.[5] Hauptträger der nichtstaatlichen Kulturverbände waren Exponenten des deutschen Bildungsbürgertums; dadurch wurde die oben beschriebene konfessionelle Hemmschwelle der auswärtigen Kulturpolitik noch zusätzlich erhöht. Denn diese Sozialformation setzte sich vor allem aus den *protestantischen,* urbanen "Funktionseliten" zusammen (Wehler 1986: 3). Dagegen waren Spanien, Portugal und Lateinamerika vorwiegend *katholisch* geprägt: Die kulturelle Inkongruenz zwischen den Trägern der deutschen auswärtigen Kulturpolitik der Kaiserzeit und den potentiellen Zielgesellschaften des iberischen Kulturkreises ist nicht zu übersehen. Hätten die Versuche, den "deutschen Einfluss" in Lateinamerika zu stärken, allein von diesen Gruppen abgehangen, hätten ihre Initiativen aufgrund der genannten Kommunikationsmängel nur eine geringe Resonanz gehabt. Ihre Arbeit konzentrierte sich in dieser Zeit folgerichtig auf die deutschsprachigen Überseegemeinden und nur in geringerem Maße auf ihre fremden Aufnahmeländer.

Zwischenstaatliche Verbände und Auslandsinstitute erlebten zwischen 1906 und 1914 eine "förmliche Gründungswelle" (Kloosterhuis 1981: 16), doch kam diese zu spät, um in der imperialen Außenpolitik noch eine entscheidende Rolle zu spielen. Wenn sich somit vor 1918 gegenüber Lateinamerika kaum ein wirksamer "kultureller Imperialismus" entfalten konnte, so lag dies vor allem an folgenden Defiziten: Es fehlte an einer Koordination, die finanziellen Mittel blieben be-

---

[5]   Vgl. unter anderem Kloosterhuis (1994).

grenzt, in wichtigen Teilen der politischen Eliten herrschte Desinteresse an diesem Bereich auswärtiger Beziehungen, zudem wurde ihr oft genug nur der Rang einer flankierenden Maßnahme der Exportförderung zugestanden. Der spätere preußische Kultusminister Becker schrieb 1919 zusammenfassend über die Wilhelminische Ära, in dieser Zeit sei "Kulturpolitik in der Außenpolitik ein Vehikel wirtschaftlichen Einflusses oder ein graziöser Schnörkel auf dem kaufmännischen Wechsel" gewesen.[6] Der spätere Direktor des IAI, Hans-Joachim Bock, urteilte 1964 ähnlich: "Die ersten wissenschaftlichen ibero-amerikanischen Einrichtungen entstanden [...] im Bereich der am Südamerika-Export am stärksten interessierten Kreise, bei der rheinischen Großindustrie und in Hamburg als Zentrum des deutschen Exports und Außenhandels" (Bock 1964: 3).

Mit der Niederlage des Deutschen Reichs 1918 gelangte die auswärtige Kulturpolitik unversehens in den Rang einer Ersatz-Außenpolitik, und sie wurde mit diesem Anspruch überfordert. Die Weimarer Republik war nur noch eine potentielle Großmacht, deren außenpolitischen Möglichkeiten durch den Versailler Vertrag radikal beschränkt wurden. Die deutschen Eliten waren nach 1918 der festen Überzeugung, dass ihr Land nur militärisch geschlagen worden sei, geistig aber weiterhin den Westmächten überlegen blieb. Aus diesem Grunde erfuhren die bereits bestehenden auswärtigen Kulturbeziehungen eine massive Aufwertung. Solange das Reich außenpolitisch empfindlich geschwächt war, sollten diese den deutschen Einfluss im Ausland nicht nur erhalten, sondern so weit wie möglich erweitern. Es ist klar, dass der Kultur-Begriff damit einen politischen Gehalt zugeordnet bekam, den er heute in diesem Umfang nicht mehr hat. Die erwähnte föderalistische Struktur des Kultursektors erwies sich bald als schwer zu überwindendes Hindernis. Denn eine Art Ersatz-Außenpolitik ließ sich von den vielen über das Land verstreuten wissenschaftlichen Institutionen kaum leisten, und die Bereitschaft der Länder, Kompetenzen an die Reichsregierung abzutreten, war gering. Die nach dem Krieg geschaffene kulturpolitische Abteilung des Auswärtigen Amts konnte kaum die Funktionen eines nicht bestehenden "Reichskultusministeriums" übernehmen.

---

[6]   Becker (1919: 53); dazu Düwell (1981b: 46-47).

Es lässt sich also zusammenfassend sagen, dass die *institutionellen* Voraussetzungen für eine auswärtige Kulturpolitik 1918 alles andere als günstig waren, so war im Bereich des *Konzeptionellen* die Arbeit zu diesem Zeitpunkt bereits weit vorangeschritten. Nationalistische Intellektuelle hatten seit der Reichsgründung diskutiert, wie sich imperiale Politik und "Kulturmission" am besten vereinen ließen. Dabei gewannen bald Konzepte die Oberhand, die in erster Linie darauf zielten, wichtige Teile der Eliten in den lateinamerikanischen Ländern im deutschen Interesse zu beeinflussen. Diese "Multiplikator"-Idee wird im folgenden Kapitel beschrieben. An dieser Stelle sollen nur die institutionellen Rahmenbedingungen auswärtiger Kulturpolitik untersucht werden.

1918 lag das intellektuelle Rüstzeug einer auf "Elitenmanipulation" abzielenden auswärtigen Kulturpolitik bereits vor; um so deutlicher machte sich das Fehlen zentraler Organisationen bemerkbar, die sich auf bestimmte geographische Großräume außerhalb Europas spezialisiert hätten. Zwar bestanden bereits einige kleinere Institute, die sich schwerpunktmäßig mit Lateinamerika beschäftigten, doch war ihre Personaldecke zu dünn, um die fehlende zentrale Organisation aufbauen zu können.[7] Der Konjunkturaufschwung der "Auslandswissenschaften" in der Weimarer Republik war eine Folge der oben angesprochenen Aufwertung der auswärtigen Kulturpolitik. Dass diese allerdings in der Praxis weit davon entfernt war, die hohen Ansprüche, die an sie gerichtet wurden, zu befriedigen, blieb bis zum Untergang der Weimarer Republik ein Leitmotiv der Kritik der in diesem Bereich aktiven Lobbyisten. Besonders aussagekräftig erscheint in diesem Zusammenhang eine Denkschrift des Admirals a.D. Paul Behncke.[8] Im Ersten Weltkrieg stellvertretender Chef des Admiralstabs, einer der Hauptverantwortlichen des unbeschränkten U-Boot-Kriegs, weshalb er 1919 auf die Liste der deutschen Kriegsverbrecher gesetzt wurde, deren Auslieferung die Alliierten verlangten, war er 1920-1924 Chef

---

[7]   Zum Teil sind die Unterlagen der auf Lateinamerika spezialisierten Institute als Kriegsverlust zu verbuchen, so dass es schwer fällt, präzise Aussagen über ihre Tätigkeit zu machen. Das betrifft namentlich das Hamburger Ibero-Amerikanische Institut, das neben dem späteren Berliner Institut sicherlich das wichtigste gewesen ist. Die Akten sollen überwiegend verloren gegangen sein (Mitteilung von Prof. Dr. Martin Franzbach an den Verfasser, 26.9.1988).

[8]   Denkschrift des Admirals a.D. P. Behncke an Brüning, 20.6.1931 (GStA, HA I, Rep. 218, Nr. 93, Bl. 60-78).

der deutschen Marineleitung.[9] Als Ruheständler versuchte er anschließend, die Kultur stärker in den Dienst globalstrategischer Ziele zu stellen; er gehörte später zu den Förderern des IAI. 1931 fasste er in einem längeren Schreiben an Reichskanzler Brüning die Schwächen der auswärtigen Kulturpolitik zusammen, der er eine wenig schmeichelhafte Diagnose stellte:

> Betrachten wir Deutschland, so ergibt sich, dass es den Wandlungen in der Weltkonstellation nicht gefolgt ist und den Einfluss der überseeischen Gebiete leider vielfach zu gering gewertet hat. Die schon vor dem Kriege bei uns vorherrschende europäozentrische [sic] Einstellung hat sich unter dem Drucke der uns an den Grenzen umgebenden Verhältnisse und unserer innerpolitischen und wirtschaftlichen Tagessorgen, ich möchte sagen zwangsläufig, noch verengt. Durch Verlust unserer Kolonien und unseres im Ausland arbeitenden Kapitals und Unternehmertums, durch Drosselung der Einwanderung mit Einschränkung unserer Betätigungsmöglichkeiten in fremden Ländern sind unsere Beziehungen zum fernen Ausland, insbesondere zum Überseeausland, immer schmaler geworden. Wir sind ausgesprochen auf dem Wege einer zunehmenden Entfremdung der weiten Welt gegenüber. [...] Mit der uns Deutschen eigenen merkwürdigen Weltfremdheit fassen wir die Frage der Vertretung unserer Interessen viel zu wissenschaftlich und ideologisch an. Wir versprechen uns von tiefgründigen Schriften, geistreichen Leitartikeln oder kraftvollen Entschließungen großer Tagungen Wirkung auf das Ausland, übersehen aber dabei, dass die ausländische Öffentlichkeit von allem diesen so gut wie nichts hört oder liest. [...] wir müssen an Ort und Stelle persönliche Beziehungen pflegen, die fremde Denkweise studieren, die wechselnden Stimmungen berücksichtigen und in dauernder wechselseitiger Nachrichtenverbindung mit der Heimat uns der jeweiligen Folge der Ereignisse schnell und gewandt anpassen.[10]

Seit Anfang der 20er Jahre kamen unabhängig voneinander von mehreren Seiten Initiativen zur Schaffung einer Organisation, in der die Beziehungen zu Lateinamerika koordiniert werden sollten. Zu den strategischen Erwägungen und außenpolitischen Interessen gesellten

---

9   Zu Behncke: Möller (1935 I: 54f.); *Reichshandbuch der Deutschen Gesellschaft* (1930, I: 92f.) und Rahn (1976). Zu den alliierten Auslieferungsbestrebungen gegen Behncke: *Frankfurter Zeitung, Abendblatt*, 12.2.1920, S. 1 (Alliiertes Auslieferungsbegehren wegen Beteiligung an Kriegsverbrechen, mit Namenslisten). Behncke war Mitglied der Bolívar-Humboldt-Stiftung (1932), die mit dem IAI eng verbunden war (Boelitz an PrMW, 13.1.1933, GStA, HA I, Rep. 218, Nr. 235, Bl. 107R). Er kannte Lateinamerika von eigenen Reisen (Behncke 1926). Auf den Großveranstaltungen des IAI war er regelmäßig zugegen (GStA, HA I, Rep. 218, Nr. 100, Bl. 53V).

10   Denkschrift des Admirals a.D. Behncke an Brüning, 20.6.1931 (GStA, HA I, Rep. 218, Nr. 93, Bl. 61).

sich ökonomische hinzu. So beklagte sich der Unternehmer Carl Duis-
berg, dass die deutsche Industrie ohne kulturpolitischen Flankenschutz
in Lateinamerika Marktanteile an die Konkurrenz würde abgeben
müssen.[11] Durch eine rasant verlaufende ökonomische und demogra-
phische Entwicklung in einzelnen lateinamerikanischen Ländern seit
der Jahrhundertwende waren die künftigen gesellschaftlichen Entwicklungen dieser Länder und damit die Marktchancen für deutsche
Unternehmen zunehmend schwerer einzuschätzen. Wie die Initiative
Duisbergs erkennen lässt, wurde der Marktzutritt in immer höherem
Maße von außerökonomischen Faktoren beeinflusst. Es entstand bei
exportorientierten Unternehmen zum einen ein wachsender Bedarf an
Informationen, dem ihre internen Dokumentationsabteilungen nicht
mehr im vollen Umfang nachzukommen vermochten; zum anderen
ergab sich in Lateinamerika durch den Übergang von vormodernen
Staaten zu dynamischen "Massengesellschaften" der Zwang, auf völlig neue soziale Akteure Rücksicht zu nehmen, deren Zahl zu groß
war, als dass sie mit den Mitteln traditioneller Unternehmensdiploma-
tie hätten erfasst werden können. Die neuen Anforderungen, die In-
formationsbeschaffung und allgemeine Betreuung von Entscheidungsträgern lateinamerikanischer Länder mit sich brachten, begannen die
Möglichkeiten der Exportwirtschaft zu übersteigen und wurden – allein zur "Externalisierung" der durch diese Aufgaben anfallenden
Kosten – mit Vorliebe an staatliche Stellen delegiert. Nur der Kernbe-
reich der für die einzelnen Unternehmen unmittelbar interessanten
Sektoren der Markteinschätzung und der Beziehungspflege wurde
firmenintern weitergeführt.[12] Übernahm der Staat zumindest teilweise

---

[11]   Georg Schreiber, führender katholischer Kulturpolitiker der 20er Jahre, schrieb
       dazu Folgendes: "Auch der Export bedarf einer Unterstützung durch eine hoch-
       stehende Kulturpolitik. So kam eines Tages Carl Duisberg [...] zu mir. Er klagte,
       daß man mit der Ausfuhr vieler chemischer Produkte in Südamerika überhaupt
       nicht Fuß fassen könne. Paris beherrsche den Markt. Der große Entdecker der
       Baumwollfarbstoffe fragte sofort, ob nicht Möglichkeiten bestünden, ganz allge-
       mein für die deutsche Kultur in den andischen Ländern zu werben. Dieses Vor-
       standsmitglied mancher gelehrter Körperschaften hatte ja viel Sinn für die umfas-
       sende Bedeutung geisteswissenschaftlicher Institute. Er hatte verstanden, was ein
       Minister einmal in die Wendung gebracht haben soll: Es sei nicht ganz gleichgül-
       tig, ob draußen Racine oder Goethe gelesen wird" (Schreiber 1949: 57-58).
[12]   Einigermaßen ergiebig ist in diesem Zusammenhang beispielsweise der Bestand
       BA Berlin, I. G. Farben, Verkaufsgemeinschaft Farben: Abt. Lateinamerika, Ar-
       gentinien, der die Unterlagen der Dokumentationsabteilung der I. G. Farben zu

– wie im Falle der Gründung des IAI – die ihm zugedachte Aufgabe, so gründeten die interessierten Unternehmen parallel dazu zwischenstaatliche Wirtschaftsverbände, die oft in räumlicher Nähe zum betreffenden Fachinstitut, wenn nicht gar im gleichen Gebäude angesiedelt waren.[13]

Preußen war – so schien es – der einzige deutsche Teilstaat, der die nötigen Ressourcen zur Schaffung der fehlenden zentralen Institution für die Koordination der deutsch-lateinamerikanischen Kontakte besaß, die jenseits der offiziellen diplomatischen Beziehungen ins Gewicht fielen. Doch bevor auf die Gründung des Ibero-Amerikanischen Instituts eingegangen wird, scheint es angebracht, die methodische Grundlage zu erörtern, auf der die deutsche Kulturpolitik gegenüber Lateinamerika zwischen den beiden Weltkriegen beruhte und die für die Arbeit des Instituts bestimmend blieb.

3. Auswärtige Eliten und deutsche Spezialisten in Übersee als "Multiplikatoren". Die Germanophilie als politischer Faktor

Die Idee, die "Multiplikator-Funktion" von Vertretern auswärtiger Eliten für eigene politische Zwecke zu nutzen, war keine Erfindung der Moderne. Der "Multiplikator"-Begriff hat offenkundig in der hier beschriebenen Zeit noch keine Übertragung auf soziale Phänomene gefunden. Fraglos gehörte die Grundidee der Potenzierung politischen Einflusses durch eine gezielt herbeigeführte Akkulturation von Exponenten der Eliten fremder Kulturkreise seit der Antike zu den Techniken der Herrschaft. In der Erziehung von Kindern auswärtiger Fürsten am eigenen Hof, wie sie bereits in der römischen Kaiserzeit praktiziert wurde, ist die "Multiplikator"-Idee bereits im Kern enthalten. Die Idee, gezielt "heidnische" Fürsten zur Konversion zu bewegen, ist aus der christlichen Missionsbewegung nicht wegzudenken und bedingte ihren Erfolg. Der Einsatz fremder geistiger Wortführer zur Potenzierung des eigenen politischen Einflusses lässt sich also in zahlreichen Epochen und Kulturen unabhängig voneinander nachweisen. Neben Deutschland haben auch andere Großmächte diese Methode genutzt,

---

diesem Land umfasst und in dem Markteinschätzungen bis in die 30er Jahre hinein enthalten sind.

[13] Zu den betreffenden deutsch-lateinamerikanischen Wirtschaftsverbänden vgl. die Ausführungen über die Zeit nach der Institutsgründung.

freilich jeweils unter verschiedenen Vorzeichen. Auch in Staaten, die
nicht nach außen dominant auftraten, wurde sie als Instrument nationaler Binnenhomogenisierung eingesetzt. Sie allein in dem Kontext
gezielt angewandter Machttechniken und der Entfremdung nicht-
dominanter Kulturen zu analysieren, wäre hingegen abwegig. "Multiplikator"-Gruppen waren seit jeher Träger des grenzüberschreitenden
Ideentransfers und der Innovationsdiffusion. In weniger entwickelten
Ländern kam ihnen als treibende Kraft von Modernisierungsprozessen
eine Schlüsselrolle zu.[14] Auch europäische Kulturen und Staaten haben mit ihrer Hilfe Entwicklungsdisparitäten abbauen können. Das
Gewicht der "Multiplikatoren" in den zwischenstaatlichen Beziehungen wuchs seit dem 19. Jahrhundert kontinuierlich, und ihre Funktionen differenzierten sich immer stärker aus.

Die "Multiplikator"-Idee, die in den imperialen Mächten Europas
entstand, war an einseitiger Interessendurchsetzung orientiert: Die in
Frage kommenden Vertreter ausländischer Eliten sollten die Durch-
schlagskraft der eigenen Politik erhöhen oder zur Verbreitung nationaler Exportprodukte beitragen. Wenn die "Multiplikatoren" in der deutschen Lateinamerikapolitik nach 1918 ein zentrales Gewicht erhielten,
so lag dies nicht zuletzt daran, dass in den meisten anderen denkbaren
Einflusssphären in dieser Weltgegend zu diesem Zeitpunkt die Karten
bereits verteilt waren.

Dem "Multiplikator"-Konzept liegen eine ganze Reihe von Prämissen zugrunde, die es zu berücksichtigen gilt, wenn man den Erfolg
seiner Umsetzung bewerten will. Als "Multiplikator" konnte eine Person in exponierter gesellschaftlicher Stellung gelten, die Einfluss auf
die Meinungsbildung und Handlungsweise einer größeren Zahl von
Menschen, auf den Einsatz von Ressourcen oder auf die Fällung politischer und militärischer Entscheidungen hatte. Aber durch welche
Mittel ließ sich eine solche Person dazu bewegen, diese hervorgehobene Stellung zugunsten einer ausländischen Macht einzusetzen? Ma-
nifeste materielle Interessen oder politisches Kalkül konnten sie dazu
veranlassen. Doch konnte ein ausländischer "Multiplikator" nur dann
als sicher gelten, wenn er prinzipiell bereit war, sich im Zweifelsfall
auch dann für die Interessen einer bestimmten Nation einzusetzen,
wenn dies nicht unbedingt opportun erschien. Er musste von der Über-

---

[14]   Eine der wenigen außereuropäischen Regionalstudien bietet Jeddi (1992).

legenheit der fremden Kultur und der Nützlichkeit der Übertragung ihrer Wertmaßstäbe auf den eigenen Kulturkreis überzeugt sein. Das bedeutete, dass er *mental* gewonnen werden musste. Der Kampf um ausländische "Multiplikatoren", falls sie denn für "fremde" Kulturen prinzipiell offen waren, bestand also in der Anfangsphase primär darin, sie für den eigenen Kulturkreis zu interessieren, bei ihnen dauerhafte Sympathie hervorzurufen und sie zur Übernahme und Verbreitung vermeintlich nationaltypischer Denk- und Verhaltensweisen zu bewegen. Befanden sich die Betreffenden in einer höheren gesellschaftlichen Position, konnten sie in der darauf folgenden Phase als Lobbyist für die fremde Nation wirken.

Durch die Aufwertung der Kulturpolitik zur Ersatz-Außenpolitik musste die instrumentelle Wertigkeit der *Xenophilie* in einem neuen Licht betrachtet werden. Intellektuelle und Publizisten wie Karl Lamprecht und Paul Rohrbach hatten – wie bereits angedeutet – schon vor dem Ersten Weltkrieg Initiativen des Reichs gefordert, die auswärtigen Eliten gerade der weniger entwickelten, aber nicht in kolonialer Abhängigkeit lebenden Länder von der Überlegenheit der deutschen Kultur zu überzeugen. Ernst Jäckh hatte ihre Vorstellungen 1911 plakativ auf folgende Formel gebracht: "Es ist immer wichtiger, an die 'Führer' heranzukommen, um sie zu überzeugen, als an die Geführten, um sie zu überreden: das letztere ist bequem, das erstere aber entscheidend."[15] Dabei war die Xenophilie als solche nutzlos, solange sie sich nicht auf einen konkreten Kulturkreis bezog. Das Wunschobjekt der Kulturpolitiker, die sich anschickten, die fremden "Führer" zu führen, war nicht Kosmopolit, sondern *Xenonationalist*, der sich Deutschland allein als Bezugsgröße wählte.

Zur Diskussion stehen hier somit einerseits die Idee und Wirklichkeit der *Germanophilie* und andererseits die potentiellen Trägergruppen, auf die diese übertragen werden sollte.

Die Xenophobie hat als geistiges Phänomen bislang weit mehr Aufmerksamkeit gefunden als die Xenophilie, obwohl sie doch in Vergangenheit und Gegenwart mindestens ebenso bedeutend gewesen sein dürfte wie diese. Man sollte die Germanophilie zunächst neutral als Sympathie für den deutschen Kulturkreis definieren. Weder waren ihre Bezugspunkte von Anfang an fest bestimmbar, noch ließ sich mit

---

[15]   Zitiert in Bruch (1982: 29).

Sicherheit voraussagen, welche politischen Konsequenzen ihre Träger
aus dieser Geisteshaltung ziehen würden, und gerade darauf kam es
den deutschen Kulturpolitikern eigentlich an. Denn die Germanophilie
ist originär eine Mentalität und keine Ideologie.[16] Eine Mentalität ist
eine geistige Grundhaltung, die in bestimmten Lebenssituationen die
Denk- und Verhaltensweise eines Individuums oder einer Gruppe
bestimmt, aber kein klar strukturiertes Weltbild, das das ganze Leben
durchdringt und fest umrissene Handlungsweisen nach sich zieht. So
gab es beispielsweise nicht, wie oft suggeriert wird, eine automatische
Koppelung von Germanophilie und Autoritarismus. Fand sie dennoch
statt, so lag dies an äußeren Faktoren. Ein lateinamerikanischer Offizier, der zu einer mehrjährigen Ausbildung nach Preußen reiste, hatte
nach seiner Ausreise ein Deutschlandbild, das sich in Kriegsakade-
mien, Offizierskasinos und Manövern ausgebildet hatte; dieses Bild
unterschied sich gewiss fundamental von demjenigen, das ein anderer
Lateinamerikaner gewonnen haben mag, der sich in München niederließ, um Philosophie zu studieren, oder eines dritten, der nur sporadisch für ein paar Tage aus Paris anreiste, um in Bayreuth den "Ring
der Nibelungen" zu hören, und dessen Vorstellung von Deutschland
vielleicht ganz von der Lektüre eines schlecht ins Spanische übersetzten Librettos einer Wagner-Oper oder gar der Topologie ausländischer
Reisebeschreibungen wie Madame de Staëls "De l'Allemagne" geprägt war.[17] Das Deutschlandbild des ersten war wahrscheinlich tech-
nokratisch-militaristisch, das des zweiten eher intellektuell geprägt,
das des dritten romantisch-diffus. Die Germanophilie speiste sich aus
ganz verschiedenen Quellen, und sie führte nicht zu einem im voraus
kalkulierbaren Verhalten der Träger. Wollte man die "Germanophilen" für "deutsche Zwecke" instrumentalisieren, hing alles davon ab,
ob man Art und Ausmaß dieser Geisteshaltung bei den in Frage kom-

---

[16] Die Abgrenzung beider Begriffe ist schwierig, doch würde es hier zu weit führen,
      die zum Thema geführte Diskussion ausführlich zu referieren. Vgl. allgemein:
      Raulff (1987).
[17] Die Anziehungskraft deutscher "Kultstätten" wie Bayreuth auf Vertreter hispani-
      scher Eliten wäre gewiss ebenso eine eigene Abhandlung wert wie die Aus-
      wirkung schlechter Übersetzungen auf den Kulturaustausch; tatsächlich war, wie
      oben angedeutet, die vermutlich einzige bis 1933 vorliegende Übersetzung des
      Ring-Zyklus ins Spanische "atrozmente mala y el autor [Wagner] queda muy
      perjudicado ante el público del idioma español" (Ernesto de la Guardia, Buenos
      Aires, an Boelitz, 26.9.1931, GStA, HA I, Rep. 218, Nr. 95, Bl. 52-54).

menden "Multiplikatoren" richtig einzuschätzen verstand. Das Beispiel der argentinischen Offiziere, die in Deutschland ausgebildet
worden sind, wird in der Biographie des langjährigen Präsidenten des
IAI, General Wilhelm Faupel, erörtert. Als "Germanophile" haben sie,
dies sei hier vorweggenommen, in einem Konflikt wie dem Militärputsch von 1930 in ihrem Heimatland keineswegs einheitlich für den
Autoritarismus optiert. Dagegen zeigten sie sich gegenüber Deutschland in großer Zahl in einem Augenblick entgegenkommend, als dies
politisch für Argentinien keineswegs opportun war – nämlich in den
Jahren nach 1943, als sich der Niedergang des "Dritten Reiches" bereits abzeichnete, und seit 1945, als die Flucht von Nationalsozialisten
nach Übersee in größerem Maßstab einsetzte.

War Xenophilie nun gleichbedeutend mit "kultureller Entfremdung" und führte sie zu dauerhafter kultureller "Dependenz"? Das
"Eindringen" einer fremden Kultur in eine andere konnte diese Effekte haben, wenn es ihr gelang, wichtige geistige Distributionszentren
der anderen Kultur zu besetzen, also zum Beispiel die Kontrolle über
einen Teil der Medien zu gewinnen. So hat das Vordringen der nordamerikanischen Film- und Fernsehindustrie nach Lateinamerika seit
1945 viel zur Herstellung einer kulturellen Hegemonie der USA in der
Hemisphäre beigetragen. Dennoch besteht kein Automatismus zwischen "Fremdorientierung" und "Identitätsverlust" einer Kultur. In
den folgenden Ausführungen wird vorrangig Argentinien als Beispiel
herangezogen. Dies erscheint begründet, da der spätere Präsident des
IAI, General Wilhelm Faupel, lange Zeit in diesem Land verbracht hat
und auch Ernesto Quesada, der Stifter der Bibliothek, deren Übernahme durch Deutschland Anlass für die Gründung des IAI gewesen
ist, aus Argentinien stammte.

Für Argentinien war die Ausrichtung nach Europa – und mithin
auch nach Deutschland – nicht identitätsbedrohend, sondern ein Teil
des Selbstverständnisses, das sich schon aus der ethnischen Zusammensetzung der Bevölkerung ergab.[18] Vor dem Ersten Weltkrieg war
das Land kulturell ein Teil Europas, nach dem Verständnis vieler
argentinischer Intellektueller sogar der bessere Teil davon. Wenn

---

[18]   Es war mehr als eine Höflichkeitsfloskel, wenn beispielsweise 1908 der italienische Kriminalbiologe und Lombroso-Schüler Enrico Ferri bei seinem Argenti-
nien-Besuch mit den Worten begrüßt wurde: "Ferri se encuentra aquí entre los
suyos y nadie necesita ser presentado en su propia casa" (Rivarola 1908: 392).

argentinische Intellektuelle wie Ernesto Quesada sich von Oswald
Spengler angezogen fühlten, der den Untergang des Abendlandes und
den Übergang der zivilisatorischen Vorherrschaft an "jüngere" Kulturkreise vorausgesagt hatte, so entsprach dies diesem Selbstverständnis.[19] Kamen laufend unkontrolliert die jeweils neuesten europäischen
Einflüsse durch die Einwanderer nach Argentinien, so entwickelten
die positivistisch inspirierten Teile der regierenden Eliten parallel
dazu Konzepte zu einer gezielten Modernisierung des Landes nach
dem Beispiel europäischer Vorbilder. Dabei sollte kein einzelnes Land
als Modell dienen, sondern jeweils dasjenige, das in einem speziellen
Bereich am weitesten fortgeschritten zu sein schien. Seit den 1880er
Jahren bereisten argentinische Emissäre einzelne europäische Länder,
um vor Ort die nötigen Studien anzustellen und Empfehlungen für die
Übernahme fremder Institutionen und politischer Maßnahmen abzuge-
ben. War Deutschland für Pädagogen, Universitätspolitiker und Offiziere des Landheers von besonderem Interesse, so orientierten sich
beispielsweise Kriminologen vor allem an Italien, Marineoffiziere und
Agrarexperten eher an Großbritannien. In anderen Bereichen war ein
konkretes Land als Bezugspunkt gar nicht auszumachen. Zeitschriften,
in denen solche konzeptionellen Diskussionen geführt wurden, wie die
von José Ingenieros herausgegebenen *Archivos de Psiquiatría y Criminología* oder die *Revista de Filosofía*, lassen die Spannbreite der am
Ausland orientierten positivistischen Reformprojekte vor 1914 erkennen: Eine einseitige Festlegung auf ein einzelnes Land als Vorbild
lässt sich insgesamt nicht feststellen.

   Wenn deutsche Politiker also beispielsweise die argentinischen
germanófilos als Einflussgröße nutzen wollten, mussten sie einkalku-
lieren, dass es sich bei ihnen unter Umständen um Argentinier handelte, die sich pauschal europäischen Einflüssen öffneten, darunter auch
deutschen (ohne diesen allerdings einen Vorrang einzuräumen), dass
"deutsche Ideen" in Argentinien sowohl auf konkurrierende europäische Mächte trafen als auch auf nordamerikanische Einflüsse. Unter
diesen Umständen eine echte Dominanz gewinnen zu wollen, war

---

[19]   Der Schriftwechsel Spengler-Quesada ist überwiegend unveröffentlicht und liegt
       als Abschrift im Ibero-Amerikanischen Institut. Quesadas Lebensgefährtin hatte
       nach dessen Tod ursprünglich geplant, diese Briefe unter dem bescheidenen Titel
       "Spengler, Quesada und ich" zu veröffentlichen, doch kam es nicht mehr dazu.
       Veröffentlicht wurde hingegen Quesadas Spengler-Buch: Quesada (1921).

illusorisch. Als neutralisierende Kraft trat in den einzelnen Ländern Lateinamerikas der aufsteigende Nationalismus hinzu, der fremde Einflüsse entweder gänzlich ablehnte oder aber Ausländern nur so lange eine zentrale Stellung beim Aufbau von Institutionen im eigenen Lande zugestand, wie dies aus technischen Gründen nötig erschien. Es ist nicht allzu gewagt zu behaupten, dass sich die zuletzt genannte nationalistische Position in vielen Bereichen durchgesetzt hat. Schließlich sei als hemmendes Element der linguistische Faktor genannt: Deutsch war in Lateinamerika über die deutschstämmigen Einwanderer hinaus nicht sehr weit verbreitet; für Lateinamerikaner waren andere Sprachen leichter zu erlernen als diese. Eine gezielte Einflussnahme setzt aber eine funktionierende Kommunikation voraus. Dazu waren Initiativen zur Verbreitung der deutschen Sprache in Übersee und der spanischen in Deutschland nötig.[20]

Doch sollte hier dem Eindruck entgegengetreten werden, die lateinamerikanischen Staaten seien passive "Objekte" des deutschen "Multiplikator"-Konzepts gewesen. Wenn es beispielsweise in Argentinien und Chile eine partielle "Abhängigkeit" von deutschen Vorbildern gab, dann deshalb, weil die verantwortlichen Entscheidungsträger dieser Länder es so wollten und weil sie sicher waren, dass es hauptsächlich *ihre Seite* war, die von diesen zwischennationalen Verbindungen profitierte. Ob diese Einschätzung zutraf, und ob auch in den interatlantischen Beziehungen untergründig Abhängigkeiten entstehen konnten, die sich der bewussten Kontrolle der Verantwortlichen entzogen, ist damit nicht gesagt. Eine Orientierung an Europa degradierte ein Land wie Argentinien keineswegs zu einem Objekt von "kulturellem Imperialismus". Argentinische Regierungen haben sich immer wieder der Zuarbeit deutscher Experten versichert und, sobald der Eindruck entstand, dass ein ganzer Sektor unter "deutschen Einfluss" zu geraten schien, ostentativ eine Kehrtwende eingeleitet und der deutschen Seite unmissverständlich zu verstehen gegeben, dass sie die politische Verwertbarkeit deutscher Spezialisten in argentinischen Institutionen nicht überschätzen möge. So lag lange Zeit die Ausbildung der Sekundarschullehrer in der Hand eines deutschen

---

[20] Vgl. allg. zur internationalen Stellung der deutschen Sprache: Ammon (1991).

Nationalisten.[21] Als die Nationalsozialisten an die Macht kamen, bestellte die argentinische Regierung dagegen ihre Schulgeschichtsbücher *in Frankreich*. In dem betreffenden historischen Kompendium stand zum großen Leidwesen der deutschen Kulturpolitiker zu lesen, dass das Deutsche Reich den Ausbruch des Ersten Weltkriegs zu verantworten hatte. Einer der beiden Verfasser mit Nachnamen *Isaac* war zudem vermutlich jüdischer Herkunft, was insbesondere von nationalsozialistischer Seite als Affront empfunden worden sein dürfte.[22]

Die Nationalsozialisten sahen sich hier genau den gleichen Beschränkungen ausgesetzt wie ihre Vorgänger, und sie mussten erst lernen, sich darauf einzustellen. Hatte Goebbels schon 1930 die Variabilität der NS-Propagandatechniken mit den Worten charakterisiert: "wir schlugen Florett und schwere Säbel, wir schossen mit Böllern und vergifteten Pfeilen",[23] so musste der NSDAP im Falle Lateinamerikas klar sein, dass hier nur mit dem Florett etwas zu erreichen war, mit subtilen Mitteln also. Beim Einsatz der anderen oben genannten Goebbels'schen Utensilien wurde sie schnell und wirksam von den einheimischen Behörden an die Grenzen ihrer Macht in Übersee erinnert.

Wer waren nun die "Germanophilen", und welche Gruppen stellten die potentiellen "Multiplikatoren" deutschen Einflusses in Lateinamerika dar?

Auf der ersten Ebene fand man diejenigen Ausländer, die noch keine gehobene soziale Stellung innehatten, bei denen aber anzunehmen stand, dass sie eines Tages in eine solche aufsteigen würden: die Studenten. Es wäre im Interesse der deutschen auswärtigen Kulturpolitik gewesen, möglichst viele von ihnen zu einem Studium in Deutschland zu bewegen, zumal da die Betreffenden in der Regel ihr Studium aus eigenen Mitteln bestritten. Schon vor dem Ersten Weltkrieg war von Universitätspolitikern betont worden, dass gerade bei

---

[21] Dr. Wilhelm Keiper, ein deutscher Pädagoge, gründete 1904 in Argentinien das Instituto Nacional del Profesorado Secundario (Buenos Aires) "and by 1914 made it Argentina's élite seminary for secondary-level teachers" (Newton 1976: 64).

[22] Vgl. Malet/Isaac (1924 und diverse spätere Auflagen). Zur deutschen Kritik an der Einführung dieses Geschichtsbuchs vgl. GStA, HA I, Rep. 218, Nr. 212, Bl. 125 et passim sowie die Ausführungen im Beitrag von Silke Nagel in diesem Sammelband.

[23] Zitiert in Broszat (1987: 45f.).

jüngeren Ausländern über die Universität mit geringen Mitteln viel erreicht werden könne:

> Man kann [...] kaum erwarten, dass bei irgend welcher Propaganda oder Reklame diese jedem Menschen gegenüber wirksam sei; wenn von hundert Fällen einer einschlägt, so ist im privaten Leben der Kaufmann oder Industrielle sehr zufrieden. Hier aber [an der Universität] ist der Vomhundertsatz eher umgekehrt, wobei noch zu berücksichtigen ist, dass diese Propaganda uns [...] keine Kosten verursacht, sondern eher noch etwas einbringt (Böninger 1913: 17).

Die Praxis nahm sich jedoch, wie an anderer Stelle ausgeführt wird, vergleichsweise bescheiden aus.[24]

Die zweite Gruppe war der "akademische Mittelbau" und bereits etablierte lateinamerikanische Akademiker. Bei ihnen ging es darum, sie für eine Promotion in Deutschland zu gewinnen, ihnen eine Arbeitsmöglichkeit an einem deutschen Institut zu verschaffen oder ihnen zumindest einen längeren Studienaufenthalt im Deutschen Reich schmackhaft zu machen. Allein schon quantitativ betrachtet sind die Initiativen, diesen Personenkreis einzubinden, wesentlich erfolgreicher gewesen als die Gewinnung von Studenten, doch muss hinzugefügt werden, dass, bedingt durch die streng elitäre Ausrichtung des deutschen Kultursektors, bei den bereits Graduierten auch viel größere Anstrengungen gemacht worden sind. Die Forschung hat sich bislang erstaunlicherweise nur wenig für diese "Multiplikatoren"-Gruppe interessiert. Zur institutionellen Ausgestaltung der Graduiertenförderung seit dem Ersten Weltkrieg liegen Untersuchungen vor,[25] doch mangelt es an historischen Fallstudien, welche konkrete Wirkung ein Deutschlandaufenthalt nach der Rückkehr der Stipendiaten in ihre Heimatländer gehabt hat. Von systematischen Projektevaluierungen, einer Überprüfung also, ob die Förderung tatsächlich das erwünschte politische Ergebnis brachte, konnte lange Zeit über keine Rede sein. Sie wurden erst geraume Zeit nach dem Zweiten Weltkrieg in Angriff genommen.[26]

---

[24] Vgl. Kapitel 4.

[25] Vgl. vor allem Laitenberger (1976).

[26] Dies mochte dem Umstand zuzuschreiben sein, dass die Zahl der Geförderten vor 1945 noch überschaubar blieb. Ein Gesamtjahrgang des DAAD scheint überhaupt erst zu Beginn der 70er Jahre komplett wenigstens mit Hilfe einer Fragebogenaktion erfasst worden zu sein (Gerstein 1974). Allgemein dazu: Breitenbach (1974, mit ausführlicher Bibliographie) sowie Gollin (1967).

Darüber hinaus sind die in Deutschland ausgebildeten lateinamerikanischen Armee- und Polizei-Offiziere als "Multiplikatoren" anzusehen.

Vertreter politischer Organisationen wurden erst nach 1933 in einem gewissen Umfang kontaktiert, wobei die Nationalsozialisten
schnell bemerkten, dass selbst bekennende Rechtsextremisten nicht
ohne weiteres für sie als Bündnispartner in Übersee in Frage kamen.

Als weitere "Multiplikatoren"-Gruppe kamen die in Deutschland
ansässigen Lateinamerikaner in Frage, bei denen es sich in der Regel
vor 1945 um Bessersituierte gehandelt haben dürfte, da sie andernfalls
in Deutschland nur schwer ihren Lebensunterhalt hätten bestreiten
können. Sie setzten sich – neben den oben genannten Gruppen – wohl
in erster Linie aus Kaufleuten, Journalisten, wohlhabenden Bildungs-
reisenden ohne universitäre Bindung zusammen.[27] Das diplomatische
Korps stellt einen Sonderfall dar.

Schließlich bleiben als "Multiplikatoren" jene deutschsprachigen
Institutionen und Einzelpersonen in Lateinamerika zu nennen, deren
Wirken einen breiteren Kreis von Einheimischen berührte: Deutsche
Schulen, sofern sie Lateinamerikaner aufnahmen, deutsche Hochschullehrer und Wissenschaftler, die in örtlichen Instituten angestellt
waren, deutsche Kaufleute und Unternehmer, sofern sie Zugang zu
den Verkehrskreisen der Eliten hatten.

Es wird bei dieser Aufzählung zweierlei sichtbar. Zum einen ist
klar, dass sich derart heterogene Gruppen – die deutschen "Multiplikatoren" in Lateinamerika sowie die in Deutschland ausgebildeten Lateinamerikaner – schwer zentral verwalten ließen. Zum anderen fallen
die Gruppen auf, die weitgehend fehlten: Vertreter von Parteien und
Massenorganisationen (nach 1933 bildeten weit rechts stehende Verbände eine Ausnahme), Priester, Vertreter der Massenmedien und der
überseeischen Landbesitzeraristokratien tauchten nur selten unter den
"Multiplikatoren" auf. Wenn sie von Anfang an außen vor blieben, so
kam dies einem Eingeständnis gleich, dass diese von offizieller deutscher Seite aus kaum zu erreichen waren.

Was die deutschen "Multiplikatoren" in Übersee betraf, traten
nach 1914 wiederum kriegsbedingte Hemmfaktoren ins Spiel, die ihre

---

[27]   Forschungsarbeiten zu diesen "lateinamerikanischen Gemeinden" in Deutschland
        gibt es meines Wissens keine, sieht man von Studien über einzelne Personen ab.

Wirksamkeit eingeschränkt haben. Das lag zunächst an der Hybris deutscher Nationalisten. Bei Ausbruch des Ersten Weltkriegs war bei der Kulturvermittlung ins Ausland ein Einbruch zu verzeichnen, der zukunftsweisend zu sein schien. Vertreter der deutschen Intellektuellen erklärten, dass angesichts der Unerreichbarkeit deutscher Geistesherrlichkeit Kulturkontakte nach außen dem eigenen Land keinen Vorteil brächten. So hatte Werner Sombart 1915 erklärt:

> Die internationalen Wissenschaftskongresse werden hoffentlich auf absehbare Zeit verschwinden [...] Auch wenn alle internationalen Zeitschriften eingingen, wenn der Gelehrtenaustausch ein paar Jahrzehnte mal in Wegfall käme: es wäre für uns kein Schade. Beim "Austausch" sind wir fast immer die Gebenden. [...] Kein Volk der Erde kann uns auf dem Gebiet der Wissenschaft, der Technologie, der Kunst oder der Literatur irgend etwas Nennenswertes geben, das zu entbehren für uns schmerzlich wäre.[28]

Diese Äußerung war durchaus repräsentativ für das Selbstwertgefühl des deutschen Gelehrtenstandes in der Zeit nach 1914.[29] Der Ausschluss deutscher Wissenschaftler von den meisten internationalen wissenschaftlichen Kongressen, der nach 1918 für lange Zeit praktiziert wurde, konnte wiederum von deutscher Seite mit Empörung als Machination der Alliierten gebrandmarkt werden. Die schrittweise Aufhebung dieser Beschränkung war in hohem Maße der Politik des von deutschen Nationalisten mit Vorliebe attackierten Völkerbunds zu verdanken.[30]

Der Möglichkeit beraubt, auf internationalen Konferenzen zu wirken, begaben sich zahlreiche deutsche "Multiplikatoren" *in spe* persönlich nach Übersee, um dort auf Vortragsreisen die Öffentlichkeit in lateinamerikanischen Ländern direkt zu erreichen. So kamen nach 1918 Hunderte deutscher Professoren, ehemaliger Offiziere, Publizisten und Gelegenheitsschriftsteller zu diesem Zweck nach Lateinamerika.

Deutsche Wissenschaftler, die in Lateinamerika lebten, registrierten diese Wanderungsbewegung mit wachsendem Unbehagen, zumal die anreisenden Künder des Deutschtums mit den Ortskundigen ebenso wenig Rücksprache zu nehmen pflegten wie mit dem Auswärtigen

---

[28]   Zitiert in Zuelzer (1981: 41).
[29]   Vgl. ausführlich in Fries (1994/95).
[30]   Als zeitgenössische Darstellung dazu Rothbarth (1931).

Amt. Resigniert fasste der in Santiago de Chile ansässige Meteorologe Dr. Knoche 1930 in einem Brief an Ernst Samhaber, zeitweilig Chile-Referent des IAI, das Ergebnis der Bemühungen deutschtümelnder Kulturmissionare zusammen:

> Keiner der [...] [nach Santiago de Chile herausgekommenen Vortragsreisenden] hat hier gefallen! [...] Schlecht abgelesenes, zurecht gestutztes Spanisch, paukerhafter Vortrag auch von Hochschullehrern, gelegentlicher Mangel an weltmännischem Verhalten passen nun einmal nicht für diesen Kontinent. [...] die Herren, welche hier vorgetragen haben, [glauben] unter dem Eindruck lateinamerikanischer Höflichkeit samt und sonders [...], sie hätten als Kultur-Spender ersten Ranges gewirkt und daß sogar ihr Spanisch eine meisterhafte Leistung darstellte.[31]

Auf Dauer machte die Invasion deutscher Tagungstouristen, die nach dem Ersten Weltkrieg begann und wohl nicht zuletzt von den verborgenen Hoffnungen vieler von Arbeitslosigkeit bedrohter Akademiker auf eine lukrative Stellung auf der anderen Seite des Atlantiks zeugte, sicherlich manchen Vorsprung zunichte, den andere dort durch beharrliche und diskrete Arbeit im Hintergrund erreicht hatten. Selbst europhile Intellektuelle hatten für die Spezies der umherfahrenden *conferencistas*, "welche kamen, um uns mit ihren Dummheiten zu blenden", nur Spott übrig.[32]

Die Faktoren, die der Umsetzung der "Multiplikator"-Idee in die Praxis von deutscher Seite aus Grenzen setzten, lassen sich wie folgt zusammenfassen. Sie ähneln jenen, die bereits im Zusammenhang mit den institutionellen Schwächen der deutschen auswärtigen Kulturpolitik genannt worden sind:

— fehlende finanzielle Mittel;

— die konkurrierenden Ansprüche anderer auf Auslandsarbeit spezialisierter Stellen, die die vorhandenen Ressourcen stärker für Regionen wie China oder Osteuropa eingesetzt wissen wollten;

— die mangelnde Kooperationsbereitschaft von Teilen der Administration;

---

[31] Knoche an Samhaber, 10.6.1930 (Politisches Archiv des Auswärtigen Amtes, Berlin, fortan abgekürzt mit: PAAA, IAI, Bd. 1).

[32] Ramos Mejía: "[...] conferencistas ambulantes que venían a deslumbrarnos con tonterías"; José Ingenieros: Vorwort zu Ramos Mejía (1915: 53).

– die Eigenmächtigkeit zahlreicher deutscher "Multiplikatoren" (solcher, die es waren, und solcher, die sich dafür hielten);

– die Ausländerfeindschaft unter vielen Deutschen, die später gerade von der deutschen Diktatur gefördert wurde;

– und im akademischen Sektor vor allem die französische und nordamerikanische Konkurrenz.

Das IAI, das in der "Multiplikatoren"-Betreuung einen seiner Arbeitsschwerpunkte besaß, sah sich darauf verwiesen, innerhalb der hier genannten Grenzen zu agieren. Ein beträchtlicher Teil seiner Bestrebungen zielte darauf, diese Grenzen dort zu überwinden, wo dies möglich schien.

Die "Multiplikatorfunktion" der in Lateinamerika lebenden deutschen Wissenschaftler ist bislang schwer einzuschätzen. Sie kann hier nur mit ein paar Anmerkungen gestreift werden.[33]

Es kann als sicher gelten, dass die deutschen Einflüsse im Wissenschaftssektor einzelner lateinamerikanischer Länder von Disziplin zu Disziplin unterschiedlich groß waren. So lag in Argentinien, wie bereits erwähnt, die Ausbildung der Lehrer der Sekundarschulen nach 1900 in der Hand eines deutschen Nationalisten (Wilhelm Keiper). Ein Teil derjenigen, die bei deutschen Professoren promoviert hatten, die zeitweilig in Lateinamerika lehrten, rückten später in Schlüsselstellungen auf. Eine genaue Untersuchung über den weiteren Werdegang ehemaliger "Schüler" nationalistisch gesinnter Deutscher, die im Wissenschaftssektor einzelner lateinamerikanischer Länder eine Anstellung gefunden haben, wäre eine lohnende Aufgabe. Solange diese nicht vorliegt, lassen sich über den Erfolg deutscher "Multiplikatoren" in diesem Bereich nur Mutmaßungen anstellen.

Bevor die Gründung des IAI als solche thematisiert wird, soll ein Fallbeispiel verdeutlichen, wie kontrovers der Umgang mit einer wichtigen ausländischen "Multiplikatoren"-Gruppe vor 1933 in der deutschen Öffentlichkeit diskutiert wurde. Daran lässt sich zugleich exemplarisch zeigen, mit welchen Widerständen man bei der Umsetzung des "Multiplikator"-Konzepts von der Theorie in die Praxis

---

[33]   Allgemein zu diesem Themenkomplex Ciappa (1987); Düwell (1981a); Pyenson (1985). Größeres Interesse hat die Zeit nach 1945 in der Forschung gefunden. So wird das Problem unter anderem von Meding (1992) und Stanley (1999) behandelt.

rechnen musste. Viele der hier erörterten Phänomene berührten auch die Zeit des Nationalsozialismus und gehörten damit zu den Faktoren, mit denen das IAI unter der Präsidentschaft von Wilhelm Faupel umzugehen hatte.

4. Exkurs: Lateinamerikanische Studenten als "Multiplikatoren" vor 1933

Erfahrungsgemäß werden diejenigen jungen Ibero-Amerikaner, die ihre Ausbildung bei uns in Deutschland erhalten haben, fast ausnahmslos zu überzeugten Freunden Deutschlands. Sie werden unsere besten Propagandisten. Dazu kommt, daß der junge, bei uns ausgebildete Ingenieur, wenn er später in seinem ibero-amerikanischen Heimatlande eine Brücke, eine Seilbahn, eine Fabrik oder dergleichen zu bauen hat, das Material meist aus Deutschland beziehen läßt, ebenso wie beispielsweise ein bei uns ausgebildeter junger Arzt seine Instrumente, die Einrichtung für Kliniken usw. in Deutschland kauft. So gehen die kulturellen Beziehungen in wirtschaftlichen Nutzen über.

Wilhelm Faupel (1934)[34]

Vor 1945 bestanden nicht bloß in Deutschland Studienmöglichkeiten nur für materiell besser Gestellte, sieht man von wenigen Ausnahmen ab. Wer die Universität mit Erfolg absolviert hatte, besaß gute Aussichten, in der Gesellschaft eine privilegierte Stellung einzunehmen. Die deutschen Universitäten besaßen für Ausländer vor 1933 eine große Anziehungskraft. Das war Grund genug anzunehmen, dass hier das "Multiplikator"-Konzept eine außerordentlich günstige Angriffsfläche fand, hätte man es denn konsequent angewandt.

Die deutschen Kulturpolitiker haben jedoch vor 1933 die Chancen kaum genutzt, die die Anwesenheit ausländischer Studenten boten. Von einer kühl kalkulierten deutschen Strategie, die darauf abzielte, junge Exponenten ausländischer Eliten in einem Alter zu beeinflussen, in dem ihre Sozialisation noch nicht abgeschlossen war, konnte in der Praxis nicht die Rede sein, zumindest, was die überschaubare Gruppe der Lateinamerikaner betrifft.

Obwohl die Vordenker des "Multiplikator"-Konzepts auswärtige Studenten schon früh als Zielgruppe einbezogen hatten, so verkannten die meisten von ihnen offenbar die Widerstände, die gegen die Auf-

---

[34] Faupel an RPMW, 18.4.1934, "Betrifft: Heranziehung ibero-amerikanischer Studenten an deutsche Hochschulen" (GStA, HA I, Rep. 218, Nr. 101, Bl. 125).

nahme von Ausländern an deutschen Universitäten vom akademischen "Fußvolk" und von Teilen der Administration ausgingen.[35] Was Eugen Böninger bereits 1913 in seiner Schrift "Das Studium von Ausländern auf deutschen Hochschulen" ausgeführt hat, blieb bis in die Zeit der NS-Diktatur hinein eine dauernde Begleiterscheinung des studentischen Nationalismus und der Standesfixiertheit der Universitätspolitiker. Er wertete den "Widerstand gegen die Zulassung ausländischer Studenten auf deutschen Hochschulen [...] [als Akt] einer vollständigen absichtlichen Missachtung der öffentlichen Meinung des Auslandes" (Böninger 1913: 12). Als gängige Gegenargumente gegen eine Förderung des Studiums von Ausländern führte Böninger auf, dass nicht gewährleistet sei, dass sich die Geförderten anschließend tatsächlich "deutschfreundlich" benehmen würden, dass sie den Deutschen Kosten verursachten (was – im Saldo betrachtet – nicht zutraf), ja, dass sie das gewonnene Wissen eines Tages gegen die Deutschen selbst richten würden: "die Ausländer erwürben bei uns Kenntnisse, die sie später im Kampfe um das Dasein gegen uns verwendeten" (Böninger 1913: 21). In eine ähnliche Richtung wiesen Befürchtungen, ausländische Studenten könnten technisches *know-how* abschöpfen, und mit ihrem Wissen über deutsche Fertigungstechniken fremden Ländern die Gelegenheit geben, zu Konkurrenten des Deutschen Reichs aufzusteigen: "Müssen wir Tausende und Abertausende von Ausländern sorgfältig zu Konkurrenten heranbilden?"[36]

Die Befürworter des "Ausländerstudiums" vermochten hingegen ressentimentgeladene akademische Milieus mit ihren Argumenten kaum umzustimmen. Studenten würden dereinst zahlungskräftige Konsumenten sein, die im Ausland durch ihr Kaufverhalten auch ihre Umgebung beeinflussen würden. Sie würden eines Tages dazu beitragen, Fremdenverkehrsströme nach Deutschland umzuleiten und im "deutschen Sinne" auf die Öffentlichkeit einzuwirken. Deutsche Innovationsvorsprünge würden durch Wissenstransfer nicht nivelliert, vielmehr seien die ausländischen Studenten nach ihrer Rückkehr die besten "Vertreter" deutscher Waren.[37] Verschreckte man diese Klien-

---

[35] Vgl. allgemein: Danckwortt (1984); Kater (1975); Remme (1932); Schairer (1927).

[36] Salvisberg (1913a: 11). Den Hinweis auf Salvisbergs Veröffentlichungen verdanke ich Bruch (1982).

[37] Böninger (1913: 18f.) und Salvisberg (1913a: 12).

tel, so werde sie sich automatisch der Konkurrenz zuwenden, und zwar namentlich den Franzosen, mit entsprechenden Langzeitfolgen: "Bei dem Gegensatze zwischen Frankreich und Deutschland [...] bedeutet jede Hinneigung zu Frankreich eine Abkehr von Deutschland, und zwar ganz unbewusst, *niemand kann eben zwei Herren dienen.*"[38]

In eine ähnliche Richtung wie der Beitrag Böningers zielte die Kritik Paul von Salvisbergs, des Herausgebers der Zeitschrift *Hochschulnachrichten*. Im November 1913 warnte er in einem Artikel über "Ausländer auf deutschen Hochschulen" vor "Kulturstacheldrahtziehern" und Leuten, die sich anschickten, um deutsche Universitäten eine "chinesische Mauer" zu ziehen (Salvisberg 1913a: 9). Namentlich Vertreter renommierter Fächer wie der Medizin fürchteten durch eine weitere Expansion der Studentenzahlen um die Exklusivität ihres Studiums. Hatte es im Wintersemester 1886/87 1.682 ausländische Studenten an deutschen Hochschulen gegeben, so war ihre Zahl im WS 1911/12 auf 4.187 angestiegen. Mit 45% stellten Russen den Hauptanteil, und unter diesen war wiederum ein großer Teil jüdischer Herkunft. Hinter vorgeschobenen Sachargumenten gegen einen weiteren Anstieg der Zahl von Ausländern an den Universitäten kann man deshalb auch antisemitische Motive vermuten. Die vorgebrachte Kritik, ausländische Studenten verschärften die bestehende Überfüllung an deutschen Hochschulen, wies Salvisberg unter anderem mit dem Hinweis zurück, ein für deutsche Kultur aufgeschlossenes Land sei eher willens, auch deutsche Lehrer und Experten aufzunehmen. Dies werde es Deutschland langfristig ermöglichen, seine "Überproduktion an academisch Gebildeten" ins Ausland zu "exportieren" und damit eine "höchst wünschenswerte Sanierung unseres Berufslebens" erlauben (Salvisberg 1913a: 9). Als Alternative zur Begrenzung der Zahl ausländischer Studenten schlug Salvisberg die Bereitstellung zusätzlicher Mittel und eine institutionelle Anpassung an die speziellen Bedürfnisse dieser Klientel vor:

> Wo [...] eine strenge Qualitätsauslese, erhöhte Gebühren für Ausländer und späteres Belegen ihrer Plätze in den Auditorien und sonstigen Studien-Instituten nicht ausreichen, wäre reiflich zu erwägen, ob eine Erweiterung der Studienräume, die Einrichtung entsprechender Parallelkurse und analoge Maßnahmen nicht den Vorzug verdienen vor drakonischen Zwangs- und Absperrungsverhältnissen. Letztere gemahnen an die Starn-

---

[38] Böninger (1913: 23f.). Die Hervorhebung ist von mir.

berger Geheim- und Kommerzienratsvillen: "Zugang verboten – vor dem Hunde wird gewarnt!" (Salvisberg (1913a), S. 9).

Schließlich ließ sich das Argument vorbringen, dass Deutschland im internationalen Vergleich hinter die Konkurrenz zurückzufallen drohe, was zu diesem Zeitpunkt bereits der Fall war. Frankreich übertraf 1913 mit 8.000 ausländischen Studenten das Deutsche Reich sowohl in absoluten Zahlen als auch prozentual (Anteil an der gesamten Studentenschaft: 20% in Frankreich gegenüber 8,1% in Deutschland). Ähnlich lagen die Verhältnisse in den USA. Im gleichen Jahr sagte der bereits erwähnte, in Chile ansässige Dr. Knoche für Lateinamerika verheerende Folgen voraus, sollten Ausländer vom Studium in Deutschland abgehalten werden:

> Die Sympathien für Deutschland und deutsche Kultur würden noch geringer werden, als sie es heute schon im Ausland sind. Der wirtschaftliche Aufschwung hat aber durch die Unbeliebtheit der Deutschen schwer zu leiden. [...] Für die nächste Zukunft (hier in Südamerika) droht uns das Gespenst der nordamerikanischen Konkurrenz [...] Wie aber geht Nordamerika vor? Es sucht auf alle erdenkliche Weise, unter bedeutenden pekuniären Opfern, die Jugend der gebildeten Stände Brasiliens, Argentiniens, Chiles und der anderen hispanischen Länder an sich zu ketten durch Schaffung von Freistellen an seinen Universitäten, durch Errichtung von Filialen seiner Hochschulen in Südamerika, durch seine bewundernswerte Reklame, ganz besonders durch die Presse. Welch bessere Wirkung zur Verstärkung des Einflusses der "Staaten" könnte es geben, als die Herausekelung zum Beispiel der südamerikanischen Studenten aus Deutschland?
>
> Und man muß es gesehen haben, wie der Chilene, der Argentinier unter anderem aus einem Saulus ein Paulus wird, wenn er Gelegenheit hatte, einen Blick ins alte deutsche Vaterland, in das Reich des Gesetzes und der Ordnung, der wirtschaftlichen Gründlichkeit, des industriellen und geistigen Aufschwunges zu tun. Nicht zum wenigsten die Ausländer, die an einer deutschen Universität studiert haben, vielleicht in erster Linie die Medizinbeflissenen, sind, in ihre Heimat zurückgekehrt, die begeisterten Verteidiger deutscher Methoden und deutschen Wesens und bilden das Gegenstück zu den feindlichen Elementen, welche ihre Kenntnisse über uns aus englischen und französischen Kabelnachrichten schöpfen.[39]

Der hinhaltende Widerstand nationalistisch gesinnter Akademiker, die ihr Recht, "am Born der Weisheit zu saugen", nicht mit Fremden teilen mochten,[40] blieb ebenso wie die Neigung der Administrationen,

---

[39]   Zitiert in Salvisberg (1913a: 10).
[40]   Dieser Ausdruck findet sich bei Böninger (1913: 18).

den Zugang zu den deutschen Universitäten strikt zu limitieren (ohne
Ausländer formell auszuschließen), bis in die Zeit des Zweiten Weltkriegs ein Kontinuum deutscher Hochschulpolitik. Seit der Mitte des
19. Jahrhunderts war in regelmäßigen Abständen von universitären
"Überfüllungskrisen" die Rede, die in der Regel allein auf eine politisch gewollte Reduktion der Universitätshaushalte zurückzuführen
waren.[41] Dabei wurde im übrigen einkalkuliert, dass die quantitative
Beschränkung der Studienplätze das Ansehen eines deutschen Hoch-
schulabschlusses international durchaus erhöhen würde, weil er als
schwer erreichbar galt.

Nach dem Ersten Weltkrieg, als – wie beschrieben – die Idee ihren
Aufstieg nahm, mittels Kulturpolitik die außenpolitischen Schwächen
Deutschlands zu überspielen, traten Nachkriegsrezession und Inflation
als Elemente hinzu, die dazu führten, dass Nichtdeutschen der Zugang
zu deutschen Universitäten erschwert wurde. Wegen der vermeintlich
für Deutschland ungünstigen Wechselkurse begannen in den 20er
Jahren einzelne Universitäten, die Studiengebühren für Ausländer
drastisch zu erhöhen. So verzwanzigfachte die Universität Jena Anfang 1920 die Gebühren für Nichtdeutsche, andere zogen – mit weniger starken Steigerungsraten – nach.[42] Ganz ähnlich verhielten sich
Gastwirte und Pensionsbesitzer: In Berlin war es zur gleichen Zeit
üblich, bei der Ausstellung von Rechnungen an Ausländer das Doppelte zu nehmen und sich im Zweifelsfall sogar den Pass des Käufers
zeigen zu lassen, was auf eine offizielle Weisung des Magistrats der
Stadt zurückging.[43] In der Presse wurden Stimmen laut, die diese
Preisdiskrepanz noch für unzureichend hielten: "Daß diese Zuschläge
immer noch recht unbedeutend sind, liegt auf der Hand. Aber es ist
wenigstens ein Anfang, und wenn 100 v.H. nicht genügen, kann man
ja nächstens 300 oder 400 nehmen."[44] Wie man sieht, saßen die ärgs-
ten Feinde der kulturpolitischen Strategen, falls sie darauf bauten, die
ausländischen "Multiplikatoren" für einen Deutschlandaufenthalt zu

---

[41]   Allgemein hierzu vgl. Titze (1981); außerdem Titze (1987).
[42]   *Niederschlesische Zeitung*, 5.2.1920, S. 3: "Ausländer auf deutschen Hochschu-
        len. Die Universität Jena hat die Gebühren für Ausländer mit sofortiger Wirk-
        samkeit von 200 auf 4000 Mark erhöht."
[43]   *Niederschlesische Zeitung*, 7.2.1920, S. 3: "Zuschläge für Ausländer in deutschen
        Gasthöfen."
[44]   *Niederschlesische Zeitung*, 7.2.1920, S. 3.

gewinnen, nicht an den Ufern der Seine, wie die meisten Deutschen vermuteten, sondern in Deutschland selbst.

Mit der Machtübernahme der Nationalsozialisten trat zwar die deutsche Universitätspolitik in ein neues Stadium, am Status des "Ausländerstudiums" und seinen Mängeln änderte sich dagegen nur wenig.[45] Die gewaltsame Vertreibung von jüdischen Gelehrten und Gegnern des Regimes aus den deutschen Universitäten zerstörte die geistige Unabhängigkeit dieser Institution und verminderte langfristig ihre Attraktivität nach außen, führte aber zugleich dazu, dass hochqualifizierte Fachkräfte ins Ausland abwanderten und den Wert der Hochschulen dort erhöhten. In Lateinamerika hatte dies die für Nationalsozialisten peinliche Begleiterscheinung, dass durch die NS-Machtübernahme die deutsche Berufungspolitik durcheinander gebracht wurde. Dadurch wurden in lateinamerikanischen Ländern einige Professuren, auf deren Besetzung mit eigenen Kandidaten NS-Kulturpolitiker gehofft hatten, an Emigranten vergeben.

Die Betreuung von lateinamerikanischen Studenten durch nationalsozialistische Kulturpolitiker stand, von Anfang an – wie bereits erwähnt – im Schatten der amerikanischen und französischen Konkurrenz. Daneben besaßen spanische und italienische Universitäten, allein schon wegen der geringeren Sprachbarrieren, eine große Anziehungskraft für Studenten aus Lateinamerika.[46]

---

[45]   Zu den ungedruckten Quellen sei hier Folgendes vermerkt: In den Universitätsarchiven findet man in der Regel noch Immatrikulationsunterlagen und Statistiken, die die Ausländer getrennt nach Nationen ausweisen. Andere zentrale Verwaltungseinheiten, die in diesem Zusammenhang eine Rolle spielten, hatten während des Krieges erhebliche Verluste zu verzeichnen, so unter anderem die Dienststelle des Deutschen Studienwerks für Ausländer, Berlin, Hardenbergstr. 34, die am 22.11.1943 bei einem Fliegerangriff vollständig zerstört wurde. Vgl. Rundschreiben des Leiters des Studienwerks, Dr. Goepel (HU-Archiv, Best. Rektor und Senat 69, Stipendiaten des DAAD, Bl. 9).

[46]   Über spanische Initiativen zur An- und Abwerbung lateinamerikanischer Studenten, die in anderen europäischen Ländern studierten, vgl. *La Voz*, 6.6.1935 (GStA, HA I, Rep. 218, Nr. 212, Bl. 97). Darin wird erkennbar, dass erstens auch in Spanien die Universitätsbürokratie das Studium von Ausländern behinderte, zweitens Befürworter der Studienförderung für Ausländer ein ganz ähnliches Multiplikator-Konzept verfolgten wie die Deutschen: "Estos estudiantes [latinoamericanos] regresan a sus respectivas tierras y se convierten en voceros de la cultura asimilada. Por ellos perdurará en otras sociedades el espíritu de la cultura que asimilaron." Zu italienischen Stipendien für lateinamerikanische Studenten (hier besonders Peruaner): GStA, HA I, Rep. 218, Nr. 211, Bl. 136.

Das *Bulletin of the American Association of University Professors*
hatte im Oktober 1930 eine Studie des Direktors des "Institute of International Education" in New York, Prof. Duggan, veröffentlicht, die
die Entwicklung des Ausländerstudiums in den USA zum Gegenstand
hatte und statistische Ergebnisse enthielt. Diese hatte das Auswärtige
Amt zum Anlass genommen, entsprechende Zählungen in Deutschland vornehmen zu lassen, so dass Vergleichsdaten vorliegen (vgl.
Tabelle 1 und 2).[47]

Tabelle 1:
Lateinamerikanische Studenten in den USA, 1921/22-1929/30

Herkunftsland der lateinamerikanischen Studenten	1921/22	1922/23	1923/24	1924/25	1925/26	1929/30
Argentinien	54	57	33	38	35	27
Bolivien	21	31	19	26	14	o. A.
Brasilien	81	56	52	43	31	27
Mittelamerika (sic)	15	6	9	4	2	o. A.
Chile	42	42	33	25	23	o. A.
Kolumbien	56	57	34	33	34	o. A.
Costa Rica	19	18	13	15	9	o. A.
Kuba	145	158	139	120	80	o. A.
Dominikan. Republik	9	8	5	-	4	o. A.
Ecuador	9	12	9	8	10	o. A.
Guatemala	21	21	18	17	20	17
Haiti	3	5	4	5	6	11
Honduras	14	19	22	20	23	14
Mexiko	244	232	198	201	188	o. A.
Nicaragua	21	12	10	11	8	14
Panama	24	28	33	30	42	o. A.
Paraguay	2	2	1	-	-	o. A.
Peru	82	69	52	59	37	31
Puerto Rico	195	29	181	190	183	o. A.
El Salvador	8	1	6	9	8	o. A.
Uruguay	15	19	13	12	6	o. A.
Venezuela	9	13	15	18	20	o. A.
Insgesamt	**1.089**	**863**	**562**	**580**	**551**	**87**

Quelle: Bulletin of the American Association of University Professors, Oktober 1930,
sowie Ergänzungen durch die Deutsche Botschaft in Washington, 1931 (GStA, HA I,
Rep. 218, Nr. 211, Bl. 252).

---

[47] Rundschreiben AA an alle Deutschen Gesandtschaften in Lateinamerika, 23.1.
      1931 (GStA, HA I, Rep. 218, Nr. 211, Bl. 251R-253V).

Tabelle 2:
Lateinamerikanische Studenten in Deutschland, 1928 – 1930

Herkunftsland der lateinamerikanischen Studenten in Deutschland	SoSe 1928	SoSe 1930
Argentinien	13	13
Bolivien	3	8
Brasilien	12	14
Chile	17	18
Ecuador	-	2
Kolumbien	14	11
Mexiko	3	11
Paraguay	3	2
Peru	20	21
Uruguay	-	1
Venezuela	3	5
"sonstige mittelam. Rep."	13	16
Insgesamt	**101**	**122**

Quelle: Auswärtiges Amt, 1931 (GStA, HA I Rep. 218, Nr. 211, Bl. 252).

Zum einen war die Gesamtzahl der lateinamerikanischen Studenten in den USA anfangs deutlich höher als die Summe derjenigen, die sich für Deutschland entschieden. Eine weitere wichtige Vergleichsgröße, nämlich die Gesamtzahl der in den einzelnen lateinamerikanischen Staaten Studierenden, lag nicht vor, ebenso wenig eine präzise Verteilung auf einzelne Studienfächer. Zum zweiten bleibt festzuhalten, dass die Weltwirtschaftskrise in den USA zu einem gravierenderen Einbruch des Anteils der lateinamerikanischen Studenten führte als in Deutschland. Gerade was Argentinien betraf, lagen beide Länder nicht mehr weit von einander entfernt.

Um über Erfolg oder Misserfolg des "Multiplikator"-Konzepts bei auswärtigen Studenten genaue Aussagen machen zu können, müsste man im Grunde über sehr detaillierte Informationen über die Biographien der einzelnen Studierenden verfügen, gerade auch für die Zeit nach dem Verlassen der Universität. Diese liegen jedoch nur in wenigen Fällen in ausreichender Dichte vor. Die geringe Zahl der zeitweilig in Deutschland lebenden Studenten legt aber den Schluss nahe, dass sie nicht die tragende Rolle gewannen, die ihnen in diesem Konzept zugesprochen wurde. Als schwer abschätzbarer Faktor trat hinzu, dass beispielsweise Argentinier oft über mehrere Staatsbürgerschaften verfügten und mithin unter Umständen gar nicht unter dieser Nationalität in der Statistik erschienen.

Neben einer oft abweisenden, xenophoben Umgebung und den materiellen Problemen der in Deutschland lebenden Ausländer sorgten auch die Schwierigkeiten, die die Universitätsverwaltungen bei der Anerkennung ausländischer Zeugnisse machten, für eine Minderung des Zugangs von auswärts.[48] Hatten die Interessenten alle Hürden überwunden, die sie von dem begehrten Studienplatz trennten, hing viel davon ab, inwieweit ihre Umgebung bereit war, sie zu integrieren. Ein längerer Aufenthalt in einer Nation allein zieht noch keinen Enthusiasmus für dieselbe nach sich. Wurde das Studium als erfolgreich empfunden und die menschliche Umgebung als angenehm, könnte ein Ausländer anschließend als Sympathieträger angesehen werden.

Vorrangiges Ziel einer "intermediären Institution" in diesem Sektor musste es sein, die öffentlichen Widerstände gegen ausländische Studenten abzubauen, Einfluss auf die Verteilung der Stipendien zu gewinnen und sich für ihre Integration in die deutsche Gesellschaft einzusetzen. Darauf geht der Beitrag von Silke Nagel über die Kulturpolitik des IAI ein.

5. Die Suche nach der vermittelnden Instanz

An Versuchen, die fehlende Koordinationsstelle für die interatlantischen Beziehungen zu schaffen, hat es nicht gefehlt. Mit dem "Deutsch-Südamerikanischen Institut", 1912 von Professor Paul Gast gegründet, schien ein aussichtsreicher Anfang gemacht. In der Zielsetzung wies das Institut bereits ähnliche Ansprüche auf, wie später das IAI.[49] Es sollte

> die Angehörigen beider Staatengruppen durch geistige Wechselbeziehungen [verbinden] und [...] den Austausch und die Verwertung der Arbeitserfahrungen fördern. Dazu dienen seine regelmäßig erscheinenden periodischen Schriften in Deutsch, Spanisch und Portugiesisch, der Austausch von Veröffentlichungen seiner Mitglieder, in Sonderheit auch von Behörden, wissenschaftlichen Instituten und Gesellschaften, die Ausgabe von nach Ländern geordneten Adreß- und Auskunftsbüchern, sowie die

---

[48] Zum Problem der Anerkennung ausländischer Zeugnisse vor 1933 vgl. Remme (1932).

[49] Bock (1964: 3). Vgl. außerdem Salvisberg (1913b).

Einrichtung von wissenschaftlichen Auskunfts- und Studienstellen in Deutschland und Südamerika (von Salvisberg (1913b), S. 39f.).

Es stand in enger Verbindung zur Universität Bonn und zur Technischen Hochschule Aachen und rühmte sich auch "weitverzweigter Beziehungen zur Industrie" (von Salvisberg 1913b: 39f.). Von einer institutionellen Verstetigung war es allerdings noch weit entfernt. 1913 hatte es nach eigenen Angaben "eine stattliche Zahl von Fachabteilungen" und Länderabteilungen "in fast allen Staaten Südamerikas", doch lagen sein formaler Sitz in Bonn und seine Geschäftsstelle in Aachen (von Salvisberg 1913b: 39f.). Vielmehr als ein lockerer Informations- und Forschungsverbund bereits bestehender Einrichtungen schien dies nicht gewesen zu sein. Das Institut verlagerte nach wenigen Jahren seinen Sitz nach Köln und wurde bereits 1921 aus Geldmangel wieder aufgelöst. Es wurde offenkundig, dass eine auf der Privatinitiative einzelner Hochschullehrer beruhende Einrichtung ohne staatlichen Rückhalt nicht überleben konnte. Inwieweit sich die exportorientierte Industrie tatsächlich finanziell engagiert hat, ist schwer zu ergründen. Dennoch ist sichtbar, dass sie, einem kurzfristigen Gewinn- und Effizienzkalkül folgend, in Zeiten des Rückgangs der außenwirtschaftlichen Beziehungen nicht zögerte, zwischenstaatlichen Instituten ihre Unterstützung zu entziehen. Aber auch anderen Einrichtungen, die sich auf diesem Feld dauerhaft zu etablieren vermochten, gelang es nicht, den Rang der zentralen Vermittlerinstanz einzunehmen. Das Hamburger "Ibero-Amerikanische Institut" bestand seit 1917 und war bis zur Gründung des Berliner Instituts die bedeutendste Einrichtung dieser Art in Deutschland. Die von ihm beanspruchte Stellung entsprach wiederum in vielem dem, was das IAI später zum Programm erhob. Doch blieb sein Wirkungskreis offensichtlich weitgehend auf die Hansestadt beschränkt. Nach über zehnjähriger Existenz beklagten die Förderer des Hamburger IAI vor allem die verpassten Entwicklungschancen.[50] Trotz des explizit erhobenen Anspruchs, der Wirtschaft mit Spezialwissen und Kontakten zur Verfügung zu stehen, waren die angesprochenen Kreise aus Industrie und Handel nicht bereit, diese Schützenhilfe angemessen zu honorieren

---

[50] Vgl. *Hamburger Neueste Nachrichten*, 19.5.1931: "Hamburg, Stadt der verpaßten Gelegenheiten. Deutsche Kulturpropaganda im Ausland. Prof. Mühlens' Eindrücke in Ibero-Amerika" (GStA, HA I, Rep. 218, Nr. 91, Bl. 240). *Die Welt*, 14.12.1967 (zitiert nach BStU, MfS FV 8/69, Ordn. 12, Bl. 515).

und eine ausreichende Finanzierung zu gewährleisten. Kleinere deutsche Teilstaaten oder Städte konnten aus vielerlei Gründen einer zentralen deutsch-lateinamerikanischen Koordinationsstelle nicht die nötigen Grundlagen bieten: Sie besaßen nicht die erforderlichen finanziellen Mittel und konnten keinen Ausgleich für die Standortvorteile bieten, die Berlin als Hauptstadt, Sitz der Reichsregierung und zahlreicher bedeutender wissenschaftlicher Einrichtungen besaß. Offenkundig war nicht die Privatwirtschaft, sondern nur der Staat, nicht eines der kleineren deutschen Länder, sondern nur Preußen willens und in der Lage, die fehlende "intermediäre Institution" ins Leben zu rufen. Dabei erwies sich das bei den Institutsgründungen in Hamburg und im Rheinland gesammelte Expertenwissen als unentbehrlich. Unabhängig von der Standortwahl war das Berliner IAI damit keine rein "preußische" Institution.

6. Die Gründung des Ibero-Amerikanischen Instituts

Die tastenden Versuche, in Preußen eine geeignete Organisationsform für die gesuchte "intermediäre Institution" zu finden, führten 1925 zunächst zur Schaffung einer "Auskunftsstelle", an die sich lateinamerikanische Besucher wenden konnten.[51]

Es war letztlich einem Zufall zu verdanken, dass die Entscheidung für die Gründung einer solchen Einrichtung 1927 getroffen wurde. Der germanophile argentinische Universalgelehrte Ernesto Quesada (1858-1934) hatte in fortgeschrittenem Alter beschlossen, eine deutsche Bewunderin, Leonore Deiters, zu heiraten und mit ihr nach Europa überzusiedeln.[52] Quesadas Bibliothek galt mit ca. 82.000 Bänden, von denen sich 32.000 auf Lateinamerika bezogen, als eine der umfangreichsten privaten Büchersammlungen Lateinamerikas,[53] und da er kinderlos war, stellte sich anlässlich seines Umzugs nach Europa die Frage nach dem Verbleib seiner Bücher. Er traf schließlich 1927 die Entscheidung, sie dem preußischen Staat zu stiften.[54]

---

51   Bock (1964: 3). Zur Gründungsphase des IAI (Berlin): Ebel (1971: 32-34) und
     Rinke (1996, II: 450-454).
52   Vgl. Vollmer (2001).
53   Laut einem Buch von H. Sparn über "Die Bibliotheken der Welt" (dieses konnte
     nicht konsultiert werden) (PAAA, IAI, Bd. I, 18.11.1927).
54   Hagen/Bock (1945: 1). Nach anderen Versionen hatte Quesada die Bibliothek zunächst der "deutschen Studentenschaft" vermacht, vgl. Litzmann (1928 II: 264).

Die Quesadas entstammten einer alteingesessenen Familie der argentinischen Oberschicht, deren Vorfahren bereits an der *Conquista* teilgenommen haben sollen.[55] 1873/74 hatte Quesada auf Veranlassung seines Vaters Vicente in Dresden ein Gymnasium besucht und sich mit der deutschen Kultur vertraut gemacht. Er blieb ein Bewunderer Deutschlands. Vicente Quesada war ein führender argentinischer Diplomat und Politiker, der sich lange im Ausland aufgehalten hatte, darunter in Rom, Washington, Madrid und Berlin, wo er stets Anschluss an Intellektuellenkreise gesucht hatte.[56] Als geradezu besessener Büchersammler hatte er nicht nur auf seinen Auslandsreisen, sondern auch in Lateinamerika seit den 1850er Jahren eine Bibliothek beträchtlicher Größe zusammengestellt. Seinem Sohn hat er die Sammelleidenschaft vererbt. Ernesto Quesada, so schrieb der preußische Kultusminister C. H. Becker anlässlich der Schenkung, "war 30 Jahre lang Richter, dann Professor der Soziologie an der Universität Buenos Aires, Professor der Nationalökonomie an der Universität La Plata, Mitglied aller wichtigen wissenschaftlichen Körperschaften von Südamerika, und so war ihm fast mehr als seinem Vater die Möglichkeit gegeben, die Bücherei zu vervollständigen, in die er einen großen Teil seines persönlichen Vermögens hineinsteckte"[57] (vgl. Anhang).

Die Entscheidung Quesadas, seine Bibliothek nicht in Argentinien zu belassen, scheint von der Furcht diktiert worden zu sein, dass sie nach seinem Tode aufgelöst werden könnte. Zwar stieß die Bücherschenkung an Preußen in Quesadas Heimatland auf Ablehnung, doch scheint sich keine argentinische Institution gefunden zu haben, die bereit gewesen wäre, die vermutlich hohen Verwaltungskosten für die Übernahme und Weiterführung der Bibliothek zu übernehmen. Dagegen hatten die Universitäten von Washington/D. C. und Chicago Interesse bekundet. Quesada hatte sich jedoch trotz der konkurrierenden Angebote für Berlin entschieden.[58] Quesadas Bibliothek wurde bald

---

[55]   Quesada an Boelitz, 3.10.1930 (GStA, HA I, Rep. 218, Nr. 687, o. S.).
[56]   C. H. Becker (PrMW) an PrFM, 17.8.1928 (GStA, HA I, Rep. 151 IC, Nr. 7109, zitiert nach BStU, MfS FV 8/69, Bd. 1, Bl. 13-18).
[57]   C. H. Becker (PrMW) an PrFM, 17.8.1928 (GStA, HA I, Rep. 151 IC, Nr. 7109, zitiert nach BStU, MfS FV 8/69, Bd. 1, Bl. 13-18). Allgemein zu Quesada sowie zu seiner Bibliothek und seinem Nachlass vgl. Brante-Schweide (1933/34); Buchbinder (1995); Liehr (1983); Morris (1958: 15-18); Quesada (1930/31); Romero (1993); Uhle (1934/35).
[58]   PAAA, IAI, Bd. I, 18.11.1927.

nach der ausgesprochenen Schenkung nach Deutschland transferiert.[59] Im Gegenzug erhielten er und seine Frau gemeinsam auf Lebenszeit eine als "Gehalt" bezeichnete Rente von jährlich 12.000 RM zugesprochen, gleichzeitig wurde Quesada zum Honorarprofessor an der Berliner Friedrich-Wilhelm-Universität ernannt. Er gilt als erster Lateinamerikaner, der eine Honorarprofessur in Deutschland erhalten hat.[60] In einer Vereinbarung vom 29.8.1927 wurde minutiös festgelegt, wie der preußische Staat in Zukunft mit der argentinischen Schenkung umzugehen habe, insbesondere sollte der ursprüngliche Bücherbestand als "Quesada-Bibliothek" kenntlich gemacht werden und so an den Stifter erinnern.[61]

Der Bibliothekstransfer war ein Auslöser, beileibe aber nicht der einzige, der zur Gründung des IAI führte.[62] Das Institut wurde um eine Bibliothek herum gegründet, wohl nicht zuletzt deswegen, um diese vor Übernahmeansprüchen bereits bestehender Ibero-Amerika-Institute zu schützen. Das Hamburger Institut, das auch ein Auge darauf geworfen hatte, war freilich nicht bereit gewesen, Quesada für die Übernahme der Bücher eine pekuniäre Gegenleistung anzubieten.[63]

Der künftige Bibliotheksbestand des IAI wurde unter anderem 1926/27 durch die Mexiko-Bücherei ergänzt, die Dr. Hermann Hagen "im Auftrage des preußischen Kultusministers in Mexiko [...], hauptsächlich durch Schenkungen der mexikanischen Behörden, Institute und wissenschaftlichen Körperschaften und einzelner Mexikaner, zum kleineren Teil auch durch Kauf" beschafft hatte. Dabei konnte er auf

---

[59] Die Übernahme der Bibliothek ist dokumentiert in GStA, HA I, Rep. 218. Nr. 305.

[60] *La Plata Zeitung*, 18.11.1927 (laut PAAA, IAI, Bd. 1, o.Bl.).

[61] Quesada an Boelitz, 3.10.1930 (GStA, HA I, Rep. 218, Nr. 687, o.S.)

[62] Eckdaten zur Geschichte des IAI und der Bibliothek allgemein vgl. Bock (1962), Hagen/Bock (1945) sowie die laufend im *Ibero-Amerikanischen Archiv* erscheinenden Chroniken und Tätigkeitsberichte. Über die politischen Aktivitäten des Präsidenten findet man dort verständlicherweise so gut wie nichts. Wer glaubt, diese Grunddaten gäben einen vollständigen Einblick in die Institutsaktivitäten vor 1945, dem sei nahegelegt, sich das kurze Kapitel über die Quellen im Beitrag über Faupel im vorliegenden Sammelband anzusehen.

[63] Dies erklärte in Hamburg – unwidersprochen – Prof. Mühlens vom Tropenhygienischen Institut Hamburg auf einem offiziellen Empfang durch die "Gesellschaft der Freunde des Ibero-Amerikanischen Instituts in Hamburg", vgl. *Hamburger Neueste Nachrichten*, 19.5.1931: "Hamburg, Stadt der verpaßten Gelegenheiten."

Empfehlungen und eine Schenkung des mexikanischen Präsidenten Plutarco Elías Calles bauen.[64]

Ferner wurde dem IAI die Bibliothek des Ibero-Amerikanischen Forschungsinstituts an der Universität Bonn (10.000 Bände, vor allem über Brasilien) angegliedert. Das Bonner Institut war 1922/23 von dem Geographen Prof. Otto Quelle als "Privatinstitut gegründet und 1925 vom Staat als Universitätsinstitut übernommen [worden]. Es wurde 1930 aufgelöst".[65] Die Bonner Bücher und der Bonner Professor wurden in das Berliner Institut eingegliedert. Zugleich wurde die von ihm in unregelmäßigen Abständen herausgegebene Zeitschrift *Ibero-Amerikanisches Archiv* vom IAI übernommen und fortgeführt. Quelle selbst erhielt eine Professur mit Gehalt an der Technischen Hochschule, später an der Friedrich-Wilhelm-Universität.[66] Kurz nach der Gründung des IAI überließ der Anthropologe Prof. Lehmann-Nitsche, der sich lange in Argentinien aufgehalten hatte, dem Institut seine Privatbibliothek als Leihgabe.[67]

Das IAI wurde nach einer Vorbereitungszeit von über einem Jahr, in dem es eingerichtet wurde, offiziell 1930 eröffnet, wobei für den Tag der Gründungsfeier der 12. Oktober, der *Día de la Raza*, gewählt wurde, der zu jener Zeit in weiten Teilen Lateinamerikas ein staatlicher Feiertag war.[68] Der Gründungsempfang des IAI fand einen brei-

---

[64] Hagen/Bock (1945: 1). Vgl. auch den Eintrag zu Hagen in den "Bio-bibliographischen Grunddaten" in diesem Sammelband.

[65] Hagen/Bock (1945: 2). Vgl. auch die Angaben in Brauer (1968: 215); Liehr (1992: 644); Quelle (1930/31).

[66] Liehr (1992: 644). Vgl. auch den Eintrag zu Quelle in den "Bio-bibliographischen Grunddaten" in diesem Sammelband.

[67] "Bericht über die Entwicklung des IAI in Berlin, 1.4.1931-31.3.1932" (GStA, HA I, Rep. 218, Nr. 211, Bl. 139-149) und GStA, HA I, Rep. 218, Nr. 375 (Akte betr. Übernahme der Bibliotheken von Prof. Walter Lehmann und Prof. Lehmann-Nitsche, 1931-1942).

[68] Zur Chronologie der Gründungsphase bot der erste Direktor des IAI folgende Grunddaten: "Zum ersten Mal kam m. W. der Name [Ibero-Amerikanisches Institut] durch den Etat des Preußischen Staates im Jahr 1929, der im Herbst 1928 aufgestellt worden war, in die Öffentlichkeit. Am 17. Dezember 1928 hatte im Preußischen Kultusministerium eine Sitzung stattgefunden mit der Tagesordnung: 'Aussprache über den Plan der Begründung eines Instituts, das sich der ibero-amerikanischen Forschung widmen soll'. In dieser Sitzung wurde der Name 'Ibero-Amerikanisches Institut' festgelegt, nachdem gerade aus der Reihe der geladenen Sachverständigen ein deutscher Diplomat, der lange Zeit in Südamerika tätig gewesen war, mit besonderem Nachdruck für die Bezeichnung 'Ibero-Amerikanisches Institut' eingetreten war" (Boelitz an RPMW, 4.5.1933,

ten Widerhall in der deutschen und lateinamerikanischen Presse, und
bereits 1931 war es in Übersee weit bekannter als das Hamburger
Ibero-Amerikanische Institut, wie Vertreter des letzteren konserniert
bei Fahrten nach Lateinamerika feststellen mussten.[69]

Als Institutsgebäude erhielt das IAI den Schlossflügel des repräsentativen und zentral gelegenen ehemaligen Marstalls zugewiesen, in
dem es bis 1941 blieb. Die Wahl des Institutssitzes war ohne Zweifel
symbolisch zu verstehen. Preußische Gelehrte nahmen seit dem frühen
19. Jahrhundert eine führende Stellung in der deutschen Lateinamerikaforschung ein. Der preußische Staat demonstrierte zusammen mit
der Reichsregierung, dass man diese Tradition nicht nur ernst nahm,
sondern dass man bereit war, ihr fortan ein größeres Gewicht zu verleihen (Anhang). Zum ersten Direktor des Instituts wurde ein ehemaliger preußischer Kultusminister, Otto Boelitz, ernannt. Zeitweilig
Oberlehrer an der Deutschen Schule in Brüssel und Direktor der entsprechenden Schule in Barcelona, war er seit 1919 für die liberale
DVP Abgeordneter des Preußischen Landtags gewesen und hatte von

---

GStA, HA I, Rep. 218, Nr. 235, Bl. 45V. In dem Brief finden sich auch Ausführungen über die Ablehnung des Begriffs "Lateinamerika"). Zu den Gründungs-
arbeiten: PAAA, IAI, Bd. 1; zur Presseberichterstattung für diesen Zeitraum: vgl.
unter anderem *La Plata Zeitung*, 17.3.1928; *Berliner Tageblatt*, 31.5.1928,
25.12.1928 (laut PAAA, IAI, Bd. 1). Zur Bedeutung des "Día de la Raza" vgl.
den Beitrag von Dawid Bartelt im vorliegenden Sammelband.

[69] *Hamburger Neueste Nachrichten*, 19.5.1931. Die Gründungsnachricht des IAI
wurde über die Lateinamerika-Vertretungen der Deutschen Reichsbahn verbreitet, mit erstaunlichem Widerhall, wie nachstehend erkennbar wird (Dr. Markus,
Reichsbahnzentrale für den Deutschen Reiseverkehr, an IAI, 10.3.1931 sowie
13.3.1931, GStA, HA I, Rep. 218, Nr. 92, Bl. 22-23): Berichte über die Gründung des IAI fanden sich unter anderem in folgenden Zeitungen: *Atalaya Alemana* (Barcelona), 13.12.1930; *La Voz de Galicia* (La Coruna), 9.12.1930; *El Día*
(Palma de Mallorca), 19.12.1930; *El Adelanto* (Salamanca), 3.12.1930; *El Universal* (Guayaquil/Ecuador), 27.12.1930; *El Imparcial* (Guatemala), 27.12.1930;
Acción (San Luís Potosí/Mexiko), 20.12.1930; *El Diario Nicaragüense* (Grana-
da/Nicaragua), 4.1.1931; *Diario de Costa Rica* (San José), 28.12.1930; *Diario
del Salvador* (San Salvador), 25.12.1930; *El Diario Español* (Buenos Aires),
27.12.1930; *El Litoral* (Concordia/Argentinien), 5.1.1931; *La Capital* (Rosa-
rio/Argentinien), 29.12.1930; *A Voz* (Lisboa), 5.1.1931; *O Independente* (Be-
lem/Brasilien), 8.1.1931; *O Dia* (Curitiba/Brasilien), 16.1.1931. Eine Sammlung
von Zeitungsartikeln zum IAI befindet sich in folgenden Akten: GStA, HA I,
Rep. 218, Nr. 374, 656, 747. Außerdem bewahrt das IAI eine Zeitungsausschnitt-
Sammlung zu seiner Geschichte auf.

November 1921 bis Januar 1925 das genannte Ministeramt beklei-det.[70]

Die Gründungsphase des IAI stand unter dem Einfluss der Welt-wirtschaftskrise, was notwendigerweise negative Auswirkungen auf die finanzielle Ausstattung des Instituts haben musste, und diese Be-schränkungen blieben bis Mitte der 30er Jahre bestehen.[71] Der sym-bolhaft zur Schau gestellte Anspruch eines stärkeren staatlichen Enga-gements in den deutsch-lateinamerikanischen Kulturbeziehungen wurde durch die Unterfinanzierung des IAI wieder in erheblichem Maße relativiert. Referentenstellen des höheren Dienstes wurden fast ausschließlich mit Personen besetzt, die bereits Beamte waren,[72] ande-re Mitarbeiter wie Edith Faupel, die seit 1931 am Institut arbeitete, wurden nicht entlohnt oder erhielten nur eine Aufwandsentschädi-gung.[73] Die Praxis, eine größere Zahl von Personen unentgeltlich zu beschäftigen, wurde bis zum Ende der NS-Diktatur beibehalten. Da die Institutsführung zu jenen gehörte, die am frühesten von freiwer-denden Stellen erfuhr, für die gut ausgebildetes, spanisch- oder portu-giesischsprachiges Personal gesucht wurde, darf angenommen wer-den, dass die freiwilligen Mitarbeiter langfristig mit der Vermittlung einer solchen Stelle rechnen konnten. Da es sich um einen informellen Vorgang (freiwillige Arbeit gegen spätere Arbeitsvermittlung) handel-

---

[70] Zu Boelitz vgl. Möller (1985: 636) und *Reichshandbuch der Deutschen Gesell-schaft* (1930, I: 165). Zu seiner Stellung als Lehrer in Auslandsschulen: PAAA, Deutsche Botschaft in Madrid, Deutsche Schule Barcelona, Bd. 3. Boelitz war dort Direktor von 1908 bis 1916. Anschließend war er Direktor eines Gymnasi-ums in Soest (ibid.). Ergänzende Angaben finden sich außerdem im Beitrag über Boelitz in den "Bio-bibliographischen Grunddaten" zu den Mitarbeitern des IAI in diesem Sammelband.

[71] Vgl. unter anderem den Tätigkeitsbericht des IAI: "Bericht über die Entwicklung des IAI in Berlin, 1.4.1931-31.3.1932" (GStA, HA I, Rep. 218, Nr. 211, Bl. 139-149); Rinke (1996, II: 455f.).

[72] Boelitz an Major a.D. Siebigh, 25.8.1930 (GStA, HA I, Rep. 218, Nr. 92, Bl. 48): "Wir haben uns bei der Einrichtung des Instituts darauf beschränken müssen, in erster Linie solche Damen und Herren zur Mitarbeit zu gewinnen, die bereits in irgendeinem Verhältnis zu staatlichen Behörden stehen (Universitätsprofessoren, Bibliothekare, Studienräte usw.), so daß diese Herren gewissermaßen, nur im Nebenamt im Institut tätig sind, während sie im übrigen Staatsbeamte sind, deren Besoldung aus der Staatskasse erfolgt." Vgl. außerdem Boelitz an Quesada (Spiez), 11.12.1930 (GStA, HA I, Rep. 218, Nr. 687, Korrespondenz mit Ernesto und Leonore Quesada, 1929-1938, o.S.).

[73] Personeller Aufbau des IAI, o.D. (ca. Anfang 1933) (GStA, HA I, Rep. 218, Nr. 235, Bl. 6f.).

te, lässt sich der quantitative Umfang dieser Personalrotation nur schwer bestimmen.

Der wesentliche Teil der organisatorischen Arbeit im Institut fiel vor der Übernahme der Institutsleitung durch General Faupel nicht Instituts-Direktor Boelitz zu, der vor allem wegen seiner weiteren Arbeitsbelastung als Parlamentarier vorrangig repräsentative Funktionen übernahm, sondern dem Generalsekretär des IAI.[74] Auf diesen Posten gelangte Karl Heinrich Panhorst,[75] vermutlich aufgrund des Einflusses von Boelitz, der ihn aus Spanien kannte. Panhorst hatte über die Kolonialunternehmungen der Welser und Fugger promoviert, doch war sein *opus* nach der Publikation erheblicher Kritik von Experten ausgesetzt (Liehr 1992: 646-47). Wenn auch historische Abhandlungen nicht seine Stärke waren, so erwies er sich als geschickter Navigator in den Kommunikationskanälen der deutsch-lateinamerikanischen Beziehungen. Er konnte besser hinter verschlossenen Türen als in der Öffentlichkeit wirken.[76] Daher hat er die "Machtergreifung"

---

[74]   Panhorst an Benedix, 10.12.1930 (GStA, HA I, Rep. 218, Nr. 90, Bl. 58).

[75]   Vgl. den entsprechenden Beitrag in den "Bio-bibliographischen Grunddaten" zu den Mitarbeitern des IAI in diesem Sammelband.

[76]   Faupel, der erst zu Beginn seiner zweiten Präsidentschaft in einen unüberbrückbaren Konflikt zu Panhorst geriet, pries dessen Fähigkeiten im März 1935 gegenüber dem RPMW (die Absicht, für ihn eine planmäßige Beamtenstelle zu erhalten, erforderte allerdings die in solchen Fällen üblichen Übertreibungen): "Die Tätigkeit des Generalsekretärs des Instituts umfasst weitgehende obrigkeitliche Aufgaben; sie muß auch aus Gründen der Staatssicherheit einem Beamten anvertraut sein, da der von den Aufgaben des Instituts nicht zu trennende ständige und unmittelbare Verkehr mit offiziellen Auslandsvertretern eine unbedingte Zuverlässigkeit erfordert. [...] Die Tätigkeit des Generalsekretärs ist keineswegs auf mehrere Personen aufteilbar. Die enge Fühlung mit den Ländervertretern kann nur in meinen Händen und denen meines unmittelbaren Mitarbeiters, des Generalsekretärs, liegen. Sie bedarf der Stetigkeit und erfordert eine außerordentlich genaue Kenntnis aller Zusammenhänge.
Dr. Panhorst besitzt in hervorragendem Maße die für die Stelle des Generalsekretärs des Instituts erforderliche Eignung. Er hat einen großen Teil der ibero-amerikanischen Staaten bereist. Er kennt auf Grund langjähriger Erfahrung die [...] Iberoamerikaner und weiß sie zu behandeln. Dr. Panhorst hat bei seiner Tätigkeit so viel Tatkraft, Geschick, Organisationstalent, Verschwiegenheit und Takt entwickelt, dabei eine so unermüdliche Arbeitskraft bewiesen, daß er für das Institut unentbehrlich geworden ist [...]" (Eingabe Faupels an RPMW, 1.3.1935, PAAA, IAI, Bd. 3).

– im Gegensatz zu Boelitz – auf seinem Posten überdauert, dies wohl nicht zuletzt deshalb, weil er rechtzeitig der NSDAP beigetreten war.[77]

Die offizielle Funktionsbeschreibung des IAI zum Zeitpunkt seiner Gründung entsprach der eingangs beschriebenen Stellung als intermediäre Institution: Es wurde als "der große Stapel- und Umschlagplatz für die geistigen Güter [...], die wir aus Ibero-Amerika beziehen, die Ibero-Amerika von uns bezieht", vorgestellt (Gast 1930/31: 1). Das Institut war in den Jahren vor 1933 kaum in der Lage, in größerem Umfang nach außen zu wirken. Das lag hauptsächlich an seiner krisenbedingten Finanzlage und dem Umstand, dass der ihm übertragene Bibliotheksbestand, der 1933 bei etwa 130.000 Bänden gelegen haben dürfte, einen erheblichen Verwaltungsaufwand mit sich brachte. So blieb bis zu diesem Zeitpunkt für auswärtige Kulturpolitik nur wenig Zeit, da vor allem die Anlegung des Katalogs die meisten Kräfte gebunden hat.

An einer prozentualen Aufstellung der bis 1932 erfassten Buchbestände kann man erkennen, welche Schwerpunkte das Institut vor 1933 in seiner Arbeit gesetzt hat:[78]

Angaben über die Benutzer der Bibliothek sind nur summarisch überliefert; das Benutzerbuch scheint verloren gegangen zu sein, doch enthält ein Teil der jährlichen Rechenschaftsberichte des IAI zusammenfassende Angaben. So enthielt das genannte Benutzerverzeichnis für das Rechnungsjahr April 1931 bis März 1932 1040 Eintragungen, vorwiegend von Deutschen.[79]

[77] Mitgliedsnummer: 3054211, Eintrittsdatum 1.5.1933 (BA Berlin, ehem. BDC, Mitgliederkartei der NSDAP: Mitgliedskarte von Panhorst). Bei dem 1935 dem RPMW vorgelegten Antrag auf Verbeamtung wurde eigens darauf verwiesen, Panhorst sei "Kriegsteilnehmer, arischer Abstammung, aus altansässiger westfälischer Familie und [er] ist Mitglied der NSDAP" (Eingabe Faupels an RPMW, 1.3.1935, PAAA, IAI, Bd. 3).

[78] Aufstellung Hagen (GStA, HA I, Rep. 218, Nr. 235, Bl. 16f.).

[79] Vgl. den Tätigkeitsbericht des IAI: "Bericht über die Entwicklung des IAI in Berlin, 1.4.1931-31.3.1932" (GStA, HA I, Rep. 218, Nr. 211, Bl. 139-149).

Tabelle 3:
Katalogisierung der Buchbestände
des Ibero-Amerikanischen Instituts bis 1932

Land	Bearbeitungsstand
Argentinien	vollständig aufgenommen
Brasilien	ca. $^3/_4$
Mexiko	ca. $^1/_{10}$
Spanien, Chile, Deutschland, Frankreich	vollständig aufgenommen
Allgemeines	$^2/_3$
Lateinamerika allgemein	$^3/_4$
Mittelamerika	$^1/_3$
Westindien	$^1/_4$
GB	$^3/_5$
USA	$^1/_2$
Paraguay, Uruguay, Guayana, Portugal	$^1/_4$

Quelle: Aufstellung von Dr. Hermann Hagen, 1932 (GStA, HA I, Rep. 218, Nr. 235, Bl. 16/17).

Parallel zum Institut entstanden spezielle, auf Lateinamerika ausgerichtete Vereinigungen, oder, sofern sie bereits existierten, so wurden Verbindungsstellen zu ihnen eingerichtet. Hervorzuheben ist hier
der Wirtschaftsverband für Süd- und Mittelamerika, der ebenfalls im
Marstall untergebracht war.[80] Vorsitzender desselben war Conrad von
Borsig, ein bekannter Berliner Unternehmer, der schon zuvor wirtschaftliche Verbindungen nach Lateinamerika aufgebaut hatte und der
zu den Gönnern des IAI gehörte.[81] Der Verband gab eine eigene Zeitung unter dem Titel "Ibero-Amerika" heraus.[82]
    In die gleiche Zeit fiel die Gründung anderer flankierender Organi-
sationen und Stiftungen, deren Existenz es letztlich schwer macht,
die Frage nach der Finanzierung des IAI exakt zu beantworten, zumal

---

[80] GStA, HA I, Rep. 218, Nr. 90, Bl. 87. Der Direktor und der Generalsekretär des
       IAI waren Mitglied des Verbands (GStA, HA I, Rep. 218, Nr. 706, o.Bl.).
[81] *Reichshandbuch der Deutschen Gesellschaft* (1930 I: 188), außerdem Boelitz an
       C. Borsig, 31.1.1931 (GStA, HA I, Rep. 218, Nr. 90, Bl. 87), Boelitz an Prof. Dr.
       Waetzoldt (GStA, HA I, Rep. 218, Nr. 98, Bl. 158).
[82] Boelitz an H. R. H. Müller, 19.6.1931 (GStA, HA I, Rep. 218, Nr. 90, Bl. 152).

sie nach 1933 weitgehend von führenden Institutsvertretern beherrscht oder sogar in Personalunion verwaltet wurden.[83]

Kurz nach der Machtübernahme der Nationalsozialisten setzten die Initiativen ein, den Institutspräsidenten Boelitz seines Postens zu entheben. Als liberaler Exponent der preußischen Bürokratie war er für das neue Regime inakzeptabel. Die "rührende Naivität, mit der sich die liberalen Geheimräte anfangs im Rachen des Löwen glaubten einrichten zu können," die laut Heiber charakteristisch für einen Teil der Weimarer Beamtenschaft war (Heiber 1966: 156), kennzeichnete auch Boelitz' Verhalten nach dem 30. Januar 1933. Er bemühte sich zunächst, sich der neuen Regierung anzudienen. Anfang Februar ließ er sich für eine zweimonatige Reise durch Lateinamerika beurlauben, in deren Verlauf er für die neue Regierung warb und Meldungen über den einsetzenden Terror der SA dementierte. So schrieb er im Mai 1933 in einem Bericht:

> [ich] hatte [...] Gelegenheit, mit einer Reihe von Vertretern des Staates Panama an Bord der Caribia zu sprechen. Es war um so wertvoller, als die Meldungen angeblicher Judenpogrome in Deutschland weite Kreise beunruhigten. Auf Grund unserer Radionachrichten konnte ich – auch in Verbindung mit dem deutschen Geschäftsträger Dr. Hinrichs – in vielem aufklärend wirken.[84]

Später versuchte er, lateinamerikanische Autoren für eine Propagandaschrift über den "deutschen Abrüstungswillen" zu gewinnen.[85] Geholfen hat ihm das nicht. Im Frühjahr 1934 wurde er als Direktor des IAI abgesetzt. An seine Stelle trat mit General a.D. Wilhelm Faupel ein Sympathisant der Nationalsozialisten, dessen Biographie viele Bezüge zu Lateinamerika aufwies. Auf ihn wird in einem der folgenden Beiträge genauer eingegangen.

---

[83] Genannt sei hier als Beispiel die Ende 1932 ins Leben gerufene Humboldt-Bolívar-Stiftung mit gemischtem deutsch-lateinamerikanischen Kuratorium (Boelitz an PrMW, 13.1.1933, GStA, HA I, Rep. 218, Nr. 235, Bl. 107).

[84] Boelitz an AA/PrMW, 2.5.1933 (GStA, HA I, Rep. 218, Nr. 235, Bl. 64). Zur Boelitz-Reise Ende Februar bis Ende April 1933: Boelitz an PrMW 24.5.1933 (GStA, HA I, Rep. 218, Nr. 235, Bl. 27f.) und Boelitz an PrMW 2.5.1933 (GStA, HA I, Rep. 218, Nr. 235, Bl. 51f.); GStA, HA I, Rep. 218, Nr. 235, Bl. 103; Bericht der deutschen Gesandtschaft Venezuela (Tattenbach) über Reise Boelitz in Venezuela (PAAA, IAI, Bd. 2).

[85] Boelitz an Dr. Grabowsky/Zeitschrift für Politik, 28.8.1933 (GStA, HA I, Rep. 218, Nr. 98, Bl. 221).

Literaturverzeichnis

Ammon, Ulrich (1991): *Die internationale Stellung der deutschen Sprache*. Berlin: de Gruyter.

Ammon, Ulrich (Hrsg.) (1992): *Status change of languages*. Berlin: de Gruyter.

Becker, Carl H. (1919): *Kulturpolitische Aufgaben des Reiches*. Leipzig: Quelle & Meyer.

Behncke, Paul (1926): "Reiseeindrücke aus Latein-Amerika". In: *Deutschtum und Ausland*, 1, 5, S. 1-51.

— (1930): *Der Deutsche Zeitungsdienst und das Überseeausland*. Berlin, Leipzig: de Gruyter.

Blancpain, Jean-Pierre (1989): "Des visées pangermanistes au noyautage hitlérien. Le nationalisme allemand et l'Amérique latine". In: *Revue Historique*, 281, 2, S. 433-482.

Bock, Hans-Joachim (1962): "Das Ibero-Amerikanische Institut". In: *Jahrbuch Preußischer Kulturbesitz*, 1, S. 324-331.

— (1964): *Das Ibero-Amerikanische Institut Berlin. Seine Entstehung und Entwicklung*. Nortorf: o.V.

Boelitz, Otto (1925): *Der Aufbau des preußischen Bildungswesens nach der Staatsumwälzung*. Leipzig: Quelle & Meyer.

— (1930/31): "Aufbau und Ziele des Ibero-Amerikanischen Instituts in Berlin". In: *IAA*, 4, S. 6-10.

Böninger, Eugen (1913): *Das Studium von Ausländern auf deutschen Hochschulen*. Düsseldorf: Schmitz & Olbertz.

Brante-Schweide, Iso (1933/34): "Das Quesada-Archiv". In: *IAA*, 7, S. 201-206.

Brauer, Adalbert (1968): "Otto Quelle 1879-1959". In: *150 Jahre Rheinische Friedrich-Wilhelms-Universität zu Bonn 1818-1968, Mathematik und Naturwissenschaften*. Bonn, S. 215-222.

Brauer, Ludolph (1930): *Forschungsinstitute. Ihre Geschichte, Organisation und Ziele*. 2 Bde., Hamburg: Paul Hartung.

Breitenbach, Diether (1974): *Auslandsausbildung als Gegenstand sozialwissenschaftlicher Forschung*. Saarbrücken: Verlag der SSIP-Schriften.

Briesemeister, Dietrich (1990/91): "Lateinamerikaforschung in Berlin im 19. Jahrhundert". In: *Jahrbuch Preußischer Kulturbesitz*, 27, S. 283-302.

Broszat, Martin (1987): *Die Machtergreifung. Der Aufstieg der NSDAP und die Zerstörung der Weimarer Republik*. München: dtv.

Bruch, Rüdiger vom (1982): *Weltpolitik als Kulturmission*. Paderborn: Schöningh.

Buchbinder, Pablo (1995): "Los Quesada en Europa, 1873-1874". In: *Todo es Historia*, 336, Julio, S. 42-55.

Ciappa, Federico Carlos (1987): "La 'Colonia Científica' Alemana en La Plata 1906-1945". In: *Todo es Historia*, 244, S. 34-45.

Danckwortt, Dieter (1984): *Auslandsstudium als Gegenstand der Forschung. Eine Literaturübersicht.* Kassel: Wissenschaftliches Zentrum für Berufs- und Hochschulforschung.

Duroselle, Jean-Baptiste/Renouvin, Pierre (1964): *Introduction à l'histoire des relations internationales.* Paris: A. Colin.

Düwell, Kurt (1976): *Deutschlands auswärtige Kulturpolitik 1918-1932: Grundlinien und Dokumente.* Köln: Böhlau.

— (1981a): "Der Einfluß des deutschen technischen Schul- und Hochschulwesens auf das Ausland (1870-1930)". In: *Zeitschrift für Kulturaustausch,* 31, S. 80-95.

— (1981b): "Die Gründung der kulturpolitischen Abteilung des Auswärtigen Amtes 1919/20 als Neuansatz". In: Düwell/Link (1981), S. 46-61.

Düwell, Kurt/Link, Werner (Hrsg.) (1981): *Deutschlands auswärtige Kulturpolitik seit 1871. Geschichte und Struktur.* Köln: Böhlau.

Ebel, Arnold (1971): *Das Dritte Reich und Argentinien. Die diplomatischen Beziehungen unter besonderer Berücksichtigung der Handelspolitik (1933-1939).* Köln: Böhlau.

Fries, Helmut (1994/95): *Die große Katharsis. Der Erste Weltkrieg in der Sicht deutscher Dichter und Gelehrter.* 2 Bde., Konstanz: Verlag am Hockgraben.

Fröschle, Hartmut (Hrsg.) (1979): *Die Deutschen in Lateinamerika. Schicksal und Leistung.* Tübingen: Erdmann.

Gast, Paul (1930/31): "Ursprünge der ibero-amerikanischen Bewegung in Deutschland". In: *IAA,* 4, S. 1-5.

Gerstein, Hannelore (1974): *Ausländische Stipendiaten in der Bundesrepublik Deutschland. Eine empirische Erhebung über Studiengang und Studienerfolg der DAAD-Jahresstipendiaten.* Bonn: DAAD.

Gollin, A. E. (1967): "Foreign Study and Modernization: the Transfer of Technology through Education". In: *International Social Science Journal,* 19, 3, S. 359-377.

Günther, Roswita (1988): *Das Deutsche Institut für Ausländer an der Universität Berlin in der Zeit von 1922-1945. Ein Beitrag zur Erforschung des Lehrgebietes Deutsch als Fremdsprache.* Berlin (Ost): Humboldt-Universität.

Hagen, Hermann (1930/31): "Die Mexico-Bücherei". In: *IAA,* 4, S. 19-29.

Hagen, Hermann/Bock, Peter (1945): *Bericht über die Geschichte, den gegenwärtigen Zustand und die Zukunftsmöglichkeiten des Ibero-Amerikanischen Instituts in Berlin.* Unveröffentlichtes Manuskript, 27.6.1945 (Bundesarchiv Berlin, Außenstelle Dahlwitz-Hoppegarten, Signatur ZB II 2180, Akte 3: Wiederaufbau des Ibero-Amerikanischen Instituts).

Heiber, Helmut (1966): *Walter Frank und sein Reichsinstitut für Geschichte des neuen Deutschlands.* Stuttgart: DVA.

Jeddi, Farideh (1992): *Politische und kulturelle Auswirkungen des Auslandsstudiums auf die iranische Gesellschaft im 19. Jahrhundert unter Berücksichtigung der iranischen Stipendiaten in Westeuropa (1812-1857).* Frankfurt a.M.: Lang.

Kater, Michael (1975): *Studentenschaft und Rechtsradikalismus in Deutschland, 1918-1933.* Hamburg: Hoffmann und Campe.

Kent, Peter C./Pollard, John F. (Hrsg.) (1994): *Papal diplomacy in the modern age*. Westport/Conn., London: Praeger.

Kloosterhuis, Jürgen (1981): "Deutsche auswärtige Kulturpolitik und ihre Trägergruppen vor dem Ersten Weltkrieg". In: Düwell/Link (1981), S. 7-36.

— (1994): *"Friedliche Imperialisten" deutsche Auslandsvereine und auswärtige Kulturpolitik, 1906-1918*. Frankfurt a.M., Berlin: Lang.

Kutscher, Gerdt (1967): "Berlin als Zentrum der Altamerika-Forschung. Eine bio-bibliographische Übersicht". In: *Jahrbuch Preußischer Kulturbesitz*, Jg. 1966, S. 88-122.

Laitenberger, Volkhard (1976): *Akademischer Austausch und auswärtige Kulturpolitik. Der Deutsche Akademische Austauschdienst (DAAD), 1923-1945*. Göttingen: Musterschmidt.

Liehr, Reinhard (1983): "El fondo Quesada en el Instituto Iberoamericano de Berlín". In: *LARR*, 18, S. 125-133.

— (1992): "Geschichte Lateinamerikas in Berlin". In: Hansen, Reimer/Ribbe, Wolfgang (Hrsg.): *Geschichtswissenschaft in Berlin im 19. und 20. Jahrhundert. Persönlichkeiten und Institutionen*. Berlin: de Gruyter, S. 633-656.

Litzmann, Karl (1927/28): *Lebenserinnerungen*. 2 Bde., Berlin: R. Eisenschmidt.

Maihold, Günther (1999): "Deutschland und Lateinamerika – Realitäten und Chancen der Kulturbeziehungen". In: *Jahrbuch Preußischer Kulturbesitz*, 36, S. 201-218.

Malet, Albert/Isaac, Jules (1924): *La Epoca Contemporánea. Curso completo de historia para uso de la segunda enseñanza*. Paris: Hachette.

Meding, Holger (1992): *Flucht vor Nürnberg? Deutsche und Österreichische Einwanderung in Argentinien 1945-1955*. Köln: Böhlau.

Milza, Pierre (1988): "Politique intérieure et politique étrangère". In: Rémond, René: (Hrsg.): *Pour une Histoire politique*. Paris: Seuil, S. 315-344.

Möller, Hanns (Hrsg.) (1935): *Geschichte der Ritter des Ordens "Pour le mérite" im Weltkrieg*. Bd. 1, Berlin: Bernard & Graefe.

Möller, Horst (1985): *Parlamentarismus in Preußen 1919-1932*. Düsseldorf: Droste.

Mommsen, Wolfgang A. (1987): *Imperialismustheorien*. 3. Aufl., Göttingen: Vandenhoeck und Ruprecht.

Morris, Arno (1958): *Sicherstellung von Gelehrtennachlässen unter besonderer Berücksichtigung solcher Bestände in der Ibero-Amerikanischen Bibliothek in Berlin*. Diplomarbeit, Köln.

Newton, Ronald C. (1976): "Social Change, Cultural Crisis, and the Origins of Nazism within the German-Speaking Community of Buenos Aires 1914-1933". In: *Northsouth. Canadian Journal of Latin American Studies*, 1, 1/2, S. 62-105.

Oppel, Helmut (1978): *Bibliographie zum Ibero-Amerikanischen Institut Preußischer Kulturbesitz*. Berlin: Colloquium.

— (1980): *Alphabetisches, geographisches und systematisches Register zum Ibero-Amerikanischen Archiv*. Bd. 1-18 (1924-1944), Berlin: Colloquium.

Pade, Werner (1971): *Deutschland und Argentinien 1917/18-1933. Studien zur Expansion des deutschen Kapitals nach Lateinamerika in der Weimarer Republik.* Phil. Diss., Rostock.

Panhorst, Karl Heinrich (1931/32): "Aus der Chronik des Instituts". In: *IAA*, 5, S. 179f.

— (1934/35): "Aus dem Arbeitsgebiet des Ibero-Amerikanischen Instituts und der Deutsch-Ibero-Amerikanischen Gesellschaft". In: *IAA*, 8, S. 189-193, 290-296, 378-380.

— (1935/36): "Aus dem Arbeitsgebiet des Ibero-Amerikanischen Instituts und der Deutsch-Ibero-Amerikanischen Gesellschaft". In: *IAA*, 9, S. 48-49, 128-130, 200-204, 301-302.

— (1936/37): "Aus dem Arbeitsgebiet des Ibero-Amerikanischen Instituts und der Deutsch-Ibero-Amerikanischen Gesellschaft". In: *IAA*, 10, S. 90-92, 191-196, 323-327, 512-515.

— (1937/38): "Aus dem Arbeitsgebiet des Ibero-Amerikanischen Instituts und der Deutsch-Ibero-Amerikanischen Gesellschaft". In: *IAA*, 11, S. 124-126, 245-247.

Pyenson, Lewis (1984): "In partibus infidelium: Imperialist rivalries and exact sciences in early twentieth century Argentina". In: *Quipu*, México, 1, 2, S. 253-303.

— (1985): *Cultural Imperialism and Exact Sciences: German Expansion Overseas, 1900-1930.* Frankfurt a.M.: Lang.

Quelle, Otto (1930/31): "Das Bonner Ibero-Amerikanische Forschungsinstitut und seine Geschichte". In: *IAA*, 4, S. 30-34.

Quesada, Ernesto (1921): *La sociología relativista spengleriana.* Buenos Aires: Coni.

— (1930/31): "Die Quesada-Bibliothek und das Lateinamerika Institut". In: *IAA*, 4, S. 11-18.

Rahn, Werner (1976): *Reichsmarine und Landesverteidigung 1919-1928. Konzeption und Führung der Marine in der Weimarer Republik.* München: Bernard & Graefe.

Ramos Mejía, José M. (1915): *Las Neurosis de los hombres célebres en la Historia Argentina.* Bd. 1, Buenos Aires: La Cultura Argentina.

Raulff, Ulrich (Hrsg.) (1987): *Mentalitäten-Geschichte. Zur historischen Rekonstruktion geistiger Prozesse.* Berlin: Wagenbach.

Reichshandbuch der Deutschen Gesellschaft (1930-31): Das Handbuch der Persönlichkeiten in Wort und Bild. 2 Bde., Berlin: Deutscher Wirtschaftsverlag.

Remme, Karl (1932): *Das Studium der Ausländer und die Bewertung der ausländischen Zeugnisse.* Berlin: Preußische Druckerei- und Verlags-AG.

Ringer, Fritz K. (1969): *The Decline of the German Mandarins. The German Academic Community, 1890-1933.* Cambridge, Mass.: Harvard University Press.

— (1980): "Bildung, Wirtschaft und Gesellschaft in Deutschland 1800-1960". In: *GG*, 6, S. 5-35.

Rinke, Stefan H. (1996): *"Der letzte freie Kontinent": Deutsche Lateinamerikapolitik im Zeichen transnationaler Beziehungen, 1918-1933.* 2 Bde., Stuttgart: Heinz.

— (1997): "Deutsche Lateinamerikapolitik, 1918-1933: Modernisierungsansätze im Zeichen transnationaler Beziehungen". In: *JbLA*, 34, S. 355-383.

Rivarola, Rodolfo (1908): "Presentación de Enrique Ferri". In: *Archivos de Psiquiatría y Criminología*, 7, S. 392-396.

Robinson, Ronald (1972): "Non-European Foundations of European Imperialism: Sketch for a Theory of Collaboration". In: Owen, Roger/Sutcliffe, Bob (Hrsg.): *Studies in the Theory of Imperialism*. London: Longman, S. 117-142.

Romero, Vicente (1993): "La Bibliothèque Ibéroaméricaine de Berlin et la disparition de manuscrits d'Ernesto Quesada". In: *Histoire et Sociétés de l'Amérique Latine*, 1, S. 16-21.

Rothbarth, Margarete (1931): *Geistige Zusammenarbeit im Rahmen des Völkerbundes*. Münster: Aschendorffsche Verlagsbuchhandlung.

Salvisberg, Paul von (1913a): "Die Ausländer auf deutschen Hochschulen". In: *Hochschulnachrichten*, 29, 278, S. 9-12.

— (1913b): "Deutsche Kulturarbeit im Ausland. Das Deutsch-Südamerikanische Institut". In: *Hochschulnachrichten*, 29, 278, S. 39f.

Schairer, R. (1927): *Ausländische Studenten an deutschen Hochschulen. Das Akademische Deutschland*. Münster: Aschendorffsche Verlagsbuchhandlung.

Schindler, Hans-Georg (1954): "Die Schriften Otto Quelles". In: *Die Erde*, 3/4, S. 369-376.

Schivelbusch, Wolfgang (1993): *Eine Ruine im Krieg der Geister. Die Bibliothek von Löwen August 1914 bis Mai 1940*. Frankfurt a.M.: Fischer.

Schreiber, Georg (1949): *Zwischen Demokratie und Diktatur*. Münster: Regensbergsche Verlagsbuchhandlung.

Sodhi, Kripal/Bergius, Rudolf/Holzkamp, Klaus (1958): "Die reziprokale Verschränkung von Urteilen über Völker". In: *Zeitschrift für experimentelle und angewandte Psychologie*, 5, S. 547-605.

Stanley, Ruth (1999): *Rüstungsmodernisierung durch Wissenschaftsmigration? Deutsche Rüstungsfachleute in Argentinien und Brasilien, 1947-1963*. Frankfurt a.M.: Vervuert.

Strulik, Ulrich (1985a): "Alfons Goldschmidt. Wegbereiter einer kooperativen deutsch-lateinamerikanischen Forschung für die Emanzipation der lateinamerikanischen Völker". In: *asien, afrika, lateinamerika*, 13, 5, S. 877-887.

— (1985b): *Zur Herausbildung und Entwicklung der sozialwissenschaftlichen deutschen Lateinamerikaforschung in der imperialistischen Gesellschaft von 1912 bis zur Gegenwart. Eine Querschnittsuntersuchung unter besonderer Berücksichtigung der deutsch-lateinamerikanischen Beziehungen als Forschungsgegenstand lateinamerikawissenschaftlicher Arbeit*. Phil. Diss. Rostock.

Titze, Hartmut (1981): "Überfüllungskrisen in akademischen Karrieren: eine Zyklustheorie". In: *Zeitschrift für Pädagogik*, 27, S. 187-224.

— (1987): *Das Hochschulstudium in Preußen und Deutschland. Datenhandbuch zur deutschen Bildungsgeschichte*. Bd. 1, 1. Teil. Göttingen: Vandenhoeck und Ruprecht.

Uhle, Max (1934/35): "Ernesto Quesada †". In: *IAA*, 8, S. 1-6.

Vollmer, Günter (2001): "Spengler, Quesada, Leonore und ich: Wie das Ibero-Amerikanische Institut wirklich entstanden ist". In: Wolff, Gregor (Hrsg.): *Die Berliner und Brandenburger Lateinamerikaforschung in Geschichte und Gegenwart. Personen und Institutionen.* Berlin: Wissenschaftlicher Verlag Berlin, S. 17-46.

Wehler, Hans-Ulrich (1986): "Bürger, Arbeiter und das Problem der Klassenbildung 1800-1870". In: Kocka, Jürgen (Hrsg.): *Arbeiter und Bürger.* München: Oldenbourg, S. 1-28.

Weidenfeller, Gerhard (1976): *VDA: Verein für das Deutschtum im Ausland. Allgemeiner Deutscher Schulverein (1881-1918). Ein Beitrag zur Geschichte des deutschen Nationalismus und Imperialismus im Kaiserreich.* Bern, Frankfurt a.M.: Lang.

Werz, Nikolaus (Hrsg.) (1992): *Handbuch der deutschsprachigen Lateinamerikakunde.* Freiburg i.Br.: Arnold-Bergstraesser-Institut.

Wittwer, Wolfgang W. (1987): "Carl Heinrich Becker". In: Treue, Wolfgang/Gründer, Karlfried (Hrsg.): *Wissenschaftspolitik in Berlin. Minister, Beamte, Ratgeber.* Berlin: Colloquium, S. 251-283.

Zuelzer, Wolf (1981): *Der Fall Nicolai.* Frankfurt a.M.: Societäts-Verlag.

ANHANG: Brief des preußischen Kultusministers C. H. Becker an den Preußischen Finanzminister, Berlin 17. August 1928

Wie Ihnen, Herr Finanzminister, bekannt ist, hat der Professor Dr. Ernesto Quesada im Sommer 1927 seine Bibliothek dem preußischen Staat überwiesen. [...] Es handelt sich um die größte und wertvollste südamerikanische Privatbibliothek. Sie besteht aus etwa 80.000 Büchern, die, noch zum größten Teil in Kisten verpackt, in der preußischen Staatsbibliothek inventarisiert sind. Die Sammlung der Bücher ist durch den Vater des Professors Ernesto Quesada, Vicente G. Quesada, begonnen worden und umfaßt alle Geisteswissenschaften mit besonderer Betonung des historischen, soziologischen, juristischen und literarischen Gebietes. Der Anfang der Sammlung wurde um das Jahr 185[... unleserlich] gemacht, also zu einer Zeit, in der es noch möglich war, durch persönliche Beziehungen auch solche Schriften zu erlangen, die, in sehr kleinen Auflagen gedruckt, heute wertvollstes Studienmaterial darstellen. An solchen persönlichen Beziehungen hat es dem Gründer nicht gemangelt.

Er war Abgeordneter, Minister und lange Jahre im diplomatischen Dienst in Washington, Rom, Madrid und Berlin. Alle diese Tätigkeiten brachten ihn in engen Kontakt mit der intellektuellen Welt seiner Zeit, – ein Umstand, der das Wachsen seiner Büchersammlung außerordentlich begünstigt hat. Ernesto Quesada hat die Büchersammlung seines Vaters in seinem Sinne fortgesetzt. Seine berufliche Laufbahn wie seine wissenschaftlichen Neigungen kamen der Bibliothek in gleicher Weise zustatten. Er war 30 Jahre lang Richter, dann Professor der Soziologie an der Universität Buenos Aires, Professor der Nationalökonomie an der Universität La Plata, Mitglied aller wichtigen wissenschaftlichen Körperschaften von Südamerika, und so war ihm fast mehr als seinem Vater die Möglichkeit gegeben, die Bücherei zu vervollständigen, in die er einen großen Teil seines persönlichen Vermögens hineinsteckte.

Professor Dr. Gast-Hannover, der die Verhandlungen mit Quesada über die Schenkung der Bibliothek geführt hat, schätzt ihren Minimalwert auf eine halbe Million Reichsmark. Die Übergabe der Bibliothek an Preußen ist in Argentinien, wie aus Pressemeldungen zu ersehen ist, verschiedentlich auf Befremden gestoßen; um so sorgfältiger wird nun von dort darauf geachtet, was in Preußen mit der Bibliothek geschieht. Professor Quesada beabsichtigte zweifellos, der deutschen Wissenschaft und dem deutschen Kulturkreise eine besondere Huldigung darzubringen. Ich habe ihm deshalb bei einem Empfang im Ministerium meinen Dank ausgesprochen und der Hoffnung Ausdruck gegeben, daß es gelingen möge, der Bibliothek eine würdige Stätte in Deutschland zu geben.

Auf Vorschlag der Philosophischen Fakultät der Universität Berlin ist Quesada zum Honorarprofessor in der Philosophischen Fakultät ernannt worden.

Eine volle Auswertung des dem preußischen Staat gemachten Geschenks wird aber nur gewährleistet, wenn es nicht bei der Aufstellung der Bibliothek sein Bewenden hat, sondern diese Bibliothek als ein lebendiges Ganzes in den Mittelpunkt des neu zu gründen Ibero-Amerikanischen Instituts gestellt wird. Über die räumliche Unterbringung habe ich einen besonderen Antrag eingereicht. Ich kann mich daher darauf beschränken, den Organisationsplan für das Institut kurz zu entwickeln. Das Gesamtinstitut würde außer der Bibliothek je eine Abteilung für Brasilien, die La Plata-, die Cordilleren-Länder und Mexiko mit Mittelamerika erhalten. Für die letzte Abteilung steht die vorläufig im Schloß untergebrachte Mexiko-Bücherei zur Verfügung, deren Büchermaterial noch zum weitaus größten Teil unzugänglich und in Kisten verpackt im Keller der Staatsbibliothek ruhen muss. Die Bücherei muss die großen wirtschaftlichen Schausammlungen, die das mexikanische Wirtschaftsministerium ihr geschenkt hat, der Besichtigung zugänglich machen und den immer dringender werdenden Wünschen um Material seitens der in Deutschland wie in Mexiko interessierten wissenschaftlichen Persönlichkeiten endlich nachkommen. Die Ausgestaltung der Mexiko-Bücherei ist mit Unterstützung aller mexikanischen Ministerien und einer großen Zahl von sonstigen Behörden, Instituten und Körperschaften erfolgt. Der Leiter der Bücherei berichtet mir, daß man in Mexiko bereits erstaunt sei, von der sachgemäßen Verwertung der Schenkungen und der Einrichtung des Instituts noch nichts zu hören; der Schriftwechsel mit den großen mexikanischen Behörden werde von Monat zu Monat schwieriger und peinlicher, weil er nicht in der Lage sei, von Fortschritten zu sprechen. Durch Einbeziehung der Mexiko-Bücherei würde eine Latein-Amerika-Bibliothek von einzigartigem Werte gebildet werden.

Die Aufgabe des Gesamtinstituts soll eine beratende und Auskunft erteilende sein. Das Institut soll dazu dienen, die aus Südamerika kommenden Gelehrten, Studierenden oder sonst in Deutschland mit einer bestimmten Aufgabe besuchenden Südamerikaner zu empfangen, ihre Fragen zu beantworten oder sie an die richtigen Stellen weiterzuleiten. Bei dem erwachenden Interesse Südamerikas für Deutschland ist eine solche Stelle unbedingt notwendig, im Interesse einer kulturellen Einwirkung Deutschlands auf die latein-amerikanische Welt kann sie von allergrößter Bedeutung sein. Auf der anderen Seite soll das Institut deutschen Gelehrten und Südamerika-Interessenten in gleicher Weise dienen. Ferner müsste es den amtlichen Schriftaustauschverkehr zwischen deutschen und südamerikanischen publizierenden Stellen übernehmen und dabei versuchen, die bei der Fülle der Länder und Stellen sonst nicht zu erzielenden persönlichen Beziehungen zu gewinnen. Die Sammelarbeit des Instituts, die bei der Auskunftserteilung als Grundlage zu dienen hat, umfaßt Ausbau und Unterhaltung der Bibliothek und eines Archivs. In der Bibliothek wird es vor allem darauf ankommen, diejenigen periodischen und nichtperiodischen Schriften, Bilder und Karten mit großer Vollständigkeit zu sammeln, welche für die Auskunftserteilung von unmittelbarer Bedeutung sind. Das Archiv soll als eine immerwährende Bibliographie und Biographie geführt werden. Ein systematisches Stichwort-Verzeichnis muss den Schlüssel bilden, nach dem in allen Abteilungen des Instituts der für die Auskunftserteilung wichtige Inhalt der Schriften, Aufsätze usw. verzettelt wird. Zu diesen Aufgaben tritt dann die eigentlich wissenschaftliche Ausnutzung des Instituts, das mit seiner Bibliothek und dem auf die geschilderte Weise zwanglos anwachsenden Material eine nicht zu erschöpfende Quelle für die wissenschaftliche Arbeit sein wird. Es wird der größte Wert darauf gelegt werden müssen, daß das Institut durch eigene oder doch von ihm unterstützte Publikationen sich auch einen wissenschaftlichen Namen macht, wenn auch seine Funktion in erster Linie die eines wissenschaftlichen Hilfsinstituts sein soll.

Damit habe ich die hauptsächlichen Aufgaben des Instituts kurz umrissen. Schon das Beispiel des Amerika-Instituts Berlin zeigt, welche Fülle von Aufgaben einem derartigen Institut zuwachsen. Ich möchte darauf nicht im einzelnen eingehen und nur betonen, daß die Vielheit der zu bearbeitenden Länder und die Verschiedenheit der in ihnen gesprochenen Sprachen den Aufgabenkreis des Ibero-Amerika-Instituts ungleich größer und vielschichtiger erscheinen lassen. Dazu kommt, daß die politischen und wirtschaftlichen Verhältnisse Südamerikas viel komplizierter gestaltet sind. Gerade diese die Arbeit des Instituts erschwerenden Umstände zeigen aber, wie notwendig die Errichtung des Instituts ist. Der kulturelle Einfluß würde naturgemäß den wirtschaftlichen nach sich ziehen, und so ist es nicht zu verwundern, daß andere europäische Großmächte, vor allem Frankreich, versuchen, ihren Einfluß in jeder Weise sicherzustellen. Die Errichtung des geplanten Instituts würde eine Durchkreuzung dieser Absichten bedeuten. Es muss beachtet werden, daß Deutschland, im Gegensatz zu Frankreich, in Spanien eine überaus wertvolle Hilfe für den kulturellen Zugang nach dem spanisch sprechenden Südamerika erhalten würde. Spanien, mit dem uns so viel politische und kulturelle Freundschaft verbindet, stellt heute einen an Bedeutung rasch wachsenden Umschlagplatz der geistigen Erzeugnisse Lateinamerikas dar. Die Pflege engster kultureller Beziehungen zum alten Stammlande ist in Lateinamerika eine Forderung geworden, zu der sich gerade die kulturell wertvollsten Schichten der Bevölkerung mit zunehmendem Eifer bekennen. Ich mache diese Ausführungen hier, um die Wichtigkeit, die ich der Institutsgründung im Rahmen der deutschen Kulturpolitik zuschreibe, anzudeuten, aber auch, um von vornherein darauf hinzuweisen, daß in der späteren Entwicklung des Instituts örtliche Vertretungen in den Ländern Südamerikas zu schaffen sind, die ihrerseits eine willkommene Anlehnung an die schon bestehenden Kulturabteilungen der deutschen Botschaft in Madrid finden müssen.

Die Kosten des Instituts bitte ich aus dem anliegenden Kostenanschlag ersehen zu wollen. An Personal würden neben dem Direktor, ein Abteilungsleiter und ein Bibliothekar nötig sein. Die Bibliothek würde eine mittlere Kraft und eine Schreibkraft, die 4 Abteilungen 2 Gehilfen und 4 Schreibkräfte und das Gesamtinstitut einen Gehilfen und einen mittleren Beamten brauchen, so daß mit einem Gesamtaufwande von jährlich 109.360 RM zu rechnen wäre.

gez. Becker

Quelle: GStA, HA I, Rep. 151 IC, Nr. 7109, Preußisches Finanzministerium, Akte Ibero-Amerikanisches Institut 1928-1945, zitiert nach BStU: MfS FV 8/69, Bd. 1, Bl. 13-18.

Dawid Danilo Bartelt

Rassismus als politische Inszenierung. Das Ibero-Amerikanische Institut und der *Día de la Raza*[1]

Das "Ibero-Amerikanische" Institut wurde am 12. Oktober 1930 gegründet. Datum und Name waren kein Zufall. Mit beiden Entscheidungen bezog das IAI Position in wichtigen politischen Debatten. Der 12. Oktober, der Tag, an dem Christoph Columbus 1492 erstmals lateinamerikanischen Boden betrat, fokussierte als *Día de la Raza* oder *Fiesta de la Raza* das Streben der ehemaligen Kolonialmacht Spanien nach kultureller Hegemonie über die verlorenen Kolonien. Unter der Ägide General Faupels wurde der *Día de la Raza* zu einem wichtigen Element der IAI-Politik ausgebaut. Das IAI schickte sich an, ein Instrument inoffizieller Außenpolitik zu werden: eine intermediäre Instanz der deutschen Lateinamerikapolitik zwischen AA und den iberoamerikanischen Gesandtschaften einerseits und zwischen NS-Parteiapparat und politisch-kulturellen Organisationen, Gruppen und Parteien in Spanien und Lateinamerika andererseits.[2]

Damit stand das IAI im Geflecht zum Teil widerstreitender ideologischer und politischer Prozesse: zwischen *Hispanidad* und Panamerikanismus, "Deutschtum" und Außenhandel, Interessenpolitik und Rassenideologie. In dieses Geflecht eingezogen war ein dichtmaschiges institutionelles Netz von konkurrierenden Parteiorganisationen, dem Auswärtigen Amt, den deutschen Vertretungen in Lateinamerika, der NSDAP-Auslandsorganisation, den lateinamerikanischen Vertretungen in Berlin, der spanischen Regierung, der Falange u.a. Eine Analyse des Berliner *Día de la Raza* muss diese diskursiven und institutionellen Kontexte berücksichtigen. Sie muss dies umso mehr tun,

---

[1] Silke Nagel, Oliver Gliech und Günter Vollmer gilt mein Dank für die Diskussion der Grundideen dieses Aufsatzes und für Hinweise auf Dokumente, die seine Quellenbasis verbreitern halfen.

[2] Zur institutionellen Verortung und Bewertung des IAI vgl. die Beiträge von Schuler und Gliech in diesem Band.

als dieser Festakt eine *Institution* der *symbolischen Politik* war. Das heißt, er führte zwei Formen von Machtpolitik zusammen, die sich nicht gegeneinander ausspielen lassen: die Wirksamkeit elaborierter Diskurse unter Einschluss symbolisch-ikonographischer Politikelemente und die Unmittelbarkeit traditioneller Politik, die gern als "Realpolitik" bezeichnet wird. Ich setze voraus, dass die Kraft von Diskursen nicht weniger real sein kann als die Wirksamkeit von Verträgen, Konferenzen und Gesetzen – die im Übrigen nichts anderes sind als Orte des Auftauchens und Wirkens von Diskursen. Um meine theoretische Prämisse ganz einfach zu formulieren: Die Wörter – und Bilder – sind zunächst keine Taten. Sie sind aber nicht weniger wichtig als die Taten. Und sie können ausgesprochen tätig werden.

Mit dem *Día de la Raza* institutionalisierte das IAI die *Hispanidad* in Berlin. Dieses Konzept entstand nach der spanischen Krise von 1898 und entwickelte sich zu einem wichtigen diskursiven Element der frankistischen Außenpolitik – mit innenpolitischer Stoßrichtung (Abschnitt 1). Zugleich waren die jährlich wiederkehrenden Feiern in Berlin wohl mehr als jede andere Außenrepräsentation des IAI dazu gedacht, die angestrebte und tatsächliche Position des Instituts in diesem Doppelgeflecht zu inszenieren (Abschnitt 2). Eine Analyse des *Día de la Raza* muss sich auch mit der Frage auseinandersetzen, wie die Rassenideologie des Nationalsozialismus, der dem Spanien der *Raza* offiziell befreundet war, auf die konzeptionelle Herausforderung der *Raza* und auf die "rassische" Wirklichkeit in Lateinamerika reagierte (Abschnitt 3). Alle drei Konstellationen stellten Repräsentation und "Realpolitik" in ein spannungsvolles Verhältnis. Eine Bilanz (Abschnitt 4) kommt zu uneindeutigen Ergebnissen. Das Auswärtige Amt schaffte den *Día de la Raza* im IAI 1942 ab, nachdem die USA gegen Deutschland in den Krieg eingetreten waren und die lateinamerikanischen Länder ihre diplomatischen Beziehungen zum Reich abbrachen. Die substantielle deutsche Lateinamerikapolitik, ob als Handels- oder als "Deutschtums"-Politik, büßte alle vorherigen Erfolge ein, als die fixe Idee, die USA aus dem Krieg heraushalten zu können, wie eine Blase zerplatzte. Für den Rassismus, vor allem aber für die *Hispanidad* lässt sich kein Ende konstatieren. Die *Hispanidad* brachte "Spanien" als politische, kulturelle und mentale Größe unverrückbar nach Amerika zurück. Von Aggressionen und Absurditäten gesäubert, fand sie über 1945 hinaus in konservativen Kreisen Lateinamerikas großen

Zuspruch und bewies noch beim *Quinto Centenario* der "Entdeckung" Amerikas wie in der deutschen Pädagogik ihre Anschlussfähigkeit.

1. Die Rückkehr der *Raza*: Spaniens Streben nach kultureller Hegemonie in Lateinamerika

Dem Wegbereiter des IAI stand seinerzeit ein anderes Institut im Sinn als das 1930 eröffnete. Der argentinische Gelehrte Ernesto Quesada, der die 82.000 Bände seiner Privatbibliothek 1927 dem preußischen Staat gestiftet hatte, wollte

> die Gründung eines deutsch-lateinamerikanischen Instituts, das der gegenseitigen Durchdringung beider Kulturen gedient und das auf rein kulturellem Gebiet (mithin fern kommerzieller oder politischer Interessen) sich mit der Zeit in eine internationale Union der 20 lateinamerikanischen Republiken mit Deutschland verwandelt hätte, analog zur Panamerikanischen Union in Washington, nur daß diese wirtschaftlich ausgerichtet ist, jene aber kultureller Art gewesen wäre.[3]

Obschon als Stifter allseits geehrt und als Gelehrter hochgelobt, setzte sich Quesada vergebens für ein "Deutsch-Lateinamerikanisches" Kulturinstitut ein. Dabei hätte dieses die "glückliche Lage" nutzen sollen, dass "die lateinamerikanische und die deutsche Welt [...] keine politischen Reibungsflächen, dafür aber um so mehr und wichtigere Berührungspunkte" hätten (Quesada 1930a: 17).

Quesadas Vorstellung einer "Zentralstelle der geistigen Beziehungen zwischen der deutschen und der lateinamerikanischen Kultur im Herzen Deutschlands"[4] war sicherlich zweifach naiv: Institutionalisierte Kultur ist immer eine politische und wirtschaftliche Angelegenheit. Und kein Staat würde eine Kultureinrichtung finanzieren, wenn er damit nicht auch politische Ziele verbände. Es kann daher nicht überraschen, dass schon die Gründungsväter des IAI beabsichtigten, mit dem Institut den politischen Einfluss Deutschlands in Mittel- und Südamerika zu stärken.[5] Gleichwohl betonte das IAI nach außen stets

---

[3]   IAI, Dok, Quesada an Restelli, [Spiez], 27.9.1930, S. 2. Die Übersetzung dieses wie aller anderen spanischsprachigen Zitate stammt von mir.

[4]   So Quesada in einer Tischrede im Preußischen Ministerium für Kunst, Wissenschaft und Volksbildung am 21.5.1928, zit. ebd.: 15. Ferner *Fridericus* 31 (1931) (IAI, Za, Deut ap IAI) .

[5]   IAI, Dok, Mappe: Chronik der Bibliothek, Protokoll der Aussprache über den Plan zur Gründung des Ibero-Amerikanischen Instituts in Berlin am 17.12.1928 im [Preußischen Kultus-]Ministerium.

seine Rolle als "Werkzeug" der "geistigen Beziehungen" zwischen
Deutschland und Lateinamerika, das vorrangig den Interessen von
Wissenschaft und Forschung dienen, dazu die kulturellen Beziehun-
gen pflegen solle.[6] Von Außenpolitik war – zunächst – nicht die Rede.
Nach innen freilich klang dies anders:

> Der Name "Lateinamerika" wird von der deutschen Wissenschaft des-
> halb abgelehnt, weil mit ihm einer insbesondere von französischer Seite
> propagierten Auffassung über die kulturelle Entwicklung der ibero-
> amerikanischen Länder Vorschub geleistet werden würde. Wie die Spra-
> che der Franzosen auf dem Lateinischen beruht, so möchten sie durch die
> Bezeichnung "L'Amérique Latine" Frankreich als Mitbegründer und
> Mitträger der Kultur in Ibero-Amerika kennzeichnen. Das entspricht
> nicht den Tatsachen, obwohl nicht zu leugnen ist, dass in den letzten
> 50 Jahren die französische Kulturpropaganda – in erster Linie durch das
> billige französische Buch, dann aber auch durch die Philosophie des Po-
> sitivismus – das geistige Leben in Ibero-Amerika stark beeinflusst hat.[7]

In seinem Plädoyer für den Namen "Ibero-Amerikanisches Institut" wiederholte der erste IAI-Präsident Otto Boelitz nur, was schon
auf dem Gründungstreffen im Dezember 1928 verlautete. Es galt, den
kulturellen wie politischen Einfluss des "Erzfeindes" zu minimieren.[8]
Boelitz erläuterte dem Ministerium, dass der Name "Ibero-Amerika"
auch dort unter Gelehrten allenthalben akzeptiert sei und Quesada eine
Außenseiterposition vertrete – was schlichtweg falsch beobachtet,
wenn nicht geschwindelt war.[9] Schließlich betonte er ausdrücklich:

---

[6] Boelitz (1930: 2). Auch andere Texte leitender IAI-Mitarbeiter aus der Grün-
     dungszeit vermeiden jeden allgemeinpolitischen Bezug; so etwa Panhorst (1930).
     Auch die Satzung, §1, gab sich unpolitisch: Das IAI habe "zur Aufgabe die För-
     derung allgemeiner und besonderer Forschungsaufgaben der ibero-amerikani-
     schen Kulturwelt und die Pflege der kulturellen Beziehungen zwischen den deut-
     schen und ibero-amerikanischen Ländern" (GStA, Hauptabteilung I (i. f. HA I),
     Rep. 218, Nr. 235, Satzung des Ibero-Amerikanischen Instituts in Berlin).

[7] GStA, HA I, Rep. 218, Nr. 235, Boelitz an Preußisches Ministerium für Wissen-
     schaft, Kunst und Volksbildung, 4.5.1933.

[8] IAI, Dok, Mappe: Chronik der Bibliothek, Protokoll der Aussprache über den
     Plan zur Gründung des Ibero-Amerikanischen Instituts in Berlin am 17.12.1928
     im Ministerium.

[9] Tatsächlich setzte sich zu jenem Zeitpunkt "Lateinamerika" in Lateinamerika
     durch. Zur Namensdebatte Pike (1970: 198-202). Ich verwende "Lateinamerika"
     als den heute üblichen und auch dort gebräuchlichsten Sammelbegriff, obwohl
     die Subsumierung der amerikanischen Länder und Kulturen unter der Perspektive
     der Kolonisierung durch jedwedes der "lateinischen" (romanischen) Länder
     problematisch ist.

Die Stellungnahme Spaniens, eine enge Verbindung der Länder Süd- und Mittelamerikas mit den Mutterländern Spanien und Portugal im Gegensatz zum Panamerikanismus zu erzielen, hat bei der Annahme des Namens "Ibero-Amerikanisches Institut" nicht im Vordergrund gestanden.[10]

Sollte der Name, wie Boelitz schildert, tatsächlich durch die Intervention eines südamerikaerfahrenen deutschen Diplomaten auf der Sitzung vom 17.12.1928 aufgekommen und damit in die Haushaltspläne hineingerutscht sein, aus der ihn dann niemand mehr hinausnehmen mochte, so wäre den hochspezialisierten Wissenschaftlern durchaus Naivität anzulasten. Boelitz' Dementi zeugt aber davon, dass er hier erneut schwindelte. 1929/30 war die *Panhispanismo*-Bewegung in Spanien klar konturiert und in ihrer kulturhegemonialen Zielsetzung eindeutig. Meine erste These lautet, dass ein *Ibero*-Amerikanisches Institut auf ein Stück kulturpolitische Autonomie verzichtete, um sich der spanischen *Raza* in Deutschland als idealer Hort anzubieten. Daneben institutionalisierte sich eine Perspektive, die die Geschichte und Kultur des Subkontinents von einer – als Zivilisierung verstandenen – Kolonialisierung durch die iberischen Länder betrachtete. Dass damit "nationale Empfindlichkeiten" in den Ländern Lateinamerikas verletzt werden konnten, nahmen die Gründer in Kauf.[11] Und damit war keineswegs nur einer linken Position begegnet, wie sie Alfons Goldschmidt anlässlich der Gründung des IAI in der *Weltbühne* vortrug:

> Die Jugend Lateinamerikas, die Indios dieser Länder, die Führer nach einer neuen Welt drüben, wollen von Spanien nichts mehr wissen. [...] Ende dieses Jahres wird die hundertste Wiederkehr des Todestages Simón Bolívars gefeiert [...] Soll das vergessen sein und will man heute die reaktionären Bestrebungen Spaniens in Latein-Amerika unterstützen, hinter denen das nordamerikanische Kapital und seine offiziellen Repräsentanten mit Wohlwollen stehen? [...] Das Lob der spanischen Rasse und der 'Mutter Spanien', das der Gesandte des gestürzten peruanischen Diktators Leguia, Doktor Celso G. Pastor, mit Elan und Rhythmus sang, hat keinen realen Grund mehr in der Situation und in der Zukunft Latein-Amerikas. Besonders nicht in Peru, dessen Bevölkerung zu mehr als

---

[10]   GStA, HA I, Rep. 218, Nr. 235, Boelitz an Preußisches Ministerium für Wissenschaft, Kunst und Volksbildung, 4.5.1933.

[11]   Vgl. den Artikel "Warum 'Ibero-Amerikanisches' Institut?". In: *Fridericus* 31 (1931).

siebzig Prozent aus Indios besteht, die ja von der spanischen Rasse wenig
Segen erfahren haben.[12]

Ernesto Quesada, linker Positionen sicherlich unverdächtig, gab in der
Hauszeitschrift des IAI zu bedenken:

> Wir Lateinamerikaner wollen weder Angelsachsen, noch Iberer sein, wir
> wollen nicht im Schlepptau anderer fahren; wir glauben das Recht zu ha-
> ben, unsere eigene lateinamerikanische Kultur zu entwickeln.[13]

Diesem Nationalismus schien nicht zuletzt der 12. Oktober entge-
genzustehen. Als das Institut 1941 in den südlichen Berliner Stadtteil
Lankwitz umziehen musste, wurde die Wiedereröffnung erneut auf
den 12. Oktober datiert. Das IAI band seine Gründung wie seine Fort-
existenz symbolisch fest an den *Día de la Raza*, das Fest der *Panhispanismo*-Ideologie.

In diesem *Día de la Raza* institutionalisierte sich ein Diskurs, mit
dem seit dem *desastre* von 1898 spanische Intellektuelle einer Rückkehr Spaniens zur Großmacht Gerüst geben wollten. 1898 verlor die
einstige Weltmacht im spanisch-US-amerikanischen Krieg mit Cuba,
Puerto Rico und den Philippinen seine letzten überseeischen Kolonien
an die neue Weltmacht. Im Bewusstsein der spanischen Intellektuellen
war das Land auf einem ökonomischen, politischen und moralischen
Tiefpunkt angelangt. Einige der wichtigsten Wege aus dieser Krise
führten sie über den amerikanischen Kontinent. Die Gelegenheit erschien günstig, um nach Jahrzehnten der zwischen Spannungen und
Funkstille oszillierenden Beziehungen zu den einstigen Kolonien neue
Bande auf neuer Grundlage zu knüpfen. Diese Grundlage nannte sich
Hispanoamericanismo, Hispanismo oder *Panhispanismo*. Bereits seit
1884 existierte die *Unión Iberoamericana*, die regelmäßig eine gleich-
namige Zeitschrift herausbrachte. Der *Congreso Social y Económico
Hispano-Americano* 1900 in Madrid verbreitete Aufbruchsstimmung,
auch wenn seine diversen Entschließungen für die Regierungen der
14 vertretenen lateinamerikanischen Länder nicht bindend waren.[14]
Institutionen, Komitees und weitere Zeitschriften entstanden. In Spa-

---

[12] Goldschmidt, Alfons, "Ibero-Amerika?". In: *Die Weltbühne*, 4.11.1930.
[13] Quesada (1930b: 162). Quesada handelt hier systematisch, d.h. für Geschichte,
      Geographie, Philologie und Biologie den "Irrtum" ab, dass die lateinamerikani-
      schen Länder "nur ein ewiges Anhängsel derer, die einmal vor Jahrhunderten ihre
      Mutterländer waren", seien (Quesada 1930b: 148).
[14] Und auch nicht umgesetzt wurden (Pike 1970: 69-72).

nien war die *Fiesta de la Raza* inoffiziell seit dem vierhundertjährigen Jubiläum der "Entdeckung Amerikas" 1892 gefeiert worden. 1918 erhob ein königliches Dekret den 12. Oktober zum nationalen Feiertag. Zu diesem Zeitpunkt hatte die Mehrzahl der lateinamerikanischen Länder diesen Schritt bereits vollzogen.[15] Der Eindruck des Ersten Weltkrieges verstärkte den Krisen- und Erneuerungsimpetus unter den spanischen Intellektuellen und die Hinwendung nach "Hispano-América". *Hispanoamericanista* wurde zur eingeführten Berufs- bzw. Berufungsbezeichnung, die Mitarbeit von Hispanoamerikanisten in spanischen Zeitungen und Zeitschriften zur Selbstverständlichkeit (González Calleja/Limón Nevado 1988: 17; Pike 1970: 196-198, 200-202).

Obwohl sich unter den Begriffen *Hispanoamericanismo, Hispanismo* oder *Panhispanismo* eine große Bandbreite von Ideologemen und Interessen subsumierte (Martín Montalvo et al. 1985: 149), lassen sich einige gemeinsame Kategorien identifizieren. Der *Hispanismo* postuliert eine historisch gewachsene genuin spanische Kultur, die einen unverwechselbar spanischen Lebensstil ebenso beinhaltet wie bestimmte Charaktereigenschaften, Traditionen und Normen. Dieses kulturelle Ensemble hätten die Spanier seit 1492 nach Amerika gebracht und dort auf alle Bewohner übertragen. Amerika sei damit kulturell zu einem zweiten Spanien, die Amerikaner aber zu Mitgliedern derselben spanischen *Raza* geworden (Pike 190: 1f.; Rehrmann 1996: 20). Spanien und seine ehemaligen Kolonien seien mithin in einer geistig-kulturellen Gemeinschaft verbunden.

Die "regenerationistischen" Konzeptionen nach 1898 verließen die Grundzüge der vorherigen spanischen Haltung gegenüber Lateinamerika weitaus weniger, als es die Aufbruchsrhetorik signalisierte. Rehrmann (1996: 21f.) zufolge galt für die Zeit bis zum Bürgerkrieg eine Art panhispanistischer Grundkonsens zwischen den spanischen Konservativen und Liberalen, der sich sogar auf Sozialisten und Anarchisten übertragen ließ. Axiome des 19. Jahrhunderts, wonach Amerika

---

[15]   González Calleja/Limón Nevado (1988: 81f.) zufolge führten Nicaragua, Costa Rica, Kolumbien und Kuba den Feiertag bereits 1892 ein. Guatemala folgte 1913, Bolivien 1914, El Salvador 1915 und Peru und Argentinien 1917. Die erste republikanische Regierung Brasiliens erhob bereits 1890 (und nicht 1892, wie ebd. notiert) per Dekret den 12. Oktober zum nationalen Feiertag, allerdings nicht als *dia da raça*. Dekret Nr. 155-B v. 15.1.1890, zit. bei Oliveira (1989: 181).

sich gegenüber dem Mutterland undankbar zeige, das ihm Existenz, Blut und Reichtum geschenkt habe, und seine moralische Schuld gegenüber dem Ex-Kolonisator nicht eingestehe, wurden positiv in den Gedanken einer neuen Führerschaft der *Madre Patria* umgewidmet.[16] Die spanischen Kulturtraditionen in den Exkolonien seien allen sonstigen Einflüssen überlegen. Spanien müsse daher einen Anspruch auf intellektuelle Führerschaft geltend machen. Strittig war allein, welche Elemente zur "Tradition" gehörten und wie weit die Toleranz gegenüber anderen autochthonen wie externen Einflüssen gehen dürfe.

> Die hispanoamerikanischen Nationen wären schon längst wie Bruch-
> stücke eines großen Reiches verstreut, genössen sie nicht die Einheit, die
> Persönlichkeit, den Zusammenhalt und die Lebenskraft, die die spanische
> Tradition und Seele verleiht und mit der diese Seele die Nationen in ei-
> nem großen geistigen Bund zusammenschließt. Ihnen drohte, von einem
> stärkeren Reich aufgesogen zu werden, mit der Folge, ihres ethnischen
> Wesens und ihrem Nationalbewußtsein entfremdet und benommen zu
> sein. Das Spanische abzulegen bedeutet, wie man es auch dreht und
> wendet, *nicht zu sein*, so wie das Spanische anzunehmen bedeutet, ein
> *Sein* zu haben (Ríos de Lampérez 1919: 8).

Treffenderweise ankerte die Leitmetaphorik des ganzen *Panhispanismo*-Diskurses in der Selbstbezeichnung Spaniens als *Madre Patria*. Die Beziehungen Spaniens zu Lateinamerika wurden im Symbolkomplex der Familie zusammengefasst. Damit reproduzierten sich symbolisch koloniale Muster: Die *Madre Patria* hatte zwar die politische und ökonomische Verfügungsgewalt verloren, behauptete aber seinen "Töchtern" gegenüber die Rolle der Erzeugerin, aus der sich für die Gegenwart ableitete, den lateinamerikanischen Nationen Lehrerin und Meisterin in allen kulturellen Fragen zu sein. Spanien und Spanisch-Amerika bildeten eine untrennbare Familie: Zeigten sich die Kinder einmal ungehorsam, so blieben sie doch Kinder ihrer Mutter, die ihren Erziehungsauftrag ungeachtet zeitweiliger Verstimmungen auszuführen habe.[17] In der Familienmetapher ging der alte Gedanke von der

---

[16] Zum *Hispanismo* vor 1930 siehe vor allem Pike (1970: passim), ferner González Calleja/Limón Nevado (1988: 11-30) und Rehrmann (1996: 72-129).

[17] "Das Kind, das sich gegen seine Mutter erhebt, ist ein schlechtes Kind, denn es besteht kein Gesetz, so mächtig es auch sei und das imstande wäre, die Insubordination des Wesens zu legitimieren, dem es seine Existenz verdankt." Das sagte der Gesandte der spanischen Republik, González Fernando Arnao, am 24. Juli 1931 in Quito auf der Feier zum 148. Geburtstag Bolívars und belegte damit zugleich, dass die spanische Republik im Kern dieselbe *Hispanidad* verfolgte wie

natürlichen Unterlegenheit der amerikanischen Bevölkerung ebenso auf wie der nicht weiter zu begründende, weil genauso naturhaft gegebene moralisch-geistige Führungsanspruch Spaniens gegenüber dem gesamten Subkontinent. Radikale Theoretiker nahmen nicht einmal Brasilien davon aus, denn der *Hispanismo* begriff Portugal als Teil der *Hispania*, und Brasilien war somit Teil des "zweiten Spaniens" in Übersee.[18] Die meisten *hispanoamericanistas* grenzten allerdings den Anspruch ihrer Theorie auf den spanischen Sprachraum ein (Pike 1970: 2f.). Die Geschichte reduzierte sich auf die heroische Tradition des spanischen Eroberers und Missionars, der in der Figur des christlichen Ritters seinen Ausdruck fand.[19] Die Kolonialzeit erschien als opfervolle Entäußerung, als übermenschliches und einzigartiges Werk einer interkontinentalen Zivilisationsbegründung. Alles, was sich sonst zur Kolonialgeschichte sagen ließe, wurde unter die *leyenda negra* eingeordnet und als "Greuelpropaganda" abgetan.

In den 1930er Jahren formierte sich der *hispanismo* unter der Bezeichnung *Hispanidad* zu einem wichtigen Element konservativer und faschistischer Ideologie. Der Begriff geht auf den in Buenos Aires tätigen spanischen Priester Zacarías de Vizcarra zurück. Ramiro de Maeztu, Herausgeber der Zeitschrift *Acción Española* und *"spiritus rector* der frankistischen *Hispanidad*-Theoretiker" (Rehrmann 1996: 103), machte mit seiner *Defensa de la Hispanidad* den Begriff populär. Sein Buch erschien 1934, also in dem Jahr, in dem General Wilhelm Faupel das IAI in Berlin übernahm.

Die *Hispanidad* geht von der Vorstellung aus, dass die *Conquista* eher ein spirituelles denn ein materielles Unternehmen war und deshalb alle politischen Konjunkturen überdauere. Das "wichtigste Ereignis im Christentum nach der Geburt des Erlösers", nach den Worten eines ihrer katholischen Ideologen, habe eine spirituelle Gemeinschaft

---

vor und nach ihr die diktatorisch-faschistischen Regimes. GStA, HA I, Rep. 218, Nr. 211. Kahlenberg, Dt. Gesandtschaft für Ecuador, an AA, Quito, 25.7.1931, Bl. 180-185.

[18] So etwa Ríos de Lampérez (1919: 9f.). Dass der *Hispanismo* der 1920er Jahre das Spanische gegenüber dem Amerikanischen noch stärker herausstellte, belegt die Umbenennung der wohl ältesten hispano-amerikanistischen Zeitschrift in Spanien, der *Revista de Unión Iberoamericana*, in *Revista de las Españas* 1926.

[19] S. etwa den Vortrag "El caballero cristiano", gehalten in Buenos Aires am 2.6.1938 (García Morente 1947: 51-108).

mit tiefen Bindungen entstehen lassen.[20] Dass Spanien sein riesiges
Kolonialreich völlig einbüßte, war nicht nur für Maeztu eine Folge des
inneren Werteverlustes durch "ausländische Ideen" und des daraus
folgenden "Traditionsverlusts" (Maeztu 1935: 20). Die *Hispanidad*
entsprang einem Dekadenz- und Krisendenken und formierte sich eher
als spiritualistische denn als politische Ideologie.[21] Folgerichtig domi-
nierte eine Heils- und Heilungsrhetorik und ein fast messianischer, in
jedem Fall aber mystischer und pathetischer Duktus. Die *Hispanidad*
fußte auf einer theologisch-teleologischen Geschichtsvorstellung, die
Spanien den Platz eines Auserwählten Volkes zumaß. Sie beschrieb
den messianischen Auftrag an Spanien, den Katholizismus weltweit
zu verteidigen und dazu eine geistig-moralische Erzieherrolle im gesamten hispanischen Reich zu übernehmen (González Calleja/Limón
Nevado 1988: 15).

Neben der spanischen Sprache und der "Tradition" genannten Ge-
schichtsklitterung bildete der Katholizismus den dritten tragenden
Pfeiler der *Hispanidad*. Er markierte zugleich den wichtigsten Unterschied zu den *Hispanismo*-Konzeptionen der zumeist antiklerikalen
spanischen Liberalen.

> Amerika ist das Werk Spaniens. Dieses Werk Spaniens ist wesentlich ein
> Werk des Katholizismus. Daher besteht eine gleichberechtigte Beziehung
> zwischen Hispanidad und Katholizismus, und jeder Versuch der Hispani-
> sierung, der den Katholizismus ablehnt, muß als verrückt gelten (Gomá y
> Tomás 1934: 310f.).

So bündig fasste der Erzbischof von Toledo 1934 in Buenos Aires
diesen Zusammenhang. Monarchie, katholische Religion, Tradition,
ein spirituell gewandelter Reichsgedanke (Imperio) und die *Raza* verbanden sich zu einem mythischen Amalgam, mit dem das reaktionäre
Spanien im frühen 20. Jahrhundert kaum gebrochen an die Großzeit
des 16. Jahrhunderts anknüpfen wollte.

Anders gesagt: Die *Hispanidad* schloss das konservativ-faschisti-
sche Spanien der 1920er bis 1940er Jahre diskursiv unmittelbar an
jene Zeit an, in der sich der spanische Nationalstaat ausbildete, und

---

[20] Arenal Moyúa (1989: 17f.). Das Zitat stammt von Alberto Martín Artajo, von
      1945-55 spanischer Außenminister, zit. bei Pike (1970: 459).
[21] Dies schon vor der Krise von 1898, s. etwa Angel Ganivets *Idearium Español*
      von 1896. Dazu González Calleja/Limón Nevado (1988: 13f.) und Pike (1970:
      60-62).

zwar in einer in jeder Beziehung vorbildlichen Weise (s.u.). Der Frankismus inszenierte sich in der *Hispanidad* zumindest als direkter Erbe der *Reyes Católicos* und der Universalmonarchie Karls V.

Darin enthalten war ein grenzenübergreifendes Konzept einer spanischen Nation, die über kulturelle und historische, nicht dagegen über ethnische Kriterien definiert wurde. Zuweilen fiel auch der Begriff der Nation oder Nationalität. Doch stand bei allen Varianten der Begriff der *Raza* im Zentrum.

Dieser "Rassen"-Begriff unterschied sich zunächst erheblich von den pseudowissenschaftlichen biologistischen "Rasse"-Begriffen, die seit Mitte des 19. Jahrhunderts von Europa aus weltweit en vogue waren. Maeztu sah daher die Gefahr eines Missverständnisses:

> Die Hispanidad ist keine Rasse. [...] Deshalb ist auch der Name *Día de la Raza* für den 12. Oktober irreführend. Er ist nur annehmbar, wenn er beweist, daß wir Spanier uns nicht um Blut oder Hautfarbe kümmern. Was wir *Raza* nennen, hat nichts mit jenen Charakteristika zu tun, die durch undurchsichtige protoplasmische Vorgänge übertragen werden können, sondern vielmehr mit dem Licht des Geistes, mit der Sprache, mit dem Glauben. Der Hispanidad gehören Menschen der weißen, schwarzen, indianischen und malayischen Rassen sowie der Mischung derselben an. Ihre Wesensmerkmale mit ethnographischen oder geographischen Methoden zu suchen wäre absurd (Maeztu 1935: 20).

Der *Raza*-Begriff der *Hispanidad* sollte also nicht das biologische Gesamt einer Ethnie "Spanier" sondern die "hispanische Rasse" als eine kulturelle Gemeinschaft bezeichnen, die durch die genannten Faktoren – Sprache, Religion, Tradition, Geschichte – verbunden sei. Das schon zitierte Gründungseditorial der Zeitschrift *Raza Española* verdichtete die wesentlichen Elemente in einem Absatz:

> Die spanische *Raza* ist – wer wüßte es nicht? – kein Produkt ethnischer Reinheit: Solche kennt die Menschheit von heute gar nicht, und gäbe es sie, würde nicht in der physiologischen Einheit ihre absolute Perfektion liegen. Die spanische *Raza* ist spirituell weitaus geeinter, als es eine Rasse biologisch homogen sein könnte. Denn ihre historische Einheit lag in ihrem brennenden christlichen Glauben, und in dieser lebendigen Flamme des Glaubens, in einem acht Jahrhunderte währenden Kreuzzug, bevor sie ihre ruhmreiche Herkunft in die Neue Welt fortpflanzten, sind die verschiedenen Völker unserer Halbinsel zu einer Bronzelegierung verschmolzen. Diese *Raza* ist also geformt [...] aus unserem Glauben, unserem Heldentum, unserem beispiellosen Opfermut, unserem sprichwörtlichen Adel, unserem großartigen Redemptorismus, der in unseren Königen, unseren Missionaren, unseren "Indien-Gesetzen" seinen höchsten

Ausdruck gewann und sich im Werk des genialen Cervantes zum ewigen
Symbol unseres Geschlechts formte (Ríos de Lampérez 1919: 7).

Wie das nationalsozialistische Begriffsamalgam "Rasse" beschränkte sich *Raza* nicht auf Klassifikationen und Hierarchien, sondern beanspruchte, ein Kausalbegriff zur Erklärung weltgeschichtli-
cher Verläufe zu sein. Die spanische *Raza* hatte die Menschheitsge-
schichte bereits einschneidend geprägt; Hitlers "Herrenrasse" schickte
sich an, Gleiches zu vollbringen.

Frankistisch-falangistische Konzeptionen von *Hispanidad* schlossen weitgehend an den konservativen *Panhispanismo*-Diskurs an. Die
Hispanidad verschmolz die Begriffe von Rasse, Nation, Vaterland und
Reich bis zur völligen Unschärfe.[22] Jenseits der genannten Kategorien
(Sprache, Tradition, Einheit, *Raza*) definierte sich die *Hispanidad* vor
allem negativ, d.h. durch die Gegnerschaft zu anderen Konzepten und
erhielt hier am ehesten politische Gestalt. Sie wandte sich gegen den
Indigenismo, den Marxismus und Materialismus, die *Latinidad* und
fand ihren Hauptgegner im Panamerikanismus angelsächsischer Prägung (Martín Montalvo et al. 1985: 152, s.u.).

Im Falange-Programm nahm "Hispano-Amerika" einen herausra-
genden Platz ein. Bereits Punkt 3 des 27-Punkte-Programms von José
Antonio Primo de Rivera zielte mit imperialen Absichten zuerst auf
Europa, sodann auf die Neue Welt:

> Wir wollen das *Imperio*. Wir stellen fest, daß Spanien in seiner Gänze
> das Imperio bedeutet. Wir fordern für Spanien einen ständigen Platz in
> Europa. [...]
> Hinsichtlich Hispano-Amerika streben wir die Einheit von Kultur, wirt-
> schaftlichen Interessen und Macht an. Spanien betrachtet sich als geistige
> Achse der hispanischen Welt, da ihm bei den weltweiten Unternehmun-
> gen eine Vorrangstellung zukommt.[23]

Primo de Rivera und seine Epigonen waren davon überzeugt, dass
der Tag kommen würde, an dem die Welt von drei oder vier "rassischen Ethnien" dominiert werde – und Spanien, so die Überzeugung

---

[22] Er folgte allerdings auch hierin einer Tradition: Durchaus kennzeichnend hob
1926 eine bekannte Autorin als einzigartiges historisches Werk Spaniens "el na-
cionalismo de raza, el patriotismo étnico" hervor (Ríos de Lampérez 1926: 15).
S. auch die Feststellung: "Nuestra nacionalidad es una nacionalidad de raza"
(Ríos de Lampérez 1919: 9).
[23] Das Programm findet sich in Primo de Rivera, José Antonio, *Obras completas*,
Madrid 1945, S. 519ff., hier zit. bei Delgado Gómez-Escalonilla (1988: 33).

des Falange-Gründers, könnte darunter zählen, allerdings nur dann, wenn es sich an die Spitze eines geistigen spanisch-amerikanischen Empire setze (Rehrmann 1996: 82).

In einigen Punkten radikalisierten Teile der faschistischen Bewegung die hispanistische Vorlage. Das galt etwa für den Begriff des *Imperio*. Die *Hispanidad* fasste *Imperio* als ein spirituelles Gebilde. "Die *Hispanidad* ist geschichtlich nichts anderes als das Reich *(Imperio)* des Glaubens", stellte Maeztu (1935: 291) fest. Spanische Offizielle, ob konservativ oder liberal, monarchistisch oder republikanisch, hatten stets betont, damit keinerlei imperialistische oder neokolonialistische Absichten zu verbinden.

Hispanität als Schicksalsgemeinschaft der spanisch sprechenden Völker ist keine politisch-wirtschaftliche Formel zur Verfolgung imperialistischer Ziele, sondern eine Idee, ist Tradition und Aufgabe der Gegenwart und Zukunft zugleich. Spanien, das die geistige Achse der hispanischen Welt sein will, ist nur ein Stück, ein Teil der Hispanität gleich den Schwesternationen in Amerika, die in ihr ihre Unabhängigkeit gegenüber den nordamerikanischen Hegemoniebestrebungen verteidigen. Hispanität hat nichts gemein mit Eroberungspolitik in irgendeiner Form, sondern schliesst den Begriff des Kreuzzuges in sich, in dem Sinne, in dem das nationalsozialistische Deutschland zum Kampf gegen den Bolschewismus angetreten ist.[24]

Falangisten buchstabierten die *Imperio*-Kategorie aber durchaus expansiv-politisch. Gegenüber dem *Imperio de la fe* erhob sich die Forderung nach einem *espacio vital*, einem "Lebensraum". Solche Forderung wandelte die mythische Imperiumsidee in einen projektiven Imperialismus um. Während Territorialforderungen auf Afrika beschränkt waren, erschien Lateinamerika als vorzügliche Interessenssphäre und Brache der kulturellen und propagandistischen Transmission (Arenal Moyúa 1989: 16).

Die *Hispanidad* brachte eine Vielzahl neuer Institutionen hervor. Unter der Diktatur von Miguel Primo de Rivera (1923-1930) wurde im Außenministerium eine neue Abteilung ins Leben gerufen und stetig ausgebaut, die eigens für die Beziehungen zu den hispanoamerikanischen Republiken zuständig war (Rehrmann 1996: 90). Es erschienen neue Zeitschriften wie die 1935 in Madrid gegründete

---

[24] GStA, HA I, Rep. 218, Nr. 796, Manuskript des Vortrags von Jesús Evaristo Casariego, Herausgeber der Madrider Zeitung *El Alcázar*, gehalten am 7.8.1941 auf Einladung der Deutsch-Spanischen Gesellschaft.

Hispanidad. Anfang 1938 rief Außenminister Ramón Serrano Suñer in seiner Behörde die *Junta de Relaciones Culturales* ins Leben, zu deren Hauptaufgaben es gehörte, die Kulturbeziehungen zu Lateinamerika auszubauen (Einrichtung eines hispanoamerikanischen Postgraduiertenstudiengangs, Gründung von hispanischen Instituten und Bibliotheken u.a.), um die dortigen Eliten für die nationalspanische Regierung und ihre Ziele einzunehmen (Delgado Gómez-Escalonilla 1988: 38-46).

Nach dem Ende des Bürgerkriegs verstärkte die gesamtspanische Franco-Regierung ihre hispanistischen Bemühungen. Mitte 1940 konstituierte sich in Madrid die *Asociación Cultural Hispano-Americana* unter dem Vorsitz des ehemaligen argentinischen Botschafters in Spanien, Daniel García Mansilla. Sie strebte an, ähnliche Vereinigungen in allen lateinamerikanischen Ländern ins Leben zu rufen. Es sei der historische Moment gekommen, begründete García Mansilla diesen Schritt, die authentischen Wurzeln der *Hispanidad* wiederzubeleben und der spanischen wie amerikanischen Jugend als Ideal zu vermitteln. Die *Asociación* vermied jegliche Anklänge an Bevormundung und propagierte eine *Hispanidad* dem teleologisch-spirituellen, national-katholischen Diskurs gemäß, nämlich als "eine Schicksalsgemeinschaft von Völkern, die durch ständige und dynamische Bande der Abkunft, der Sprache, der Religion, der Kultur und der Geschichte verbrüdert sind".[25]

Im November desselben Jahres rundete der *Consejo de la Hispanidad* Serrano Suñers außenpolitische Institutionalisierung der *Hispanidad* ab. Flankiert von weiteren Institutionen, sollte dieser Hispanitätsrat die panhispanistischen Ambitionen Spaniens "auf eine dauerhafte und homogene Basis [...] stellen" (Rehrmann 1996: 142). Beim Gründungsakt in Salamanca demonstrierten der Reichsführer SS Heinrich Himmler und der Chef der deutschen Abwehr Admiral Wilhelm Canaris für das Vorhaben Unterstützung auf höchster Ebene (Gondi 1978: 4). Den Vorsitz des *Consejo* übernahm der Außenminister persönlich (Delgado Gómez-Escalonilla 1988: 63-66).

---

[25] García Mansilla, Daniel, "Nueva Empresa de *Hispanidad*. Propósitos de la Asociación Cultural Hispano-Americana" (1940), zit. bei Delgado Gómez-Escalonilla (1988: 61).

2. *Fiesta de la Raza*: Nationalsozialistische Außenpolitik auf der gesellschaftlichen Bühne

In Deutschland wurde die *Fiesta de la Raza*, wie der *Día de la Raza* auch genannt wurde, schon vor 1930 begangen. So organisierte seit 1922 das Hamburger Ibero-Amerikanische Institut mit den Vereinigungen der ibero-amerikanischen Konsuln und der ibero-amerikanischen Studenten jährlich einen Empfang.[26] In Berlin richteten wechselnd das Auswärtige Amt, deutsch-iberoamerikanische Wirtschaftsverbände oder die Berliner Universität einen Festakt aus. Nach 1930 oblag die Organisation und Durchführung des Festakts dem IAI.

Schon vor Faupel suchte das IAI schnellen Kontakt zu den neuen Machthabern. Obwohl das IAI eine Behörde des Preußischen Kultusministeriums und damit der Reichsregierung nicht institutionell verbunden war, bemühte es sich 1933 gleich um Reichspropagandaminister Joseph Goebbels als Hauptredner für den ersten *Día de la Raza* im Dritten Reich. Sein Name war bereits in den Einladungskarten eingedruckt, als er kurzfristig absagte.[27]

Faupel ließ seit Beginn seiner Amtszeit keinen Zweifel aufkommen, dass er Kulturpolitik als konsequente Umsetzung nationalsozialistischer Interessenpolitik verstand. Unter seiner Ägide entkoppelten sich der bibliothekarisch-wissenschaftliche Bereich und die politisch agierende Führung. Bibliothek und wissenschaftliche Zeitschrift, für die sich Faupel nicht näher interessierte, folgten nach 1933 weiter fachspezifischen Gesetzen. Zwar agierte die Bibliothek, etwa in der Auswahl der einzukaufenden Bücher oder in der Anregung oder Ab-

---

[26] IAI, Za, Deut ap IAI 1919-1930, *Hamburgischer Correspondent*, 13.10.1930.

[27] IAI, Dok, Mappe "IAI-Geschichte: Programme, Veranstaltungen, Vereine", Einladungskarte *Día de la Raza* 1933; Artikel "Die Feier des 'Día de la Raza' in Berlin", in: *Germania*, 13.10.1933. Auch in der Musikauswahl passte sich das Institut gleich an: 1932 erklang ein Streichquartett von Haydn, 1933 der Festmarsch von Hitlers Lieblingskomponisten Richard Wagner. Leider ist die Dokumentation zum *Día de la Raza* in den vorhandenen Quellenbeständen im GStA wie im IAI selbst äußerst lückenhaft. Es war kein Vorgang unter dieser Bezeichnung aufzufinden; ein solcher muss aber angesichts der Bedeutung und der Regelmäßigkeit des Ereignisses existiert haben. So verfügen wir weder über Teilnehmerlisten noch über die Redemanuskripte, sofern diese sich nicht aus indirekten Quellen (Zeitungen, Zeitschriften, Berichte) rekonstruieren lassen. Die Quellenproblematik behandelt Oliver Gliech ausführlich in seinem Beitrag über Faupel im vorliegenden Band.

lehnung von Übersetzungen, ideologisch keinesfalls neutral. Doch
suchten die Fach- bzw. Regionalabteilungen nach Möglichkeit die
Breite ihrer Gebiete zu bedienen und ihre Wissenschaftlichkeit zu
garantieren, auch wenn dies hieß, Bücher aus den USA oder Frankreich zu kaufen.[28] Es konnte allerdings auch heißen, sich beuteartig
Bücher aus den besetzten Gebieten zu verschaffen.[29] Das *Ibero-Amerikanische Archiv* ließ der Faupelsche Propagandazuschnitt weitgehend
unberührt. Das "Deutschtum" in Lateinamerika, Vainfas und Raminelli (1999: 75) zufolge eines von vier Hauptthemenfeldern zwischen
1933 und 1944, war schon vor 1933 ein Standardthema deutscher
Lateinamerikanisten. Quantitativ lag der Schwerpunkt bei der Altamerikanistik und der Kolonialgeschichte.[30] Wo die Texte des *Archivs* die
neue Staatsideologie berührten, zeigte sich sowohl Kongruenz wie

---

[28]   Diese These müsste durch ein genaues Studium der umfangreichen Bibliotheks-
       korrespondenz, das im Rahmen meiner Themenstellung nicht möglich war, erhär-
       tet oder falsifiziert werden.

[29]   Am 16.10.1941 schlug Generalsekretär v. Merkatz vor, dass Quelle nach Hol-
       land, Belgien und Frankreich fahre, "um dort billig für die Bibliothek des Ibero-
       Amerikanischen Institutes hier nicht vorhandene wissenschaftlich wertvolle Lite-
       ratur, Kartenmaterial, amtliche Veröffentlichungen usw. aufzukaufen". Quelle
       wusste zu berichten, dass das IAI spät dran war: Andere Institute wie das Muse-
       um für Länderkunde in Leipzig oder das auslandswissenschaftliche Institut der
       Berliner Universität hätten "in großem Ausmaß in Holland, Belgien und Frank-
       reich ebenfalls die allerwertvollsten Veröffentlichungen erworben, die hier in
       Berlin nicht vorhanden sind. Für uns käme in Frage, Nachforschungen in dem
       Kolonial-Ministerium über amtliche Publikationen über die holländischen und
       französischen Kolonien, aus denen sich für die spanische und portugiesische Ko-
       lonialgeschichte Wichtiges ergeben kann, sowie eventuell Material über andere
       Länder Ibero-Amerikas, anzustellen. Auch in den Antiquariaten und Buchhand-
       lungen dürfte noch reichliches Material vorhanden sein. Auch sonst hat das Aus-
       wärtige Amt für seine neue Kartensammlung in großem Umfange Material vom
       Ausland beschafft und ebenso haben eine ganze Reihe weiterer staatlicher Stellen
       Delegierte in die besetzten Gebiete geschickt, um wichtiges Material zu erwer-
       ben". GStA, HA I, Rep. 218, alte Ordner-Nr. 134, Aktennotiz v. Merkatz, 16.10.
       1941. S. auch GStA, HA I, Rep. 218, Nr. 172, Abwehrstelle im Wehrkreis III,
       Sichtungsstelle Berlin, an IAI, Berlin, 19.11.1941, die "aus Beutematerial aus
       dem Westraum" ein Buch über Kolumbus schickt. Faupel dankt (ebd.: Faupel an
       Abwehrstelle, Berlin, 1.12.1941) mit dem Hinweis: "Derartiges Material ist für
       uns stets von Wert."

[30]   Vainfas/Raminelli (1999: 75) nennen ohne Gewichtung vier Schwerpunkte:
       1. präkolumbianische Zivilisationen und Kolonialzeit; 2. Deutschtum; 3. inter-
       amerikanische Beziehungen und 4. die soziale Frage in Lateinamerika. Sie beto-
       nen die pro-*mestizaje*-Ausrichtung vieler Texte zu den indianischen Kulturen
       (Vainfas/Raminelli 1999: 76-77)

vorsichtiger Dissens. Im Jahrgang 1933/34 findet sich etwa ein Beitrag Edith Faupels, der Präsidentengattin und Referentin für Peru und Bolivien im IAI, in dem sie die "Zivilisationsfähigkeit" der Indios gegen die Vorstellung verteidigt, der unter ihnen verbreitete Alkoholismus sei "erblich" oder die ganze Rasse als solche "entartet".[31] Die Argentinien-Referentin des IAI, Ingeborg Richarz-Simons, konnte ausführlich die Rechtslage der arbeitenden lateinamerikanischen Frau diskutieren und für deutsche wie lateinamerikanische Frauen die völlige Gleichstellung im bürgerlichen Leben fordern – obwohl sie damit konträr zur nationalsozialistischen Mütterlichkeitsmystik wie zur NS-Sozialpolitik lag, die das knappe Gut Arbeitsplatz den Männern vorbehalten wollte.[32] "Auf Linie" argumentierte hingegen ein Beitrag, der versuchte, die Kriterien nationalsozialistischer Rassepolitik auf Argentinien anzuwenden und zum Schutz der "argentinischen Rasse" eine staatliche Bevölkerungspolitik zur "hygienischen und sozialen Sanierung" fordert.[33]

---

[31]   Faupel (1933). Sie verweist auf sozio-ökonomische Faktoren wie den geringen Besitz an noch dazu schlechtem Boden sowie die fehlende Bildung. Ebenso bewertet sie die "Rassenmischung", die *mestizaje*, positiv und widerspricht der "vielfach" zu hörenden Ansicht, "daß Mischlinge nur die schlechten Eigenschaften beider Eltern erben. Wissenschaftlich ist diese Anschauung nicht haltbar." In Peru sei eine neue Einheit, die "indo-spanische Kultur", eine "neue Volkheit" entstanden. Die Bevölkerung afrikanischer Herkunft wird allerdings bezeichnenderweise verschwiegen.

[32]   Richarz-Simons (1933). Sie kritisierte, dass in Deutschland zwar die Frau ohne Ermächtigung des Mannes einen Beruf ausüben, dieser aber nicht gegen den "Sinn der Lebensgemeinschaft" verstoßen dürfte, "faktisch also doch von der Zustimmung des Mannes abhängt" (171f.).

[33]   Ausgangspunkt des Artikels ist die Beobachtung einer relativ hohen Sterblichkeit in der einheimischen Bevölkerung: "Nicht nur also von der Seite allzu hemmungsloser Bastardisierung durch Vermischung mit anderen Rasseelementen droht dem Bestehen des Argentiniers Gefahr, nicht allein soll eine kluge Einwanderungspolitik diese von außen drohende Gefährdung der Rasse abwenden, sondern, und das ist bisher bei diesen Fragen außer acht gelassen worden, dem Bestand der bodenständigen argentinischen Bevölkerung droht von innen heraus eine Minderung, deren Bekämpfung eine dringende Aufgabe der staatlichen Bevölkerungspolitik sein muß, durch die Mittel der Volksaufklärung, der hygienischen und sozialen Sanierung. [...] Wenn wir hier in Deutschland dem Problem 'Volk ohne Raum' gegenüberstehen, so hat Argentinien gerade umgekehrt gegen 'Raum ohne Volk' zu kämpfen; und wenn einst Alberdi sagte, 'Gobernar es poblar', so bedeutet das heute eben nicht mehr bloß poblar durch Einwanderung und Geburtenüberschuß, sondern poblar nach dem Gesichtspunkt der Rassenbiologie, zum Besten der Zukunft einer wahren argentinischen Rasse." Wer zu

Eine der ersten Amtshandlungen Faupels war ein Brief an den deutschen Gesandten in Chile, in dem er diesen bat, ihm die in Chile gebräuchlichen Lehrbücher für Geschichte und Geographie zu schicken.[34] In der Schulbuchfrage, vor allem im Kampf gegen französische Schulbücher mit "deutschfeindlicher" Tendenz, nach deren spanischer Übersetzung in Lateinamerika sehr verbreitet unterrichtet wurde, kristallisierte sich die Berufsauffassung Faupels als IAI-Präsident heraus: Kulturpolitik diente gleichsam dem Kampf um Lebensraum für nationalsozialistisches Gedankengut im Westen.[35]

In diesem Sinne sollte das Institut zur vorrangigen Adresse für lateinamerikanische Angelegenheiten aufsteigen. Innerhalb weniger Wochen suchte Faupel die für ihn relevanten Institutionen auf. Im Mai fuhr er mit Generalsekretär Panhorst nach Hamburg zu ausgiebigen Gesprächen mit dem Chef der Auslandsorganisation (A.O.) der NSDAP, Gauleiter Ernst Bohle und seinen Dezernenten, die "völlige Übereinstimmung der Auffassungen" ergaben.[36] Über Faupel nahm das IAI offizielle Kontakte mit Organisationen wie dem "Fichte-Bund, Reichsbund für Deutschtumsarbeit" oder dem "Nationalsozialistischen Reichskriegerbund (Kyffhäuserbund)" auf. Dem größten Verband der so genannten "Deutschtumspflege", dem mittlerweile gleichgeschalteten "Volksbund für das Deutschtum im Ausland", war Faupel 1935 sogar als Leiter der Übersee-Abteilung formell verbunden.[37] Faupel spann auch ein ganz eigenes Netz: Unermüdlich gründete er neue korporative Organisationen der deutsch-lateinamerikanischen Beziehungen und übernahm in allen diesen Organisationen – sowie in den be-

---

dieser "wahren Rasse" gehört, bleibt ebenso unklar wie die Frage, worin die "Sanierungs"-Maßnahmen bestehen sollen (Kühn 1934: 376). Eine gründlichere ideologiekritische Untersuchung des *Archivs* steht ungeachtet des kurzen Aufsatzes von Vainfas/Raminelli noch aus.

[34]　GStA, HA I, Rep. 218, Nr. 219, Bl. 483-484, Faupel an den deutschen Gesandten in Chile, Köhn, Berlin, 4.4.1934.

[35]　Siehe auch GStA, HA I, Rep. 218, Nr. 447, Faupel an AA, Berlin, 29.11.1934 sowie zahlreiche Dokumente v.a. in GStA, HA I, Rep. 218, Nr. 238. Ausführlicher zu diesem Aspekt Silke Nagel in diesem Band.

[36]　IAK, 16.5.1934. Zu den Beziehungen Faupels bzw. des IAI zur NSDAP/A.O. siehe GStA, HA I, Rep. 218, Nr. 238.

[37]　GStA, HA I, Rep. 218, Nr. 139, Bl. 41-42; Rep. 218, Nr. 176, Bl. 74-78; Rep. 218, alte Ordner-Nr. 134.

stehenden wie der Deutsch-Spanischen und der Deutsch-Ibero-Amerikanischen Gesellschaft – den Vorsitz.[38]

Nach seiner Rückkehr aus Spanien[39] setzte Faupel zusammen mit seiner Führungsmannschaft[40] seine Bemühungen fort, ein anderes IAI zu formen. Faupel sah in der Propaganda das zentrale Instrument. Er war der Überzeugung, dass Deutschland in Übersee viel zu wenig Propaganda für seine Interessen betreibe.[41] Das IAI sollte nun seine wissenschaftlich-dokumentarische Kompetenz nutzen, um eine Expertenfunktion für Staats- und Parteidienststellen in Sachen Ibero-Amerika zu übernehmen. Es klärte Begriffsverwendungen, produzierte und übersetzte Propagandamaterial, empfahl sich als Dokumentationsstelle für politisches Schrifttum aus Lateinamerika und erteilte Personenauskünfte über lateinamerikanische Persönlichkeiten hinsichtlich ihrer "deutschfreundlichen" oder "deutschfeindlichen" Haltung, aber auch zu der Frage, ob sie womöglich "jüdisch" seien.[42] Mitarbeiter des IAI schrieben die einschlägigen Artikel für das "Handwörterbuch des Grenz- und Auslandsdeutschtums" oder die Neuauflage des "Brockhaus", oft nach konkreten inhaltlichen Vorgaben etwa der "Parteiamtlichen Prüfungs-Kommission zum Schutze des NS-Schrifttums".[43]

---

[38]   Ausführlicher behandelt diesen Aspekt Silke Nagel im vorliegenden Band.

[39]   Faupel unterbrach 1936/37 seine Präsidentschaft am IAI, um Hitlers erster Geschäftsträger im "weißen Spanien" unter General Francisco Franco y Bahamonde zu werden. Zu Faupel in Spanien vgl. Abendroth (1973: 103-119) und den Beitrag zu Faupel von Oliver Gliech in diesem Band.

[40]   Unterstützung fand Faupel vor allem bei dem sehr rührigen Hans Joachim von Merkatz, Generalsekretär des IAI seit 1938. Merkatz' Aktennotizen und Arbeitsmappe. In: GStA, HA I, Rep. 218, alte Ordner-Nr. 134 und Rep. 218, Nr. 560.

[41]   S. die Eingabe des Faupel-Vertrauten Admiral a.D. Paul Behncke an Reichskanzler Brüning, in der er minutiös den deutschen Nachholbedarf in der Auslandspropaganda, speziell in Übersee, aufweist und kritisiert, es werde zu viel Geld für Wissenschaft und das Anlegen von Archiven ausgegeben, die von sehr begrenztem propagandistischem Nutzen seien. GStA, HA I, Rep. 218, Nr. 292, o.O., o.D. (1932), Bl. 60-78.

[42]   GStA, HA I, Rep. 218, Nr. 213, Bl. 397, Reinecke an Reichsleitung NSDAP, Berlin, 22.12.1937; Rep. 218, Nr. 134, Notiz von Merkatz, 10.5.1939: Telefonischer Anruf des Legationsrat Roth am 10.5.1939; Rep. 218, Nr. 238, Bl. 154, Faupel an A.O., Berlin, 2.1.1935; Rep. 218, Nr. 239, Bl. 212, E. Faupel an Duschek, Berlin, 9.5.1939.

[43]   GStA, HA I, Rep. 218, Nr. 389, diverse Dokumente.

Im Jahr für Jahr wiederholten *Día de la Raza* in Berlin präsentierte sich dieses anspruchsvolle IAI dem heimischen und internationalen Publikum – mit gleichfalls anspruchsvoller Zielsetzung.

Der Festakt zelebrierte ein zentrales symbolisches Ereignis der *Hispanidad*-Ideologie. Er demonstrierte damit zunächst die besonderen Beziehungen zum frankistischen Spanien. Das *ibero*-amerikanisch genannte Institut ordnete sich unmissverständlich den spanischen Wiederbelebungsversuchen einer zumindest kulturellen und ideologischen Vormachtstellung in Hispanoamerika zu. Die Festtagsrhetorik der Institutsvertreter reproduzierte Jahr für Jahr eine symbolische Anordnung, die Spanien als Mutter der ibero-amerikanischen Töchter repräsentierte. Die Bande des "Blutes", der "gemeinsamen ruhmreichen Geschichte" und der Sprache wurden herausgestellt; die Unabhängigkeitskriege sowie die aktuellen, zum Teil heftigen Konflikte erschienen als "natürlicher Vorgang" einer Eltern-Kind-Beziehung, die "schmerzliche Empfindungen" aushalten müsse, ohne dass die Substanz der Beziehung berührt werden könne, da es sich um unverbrüchliche Familienbande handelt. Die *Conquista* wurde als Naturereignis ("Sturmzeiten der gewaltsamen Eroberung") codiert; in der Regel fanden in dieser Codierung keine benennbaren Täter und Opfer, sondern nur die "Größe" des spanischen Kolonisationswerkes Platz.

Das IAI fügte sich in diese symbolische Familienordnung selbst als Bruder Spaniens und damit gleichsam als Onkel Ibero-Amerikas ein. Faupel und andere deutsche Funktionäre überbrückten typischerweise die fehlenden Wahrheiten zur *Conquista* mit dem Hinweis auf die "zahlreichen deutschen Forscher" mit Humboldt an ihrer Spitze, die "Wesentliches" zur kulturellen Entwicklung Ibero-Amerikas beigetragen hätten.[44] Faupel legte stets Wert darauf, die iberoamerikanischen Studenten in Deutschland zu erwähnen; in ihnen sah er die zukünftigen Mittler und Multiplikatoren der nationalsozialistischen Lateinamerikapolitik.[45]

---

[44] Vgl. etwa GStA, HA I, Rep. 218, Nr. 373, Manuskript Vortrag Reinecke zum *Día de la Raza*, 12.10.1937; IAK Nr. 42, 18.10.1938; *El Observador del Reich* 80, 13.10.1939; *El Observador del Reich* 83, 18.10.1940.

[45] Bezeichnenderweise reproduzierte das IAI vor allem in der Person Edith Faupels diesen Studenten gegenüber bis in die Metaphorik hinein das gleiche maternal-vormundschaftliche Verhältnis, das Spanien seinen ehemaligen Kolonien gegenüber anstrebte: Die von ihr betreuten Studenten nannte Frau Faupel generell "mi

Die "Feste der Rasse" im Festsaal des ehemaligen königlichen Marstalls in unmittelbarer Nähe des Regierungsviertels richteten sich an deutsche Stellen und Personen ebenso sehr wie an spanische und lateinamerikanische Adressaten. Sie lieferten Faupel eine besonders geeignete, da symbolisch aufgeladene und publizitätsträchtige Bühne. Auf diesen Festakten stellte das IAI Erfolge seiner Politik aus; dort demonstrierte es die besondere Verbundenheit zu Spanien (und damit zu dessen Lateinamerika-Politik), dort inszenierte es die Einheit von deutschem Staat, nationalsozialistischer Partei und IAI einerseits sowie von Spanien, Ibero-Amerika und IAI andererseits, dort präsentierte es sich im Zentrum eines dichten Netzes internationaler politischer Kontakte als wichtigster Partner der nationalsozialistischen Führung wie des außenpolitisch-diplomatischen Apparats, der beiden Unverzichtbarkeit demonstrierte.

Über dem Rednerpult im Festsaal des Marstalls auf dem Schlossplatz flankierten die Fahnen der lateinamerikanischen Länder, Spaniens und Portugals zwei große Hakenkreuzbanner.[46] Das Bühnenbild dieser Inszenierungen konnte jedoch nur wirken, wenn nicht nur das lateinamerikanische diplomatische Korps Jahr um Jahr möglichst vollzählig erschien,[47] sondern wenn vor allem hochrangige Staats- und Parteirepräsentanten für eine Teilnahme und, noch besser, für eine Ansprache zu gewinnen waren.

1934 bemühte sich Faupel über Bohle sofort um den Stellvertreter des Führers, Rudolf Heß, als Festredner. Heß sagte ab. Doch notgedrungen entwarf Faupel die Grußtelegramme für Heß und andere hohe NS-Funktionäre selbst.[48] Auch in den Folgejahren suggerierten Grußtelegramme aus der NSDAP-Chefetage die Präsenz der Staatsfüh-

---

hijo" oder "mis hijos". Diese wiederum verstanden, dass sie ihre Wohltäterin "Mi querida madre" zu nennen hatten.

46   S. die Pressefotos in GStA, HA I, Rep. 218, Nr. 756 u. 757; IAI, Dok, Mappe "Fiesta de la Raza"; Fotoarchiv IAI.

47   Glaubt man den Eigenangaben des IAI, mit Erfolg. Faupel behauptete gegenüber seinem Vorgesetzten Rust schon 1936, dass "an der Feier des 12. Oktober [...] stets alle in Berlin anwesenden diplomatischen und konsularischen Vertreter der 21 ibero-amerikanischen Länder teilnehmen" (GStA, HA I, Rep. 218, Nr. 807, Faupel an Reichserziehungsminister Rust, Berlin, 17.8.1936). S. außerdem *El Observador del Reich* 79 (1938) v. 14.10.1938, 80 (1939) v. 13.10.1939 und 83 (1940) v. 18.10.1940.

48   GStA, HA I, Rep. 218, Nr. 238, Bl. 83, Faupel an Bohle, Berlin, 21.9.1934; Rep. 218, Nr. 238, Bl. 196.

rung.[49] 1935 hielt der spätere Außenminister Ribbentrop eine Ansprache. In den Folgejahren bestritt der zuständige Reichserziehungsminister Bernard Rust die Ansprache oder ließ sich von einem Staatssekretär vertreten.[50] Zudem sprachen jeweils einer oder mehrere lateinamerikanische Gesandte. Obligat war die Ansprache des spanischen Botschafters zum Schluss des Festaktes.

Zwar nahm der deutsche *Día de la Raza* nicht die Größe an, die ihm das faschistische Italien verlieh. Dort wurde der 12. Oktober seit 1929 offiziell im ganzen Land als Kolumbustag begangen. Öffentliche Gebäude, das Capitol eingeschlossen, wurden beflaggt, in den Grundschulen der halbe Tag schulfrei gegeben. Besonders pompös fielen die Feiern in Kolumbus' Geburtsstadt Genua aus.[51] Doch indem es gelang, den *Día de la Raza* zu einem der wichtigen gesellschaftlichen Ereignisse des Berliner Herbstes aufzuwerten, gewann die Inszenierung der doppelten Einheit die gewünschte Verbreitung und Aufmerksamkeit. Alle wichtigen regionalen und überregionalen Zeitungen berichteten jährlich vom Berliner *Día de la Raza* und brachten zusätzlich erläuternde Hintergrund- oder Korrespondentenberichte zur *Conquista* und zur *Hispanidad*.[52] Seit 1939 erhöhten Konzerte mit dem Berliner Philharmonischen Orchester, die über den Deutschen Kurzwellensender nach Lateinamerika übertragen wurden, noch das gesellschaftliche Prestige der Veranstaltung wie ihren Propagandaeffekt nach Übersee.[53]

---

[49] Z.B. 1938 vom "Stellvertreter des Führers" Rudolf Heß, Reichsaußenminister von Ribbentrop, Reichspropagandaminister Goebbels, Reichserziehungsminister Rust, Reichspostminister Ohnesorge und, wie jedes Jahr, vom Chef der A.O. und Staatssekretär im AA, Bohle. *Ibero-Amerikanisches Archiv* 12 (1938/39), S. 488.

[50] Die Angaben sind, wie oben festgestellt, unvollständig. Die Ansprachen hielten: 1934 Lammers, Staatssekretär im Reichserziehungsministerium, 1935 Außenminister von Ribbentrop, 1936 Zschintsch, Staatssekretär im Reichserziehungsministerium, 1937 Reichserziehungsminister Rust, 1938 der Berliner Oberbürgermeister Lippert, 1939 offenbar kein Gastredner, 1940 erneut Rust. IAK 1932-1941; *El Observador del Reich* 1938-1940; IAI, Za, Deut ap IAI, 1930-1936, 1937-1949.

[51] *La Prensa* (Buenos Aires), 13.10.1931, "Con varios actos recordose el Día de la Raza en Europa y América", zit. GStA, HA I, Rep. 218, Nr. 211, Bl. 171.

[52] Siehe die Sammlung von Zeitungsausschnitten in IAI, Za, Deut ap IAI, 1930-1936, 1937-1949; III ke: Entdeckungsgeschichte Amerikas, 1927-1990, sowie IAI, Mappe: Fiesta de la Raza (o.Bl.).

[53] GStA, HA I, Rep. 218, Nr. 573, passim; Rep. 218, Nr. 256, Bl. 186-187: Programmheft "Orchester-Konzert des Berliner Philharmonischen Orchesters zum

Die *Días de la Raza* des IAI spiegelten die deutsche Kulturpolitik und Propaganda in und nach Lateinamerika wider, wie sie unter Einbeziehung des IAI praktiziert wurden. In den 1930er Jahren standen die Bestrebungen des nationalsozialistischen Deutschlands im Vordergrund, als Großmacht auf die internationale Bühne zurückzukehren. Der Eigenständigkeit der jungen Republiken Lateinamerikas bei "rassischer" Verbundenheit mit Spanien entsprach Deutschlands Streben nach "völkischer" Eigenständigkeit und nach dem Ende des "Versailler Diktats".[54] Darüber hinaus ist wenig kulturpolitische Substanz greifbar. Dass das Spanische dem Französischen und Italienischen an höheren Schulen in Deutschland gleichgestellt werde, wurde daher auf gleich drei Festakten zum *Día de la Raza* herausgestellt.[55]

Día de la Raza 12. Oktober 1939"; Rep. 218, Nr. 723, Programmheft des "Fest-Konzerts des Berliner Philharmonischen Orchesters zum *Día de la Raza*"; DAZ, 12.10.1940. Das Konzertprogramm war um hispanistische Ausgeglichenheit bemüht: 1939 standen auf dem Programm Werke von Komponisten aus Spanien, Brasilien, Argentinien, Uruguay, Chile, und Cuba, dazu die "Inkaischen Tänze" aus der Oper "Amankay" des IAI-Musikreferenten Richard Klatovsky und das Vorspiel zu "Die Meistersinger von Nürnberg". 1940 kamen ausschließlich zeitgenössische Kompositionen aus Spanien und Lateinamerika zu Gehör; neben den genannten Ländern waren Peru, Ecuador, Bolivien und Mexiko vertreten. Abschließend erklang erneut Musik Richard Wagners, musikalischer Repräsentant des nationalsozialistischen Deutschlands. GStA, HA I, Rep. 218, Nr. 256, Programmheft 1939; Rep. 218, Nr. 723, Programmheft 1940.

[54] S. z.B. die Rede des Staatssekretärs Lammers am *Día de la Raza* 1934, zit. *Völkischer Beobachter* 13./14./15.10.1934; Ansprache von Ribbentrop am 12.10.1935 im IAI, zit. *DAZ*, 13.10.1935; Artikel *"Día de la Raza"*, in: IAK 41/1935 v. 8.10.1935; die Rede des Staatssekretärs Zschintsch 1936, in: GSTA, HA I, Rep. 218, Nr. 373; den Artikel von E. Stegmann, in: *Völkischer Beobachter*, 12.10.1938. Die lateinamerikanische Öffentlichkeit für den Austritt des Dritten Reichs aus dem Völkerbund und für seine Aufrüstungsbestrebungen zu gewinnen, diente der vom IAI gefertigte und u.a. von Faupel vor dessen Antritt als Institutschef herausgegebene Band *Ibero-América y Alemania. Obra colectiva sobre las relaciones amistosas, desarme e igualdad de derechos* (Berlin: Carl Heymanns Verlag 1933). In einem 1939 herausgegebenen Band *Alemania y el Mundo Ibero-Americano* (Berlin 1939) ähnlicher Machart ging es vor allem um die "Anschluss"-Politik des Jahres 1938.

[55] 1935, 1937, 1938. Vgl. Ansprache des stellv. Staatssekretärs im Reichserziehungsministerium Kunisch am 12.10.1935, zit. *Berliner Börsen Zeitung*, 13.10. 1935; Rede v. Reichserziehungsminister Rust am 12.10.1937, zit. *Berliner Börsen Zeitung*, 12.10.1937; IAK, v. 12.10.1937; Ansprache Faupel, zit. IAK 42/1938, v. 18.10.1938. Tatsächlich erging am 22.3.1937 ein Erlass des Ministeriums an die Hochschulen, der die Professoren der Romanistik ersuchte, "den ibero-romanischen Sprachkreis (Portugiesisch und Portugalkunde, Spanisch und

Diesem äußeren Diskurs stand bis 1938/39 eine eher nach innen gerichtete strategische Konzeption gegenüber. Sie bildete Lateinamerika als einen ökonomisch, politisch und ideologisch bedeutsamen und umkämpften Raum ab, in dem es, analog zu Spanien, die eigene Position zu behaupten galt. Indem das IAI den spanischen Hegemonialanspruch durch politisch gewichtige Feiern des *Día de la Raza* symbolisch stützte und zugleich die enge Bindung von Nazi-Deutschland und Franco-Spanien betonte, machte es eigene Ansprüche gleichsam stellvertretend geltend. Spaniens Einflusssphäre galt als potentielle deutsche Einflusssphäre. Sollte es Spanien gelingen, zur "spirituellen Achse der hispanischen Welt" aufzusteigen, wie es das Falange-Programm vorsah, so würden die Räder am spanischen Karren sich für einen deutschen Günstling und gegebenenfalls auch zu Gunsten des Dritten Reiches drehen. Die *Hispanidad*-Anstrengungen der Falange wurden von der deutschen Diplomatie unter diesem Gesichtspunkt aufmerksam beobachtet.[56]

Der *Hispanidad* wohnte von Anfang an eine politische Frontstellung gegen den politischen Einfluss der USA und, in geringerem Maße, gegen die kulturelle Prinzenrolle Frankreichs in Lateinamerika inne. Sie deckte sich mit den Zielen der Faupelschen Politik.

Die Lateinamerikapolitik des Auswärtigen Amtes interessierte sich nach 1933 allerdings weniger für Kultur als für Rohstoffe, Ex-

---

Spanienkunde sowie Ibero-Amerikakunde) im Rahmen der Romanistik in Vorlesungen und Übungen vorzugsweise zu pflegen". Die Ankündigung des Ministers auf dem *Día de la Raza* 1937, dass die Gleichstellung des Spanischen an den Schulen "sichergestellt" sei, hatte dagegen keine gesetzliche Grundlage; am Jahresende 1937 konnte Rust Faupel gegenüber lediglich darauf verweisen, dass Spanisch schon seit längerem Wahlfach an höheren Schulen sei und der genannte Erlass für entsprechenden Lehrernachwuchs sorgen werde. GStA, HA I, Rep. 218, Nr. 807, Faupel an Rust, Berlin, 17.8.1936, Faupel an Rust, Berlin, 29.6. 1937 (dort in der Anlage der Text des Erlasses); Rust an Faupel, Berlin, 18.12. 1937.

[56] Deutschlands Botschafter bei Franco v. Stohrer berichtete über einen Vortrag, in dem "erstmalig in aller Klarheit ausgesprochen [wurde], dass der kulturelle Einfluss des spanischen Mutterlandes in Iberoamerika ernstlich bedroht ist und nur durch einen zielbewussten Einsatz aller Kräfte gerettet werden kann". Gefahr drohe durch den US-amerikanischen Panamerikanismus, durch die französische Kulturpolitik in "Lateinamerika" und durch die bolschewistische Propaganda der Sowjetunion. GStA, HA I, Rep. 218, Nr. 807, Bd. 2, v. Stohrer an AA, San Sebastián, 16.7.1938. Siehe auch ebd., Dt. Gesandtschaft Lima an AA, Lima, 22.6.1938.

portbilanzen und Devisenwirtschaft. Im Rahmen des "Neuen Plans" startete die deutsche Außenwirtschaft 1934 eine Handelsoffensive gen Lateinamerika. Binnen weniger Jahre vervielfachte sich das Handelsvolumen. Das devisenlose System der "ASKI"-Verrechnungsmark war für die rohstoffproduzierenden Lateinamerikaner wie für die rohstoffbedürftige deutsche Aufrüstungswirtschaft gleichermaßen attraktiv, obwohl im System ein deutscher Vorteil eingebaut war. In Brasilien und Chile etwa hatten die USA 1936 ihre schon fast traditionelle Position als wichtigster Handelspartner verloren, und auch aus bzw. in den anderen Ländern Lateinamerikas nahm die deutsche Exportwirtschaft ihrer amerikanischen Konkurrentin empfindliche Anteile der Import- und Exportquoten ab.[57]

Die deutsche Vorteilsposition machte es bis in die späten 1930er Jahre überflüssig, die USA auf dem *Día de la Raza* überhaupt zu erwähnen.[58] Allerdings war der später offen ausgetragene Konflikt mit den USA hier bereits handelspolitisch begründet, und die deutsche Seite hatte wohl unterschätzt, welch innenpolitisch sensible Kerbe diese Erfolge in das Hegemonialsystem der USA schlugen.[59]

Die Bemühungen der USA, Süd- und Mittelamerika auf der Basis einer *special relationship* der amerikanischen Republiken zu einem gemeinsamen Sicherheitssystem unter fester eigener Führung zusammenzubinden, hatten Ende der 1920er Jahre Rückschläge hinnehmen müssen. Die militärischen Interventionen der USA in Haiti und Nicaragua und die Politik in Kuba zeigten den Lateinamerikanern, wie weit der "Koloss" im Norden die alte Monroe-Doktrin (1823) in der Neuauflage der Roosevelt Corollary von 1904 zu treiben gewillt war. Auf der 6. Panamerikanischen Konferenz 1928 in Havanna konnten Spitzenpolitiker ein Ende des ganzen panamerikanischen Systems gerade noch abwenden (Fagg 1982: 41-47).

---

57   Zur Devisenbewirtschaftung unter dem *Neuen Plan* des Reichswirtschaftsministers Schacht und den Auswirkungen auf die Handelsströme zwischen den USA und Lateinamerika bzw. Deutschland und Lateinamerika Barkai (1988); Teichert (1984); Müller (1997); Schröder (1976); Junker (1975); Pommerin (1977).

58   Das entsprach der allgemeinen Behandlung der USA in der NS-Presse nach 1935 (Höbbel 1997: 76f.).

59   Wie Höbbel (1997: 14f.) feststellt, lief diese frühe Konfrontation dem Wunsch Hitlers konträr, die USA möglichst lange aus dem anvisierten Krieg herauszuhalten. Allerdings gab es für den Rohstoffbedarf des aufrüstenden Dritten Reiches in den Dreißiger Jahren zu den Tauschgeschäften keine Alternative.

Unter Franklin D. Roosevelts *Good Neighbor Policy* entsagten die USA förmlich dem Interventionismus. Ohne ihr Hegemonialkonzept aufzugeben, legten sie Bekenntnisse zu einer neuen "Partnerschaft" ab. Die relative Isolation der meisten amerikanischen Staaten in den 1930er Jahren ließ den Panamerikanismus nördlicher Prägung – nicht zu verwechseln mit den panamerikanischen Idealen einer politischen Union Lateinamerikas von Bolívar – wieder aufleben. 1931 folgte die Mehrzahl der lateinamerikanischen Staaten dem Vorschlag der USA, den 14. April als Panamerikanischen Tag offiziell einzusetzen. Damit hatte der *Día de la Raza* sein symbolisches Gegenüber gefunden. Auf der Panamerikanischen Konferenz in Buenos Aires 1936 vereinbarten die Vertragspartner, sich im Falle von Bedrohungen zu konsultieren und im Konfliktfall von Mitgliedern Neutralität zu wahren. Die Solidaritätserklärung machte jeden feindlichen Akt gegen ein amerikanisches Land zur Angelegenheit aller anderen Länder. In einem Zusatzprotokoll bekannten sich die USA schließlich erneut zur Nichtintervention.[60]

Im IAI standen nach 1939 anti-US-amerikanische Anstrengungen ganz oben auf der kulturpolitischen Tagesordnung. Durch den Krieg trat der Gegensatz zum Panamerikanismus bzw. zu den Alliierten in den Vordergrund der deutsch-lateinamerikanischen und deutschspanischen Beziehungen. Auch die nationalsozialistische Presse bildete Lateinamerika als Kampfgebiet für das Ringen zwischen Panhispanismus und Panamerikanismus ab.[61] Sie hatte im Januar 1939 Weisung aus dem Propagandaministerium erhalten, nicht mehr von "Lateinamerika", sondern von "Ibero-Amerika" zu sprechen – eine Weisung, die die Position des IAI stärkte. Einige Monate später empfahl Goebbels' Behörde den Zeitschriften, die deutsch-spanische Freundschaft zu propagieren und den Gegensatz Spaniens zu den USA zu akzentuieren (Höbbel 1997: 185). Das IAI handelte also im Ein-

---

[60]   Atkins (1997: 387f.); Höbbel (1997: 85-88); GStA, HA I, Rep. 218, Nr. 211, v. Prittwitz, Dt. Botschaft Washington, D.C., an AA, Washington, 11.3.1931.

[61]   Herauszuheben sind die Artikel des späteren *Welt*-Autors Freiherr v. Merck, der diverse deutsche Tageszeitungen, vom *Völkischen Beobachter* bis zur *Niedersächsischen Tageszeitung*, als Sonderberichterstatter mit Artikeln zu Lateinamerika belieferte. *Völkischer Beobachter*, 12.10.1940, 13.10.1942; *Bremer Zeitung*, 13.10.1940; *Leipziger Neueste Nachrichten*, 13.10.1940; *Niedersächsische Tageszeitung Hannover*, 13.10.1940. S. außerdem diverse Artikel in: IAI, Dok, Mappe "Fiesta de la Raza".

klang mit dieser Linie, wenn es am *Día de la Raza* nun seine Funktion
und Position in der Konkurrenz zwischen Panhispanismus und Panamerikanismus, zwischen Spanien und England/USA um die Hegemonie in Lateinamerika bekräftigte.[62] Und mit seinem Kampf gegen
"deutschfeindliche" französische Schulbücher an lateinamerikanischen Schulen eröffnete Faupel gleichsam eine dritte Front, in der sich
der ideologische Hegemoniekonflikt Frankreich-Spanien in "Latein"-
bzw. "Ibero"-Amerika wie die deutsch-französische "Erbfeindschaft"
reproduzierte.

Mehr oder weniger offen suchte sich das IAI strategisch-pro-
pagandistisch unentbehrlich zu machen. Die politische Führung des
Instituts unternahm diverse Vorstöße mit dem Ziel, das IAI als kriegswichtige Propaganda- und Dokumentationsstelle zu etablieren und
seine Expertenfunktion um nachrichtendienstliche Tätigkeiten zu erweitern.[63]

> Während Nordamerika bisher in erster Linie unser wirtschaftlicher Kon-
> kurrent war, tritt es jetzt in Süd- und Mittelamerika als unser schärfster
> politischer, kulturpolitischer und weltanschaulicher Gegner auf,

schrieb Faupel im August 1938 an seinen vorgesetzten Reichsminister. Es sei mithin

---

[62]   Vgl. die Ansprache des Ministers Rust am *Día de la Raza* 1940, zit. IAK Nr. 42
       v. 15.10.1940; Ansprache Faupel zur Einweihung des neuen Institutsgebäudes
       am 11.10.1941. In: GStA, HA I, Rep. 218, Nr. 373.

[63]   S. dazu die Aufzeichnungen des Generalsekretärs von Merkatz: GStA, HA I,
       Rep. 218, alte Ordner-Nr. 134, Aktennotizen v. Merkatz, vom: 16.9.1941; 19.10.
       1939(a); 19.10.1939(b); 11.10.1939; 12.9.1939: "Referentenbesprechungen vom
       7. und 11.IX.1939"; 10.5.1939: "Telefonischer Anruf des Legationsrat Roth am
       10.V.1939"; 10.5.1939: "Betr.: Dr. Horst Rollitz: 'Deutschland und die Vereinig-
       ten Staaten im Kampf um den ibero-amerikanischen Absatzmarkt'"; 15.6.1938:
       "Besprechung Botschafter Faupel, Herr Pyper vom Dt. Kurzwellensender,
       Stud.rat Bock, Dr. von Merkatz"; o.D.: "Besprechung, betr.: Zweimonatsschrift
       in spanischer Sprache"; o.D.: "Notiz betr.: 'Schriftumsschau der Reichsstelle zur
       Förderung des deutschen Schrifttums, zugleich Amt Schrifttumspflege der
       NSDAP'"; o.D.: "Rücksprache mit Fr. Dr. Stolzenwald und Dr. Hartwig vom In-
       ternationalen Kongreß K.d.F. vom 31.X.1938"; o.D.: "Telefongespräch mit Dr.
       Schulz von der Auslandsabteilung des Filmvertriebs der UFA". Siehe auch
       GStA, HA I, Rep. 218, Nr. 545, Faupel an AA, Berlin, 16.7.1943, mit dem erneu-
       ten Angebot, die Propaganda-Literatur aller kriegführenden Länder hinsichtlich
       Ibero-Amerika im IAI als "der zentralen Sammelstelle für dieses Schrifttum" zu
       sammeln.

unerlässlich, das Ibero-Amerikanische Institut in die Lage zu versetzen, noch wirksamer als bisher einzugreifen und der ausserordentlich lebhaften und erfolgreichen Tätigkeit der personell und materiell aufs beste ausgestatteten Panamerican Union in Washington etwas einigermassen Gleichartiges entgegenzustellen.[64]

Wenige Tage nach Kriegsbeginn gab Faupel eine Direktive an alle Institutsmitglieder heraus, wonach es nun darauf ankomme,

> propagandistisch wirkungsvolles Material aus den vorhandenen Quellen herauszuarbeiten, das geeignet sei, [...] die politische Stellung Englands in den Ländern spanischer und portugiesischer Sprache zu schwächen, namentlich die Verärgerung dieser neutralen Mächte zu vertiefen, die sich aus den ihnen zugefügten Schädigungen durch die englische See- und Wirtschaftskriegsführung ergibt.[65]

Der neue Musikreferent des IAI, Richard Klatovsky, unternahm es seit Ende 1938, im Kurzwellensender einen "politisch und propagandistisch wirksamen Nachrichtendienst für Iberoamerika" aufzubauen, der vor allem

> tägliche, zum Teil ironisch gefärbte Meldungen über die Demoralisierungserscheinungen in [den] U.S.A. [sendet], wozu die nordamerikanische Presse selbst das Material liefert. Damit ist es uns möglich, die "Vorbildlichkeit der U.S.A.-Demokratie" den Iberoamerikanern ins rechte Licht zu rücken. Ausserdem Unterstreichung der imperialistischen Absichten der U.S.A. in Iberoamerika (Yankee-Imperialismus) unter ständiger Betonung der Tatsache, dass die U.S.A.-Presse den Iberoamerikanern nur deshalb Angst vor den sogenannten totalitären Staaten macht, weil Nordamerika Iberoamerika auch wirtschaftlich in völlige Abhängigkeit bringen möchte.[66]

Im Konflikt mit den USA trafen sich *Hispanidad* und NS-Ideologie darin, einen Bund Deutschland-Spanien auszuloben, der in Latein-

---

[64] GStA, HA I, Rep. 218, Nr. 807, Bd. 2, Faupel an Reichserziehungsministerium, Berlin, 5.8.1938. Durch die intensivierten Beziehungen zu Spanien sei zusätzliche Arbeit entstanden. Trotzdem verfüge das Institut neben dem Generalsekretär nur über vier hauptamtliche Referenten.

[65] GStA, HA I, Rep. 218, alte Ordner-Nr. 134, Aktennotiz v. Merkatz, Berlin, 12.9.1939.

[66] GStA, HA I, Rep. 218, Nr. 573, Vermerk zu "Mängel des Nachrichtendienstes für Ibero-Amerika und Vorschläge zu ihrer Behebung", Berlin, 19.12.1938. Dass die Sendungen für Lateinamerika bislang völlig dilettantisch produziert wurden und gegenüber den amerikanischen Produktionen inhaltlich wie technisch deutlich abfielen, machte Klatovsky in systematischen Kommentaren zu abgehörten Sendungen im einzelnen deutlich. GStA, HA I, Rep. 218, Nr. 573, 10 Berichte Klatovskys, Berlin, 6.10.-8.12.1938; Klatovsky an Faupel, Berlin, 26.2.1939.

amerika ein Feld der Bewährung vorfände. Kategorien von Gemeinschaft, Geist und Geschichte bzw. Tradition wurden immer wieder als
Bindeglieder herausgearbeitet.[67] Sie fungierten als Antithese zur herrschenden Codierung der USA, die in diesem Diskurs eine gemein-
schafts- und traditionslose Gesellschaft repräsentierte, die von säkula-
rem Materialismus beherrscht wurde und eine abwegige Modernität
vorlebte. Diese asymmetrischen Gegenbegriffe, zu denen sich aus
spanischer Warte noch der Gegensatz von Katholizismus und Protes-
tantismus bzw. Atheismus fügte, verknüpften sich in Texten deutscher
wie spanisch-lateinamerikanischer Autoren mit Symbolen und Meta-
phern, die Geist und Kultur gegen Geld und Macht, Wärme und Tiefe
gegen Kälte und Oberflächlichkeit, Familienbande gegen Ausbeutung
und Opportunismus setzten. Wo Spanien im *Imperio* einer im selben
Fundament verbundenen Familie vorstand, betrieben die USA poli-
tisch-ökonomische Interessenpolitik, die allein die Bezeichnung "Imperialismus" verdiene.[68]

Die Prinzipien dieses Bundes bündelten sich in der Kategorie der
"Rasse" – so wie es die "rassische Grundlage" war, die dem Panamerikanismus angeblich fehlte.[69] *Hispanidad* und nationalsozialistische
Propaganda trafen sich im Zentrum eines Diskurses, der die "dominierende Mobilisierungs- und Rechtfertigungsideologie" des Nationalsozialismus ausmachte (Kwiet 1997: 50).

---

[67] S. als verdichtetes Beispiel den Text des kolumbianischen Botschafters Obregón.
       In: *Ibero-America* 1,1 (1934), S. 4-5. Hieran schließt antiamerikanische NS-
       Rhetorik an (v. Merck).
[68] Obregón, Leopoldo, 12 de Octubre 1492 - 12 de Octubre 1934. In: *Ibero-America*
       1 (1934), S. 4-5; Merck, C. E. Frhr. v., "Das Imperium des Don Quijote". In:
       Völkischer Beobachter, 13.10.1942, sowie die in Anm. 61 genannten Artikel. Ei-
       ne anti-US-amerikanische Tradition in diesem Sinne gab es auch unter panhispa-
       nistischen Lateinamerikanern. S. beispielhaft die Ausführungen gegen die *con-
       cepción utilitaria* des *americanismo* im *Ariel* von Rodó ([1900] 1967: 36-53).
[69] "[...] un panamericanismo ilusorio, sin base racial, ni comunidad literaria y lin-
       güística [...]". So José de la Riva Agüero, Direktor der Academia Peruana, am
       10.10.1941 in Lima anlässlich des Vortrags des spanischen Dichters Manuel de
       Góngora, zit: *El Comercio*, Lima, 10.10.1941. In: GStA, HA I, Rep. 218,
       Nr. 218, Noebel an AA, Lima, 31.10.1941, Anlage 1 (Bl. 309-310).

3. Raza versus "Rasse"? Eine diskursive Begegnung

Mit seinem Begriff stellte sich der Berliner *Día de la Raza* ein in den rassistischen Diskurs seiner Zeit. Jenseits seiner inszenatorischen Funktion für die deutsche Lateinamerikapolitik und die Rolle des IAI in der deutschen Innenpolitik (s. Abschnitt 2) war er damit auf einer zweiten, weiterreichenden Bedeutungsebene angesiedelt. In der historisch einzigartigen, systematischen und institutionell-juristisch umfassenden Ausschließung und Vernichtung gesellschaftlicher Gruppen, die allein und explizit rassistisch begründet war, lag die Spezifik des Nationalsozialismus und die Grundlage und Antriebskraft wesentlicher Teile seiner Innen- und Außenpolitik. Die antisemitisch motivierte *Shoah* war dieses Rassismus' schlimmster, aber keineswegs einziger Teil. Der Ausdruck "Rasse", von der Goebbelschen Propaganda unter besonderen Schutz gestellt, wurde zum "Inbegriff nationalsozialistischer Verbrechen".[70]

Die *Raza* war für Nationalsozialisten eine konzeptionelle wie politische Herausforderung. Zunächst schien der *Día de la Raza*, diese herausgehobene Feier einer herausgehobenen "Rasse", sehr begrüßenswert zu sein. Doch missverstanden Nationalsozialisten die *Raza* der *Hispanidad*, wenn sie sie biologisch bzw. anthropologisch eng führten. Denn konzeptionell schloss *Raza* diverse biologische "Rassen" ein und befürwortete ihre Mischung, darunter auch solche, die aus nationalsozialistischer Sicht als "minderwertig" zu gelten hatten. Das Charakteristische am modernen europäischen "Rasse"-Begriff in der Tradition Gobineaus und des Sozialdarwinismus – und hierher bezog der Nationalsozialismus sein begriffliches Handwerkszeug[71] –

---

[70] Schmitz-Berning, Art. "Rasse". In: Dies. (1998: 489). Seit 1937 durfte "Rasse" nicht mehr in der Werbung verwendet werden. Zur heuristischen Reichweite des Rassismus gegenüber anderen Erklärungsansätzen Burleigh/Wippermann (1991: 304-307).

[71] Arthur de Gobineaus *Essai sur l'inégalité des races humaines* (2 Bde., Paris 1853-55, deutsche Übersetzung, Stuttgart 1898-1908) und die "Sozialdarwinistische Rassentheorie nach Francis Galton, Ernst Haeckel, Ludwig Gumplowicz, vor allem in der populären Form von Houston Stewart Chamberlain" (*Die Grundlagen des 19. Jahrhunderts*, 2 Bde., München 1899) bildeten die Hauptquellen des Hitlerschen Rassismus, ungeachtet der Frage, wie viele dieser Theoretiker Hitler selbst intensiv studiert hat (Zischka 1986: 37-39). Es reicht hier diskursanalytisch aus, mit den Grundzügen dieses Rassismus zu arbeiten, ohne auf die konzeptionellen Unterschiede in der Geschichte des europäischen Ras-

ist die Verbindung von biologischer Klassifizierung und Charaktereigenschaften.[72] Diese Verbindung postuliert eine irreversible Kausalität
von Natur auf Kultur, eine Beziehung zwischen Physis und Moral,
deren Ergebnisse vererbbar sind: die Gene einer "Rasse" genannten
Menschengruppe determinierten in ihrer phänotypischen Ausprägung
– im Verbund mit anderen Natur-Faktoren wie dem Klima – die Intel-
ligenz, die Verhaltensweisen, den Charakter und die kulturellen Möglichkeiten dieser Gruppe. Die Ergebnisse der Determination würden
an die Nachkommen weitergegeben. Sie erlaubten eine hierarchisie-
rende Klassifizierung. Daraus leitete sich eine Herrschaftslegitimation
ab.

Der Rassebegriff der *Hispanidad* ging gewissermaßen umgekehrt
vor. Rasse ist danach wesentlich kulturell definiert (mit den Hauptka-
tegorien Sprache, Religion, Tradition, Geschichte); diese kulturelle
"Rasse" hat die Kraft, unterschiedliche biologische "Rassen" zu einer
einzigen, nämlich hispanischen *Raza*, zusammenzuführen. Somit sind
auch in einer für den Nationalsozialismus zentralen praktischen Konsequenz beide Begriffe gegensätzlich: der eine, biologistische, setzt
auf organisierte Reinheit; der andere, kulturimperialistische, akzeptiert
die Vermischung, solange der Primat der Spanier in der "spanischen
Rasse" gewahrt bleibt. Hitlers Rassebegriff war im Gobineauschen
Pessimismus grundgelegt, auch wenn er den Determinismus des Franzosen nicht teilte. Auch Hitler glaubte an die grundlegende Schwäche
der "Herrenrasse" und fürchtete, dass die Arier zum Untergang verdammt seien, vermischten sie sich weiterhin mit nicht arischen Rassen

---

sismus (Poly- oder Monogenese, Zahl und Art der Menschenrassen, Vererbungs-
lehren etc.) einzugehen.

[72] Auch diese kausale Verbindung findet sich bei den pränazistischen Rassenideologen, etwa bei Hans F. K. Günther (z.B. *Rassenkunde des deutschen Volkes*,
München 1922). Sie war das Produkt einer "synkretistischen" Zusammenführung
der Gobineauschen Theorie von der apriorischen Ungleichheit der Menschenrassen mit evolutionistisch-sozialdarwinistischen Vorstellungen, die der *a priori*-
Annahme Gobineaus eigentlich entgegenstanden. "Erst diese Verbindung begründete die politische Brisanz der NS-Rassenideologie. Denn dadurch war es
möglich, die Forderung nach aktiver Rassenpolitik aufzustellen und mit dem
Hinweis auf die apriorische Ungleichwertigkeit der Rassen zu legitimieren."
S. Zischka (1986: 27-29, 37-39, Zitat S. 39). Zum europäischen Rassismus Mosse (1990); Geiss (1988); Zur Mühlen (1977); Poliakov (1993); Conze/Sommer
(1984); Kwiet (1997); Wippermann (1995). Zu Geschichte und Theorie des Begriffs "Rassismus" Miles (1991a).

bzw. säuberten sie sich nicht von "kranken Elementen". Im Unterschied zu Gobineau sah Hitler allerdings in einer aktiven und radikalen "Rassenpflege" den Schlüssel zur Überwindung dieser Schwäche in Stärke. Der *Hispanidad*-Gedanke war rassenoptimistisch geprägt; er setzte auf die Durchsetzungskraft des spanischen Blutes, so dass er *mestizaje* und den sozial exkludenten Rassismus einer überlegenen spanisch-weißen *Raza* verbinden konnte. Damit stand er einer Hauptlinie der Rassismus-Rezeption in Lateinamerika nahe, die sich von einer "Aufweißung" des "minderwertigen Blutes" der indo-afrikanischen Bevölkerungsmehrheit durch eine massive Einwanderung binnen weniger Generationen eine Lösung des "Rassenproblems" versprach.

Die *Raza* war also dem deutschen Publikum wie dem deutschen Beamten erklärungsbedürftig. Die Erklärungen versuchten, die Unterschiede zu verdeutlichen und gleichzeitig Analogien zur NS-Rassenauffassung herzustellen. Nicht im deutschen Sinne sei der "Tag der Rasse" zu verstehen, erläuterte der Berliner Lokal-Anzeiger am 12.10.1934 seinen Lesern. Er bezeichne eine kulturelle Gemeinschaft, einen Lebensraum, der alle ibero-amerikanischen Völker umfasse. Rasse sei hier mithin kein biologischer, sondern ein historischer Begriff.[73] 1938 sah sich Faupel beim *Día de la Raza* genötigt, den Unterschied ähnlich zu erklären, und auch 1941 brauchte es noch solche Erläuterung.[74] Unklar blieb vielen Autoren, ob *Raza* die "spanische" oder die "ibero-amerikanische" Rasse bezeichnete. Sie suchten Hilfe bei diversen Synonymen. So feierten nach den Worten des späteren Außenministers Ribbentrop beim *Día de la Raza* 1935 Millionen "iberischer Stammesbrüder" diesen Tag. Kurz darauf sprach er von "iberischen Völkern". Dieser Plural aber macht die Analogie zunichte, die am selben Tag Konrad Kutschera im Völkischen Beobachter versuchte. Kutschera deutete den *Día de la Raza* als "Zeichen der inneren rasse- und blutmäßigen Verbundenheit aller Bewohner der iberischen

---

73 *Lokal-Anzeiger*, 12.10.1934, S. 1.
74 *Ibero-Amerikanisches Archiv* 12 (1938/1939), S. 488; GStA, HA I, Rep. 218, Nr. 796, Bericht o.O., o.D. (Berlin, November 1941) über einen Vortrag des Falange-Mitglieds Giménez Caballero in der Deutsch-Spanischen Gesellschaft am 31.10.1941: "Der spanische Begriff der Rasse, wie er auch dem Día de la Raza zugrundeliegt, ist hier nicht im biologischen Sinne, sondern als Gemeinschaft der Sprache, des Glaubens und der Haltung zu verstehen."

Halbinsel und des amerikanischen Kontinents". Dieser ibero-amerikanische Gemeinschaftsgedanke fände

> "auch im neuen Deutschland Adolf Hitlers lebhaften Widerhall. Das was uns Deutsche beseelt, ist der Gedanke der großen echten Volksgemeinschaft, die im Gefühle der gemeinsamen Rasse und der Bande des Blutes ihre festeste Grundlage findet." Es habe sich beiderseits "der gleiche große Ernst in der Behandlung nationaler Belange, derselbe völkische Ehrbegriff" durchgesetzt.[75]

Auch der IAI-Referent Franz Zwick interpretierte im *Völkischen Beobachter* die *Conquista* im Sinne von Volk und Lebensraum, nämlich als "Ausdehnung der spanisch-portugiesischen Völker" über Süd- und Mittelamerika. Der Subkontinent sei zur "Heimat eines neuen Volkstums" geworden,

> das sich ganz allmählich im Laufe der Zeit herausbildete und ein Gefühl der Zusammengehörigkeit schuf, das dem ibero-amerikanischen Völkercharakter Rechnung trug und in der neuesten Zeit seinen Ausdruck in der Feier des *Día de la Raza* am 12. Oktober fand.[76]

Die logische Konsequenz, dass dann alle Ibero-Amerikaner *ein* Volk bildeten (das deshalb auch *einen* Staat brauche) zogen die Texte jedoch nicht. Vermutlich waltete die Einsicht in die diplomatischen Schwierigkeiten, die ein solcher Gedanke in den nationalistisch sensiblen Staaten Lateinamerikas hervorgerufen hätte. Auch wussten ja die Autoren, dass gemessen an den Kategorien des biologischen Rassismus in Lateinamerika eben keine "Reinrassigkeit" vorzufinden war, aus der sich bindende "Blutsbande" ergäben.

Die Versuche, die Rassenideologie nationalsozialistischer Prägung auf die lateinamerikanischen Verhältnisse anzuwenden, verirrten sich notwendig in Widersprüche.[77] Denn tatsächlich machte die "biologische Wirklichkeit" Lateinamerikas dem deutschen Rassismus Schwie-

---

[75] Ansprache Ribbentrops beim *Día de la Raza* 1935, zit. in der *DAZ*, 13.10.1935.

[76] Zwick, Franz, "*Día de la Raza*. Warum Südamerika den 12. Oktober feiert". In: *Völkischer Beobachter*, Beilage Bunter VB-Bogen, 10.10.1937.

[77] Weitere Texte ließen sich anführen. S. z.B. noch Eckhard Stegmann, "El *Día de la Raza*", in: *Völkischer Beobachter*, 12.10.1938, der die "Blutsbande der rassischen Zusammengehörigkeit zwischen Spanien und Lateinamerika" mit dem Verweis auf die "außerordentliche Ähnlichkeit des Lebensstils, der Sitten und Gebräuche der Architektur, der Kultur überhaupt" begründet – und als Beleg nur auf die Kolonialarchitektur verweist.

rigkeiten. Zum "peruanischen Rassenproblem" schrieb 1935 der deutsche Gesandte in Lima:

> Dass die geringe Anzahl arischer Einwanderer hier die farbigen Rassen eliminieren könnte, ist ausgeschlossen. Praktisch gehört vorerst die politische und wirtschaftliche Zukunft dem Mischling. Die Auffassung, dass man durch verschiedenartigste Mischung eine leistungsfähige Bevölkerung schaffen könnte, ist hier jedoch durchaus nicht alleinherrschend. Der Gedanke nimmt zu, dass dem Indio das Land gehört, und dass es darauf ankomme, ihn allmählich nach seinen rassischen Eigenschaften (Geduld, Fleiss, geistige Zähigkeit) zu entwickeln und durchzusetzen. Der Gedanke eines Vorrangs der arischen Rasse könnte bei dieser Sachlage nur bei der engen Schicht der Criollos Anklang finden, deren Macht der Vergangenheit angehört. Er wird aber auch von ihnen mit dem Gedanken eines Vorrangs der Angelsachsen gegenueber dem Romanen verwechselt. Wohl aber kann unsere Auffassung des Vorteils einheitlicher Rasse hier von den Kreisen gewuerdigt werden, die weiter in die Zukunft sehen, wenn wir sie auf rein wissenschaftlichem Gebiet halten und dabei vermeiden, die Eignung des Indio irgendwie niedriger zu stellen als die anderer Rassen.[78]

In einer ausführlichen Untersuchung zur "Rassenfrage in Brasilien" kam 1940 der Jurist und Ingenieur Heinrich Krieger zum Ergebnis, Brasilien sei das "am stärksten von der Mischung gegensätzlicher Rassen betroffene" größere Land und deshalb ein "Musterbeispiel dafür [...], wohin eine von der unsrigen grundverschiedene Bevölkerungsentwicklung geführt hat" – nämlich in die Gefahr, dass das "weiße Blut" in der "farbigen Masse" untergehe (Krieger 1940: 28). Der bedeutendste brasilianische Theoretiker einer arischen Rasse, Oliveira Vianna, glaube wie seine Vorgänger leichtsinnigerweise an die "soziologische Dominanz des Weißen über das Negerische" und demzufolge an eine sukzessive "Arisierung" der weißen Gesellschaft (ebd.: 23, 27). Der brasilianischen Gesellschaft, so Kriegers Fazit, fehle es an "rassepolitischem" Bewusstsein, an "rassenunterscheidender" Gesetzgebung und grundsätzlich an der Einsicht, dass die "Rassenfrage" die "Schicksalsfrage Brasiliens" sei (ebd.: 16, 40, 52f.).

> Ein endgültig [sic] farbig gewordenes Brasilien würde [...] auf die Stufe gewißer mittelamerikanischer Länder herabsinken. Inhaltloser Nationalismus kann diese Entwicklung nicht hindern, nur eine auf Schaffung und Erhaltung einer weißen Führungsschicht gerichtete Rassenpolitik.

---

[78] GStA, Rep. 218, Nr. 211, Bl. 707-709, Schmitt an AA, Lima, 18.11.1935 (Durchschlag).

Die "deutsche Rassenanschauung" könne am brasilianischen Beispiel ihre eigene Auffassung bestätigt finden und zugleich wertvolle
Erkenntnisse für die "heimatliche und zukünftige koloniale Rassenpolitik" gewinnen (ebd.: 52).

Dass in Lateinamerika mit seinen "Weißen" südeuropäischer Herkunft Vorstellungen einer "arischen" oder "nordischen Herrenrasse"
wenig Anhänger gewinnen würden, sollte die nüchtern denkenden
Diplomaten nicht überrascht haben. Ebenso wenig überrascht, dass
nationalsozialistische Ideologen mit der somit katholischen, mi-
schungsfreudigen und idealistischen *Raza* letztlich wenig anfangen
konnten. Damit stellt sich mit Blick auf Spanien und Lateinamerika
die Frage, warum die *Raza* derart in den Mittelpunkt eines Konzepts
rückte, das nicht nur immer wieder als anti-rassistisch verteidigt wurde, sondern eigentlich einen Nationalismus beschreiben wollte, der
Multi-Ethnizität vorauszusetzen schien.

Robert Miles (1991b: 209-212) hat Rassismus als einen Diskurs
definiert, der a) den Anderen auf eine bestimmte Weise ideologisch
konstituiert (i.d.R. durch die Verbindung von biologischen und kultu-
rell-moralischen Merkmalen), *und* der b) als Diskurs der *Marginalisierung* Herrschaft ausübt, v.a. indem der inkriminierten Gruppe Ressourcen der verschiedensten Art (Grundrechte, Erziehung, Wohnraum,
medizinische Behandlung u.v.m.) vorenthalten oder beschnitten werden. Die Marginalisierung als Herrschaftsausübung unterscheide den
Rassismus vom Nationalismus; gemeinsam sei beiden die Konstruktion einer besonderen sozialen Gruppe als naturgegeben, die gegenüber anderen erhöht wird sowie der Festlegung einer Grenze, die Mitglieder von Nichtmitgliedern dieser Gruppe aufgrund von biologischen und/oder kulturellen Merkmalen trennt.

Dass der *Raza*-Begriff hauptsächlich eine nationalistische Funktion aufwies, bildet zu dieser Definition keinen Widerspruch. Der
Rassismus war und ist ein vorzügliches Mittel, die für jeden Nationalismus notwendigen Ausschlüsse zu legitimieren (Balibar 1992). Die
Ausschlüsse sind partiell mit Einschlüssen kombinierbar.

Die *Hispanidad* setzte das Jahr 1492 als Gründungsmoment an. In
jenem Jahr habe die spanische *Raza* eine Doppelbewegung ausgeführt:

Sie "säte"[79] ihre Zivilisation in die Neue Welt aus, und sie "reinigte"[80] sich in der Heimat von den Juden. Mit der Vertreibung der Juden aus Spanien und Portugal endete die *Reconquista*, die Rückeroberung der Iberischen Halbinsel von den Arabern und Berbern. Die *Raza* unterfütterte das spanische *nation-building* mit einem generativen Mythos: Im Verbund von *Reconquista* und *Conquista* habe sich die spanische Nation gegründet und im 16. Jahrhundert stilbildend für Resteuropa den monarchischen Nationalstaat vollendet, die Idee eines nationalen Heeres mit Leben erfüllt und die imperialistische Expansionspolitik vorgeführt (García Morente 1947: 14-17 u.ö.).

Die *Hispanidad* war also in wesentlichen Teilen der Versuch, einen nationalen Mythos zu errichten bzw. wiederzubeleben. Schon vor Franco, besonders aber unter dem *Caudillo* richtete sich die *Hispanidad* eher nach innen als nach Übersee (González Calleja/Limón Nevado 1988: 9, 75). Die *Hispanidad* rekurrierte auf den Mythos von *Conquista* und *Reconquista*, um dem deklassierten Spanien der Jetztzeit neues und für die neue Zeit der starken Regime adäquates nationales Bewusstsein einzuflößen. Dieser Rekurs war Franco ebenso dienlich wie die begriffliche Unschärfe der *Hispanidad*. Der Frankismus funktionierte politisch als Bündniskonzept divergenter Kräfte der spanischen Rechten. Zu seiner Selbsterhaltung musste er beständig Integrationsarbeit zwischen diesen Gruppen leisten, die bezeichnenderweise *familias* genannt und damit in dieselbe Leitmetaphorik eingestellt wurden, die die spanisch-amerikanischen Beziehungen, aber auch die internen gesellschaftlichen Beziehungen codierte. Der *Hispanidad*-Begriff ließ unterschiedliche Akzentuierungen nicht nur zu, sondern verband sie. Katholische Kreise betonten seinen missionarischen Charakter, Karlisten legten das Hauptgewicht auf Tradition und Falangisten exaltierten aggressiver den Heroismus der *Conquista*. Zu diesen Akzenten mengte die *Hispanidad* Elemente eines übersteigerten Patriotismus, eine hierarchisch-autoritäre Gesellschafts- und Politikkonzeption, die zugleich gesellschaftliche Gegensätze in einem harmonistischen Korporativismus erstickte, die Obsession von der nationalen Einheit, die Verteidigung des katholischen Glaubens und

---

[79] Die Metapher von der Saat und dem Säen für den Prozess der *Conquista* war in *Hispanidad*-Texten sehr gebräuchlich.

[80] Zum Konzept der *limpieza de sangre*, der "Blutsreinheit", s.u.

eine hingebungsvolle Pflege der Feindschaft zu Liberalismus, Sozialismus, Kommunismus und Freimaurertum.[81]

Soweit bekannt, tauchte das Wort "Rasse" erstmals in Europa während der *Reconquista* auf. Die Etymologie ist umstritten (Conze 1984: 137f.). Einer seriösen Annahme zufolge hispanisierte *Raza* das arabische "Ras". Dies würde, wie Imanuel Geiss (1988: 16f.) schreibt,

> das vielfältige Spektrum seiner Bedeutungen mühelos erklären – "Abstammung", zunächst meist vornehmen, adligen bis königlichen Geschlechts, auch "Dynastie", "Königshaus". Im weiteren Sinn stand "raza/race" als Synonym für "Generation" innerhalb einer adligen Familie zum Nachweis adliger Abstammung und adligen "Bluts".

Die Reinheit der spanischen Rasse, wie sie mit den "Blutreinheits-Statuten" des 15. und 16. Jahrhunderts *(estatutos de limpieza de sangre)* verteidigt werden sollte, zielte eben nicht nur auf religiöse Homogenität, sondern auch auf die dynastisch-ethnische Reinheit, die nicht notwendig an physische Merkmale gebunden sein musste, in jedem Fall aber *vererbbar* sei. Die (zwangs-)bekehrten Juden, die *conversos*, hätten mit ihrem falschen Glauben ihr Blut besudelt und diesen Makel damit auf ihre Kinder übertragen. Die Statuten kodifizierten damit die Vorstellung von der kulturellen *und biologischen* Einheit "Juden", deren zentraler, unannehmbarer Fehler vererbbar sei.[82]

---

[81] González Calleja/Limón Nevado (1988: 8); Rehrmann (1996: 131f.). Bezeichnend war der erste "nationalspanische" *Día de la Raza* am 12.10.1937 in Burgos. Die deutsche Botschaft in Salamanca berichtete darüber: "Franco mahnte in seiner Rede die Jugend zur Einigkeit und bezeichnete als ihre Aufgaben deber, sacrificio, servicio (Pflicht, Opfer, Dienst). Der Gedanke an die Gemeinsamkeit der Rasse und Kultur in Spanien und den südamerikanischen Staaten wurde nur gestreift; die Feier war tatsächlich eine innerpolitische Veranstaltung, die der Zusammenfassung der spanischen Jugend dienen sollte. Der einzige hiesige Vertreter eines lateinamerikanischen Staates, der Geschäftsträger von Guatemala, war nicht erschienen" (GStA, HA I, Rep. 218, 207, Heberlein, Dt. Botschaft Salamanca, an AA, Salamanca, 14.10.1937).

[82] "So manifestierte sich, entgegen dem Dogma von der erneuernden Wirkung der Taufe, zum erstenmal in der europäischen Geschichte ein institutionalisierter Rassismus. Bemerkenswert ist, dass die Theologen, die diese Theorie ausgearbeitet hatten, die Abstammung beider Kategorien von Christen von einem gemeinsamen Urvater, Adam, nicht bestritten; aber sie waren der Ansicht, dass die Ablehnung Christi die conversos biologisch verdorben habe" (Poliakov 1993: 29). Zu den *estatutos* Domínguez Ortiz (1992: 137-172).

Der spanische Nationalismus basierte auf dem physischen und juristischen Ausschluss der "Mauren" und "Juden", der – zumindest teilweise – rassistisch begründet war. Der hispanistische Nationalismus offenbarte hingegen Annexionstendenzen. Die *Hispanidad*-Ideologen nahmen die Mischung mit indianischen Ethnien in Amerika als gegeben hin. Alle, die mit der spanischen Kultur in Berührung gekommen waren, wurden unter die Fahne der *Hispanidad* einberufen. Dieser Annexionismus in einen imaginierten nationalen Volkskörper ist ein typisches Element des Nationalismus (Balibar 1992: 75f.). In der *Hispanidad* geriet diese Einschlussbewegung aber aus rassistischen Gründen ambivalent. Denn der einschließenden Tendenz zum Trotz enthielt die *Raza* nicht nur das biologistische Element von Blutsreinheit, sondern schloss in Lateinamerika die Bevölkerungsmehrheit *kulturell* wie *sozial* aus ihrem Konzept aus. Wenn alle spirituellen Werte Lateinamerikas "im Ursprung spanisch sind", wie Gomá y Tomás ausführte, waren die nichtspanischen Kulturen bestenfalls zur Umerziehung bestimmt und der emphatische Aufruf Maeztus an die lateinamerikanischen Eliten, sie möchten die Gleichheit und die geistige Würde der dunkelhäutigen unteren Klassen ihrer Länder anerkennen, entwertet. Konsequenterweise erklärte Alberto María Carreño, seine mexikanischen Mitbürger könnten keinesfalls alle zur *Raza* gezählt werden:

> Leider finden sich in Mexiko, zahlreicher als bei seinen Schwestern auf dem Kontinent, jene Gruppen, die noch nicht zur modernen Zivilisation gestoßen sind. Sie halten sich fern von den anderen Bewohnern. Tatsächlich gehören sie noch nicht zur *raza* (Carreño 1922: 13).

Quer zur einholenden Bewegung des Panhispanismus sperrten ethnische und kulturelle Kriterien den Einschluss. Zur *Raza* konnte nur zählen, wer sich kulturell als "Spanier" bewies; und gelang ihm dies, floss aber das "falsche" Blut in seiner Adern, reservierte ihm der Rassismus lediglich einen unteren Rang der hispanischen Hierarchie.

In allen Varianten von *Hispanismo* und *Hispanidad* waren der *Raza* Hierarchien eingeschrieben. Sie wurden als "naturgegeben" gefasst. Keinesfalls war es bedeutungslos, dass der "natürliche" Führer, der Spanier, ein Weißer war, der die nichtweißen Indios und Negros anleitete. Wie alle Rassenmythen bezog sich die *Hispanidad* in erster Linie weniger auf eine Nation als auf eine Klasse oder Schicht. Zur "reinen" oder "höheren" Rasse kann nie die Gesamtheit einer natio-

nalen Bevölkerung gehören, noch kann sich jene auf diese beschränken. Unter Franco, und vor allem unter Falangisten, erlebte
Raza als Schlüsselbegriff neben *Imperio* nicht nur "eine besonders
ausgeprägte Hausse" (Rehrmann 1996: 134), sondern trug klare biologistische Züge. Es meldeten sich anthropologisch-rassistisch argumentierende Autoren zu Wort, die eine "reinrassige" iberische Genealogie
aus dem Römischen Reich abzuleiten versuchten und dabei auch auf
biologische Merkmale rekurrierten. Das "Blut" spielte durchaus eine
Rolle; für die "natürliche" Inferiorität der lateinamerikanischen
Sprösslinge war ihre ethnische Vermischung mit *pueblos bárbaros* (so
Falange-Gründer Primo de Rivera)[83] verantwortlich. Franco selbst
zeigte unmittelbar nach Ende des Bürgerkriegs keine Scheu, die
nationalsozialistische Judenpolitik mit der Vertreibung der Juden aus
Spanien 1492 lobend zu vergleichen. Selbst wenn dies "nur" eine
taktische Referenz an seine Berliner Retter war, zeugt diese Äußerung
von der Präsenz des rassisch-antisemitischen Diskurses im frankistischen Spanien. Die Argumentation, es handele sich bei der Ablehnung
der Juden nicht um Antisemitismus, sondern um "Antijudaismus", da
Judaismus, Freimaurertum und Kommunismus gemeinsam die ganze
christliche Zivilisation bedrohten,[84] ist ein gängiges antisemitisches
Stereotyp. Wenn zudem die *Hispanidad* Nationalität und Christentum
eins setzte, führte sie den Antisemitismus des 15. Jahrhunderts fort.

Die *Hispanidad* ernannte die Figur des christlichen *caballero* zu
ihrem Prototyp. Im *caballero* vor allem griff die *Raza* über die spanische Nation hinaus. In ihm fanden sich auch die Eliten Lateinamerikas
wieder. Er war frei von indianischem oder afrikanischem "Blut" konzipiert. In seiner geschichtlichen Konkretion hat er stets auf eine "reine" legitime Nachkommenschaft geachtet – so wie die lateinamerikanische *criollo*-Elite es, aller außerehelichen Unternehmungen mit
mestizaje-Effekt zum Trotz, stets gehalten hat. Unter den spanischen
und lateinamerikanischen Eliten wie ihren intellektuellen Vordenkern
war, wie vielfach gezeigt, im späten 19. Jahrhundert bis weit ins
20. Jahrhundert hinein der wissenschaftliche Rassismus sehr verbrei-

---

[83]   Zit. nach Rehrmann (1996: 103).
[84]   Yzurdiaga Lorca, Fermín, "La Falange y el *Día de la Raza* con las cinco flechas
       en el yugo". In: *Yugo* 18 (1938), zit. bei González Calleja/Limón Nevado (1988:
       128-131).

tet.[85] In den Augen der Zeitgenossen markierte dieser Rassismus den fortgeschrittensten Stand der Natur- und Gesellschaftswissenschaften. Daher rezipierten sie intensiv Darwin, Haeckel, Buckle, Gobineau, Gumplowicz, Chamberlain, LeBon, Spencer, Taine und andere. Ergebnis dieser Rezeption waren Konzepte, die die jeweilige nationale Zukunft auf eine möglichst starke "weiße Rasse" und mithin auf forcierte Einwanderung aus Europa gründen wollten. Die anderen "Rassen" erschienen in den Zukunftsperspektiven als negative Faktoren, die sich im günstigsten Fall durch "Aufweißung" infolge massiven Zustroms europäischer Immigranten selbst entfernen würden, falls man nicht eine Vermischung aus Furcht vor "Degeneration" und "psychischer Instabilität" ablehnte (wie es Gustave LeBon und andere lehrten) oder aber, wie Argentinien im späten 19. Jahrhundert, die vorhandene indigene Bevölkerung auf ein mischungstechnisch irrelevantes Kleinmaß vernichtete. In den 1930er Jahren hatten diese Theorien zwar an Anziehungs- und Überzeugungskraft verloren. Sie wurden aber von konkurrierenden Konzepten wie der *mestizaje* und dem *indigenismo*, die das Rasse-Paradigma durch ein positiv besetztes Kultur-Paradigma abzulösen trachteten, keineswegs abgelöst. Stattdessen konkurrierten sie nun mit diesen. Der oben zitierte Pessimismus des deutschen Diplomaten war insofern voreilig. Die lateinamerikanischen Gesellschaften waren auf einem tiefverwurzelten Rassismus gegründet und durch vielfältige Formen eines sozialen Rassismus organisiert. Vor allem den traditionellen Eliten Lateinamerikas (aber nicht nur ihnen) galt die Minderwertigkeit, wenn nicht Zivilisationsunfähigkeit der indo-afro-amerikanischen Mitbürger axiomatisch. Noch 1951 stellte Joaquín Estrada Monsalve, seinerzeit Botschafter Kolumbiens in Chile, auf einem *Día de la Raza* "in Vertretung der lateinamerikanischen Botschafter" in der Universität von Santiago öffentlich fest:

> Im Verlauf des Kolonisationsprozesses flößte Spanien den blutarmen Arterien unseres eingeborenen Volkes sein Blut und mit ihm seine Kultur ein. Unsere Eingeborenen hatten bis dahin nur jenen Entwicklungsstand

---

[85] S. z.B. Mörner (1967); Graham (1990); Stepan (1991); Skidmore (1993); Schwarcz (1993). Selbst Liberale wie der Spanier Miguel de Unamuno oder der bekannte kubanische Ethnologe Fernando Ortiz Fernández – der sogar als Antirassist bekannt ist – vertraten zeitweilig explizit rassistische Positionen (Pike 1970: 316; Helg 1990: 52f.).

erreicht, den der Überlebensinstinkt des Menschen im Kampf mit der Natur darstellt. Einige relativ fortgeschrittene Gruppen wie die Inkas oder Mayas ausgenommen, lebten unsere Stämme in fast zoologisch zu nennender Weise (Estrada Monsalve 1953: 220).

Die Union der Völker in der *Raza*, eine inkludente, nationvergrössernde Perspektive, hatte hier eine symbolische Funktion. Die Familienmetaphorik reformulierte die Kolonial- oder Vasallenbeziehung, sie ersetzte sie keineswegs. Die Vereinigung in der *Raza* meinte nicht, dass die Spanier oder die weiße Führungsschicht Indo-Amerikaner, Afroamerikaner oder nur *mestizos* werden sollten, sondern die Indios, die Mestizen und die Afroamerikaner bekamen die Möglichkeit, sich zu geistigen Spaniern auszubilden, während sie biologisch-körperlich, ob "gemischt" oder nicht, "unrein" waren und blieben, und deshalb ihren subalterneren Platz naturgemäß zugewiesen erhielten. Der Begriff der *Raza* beschrieb eben sehr wohl eine Abstammungsgemeinschaft. Im Unterschied zur "arischen Rasse" war ein Beitritt zur spanischen *Raza* für ethnische Nichtspanier zwar prinzipiell möglich, er setzte aber einen umfassenden Akkulturationsprozess voraus, der eine Dekulturation des vorgängigen Eigenen bedeutete. Und die fehlende "Blutsreinheit" ließ einen Beitritt nur in einem zu den "Vollspaniern" untergeordneten Verhältnis zu. *Raza* war ein ideologisch hybrides, in jedem Fall aber rassistisches, antidemokratisches und autoritär-paternalistisches (eigentlich: maternalistisches) Konzept, das sich nicht umsonst zum Gegner der *mestizaje*, des Indigenismus, der parlamentarischen Demokratie und der offenen Gesellschaft erklärte.

4. Fin de la Fiesta? Zu Grenzen und Reichweiten deutscher und spanischer Lateinamerikapolitik und -diskurse nach 1939

Die *Hispanidad* hatte als Ziel erklärt, Spanien als geistige Achse der spanischsprachigen Welt zu fixieren. Dem deutschen Einfluss in Lateinamerika sollte das Bündnis mit Spanien als eigene Achse dienen, und das IAI sollte und wollte die Rolle des Differentials übernehmen.

Per 1940, und mehr noch per 1945 fällt die realpolitisch-ökonomische Bilanz dieser Ansprüche klar negativ aus. Darauf verweisen die politikhistorischen wie die ideologiekritischen Analysen unisono.[86]

---

[86]   Pike (1970: v.a. 311-331), der den Gegensatz zwischen "lyricism", verstanden als "preoccupation with cultural-spiritual-racial ties" und "sense of reality" (womit

Diese Darstellungen übersehen aber m.E., dass Realpolitik und Ökonomie nur hintere Ränge in jenem Agglomerat von Propaganda und Inszenierungen, Initiativen und Ideologien, Erwartungen und Entscheidungen einnahmen. Wie der *Día de la Raza* zielte die gesamte *Hispanidad* im Wesentlichen auf die symbolisch-diskursive Seite von Politik.

Die politischen Beziehungen zwischen Deutschland und Spanien im Weiteren, zwischen NSDAP und Falange im Engeren, waren nach dem Sieg Francos im Bürgerkrieg keineswegs spannungsfrei. Sicher, ohne die deutschen Waffenlieferungen und die Legion Condor hätte Franco den Bürgerkrieg schwerlich gewonnen, und war auch die spanische "Blaue Division" militärisch weit bedeutungsloser, marschierte sie doch bündnispolitisch real an der Seite der Wehrmacht über die Schlachtfelder der Sowjetunion.[87] Spanien half auch mit kriegswichtigen Rohstoffen aus. Francos Schwager Serrano Suñer, Innen- und später Außenminister, bewunderte Hitler und pflegte gute Kontakte zur NSDAP.

Auf der anderen Seite prägten Missstimmungen und Misstrauen das Verhältnis. Faupel selbst hatte als Botschafter mit eigenmächtigen Initiativen an Franco vorbei für erhebliche Missstimmung gesorgt und musste nach nur zehn Monaten Amtszeit abgelöst werden. Es gelang Hitler nicht, Spanien in den Krieg zu ziehen. 1942 gediehen Konspirationspläne für einen Putsch gegen Franco unter deutscher Führung, bis Hitler sie fallen ließ.[88] Die NSDAP/A.O. pflegte intensive Kontakte zum militanten Flügel der Falange. Dieser fand sich nach dem Sieg im Bürgerkrieg zunehmend isoliert wieder und rebellierte gegen den wachsenden Einfluss der Monarchisten, der Kirche und des agrarischen und industriellen Großkapitals. Die A.O. konnte sich aber letztlich gegen die pragmatische, Franco stützende Linie des Auswärtigen Amtes nicht durchsetzen. Zu diesem Zeitpunkt hatte die deutsche Spanienpolitik ihren Zweck bereits erfüllt: Das faschistische Bündnis mit Spanien und Italien war glaubhaft genug inszeniert gewesen, um

---

Zoll- und Handelsabkommen gemeint sind) aufmacht; Müller (1997); Montalvo et al. (1985); González Calleja/Limón Nevado (1988: 71-74, 96); Delgado Gómez-Escalonilla (1988: 79-81).

[87]   Zur spanischen Freiwilligen-Division Ruhl (1975: 27-34 u.ö.).

[88]   Hierzu die entsprechenden Kapitel bei Abendroth (1973); Ruhl (1975) und Payne (1999).

einen Keil "Neuer Staaten" im südlichen Westeuropa (ideell erweitert um den *Estado Novo* Salazars) zu signalisieren, der sich dem bündnispolitischen wie propagandistischen Zugriff sowohl der Franzosen und der Engländer als auch der Sowjets entzog und dem deutschen Blitzkrieg, als es soweit war, die Flanken freihielt.

Auch Spanien profitierte von diesem Spiel der Bedeutungen. Sich als Partner Deutschlands zu präsentieren, hieß, an der Seite des nicht nur größten und bevölkerungsreichsten, sondern dynamischsten und alsbald mächtigsten Staates Europas zu stehen, dessen Staatsführer und Staatsideologie sich als überlegen erwiesen. Die faschistische Partnerschaft schrieb dem Juniorpartner einen Teil dieser Zukunftsfähigkeit zu, die das nationalsozialistische Deutschland so überzeugend darstellte.

Im IAI vertrug sich die Neutralität Spaniens nach 1939 nicht mit der bisherigen Bündnisinszenierung. Eine grandiose Feier des *Día de la Raza* erschien daher nicht mehr opportun. Dennoch wurde der 12. Oktober weiter begangen und sogar mit Rundfunkkonzerten propagandistisch ausgeweitet. Die Institutsregie nahm den Bezug zur *Hispanidad* zurück und stellte institutsinterne Motive wie den zehnjährigen Jahrestag 1940 oder den Umzug in das neue Domizil in Lankwitz 1941 bzw. den Standpunkt Deutschlands als kriegsführende Macht in den Vordergrund.[89] Gemessen an den Vorstellungen der IAI-Führung fällt die Bilanz bis 1941 positiv aus. Im *Observador del Reich*, einem der vielen Propagandaprodukte, die Faupels IAI nach 1934 hervorbrachte,[90] wird der *Día de la Raza* 1939 als ein "bereits

---

[89] GStA, HA I, Rep. 218: alte Ordner-Nr. 134, Aktennotiz Merkatz 16.9.1941: "Herr Woltzke fragte fernmündlich an, was wir zum 12.X. (*Día de la Raza*) zu tun gedenken und bittet um baldmöglichste Benachrichtigung. Das Institut in Hamburg plant ein Konzert altspanischer Musik, das bereits seit einem halben Jahr vorbereitet worden ist. Prof. Grossmann wird hierzu einleitende Worte sprechen ohne Hinweis auf den *Día de la Raza*. Mitzuteilen an Hamburg: Das Ibero-Amerikanische Institut wird am 11.X. voraussichtlich einen Einweihungsempfang geben. Ob bei diesem Empfang ein Hinweis auf den *Día de la Raza* erfolgen kann, hängt von der Stellungnahme des Auswärtigen Amtes und der Entwicklung der politischen Verhältnisse ab. Beim Empfang wird eine Begrüssung durch den Präsidenten des Instituts erfolgen."

[90] *El Observador del Reich. Notas bisemanales de Alemania políticas, culturales y económicas.* Der *Observador* erschien seit 1934. In Aufbau und Thematik folgte er der *Ibero-Amerikanischen Korrespondenz*, produzierte aber eigene Meldungen und bildete eigene Schwerpunkte. Er wurde 1941 eingestellt.

klassisches Fest im Gefühl weiter Kreise des deutschen Volkes" bezeichnet. Zumindest für die Berliner Gesellschaft und die nationale
Medienöffentlichkeit wird man dies unterstreichen können. Der *Día
de la Raza* kam hauptsächlich als Instrument einer nach innen gerichteten inszenatorischen Politik zum Einsatz. Zu seinem zehnjährigen
Bestehen erreichte das IAI den Höhepunkt seiner Präsenz in der deutschen Öffentlichkeit. Seine propagandistischen Aktivitäten in Lateinamerika waren in den USA nicht unbeobachtet geblieben. Ein Artikel
im *Harpers Magazine* stellte sie gar nordamerikanischen Verlegern als
vorbildhafte Propagandastrategie dar.[91] Die deutschen Diplomaten in
Lateinamerika unterstützten weitgehend Faupels antifranzösische und
profrankistische Politik. Im Reich selbst hatte Faupel die gesamte
Lateinamerika-Kulturpolitik unter seiner Führung gleichgeschaltet.
Zwischen den rivalisierenden Instanzen der deutschen Außenpolitik,
exponiert im AA auf der einen, in der NSDAP/A.O. auf der anderen
Seite, hatte sich das IAI als Experteninstanz gegenüber Parteidienststellen und staatlichen Behörden glaubwürdig gemacht. Das Ibero-
Amerikanische Institut Berlin mag realpolitisch ein Leichtgewicht
geblieben sein; öffentlichkeitspolitisch und medial war es zu einer
Größe geworden, wann immer es um Spanien, Portugal oder Lateinamerika ging.

Zum selben Zeitpunkt hatte Deutschland seine politischen und
wirtschaftlichen Standortvorteile in Lateinamerika an die USA verloren. Die aggressive und dilettantische Deutschtumspolitik der
NSDAP/A.O. brachte sie wiederholt mit dem Staatsbürgerrecht der
südamerikanischen Staaten und mit deren Behörden in Konflikt. 1938
wurde die A.O. in einigen lateinamerikanischen Ländern verboten, in
anderen unter strenge Aufsicht gestellt. Die britisch-amerikanische
Propaganda von der deutschen "Fünften Kolonne" hatte ebenso Wirkung gezeigt wie die Panamerika-Politik der USA, die einer "guten
Nachbarschaft" mit politischem und ökonomischem Druck nachzuhelfen wusste. Die A.O. musste sich subkontinentweit zurückziehen. Die
britische Seeblockade beeinträchtigte den Handel (und die Kommunikation) mit Lateinamerika empfindlich. Auf der Berliner Konferenz
der deutschen Botschafter in Lateinamerika im Juni 1939 steckte das

---

[91]   GStA, HA I, Rep. 218, Nr. 215, Kp. (IAI) an AA, Kulturabteilung, Berlin, 10.11.
       1939.

AA die deutschen Ziele ab: Fortgang der Handelsbeziehungen zur Sicherung der Rohstoffquellen; Garantie der Neutralität Lateinamerikas als eines Verteidigungsblocks gegen die USA, deren Kriegseintritt Hitler unbedingt verhindern wollte.[92]

Diesem Ziel hatte sich das IAI unterzuordnen. So war Faupel gezwungen, den Erfolg oder Misserfolg seiner "Kulturpolitik" zunehmend an die militärische Fortune Deutschlands zu binden. In dem Maße, in dem die reale Beziehungspflege dahinkümmerte, wurden immer herrlichere Zukunftsvisionen projiziert. Nur zu gerne war die IAI-Spitze bereit, den Worten ihres Vorgesetzten Rust zu glauben, wonach

> die Schaffung einer neuen Ordnung in der Welt zur Folge haben (wird), daß die ibero-amerikanischen Völker noch wesentlich stärker als bisher in regen wissenschaftlichen und kulturellen Austausch mit dem deutschen Volk treten, und dem Ibero-Amerikanischen Institut werden neue Aufgaben im Dienste der Wissenschaft und des Verstehens zwischen den Völkern erwachsen.[93]

1942, im Ausgang der Blitzkriegerfolge, war sich Faupel sicher, dass

> einzig und allein der Sieg der Mächte des Dreierpaktes im Interesse der süd- und mittelamerikanischen Staaten liegen könne, denn nur dieser Sieg, und der sei sicher, werde diesen Ländern zunächst ihre wirtschaftliche Bewegungsfreiheit wiedergeben und ihnen die Möglichkeit bieten, im Laufe der Jahre auch ihre politische Unabhängigkeit gegenüber den Vereinigten Staaten wiederzuerlangen. Deutschland, Italien und Japan verfolgten in Süd- und Mittelamerika nur kulturelle und wirtschaftliche, keineswegs machtpolitische Interessen. Das werde auch in Zukunft so bleiben. Daher würden nach dem Siege der Achse die wirtschaftlichen, kulturellen und politischen Belange in diesen Ländern von selbst erneut den Wunsch der Annäherung an die Staaten des europäischen Kontinents und an Ostasien entstehen lassen.[94]

---

[92] Das Konferenzprotokoll ist veröffentlicht in den Akten zur Deutschen Auswärtigen Politik, Serie D, Bd. VI, Dok. Nr. 509, S. 583-589. Zur Lateinamerika-Konferenz auch Pommerin (1977: 67-81).

[93] Ansprache Rust 12.10.1940, zit. IAK 42, 15.10.1940. Zu seinem 10-jährigen Bestehen erreichte das IAI noch einmal eine weitgreifende Würdigung in der Öffentlichkeit. Die Presse berichtete allgemein, wenn auch zumeist knapp. Glückwunschtelegramme kamen u.a. von Ribbentrop, Goebbels, Funk und Bohle. S. die Sammlung von Pressetexten in GStA, HA I, Rep. 218, Nr. 746, ferner *DAZ*, 12.10.1940.

[94] Zit. nach einer Vortragszusammenfassung, in: GStA, HA I, Rep. 218, Nr. 796.

Faupels Eigenlob gegenüber Staats- und Parteistellen tönte umso
lauter, je rascher der tatsächliche Einfluss des Instituts bei diesen Stellen wie in seinen Zielländern abnahm. So schrieb er seinem Vorgesetzten im Februar 1942, zunächst zutreffend, dass es der panamerikanischen Politik Roosevelts gelungen sei, fast alle süd- und mittelamerikanischen Länder "in einen Gegensatz zu Deutschland hineinzu-
manövrieren". Dennoch steige, so Faupel nun ohne Beleg weiter, in
diesen Ländern "die Zahl der Männer, die klar erkennen, dass nur
Deutschlands Sieg ihre Heimatländer vor dem gänzlichen Verlust der
politischen Selbständigkeit und vor völliger Abhängigkeit von den
Vereinigten Staaten bewahren kann". Nach Kriegsende würden eine
Reihe lateinamerikanischer Regierungen stürzen. Daher komme es
darauf an, die wissenschaftlich-kulturelle Arbeit gen Ibero-Amerika
fortzusetzen und gleichzeitig die Beziehungen zu Spanien und Portugal zu vertiefen – um so mehr, als England, die USA und Frankreich
in diesen beiden Ländern "eine ununterbrochene und erfolgreiche
Propagandatätigkeit auf allen Gebieten" durchführten.[95]

Tatsächlich nahm mit dem erzwungenen Umzug vom Regierungs-
viertel ins periphere Lankwitz, der sich abzeichnenden Kriegswende,
den Spannungen mit Spanien und der bröckelnden Neutralität der
lateinamerikanischen Staaten die Präsenz und wohl auch die Bedeutung des IAI für die nationalsozialistische (Lateinamerika-)Politik ab.

Dieser Bedeutungsverlust zeigte sich just im Zusammenhang mit
dem 12. Oktober des Jahres 1942, der dem Institut noch einmal nationale publizistische Präsenz an der Spitze eines verzweigten Institutio-
nennetzes verschaffen und seine Stellung im Gefüge NS-deutscher
Außenpolitik festigen, wenn nicht verbessern sollte. Zum 12.10.1942
standen weltweit die 450-Jahr-Feiern der Entdeckung Amerikas an.
Faupel führte seiner vorgesetzten Behörde knapp zwei Jahre vorher
die Bedeutung dieses Ereignisses für "Gross-Deutschland als die führende Macht Europas" vor Augen und bat darum, dass IAI mit der
Federführung bei der Planung und Durchführung zu beauftragen.[96]

---

[95] Faupel an Reichserziehungsminister, 21.2.1942. In: IAI, Dok, Ordner "Festschrift
      1942".
[96] IAI, Dok, Ordner "Festschrift 1942", Faupel an Reichserziehungsministerium,
      Berlin, 19.11.1940. Der Entwurf für das Schreiben mit bereits detaillierten Vor-
      schlägen für Sonderpublikationen stammte von Quelle (ebd., Quelle an Faupel,
      15.10.1940.

Das Ministerium stimmte dem Vorschlag in Abstimmung mit dem Auswärtigen Amt zu.[97] Damit koordinierte das IAI seit Anfang 1941 ein Gremium, in dem neben dem Propaganda-, dem Erziehungsministerium und dem Auswärtigen Amt zahlreiche wissenschaftliche Gesellschaften und Institute, die Berliner Universität, die Staatsbibliothek und die großen Völkerkundemuseen Hamburg, Leipzig und Wien größtenteils durch ihre Direktoren selbst vertreten waren.[98] Auch Himmlers "Ahnenerbe" trat in den Vorbereitungskreis ein.[99]

Für die deutsche 450-Jahr-Feier, die nicht zuletzt ein Gegenstück zur geplanten Feier in den USA werden sollte, plante das IAI eine Serie von Veranstaltungen, Ausstellungen und Publikationen.[100] Es sollte das bisher größte Projekt des IAI als Querschnittsinstitution deutscher Lateinamerikapolitik werden. Sogar die Produktion eines Filmes wurde angeregt.[101] Der berühmte Globus des Nürnberger Kosmographen Martin Behaim von 1492 sollte als Reproduktion herausgebracht werden.[102] Allerdings standen alle Planungen unter einem ausdrücklichen außenpolitischen Vorbehalt. Die deutschen Kriegsherrn sorgten sich zu diesem Zeitpunkt sehr darum, den Kriegseintritt der USA zu verhindern. Dem IAI wurde daher von vornherein geboten, bei der Planung mögliche außenpolitische Komplikationen vor allem mit den USA zu vermeiden und sich daher auf unverfängliche wissenschaftliche Publikationen zu konzentrieren.[103]

Im Verlauf des Jahres 1941 intensivierten und konkretisierten sich die Vorbereitungen kontinuierlich. Der Absprache gemäß stand die Festschrift sowie die Reproduktion des Behaim-Globus im Vorder-

---

[97] IAI, Dok, Ordner "Festschrift 1942", Reichserziehungsministerium an Präsident IAI, Berlin, 3.1.1941; Reichserziehungsministerium an Präsident IAI, Berlin, 15.2.1941.

[98] IAI, Dok, Ordner "Festschrift 1942", Protokoll der Besprechung vom 21.2.1941.

[99] IAI, Dok, Ordner "Festschrift 1942", Reichsgeschäftsführer "Das Ahnenerbe" an IAI, Berlin, 12.3.1941.

[100] IAI, Dok, Ordner "Festschrift 1942", IAI an Propagandaministerium, 14.2.1941, Anlage: "Vorläufiges Programm für die 450-Jahrfeier der Entdeckung Amerikas".

[101] Ebd., Vermerk Quelle "Betrifft: Film-Angelegenheit", o.O., o.D.

[102] Schriftverkehr mit dem Aufbewahrungsort des Behaim-Globus, dem Germanischen Museum in Nürnberg, sowie diversen anderen Institutionen. In: IAI, Dok, Ordner "Festschrift 1942", 14.7.1941-8.12.1943.

[103] So Quelle und der AA-Vertreter Ahrens bei der Vorbesprechung am 24.2.1941. S. das Protokoll der Besprechung in IAI, Dok, Ordner "Festschrift 1942", S. 1-2.

grund.[104] Eine größere Feier des *Día de la Raza* in der üblichen Form kam bereits nicht mehr in Frage.[105] Die Nachricht vom Kriegseintritt der USA gegen Deutschland machte alle Bestrebungen Faupels zunichte, die Feiern vorzubereiten, "als ob wir in Friedenszeiten lebten".[106] Im Anschluss an die Panamerikanische Konferenz in Rio de Janeiro vom Januar 1942 brachen die meisten lateinamerikanischen Länder die diplomatischen Beziehungen zu Deutschland ab. Das Auswärtige Amt strich daraufhin alle Planungen für und um die 450-Jahr-Feier. Bald darauf hielt es auch die geplante (wissenschaftliche) Festschrift mit Blick auf "die gegenwärtige politische Lage" für "unangebracht".[107] Die Aufsätze mussten schließlich auf verschiedene Zeitschriften bzw. diverse Nummern des *Ibero-Amerikanischen Archivs* verteilt erscheinen.[108] Das AA achtete darauf, dass die Schriftleitung die Artikel breit genug streute, damit die Hefte nicht als verkappte Sondernummern auffallen könnten.[109]

Zuständig für eine Region, die ökonomisch wie "völkisch" keine Rolle mehr spielen konnte und für die die "Lebensraum"-Strategie kaum je Bedeutung besaß, rutschte das IAI an die Peripherie des Machtapparats im Dritten Reich. So stufte paradoxerweise die allzu enge Verknüpfung des IAI mit einer polarisierten expansiven Außenpolitik seine Außenrepräsentation auf das zurück, was es ursprünglich einmal sein sollte: ein auf Wissenschaft und kulturellen Austausch konzentriertes, politikfernes Institut. War etwas geblieben von den Jahren der totalitären Kulturpolitik Faupelscher Machart?

Im *Día de la Raza* betrat nicht nur die totalitäre nationalsozialistische "Kulturpolitik" die Bühne; eine Politik, die Kultur von anderen gesellschaftlichen Bereichen nicht trennte, sondern alles dem nationalsozialistischen Ideal eines expansiven, extrem hierarchischen und

---

[104] IAI, Dok, Ordner "Festschrift 1942", "Unterlage für die Unterredungen [...] betreffend die 450-Jahrfeier der Entdeckung Amerikas", 29.1.1942; Bock, IAI, an Reichserziehungsministerium, Berlin, 16.2.1942.

[105] IAI, Dok, Ordner "Festschrift 1942", Faupel an Reichserziehungsminister, 21.2. 1942.

[106] GStA, HA I, Rep. 218, Nr. 176, Bl. 11, Faupel an Quelle, o.O., 1.8.1941.

[107] IAI, Dok, Ordner "Festschrift 1942", AA an IAI, Berlin, 27.2.1942; Reichserziehungsminister an Präsident IAI, Berlin, 7.3.1942.

[108] IAI, Dok, Ordner "Festschrift 1942", Reichserziehungsministerium an Präsident IAI, Berlin, 7.3.1942; Bock an Reichserziehungsminister, Berlin, 12.3.1942;

[109] IAI, Dok, Ordner "Festschrift 1942", AA an IAI, Berlin, 27.6.1942.

autoritären, zwangshomogenisierten und -harmonisierten Staates un-
terordnete. Das Neue im ideologischen, aber eben vor allem im ge-
setzlichen und institutionellen Grundgerüst dieses Staates war ein
mörderischer Rassismus, der ganz unterschiedliche Formen der Differenz (religiös, als "rassisch" definiert: die Juden; körperlich und geistig, als "rassisch" definiert: die Behinderten; sozial, als "rassisch"
definiert: die Sinti und Roma; politisch: Sozialisten und Kommunisten; sexuell: die Schwulen und Lesben) als "Verunreinigung des
Volkskörpers" begriff und bis zur planmäßigen Vernichtung verfolgte.
In diesem Kontext verlor der *Día de la Raza* die Harmlosigkeit eines
Festes für die höhere Gesellschaft Berlins.

Ähnlich wie der Frankismus war der real existierende Nationalsozialismus auf eine Bündnispolitik mit traditionellen, sozialkonservati-
ven Eliten angewiesen – auch wenn Dauer und Kompromissbereit-
schaft dieser Bündnispolitik in Franco-Spanien sicher deutlich weiter
reichte. Stieß der radikale exterminatorische Rassismus der Nazis bei
den traditionellen Eliten in Deutschland auf Vorbehalte, so fiel er
grundsätzlich auf bereiteten Boden. Hitler konnte bruchlos an den völkischen, sozialdarwinistischen und antisemitischen Sprachgebrauch
anschließen (Schmitz-Berning 1998: 488).

Vordergründiger konzeptioneller Unterschiede, ja Gegensätze zum
Raza-Verständnis der *Hispanidad* ungeachtet, signalisierten die jährlichen Feiern einen interkontinentalen Konsens einer autoritären, hierarchischen und zutiefst rassistischen Gesellschaft, die sich gegenüber
"Anderen" alle Freiheit der Repression ausdrücklich vorbehielt. Hierin, und nicht in der "Realpolitik", lag auch das Nutzungspotential der
Hispanidad. Ihrer Offensive in Lateinamerika hatte sicherlich der
wirtschaftliche und militärische Unterbau gefehlt. Die spanisch-lateinamerikanischen Wirtschaftsbeziehungen waren beiderseits kaum erheblich; Güter aus Spanien machten zwischen 1920 und 1929 nicht
mehr als 4-5 Prozent der Importe seiner ehemaligen Kolonien aus.
Was diese ihrerseits ins ehemalige Mutterland exportierten, überstieg
einen Anteil von 1-2 Prozent an den lateinamerikanischen Gesamtex-
porten nicht. Diese Relationen besserten sich nach der Weltwirtschaftskrise keineswegs. Der lateinamerikanische Markt war nach den
Unabhängigkeitskriegen dauerhaft an England, Frankreich und die
USA verlorengegangen. Es mangelte an grundlegender Infrastruktur
wie regelmäßig verkehrenden Überseelinien. Der außenpolitische

Apparat enthielt sich jeder Initiative oder Unterstützung; die spanischen Gesandtschaften in Lateinamerika besetzten nicht einmal den Posten eines Handelsattachés (Pike 1970: 229; Martín Montalvo et al. 1985: 157f.).

Vor diesem Hintergrund musste sich, in Geld- und Warenströmen oder politischen Verträgen gemessen, die radikal-expansive falangistische *Hispanidad*-Variante mit der Imperiums-Kategorie als Papiertiger erweisen. So wie der spanische Faschismus allgemein ein "schwacher Faschismus" blieb (Payne 1999: 469-479), fehlte es auch der faschistischen *Hispanidad*-Variante an einer sinnvollen Strategie, klaren und realitätsnahen Zielen und geeigneten Mitteln. Das bürgerkriegsgeschwächte Land war zu imperialistischen Abenteuern kaum in der Lage. Und auf dem *Imperio*-Gedanken zu beharren, wie auch immer spirituell interpretiert, war sicherlich das falsche propagandistische Mittel für Lateinamerika. So sehr konservative Eliten dort Sympathien für hispanistische Ideen hegten, so nahezu geschlossen wichtige Gruppen wie der Klerus sich im Bürgerkrieg hinter die Burgos-Regierung stellten, so wenig konnten dieselben Gruppen offen kategorisierte Hegemonieansprüche hinnehmen. Charakteristisch findet sich diese Ambivalenz bei Ernesto Quesada. Er pflegte das Vokabular der *Hispanidad* von der Familienmetaphorik der *Madre Patria* bis zur *raza hispana* und zu *Hispano-América* – einschließlich eines rassistischen Blickes auf den "entarteten rassischen und sozialen Hybridismus im Schmelztiegel der Dreieinigkeit von Gott, König und Gesetz", den die koloniale Mischung von Weiß, Rot und Schwarz ergeben hätte.[110] Gleichzeitig erteilte Quesada den Hegemonialansprüchen Spaniens eine Absage und plädierte dafür, dem *Día de la Raza* einen praktischen, nämlich handelspolitischen Sinn zuweisen: Spanien sollte aufgrund der Gemeinschaft von *Raza* und Sprache ein Anrecht auf privilegierten Zugang zu den Märkten Lateinamerikas haben und müsse diesen nutzen, um den konkurrierenden Zugriff der USA, aber auch Englands, Deutschlands und Japans abzuwehren (Quesada 1918: 13-16).

Die frankistische Propaganda brach auf diese Einsicht hin die radikal-utopischen Spitzen ab und kehrte zu jenem eingeführten natio-

---

[110] "[...] ese bastardo hibridismo racial y social en el crisol de la triple unidad de Dios, rey y ley" (Quesada 1918: 3f.).

nal-katholisch-mythischen Diskurs zurück, dessen Grundzüge in Abschnitt 1 beschrieben sind. Diese Reduktion beschnitt keineswegs das vielfältige Potential des *Hispanidad*-Diskurses für die Begründung von Macht in einer autoritären, hierarchischen und nicht zuletzt rassistischen Gesellschaft. Und dieses Potential fand durchaus Nutzer.

Auf die *Hispanidad*-Offensive der Franco-Regierung reagierten die Lateinamerikaner sehr unterschiedlich. Die Reaktion war nicht nur abhängig von der gesellschaftlichen und der Machtposition, sondern auch, und nicht zuletzt, von jeweiligen innenpolitischen wie außenpolitischen Konjunkturen. Ein Beispiel aus Peru verdeutlicht dies.

Die Feiern zum 400. Todestag Francisco Pizarros, des Eroberers von Peru, in Lima, gaben allen Seiten Gelegenheit, ihre ideologischen Absichten und Bedürfnisse zu artikulieren bzw. bestätigt zu finden. Die peruanischen Konservativen erhoben Pizarro zum Gewährsmann der unverbrüchlichen spanisch-peruanischen Geistes- und Kultureinheit. Pizarro, einer der "spanischsten aller Spanier", habe zugleich die *peruanidad* begründet, indem er Peru in die Weltgeschichte eingeführt und es mit der europäischen Zivilisation, der spanischen Sprache und der katholischen Religion versehen und dabei zwei Rassen verschmolzen habe.[111] Der spanische Botschafter konnte die *Hispanidad* in seiner Rede nicht getreuer darstellen als seine peruanischen Vorredner.[112] Die deutsche Diplomatie freute sich, dass die Pizarro-Feiern die jüngste Verärgerung über die USA aufgrund deren Haltung im peruanisch-ecuadorianischen Konflikt zu schüren vermochte.[113] Die peruanische

---

[111] Reden der Peruaner Raúl Porras Berrenechea und José de la Riva-Agüero y Osma (Mitglied bzw. Direktor der Academia Peruana Correspondiente de la Real Española de la Lengua) beim Festakt ihrer Akademie sowie das Dekret des Staatspräsidenten über die Pizarro-Feiern, zit. in *El Comercio*, Lima, 27.6.1941. S. auch die Rede des Abgeordneten Pinzas im Parlament am *Día de la Raza* 1941 (Artikel "Cámara de Diputados", in: *El Comercio*, Lima, 14.10.1941). Riva-Agüero war auch Präsident des Comité Cultural Germano-Peruano.

[112] "Es sei noch erwähnt, dass in allen drei Reden auch zu dem uralten Gegensatz des Spaniertums zum Eingeborenentum (Hispanidad gegen Indigenismo) [...] in dem Sinne Stellung genommen wurde, dass bei einer sogenannten 'Verschmelzung' der beiden Rassen die spanische stets die fuehrende und die sich in Blut und Eigenart durchsetzende und dominierende bleiben muesse." Noebel, Dt. Gesandtschaft Lima, an AA, Lima, 16.7.1941, in: GStA, HA I, Rep. 218, Nr. 218.

[113] Dass die peruanische Wende kein Verdienst der *Hispanidad* war, bestätigte einige Monate später die Analyse der Presseabteilung seiner Botschaft bei Franco. Stohrer, Dt. Botschaft Spanien, an AA, Madrid, 2.2.1942, in: GStA, HA I, Rep. 218, Nr. 232, Bl. 83-85: "Es muß als ein großes Glück für die Arbeiten des

Regierung hätte schon "ihren Blick von der 'Madre Patria España' abgewendet und scharf auf die Staaten gerichtet", sei jetzt aber umgeschwenkt und habe per Dekret das ganze Jahr 1941 dem Gedenken an Pizarro gewidmet. Die neuesten Pizarro-Forschungen von Porras Berrenechea und anderen hätten ein neues Bild Pizarros vorgeführt, das dem herkömmlichen, nicht zuletzt vom angelsächsischen Pizarro-Biographen Prescott genährte Bild eines Analphabeten und grausamen Schlächters der Incas edle spanische Abstammung, Tapferkeit und Königstreue entgegensetzte. Pizarro habe auch die Indios nicht ausrotten, sondern "verschmelzen" wollen. Dieses neue Pizarro-Bild, so der deutsche Beobachter, hätte unter den peruanischen Intellektuellen "allgemeinen Anklang" gefunden.[114]

Dass dieser *Hispanidad*-Konsens innerhalb Perus sich auf konservative Eliten beschränkte, zeigte sich deutlich einige Monate später anlässlich einer Vortragsreihe des frankistischen spanischen Dichters Manuel de Góngora in Lima. Riva Agüero führte den Dichter ein mit dem bekannten Hinweis auf die Einheit der Spanier und Südamerikaner und verwies zugleich auf einen relevanten politischen Konnex der *Hispanidad*: Jeder, der die Propaganda der spanischen Literatur und Kunst gering schätze, rede dem Marxismus und dem historischen Materialismus das Wort. Gleichermaßen abzulehnen seien der "illusorische Panamerikanismus ohne rassische Grundlage und ohne literarische und sprachliche Gemeinschaft" sowie ein radikaler "Indigenis-

---

Hispanitätsrates angesehen werden, dass die Auseinandersetzung zwischen Peru und Ekuador und die sich daraus ergebenden Mißstimmungen Peru's den Vereinigten Staaten gegenüber, die peruanische Regierung veranlaßt hat, die geschichtliche, kulturelle und sprachliche Verbundenheit mit Spanien im Gegensatz zu früher, in besonderem Maße herzustellen. Die große peruanische Presse, die vorher die nordamerikanische Propagandalinie vertrat, war aus diesen Umständen heraus gezwungen, sich zurückzuhalten und den spanischen Kurs für kurze Zeit mitzumachen. Es ist also keinesfalls auf eine Initiative des Hispanitätsrates zurückzuführen, wenn der Pizarro-Erinnerungstag zum ersten Mal seit langer Zeit wieder in so großer Aufmachung gefeiert wurde."

[114] Noebel, Dt. Gesandtschaft Lima, an AA, Lima, 16.7.1941, betr. Vierjahrhundertfeier des Todestages Pizarros (Durchdruck, 2 Anlagen), in: GStA, HA I, Rep. 218, Nr. 218, als Beilage des Schreibens AA an IAI, Berlin, 12.8.1941. Noebel schildert ausführlich die Feierlichkeiten.

mus", der den "Rückfall in die analphabetischste aller Barbareien" bedeute.[115]

Die Tageszeitung *La Crónica* in Lima begleitete die Vortragsreihe Góngoras. Sie wertete diese als "Mission in totalitärer Propaganda". Am 12.12.1941 setzte sie sich mit der Rede Riva Agüeros auseinander und suchte dessen Kritik am Panamerikanismus und Indigenismus zu widerlegen. Der paradigmatischen konservativen *Hispanidad* Riva Agüeros trat dort ein ebenso typischer liberaler *Anti-Hispanismo* entgegen. Dieser setzte auf die Partnerschaft mit dem Garanten des Fortschritts im Norden, der ein "unendlich überlegenes kulturelles und materielles Niveau" gegenüber allen von Spanien kolonisierten Ländern erreicht habe. Die Vorstellung der "rassischen Einheit" verwies die *Crónica* ins Reich der Legende; kaum ein Baske oder Katalane werde sich als Rassenbruder der amerikanischen Völker betrachten, in denen die Mischung vorherrschend und die "reinrassigen Weißen" in der Minderheit seien. Der Artikel verteidigte die Kulturfähigkeit der Indígenas, wenn auch im typisch romantischen und paternalen Gestus, der mythisch auf die vergangene Größe der Inkas rekurrierte, ohne sich auf die aktuelle soziale Situation der Nachkommen zu beziehen. Abschließend griff die *Crónica* den antidemokratisch-totalitären Frankismus sowie den konservativen Katholizismus scharf an.[116] Die Zeitung vertrat damit einen oppositionellen Diskurs, der im Peru des Jahres 1941 erhebliches Gewicht in die gesellschaftliche Waagschale warf.[117]

Anders als in Spanien trennte also die *Hispanidad* in Lateinamerika Liberale und Konservative scharf. Die Liberalen sahen in Spanien einen lebenden Anachronismus, ein Bild von Reaktion und Fortschrittslosigkeit, das die Diktaturen Primo de Riveras und Francos noch akzentuierten.

Das demokratische Kolumbien [steht] der Welt- und Staatsanschauung des neuen Spanien durchaus ablehnend, zum grossen Teil ausgesprochen

---

[115] Zit. Artikel "La Primera Conferencia y Recital de Manuel de Góngora". In: *El Comercio*, Lima, 10.10.1941. S. auch die Zusammenfassung bei Noebel, Dt. Gesandtschaft Lima, an AA, Lima, 31.10.1941. In: GStA, HA I, Rep. 218, Nr. 218, Bl. 303-305.

[116] Artikel "Un poeta en misión de propaganda totalitaria. In: *La Crónica*, Lima, 12.12.1941.

[117] Dies wird nicht zuletzt aus dem genannten Bericht des dt. Gesandten in Lima deutlich. GStA, HA I, Rep. 218, Nr. 218, Noebel an AA, Lima, 31.10.1941.

feindlich gegenüber. Hinzukommt, daß gerade die "imperiale" Einstellung des neuen Spanien hier mit stärkstem Mißtrauen beobachtet wird. Daß diese Einstellung nur kulturpolitisch gemeint ist, scheint man hier nicht ohne weiteres zu glauben. Erschwerend ist ferner der Umstand, daß der gebildete Kolumbianer sein geistiges Zentrum inzwischen schon weit eher in Paris als in Madrid gesucht hat. Es bestehen hier zwar Zweiggruppen der spanischen Falange [...] Gerade diesen falangistischen Organisationen dürfte es jedoch in der nächsten Zeit kaum gelingen, sich hier auf kulturellem Gebiet irgendwie maßgeblich durchzusetzen, da ihre Tätigkeit mit besonderem Mißtrauen verfolgt und sie verdächtigt werden, die hiesigen Träger und Vorkämpfer des neuen spanischen imperialistischen Gedankens sowie der totalitären Staatsauffassung zu sein. Sie sind deswegen bereits häufig Gegenstand von Presseangriffen gewesen,

beobachtete die deutsche Botschaft in Kolumbien 1938.[118] Die spanische *Raza* kam zu einem Zeitpunkt hoch, als das Paradigma der "Rasse" seine hegemoniale Kraft verlor. Schon länger – und nicht nur in Mexiko – hatte der Indigenismus hier ein Gegengewicht gesetzt, auch wenn er stets ein eurozentrisch-paternales Konzept blieb. Doch die *Mestizaje*-Ideologie und die erstarkende Arbeiterbewegung setzten mit "Kultur" und "Klasse" zwei starke konkurrierende Paradigmen in Umlauf. In Brasilien etwa, so entrüstete sich der oben zitierte Krieger, werde bis hin zur Regierung behauptet, eine "Rassenfrage" existiere nicht.[119]

Wohl nicht zuletzt deswegen kopierten die lateinamerikanischen Konservativen den spanischen *Hispanidad*-Diskurs bis in die Familienmetaphorik hinein; sie feierten den "glorreichen Tag" des 12. Oktober als eigenen Ursprung, sahen sich durch Sprache, Kultur und Religion unauflöslich mit Spanien verbunden und sehen die eigene Humanität dadurch gewährleistet, dass sie "an den Brüsten der großzügigen Mutter genährt" worden seien.[120] In Costa Rica kam 1932

---

[118] GStA, HA I, Rep. 218, Nr. 215, Dittler, Dt. Gesandtschaft Bogotá, an AA, Bogotá, 19.9.1938 (Durchschlag). S. auch die Einschätzung des Botschafters in Argentinien, Thermann (GStA, HA I, Rep. 218, Nr. 217, Thermann an AA, Buenos Aires, 27.6.1941 (Abschrift).

[119] Krieger (1940: 11). Krieger weist selbst (ebd.: 12-15) den inhärenten Rassismus der brasilianischen Gesellschaft auf.

[120] Zitate aus dem Artikel zum *Día de la Raza* 1934 des kolumbianischen Botschafters Obregón (1934: 4). S. auch die Ansprache des panamesischen Geschäftsträgers Villalaz zur Einweihung des IAI 1930: "La magna epopeya del descubrimiento de America es la más grande y meritoria empresa que han presenciado y presenciarán los siglos. Con ella quedó completo físicamente el planeta, nuevos campos se le abrieron al género humano, la religión cristiana pudo extender sus

eine Zeitschrift mit dem Titel *La Raza* heraus, die sich der Pflege der *Hispanidad* widmete.[121] Zum 12. Oktober 1932 brachte die Zeitschrift *España y Bolivia* in La Paz eine Sondernummer zur *Fiesta de la Raza* heraus. Diese feierte Spanien als "unsterbliche Nation, Mutter von hundert Völkern, die eine Rasse gezeugt, Kultur und Zivilisation gesät und eine Neue Welt entdeckt hat", und der sich Bolivien bescheiden als "geliebte Tochter der *Madre Patria*" zur Seite stellte.[122] Gleich der erste Artikel nahm den spirituellen *Imperio*-Gedanken auf.[123] In einem weiteren lobte der Präsident des Nationalen Rats für Erziehung, Víctor Muñoz Reyes, Spanien für die Lösung der Landfrage in seinen amerikanischen Kolonien und vor allem für die Lösung des "Problems der Zivilisierung der Indios" durch seine Kolonialgesetzgebung. Wären die Gesetze eingehalten worden, sähe Amerika heute anders aus (ebd.: 8-9). Der Rektor der Universidad de La Paz, Juan Francisco Bedregal, sah im Wort Gottes die "Seele der Raza":

> Seele des unermeßlichen Spanien, Blut des fruchtbaren Spanien, wie die Sonne die in seinem Reich nicht untergeht, lebt und wird leben in der Liebe, im Stolz und in der Kraft, die im Wort Gottes Gestalt annehmen und in der Sprache Kastiliens, in der unsere Völker, denken, fühlen, [...] und den Ruhm der *Raza* singen, dem Licht der Jahrhunderte und Zierde der Menschheitsgeschichte (ebd.: 27).

Dieses Kopistentum bedeutete keineswegs, dass die Konservativen den in der *Hispanidad* formulierten Führungsanspruch Spaniens "realpolitisch" aufzufassen bereit gewesen wären. Sie nutzten das reichhaltige diskursive Potential der *Hispanidad*, um die eigene Größe anzureichern, unter anderem, weil sich diese Größe im Modernisierungsprozess mehr und mehr verlor. Doch auch die "Modernisierer"

---

dominios en pro de sus doctrinas y enseñanzas y la civilización occidental recibió de la noche a la mañana un nuevo y vasto continente para la colonización [...]" (zit. GStA, HA I, Rep. 218, Nr. 447, Manuskript der Ansprache). Zur *Hispanidad* in Lateinamerika auch Rehrmann (1996: 118-121).

[121] Die Zeitung erschien erstmals zum *Día de la Raza* 1932 mit einem Editorial unter dem Titel: "¡Salve a tí, Madre España!" Dem Charakter nach, und seinem Titel zum Trotz, war *La Raza* eine illustrierte Kultur- und Gesellschaftszeitschrift für die Oberschicht von San José. Herausgeber und Chefredakteur war der österreichische Maler Maximilian von Löwenthal. 1933 gab er die Auflage mit 5.000 Exemplaren an.

[122] "Editorial". In: *España y Bolivia. Número extraordinario dedicado a la Fiesta de la Raza* (1932), S. 3.

[123] Artikel "El Imperio Inmortal". In: Ebd., S. 4-5.

rekurrierten auf autoritäre und hierarchische Gesellschaftsmodelle. In den 1930er Jahren waren fast überall in Mittel- und Südamerika Diktatoren in Frack oder Uniform an der Macht, die autoritäre Modernisierung predigten und am herkömmlichen Gesellschaftsmodell nur wenig änderten. Die Macht der traditionellen Oligarchien Lateinamerikas war keineswegs gebrochen, und sie teilten weitgehend die Vorstellung einer spanischen *Raza*, die ihre undemokratische Herrschaft wie ihren Rassismus gegenüber indigenen und afro-amerikanischen Bevölkerungsmehrheiten kulturell-historisch legitimierte.

Das Pathos der Rhetorik und ihre barocke Ornamentik zeigten das Bemühen an, den symbolisch-metaphorischen Gehalt des Diskurses auszureizen. Es war keine praktische, argumentative, rationale, sondern eine plakative, dekorative, bilderreiche, inszenatorische Rede. Deswegen ist es m.E. eine Fehleinschätzung, diesen konservativen Diskurs als "irrational" zu werten.[124] Vielmehr war er, wie ihn derselbe Autor im selben Zug bewertet, "pragmatisch" orientiert (ebd.). Er schrieb sich in einen ausgearbeiteten und institutionell hochrangig angebundenen Diskurs ein, dessen aktuelle realpolitische Folgenlosigkeit offen lag, dem aber ein erhebliches symbolisches Potential eignete. Zudem war die zukünftige Rolle Franco-Spaniens etwa bei einem Sieg der Achsenmächte noch nicht auszumachen.

Das folgende Urteil von González Calleja/Limón Nevado (1988: 79) ist deshalb in seinem zweiten Teil zu unterschreiben, im ersten zu korrigieren:

> Die *Hispanidad* ist im Ausland gescheitert. In Spanien hat sie dagegen ein Universum an Bildern, Symbolen und Konzepten erzeugt, die topisch und einfach waren, aber eine große Durchschlagskraft auf die offizielle Ideologie, die Vergesellschaftung derselben und sogar auf die kollektive Mentalität bewiesen.

Der symbolische Gehalt der *Hispanidad* wirkte auch in Lateinamerika. Unbestreitbar hat sie außer der Gründung einiger Kulturinstitute zu befördern, wenig haptische Politiksubstanz verdichtet. Dass die Wirtschaftsbeziehungen in den zwanziger und dreißiger Jahren weit hinter den Erwartungen zurückblieben, trifft zu, trifft aber weniger die *Hispanidad* als die traditionellen Institutionen der Außenwirtschaftspolitik. Der *Hispanidad*-Diskurs wirkte. Er schuf sich keine Anhän-

---

[124] Stellvertretend dafür Rehrmann (1996: 119).

gerscharen, aber er produzierte ein amerikanisches Spanien. Die *Hispanidad* brachte Spanien nach Lateinamerika zurück. Die Gleichung des 19. Jahrhunderts – hispanophil = reaktionär – galt nicht mehr. "Nach der Teilrenaissance, die Spanien als kultureller Referenzpunkt um 1898 unter zahlreichen Intellektuellen erlebte, hat sich die 'corriente hispanista' augenscheinlich stabilisiert und vor allem differenziert" (Rehrmann 1996: 69). Diese *corriente hispanista* betrachtete das spanische Erbe nunmehr als ein wichtiges Element der kulturellen Identität Lateinamerikas.

Die Kritik herkömmlicher Politikgeschichte am "realitätsfernen Idealismus" der *Hispanidad* übersieht den Erfolg des hispanistischen Diskurses. Ornamentik und Pathos bedienten ja nicht nur konservative Rhetorikformen ihrer Zeit, sie schlossen symbolisch an jene Zeichen an, die die spanische Geschichte in Lateinamerika gegenwärtig wach hielten: an die (barocke und ornamentale) Wucht der Kolonialarchitektur, an die Denkmäler der *conquistadores*, an die Bibliotheken mit ihren meterspannenden ledergebundenen Folianten, die spanische Gesetze, spanische Geschichte, spanische Literatur enthielten.

In Spanien selbst richtete sich die *Hispanidad*, wie oben schon ausgeführt, nicht zuletzt nach innen, mit einer ganz ähnlichen Funktion für den rechten Diskurs. Und auch dort arbeitete die *Hispanidad* – nicht zu vergessen vornehmlich eine Bewegung von Intellektuellen, von Schriftstellern, und nicht von Politikern – mit dem Symbolgehalt von Politik.

Die *Hispanidad* überlebte das Jahr 1945 ohne Mühe. Ihrer missverständlichen Aggressivität schon in den letzten Jahren vor Kriegsende benommen, bekam der alte Wein in den 1950er Jahren einen neuen Schlauch. Das spanische Außenministerium propagierte fortan eine *Comunidad Hispánica de Naciones*. Sie enthielt dasselbe Modell einer hierarchisch konzipierten spanisch-lateinamerikanischen Gemeinschaft (Arenal Moyúa 1989: 12), die weiterhin als Familienbeziehung, also als Körper naturalisiert wurde. Eine genaue Analyse müsste erweisen, inwiefern die tragenden Paradigmen der *Hispanidad* nicht auch noch in das jüngste, postfrankistische Konzept der *Comunidad Iberoamericana de Naciones* eingegangen sind, das spanische Autoren gerne als "demokratisch, kooperativ und egalitär" beschreiben, mit dem Spanien endgültig auf eine Vorrangstellung verzichte (Arenal Moyúa 1989: 12). Sie müsste bestimmen, wo *innerhalb* dieser

offenen supra-nationalen Gemeinschaft die Grenzen gezogen sind und
die Hierarchien liegen. Zu vermuten ist beispielsweise, dass sich an
der Ambivalenz von der symbolischen Inklusion der "Ureinwohner"
– und neuerdings auch der Nachfahren der afrikanischen Sklaven –
und ihrer sozialen, rassistisch motivierten Exklusion wenig geändert
hat. Wenn man sich die Veröffentlichungen und Veranstaltungen des
offiziellen *Quinto Centenario* zum 500. Jahrestag der "Entdeckung"
1992 anschaut, beweist die *Hispanidad*, wie erfolgreich, lebendig und
aktuell sie sein kann. *Hispanidad* ist ein Glied in jener Kette, mit der
die lateinamerikanischen Eliten ihre Gesellschaften an Europa binden
und Spanien weiterhin als die vornehmste unter den vielen Müttern
der heutigen lateinamerikanischen Gesellschaft erscheint.

Der *Día de la Raza* überlebte übrigens auch in Deutschland. Noch
in den späten 1960er Jahren beging der "Ibero-Amerika-Verein" mit
Sitz in Hamburg und Bremen jährlich den 12. Oktober unter der Dop-
pelbezeichnung "Ibero-Amerika-Tag" – *Día de la Raza* in beiden
Hansestädten. Das "traditionelle Treffen der Lateinamerika-Kauf-
leute"[125] nutzten Spitzenfunktionäre aus Politik und Wirtschaft als
Forum für handels-, aber auch allgemeinpolitische Äußerungen. So
nahm Bundesbankpräsident Karl Blessing am *Día de la Raza* 1965 in
Bremen zur internationalen Finanzpolitik Stellung.[126] Der Festredner
am 12.10.1967 in Hamburg, Bundesaußenminister Willy Brandt,
dankte den lateinamerikanischen Staaten für ihr "Verständnis [...] für
die Lage des geteilten Deutschlands und ihre Unterstützung für das
Selbstbestimmungsrecht des deutschen Volkes" – also dafür, dass sie
sich deutschlandpolitisch auf Seiten der BRD hielten.[127] Ein Jahr später forderte der frühere Hitler-Kooperant und Aufsichtsratsvorsitzende
der Deutschen Bank, Hermann Josef Abs, die deutsche Wirtschaft zu
mehr Investitionen in Lateinamerika auf.[128]

Die Kontinuitäten gingen über das Formelle oder Institutionelle
hinaus. Auch der *Hispanidad*-Diskurs war unbeschadet in die deut-

---

[125]   *Handelsblatt*, 15.10.1967. Für den Hinweis auf diesen und die nachfolgend
        genannten Zeitungsartikel (Anm. 127-129, 131) danke ich Oliver C. Gliech.
[126]   *Industriekurier*, 13.10.1965.
[127]   *Die Welt*, 13.10.1967. Der Vorsitzende des Ibero-Amerika-Vereins, Hans Hein-
        rich Waitz, forderte mehr deutsche Kapitalhilfe für Lateinamerika. Hamburgs
        Bürgermeister betonte den hohen Anteil Hamburgs am deutsch-lateinamerika-
        nischen Handel.
[128]   *Handelsblatt*, 15.10.1968.

sche Pädagogik der Nachkriegszeit eingegangen. Ein Informationsdienst für Erwachsenenbildung fragte Anfang der 1960er Jahre "Gibt es ein einheitliches Kulturbewußtsein in Ibero-Amerika?"[129] Der Text bejahte die Frage und führte als Gründe an: die gemeinsame Sprache, die römisch-katholische Religion, die "rassische Verschmelzung" und die "historische Schicksalsgemeinschaft" (ebd.: 1-3). Konstitutiv für das Bewusstsein sei nicht zuletzt ein umfassender Gegensatz zu Nordamerika. Während die dortigen Kolonisatoren die Indianer umbrachten, hätten weder die Spanier noch die Portugiesen Rassenvorurteile gekannt, sondern mit den Indianern "neue Völker (gezeugt), die noch heute der Sprache und Religion ihrer ehemaligen Eroberer anhängen". Die "Schwarze Legende" *(leyenda negra)* von den Gräueltaten der spanischen Kolonisation sei endgültig verurteilt. Das "Lebensethos" Ibero-Amerikas stünde gegen den "nützlichkeitsgebundenen Profitstandpunkt" und huldige mehr der "Hingebungsfreudigkeit an ein hohes Ideal" (ebd.: 3-4) – Rodós "Ariel" ließ explizit grüßen.

Um die These von einem vitalen "Paniberismus" zu belegen, reproduzierte der Text getreu das Kategoriengebinde der *Hispanidad* aus den 1920er und 1930er Jahren. Neu war lediglich, dass er den Indigenismus – seinerzeit im scharfen Gegensatz zur *Hispanidad* – nun für den "Paniberismus" scheinbar vereinnahmte. Doch wie zuvor ist der Beitrag der Indios, ob ethnisch oder religiös, dem spanischen Einfluss deutlich nachgeordnet.

1962 kam es übrigens zu einer Gründung, die die Koordinaten von 1930 getreu kopierte. Am 12. Oktober 1962, dem weiterhin so genannten *Día de la Raza*, wurde in Hamburg das "Ibero-Amerika-Institut" wiedergegründet.[130]

---

[129] Pädagogische Arbeitsstelle für Erwachsenenbildung Inzigkofen über Sigmaringen (Autor: Gerhard Jacob): "Gibt es ein einheitliches Kulturbewußtsein in Ibero-Amerika?", 6 S. In: IAI, Za, III ke, Entdeckungsgeschichte Amerikas, 1927-1990.

[130] *Handelsblatt*, 13.10.1962. Für das "traditionelle Herrenessen" am Abend wurden Reden des Staatssekretärs im AA, Prof. Carstens, des chilenischen Botschafters Prof. Maschke und des Bremer Bürgermeisters Ehlers erwartet. Das Institut heißt heute "Institut für Ibero-Amerika-Kunde".

Literaturverzeichnis

Publizierte Quellen

Boelitz, Otto (1930): "Aufbau und Ziele des Ibero-Amerikanischen Instituts in Berlin". In: *Ibero-Amerikanisches Archiv*, 4, 1, S. 6-10.

Carreño, Alberto María (1922): *Un Continente y una Raza nuevos. Conferencia sustentada en la Fiesta de la Raza que celebró la Sociedad Mexicana de Geografía y Estadística el 12 de Ocutubre de 1922*. México: Imprenta Victoriana.

Estrada Monsalve, Joaquín (1953): "Hispanidad y Americanidad". In: Estrada Monsalve, Joaquín: *Hombres*. Bogotá, S. 219-231.

Faupel, Edith (1933): "Zur Indianerfrage". In: *Ibero-Amerikanisches Archiv*, 7, 2, S. 118-126.

Faupel, Wilhelm, et al. (1933): *Ibero-América y Alemania. Obra colectiva sobre las relaciones amistosas, desarme e igualdad de derechos*. Berlin: Carl Heymann.

García Morente, Manuel (1947): *Idea de la Hispanidad*. 3. Aufl. Madrid: Espasa-Calpe.

Gomá y Tomás, Isidro (1934): *Apología de la hispanidad. Discurso en la fiesta de la raza, 12.10.1934*. Toledo: Ed. Católica Toledana.

Krieger, Heinrich (1940): "Die Rassenfrage in Brasilien. Ein kritischer Überblick unter besonderer Berücksichtigung der Gesetzgebung und des Schrifttums". In: *Archiv für Rassen- und Gesellschaftsbiologie*, 34, 1, S. 9-54.

Kühn, Franz (1934): "Neuere Daten zur Bevölkerungsstatistik von Argentinien mit Berücksichtigung rassenbiologischer Fragen". In: *Ibero-Amerikanisches Archiv*, 7, 4, S. 369-376.

Maeztu, Ramiro de (1935): *Defensa de la Hispanidad*. 2. Auflage. Madrid: Gráfica Universal.

Obregón, Leopoldo (1934): "12 de Octubre 1492 - 12 de Octubre 1934!". In: *Ibero-América*, 1, 1, S. 4-5.

Panhorst, Karl Heinrich (1930): "Die ibero-amerikanischen Länder in ihrem Kulturaustausch mit Deutschland". In: *Hochschule und Ausland*, 9, S. 2-11.

Quesada, Ernesto (1918): "El día de la raza y su significado en Hispano-América". In: *Verbum*, 46, S. 3-16.

— (1930a): "Die Quesada-Bibliothek und das Lateinamerika-Institut". In: *Ibero-Amerikanisches Archiv*, 4, 1, S. 11-18.

— (1930b): "San Martín als Symbol und Ideal Lateinamerikas". In: *Ibero-Amerikanisches Archiv*, 4, 2, S. 148-166.

Richarz-Simons, Ingeborg (1933): "Die rechtliche Stellung der Frau in Ibero-Amerika". In: *Ibero-Amerikanisches Archiv*, 7, 2, S. 161-172.

Ríos de Lampérez, Blanca de los (1919): "Nuestra Raza". In: *Raza Española*, 1, 1, S. 7-19.

— (1926): "Hispanismo". In: Ríos de Lámperez, Blanca de los, et al.: *Nuestra Raza es española (ni latina ni ibera). La Exposición Hispanoamericana de Sevilla y el porvenir de la Raza*. Madrid, S. 14-17.

Rodó, José Enrique ([1900] 1967): "Ariel". In: Lousteau Heguy, Guillermo A./Lozada, Salvador M. (Hrsg.): *El Pensamiento político hispanoamericano*, Bd. 7, Buenos Aires: Ed. Depalma, S. 1-62.

Sekundärliteratur

Abendroth, Hans-Henning (1973): *Hitler in der spanischen Arena. Die deutsch-spanischen Beziehungen im Spannungsfeld der europäischen Interessenpolitik vom Ausbruch des Bürgerkriegs bis zum Ausbruch des Weltkrieges 1936-1939*. Paderborn: Schöningh.

Arenal Moyúa, Celestino María del (1989): *España iberoamericana: De la hispanidad a la comunidad iberoamericana de naciones*. Madrid: CEDEAL.

Atkins, George Pope (1997): *Encyclopedia of the Inter-American System*. Westport, Conn.: Greenwood Press.

Balibar, Etienne (1992): "Rassismus und Nationalismus". In: Balibar, Etienne/Wallerstein, Immanuel: *Rasse Klasse Nation. Ambivalente Identitäten*. 2. Aufl., Hamburg: Argument.

Barkai, Avraham (1988): *Das Wirtschaftssystem des Nationalsozialismus: Ideologie, Theorie, Politik 1933-1945*. Frankfurt a.M.: Fischer-Taschenbuch-Verlag.

Burleigh, Michael/Wippermann, Wolfgang (1991): *The Racial State. Germany 1933-1945*. Cambridge: Cambridge University Press.

Conze, Werner/Sommer, Antje (1984): "Rasse". In: Conze, Werner/Brunner, Otto/Koselleck, Reinhart (Hrsg.): *Geschichtliche Grundbegriffe. Historisches Lexikon zur politisch-sozialen Sprache in Deutschland*, Bd. 5. Stuttgart: Klett-Cotta, S. 135-178.

Delgado Gómez-Escalonilla, Lorenzo (1988): *Diplomacia franquista y política cultural hacia Iberoamérica 1939-1953*. Madrid: C.S.I.C./Centro de Estudios Históricos.

Domínguez Ortiz, Antonio (1992): *Los judeoconversos en la España Moderna*. Madrid: Ed. MAPFRE.

Fagg, John Edwin (1982): *Panamericanism*. Malabar, Fla.: Krieger.

Geiss, Imanuel (1988): *Geschichte des Rassismus*. Frankfurt a.M.: Suhrkamp.

Gliech, Oliver C. (1998): *Das Ibero-Amerikanische Institut (Berlin) und die deutsch-argentinischen Beziehungen 1929-1945*. Freie Universität Berlin, Fachbereich Geschichtswissenschaften (unveröff. Magisterarbeit, überarbeitete Fassung).

Gondi, Ovidio (1978): "Hispanidad y nazismo". In: *Tempo de Historia*, 47, S. 4-15.

González Calleja, Eduardo/Limón Nevado, Fredes (1988): *La Hispanidad como Instrumento de Combate. Raza e Imperio en la prensa franquista durante la Guerra Civil Española*. Madrid: Centro Superior de Investigaciones Científicas.

Graham, Richard (Hrsg.) (1990): *The Idea of Race in Latin America, 1870-1940*. Austin, Tex.: University of Texas Press.

Helg, Aline (1990): "Race in Argentina and Cuba, 1880-1930: Theory, Policies, and Popular Reaction". In: Graham (1990: 37-69).

Höbbel, Georg-Alexander (1997): *Das "Dritte Reich" und die Good Neighbor Policy. Die nationalsozialistische Beurteilung der Lateinamerikapolitik Franklin D. Roosevelts 1933-1941.* Hamburg: LIT.

Junker, Detlef (1975): *Der unteilbare Weltmarkt. Das ökonomische Interesse in der Außenpolitik der USA 1933-1941.* Stuttgart: Klett-Cotta.

Kwiet, Konrad (1997): "Rassenpolitik und Völkermord". In: Benz, Wolfgang/Graml, Hermann/Weiß, Hermann (Hrsg.): *Enzyklopädie des Nationalsozialismus.* Stuttgart: Klett-Cotta, S. 50-65.

Martín Montalvo, Cesilda/Martín de Vega, María Rosa/Solano Sobrado, Marí Teresa (1985): "El Hispanoamericanismo, 1880-1930". In: *Quinto Centenario,* 8, S. 149-165

Memmi, Albert (1992): *Rassismus.* Frankfurt a.M.: Hain.

Miles, Robert (1991a): *Rassismus. Einführung in die Geschichte und Theorie eines Begriffs.* Hamburg: Argument.

— (1991b): "Die Idee der 'Rasse' und Theorien über Rassismus: Überlegungen zur britischen Diskussion". In: Bielefeld, Uli (Hrsg.): *Das Eigene und das Fremde. Neuer Rassismus in der Alten Welt?* Hamburg: Junius, S. 189-218.

Mörner, Magnus (1967): *Race Mixture in the History of Latin America.* Boston, Mass.: Little, Brown & Co.

Mosse, George L. (1990): *Die Geschichte des Rassismus in Europa.* Frankfurt a.M.: Fischer-Taschenbuch-Verlag.

Müller, Jürgen (1997): *Nationalsozialismus in Lateinamerika: Die Auslandsorganisation der NSDAP in Argentinien, Brasilien, Chile und Mexiko, 1931-1945.* Stuttgart: Verlag Hans-Dieter Heinz/Akademischer Verlag.

Oliveira, Lúcia Lippi (1989): "As festas que a República manda guardar". In: *Estudos Históricos,* 4, S. 172-189.

Payne, Stanley G. (1999): *Fascism in Spain, 1923-1977.* Madison, Wis.: University of Wisconsin Press.

Pike, Fredrick B. (1970): *Hispanismo, 1898-1936. Spanish Conservatives and Liberals and Their Relations with Spanish America.* Notre Dame, N.C.: University of Notre Dame.

Poliakov, Léon (1993): *Der arische Mythos. Zu den Quellen von Rassismus und Nationalismus.* Hamburg: Junius.

Pommerin, Reiner (1977): *Das Dritte Reich und Lateinamerika. Die deutsche Politik gegenüber Süd- und Mittelamerika 1939-1942.* Düsseldorf: Droste.

Rehrmann, Norbert (1996): *Lateinamerika aus spanischer Sicht. Exilliteratur und Panhispanismus zwischen Realität und Fiktion (1936-1975).* Frankfurt a.M.: Vervuert.

Ruhl, Klaus-Jörg (1975): *Spanien im Zweiten Weltkrieg. Franco, die Falange und das "Dritte Reich".* Hamburg: Hoffmann und Campe.

Schmitz-Berning, Cornelia (1998): *Vokabular des Nationalsozialismus.* Berlin: de Gruyter.

Schröder, Hans Jürgen (1976): "Das Dritte Reich, die USA und Lateinamerika 1933-1941". In: Funke, Manfred (Hrsg.): *Hitler, Deutschland und die Mächte. Materialien zur Außenpolitik des Dritten Reiches*. Düsseldorf: Droste, S. 339-364.

Schwarcz, Lília Moritz (1993): *O Espetáculo das Raças. Cientistas, Institutições e Questão Racial no Brasil, 1870-1930*. São Paulo: Companhia das Letras.

Skidmore, Thomas (1993): *Black into White. Race and Nationality in Brazilian Thought*. Durham: Duke University Press.

Stepan, Nancy Leys (1991): *"The Hour of Eugenics". Race, Gender, and Nation in Latin America*. Ithaca: Cornell University Press.

Teichert, Eckart (1984): *Autarkie und Großraumwirtschaft in Deutschland 1930-1939*. München: Oldenbourg.

Vainfas, Ronaldo/Raminelli, Ronald (1999): "Los americanistas del III Reich. La *Ibero-Amerikanisches Archiv* en los tiempos del nazismo". In: *Historia y Sociedad*, 6, S. 69-83.

Wippermann, Wolfgang (1995): "Was ist Rassismus? Ideologien, Theorien, Forschungen". In: Danckwortt, Barbara, et al. (Hrsg.): *Historische Rassismusforschung. Ideologen – Täter – Opfer*. Hamburg: Argument, S. 9-33.

Zischka, Johannes (1986): *Die NS-Rassenideologie. Machttaktisches Instrument oder handlungsbestimmendes Ideal?* Frankfurt a.M.: Peter Lang.

Zur Mühlen, Patrik von (1977): *Rassenideologien. Geschichte und Hintergründe*. Berlin: Dietz.

Oliver Gliech

Wilhelm Faupel. Generalstabsoffizier, Militärberater, Präsident des Ibero-Amerikanischen Instituts

Es gab zu Beginn seiner Karriere wenig, was einen Berufsoffizier wie Wilhelm Faupel dazu prädestiniert hätte, später einmal die Leitung eines renommierten Kulturinstituts zu übernehmen. Von 1934 bis 1945 wirkte er als Präsident des Ibero-Amerikanischen Instituts (IAI), mit einer Unterbrechung zur Zeit des Spanischen Bürgerkriegs, als er Botschafter Hitlers bei Franco war. In seiner Funktion als Institutspräsident stand er im Zentrum der informellen Beziehungen zwischen Deutschland einerseits und Lateinamerika sowie der Iberischen Halbinsel andererseits. Diese informelle Sphäre entzog sich dem Einfluss der offiziellen Außenpolitik und wurde folglich von der Historiographie lange Zeit über kaum berücksichtigt. Während die makropolitische Dimension der deutsch-lateinamerikanischen und deutsch-iberischen Beziehungen zwischen 1933 und 1945 mittlerweile als weitgehend erforscht gelten darf, harrt das viel größere Terrain der informellen "zwischengesellschaftlichen" Bezüge noch seiner Erschließung, obwohl zahlreiche Detailstudien vorliegen. Die Biographie Wilhelm Faupels ist von übergeordnetem Interesse, war dieser ehemalige Generalstabsoffizier doch bestrebt, sich zum Koordinator dieser informellen Beziehungen aufzuschwingen und sich damit für das NS-Regime unentbehrlich zu machen.[1]

---

[1] Ich danke an dieser Stelle jenen Archivaren, Wissenschaftlern und anderen Zeitgenossen, die mir bei der Vorbereitung zum vorliegenden Beitrag geholfen haben. Prof. Dr. Reinhard Liehr und Dr. Günter Vollmer haben mir bei meinen mehrjährigen Recherchen zum Thema zahlreiche Hinweise gegeben und Zwischenergebnisse diskutiert. Unterstützung erhielt ich des weiteren unter anderem von Prof. Dr. Martin Franzbach (Hamburg/Bremen), Prof. Dr. Hans-Jürgen Puhle (Frankfurt a.M.), Prof. Dr. Dietrich Briesemeister, Dr. Günther Maihold (Direktor des IAI), Frau Lange (Geheimes Staatsarchiv Berlin), Herrn Wenzel (Stadtarchiv Görlitz), Frau Büttner (Sachbearbeiterin beim Bundesbeauftragten für die Unterlagen des ehemaligen Staatssicherheitsdienstes der DDR), Dr. Holger Me-

Der folgende Beitrag gibt eine knappe Übersicht über Faupels Karriere und versucht diese in möglichst vielen Aspekten darzustellen. Dabei wird aus naheliegenden Gründen chronologisch verfahren. Eingangs werden die spezifischen Quellenprobleme erörtert, die sich bei einer Beschäftigung mit diesem politischen Offizier und dem von ihm geleiteten Institut ergeben. In den Kapiteln 2 und 3 wird seine Karriere als Offizier dargestellt, deren Trennlinie das Jahr 1918 bildete. In Kapitel 4 kommt seine Tätigkeit als Organisator zweier rechtsgerichteter Verbände zur Sprache. Der darauffolgende Abschnitt beschäftigt sich mit der Zeit, als Faupel die Präsidentschaft des IAI innehatte und thematisiert kurz seine Rolle als Hitlers Botschafter bei Franco im ersten Jahr des Spanischen Bürgerkriegs. Nach einem Exkurs über die Rolle argentinischer Offiziere als "Multiplikatoren" findet die Darstellung mit dem Jahr 1945 und dem spurlosen Verschwinden Faupels ihren Abschluss.

1. Die Quellenlage

Wer einen Teilbereich der nationalsozialistischen Politik behandelt, ist genötigt, nicht nur Rechenschaft über die herangezogenen Quellen abzulegen, sondern auch zu erörtern, welche willkürlich herbeigeführten oder kriegsbedingten Archivalienverluste nachweisbar sind und welche Konsequenzen sich daraus für den behandelten Gegenstand ergeben. In einzelnen Institutionen bestand vor Kriegsende Zeit genug für eine mehr oder weniger gezielte Aktenvernichtung. Der Überlieferungszustand solcher Aktenbestände bietet deshalb weit weniger das Abbild der historischen Realität als das Ergebnis einer Entscheidung, von welchen Vorgängen die Nachwelt Kenntnis erhalten sollte und von welchen nicht. Es wäre ein postumer Manipulationserfolg des

ding sowie Raban von Westrem. Dr. Silke Nagel und Dr. Dawid Bartelt danke ich für die kritische Durchsicht des Manuskripts. Die finanzielle Unterstützung, die mir die Studienstiftung des deutschen Volkes während des Studiums gewährte, erlaubte es mir, das Material für meine Magisterarbeit zusammenzustellen, die in überarbeiteter Form die Grundlage meiner Beiträge im vorliegenden Sammelband bildet. Schließlich bin ich dem Institut für Wirtschaftspolitik und Wirtschaftsgeschichte, FU Berlin, Fachbereich Wirtschaftswissenschaften, und insbesondere Herrn Prof. Dr. Volkmann für die idealen Arbeitsbedingungen zu Dank verpflichtet, die es mir in meiner Stellung als wissenschaftlicher Mitarbeiter des Hauses erlaubten, die abschließenden redaktionellen Arbeiten für die vorliegenden Beiträge vorzunehmen.

Regimes, wenn eine historische Arbeit sich allein auf das Material
stützte, das willentlich übriggelassen wurde. Was die Quellen zu den
deutsch-lateinamerikanischen Beziehungen in der Zeit des Nationalsozialismus angeht, so tritt dieses Problem häufig auf.[2] Es betrifft
sowohl die Person des Präsidenten des Ibero-Amerikanischen Instituts
als auch das IAI als Institution und die Mitarbeiter unterhalb der Präsidialebene.

Auch der frühere Werdegang Faupels in der Zeit vor 1933 ist nicht
leicht zu rekonstruieren. Die Kenntnisse über seine Person sind unvollständig und lückenhaft. Zwar war er politisch relativ stark exponiert, so dass die Annahme gerechtfertigt ist, dass er an verschiedenen
Stellen Spuren in deutschen Archiven hinterlassen haben musste. Hingegen sind wichtige Dokumente, die genaueren Aufschluss über ihn
geben könnten, im Laufe der Zeit verschwunden. Sie wurden mit Be-
dacht oder aus Unkenntnis zerstört, und vieles verschwand bei Kriegsende. So gilt vor allem sein persönlicher Nachlass als verschollen, der
1945 den Russen in die Hände gefallen sein soll. Noch 1950 soll dieses Privatarchiv in der DDR aufbewahrt worden sein. Alle Nachforschungen nach seinem Verbleib blieben ergebnislos.[3] Auch der Staats-

---

[2] Als allgemeine Hilfsmittel bei der Suche nach Archivalien zu den deutsch-lateinamerikanischen Beziehungen in der NS-Zeit wurden herangezogen: *Inventar
archivalischer Quellen des NS-Staates* (1991/1995), Hauschild-Thiessen/Bach-
mann (1972) sowie die *Übersicht über Quellen zur Geschichte Lateinamerikas
in Archiven der Deutschen Demokratischen Republik* (1971). Archive außerhalb
Deutschlands zu berücksichtigen, hätte den Rahmen dieses Projekts gesprengt.

[3] Nach Auskunft des langjährigen Bibliotheksdirektors des IAI, Dr. Hagen, führte
Faupel "eine rege Privatkorrespondenz nach Südamerika" von seiner Villa in Babelsberg aus, die er nicht im IAI, sondern zu Hause aufbewahrte (Brief H. Hagen
an K. Volland, 6.2.1973, IAI, NL Hagen). Die Aufbewahrung des Faupel-Nach-
lasses in der DDR wird erwähnt in Holzhausen (1950: 201). Nach Holzhausens
Darstellung gehörte er wahrscheinlich zu den in einem Archivdepot bei Dresden
gelagerten Archivalien aus der NS-Zeit (ibid.). Das Sächsische Hauptstaatsarchiv
Dresden konnte auf Anfrage keine Angaben über besagtes Archivlager machen
(Brief des Archivs an den Verfasser, 11.5.1994). Keines der größeren Archive im
Gebiet der ehemaligen DDR verzeichnet den Nachlass. Da der Fälscher Heinrich
Jürges im Jahr der Veröffentlichung des Artikels von Holzhausen (1950) gegen-
über dem späteren Direktor des IAI, Dr. Hagen, behauptete, "einen bedeutenden
Bestand derartiger Faupel'scher Akten in einem von den Russen angelegten Ak-
tenlager in Dresden zu sehen bekommen" zu haben, ist nicht auszuschließen, dass
die betreffende Information von ihm stammt und damit gänzlich fragwürdig wäre
(Brief H. Hagen an K. Volland, 6.2.1973, IAI, NL Hagen; zum Fälscher Jürges
vgl. die Ausführungen weiter unten). Auch in den vom Ministerium für Staats-

sicherheitsdienst der DDR wusste nach einjähriger Recherche zur
Geschichte des IAI nichts über den betreffenden Nachlass zu berichten.[4] So bleiben nicht viele Möglichkeiten offen, wo er vermutet werden könnte.[5]

Die Wehrmacht scheint 1944 bei einer allgemeinen Aussonderung
von Akten nicht mehr aktiver Offiziere die Personalakte Faupels vernichtet zu haben.[6] Verfügbar bleibt vor allem der ca. 850 Akteneinheiten umfassende Bestand des IAI im Geheimen Staatsarchiv (Berlin).[7] Dieser ist in mehrfacher Hinsicht problematisch. Als Offizier mit

---

sicherheit übernommenen Archivalien aus der NS-Zeit befand er sich nicht (Ergebnis meines Suchantrags vom Juni 2000). Möglicherweise unterlag Holzhausen einem Irrtum. Sollte der Nachlass sich in der Sowjetunion befinden, so ist er
zumindest für die Beuteaktenbestände des Zentralen Staatsarchivs in Moskau
nicht nachgewiesen (Aly/Heim 1992). Das Bundesarchiv Berlin hatte 2001 bei
meiner Anfrage keine neuen Erkenntnisse über den Verbleib des Faupel-Nach-
lasses (Schreiben des BA Berlin an den Verfasser, 8.6.2001).

[4]   Zu den Nachforschungen des Staatssicherheitsdienstes zur Geschichte des IAI
vgl. den Beitrag von O. Gliech, "Der Staatssicherheitsdienst ..." in diesem Band.
Die Suche nach dem Faupel-Nachlass gehörte nicht zum Maßnahmenplan der
beauftragten Hauptabteilung IX/11 des MfS.

[5]   1. Er könnte auf ostdeutschem Gebiet falsch archiviert worden sein. 2. Er könnte
sich in einem unzugänglichen russischen Geheimarchiv befinden. 3. Er könnte
den Kriegseinwirkungen zum Opfer gefallen sein. 4. Es könnten westliche Spe-
zialeinheiten *(T-Forces)* gegen Kriegsende in sowjetisches Besatzungsgebiet vor-
gedrungen sein und ihn gekapert haben.

[6]   Schreiben des Bundesarchivs/Militärarchiv Freiburg (im folgenden zitiert als BA
Freiburg) an den Verfasser vom 18.09.2000.

[7]   Der Bestand Geheimes Staatsarchiv (im Folgenden zitiert als GStA), HA I, Rep.
218 (Ibero-Amerikanisches Institut) besteht aus zwei bislang getrennten Teilbeständen. Der erste, 266 Akteneinheiten umfassende wurde 1945 von den Westalliierten beschlagnahmt. Er wurde zunächst im Berlin Document Center zwi-
schengelagert und 1946 vollständig verfilmt. In einem der Filme sind als Verfil-
mungsdaten genannt: "Office of the Military Government for Germany (US)
APO, 6889, Berlin Document Center, Order Form for Microfilming and Photo-
stating, from: G. E. Reynolds, to: Herbert C. Cummings, Assistant Chief, FC Department of State, Date of Order: 8. Feb. 1946" (DZA Potsdam, Film 59555, An-
fangsaufnahmen, o.Bl.). Wegen der Berlin-Blockade wurden diese Akten nach
Whaddon Hall, dann in die USA verbracht und schließlich 1958 an das Bundesarchiv Koblenz übergeben. Dieses transferierte sie später an das Geheime Staatsarchiv Preußischer Kulturbesitz, wo sie nunmehr aufbewahrt werden (Holzhausen 1950: 196, Kaiser-Lahme 1992: 406-408, sowie die Bestandsgeschichte im
Findbuch GStA, HA I, Rep. 218). Der zweite Teilbestand war im IAI selbst
verblieben und wurde 1976 an das GStA abgegeben. Die Eingliederung in den
Gesamtbestand erfolgt seit Mitte 2000. Aus diesem Grunde kann die genaue Zahl
der Akteneinheiten erst nach Abschluss dieser Eingliederung angegeben werden.

politischen Ambitionen und einer Neigung zu Geheimnistuerei und Intrige hatte Faupel allen Grund, über viele seiner Aktivitäten keine Aufzeichnungen zu hinterlassen. Wichtige Besucher empfing er in der Regel zu vertraulichen Gesprächen im Chefzimmer. Gesprächsnotizen sind nur selten überliefert, und auch über den Inhalt von Telefonaten gibt es nur in wenigen Fällen Vermerke. Genaueres erfährt man nur, wenn Faupels Gesprächspartner Aufzeichnungen hinterlassen haben. Während im Institutsarchiv selbst die banalste Korrespondenz akribisch abgelegt wurde (Danksagungen für Bücherschenkungen, ja selbst Rückforderungen ausgeliehener Bücher und Rechnungen aus den 30er Jahren sind dort heute noch zu finden), ist von zahlreichen thematischen Ausarbeitungen, Dossiers und Expertisen nur der Titel überliefert. Alles deutet darauf hin, dass der überwiegende Teil solcher politisch relevanten Schriften separat aufbewahrt wurde. Ihre Adressaten waren unter anderem das Auswärtige Amt, das Propagandaministerium, gelegentlich auch Gestapo, SS und SD, was sich aus parallel geführten Registraturen anderer Institutionen des "Dritten Reiches" ablesen lässt. Da diese Dossiers in den Institutsakten nicht mehr vorhanden sind, darf geschlussfolgert werden, dass sie einer gezielten Aktenvernichtung zum Opfer gefallen sind. Dieser Eindruck drängt sich um so mehr auf, als die Kriegsverluste durch Bombenein-

---

Trotz der Verlagerung des ehemaligen Deutschen Zentralarchivs Potsdam (DZA Potsdam) nach Berlin wird ein Teil der dort eingesehenen Bestände nicht mit "BA Berlin", sondern mit "DZA Potsdam" zitiert. Dies ist dem Umstand zuzuschreiben, dass wegen Ausgliederungen aus DZA-Beständen nicht mehr damit gerechnet werden kann, dass diese noch vom BA Berlin aufbewahrt werden. Dies gilt insbesondere für die umfangreichen vom DZA Potsdam gehaltenen Mikrofilmbestände, die nach Auskunft des damaligen DZA Potsdam an den Verfasser überwiegend aufgelöst werden sollen. Es wäre mit einem zu großen Aufwand verbunden gewesen, die in den Filmen dokumentierten Originalbestände nachträglich durchzuarbeiten, so dass zu dem an sich problematischen Verweis auf einen nicht mehr vorhandenen Archivstandort in bestimmten Fällen keine Alternative bestand. Da die Mikrofilme in der Regel eindeutig einem vorhandenen Archiv-Bestand zugeordnet werden können, bleibt der aktuelle Bestandsbezug der zitierten Quellen natürlich eruierbar. Nicht nur das DZA Potsdam existiert in seiner ursprünglichen Form nicht mehr. Einzelne Archive und Institutionen, die ich im Laufe der Zeit für meine Forschungsarbeiten über Faupel konsultiert habe, wurden nach der deutschen Wiedervereinigung reorganisiert, aufgelöst oder verlegt. Es war aus zeitlichen Gründen nicht möglich, vor der Endredaktion des vorliegenden Beitrags in jedem Einzelfall erneut zu überprüfen, wo die betreffenden Bestände sich gegenwärtig befinden.

wirkung und ähnliches im IAI gering und überschaubar blieben. Der Quellenkorpus des Präsidial- und Generalsekretärsbestands des Instituts ist also offensichtlich enthauptet. Zum Teil ist die Überlieferung von Dossiers Zufällen zu verdanken. So wurden, seit Papier mit dem Fortschreiten des Krieges zur Mangelware wurde, Entwürfe oder Durchschläge älterer Briefe auf der Rückseite erneut beschrieben und thematisch an unverdächtiger Stelle abgeheftet und somit bei einer gezielten Aussortierung brisanter Teilbestände vergessen. Aus den noch vorhandenen Akten des Instituts geht zwar hervor, welche Lateinamerikaner und welche Deutschen in der Zeit bis 1945 vom IAI betreut worden sind. Doch erweisen sich die Aufzeichnungen gerade bei den interessantesten Persönlichkeiten in der Regel als sehr "wortkarg". So lassen sich zwar personelle und institutionelle Beziehungen rekonstruieren, eine Aussage über die politische Relevanz dieser Kontakte war aber ohne weitere Archivrecherchen zumeist nicht möglich. Spezielle Namenskarteien des IAI und die Benutzerverzeichnisse sind verloren gegangen, deren Existenz in den Akten nachgewiesen ist. So bestand beispielsweise eine spezielle Kartei der in Deutschland betreuten spanischen Falangisten und der durchreisenden Angehörigen der "Blauen Division".[8] Auch die mühevolle Suche nach komplementären Aktenbeständen führt oftmals ins Leere. Institutionen, mit denen das IAI regelmäßig korrespondierte, haben eigene Archive hinterlassen. Doch auch hier ist ein kriegsbedingter massiver Aktenschwund sichtbar. Das Politische Archiv des Auswärtigen Amtes (Bonn) verfügt über einen Schriftverkehr mit dem IAI nur bis zum Jahr 1936; die jüngere Korrespondenz bis 1943 soll einem Bombenangriff zum Opfer gefallen sein.[9] Verschwunden sind die Betreuungsakten der Wehr-

---

[8]   Eine Einladungskartei ist erwähnt in: GStA, HA I, Rep. 218, Nr. 160, Bl. 5. Das Benutzerbuch ist erwähnt im "Bericht über die Entwicklung des Ibero-Amerikanischen Instituts in Berlin, 1.4.1931-31.3.1932" (GStA, HA I, Rep. 218, Nr. 211, Bl. 139-141). Zur Betreuungskartei für die in Deutschland ansässigen franquistischen Spanier: IAI: "Vom Institut seit Anfang 1943 für das Auswärtige Amt gelieferte Ausarbeitungen, Anlage 2: Besondere Ausarbeitungen, die für das Auswärtige Amt und das Reichsministerium für Volksaufklärung und Propaganda geliefert wurden, während des letzten Vierteljahres" (GStA, HA I, Rep. 76, Nr. 1359, Bl. 26), vgl. Anhang 6a am Ende dieses Beitrags.

[9]   Auskunft des Politischen Archivs des Auswärtigen Amts, Bonn (jetzt: Berlin, im folgenden zitiert als PAAA), September 1990. Die Frage, wieso keine Akte über die Beziehungen zwischen dem AA und dem IAI für die Zeit von 1943 bis 1945 vorliegt, blieb bei einer Rückfrage an das Archiv ungeklärt.

macht über die in Deutschland ansässigen lateinamerikanischen Offiziere, die in Faupels Kalkül eine exponierte Rolle spielten. Die Alexander-von-Humboldt-Stiftung, von der vor 1945 zahlreiche lateinamerikanische Wissenschaftler gefördert wurden, weist für die fragliche Zeit erhebliche Aktenverluste aus.[10] Das Reichs- und Preußische Kultusministerium, dem das IAI unmittelbar unterstellt war, hinterließ nur wenig brauchbares Material. Das ist dem Umstand zuzuschreiben, dass die Unterordnung des Instituts nur eine formelle war und mit dem Ministerium Schriftverkehr vor allem in Finanz- und Personalfragen, kaum aber in inhaltlich-konzeptionellen Belangen bestand.[11] Ab Ende 1943 stellte sich das IAI wie viele andere staatliche Einrichtungen auf Auslagerungen von wertvollem Institutseigentum und Akten ein, die vor den Auswirkungen der alliierten Bombenangriffe auf Berlin in Sicherheit gebracht werden sollten. Als Ziel dieser Transporte wurde das Gut Hohenlandin (Kreis Angermünde) ausgewählt, das der Tante des letzten Generalsekretärs des Instituts, von Merkatz, gehörte. Über das Schicksal dieser ausgelagerten Bestände, unter denen sich 13 Kisten mit wesentlichen Teilen des Nachlasses von Ernesto Quesada befanden, dessen Bibliotheksstiftung zur Gründung des IAI geführt hatte, wird im vorliegenden Sammelband an anderer Stelle berichtet.[12] Ein Aktenschwund im Institutsgebäude infolge der kurzen sowjetischen Besatzungsherrschaft im Westteil Berlins kann hingegen nach bisherigem Kenntnisstand als unbedeutend eingestuft werden.[13]

Im Januar 1969 beauftragte der Minister für Staatssicherheit der DDR (MfS), Erich Mielke, die Hauptabteilung IX seines Ministeriums damit, die Vergangenheit bundesdeutscher ibero-amerikanischer Vereinigungen zu untersuchen. Das Ibero-Amerikanische Institut rückte damit automatisch ins Fadenkreuz des MfS und stand bald im Zentrum der Recherchen. Alle verfügbaren Informationen über das Insti-

---

[10] Hinweis H. Impekoven (2000). Die Korrespondenz des IAI mit dem DAAD und der Kaiser-Wilhelm-Gesellschaft ist hingegen zum Teil erhalten: GStA, HA I, Rep. 218, Nr. 776, 777, 822.

[11] Vgl. unter anderem GStA, HA I, Rep. 76, Ministerium für Wissenschaft, Kunst und Volksbildung: Akten zum IAI.

[12] Vgl. meinen Beitrag "Der Staatssicherheitsdienst ..." in diesem Band. Lehmann/Kolassa (1996) enthält eine ausführliche Liste der von sowjetischen Trophäenkommissionen erbeuteten Bibliotheksbestände einschließlich der aufgesuchten Auslagerungsorte; das Gut Hohenlandin bzw. das IAI sind darin nicht enthalten.

[13] Vgl. Kapitel 7 dieses Beitrags.

tut und seine Mitarbeiter sollten zusammengetragen werden. Die
Sachbearbeiter des MfS sammelten Kopien aller in der DDR bekannten Archivalien, in denen das IAI erwähnt war.[14] Diese 22 Aktenordner umfassende Dokumentensammlung, von der ein Ordner Faupel
gewidmet ist, wurde ebenso für die vorliegenden Beiträge ausgewertet
wie die zum ehemaligen Generalsekretär von Merkatz angelegte
Dokumentation und die Observationsakte für den Fälscher Heinrich
Jürges, der, wie an anderer Stelle in diesem Sammelband ausgeführt
wird, einen beträchtlichen Teil der Faupel und das IAI betreffenden
Fälschungen in Umlauf gebracht hat. Es handelt sich bei den Unterlagen zu Faupel unter anderem um Fotokopien aus Beständen des
preußischen Finanzministeriums, des Auswärtigen Amtes, der Wehrmacht und der SS sowie um Abzüge von Mikrofilmen, die aus den
USA stammten. Bei den hier vorliegenden MfS-Dokumenten ist zwischen Beuteakten, die sich direkt im Besitz des MfS befanden, und
solchen, die öffentlich zugänglichen Archiven entstammten, zu unterscheiden. Manipulationen an diesen für den internen Gebrauch des
Staatssicherheitsdienstes zusammengestellten Kopien kann man aus-
schließen, deshalb wurde überwiegend darauf verzichtet, die Originale
in den Bezugsbeständen zu sichten.

Doch die Biographie des Generals ist nicht allein mit dem Ibero-
Amerikanischen Institut verbunden. Aussagekräftiges Quellenmaterial
fand sich unter anderem im Stadtarchiv Görlitz, im ehemaligen "Berlin Document Center" sowie in Teilbeständen des Bundesarchivs
(Berlin). Die "Dokumentationsstelle beim Innenministerium der
DDR" führte eine Namenskartei, in der ein beträchtlicher Teil der auf
ostdeutschem Gebiet aufbewahrten Archivalien aus der NS-Zeit vor
allem nach "Tätern" onomastisch verschlagwortet worden war und die
damit einen gezielten Zugriff auf weit verstreute Bestände erlaubte.[15]
Die Unterlagen der genannten Einrichtungen wurden soweit wie möglich herangezogen. Jede Analyse bleibt dennoch angesichts der be-

---

[14]   Vgl. meinen Beitrag "Der Staatssicherheitsdienst ..." in diesem Band. BStU, MfS
       FV 8/69: Objekt Ibero-Amerikanisches Institut und Mitarbeiter. Die Akte über
       den Generalsekretär des IAI, von Merkatz (BStU, MfS HA IX-11 PA 37), betrifft
       vor allem die Zeit nach 1945.
[15]   Zur "Dokumentationsstelle" vgl. meinen Artikel in: *Frankfurter Rundschau*,
       29.12.1990, S. 7.

schriebenen schwierigen Quellenlage eine Rechnung mit zahlreichen Unbekannten.

Über Faupels private Sicht der Dinge erfährt die Nachwelt insgesamt nur sehr wenig, ein Umstand, der es außerordentlich erschwert, seiner Person gerecht zu werden. Und jene, die mit ihm zu tun hatten, sahen nach dem Untergang des "Dritten Reiches" allen Grund, sich von ihm zu distanzieren. Er war ein Repräsentant der nationalsozialistischen Diktatur. Das NS-Regime hat zwischen 1933 und 1945 in seiner Herrschaftspraxis mit der tradierten Werteordnung des Abendlandes auf die denkbar radikalste Weise gebrochen. Mit dem Zusammenbruch des Regimes gab es für viele Deutsche dringenden Anlass, ihren individuellen Anteil an der nationalsozialistischen Politik herunterzuspielen und für sie zugängliche Dokumente aus dem Verkehr zu ziehen, die diesen Anteil aktenkundig gemacht hätten. Faupel, der viele Jahre im Zentrum der zwischenstaatlichen Beziehungen zwischen Deutschland, der Iberischen Halbinsel und Lateinamerika gestanden hatte, wurde zur Unperson: Vor 1945 war es opportun, ihn zu kennen – nach 1945 war es opportun, ihn nicht gekannt zu haben. Seine Tätigkeit berührte eine Weltgegend, die für die späteren Siegermächte USA und Großbritannien von vitalem Interesse war. Während Faupel selbst den Krieg wahrscheinlich nicht überlebt hat, versuchten frühere Mitarbeiter und Verbündete nach 1945 im Westen einen Neuanfang. Es war eine große Versuchung, die Verantwortung für das nationalsozialistische Treiben des IAI an seinen toten Präsidenten zu delegieren. Gelegenheiten für die Überlebenden des Instituts, die Präsidialakten des IAI zu säubern, bevor sie den Alliierten in die Hände fielen, gab es zur Genüge. Es gibt insgesamt also gute Gründe, Angaben zu misstrauen, die über Faupel in der Nachkriegszeit gemacht wurden. Zugleich wurde das Bild des Generals nach 1945 von den Mythen des "Vierten Reichs" überwuchert, in dessen Mittelpunkt Lateinamerika stand. In dieser Zeit kursierende Fälschungen und Gerüchte erhoben ihn in den Rang des Organisators einer umfassenden, namentlich in Argentinien aktiven Unterwanderungs- und Spionagepolitik. Die flüchtigen Nationalsozialisten verdankten nach dieser Version ihre Aufnahme in diesem südamerikanischen Land seiner Vorarbeit.[16]

Die "wahre Geschichte" des Wilhelm Faupel zu schreiben, ist mithin alles andere als einfach. Die Arbeit gleicht dem Versuch, ein Puzzle zusammenzufügen, dem die Hälfte aller Teile abhanden gekommen ist. Wer immer sich mit dieser Geschichte auseinandersetzen will, darf in vielen Bereichen keine abschließenden Antworten erwarten. Im Folgenden wird der Versuch einer Bestandsaufnahme unternommen. Dabei ist klar zu trennen, was empirisch gesichert ist, was spekulativ anhand von Indizien gefolgert werden kann und was der Mythographie zuzurechnen ist. Da Faupels Einbindung in Gesellschaften, Vereine und soziale Gruppen relativ gut dokumentiert ist, wurde einer prosopographischen Analyse seiner Beziehungssysteme breiter Raum gewährt.

2. Die Karriere eines Berufssoldaten (1873-1918)

Wilhelm Faupel wurde am 29. Oktober 1873 in Lindenbusch, Kreis Liegnitz (Niederschlesien), in einer Arztfamilie geboren. Er stammte also aus einem bildungsbürgerlichen Milieu.[17] Seine regionale Her-

---

[16] Der Begriff des "Vierten Reiches" wurde unter anderem im Zusammenhang mit der Beschreibung der NS-Fluchtgemeinde in Lateinamerika von Farago (1975) im Titel seines Buches verwendet. Faupel war bereits im Zweiten Weltkrieg Gegenstand US-amerikanischer Propaganda, die ihm die oben genannten Vorwürfe machte. So behauptete Allan Chase, Faupel habe Pläne zur Eroberung von ganz Lateinamerika ausgearbeitet, das IAI habe im Zentrum seiner Eroberungspläne gestanden (Chase 1943: 3-7). Dieses Buch ist ein gutes Beispiel für die Inbesitznahme der Historie durch die Mythographie, denn sein Inhalt ist nahezu vollständig erfunden. Die gefälschten Faupel-Dokumente im Zusammenhang mit dem Aufstieg Peróns wurden veröffentlicht von Santander (1955) und seitdem von einer großen Zahl anderer Autoren unkritisch übernommen, unter anderem von den DDR-Autoren Kannapin (1966: 92) und Mader (1971: 318, 404) sowie dem Skandalautor und Fabulierer Farago (1975: 190-193). Im vorliegenden Sammelband gehen der Beitrag von Günter Vollmer über Heinrich Jürges und der Beitrag des Verfassers über das IAI und den Staatssicherheitsdienst der DDR darauf ein. Vgl. auch die Anhänge 7b-c.

[17] BA Freiburg, Msg 109/6975: Kurzer Lebenslauf Faupels bis 1945, Ms. o.J. (nach 1945), ohne Angabe der Herkunft, wahrscheinlich armeeinterne Aufzeichnung. In vorgenannter Quelle sind als Eltern genannt: Dr. med. Heinrich Faupel und Emma Faupel (geb. Matthaei). Daneben allgemein zu den folgenden Schlüsseldaten in der Karriere Faupels vor 1933: Selbstangefertigter Lebenslauf Faupels, o.O., o.D. (1938) (GStA, HA I, Rep. 218, Nr. 214, Bl. 298), ohne Unterschrift (anlässlich der geplanten Verleihung des "Treudienst-Ehrenzeichens"). Die im

kunft sollte sich später noch als wichtig erweisen: Viele Exponenten der Netzwerke, denen er nach 1918 angehören sollte, wiesen enge biographische Bezüge zu Schlesien auf, worauf an anderer Stelle noch hingewiesen wird. Faupel machte die typische Karriere eines Berufssoldaten, der sich bereits in jungen Jahren der Armee auf Dauer verschrieb. Im März 1892, also 18-jährig, wurde er als Fahnenjunker in die Reiterabteilung des Feldartillerie-Regiments von Podbielski in Sagan aufgenommen.[18] Bereits im Jahr darauf wurde er zum Leutnant befördert.

Faupels Militärkarriere weist seit der Jahrhundertwende eine Reihe markanter Eigenheiten auf. Zunächst fand sie bis zum Ausbruch des Ersten Weltkriegs und in der Zeit der Weimarer Republik überwiegend außerhalb der Grenzen des Deutschen Reiches statt. Er gehörte zu jenen preußischen Offizieren, denen die heimischen Gefilde zu eng geworden waren und die sich folglich um die Teilnahme an Auslandseinsätzen deutscher Armee-Einheiten bemühten. Man darf vermuten, dass viele dieser Berufssoldaten ähnliche Motive hatten: Neben dem Wunsch, der Monotonie des Kasernendaseins zu entfliehen, stand das Bedürfnis, den eigenen Horizont zu erweitern; die Teilnahme an kolonialen Feldzügen gab ihnen das Gefühl, die Größe des Kaiserreichs zu mehren, und hob ihr Handeln aus eigener Sicht in den Rang einer nationalen Mission. Jene, die im Ausland als Militärberater wirkten, erzielten Status- und Distinktionsgewinne, die ihnen in Deutschland vorenthalten geblieben wären: Hätten sie daheim als Offiziere mittlerer Grade unter vielen gedient, so war ihre Stellung im Aufnahmeland singulär. Hier fanden sie Beachtung, konnten sich als Vermittler preußisch-deutscher Militärnormen, als treibende Kräfte einer nationalen Mission interpretieren, zudem waren sie begehrte Lobbyisten der Rüstungsindustrie. In Deutschland hingegen drohte

---

"Archiv für publizistische Arbeit (Intern. Biogr. Archiv)", Ausg. 3.2.1944, Nr. 7298, gemachte Angabe, er sei in Breslau geboren, ist offenkundig falsch. Lindenbusch ist in allen anderen relevanten Quellen genannt (BStU, MfS FV 8/69, Ordn. 4, Bl. 13; BA Berlin, ehem. BDC, NSDAP-Mitgliedskarte Wilhelm Faupel).

[18] Borcke (1938: 310; Abschnitt "General Wilhelm Faupel, Organisator in Argentinien und Peru"), sowie selbstangefertigter Lebenslauf Faupels: "15.3.1892: Fahnenjunker" (GStA, HA I, Rep. 218, Nr. 214, Bl. 298). Über die persönlichen Motive oder die seiner Eltern, ihn eine Militärkarriere einschlagen zu lassen, sagen die vorhandenen Quellen nichts aus.

ihnen die Anonymität in dem zahlenmäßig stark expandierenden Offizierskorps der Massenheere. Professionalisierung, "Vermassung" und
Bürokratisierung der Berufsarmee waren im Industriezeitalter irreversible Prozesse: Der Einzelne wurde durch die Übermacht von Technik
und Verwaltungsapparat gänzlich in den Hintergrund gedrängt. In der
vormodernen Normwelt des deutschen Offizierskorps (und sicherlich
auch in den Armeen anderer Länder) nahmen "Helden" als Sinnkonstrukt noch einen prominenten Platz ein. Die "Vermassung" des Heeres und die lange Dauer der Friedensperiode seit 1871 machte es dem
einzelnen Offizier unmöglich, seinen Lebensweg entlang der vorgegebenen archaischen Parameter des Heroismus zu konstruieren. Vielen
genügte es nicht, die Distinktionsgewinne auszukosten, die ihnen das
Tragen einer Offiziersuniform in der deutschen Öffentlichkeit bot,
denn sie waren ihnen kampflos zugefallen. Der Gang ins Ausland
schien hier den Ausweg zu bieten: Der Kampf gegen "rassisch fremde" Kräfte, die "die Interessen des Reiches" bedrohten, die Teilnahme
an kleinen Kommando-Aktionen in feindlichem Umland, das Wirken
als Instrukteur in exotischen Gefilden erlaubten den Offizieren eine
Selbstinszenierung, in der sie als Individuum noch wahrnehmbar waren. Es war zunächst eine Flucht vor dem faktischen Bedeutungsverlust, den Anonymität und "Vermassung" in der Armee ihnen be-
scherten. Die Gelegenheit, diese – ursprünglich sehr private – Indivi-
duation sinnstiftend umzudeuten, wurde zumeist erst nach dem Ersten
Weltkrieg wahrgenommen. Viele der Außenseiter im Offizierskorps,
die einen Großteil ihrer Karriere im Ausland machten, nutzten diese
Chance der Selbsterhöhung, als die Nation nach ihrer Niederlage im
Weltkrieg nach Heroen verlangte. Einer der deutschen Offiziere, die
Deutschland zeitweilig verließen, beschrieb für die Zeit nach 1918
seine Motivation, sich einer Auslandsmission in Lateinamerika anzuschließen, mit folgenden Worten:

> In der Welt weitet sich der Blick. Man ist gezwungen, fremde Sitten zu
> beachten, in einer anderen Sprache sich zu verständigen und sich durch
> eigene Kraft durchzusetzen. Mit besonderem Stolz hat mich erfüllt, dass
> dort in Südamerika der rechte Deutsche etwas gilt ... Die Welt erkennt
> eben nur den Stolzen und Starken an und verachtet den Feigen und
> Schwachen.

Der zitierte Autor war kein Geringerer als Ernst Röhm, der spätere Stabschef der SA, der Ende der 20er Jahre Militärinstrukteur in Bolivien war (Röhm 1933: 359f.).

Faupels Militärkarriere und die Nutzung des dabei gewonnenen Sozialkapitals fügt sich im Wesentlichen in das oben skizzierte Muster ein. Er war polyglott, vielseitig interessiert und eignete sich offenbar mühelos höhere Bildung an, ohne sich jedoch jemals vom Übergewicht militärischer Denkschemata zu lösen. Tatendurstig, wie er war, mochte er nicht warten, bis der Krieg nach Deutschland kam. Faupel scheint die "Bewährung im Kampf" regelrecht gesucht zu haben. Es handelte es sich bei seinen frühen Auslandseinsätzen nicht um konventionelle Kriege, sondern um die Zerschlagung von Revolten im imperialen Interesse. Faupel hatte eine Ausbildung als Russisch-Dolmetscher erhalten und nahm in dieser Eigenschaft im Jahre 1900 an seinem ersten Auslandseinsatz in China teil: Als Offizier der Ostasiatischen Sanitätskompanie gehörte es bei der Bekämpfung des Boxeraufstands zu seinen Aufgaben, die Verbindung zu den russischen Interventionstruppen zu halten. Bereits zu diesem Zeitpunkt war Albrecht Reinecke sein Kompagnon; ihre Wege kreuzten sich immer wieder: 1911 war er Faupels Vorgänger auf der Kriegsakademie in Buenos Aires, 1936-1938 fungierte er kurzzeitig als Präsident des Ibero-Amerikanischen Instituts. 1901, nach Ende der Militärintervention in China, wurde Faupel, inzwischen Oberleutnant, beauftragt, zusammen mit zwei weiteren Offizieren und fünf Soldaten eine Erkundungsreise durch Asien vorzunehmen. Im Herbst des Jahres begann er einen zweimonatigen Ritt durch die Mongolei und Sibirien bis zum Baikalsee.[19]

Nach Deutschland zurückgekehrt, wurde er an der Kriegsakademie aufgenommen. Es folgten Studien am Orientalischen Seminar der Berliner Universität und am Geodätischen Institut in Potsdam, wo er eine weitere Forschungsreise in die Mongolei und nach Tibet vorbereitete. Der russisch-japanische Krieg machte diese Planung zunichte, weil die russische Seite die Durchreise der Militärexpedition nicht erlaubte.[20] Faupel meldete sich 1904 stattdessen als Freiwilliger nach

---

[19] Zu Faupels China-Aufenthalt Borcke (1938: 310) und Möller (1935: 303; biographischer Artikel zu Faupel).

[20] Biographische Notiz zu Faupel, BA Berlin, I.G. Farben A 920 (zitiert nach BStU, MfS FV 8/69, Ordn. 4, Bl. 60); Borcke (1938: 311).

Südwestafrika, wo sich die Hereros und Nama ("Hottentotten") gegen die deutsche Kolonialmacht erhoben hatten. Mit erbarmungsloser Härte geführt, wurde dieser Krieg gegen die rebellierenden Afrikaner zum ersten von Deutschen initiierten Völkermord des 20. Jahrhunderts. In Deutschland wurde zu diesem Zeitpunkt ausführlich über die Grausamkeit der Kämpfe berichtet. Wer sich freiwillig für einen solchen Einsatz meldete, wusste in der Regel, worauf er sich einließ. Mitte September 1904 trat Wilhelm Faupel seinen Dienst bei der deutschen "Schutztruppe" in Südwestafrika an. Zu diesem Zeitpunkt ging der Kampf gegen die Hereros seinem Ende entgegen. Die Überlebenden dieses Volkes wurden in die Wüste im Osten der Kolonie abgedrängt, das "Sandfeld". Es war der deutschen Kolonialarmee klar, dass sie dort verdursten würden.[21]

Der offizielle deutsche Bericht der Kriegsgeschichtlichen Abteilung des Großen Generalstabs (1906/07) beschrieb den Höhepunkt des Genozids mit erstaunlicher Offenheit:

Daß den Hereros ihr Rückzug durch die Omaheke in der Tat zum Verhängnis geworden war, hatten die deutschen Aufklärungsabteilungen inzwischen bereits festgestellt. Über das erschütternde Schicksal, das die Masse des Volkes hier gefunden hatte, enthalten die Berichte der deutschen Patrouilleoffiziere geradezu schaurige Einzelheiten.

So berichtet der Oberleutnant Graf Schweinitz: "Von Ondowu ab bezeichnete ein im Omuramba ausgetretener Fußpfad, neben welcher Menschenschädel und Gerippe und Tausende gefallenen Viehes, besonders Großvieh, lagen, den Weg, den anscheinend die nach Nordosten entwichenen Hereros genommen haben.

Besonders in den dichten Gebüschen am Wege, wo die verdurstenden Tiere wohl Schutz vor den versengenden Strahlen der Sonne gesucht hatten, lagen die Kadaver zu Hunderten dicht neben und übereinander. An vielen Stellen war in 15 bis 20 m tiefen, aufgewühlten Löchern vergeblich nach Wasser gegraben [worden] [...]. Alles läßt darauf schließen, daß der Rückzug ein Zug des Todes war. [...]"

"Die mit eiserner Strenge monatelang durchgeführte Absperrung des Sandfeldes", heißt es in dem Berichte eines anderen Mitkämpfers, "vollendete das Werk der Vernichtung. Die Kriegsberichte des Generals von Trotha aus jener Zeit enthielten keine Aufsehen erregenden Meldungen. Das Drama spielte sich auf der dunklen Bühne des Sandfeldes ab. Aber als die Regenzeit kam, als sich die Bühne allmählich erhellte und unsere

---

[21] Vgl. allgemein zur Geschichte Deutsch-Südwestafrikas und der Feldzüge gegen die Aufständischen: Bley (1968), dessen Arbeit weiterhin als Standardwerk gelten kann. Zu den Offizieren der deutschen "Schutztruppe" vgl. Petter (1980).

Patrouillen bis zur Grenze des Betschuanalandes vorstießen, da enthüllte
sich ihrem Auge das grauenhafte Bild verdursteter Heereszüge.
Das Röcheln der Sterbenden und das Wutgeschrei des Wahnsinns [...],
sie verhallten in der erhabenen Stille der Unendlichkeit!"
Das Strafgericht hatte sein Ende gefunden.

(Kriegsgeschichtliche Abteilung 1906, I: 218f.)

Der größte Teil der hier erwähnten Vernichtungsaktionen fand vor
dem Eintreffen Faupels in Südwestafrika statt, doch zog sich das
"überwachte Sterben" der in die Wüste Abgedrängten über Monate
hin. Faupel hat aus seiner Teilnahme an der Aufstandsbekämpfung nie
einen Hehl gemacht, er sprach später von "zahlreichen Patrouillen-
ritten".[22] Diese hatten in der Regel den Zweck, eine Rückkehr kleiner
Gruppen von Hereros aus dem "Sandfeld" zu den weiter westlich
gelegenen Wasserstellen zu verhindern. Die Patrouillen hatten die
Anweisung, auf alle Hereros zu schießen, unabhängig davon, ob sie
bewaffnet waren. Die Überlebenden schließlich sollten durch die
"Schutztruppe" auf Weisung des zuständigen Unterstaatssekretärs des
Reichskolonialamtes, Lindequist, in den Norden des Landes deportiert
werden, "damit sie künftig leichter im Zaum gehalten werden könnten" (Estorff 1968: 134). Faupels Vorgesetzter Ludwig von Estorff
zeichnete von den Umständen dieser Deportation ein schonungsloses
Bild:

Zu diesem Zwecke [der Vorbereitung der Deportation] wurden die Herero, die sich ergeben hatten, zunächst in Konzentrationslagern in Windhuk
festgehalten. Diese Maßregel ist um so unverständlicher, als Lindequist
in Südafrika ihre schreckliche Wirkung auf die Burenfamilien kennengelernt hatte. Sie trat auch hier ein. Die an das freie Leben gewöhnten
Herero ertrugen das Zusammendrängen in den engen Zeltlagern nicht,
obwohl alles für Sauberkeit und gute Verpflegung getan ward. Krankhei-
ten aller Art brachen aus und wirkten verheerend, namentlich der Skor-
but, sie spotteten aller ärztlichen Kunst, trotz der hingebenden Fürsorge
der Ärzte. Durch den Krieg, die Verfolgung in das Sandfeld und durch
diese letzte Unvernunft ist das Volk der Herero fast vernichtet worden.
Es war ein stolzes, begabtes und vielversprechendes Volk. Unsere Pflicht
war es, dieses Volk zu erziehen und nicht zu vernichten. Dies letztere

---

22   Borcke (1938: 311). Die Angaben bei Borcke stammten fraglos von Faupel
     selbst.

war schlecht und töricht. Später mangelte es an Arbeitskräften im Lande, und der Verlust der Kolonie im Weltkrieg war die Strafe.[23]

Bald nach der weitgehenden Ausrottung der Hereros sah sich die deutsche Militärmacht mit einem Aufstand der Nama ("Hottentotten") konfrontiert. Dieser artete ebenso wie jener der Hereros zu einem Guerillakrieg aus, der mit erbitterter Härte geführt wurde. Diese Kolonialkriege hatten langfristig auch für Europa Konsequenzen. Die Vorstellungen der Rassenideologen, die seit der Reichsgründung zunehmende Unterstützung in der deutschen Öffentlichkeit fanden, wurden hier erstmals mit großer Entschiedenheit in die Praxis umgesetzt: Die Machtübernahme europäischer "Herrenvölker", die Verdrängung oder im Extremfall auch die Vernichtung der "rassisch Minderwertigen" wurden in der Kolonialpolitik umgesetzt. Konzentrationslager, Deportationen und Genozide waren Teil der kolonialen Herrschaftspraktiken, die später von den Faschismen nach Europa getragen wurden. Die Kolonien waren das Experimentierfeld eines an "rassischen Hierarchien" orientierten Nationalismus. Da dieses "soziale Experiment" außerhalb Europas stattfand und keine "Weißen" traf, blieben Wahrnehmung und Widerspruch im "Mutterland" gering. Zwar war die Haltung der beteiligten Offiziere oftmals ambivalent, wie an dem oben aufgeführten Bericht Estorffs erkennbar wird. Einzelne von ihnen übten vehemente Kritik an der "überzogenen Härte" der Maßnahmen, weil diese die Regierbarkeit der Kolonien verminderte und das Arbeitskräftepotential verringerte. Aus Gehorsam beteiligten sich die Betreffenden dennoch an der Umsetzung der kritisierten Befehle. Die "kumulative Radikalisierung" der Kriegspraktiken hat bei den Berufssoldaten der "Schutztruppe" ohne Zweifel tiefe mentale Spuren hinterlassen. Die Gewöhnung an extreme Gewalt und die zunehmende Gleichgültigkeit gegenüber dem Leid der Opfer waren bei ihnen schon eingetreten, bevor die Massenvernichtungspraktiken des Ersten Weltkriegs dieser Mentalität zu einem breiten Durchbruch verhalfen. Da-

---

[23] Estorff (1968: 134). Die Bedeutung der Kolonialkriege für die Einführung der Institution des Konzentrationslagers ist bei Kaminski (1982) thematisiert. Die Existenz solcher Lager war in Deutschland einer breiten Öffentlichkeit im Zusammenhang mit der "Burenagitation" bekannt geworden. Gegen den Einsatz von KZ gegen aufständische Buren durch die Briten gab es im Deutschen Reich breite Proteste. Jedem deutschen Zeitungsleser war infolgedessen der Begriff des KZ und die dort herrschenden Zustände lange vor dem Ersten Weltkrieg geläufig (vgl. allgemein dazu Kröll 1973).

rüber hinaus trug der mangelnde öffentliche Widerspruch gegen in den Kolonien angewandte Herrschaftstechniken zu ihrer späteren Verbreitung in Europa selbst bei. Der geringe Protest gegen die Einrichtung kolonialer Konzentrationslager vor 1914 hatte eine Immunisierung der Öffentlichkeit verhindert und zweifellos den Rechtsradikalen Vorschub geleistet, die nach 1918 die Einrichtung von solchen Lagern zur Bekämpfung politischer Gegner auch in Deutschland propagierten. Hitler konnte bereits in den frühen 20er Jahren öffentlich ihren reichsweiten Einsatz gegen Juden und Linke verlangen, ohne im rechten Spektrum auf Widerspruch zu stoßen. So erklärte er am 8.12. 1921 vor dem "Nationalen Klub von 1919", einer rechten Elitegesellschaft, zu der Faupel später gehören sollte, die "Marxisten- und Judenfrage" mithilfe von Konzentrationslagern "lösen" zu wollen.[24] Die weitgehende Indifferenz der deutschen Öffentlichkeit gegenüber der Anwendung quasi-totalitärer Herrschaftspraktiken in den Kolonien hat ihre Übernahme durch totalitär gesinnte politische Bewegungen in Deutschland ohne Zweifel erheblich erleichtert. Die koloniale "Entgrenzung der Gewalt" hat somit ihren Platz in der Vorgeschichte der Faschismen. Die Frage, in wieweit Kolonialoffiziere und -beamte als "Multiplikatoren" dieser totalitären Herrschaftspraktiken dienten, ist bislang ungeklärt. Der "koloniale Vorlauf" des deutschen Rechtsradikalismus wird von der Historiographie zumeist ignoriert, sieht man von wenigen Arbeiten über in Deutschland agierende, der Kolonialpropaganda gewidmete Verbände ab.[25]

Wilhelm Faupel blieb bis 1907 in "Deutsch-Südwestafrika", also etwas mehr als zwei Jahre, zuletzt als Hauptmann im Generalstab. Neben der Teilnahme an den Vernichtungsfeldzügen gegen die Aufständischen arbeitete er dort als Vermessungsoffizier und experimentierte dabei mit der damals neuen Photogrammmetrie.[26] Zu seiner Zeit in Südwestafrika liegen von Seiten Faupels nur wenige Äußerungen vor. Allem Anschein nach verstand er sich selbst primär als militäri-

---

[24]   Auf den Klub wird an anderer Stelle noch eingegangen. Zu Hitlers Auftritt vor dieser Vereinigung Engelbrechten/Volz (1937: 53f.).

[25]   Die Studie von Bley (1968) zeigt den Prozess der "Entgrenzung der Gewalt" systematisch auf. Der Übernahme totalitärer Praktiken der Kolonialpolitik durch rechtsradikale Bewegungen nachzugehen, bleibt ein Desiderat der Forschung.

[26]   Borcke (1938: 311) und Möller (1935: 311). Eigene Angabe im Lebenslauf: 1906: Hauptmann im Generalstab der Schutztruppe DSW (selbst angefertigter Lebenslauf Faupels, GStA, HA I, Rep. 218, Nr. 214, Bl. 298).

scher *professional*. Sein Handeln hat er nach heutigem Überliefe-
rungsstand weder zu diesem Zeitpunkt noch später rassenideologisch
zu begründen versucht. Nach Beendigung seines Dienstes in Südwestafrika trat Faupel eine lange Reise über Südafrika, Rhodesien, Portu-
giesisch- und Deutsch-Ostafrika an und kehrte nach Durchquerung des
kleinasiatischen Teils des Osmanischen Reichs noch im gleichen Jahr
nach Deutschland zurück. Dort wurde er als Generalstabsoffizier zum
IV. Armeekorps in Magdeburg versetzt, wo Hindenburg das Kom-
mando führte. 1909 heiratete Faupel die aus seiner neuen Garnisonsstadt stammende, 17 Jahre jüngere Edith Fleischauer. In den Quellen
bleibt sie, die ihm später nach Südamerika folgte und in Peru promovierte, bis zum gemeinsamen Einzug des Ehepaars Faupel in das Ibero-Amerikanische Institut weitgehend unsichtbar. Danach war sie als
Ko-Organisatorin des Instituts aus seinem Umfeld nicht mehr wegzudenken.[27]

   1910 erhielt Faupel, mittlerweile Batteriechef in Allenstein,[28] das
Angebot, sich einer Gruppe deutscher Offiziere anzuschließen, die als
Militärberater nach Argentinien berufen worden waren.[29] Deutsche
Instrukteure und Söldner hatte es in lateinamerikanischen Armeen
bereits in der Zeit der Unabhängigkeitskriege gegeben, doch blieb ihre
Zahl begrenzt. Der große Eindruck, den die Feldzüge Napoleons in
Übersee hinterlassen hatten, führte dazu, dass sich lateinamerikani-
sche Armeen über lange Zeit hinweg an französischen Vorbildern
orientierten. Der Deutsch-Französische Krieg von 1870/71 hatte den
Napoleonischen "Mythos" erheblich geschwächt und bei der Fremdorientierung lateinamerikanischer Armeen einen Paradigmenwechsel
eingeleitet, der bis in die 1930er Jahre wirksam blieb. Französische
Militärberater wurden zwar nicht völlig aus Lateinamerika verdrängt
(namentlich in Peru und Brasilien hatten sie weiterhin einen guten
Stand), doch setzte ein personeller Austauschprozess ein, von dem
vorrangig das Deutsche Reich profitierte.[30]

---

[27]   Borcke (1938: 311). Biographische Angaben zu Edith Faupel findet man im
       betreffenden Eintrag in den "Bio-bibliographischen Grunddaten" zu den Mitar-
       beitern des IAI in diesem Sammelband.
[28]   Batteriechef beim Feldartillerie-Regiment 73: Möller (1935: 304).
[29]   Borcke (1938: 311). Schäfer (1974: 92) bietet die Grunddaten zu Faupels Argen-
       tinien-Aufenthalt. Allgemein zur Aktivität deutscher Militärberater in Argenti-
       nien vor 1914 vgl. Schäfer (1974: 287, 305) sowie Schiff (1972).
[30]   Zum Gesamtkomplex vgl. Nunn (1975; 1983) und Brunn (1969).

Argentinien und Chile befanden sich seit der Jahrhundertwende angesichts schwelender Grenzstreitigkeiten in einem Wettrüsten, von dem vor allem deutsche und französische Rüstungsunternehmen profitierten. Das europäische Land, dem es gelang, seine Militärinstrukteure in einem südamerikanischen Staat zu platzieren, gewann diesen in der Regel auch als Kunden für seine Waffenlieferungen.[31]

Faupel arbeitete in den Jahren 1911-13 als Lehrer für Taktik und Generalstabsdienst an der Kriegsakademie in Buenos Aires.[32] Spätestens zu diesem Zeitpunkt zeichnet sich die Entstehung einer Reihe von – zum Teil internationalen – Netzwerken ab, in die Faupel eingebunden war und die er später als Präsident des IAI nutzen konnte. Zu den Instrukteuren, die Faupel ablöste, gehörte wiederum Albrecht Reinecke, der ihn später – wie bereits erwähnt – zeitweilig als Leiter des IAI vertrat. Einige argentinische Offiziere ließen sich vor 1914 in Deutschland ausbilden. Sie bildeten den Grundstock der "Germanophilen" in der argentinischen Armee, die ein eigenes politisches Gewicht gewannen.[33]

Aus der Rückschau hat Faupel aus Versatzstücken dieser ersten Auslandserfahrungen den Sockel seiner Legende gebaut. Seit dem Beginn der 30er Jahre wurde er von einer Reihe nationalistischer Militärschriftsteller aufgesucht, die Angaben zu seiner Biographie sammeln wollten. Ein Teil der von ihnen übermittelten Episoden stammt augenscheinlich aus Gesprächen oder dem Schriftverkehr mit dem Generalmajor a.D., da andere Zeugen kaum aufgetrieben werden konnten. Aus diesen Episoden wird erkennbar, wie Faupel sich nach außen dargestellt sehen wollte. Die beschriebenen Ereignisse sind Variationen eines Themas, dessen Topologie um das zeitgenössische Sinnkonstrukt des deutschen "Helden" oszilliert: Einsamkeit, Kraft, Entschlossenheit, mitreißende Führerqualitäten, die Bereitschaft, über die "Masse" hinauszuwachsen, um ihr ein Vorbild zu geben. So ist 1940 in Kurt Heros von Borckes Faupel-Vita über seinen ersten Argentinien-Aufenthalt zu lesen:

---

[31] Vgl. hierzu allgemein die ausführliche Studie von Schäfer (1974) sowie Kapitel 6 des vorliegenden Beitrags.

[32] *Deutsche Shanghai Zeitung*, 16.8.1934, S. 3. Im selbstangefertigten Lebenslauf Faupels (GStA, HA I, Rep. 218, Nr. 214, Bl. 298) ist sein erster Einsatz als Militärberater in Argentinien ausgelassen.

[33] Vgl. Kapitel 6 über die "germanophilen" argentinischen Offiziere.

Auf ausgedehnten Generalstabsreisen, die ihn ganz Argentinien kennen lernen ließen, verwuchs er mit seiner Aufgabe und erwarb sich bald den Ruf, ein geistig wie körperlich unermüdlicher Führer zu sein. Als auf einer solchen Generalstabsreise die Offiziere der argentinischen Kriegsakademie nach langem Ritt an einen Fluß kamen, der auf den mangelhaften Karten in seiner taktischen Bedeutung durchaus nicht zu beurteilen war, setzte Faupel sich, während alle übrigen ihre Mittagspause machten, bei der größten Hitze, nur mit einem Tropenhelm bekleidet (sic!!), auf sein ungesatteltes Pferd und erkundete, teils schwimmend, kilometerweise Breite, Tiefe und Strömung des Flusses, so dass er nunmehr ein klares Bild für die von ihm zu stellenden taktischen Aufgaben hatte. Ein solcher Führer mußte Vertrauen erwecken! (Borcke 1938: 311).

Erneut nach Deutschland zurückgekehrt, wurde Faupel wieder in die Ränge der deutschen Armee aufgenommen. Nach Ausbruch des Ersten Weltkrieges marschierte er mit der Großherzoglich-Hessischen Division in Belgien und Frankreich ein. Schließlich stieg er zum Offizier im Großen Generalstab auf.[34] Über seine Tätigkeit während des Krieges sind nur dürre Rahmendaten bekannt (Anhang 1). Das letzte Kriegsjahr verdient eingehendere Betrachtung, war es doch gleich in mehrfacher Hinsicht folgenreich für Faupel. Der Krieg drohte verloren zu gehen. Ein letzter breiter Vorstoß an der Westfront, die Ludendorff-Offensive, sollte das Blatt noch einmal zugunsten des Deutschen Reiches wenden und den heiß ersehnten Durchbruch an der im Grabenkrieg festgefahrenen Front bringen, die von Flandern bis zur Schweizer Grenze reichte. Der ursprünglich als Ablenkungsangriff geplante Vorstoß am *Chemin des Dames* an der Aisne 120 km nordöstlich der französischen Hauptstadt führte Ende Mai 1918 unerwartet dazu, dass die französischen Stellungen nach massivem Beschuss mit Giftgasgranaten überrannt wurden.[35] Erstmals seit 1914 erreichte die deutsche Armee wieder die Marne. Der Weg nach Paris schien frei zu liegen. Die französische Öffentlichkeit geriet in Panik, selbst eine

---

[34] Zu Faupels Teilnahme an den Kämpfen des Ersten Weltkriegs Möller (1935: 304f.). Zu seiner Stellung im Großen Generalstab: Deutscher Offiziersbund (1926: 12). Dort ist Faupel als Mitarbeiter des Großen Generalstabs in Berlin mit folgenden Funktionen aufgeführt: "Chef d. GSt d. A Abt. C., Oberst a.D." Eigene Angabe Faupels im Lebenslauf: 1918: "Oberstltn. und Generalstabschef" (GStA, HA I, Rep. 218, Nr. 214, Bl. 298).

[35] Zur Episode der Eroberung des "Chemin des Dames": Cartier (1986: 624-636). Den massiven Einsatz von Giftgas erwähnt Foch (1931: 87): "A l'heure dite, l'artillerie allemande entamait sur le front Reims-Coucy-le-Château, et sur une profondeur de dix à douze kilomètres, un bombardement d'une extrême violence, avec emploi massif d'obus toxiques."

Evakuierung von Regierung und Parlament aus der Hauptstadt wurde in Erwägung gezogen. Die deutschen Angreifer vermochten ihren Vorteil jedoch wegen Nachschubschwierigkeiten und einer zunehmenden Kriegsmüdigkeit der Soldaten nicht zu nutzen. Nach einem mehrwöchigen Patt warf eine alliierte Gegenoffensive die Deutschen schließlich zurück, und der Krieg war endgültig verloren. Faupel hatte als Generalstabschef des VIII. Reserve Korps die Eroberung des *Chemin des Dames* maßgeblich mitorganisiert. Der spektakuläre Vorstoß brachte Tausenden von Soldaten den Tod. Den deutschen Nationalisten verschaffte er ein konstitutives Element für ihren Glauben, dass ein deutscher Sieg zum Greifen nahe gewesen sei, und Faupel bescherte er einen Distinktionsgewinn sonder gleichen: Er erhielt als Dank für seinen Anteil an der organisatorischen Vorbereitung eine seltene, prestigeträchtige Auszeichnung, die für ihn von großer Bedeutung sein sollte, als es nach 1918 darum ging, seine weitere Karriere und die Legende um seine Person zu schmieden. Es handelte sich um den Orden "Pour-le-Mérite", der später noch einmal mit Eichenlaub aufgewertet wurde. Diese Auszeichnung ist keine Nebensächlichkeit. Von den Millionen deutscher Kriegsteilnehmer wurden nur knapp 680 damit ausgezeichnet, mit dem zusätzlichen Eichenlaub sogar nur wenig über Hundert.[36]

Von Schopenhauer (1851) stammt ein Ausspruch über den "Pour-le-Mérite", der in gewisser Hinsicht Bourdieus Begriff des nichtmonetären Kapitals vorwegnahm und beschrieb, welch hervorgehobene Stellung ein Träger dieses Ordens in der deutschen Öffentlichkeit einnahm:

> Orden sind Wechselbriefe, gezogen auf die öffentliche Meinung: ihr Wert beruht auf dem Kredit des Ausstellers. Inzwischen sind sie, auch ganz abgesehen von dem vielen Gelde, welches sie, als Substitut pekuniärer Belohnungen, dem Staate ersparen, eine ganz zweckmäßige Einrichtung, vorausgesetzt, dass ihre Verteilung mit Einsicht und Gerechtigkeit geschehe. Der große Haufe nämlich hat Augen und Ohren, aber nicht viel mehr, zumal blutwenig Urteilskraft und selbst wenig Gedächtnis. Manche Verdienste liegen ganz außerhalb der Sphäre des Verständnisses, andere versteht und bejubelt er bei ihrem Eintritt, hat sie aber nachher bald vergessen. Da finde ich es ganz passend, durch Kreuz oder Stern der

---

[36] Eine biographische Sammlung der Ordensträger bietet Möller (1935).

Menge jederzeit und überall zuzurufen: "Der Mann ist nicht euresglei-
chen: er hat Verdienste."[37]

Der seltene Kriegsorden wurde seit der Gründung der Republik
nicht mehr verliehen. Der Kreis jener, die damit ausgezeichnet worden
waren, wurde also mit der Zeit zunehmend kleiner und damit exklusi-
ver. Die Chancen des Trägers des Ordens, mit Hilfe dieses Sozialkapitals ein *Entrée-Billet* zur "guten Gesellschaft" zu erwerben, standen
nicht schlecht. Einzelne Ordensträger stiegen nach der Machtübernahme Hitlers in hohe Positionen auf, so Hermann Göring. Ernst Jün-
ger profitierte noch in der Zeit der Bundesrepublik vom Prestige, das
ihm diese Auszeichnung verschafft hatte. Faupel seinerseits verstand
es bis in die 30er Jahre hinein, sich mit einer Aura des Besonderen zu
umgeben, an die ein heldensüchtiges Publikum gern zu glauben bereit
war. Der "Pour-le-Mérite" war sein "symbolisches Kapital":

> Die Wahrnehmung der sozialen Welt ist *Gegenstand symbolischer
> Kämpfe*. In diesen symbolischen Kämpfen setzen Akteure das symboli-
> sche Kapital ein, welches sie "in den vorausgegangenen Kämpfen errun-
> gen haben und das gegebenenfalls juridisch abgesichert wurde". Adels-
> titel, Schulprädikate ... [sind zu verstehen] als "regelrechte Eigentums-
> titel mit Anspruch auf Anerkennungsprofite" aus symbolischem Kapital.
> ... Generell ist der Staat Inhaber des Monopols auf legitime symbolische
> Gewalt, es gibt jedoch weitere *symbolische Mächte*: "Symbolische Macht
> ist eine (ökonomische, politische, kulturelle oder sonstige) Macht, die in
> der Lage ist, sich Anerkennung zu verschaffen; das heißt die in ihrer
> Wahrheit als Macht, als willkürliche Gewalt verkannt werden kann. Die
> eigentliche Wirksamkeit dieser Macht vollzieht sich nicht auf der Ebene
> physischer Stärke, sondern auf der des Sinns und der Erkenntnis." Eine
> symbolische Macht hat das Vermögen der "Welterzeugung", hat das
> Vermögen "sehen und glauben zu machen, vorauszusagen und vorzu-
> schreiben, bekannt und anerkannt zu machen".[38]

Die Karriere Faupels, dessen Familie nicht sehr begütert gewesen
sein kann, hing in der Revolutionszeit, zum Teil auch später, ganz eng
mit dem "Pour-le-Mérite", diesem seltenen Ausdruck der Verdingli-
chung militärischen Prestiges, zusammen. Denn gerade der Vertrau-
ensverlust, den das Militär in weiten Teilen der deutschen Öffentlichkeit nach den katastrophalen Erfahrungen des Krieges zu verzeichnen
hatte, ließ das Ansehen der "Kriegshelden" in den anderen, rechts

---

[37] Zitiert bei Fuhrmann (1992: 7).
[38] Fröhlich (1994: 49). Es handelt sich um eine Paraphrase zentraler Aussagen des
      Soziologen Pierre Bourdieu.

gerichteten Teilen der Bevölkerung entsprechend steigen. "Pour-le-Mérite"-Träger waren unter den Freikorps-Gründern eindeutig überrepräsentiert (Salomon o.J./1936: 97). Sie verstanden sich als Speerspitze der Gegenrevolution und wurden offenbar auch von der Außenwelt als solche angesehen. Faupel half bei passender Gelegenheit nach, seinen Nimbus erstrahlen zu lassen: Für sein spanischsprachiges Publikum veröffentlichte er 1934 kurz nach der Übernahme der Leitung des IAI in seiner privat herausgegebenen Militärzeitschrift *Ejército, Marina, Aviación*, die in vielen lateinamerikanischen Offiziersklubs auslag, einen namentlich nicht gezeichneten Artikel über die "Pour-le-Mérite"-Träger. Darin wurde hervorgehoben, dass es sich bei diesen um eine ganz seltene Auswahl unter den Besten der Besten handelte. Ein Hinweis, dass Faupel diese Auszeichnung trug und diesen Artikel vermutlich selbst verfasst hatte, wurde wohlweislich vermieden. Der Verbreiter der Zeitschrift trug den Orden bei jeder sich bietenden Gelegenheit und wird dafür gesorgt haben, dass auch IAI-Besuchern aus Lateinamerika, denen die Auszeichnung kein Begriff war, von Mitarbeitern des Instituts ein diskreter Hinweis auf seine Bedeutung gegeben wurde.[39] Die Optimatendiskurse der "Weltkriegselite" systematisierten sich mit der Zeit zusehends. Sie waren Ausdruck eines elitären Selbstverständnisses und fundierten den Anspruch auf eine gesellschaftliche Sonderstellung. Implizit stand die These im Raum: Hätten alle im Krieg den gleichen "Heldenmut" bewiesen, wäre der Krieg gewonnen worden. Nicht sie hatten versagt, sondern die alten Monarchien. Die Zivilgesellschaft tat gut daran, sich der Führung der "Kriegerelite" zu unterwerfen. Der "verpasste Sieg" besaß eine unwiderstehliche, mythengenerierende Macht und war in der Zwischenkriegszeit das Pfund, mit dem die dekorierten Frontoffiziere wuchern konnten. Ikonographisch fand ihr Sonderbewusstsein seinen Ausdruck in einer plakativ zur Schau gestellten, manichäischen Symbolwelt und in der Selbstdarstellung in der Portrait-Fotografie. Die hoch dekorierten Offiziere der "alten Armee" ließen sich mit Vorliebe in herrischen Posen ablichten, die in ihrer Gestik den Fürstengemälden der Kaiserzeit glichen. Als Symbol wählte Faupel für sich Sankt-Georg, der den Drachen tötet. Der Heilige zierte zunächst die Werbeplakate seines Freikorps, als Präsident des IAI ließ der spätere General

---

[39] *Ejército, Marina, Aviación*, 5/6, Februar/März 1934, S. 200-203.

eine Georgs-Statue an exponiertem Orte aufstellen. Der "Weltkriegs-
heros" erhob seinen Kampf gegen die Revolution in den Rang des
Sakralen.

3. Politischer Offizier, Freikorpsführer, Militärinstrukteur in Argentinien und Peru (1918-1929/30)

Im November 1918 drohte die deutsche Westfront zusammenzubre-
chen. Die Oberste Heeresleitung sah sich gezwungen, einen Waffenstillstand zu erbitten. In Deutschland kündigte sich zum ersten Mal
seit 1848 wieder eine Revolution an, und diese begann Teile der Armee mitzureißen. Das Offizierskorps konnte die Monarchie nicht
mehr retten, doch wollte es wenigstens eine Revolutionierung
Deutschlands verhindern helfen. Im ganzen Land bildeten sich Arbei-
ter- und Soldatenräte als Gegenmacht heraus. Faupel, Offizier im
Großen Generalstab und nunmehr in den Dienst der Demobilmachung
gestellt, half zu diesem Zeitpunkt bei der Rückführung der Armee-
Abteilung C, doch beteiligte er sich offenbar früh an den in Offiziers-
zirkeln geführten Diskussionen, wie sich die Revolutionsgefahr ein-
dämmen ließ (Möller 1935: 305). Friedrich Ebert drängte die Oberste
Heeresleitung im Namen der provisorischen Regierung, die militärische Disziplin des Frontheeres unter allen Umständen aufrechtzuer-
halten und zugleich zu verhindern, dass die im Entstehen begriffenen
Soldatenräte die Herrschaft über das Frontheer übernahmen. Faupel
erhielt als Vertreter des Großen Generalstabs im besetzten Belgien am
10. November 1918 die Aufgabe, die Delegierten der Soldatenräte, die
sich mittlerweile sogar bei der Obersten Heeresleitung gebildet hatten,
zu empfangen und sie zu einer freiwilligen Unterwerfung unter die
alte militärische Disziplin zu gewinnen. Die Forderungen der Soldaten
bestanden zunächst in der Abschaffung der Grußpflicht, einer Teilnahme an der Kommandogewalt, einer Kontrolle der Offiziere und in
Garantien gegen revolutionsfeindliche Bestrebungen. Dem Oberstleutnant gelang es, sie davon zu überzeugen, von ihren Bestrebungen Abstand zu nehmen, indem er den Delegierten vorhielt, bei einer Behin-
derung der Rückführung der Armee das Schicksal von 4-5 Millionen
deutschen Soldaten aufs Spiel zu setzen, die noch jenseits des Rheins
standen und Gefahr liefen, von den Westmächten attackiert zu werden.

Nachdem Faupel den Delegierten auf einer riesigen Generalstabskarte die ... Probleme demonstriert hatte, die von der Aufgabe, das geschlagene deutsche Heer heimzuführen, umschlossen waren, fragte er sie, ob sie die Sache denn wirklich durch den Versuch noch komplizieren wollten, sich zur Unzeit in die angestrengte Tätigkeit der bereits mit Arbeit und Verantwortung überlasteten Offiziere einzumengen. Betäubt durch die Darlegung von Problemen, die sie weder gekannt, geschweige denn begriffen hatten, verschlug es den Delegierten die Rede. Worauf Faupel fragte, ob ihnen bekannt sei, dass die Oberste Heeresleitung mit der Regierung in Berlin ein Abkommen geschlossen habe, und ihnen, als sie Beweis[e] forderten, das an Hindenburg und Groener gerichtete Telegramm Eberts vorlas. Das machte die Verwirrung unter den Delegierten, denen damit der Boden unter den Füßen weggezogen war, vollständig, und sie stimmten – ohne dass sie die Ironie dieser Anregung gespürt hätten – bereitwillig Faupels Vorschlag zu, bei der Obersten Heeresleitung eine eigene Vertretung einzusetzen, um die Zusammenarbeit mit dem Generalstab zu sichern und zur Aufrechterhaltung von Disziplin und Gehorsam auf die Truppe einzuwirken.[40]

Damit ergriff Faupel als Generalstabsoffizier die Initiative, ein Übergreifen der Rätebewegung auf die Fronttruppen zu unterbinden, indem er selbst Soldatenräte ins Leben rief. Der entsprechende Befehl der Obersten Heeresleitung vom 10.11.1918 stammte von ihm:

Zwecks engerer Fühlungnahme zwischen Offizieren und Mannschaften sind sofort bei allen Kompanien usw. Vertrauensräte von je einem Offizier, einem Unteroffizier und zwei Gefreiten oder Mannschaften zu bestimmen .... Ihre Aufgaben sind Aufrechterhaltung der Ordnung, Aufsicht über Verpflegung, Entscheidung über Urlaub, Auszeichnungen und Strafen.[41]

Missverständlich formuliert, konnten Soldaten darin eine Legitimation zur Wahl eigener Interessenvertretungen sehen. Die Oberste Heeresleitung präzisierte Faupels Anweisung dahingehend, die Bildung der Soldatenräte im Feldheer den – kaisertreu gebliebenen – Offizieren anzuvertrauen. Nach Einschätzung Wheeler-Bennets war es der Obersten Heeresleitung mit Faupels Hilfe gelungen, bereits einen Tag nach Ausbruch der Revolution in Deutschland und der deutschen Niederlage im Westen einen ersten bedeutenden Sieg über die revolutionäre Bewegung davonzutragen, weil die Frontsoldaten dazu gebracht wurden, sich weiterhin der Kommandogewalt der Offiziere zu fügen. Das ändert nichts daran, dass sich Faupel später mit dem Vor-

---

40   Wheeler-Bennett (1954: 47f.), dazu auch Volkmann (1930: 69-71).
41   Groener (1957: 469). Außerdem Schmidt (1981: 400f.).

wurf konfrontiert sah, mit seinem oben genannten Befehl die Revolutionierung des Feldheeres forciert zu haben (Wheeler-Bennett 1954:
48).

Unterdessen erwarteten Faupel wichtige Aufgaben in der Reichshauptstadt. Kurz nach dem Waffenstillstand Anfang November 1918
reiste er nach Berlin, das von den revolutionären Unruhen bereits erfasst worden war. Um die Machtübernahme linker Revolutionäre zu
verhindern, erwirkten gemäßigte Sozialdemokraten die Aufstellung
einer "Republikanischen Soldatenwehr". Faupel wurde zusammen mit
einer kleinen Zahl von Offizieren in die militärische Führungsspitze
dieser Truppe berufen.[42] Dass es primäres Ziel dieser Offiziersgruppe
war, "die Soldatenräte an die Wand zu drücken" und die Autorität des
alten Offizierskorps wiederherzustellen, war offensichtlich. Am 30.12.
1918 wurde Faupel erstmals namentlich auf der Vollversammlung der
Groß-Berliner Soldatenräte attackiert. Ihm wurde der Vorwurf gemacht, seine Stellung in der "Republikanischen Soldatenwehr" für
gegenrevolutionäre Zwecke zu nutzen (Engel et al. 1997: 75). Seine
Position vermochten diese Angriffe nicht zu schwächen. In den Wirren der Zeit wurde Faupel am 6./7. Januar 1919 sogar für gut einen
Tag provisorischer Stadtkommandant von Berlin, weil der eigentliche
Inhaber dieses Amtes gerade von Aufständischen im Marstall gefan-
gengehalten wurde – dem späteren Sitz des Ibero-Amerikanischen
Instituts.[43]

Anderthalb Wochen später kehrte Faupel in seine Heimatprovinz
Schlesien zurück, deren Außengrenzen nach der Wiederherstellung
des polnischen Staates und der Schaffung der Tschechoslowakei unsi-
cher geworden waren. Die Kämpfe zwischen deutschen, polnischen
und tschechischen Nationalisten waren von großer Grausamkeit. Da
die deutsche Armee im Begriff war zu zerfallen, bildeten sich überall
im Land paramilitärische Einheiten. Faupel schuf sein eigenes Freikorps im niederschlesischen Görlitz, weshalb es abwechselnd nach
ihm oder der Stadt seines Ursprungs benannt wurde. Das Archiv dieses in Görlitz aufgestellten Kampfverbandes hat er offenbar an sich
genommen. Es ist bislang zusammen mit seinem Privatnachlass ver-

---

[42]   Dingel (1989: 37). Allgemein auch Adolph (1971: 83f.).
[43]   *Quellen zur Geschichte der Rätebewegung* (1968: 227). Vgl. auch den Abschnitt
       über die Revolution in der deutschen Hauptstadt bei Köhler (1987).

schollen. So ist wiederum nur eine bruchstückhafte Rekonstruktion seiner paramilitärischen Vergangenheit möglich.

Das Freikorps Görlitz war eine professionell organisierte Armee, mit der Faupel an zahlreichen Brennpunkten in die Kämpfe gegen die Revolution eingriff. Seinen wichtigsten Einsatz hatte das Freikorps bei der Zerstörung der sozialrevolutionären Münchener Räterepublik: "Wir haben vor allem Hauptbahnhof und Löwenbräu genommen. Zwei von Soldaten ... besetzte Kasernen ausgeräuchert und in wenigen Tagen eine bayerische Infant[erie] Komp[anie] unter bayerischen Offizieren aufgestellt", so notierte Faupel 1944 in einer Randbemerkung.[44] Weitere Einsätze erfolgten in Dresden, Magdeburg und Berlin. Darüber hinaus übernahmen Faupels Einheiten Aufgaben im Grenzschutz zu Polen und an der "Tschechenfront".[45] Ein vermeintlicher Einsatz seines Freikorps in Finnland im Kampf gegen bolschewistische Kräfte, den ein Autor ihm zuschreibt, ist – wie vieles, was Faupels Person betrifft – ins Reich der Legenden zu verweisen.[46]

---

[44] Die militärische Geschichte des Freikorps Faupel ist knapp wiedergegeben in einem Manuskript von Dr. K. G. Klietmann, Berlin (1944): Geschichtsbeitrag für das Freikorps Faupel. Abschrift, mit handschriftlichen Notizen und Korrekturen Faupels (GStA, HA I, Rep. 218, Nr. 360). Die zitierte Randbemerkung stammt aus diesem Manuskript. Faupel wurde von Klietmann gebeten, an der Abfassung einer umfangreicheren Geschichte seines Freikorps mitzuwirken, doch ließen ihm die laufenden Verpflichtungen dazu keine Zeit.

[45] Zu den einzelnen Etappen seiner Freikorpszeit vgl. unter anderem: Salomon (1938: 16, 39, 106, 111, 123, 343, 395, 400, 402. Auf S. 39 ist ein Werbeplakat für das Freikorps Faupel abgebildet: "Schlesier, schützt Eure Berge!"); Forschungsanstalt für Kriegs- und Heeresgeschichte (1939), Papen (1952: 122. Der spätere Reichskanzler schloss sich, wie hier berichtet wird, zeitweilig dem Freikorps Faupel an, um einen Teil der Kämpfe in München mitzuerleben) sowie Borcke (1938: 312). Faupel bot selbst eine Kurzdarstellung zur Geschichte seines Freikorps in einem Artikel der *Görlitzer Nachrichten*, 27.1.1939, 2. Beilage ("Unser Görlitzer Freikorps. Eine Erinnerung an die Zeit vor 20 Jahren"). Darin wird als Tag seiner Ankunft in Görlitz der 18.1.1919 genannt. Aktenbestände zum Thema existieren unter anderem im StA Görlitz: Best. Arbeiter- und Soldatenrat (ASR), Sign. Rep. III, S. 219, Nr. 18, R. 34, F. 10; sowie Rep. III, S. 219, Nr. 18a, R. 34, F. 10: Garnisons- und Tagesbefehle des Freikorps Faupel, 1919/1920, Bd. 1/2. Vgl. außerdem *Niederschlesische Zeitung*, 25.1.1920, S. 11, 1.2. 1920, S. 11 (Rückkehr von Teilen des Freikorps aus Nikolai/Oberschlesien nach Görlitz), 23.3.1920. Zum Einsatz im Ruhrgebiet vgl. Wheeler-Bennett (1954: 110).

[46] Diese Behauptung ist aufgestellt bei Garriga Alemany (1965: 132f.).

Die Angaben über die Stärke dieser "Freikorps Görlitz" oder
"Freikorps Faupel" genannten paramilitärischen Formation schwan-
ken; es soll zeitweilig bis zu 3.000 Soldaten, durchschnittlich aber
etwa 100 Offiziere und 1.400 Mann umfasst haben.[47] Damit war es –
verglichen mit ähnlichen Verbänden – ein Freikorps mittlerer Größe.
Zumindest in der Gründungsphase scheint das Freikorps finanzielle
Zuwendungen vor allem von den Großgrundbesitzern in der Nachbarschaft von Görlitz erhalten zu haben, das in Zeiten zwischen den einzelnen Einsätzen seine Garnisonsstadt blieb. In dieser Stadt organisierte Faupel mit seinem paramilitärischen Verband, der nominell
bereits der Reichswehr unterstand,[48] den örtlichen Teil des Kapp-
Putschs. Bei der Besetzung von Görlitz durch Faupels Truppen wurde
eine Anzahl unbewaffneter Bürger erschossen oder schwer verletzt.[49]
In Erwartung eines schnellen Erfolgs nachlässig geführt, gerieten die
Putschisten in Görlitz schnell in die Defensive. Faupels wichtigster
Gegenspieler in diesem Konflikt, der SPD-Funktionär Otto Buchwitz,
gewann durch sein entschlossenes Auftreten einen Ruf, der ihm eine
Karriere als Reichstagsabgeordneter bescherte; nach 1945 zur SED
gewechselt, wurde er zu einem der beiden Vorsitzenden der für politische Säuberungen in der Partei zuständigen Zentralen Kontrollkommission der SED bestimmt. In seinem Machtbereich als Präsident des
sächsischen Landtags soll Faupels Nachlass zum letzten Mal gesichtet
worden sein und gilt seitdem als verschollen; ob Buchwitz etwas vom
Verbleib der Aufzeichnungen seines früheren Todfeinds wusste, ist
allerdings unklar.[50] Faupels Unterstützung der Umsturzbewegung vom
März 1920 hat weitere offizielle Einsätze seiner Einheiten nicht ver-

---

[47] Möller (1935: 305). Die höchste Angabe stammt von Faupel selbst: Görlitzer
      Nachrichten, 27.1.1939, 2. Beilage.
[48] "Nach Befehl vom 19.2.1920 wurde aus dem Freikorps Görlitz der Regts.-Stab
      RW Inf. Regt. 106 gebildet und das Freikorps galt mit Wirkung vom 20.2.1920
      als aufgelöst" Klietmann (1944: 3).
[49] Friedrich (1968). Vgl. Anhang 2. Populär gehalten ist die in der DDR erschiene-
      ne dreiteilige Artikelserie über den Kapp-Putsch in Görlitz: *Sächsische Zeitung*,
      25.10.1956, S. 3, 27.10.1956, S. 3, 3.11.1956, S. 4 (aus: Oberlausitzische Lan-
      desbibliothek Görlitz, Artikelsammlung, Sign. L IX 128). Allgemein zum Kapp-
      Putsch vgl. Erger (1967).
[50] Zu Buchwitz vgl. Buchwitz (1949), Schumacher (1991: 158f.) und *Wer war wer
      in der DDR* (1995: 108f.); Stiftung Archiv der Parteien und Massenorganisa-
      tionen der DDR im Bundesarchiv: Teilnachlass Otto Buchwitz. Zu Faupels Nach-
      lass vgl. die Bemerkungen im Einleitungskapitel zur Quellenlage.

hindert. Als Nachbeben der Widerstandsbewegung gegen den Kapp-Putsch erschütterten kommunistische Unruhen das Ruhrgebiet. Die Reichswehr setzte gegen diese überwiegend Freikorps ein, die am Putsch-Versuch teilgenommen hatten. Faupel rückte in diesem Feldzug für kurze Zeit sogar zum Führer einer Brigade auf und kommandierte neben seinem eigenen zwei weitere Freikorps, die beide in den Kapp-Putsch in Schlesien verwickelt gewesen waren. Die Reichsregierung setzte zur Aufrechterhaltung ihrer Macht gegen die Linke somit Truppen ein, die vierzehn Tage zuvor ihren gewaltsamen Sturz betrieben hatten![51]

Doch die Tage paramilitärischer Einheiten waren gezählt. Sie hatten sich als schwer beherrschbar erwiesen und wurden mit der fortschreitenden Konsolidierung der Republik nicht mehr benötigt. Das Freikorps Görlitz wurde endgültig in die Reichswehr integriert und verlor damit seine eigenständige Existenz.[52]

Die Verbindungen zu Mitgliedern seines Freikorps blieben bis in die späten 30er Jahre erhalten. Der spätere Generalmajor Faupel thronte wie ein Patriarch über den "Ehemaligen". Er verfolgte den militärischen Werdegang seiner Offiziere und betrachtete sie bis weit in die 30er Jahre als seine Klientel, deren Aufstieg er zu fördern suchte. Wenn Faupel seine Briefe an diese ihm treu ergebenen Offiziere gelegentlich als "Episteln" bezeichnete, war dies nur teilweise ironisch gemeint.[53] Die einstigen Mannschaften beanspruchten selbst in Alltagsfragen seine Hilfe und Protektion. Zahlreiche Briefe, deren Sprache die einfache Herkunft ihrer Verfasser verrät, sind erhalten geblieben. Der General wurde ersucht, bei Behörden zu intervenieren,

---

[51]   Oertzen (1936: 415f.). Die zwei anderen Truppeneinheiten bestanden aus dem Freikorps Aulock und dem Freikorps Kühme. Oertzen kann man kaum widersprechen, wenn er das Verhalten der Reichsregierung in diesem Zusammenhang als Groteske kennzeichnet.

[52]   Die Eingliederung in die Reichswehr scheint bereits im Juli 1919 stattgefunden zu haben, doch hat dies an Führungsstruktur und Bezeichnung offenbar zunächst nichts geändert. "Nach Korps-Verordnungsblatt Nr. 50 vom 30.7.1919, Nr. 1674 Ia Org. Nr. 2951 vom 26.7. wurde das Freikorps in die vorläufige Reichswehr als Rw. Infanterie-Regt. Nr. 10 übernommen, die Radfahr-Komp. des Freikorps als Radfahr-Formation des Radfahr-Batl. Nr. 5, die Feld-Art.-Abtlg. als II. Abtl. Art. Reg. 5, die Pionier-Komp. als Formation des Rw. Gruppen-Pionier-Batl. und die Kraftwagen-Kolonne als Brigade-Kraftwagen-Kolonne 10" (Klietmann 1944: 3).

[53]   Faupel an Hauptmann Grallert, 26.10.1938 (GStA, HA I, Rep. 218, Nr. 240, Bl. 82).

oder um Geld gebeten, ja sogar ein gestrauchelter Gefolgsmann, der
überrascht worden war, als er ein junges Mädchen offenbar in ein-
schlägiger Absicht in einem Treppenhaus angefallen hatte, bat den
früheren Befehlshaber, das unabwendbare Urteil zu verhindern.[54]

Faupel beschränkte sich nicht auf die Organisation eines Freikorps, sondern wirkte an der Entstehung anderer nichtstaatlicher
Wehrverbände mit; so gehörte er zu den Gründungsmitgliedern der
rechten Wehrorganisation Orgesch.[55] Nach seiner Teilnahme am
Kapp-Putsch waren seine weiteren Berufschancen in Deutschland
fraglich geworden. Faupels halbherzige Rechtfertigungsversuche, die
darauf hinaus liefen, den örtlichen Putschversuch seines Freikorps als
Maßnahme zur "Aufrechterhaltung der Ordnung" darzustellen, vermochten nicht zu überzeugen. Er begann, sich nach einem neuen Tätigkeitsfeld umzusehen.

1921 begab sich Faupel erneut nach Südamerika, um sich dort eine
neue Stelle als Armeeinstrukteur zu verschaffen. Es ist unklar, ob er
von vornherein die Absicht hatte, in Argentinien zu bleiben, denn er
trat zunächst eine Vortragsreise an, die ihn unter anderem nach Paraguay führte.[56] Seine guten Kontakte verschafften ihm schließlich eine
Anstellung als argentinischer Militärinstrukteur, und er konnte sich
diesmal als Leiter der dort aktiven deutschen Militärberater etablieren.
Um zu verbergen, dass damit gegen den Versailler Vertrag verstoßen
wurde, reiste die Mehrzahl der angeworbenen Offiziere offiziell über
Danzig ein, das vom Reich abgetrennt worden war. Formell nahm ein
Teil der ausreisenden Offiziere die Danziger Staatsangehörigkeit an,
erhielt aber die Zusicherung, bei der Rückkehr ins Deutsche Reich
wieder den deutschen Pass zurückzuerhalten. Das Auswärtige Amt
verweigerte der Gruppe zunächst die Unterstützung, da es zurecht
alliierte Proteste befürchtete. Nach Lateinamerika entsandte Gruppen
deutscher Armeeinstrukteure wurden deshalb in der Folgezeit in der
zeitgenössischen Publizistik oft als "Danziger Militärkommission"

---

[54] Faupels Korrespondenz mit ehemaligen Freikorpsmitgliedern liegt verstreut über
den gesamten Bestand GStA, HA I, Rep. 218, doch sind 3 Teilakten speziell dieser Ablage gewidmet: GStA, HA I, Rep. 218, Nr. 359-361.

[55] Als Mitgründer der Orgesch wird Faupel bei Nusser (1973: 175) genannt.

[56] Faupel an das RPMW, 1.10.1936 (GStA, HA I, Rep. 151 IC, Nr. 7109, Preußisches Finanzministerium (im folgenden zitiert als: PrFM), Akte IAI 1928-1945,
zitiert nach BStU, MfS FV 8/69, Bd. 1, Bl. 151).

bezeichnet. Nach außen traten sie offiziell als "zivile Instrukteure" in Erscheinung.[57]

Faupel diente in Argentinien dem Inspekteur der Armee, Uriburu, als persönlicher Berater. Dieser General gehörte zu den wohl prominentesten "Germanophilen" in der argentinischen Armee. Aus einer argentinischen Elitefamilie stammend, die vor 1900 einen Staatspräsidenten gestellt hatte, konnte er einen beträchtlichen Teil seiner militärischen Ausbildung in Deutschland absolvieren. 1914 war er Oberleutnant beim 2. Garde-Ulanen-Regiment in Berlin gewesen und hatte sich nach seiner Rückkehr den Ruf eines glühenden Verehrers des deutschen Militärs erworben. Im Ersten Weltkrieg hatte er mit Erfolg darauf hingewirkt, dass Argentinien neutral blieb. 1930 beendete er mit einem Militärputsch die lange währende konstitutionelle Phase der argentinischen Politik (sein persönlicher Berater war zu diesem Zeitpunkt bereits wieder in Deutschland).[58]

Auf seine Funktion als Militärberater hat sich Faupel in Argentinien nicht beschränkt. Gegenüber der Journalistin Bella Fromm, die ihn im April 1934 in Berlin auf dem *Diner* anlässlich seiner Ernennung zum Präsidenten des IAI traf, definierte er seine Rolle als Militärinstrukteur in Argentinien mit folgenden Worten: "Meine Hauptaufgabe war, dort den französischen Einfluss zu schwächen und die deutsche Ideologie zu kräftigen" (Fromm 1993: 185). Er mischte sich in die nationalistische Agitation der deutschen Kolonie von Buenos Aires ein, und wurde von dieser bald als Wortführer akzeptiert.[59] Bei

---

[57] So die Ende Oktober 1927 in Bolivien eingetroffenen Offiziere, vgl. Aufzeichnung AA, 2.1.1928 (PAAA, R 33148). Allgemein zu Faupels zweitem Aufenthalt als Militärberater in Argentinien vgl. auch Rinke (1996, II: 581-589 et passim). Rinkes gut recherchiertes und dokumentiertes Buch kann beanspruchen, das Standardwerk zu den deutsch-lateinamerikanischen Beziehungen 1918-33 genannt zu werden.

[58] Zu Uriburu vgl. unter anderem: Ebel (1971: 14), Atkins/Thompson (1972: 260), *La Nación*, 3.5.1932, S. 4 (Emilio Kinkelín: La personalidad militar del Teniente General Uriburu), Rinke (1996: passim).

[59] PAAA, III Po 11-4, Bd. 1, passim. Die deutsche Gesandtschaft in Argentinien fühlte sich wiederholt durch Faupels politische Äußerungen in der Öffentlichkeit brüskiert. Vgl. im genannten Bestand: Gesandter Pauli an AA, 17.7.1922; Deutsche Gesandtschaft an AA, Buenos Aires, 11.10.1922: "Da Herr Faupel nach den bisherigen Erfahrungen einer persönlichen Einwirkung meinerseits nicht zugänglich ist, werde ich versuchen auf indirektem Wege ihm die erwünschte Zurückhaltung aufzuerlegen, ohne jedoch des Erfolges sicher zu sein."

den Feiern zum Jahrestag der Reichsgründung und zu Hindenburgs
Geburtstag, die dort mit großem Aufwand begangen wurden, trat er
als Hauptredner auf.[60] Dabei nahm er trotz der immer eindringlicher
vorgetragenen Einwände der deutschen Gesandtschaft mehrfach zur
deutschen Innenpolitik Stellung: Er lobte Bayern, das sich nach der
Zerschlagung der Räterepublik zum Zentrum der deutschen Gegenrevolution entwickelt hatte, dafür, dass es sich von seinem traditionellen
Partikularismus entfernt habe, nunmehr seien es "durchaus national-
deutsche Beweggründe ..., die München heute andere Wege gehen
lassen als Berlin". Daneben setzte Faupel ein Bekenntnis zur Weimarer Verfassung, "die übrigens als Grundlage des Wiederaufbaus unbedingt anzuerkennen ist". Zugleich gab er seine Distanz zum Preußentum zu erkennen: "Preußen (hat) seine historische Aufgabe erfüllt"
und "Preußen (ist) in Deutschland aufgegangen".[61] Dieser gesamt-
deutsch orientierte Nationalismus schien die Stimmung in der deutschen Gemeinde in Argentinien zu reflektieren. Zumindest die anwesenden Honoratioren spendeten ihm für seine Ausführungen lebhaften
Applaus.

Die Reichswehr muss Faupels Dienste in Argentinien als bedeutend eingeschätzt haben, da er 1926 in Abwesenheit zum Generalmajor befördert wurde.[62] Angesichts des Umstandes, dass er für seine
Auslandstätigkeit nominell in Deutschland aus dem aktiven Heeres-
dienst ausgeschieden war, ist diese Beförderung überaus bemerkenswert. Vorstöße zu einer Beförderung Faupels gab es spätestens seit
1924. Zu diesem Zeitpunkt lehnte der damalige Reichspräsident Ebert
eine solche Maßnahme allerdings ab. Ein Mitarbeiter des Auswärtigen
Amtes notierte:

> Der Herr Reichspräsident kennt den Herrn Oberst Faupel sehr gut aus der
> Zeit nach der Revolution, als Herr Oberst Faupel Führer eines Freikorps
> war, und hat von jener Zeit her eine große Wertschätzung für Herrn

---

[60] Zu den Feiern zum 18. Januar in Argentinien vor der Ankunft Faupels vgl. Deutsche Gesandtschaft Argentinien (Pauli) an Auswärtiges Amt, 29.1.1921 (PAAA,
III Po 25, Bd. 1); *Deutsche Shanghai Zeitung*, 16.8.1934, S. 3 (Übernahme aus
La Nación, Buenos Aires: Ein General spricht zum Ausland. Argentinische Unterhaltung mit Generalmajor Faupel); Faupel (1922) (vgl. hierzu PAAA, III Po
11-4, Bd. 1).
[61] *Deutsche La Plata Zeitung*, 3.10.1922 (PAAA, III Po 11-4, Bd. 1).
[62] Rietmann, Reichswehrmin., Heeresstatistische Abteilung, an AA, 21.1.1926
(PAAA, III Po 13 Mil. Arg., Bd. 1).

Oberst Faupel. Das AA hatte dem Herrn Reichspräsidenten indessen davon berichtet, dass Herr Oberst Faupel den schwarz-weiß-rot gesinnten
deutschen Kreisen in Argentinien nahestehe und sich in Rede und Schrift
in diesem Sinne betätigt habe. Der Herr Reichspräsident soll daher den
Ausdruck gebraucht haben, dass "Herr Oberst Faupel sich in einem dem
Deutschen Reich feindlichen Sinne betätigt" habe und dass seine Beförderung daher nicht von ihm unterzeichnet werden könne.

Das Auswärtige Amt setzte sich daraufhin für Faupel ein, da er
sich in jüngerer Zeit politisch zurückgehalten habe.[63] Nach der Übernahme des Präsidentenamtes durch Hindenburg wurde erneut ein Versuch unternommen, Faupel die Beförderung zu verschaffen. Dass die
Initiative zu dieser Ehrung nicht von Deutschland ausging, sondern
von der deutschen Gemeinde in Buenos Aires, unterstreicht die expo-
nierte Stellung, die er dort einnahm. Vor allem Vertreter der deutschen
Wirtschaft in Argentinien setzen sich seit 1925 entschieden für die
Ernennung Faupels zum General ein. Persönliche Eingaben in dieser
Richtung kamen unter anderem von dem einflussreichen Unternehmer
Richard W. Staudt, der bis in die Zeit Peróns hinein eine wichtige
Rolle in den deutsch-argentinischen Beziehungen spielte.[64] Das Aus-
wärtige Amt in Berlin unterstützte diese Vorstöße. Zumindest in
Deutschland und der in Argentinien ansässigen deutschen Gemeinde
muss Faupels Wirken als Leiter der Militärinstrukteure als großer
Erfolg eingeschätzt worden sein.[65] Der spätere deutsche Gesandte in
Argentinien, von Thermann, schrieb es dem reibungslosen Zusam-
menspiel von deutschen Militärinstrukteuren und Auslandsvertretun-
gen deutscher Unternehmen zu, dass bis Anfang 1932 insgesamt deutsche Rüstungsgüter im Umfang von 45 Mio. RM nach Argentinien
ausgeführt werden konnten.[66]

---

[63]   Aufzeichnung o. D. (Ende Oktober 1924) (PAAA, III Po 13 Mil. Arg. Bd. 1),
       sowie ibid. 24.2.1925.

[64]   Boelitz an Hayn, 29.10.1930 (GStA, HA I, Rep. 218, Nr. 91, Bl. 37). Zu Richard
       Staudt vgl. *Deutscher Wirtschaftsführer* (1929: 2193), demnach war Staudt, geb.
       in Berlin am 6.3.1888, seit 1908 in Argentinien ansässig. Er war Ende der 20er
       Jahre Vorsitzender des Direktoriums der Staudt y Cía. sowie Mitglied des Auf-
       sichtsrats der Deutschen Überseeischen Bank und der Siemens-Schuckert S. A.
       Compañía de Electricidad in Buenos Aires.

[65]   Tattenbach (AA) an Reichswehrministerium/Heeresleitung, 5.1.1926 (PAAA, III
       Po 13 Arg. Bd. 1).

[66]   Ibid.

Einige Offiziere der von ihm geleiteten Instrukteursgruppe blieben nach ihrem Ausscheiden aus argentinischen Diensten bis in die NS-Zeit hinein in Faupels Umgebung. Der Rittmeister Walter von Issendorff, Kavallerist und Schwiegersohn des Kammerpräsidenten von Frese, folgte Faupel bei dessen Wechsel zur peruanischen Armee. Er arbeitete seit 1930 am IAI und wurde Länderreferent für Ecuador, Venezuela und Kolumbien. 1934 fand man ihn als führendes Mitglied in den meisten zwischenstaatlichen Verbänden, die sich der Koordination der deutsch-lateinamerikanischen Wirtschaftsbeziehungen verschrieben hatten. Im Dezember 1936 forderte ihn der General, nunmehr Geschäftsträger bei Franco, aus Deutschland an, um die militärische Ausbildung der faschistischen Falange zu übernehmen.[67] Ein weiterer Militärberater aus der Gruppe um Faupel, der allerdings erst seit 1924 in Argentinien war, machte später in der Auslandsorganisation der NSDAP Karriere und dürfte zu den wichtigsten Fürsprechern Faupels bei seiner Ernennung zum Institutspräsidenten gehört haben: Eberhard von Jagwitz. Nach dem Ende seines Vertrags als Militärinstrukteur wurde er in Argentinien Leiter der zur "Verschleierung" des Waffenimports aus Deutschland von den ortsansässigen Unternehmen Siemens und Staudt gegründeten Firma Coarico. 1933 nach Deutschland zurückgekehrt, arbeitete er hier als Lobbyist der argentinischen Waffenimporteure. Später stieg er zum Leiter des Außenhandelsamtes der NSDAP/A.O. auf und war 1936 einer der Organisatoren der Waffenlieferungen an die spanischen Aufständischen um Franco.[68] Albrecht Reinecke schließlich arbeitete, wie bereits erwähnt, 1906-1910 als Vorgänger Faupels als deutscher Militärberater in Argentinien.[69] Andere Offiziere aus Faupels Beratergruppe machten ander-

---

[67] Zu den genannten Wirtschaftsverbänden Ausführlicheres weiter unten. Zu von Issendorff vgl. GStA, HA I, Rep. 218, Nr. 739 (Personalakte von Issendorff, 1930-1933), GStA, HA I, Rep. 218, Nr. 1, Bl. 140; Memorandum Issendorff an AA, o. D. [Frühjahr 1927] (PAAA, III Po 13 Mil Arg. Bd. 1); GStA, HA I, Rep. 218, Nr. 90, Bl. 72V; Findbuch GStA, HA I, Rep. 218, S. 8; Schäfer (1974: 287, 305); Broué/Témine (1982: 440f.) sowie den entsprechenden Beitrag in den "Bio-bibliographischen Grunddaten" in diesem Band.

[68] Zu Jagwitz' Rolle als Rüstungslobbyist vgl. Gesandter Thermann (Buenos Aires) an AA, 5.1.1934 (PAAA, III Po 13 Arg Mil., Bd. 2); zu seiner Rolle im Spanischen Bürgerkrieg vgl. Ruhl (1975: 60) und Schäfer (1974: 196, 280, 305).

[69] Schäfer (1974: 308) sowie Reinecke an den Gesandten Thermann, 7.9.1937 (GStA, HA I, Rep. 218, Nr. 225, Bl. 167).

weitig im "Dritten Reich" Karriere und tauchten nur noch sporadisch im Gesichtsfeld des Präsidenten auf.

Neben Faupels Gruppe waren allerdings noch andere deutsche Offiziere in Argentinien, die offiziell als Berater anderer Ministerien arbeiteten. Einer der aktivsten rechtsgerichteten Verschwörer der Weimarer Zeit, Oberst Max Bauer, hatte am Río de la Plata nominell eine Anstellung als landwirtschaftlicher Berater gefunden. Seit Mitte der 20er Jahre war er in Spanien am Aufbau einer Giftgasindustrie beteiligt und hatte einen möglichen Gaseinsatz gegen Insektenplagen erforscht. Diese Kenntnis dualer Verwendungsmöglichkeiten chemischer Kampfstoffe weckte in Argentinien großes Interesse. Er erhielt hier 1925 den Posten eines "Inspektors" des Agrarministeriums. In dieser Funktion erprobte er seine Verfahren eines Giftgaseinsatzes gegen Heuschrecken, Ameisen und Baumwollkäfer zunächst in der Schädlingsbekämpfung. Doch trat bald das Militär mit der Bitte an ihn heran, eine Expertise über die Möglichkeit einer Übernahme chemischer Waffen durch die argentinische Armee zu schreiben.[70] Kurz nach seiner Ankunft in Argentinien trat Bauer mit Faupel in Verbindung, doch bleibt unklar, in welchem Umfang dieser an den Gedankenspielen über den Aufbau einer chemischen Kampfstoffindustrie in Argentinien beteiligt war. Es gibt Gründe, die die Annahme stützen, dass er involviert war. Faupels exponierte Stellung als Vertrauter Uriburus und seine Erfahrungen in der großflächigen Verwendung von Kampfgasen legen diese Vermutung nahe. Der einstige Generalstäbler hatte, wie bereits erwähnt, im Ersten Weltkrieg Großeinsätze wie den Durchbruch am *Chemin des Dames* mit vorbereitet, bei dem Giftgas in größerem Umfang eingesetzt worden war. Die Debatten über die Nützlichkeit chemischer Kampfstoffe wurden im argentinischen Offizierskorps während des Aufenthalts Faupels mit großer Offenheit geführt, wovon eine Reihe von Artikeln zeugt, die seit Beginn der 20er Jahre in der *Revista Militar* erschienen. Darin wurden vor allem die Erfahrungen des Ersten Weltkrieges diskutiert.[71] Es scheint, dass

---

[70]   Zu Bauers Spanien-Aufenthalt vgl. Kunz/Müller (1991: 88, 190-195), zu Bauers Argentinien-Aufenthalt vgl. Vogt (1974: 413-415).

[71]   Zur Debatte über chemische Waffen in der argentinischen *Revista Militar*: Serant (1921), Coelho (1924), Sanguinetti/Sanguinetti (1927), Ruiz (1928), Cattaneo (1928), Wermelskirch (1929) sowie *Revista Militar*, Juli 1928, S. 157-164 (La aviación en la guerra química futura, traducción de la "Revista Aeronáutica"),

zunächst von einer Übernahme dieser Technik in großem Umfang
durch die argentinische Armee Abstand genommen wurde. In einem
möglichen Krieg mit Chile wäre sie vermutlich nur von geringem
Nutzen gewesen, da dieser – wie Bauer in seinem Memorandum ausgeführt hatte – angesichts der großen Ausdehnung beider Länder und
der unzureichenden Grenzbefestigung mit hoher Wahrscheinlichkeit
im Gegensatz zum Ersten Weltkrieg zu einem Bewegungskrieg ausge-
artet wäre, bei dem die gegnerischen Armeen im Falle eines Einsatzes
von chemischen Kampfstoffen ihr eigenes Operationsgebiet verseucht
hätten. Gleichwohl wurde spätestens 1933 ein Forschungslabor aufgebaut, in dem die argentinische Armee mit Giftgas experimentierte.[72]
Bereits 1930 entsandte die argentinische Regierung zudem ihren Gift-
gasexperten Herrero Ducloux nach Deutschland. Dieser Professor für
Chemie an der Universität von Buenos Aires war seit 1909 mehrfach
in Deutschland gewesen und hatte 1926 ein Buch über militärische
Giftgase verfasst. Offiziell mit dem Auftrag betraut, einen deutsch-
argentinischen Studentenaustausch vorzubereiten, trat er zu Beginn
seiner Deutschlandreise im Frühjahr 1930 mit dem IAI in Verbindung,
also zu einem Zeitpunkt, als dieses noch gar nicht eröffnet war. Das
Institut vermittelte ihn mit der Bemerkung, er sei Technischer Berater
des argentinischen Generalstabs "in Bezug auf Pulver, Explosivstoffe
und Gase" an Reichswehr und chemische Industrie.[73] Zumindest Spanien war in den 20er Jahren von deutschen Giftgasproduzenten wie
dem Hamburger Unternehmer Stoltzenberg mit der Infrastruktur zur
Herstellung chemischer Waffen versehen worden. Im Krieg gegen die
aufständischen Rif-Kabylen in der spanischen Kolonie Marokko hatte
der Einsatz dieser chemischen Kampfstoffe deutscher Herkunft den
Ausschlag gegeben, doch hatten die Beteiligten lange Zeit über ver-

---

Armen-Gaud (1929) (letztgenannter Artikel enthält indirekte Bezüge; der zur
Diskussion stehende Luftkrieg war ein Gaskrieg).

[72] Diese Tatsache entnimmt man einer lakonischen Notiz in: Ministerio de Guerra
(1933/34: XXI).

[73] Herrero Ducloux' Buch *Datos sobre gases de guerra y substancias auxiliares*,
Buenos Aires, 1926, war mir nicht zugänglich (vgl. *Revista Militar*, Jg. 28,
Nr. 334, Nov. 1928, S. 1017, Boletín Bibliográfico). Zu diesem Gasexperten vgl.
Boelitz an Reichswehrmin., o.D. (27.3.1930) (GStA, HA I, Rep. 218, Nr. 91,
Bl. 50); Kretschmar an IAI, 21.2.1930 (GStA, HA I, Rep. 218, Nr. 91, 135);
Brief (ohne Unterschrift) (3.4.1930), ibid. Bl. 162; Brief an IAI, 4.4.1930 (ibid.
163); GStA, HA I, Rep. 218, Nr. 101, Bl. 295-338.

sucht, dies geheim zu halten. Die Erfahrung, dass Deutsche unter Umgehung der Auflagen des Versailler Vertrags in Spanien Giftgas produzieren konnten, scheint Stoltzenberg ermutigt zu haben, sich Ende 1934 an Faupel zu wenden, etwa ein halbes Jahr, nachdem er die Präsidentschaft des IAI übernommen hatte. Obwohl Geheimnisträger und damit in Gefahr, sich bei der Preisgabe seines militärischen Arkanwissens strafbar zu machen, referierte Stoltzenberg bei seinem Treffen mit Faupel ausführlich den Einsatz seiner Kampfgase gegen die Rif-Kabylen. In seinem privaten Notizbuch, das den Inhalt dieses Treffens wiedergibt, ist nicht vermerkt, was sich Stoltzenberg konkret von Faupel erhoffte.[74] Der Einsatz von Giftgas galt in einer breiten Öffentlichkeit als verwerflich, so dass die illegale Planung und Produktion solcher Waffen einem hohen Geheimhaltungsgrad unterlag. Dies erschwert es zweifellos erheblich, Klarheit über die Frage zu gewinnen, ob die Reichswehr oder Industrielle wie Stoltzenberg mit Hilfe Faupels versucht haben, eine Verbreitung dieser Technologie nach Südamerika in die Wege zu leiten. Erforscht ist dies bislang nicht. Die Historiker Kunz und Müller, die eine akribisch recherchierte Arbeit über die deutsche Beteiligung am Aufbau der spanischen Giftgasindustrie in den 20er Jahren vorgelegt haben, halten es jedenfalls für wahrscheinlich, dass Faupel in seiner Zeit als Botschafter bei Franco diesen motiviert hat, bei der Führung des "Dritten Reichs" zu sondieren, ob diese bereit wäre, die rebellierenden spanischen Nationalisten mit Giftgas auszurüsten und in dieser Sache an Stoltzenberg heranzutreten (Kunz/Müller 1991: 88).

Die Bedeutung der deutschen Militärmission in Argentinien wurde nach 1945 ebenso unterschiedlich interpretiert wie die Umstände der Ablösung Faupels von seinem Posten in Argentinien. Juan D. Perón, der Argentinien nach dem Zweiten Weltkrieg in diktatorischem Stil regierte, ließ nach seinem Sturz durchscheinen, er habe in Buenos Aires zu den Schülern Faupels gehört.[75] Da es dafür keinen weiteren

---

[74] Die Notiz ist faksimiliert enthalten in Kunz/Müller (1991: 86, 88).
[75] Perón (1976: 23). Er nennt den General darin "von" Faupel. Normalerweise verdankte jener seine postume Erhebung in den Adelsstand der englischen Historiographie und Pamphletistik, so dass der Name von Perón wohl auf diesem Umweg entdeckt worden sein dürfte. Falsche Bezeichnungen Faupels in der Literatur sind nicht selten und können als Indiz dafür gewertet werden, ob der betreffende Autor quellennah gearbeitet hat oder nicht.

Beleg gibt, ist anzunehmen, dass Perón dies lediglich lancierte, um die nordamerikanische Öffentlichkeit zu brüskieren. Jahrelang hatten US-amerikanische Diplomaten und Journalisten behauptet, die argentinische Armee habe bis Kriegsende im Schatten Faupels gestanden. Unter anderem nutzte der Perón-Gegenspieler Spruille Braden 1946 diesen *topos*. Der Historiker Ronald Newton hingegen schrieb, Faupels Vertrag sei nicht verlängert worden, weil er in der Armee unpopulär gewesen sei. Beide Einschätzungen gehen an der Realität vorbei.[76]

Faupel verließ nach Ablauf seines Vertrages 1926 das Land, weil einige Monate zuvor der Armee-Inspekteur Uriburu, als dessen persönlicher Berater sich Faupel verstand, aus Protest gegen Mittelkürzungen für die Armee durch die Regierung Alvear von seinem Posten zurückgetreten war. Da die enge Anbindung an Uriburu Faupels Einfluss begründet hatte, sah er wahrscheinlich die Grenzen seiner Möglichkeiten erreicht und bedeutete dies der argentinischen Armeeführung wohl auch relativ schroff. Wenn es nach seiner Abreise Proteste aus dem argentinischen Offizierskorps gegen sein Auftreten gegeben hatte, so kamen diese von der nationalistischen Fraktion, die generell gegen zu starke ausländische Einflüsse eingestellt war.[77] Eine allgemeine Ablehnung Faupels durch das argentinische Offizierskorps hätte gerade in späterer Zeit aktenkundig werden müssen, als er bereits Institutspräsident war und als solcher sehr oft mit argentinischen Offizieren zu tun hatte. Davon kann keine Rede sein. Die Frage ist insofern von Bedeutung, als solche Antipathien in einer wichtigen argentinischen "Multiplikatoren"-Gruppe natürlich später die Einflussmöglichkeiten des IAI geschmälert hätten.

---

[76] Braden (1946). Braden wirft dort der argentischen Armee vor, sie sei "Faupel-dominated" gewesen. Außerdem Newton (1991: XIII). Die oben geäußerte Detailkritik soll nicht den Rang dieser Veröffentlichung Newtons schmälern, die als Standardwerk gelten kann.

[77] Die Einschätzung, dass der deutsche Einfluss in der argentinischen Armee durch den Rücktritt Uriburus zurückgehen werde, wurde vom deutschen Gesandten in Argentinien geteilt: "Ich bedaure den Rücktritt des Generals Uriburu, mit dem ich enge persönliche Beziehungen unterhielt, auf das lebhafteste. Er war einer unserer besten Freunde, dem wir viel zu verdanken haben. Namentlich ist es sein Verdienst, wenn frühere deutsche Offiziere unter Leitung des Generals Faupel jetzt für die Ausbildung des argentinischen Heeres verwendet werden und dadurch auch unserer Industrie lohnende Aufträge zufließen." (Gneist an das Auswärtige Amt, 22.4.1926, PAAA, III Po 13 Mil Arg. Bd. 1). Außerdem Atkins/ Thompson (1972: 265-267).

Faupels nunmehr im südlichen Amerika erworbener Ruf erlaubte es ihm, 1927 den Posten des Generalinspekteurs der peruanischen Armee zu übernehmen; diese Stellung entsprach in etwa der Funktion eines Generalstabschefs.[78] Die in Peru tätigen ausländischen Militärinstrukteure waren bis zu diesem Jahr fast ausschließlich aus Frankreich berufen worden. Seit 1897 war fast ohne Unterbrechung der französische General Clément im Land. Er war damit Ausbilder mehrerer Generationen peruanischer Offiziere. 1924 verließ die französische Militärkommission mit Ausnahme Cléments nach einem Eklat das Land. Die Anwerbung einer neuen Gruppe von Instrukteuren aus Frankreich misslang. Clément selbst starb 1926 an einem Schlaganfall. Während der peruanische Kriegsminister Málaga für die Anwerbung von US-Offizieren plädierte, ließ sich Präsident Leguía in einer Unterredung mit dem deutschen Gesandten überreden, stattdessen den im Lande weilenden General Faupel zum Armeeinspekteur zu ernennen. Faupels Bedingung an die peruanische Regierung, weitere ausländische Offiziere nur aus Deutschland zu berufen, wurde akzeptiert. Er nahm gleichzeitig die peruanische Staatsbürgerschaft an, um dem Deutschen Reich diplomatische Verwicklungen zu ersparen.[79]

Auf den ersten Blick befand sich Faupel damit auf dem Höhepunkt seiner bisherigen Laufbahn, galt er doch damit nach Einschätzung manches Beobachters als "zweitmächtigster Mann" seines Gastlandes (Preußen 1987: 185). Bei näherem Hinsehen erwies sich seine Stellung jedoch als höchst labil. Der diktatorisch regierende Präsident Leguía hatte bewusst einen Ausländer in diese Stellung berufen, um sie nicht einem potentiellen Gegenspieler aus dem eigenen Land anvertrauen zu müssen. Die "Frankophilen", die einen namhaften Teil des Offizierskorps stellten, gehörten zu jenen Segmenten der peruanischen Eliten, die der Präsident von der Macht fernhalten wollte. Als Zugereister war Faupel in Peru ohne Hausmacht. Der preußische Prinz

---

[78] Die Ernennung erfolgte am 7.4.1927: Telegramm deutsche Gesandtschaft in Lima an AA (PAAA, R 33147). Eigene Angabe Faupels über seine Position: 1927: "Instrukteur der peruanischen Armee", selbstangefertigter Lebenslauf Faupels (GStA, HA I, Rep. 218, Nr. 214, Bl. 298). Nunns Bemerkung, "Faupel made little impress on the Peruvian officer corps during his short tenure", wird von dem Autor nicht weiter belegt (Nunn 1983: 185).

[79] Bericht der deutschen Gesandtschaft in Lima an das Auswärtige Amt, 3.2.1927 (PAAA, R 33147). Zu Faupels Peru-Mission vgl. auch Rinke (1996 II: 647-655). Allgemein zur Geschichte Perus in der betreffenden Phase vgl. Klarén (1986).

Louis-Ferdinand, Enkel des ehemaligen Kaisers Wilhelm II., besuchte in jener Zeit Peru und hinterließ eine Beschreibung der Funktion Faupels, die der Realität vermutlich sehr nahe kam: Im Hafen von Callao empfing Faupel ihn

> in schlichtem Zivil und ohne militärische Eskorte. Er brachte mich nach Lima, führte mich durch verschiedene Ministerien und zeigte mir Kasernen der peruanischen Armee. Am Nachmittag [desselben Tages] begaben wir uns in einen Klub, wo ein gewisser Herr Schröder, der in einem der Eliteregimenter meines Großvaters gedient und sich jetzt hierher zurückgezogen hatte, mit einigen ausländischen Diplomaten auf der Terrasse saß, anscheinend, um die herrliche Aussicht auf das Meer und die schneebedeckten Berge zu genießen. Mit einer leichten Verlegenheit und einer offenkundigen Ausrede nahm Faupel rasch Abschied von uns, dass ich Herrn Schröder um eine Erklärung für dieses merkwürdige Verhalten bat.
>
> "Gern", begann er. "Wie Sie wissen, ist Peru eine Demokratie, jedoch nur dem Buchstaben nach. In Wahrheit werden wir seit zwanzig Jahren von einem Diktator beherrscht. Unser augenblicklicher Präsident Leguía ist von bescheidener Herkunft und haßt die alte Aristokratie des Landes. Die meisten Angehörigen dieser Opposition hat er auf die Insel San Lorenzo verbannt, und die wenigen, die hier noch verhältnismäßig in Freiheit leben, müssen jeden Augenblick damit rechnen, aus irgendeinem Grunde oder auch ohne jeden Grund verhaftet zu werden. Leguía hat sich Faupel als Stabschef ausgesucht, weil er sicher sein kann, dass der keinen Militärputsch macht. ... Trotzdem läßt Leguía natürlich seinen Stabschef scharf überwachen. Darum muß Faupel vorsichtig sein. Er darf sich nicht in der Gesellschaft sehen lassen, in die ich Sie hernach führen werde."[80]

In Faupels Selbstdarstellung, wiederum 1940 vermittelt durch seinen Biographen Kurt Heros von Borcke, klang die Geschichte anders. Auf der *via triumphalis* seiner Selbstinszenierung als Held näherte er sich nunmehr zusehends klassischen Vorbildern. Die Topologie der Faupel-Saga scheint zugleich mythischen und realen Heroengeschichten entlehnt und erweckt den Eindruck einer Nachgestaltung der Türkeireise Moltkes oder gar des *Cantar de mío Cid* und germanischer

---

[80] Preußen (1987: 186). Faupels eigene Einschätzung des Präsidenten, die er vier Jahre nach seinem Ausscheiden aus peruanischen Diensten zu Papier brachte, diente dagegen eher einer Aufwertung seiner eigenen Stellung: "Präsident Leguía war einer der bedeutendsten Männer des südamerikanischen Kontinents der letzten 30 Jahre. Er war ein unermüdlich arbeitender Staatsmann, der große Eigenschaften hatte, viel geleistet hat und sich im Auslande größter Achtung erfreut." (Faupels Reaktion auf einen abwertenden Artikel über Leguía in der NS-Zeitung *Der Angriff* vom 27.5.1934: "Der Letzte seiner Art", Faupel an Geheimrat Prof. Dr. Heide, Berlin, 1.6.1934, GStA, HA I, Rep. 218, Nr. 101, Bl. 165 R/V).

Heldensagen. Auch verdichtete sich langsam ein Muster periodisch rotierender Feindbildbezüge. Der Lindwurm, gegen den Faupel als Sankt Georg das Schwert zog, trug nunmehr wieder die Farben der Trikolore:

Als seine [Faupels] Organisations- und Ausbildungsarbeit einen gewissen Abschluß gefunden hatte, wollte er 1926 über die südamerikanische Westküste nach Deutschland zurückkehren. Auf der Durchreise durch Perú wurde er als Gast zur Besichtigung von Truppen und militärischen Einrichtungen eingeladen. Alsbald gewannen der damalige peruanische Kriegsminister Málaga Santolalla sowie der die meisten Staatsmänner ibero-amerikanischer Republiken weit überragende Präsident Leguia ein solches Vertrauen zu dem deutschen General, dass sie ihm die Neuorganisation der peruanischen Armee antrugen.

Bei der traditionellen Freundschaft Perús mit Argentinien, wo Faupel bisher gewirkt hatte, lagen politische Bedenken gegen Übernahme dieser Aufgabe nicht vor. Sie war besonders schwierig in einem Lande, in dem sich seit 30 Jahren französische Militärmissionen stark betätigt hatten, und dessen Heer so französisch eingestellt war, dass z. B. nach dem Lehrplan der peruanischen militärischen Bildungsanstalten nur solche europäischen Kriege vorgetragen wurden, in denen Frankreich siegreich geblieben war! Ein Erfolg war daher nur möglich, wenn Faupel die Leitung des gesamten peruanischen Heeres übertragen wurde. Die Bedingung wurde erfüllt und Faupel zum Generalleutnant und Generalinspekteur ernannt.

Nun begann für Faupel eine rast- und ruhelose, angestrengte Tätigkeit. Alle Truppenübungen bereitete er persönlich vor und leitete sie in den sonnendurchglühten Sandwüsten an der Grenze zu Ecuador, in den unfruchtbaren zerklüfteten Bergen in der Gegend von Lima, in der Hochkordillere zwischen der Küste und dem Titicaca-See. Bei den riesigen Entfernungen ließ sich das nur unter ständiger Benutzung des Flugzeuges durchführen. Mehrwöchige Manöver in 4.500 Meter Höhe, an deren Durchführbarkeit ein Teil des peruanischen Offizierskorps zunächst überhaupt nicht glauben wollte, wurden trotz aller Transport- und sonstigen Schwierigkeiten bei vorzüglichem Gesundheitszustand der Truppe mit bestem Erfolg abgehalten. Die eingeladenen Militärattachés verließen eiligst das Manövergelände, da sie der Bergkrankheit in diesen Höhen nicht gewachsen waren.

In dauerndem Kampfe gegen die Ränke französischer Regierungsvertreter gelang es Faupel trotz des Versailler Diktats, einen deutschen Offizier nach dem andern zu seiner Unterstützung heranzuholen. Durch persönliches Eingreifen in die Verwaltung machte er für den peruanischen Staat wesentliche Ersparnisse, die zur Bezahlung von Gerät und Bewaffnung für die Armee verwendet wurden. So wurden in wenigen Jahren Erfolge erzielt, die nach dem Urteil auf vielen Gebieten größer waren als das, was weit stärkere französische Militärmissionen in etwa ebensoviel Jahrzehnten erreicht hatten (Borcke 1938: 313f.).

Tatsächlich befand sich Faupel in mehr als einer Hinsicht in einer schwierigen Lage. Hatte Präsident Leguía ihm die Stellung des Generalinspekteurs der peruanischen Armee verschafft, um sie keinem potentiellen Rivalen aus den Eliten des eigenen Land übertragen zu müssen, so konnte Faupel durch eine forcierte Professionalisierung der peruanischen Armee seinerseits indirekt zu einer Gefahr für das Regime werden, weil er zur armeeinternen Formierung neuer Eliten beitrug, die ab einem gewissen Punkt das nötige Selbstbewusstsein und die Machtmittel besitzen würden, den Präsidenten herauszufordern und zu stürzen.[81]

Faupel scheint während seines Peru-Aufenthalts nicht in ähnlicher Weise wie in Argentinien als Vorsprecher der örtlichen deutschen Gemeinde aufgetreten zu sein. Er erwies sich jedoch als aufmerksamer Beobachter der politischen Lage seines Gastlandes, wobei er nach langfristigen Verbündeten für das Deutsche Reich Ausschau hielt. In einem 1931 nach seiner Rückkehr nach Deutschland gehaltenen Vortrag schlug er hierfür kurioserweise die APRA vor, die nach seiner Auffassung mit ihrer Kombination von Nationalismus und Sozialismus der NSDAP nahe kam und als dynamische Massenbewegung künftig ein wichtiges Gegengewicht gegen die USA bilden würde:

> Die Apra hat einen ausgesprochen yankee-feindlichen Charakter. Sie wird von ihren Gegnern häufig als eine kommunistische Bewegung bezeichnet. Das trifft aber nicht zu; man muß sie vielmehr als eine nationale Bewegung mit sozialistischem Einschlag bezeichnen, so daß man sie in eine gewisse Parallele zu unserem Nationalsozialismus stellen kann. … Die Apristen betonen ihre indianische Abkunft, die sie gegenüber der spanischen bewußt in den Vordergrund rücken. Es wird also hier wie bei den Nationalsozialisten der Rassegedanke herausgearbeitet.[82]

Damit war vorgezeichnet, dass Faupel versuchen würde, den Antiamerikanismus vieler Lateinamerikaner, auch jenen indigener Massenbewegungen, für das Deutsche Reich zu instrumentalisieren. Ein Teil der sich hieraus ergebenden Koalitions- und Kooperationsmöglichkeiten wurde bis weit in den Zweiten Weltkrieg hinein wenigstens konzeptionell getestet, doch ist dieser Komplex noch nicht ausrei-

---

[81] L. A. Sánchez (1993): *Leguía el Dictador*. Lima, S. 112-113 (Das Buch lag mir nicht vor. Zitiert nach Altuve-Febres o.J.: 3f.).

[82] Faupels Vortrag "Die wirtschaftlichen und kulturellen Beziehungen Deutschlands zu Südamerika" wurde abgedruckt in: *Ibero-Amerika Ausg. C (Berlin)*, Jg. 12 (1931), Nr. 5, S. 81-85.

chend erforscht. War es die verführerische Vorstellung, im "Dritten Reich" einen mächtigen Partner gegen die USA gewinnen zu können, die einzelne Vertreter linksorientierter Parteien wie der APRA noch in der Zeit nach 1939 eine Anlehnung an Deutschland suchen und damit die antifaschistische Grundhaltung einer antiamerikanischen opfern ließ? Gänzlich illusorisch waren Faupels Annäherungsversuche an Teile der lateinamerikanischen Linken durchaus nicht. So nahm ein "Arbeiterführer" der APRA aus Cuzco, Aristides Holguín, noch im Mai 1940 die Mühsal auf sich, auf Umwegen nach Deutschland zu reisen, um dort soziale Einrichtungen und Arbeitslager zu besichtigen.[83]

Wie die Langzeitfolgen der von Faupel geführten Militärmissionen in Argentinien und Peru im Speziellen, der Kooperation deutscher und lateinamerikanischer Militärs im Allgemeinen zu bewerten sind, ist bis heute umstritten. Nationalistische Gesellschaften, die von einem Transfer aus anderen Kulturen profitiert haben, scheinen generell nach Abschluss dieses Übertragungsprozesses die fremde Herkunft der in Anspruch genommenen Innovation in Abrede zu stellen.[84] In den zeitgenössischen *Memorias* des argentinischen Kriegsministeriums beispielsweise sind die deutschen Einflüsse nahezu unsichtbar.[85] Den gleichen Eindruck gewinnt man bei der Durchsicht der nationalen Militärhistoriographie.

Das Auftreten der deutschen Armeeinstrukteure lag im Vorfeld der nationalsozialistischen "Machtergreifung" und war deshalb notwendigerweise Teil der Kontroversen, die den Charakter der deutsch-lateinamerikanischen Beziehungen in der Zeit des "Dritten Reiches" insgesamt betreffen. Sie berührten jenen Fragenkomplex, der auch im

---

[83] G. R. [= Gertrud Richert]/IAI an Kröger, Propagandaministerium, 15.6.1940 (GStA, HA I, Rep. 218, Nr. 812, o.S.). Wie in vielen Fällen geben die überlieferten Dokumente keine Auskunft über Motivation und Verlauf der Reise.

[84] So trifft Liebscher im Zusammenhang mit der Übernahme faschistischer Freizeitorganisation durch die nationalsozialistische DAF eine Feststellung, die sich sicherlich mit Blick auf interkulturelle Lern- und Transferprozesse autoritärer Nationalisten verallgemeinern ließe: "Die Vehemenz, mit der hier jede Ähnlichkeit mit dem italienischen Faschismus abgestritten wird, fällt auf: In der Tat steckt hinter dem lautstarken Bedürfnis, sich vom Faschismus abzugrenzen, die Leugnung, seit Jahren vom italienischen Beispiel gelernt zu haben" Liebscher (1998: 67).

[85] Dies ergibt sich bei einer stichprobenartigen Durchsicht der *Memorias*, vgl. Ministerio de Guerra (1921/1922; 1926/1927).

Oliver Gliech

Zusammenhang mit dem Wirken des IAI immer wieder aufgeworfen wurde: Hatte das Wirken deutscher Nationalisten und Rechtsextremisten in einzelnen Ländern Lateinamerikas Dauerfolgen, die auch nach dem Krieg noch spürbar waren? Hatte der Transfer militärischen Expertenwissens aus Deutschland nach Südamerika negative Folgen für die betroffenen Zivilgesellschaften? Entwickelte sich die Gruppe "germanophiler" lateinamerikanischer Offiziere unter dem Eindruck der totalitären Wende in Deutschland zu einer dauerhaften Gefahr für die Demokratie in den betreffenden Ländern? Es müsste die Grenzen dieses Beitrags sprengen, diese Fragen eingehender zu behandeln. Kurz aufgegriffen werden sie hingegen in einem Exkurs über die "germanophilen" argentinischen Offiziere in Kapitel 6.

4. Faupel als Organisator rechtsgerichteter Verbände: "Volksbund für Arbeitsdienst" und "Gesellschaft zum Studium des Faschismus"

1929 wurde Faupels Lage in Peru unhaltbar. Ein Teil der peruanischen Offiziere, die von den deutschen Militärinstrukteuren betreut worden waren, geriet in den Verdacht, in einen Putschversuch verwickelt gewesen zu sein. Die Deutschen fielen daraufhin in Ungnade, und Faupel musste seinen Posten als Generalinspekteur der peruanischen Armee aufgeben. Präsident Leguía wurde bald darauf gestürzt. Die sich anschließenden politischen Wirren veranlassten Faupel, das Land zu verlassen.[86] Er kehrte nach Deutschland zurück, wenige Monate vor Ernst Röhm, der im benachbarten Bolivien als Militärinstrukteur gearbeitet hatte und nun wieder Stabschef der SA wurde. Offiziell von der bolivianischen Regierung beurlaubt blieb Röhm in Deutschland nach eigenem Selbstverständnis "aktiver Offizier des bolivianischen Heeres"![87] Faupel pflegte die Beziehungen zu deutschen Militärberatern, die aus Lateinamerika heimgekehrt waren, allerdings nur so lange, wie dies opportun war. Röhm wurde kurze Zeit nach Faupels Aufstieg zum Direktor des IAI von der SS erschossen. Es bleibt unklar, ob der SA-Chef zu jenen gehört hat, denen er seinen späteren Posten verdankte.

---

[86]   Zum Ende seiner Militärmission in Peru Rinke (1996 II: 652).

[87]   1930 wird als Rückkehrdatum genannt bei Möller (1935: 305). Zum Bolivien-Aufenthalt des SA-Chefs vgl. Röhm (1933: 357-364).

Bald nach seiner Ankunft in Berlin war Faupel als Reorganisator des chinesischen Kriegsministeriums unter Tschiang-Kai-Tschek im Gespräch. Generaloberst Hans von Seeckt, ehemaliger Chef der Heeresleitung der Reichswehr, "Pour-le-Mérite"-Träger wie Faupel, dürfte diesen anlässlich einer China-Reise 1933 ins Gespräch gebracht haben.

Seiner [Seeckts] Denkschrift über Wirtschafts- und Militärfragen für Chiang Kai-shek, die neben der Modernisierung der Streitkräfte den Aufbau einer eigenen Rüstungsindustrie in den Mittelpunkt stellte, war von diesem und den führenden Militärs der Nationalen Revolutionsarmee große Achtung gezollt worden. Das Auswärtige Amt wandte sich zunächst jedoch entschieden gegen eine weitere Reise, die – so befürchteten die Diplomaten – zu einer längeren Anstellung Seeckts in China und damit zu politischen Verwicklungen führen müsse. Auch ein persönliches Telegramm von Chu Chia-hua und der Vorschlag der Chinesen, Seeckt solle nur neue bekannte deutsche Militärs, gedacht war unter anderem an Falkenhausen und den jahrelang in südamerikanischen Diensten als Militärberater tätigen General a.D. Faupel, einführen und dann von Deutschland aus die Beraterschaft weiterführen, konnten die 'Wilhelmstraße' angesichts der kritischen außenpolitischen Situation während des Völkerbundaustritts des Reiches nicht umstimmen.[88]

Hätte man von diesem Plan nicht aus außenpolitischen Rücksichten wieder Abstand genommen, wäre Faupel später nicht Leiter des IAI, sondern einer der wichtigsten Gegenspieler Mao-Tse-tungs geworden. Stattdessen suchte und fand er in Berlin Zugang zu nationalistischen Elitezirkeln, die einen autoritären Staat zu errichten suchten und die hofften, maßgeblich an seinem Aufbau beteiligt zu werden. Zwei Organisationen spielten dabei in Faupels weiterem Werdegang vor dem Aufstieg zum Direktor des IAI eine wichtige Rolle: der "Volksbund für Arbeitsdienst" und die "Gesellschaft zum Studium des Faschismus". Diese Verbände werden im Folgenden genauer untersucht.[89]

---

[88]   Ratenhof (1987: 434), vgl. dazu auch Meier-Welcker (1967: 667).

[89]   Zu beiden Verbänden sind offenbar wiederum keine eigenen Archivbestände überliefert. Die Geschichte des VBA lässt sich in groben Zügen aus dem publizierten Schrifttum wie der Verbandszeitschrift *Der Arbeitsdienst* rekonstruieren. Unterlagen zur "Gesellschaft zum Studium des Faschismus" (im Folgenden zitiert als GSF) haben in Nachlässen einzelner Mitglieder überdauert, so in jenem von Waldemar Pabst, aus dem sie als Kopie in die Faupel-Dokumentation des Staatssicherheitsdienstes gelangt sind, sowie in Unterlagen des Stahlhelm-Funktionärs Siegfried Wagner (BA Berlin, Best. Stahlhelm).

4.1 Der "Volksbund für Arbeitsdienst"

Deutschland litt zur Zeit der Ankunft Faupels seit einem Jahr unter den Folgen der Weltwirtschaftskrise. Die grassierende Massenarbeitslosigkeit wurde zur größten politischen Herausforderung ihrer Zeit. Vor allem vom rechten Spektrum wurden seither Lösungsvorschläge aus den Krisenzeiten der 20er Jahre aufgegriffen und mit zunehmendem Erfolg propagiert, in deren Zentrum die Einrichtung eines allgemeinen Arbeitsdienstes stand. Die mit dieser Forderung an die Öffentlichkeit tretenden Gruppierungen entwickelten sich zu einer regelrechten sozialen Bewegung, die beanspruchte, einen substantiellen Beitrag zur Linderung der Arbeitslosigkeit leisten zu können. Volkswirtschaftlich blieben ihre Vorstellungen stets fragwürdig, doch versperrt eine Kritik, die sich auf formallogische Denkfehler konzentriert, den Zugang zum Verständnis dieser Bewegung, die schließlich im NS-Staat 1935 mit der Einführung der Arbeitsdienstpflicht ihren Schlusspunkt fand.[90]

Faupel, der nach einem neuen Tätigkeitsfeld suchte, brachte sich als Organisator ins Gespräch. Nach kurzer Zeit gelang es ihm, die Führung des 1930 gegründeten "Volksbundes für Arbeitsdienst" (VBA, später Reichsbund für Arbeitsdienst) zu übernehmen. Dieser war nur eine von vielen Vereinigungen, die auf dem genannten Gebiet aktiv waren, doch hatte er von Anfang prominente Förderer. Die Gründung seines Kuratoriums hatte im Reichstag unter der Leitung des Abgeordneten Gereke stattgefunden. Verschiedene konkurrierende Organisationen und Verbände hofften, auf dem Umweg über den Arbeitsdienst zu einer Massenbasis zu gelangen oder diese, falls bereits vorhanden, zu erweitern, weshalb sie ihren Rivalen das Feld streitig machten. Direkt einer Partei zuzuordnende Organisationen standen im Wettstreit mit nach außen hin "unparteiisch" auftretenden Vereinigungen. Der VBA zählte sich selbst zu den zuletzt genannten: Er erhob den Anspruch, auf "wirtschaftlich und politisch streng neutraler Grundlage" zu arbeiten.[91] Das änderte nichts daran, dass er sich zur Sammelbewegung einer Vielzahl rechter, auch rechtsradikaler Verei-

---

[90]   Allgemein zur Geschichte der Arbeitsdienstbewegung vgl. Dudek (1988), Köhler
       (1967) und Schlicker (1968).
[91]   So die Verbandszeitschrift des VBA, *Der Arbeitsdienst. Schrift der überparteilichen Arbeitsdienstbewegung*, Oldenburg, Nr. 1, Januar/Februar 1931, S. 2
       ("Ziel und Weg des Kuratoriums für Arbeitsdienst").

nigungen entwickelte. Dennoch brachte ihn seine "Unparteilichkeit" bald in einen Gegensatz zur NS-nahen Arbeitsdienstbewegung und zur SA, die die Arbeitslosen als Klientel für sich selbst beanspruchten. Ziel des VBA wie auch vieler anderer Organisationen dieser Bewegung war es, die Arbeitslosen zu geringen Löhnen zu beschäftigen, sie gleichzeitig organisatorisch zu erfassen und nach Möglichkeit in eigenen Lagern zu versammeln, in denen man sie indoktrinieren und zu gegebener Zeit in ein williges Fußvolk für die Rechtsparteien umwandeln konnte.[92] Der Staat hatte die Arbeitsdienstidee bereits aufgegriffen. Die Notverordnung vom 3.6.1931 schuf durch "Einfügung des Ergänzungsparagraphen 139a in das Gesetz über Arbeitsvermittlung und Arbeitslosenversicherung ... eine gesetzliche Grundlage für den freiwilligen Arbeitsdienst" (Faupel 1931a: 26). Das bedeutete aber auch, dass der Staat zum zentralen Ansprechpartner für die Arbeitsdienstbewegungen wurde, da er sich anschickte, Mittel aus der Arbeitslosenunterstützung umzuwidmen und den freien Trägern der Arbeitsdienstbewegung zur Einrichtung von Arbeitslagern oder zur Finanzierung von Projekten zu überlassen. Der größte Teil des Lobbyismus der Verbände zielte darauf, diese finanziellen Zuwendungen auf die eigenen Mühlen zu lenken. In einem programmatischen Artikel ließ Faupel im Mai 1931 seine Position erkennen:

> Der gesunde Grundgedanke des Gesetzes ist, daß Geldmittel, die bisher lediglich dazu dienten, den Arbeitslosen die Fristung ihres Daseins zu ermöglichen, ohne jedoch produktiv verwendet zu werden, in Zukunft zu nutzbringender Arbeit eingesetzt werden können. ... Die Verordnung des Reichsarbeitsministeriums sieht vor, daß die Unterstützung von 2 RM statt an den Arbeitsdienstwilligen selbst, auch an den Träger der Arbeit gezahlt werden kann, d.h. an diejenigen Körperschaften und Vereine, die Arbeitswillige zu einer bestimmten Arbeit zusammenfassen und einsetzen. Richtiger wäre es, dieses "Kann" zur Regel zu machen. Werden die 2 RM pro Tag zur Bestreitung von Unterbringung und Verpflegung, vielleicht auch zur Ergänzung der Arbeitskleidung für eine größere Gruppe einheitlich verwendet, so läßt sich mit dieser Summe viel mehr erzielen, als wenn sie jeder Arbeitswillige einzeln ausgibt. Der letzte Fall muß die Ausnahme bilden und nur unter ganz besonderen Umständen möglich sein. Zu beanstanden ist auch die Bestimmung, daß der Arbeitsdienstleistende von der Arbeit abberufen werden muß, sobald ihm eine Arbeitsstelle im freien Markt vermittelt werden kann. Vorzuziehen wäre eine Fassung dahingehend, daß das Arbeitsamt den Arbeitsdienstleistenden nur dann abberufen darf, wenn es ihm eine Arbeitsstelle für eine vor-

---

[92]   Vgl. hierzu insbesondere Dudek (1988: 75f., 263).

aussichtlich längere Zeit nachweisen kann, als die Beschäftigung im freiwilligen Arbeitsdienst noch dauern wird (Faupel 1931a: 26).

Es war eindeutig, dass Faupel darauf zielte, sich und seinem Verband eine dauernde Klientel und fest kalkulierbare Subventionen zu sichern. *De facto* wäre sein Modell auf eine zeitlich befristete Zwangsarbeit hinausgelaufen: Die Arbeitslosen würden kaserniert, erhielten Kost und Logis, aber als Bargeld nur ein geringfügiges Taschengeld. Das Arbeitsamt wäre gehindert, sie zu vermitteln, so dass sie auf Dauer in den Fängen des VBA geblieben wären. Doch auch die erzieherische Wirkung des Arbeitsdienstes besaß für Faupel eine zentrale Bedeutung. Von staatlicher Seite war vorgesehen, dass Jugendliche unter 21 Jahren nur für 20 Wochen pro Jahr zu einem "freiwilligen Arbeitsdienst" herangezogen werden durften. Der General erhob hiergegen schwerwiegende Einwände:

> Die für den freiwilligen Arbeitsdienst in Betracht kommenden jugendlichen Arbeitslosen werden in ihrer überwiegenden Mehrzahl der Industrie, dem Handwerk und dem kaufmännischen Beruf entstammen. Ihr Einsatz wird aber ausschließlich zu Arbeiten ländlicher Art erfolgen, also zu solchen, an die sie in keiner Weise gewöhnt sind. Mithin werden mehrere Wochen oder Monate vergehen, bis es die ungeübten, zum Teil auch entkräfteten Arbeitswilligen zu einer gewissen Leistungsfähigkeit bringen. Ist diese erreicht, so werden sie kurze Zeit darauf entlassen. Ein freiwilliger Arbeitsdienst von 20 Wochen ist also unrentabel und wird gerade denjenigen seiner Gegner Gelegenheit zu neuen Angriffen geben, die ihm schon früher, zur Zeit der einleitenden Kämpfe um seine Einführung, völlige Unwirtschaftlichkeit vorwarfen.
>
> Auch vom erzieherischen Standpunkt aus betrachtet sind 20 Wochen zu wenig. Die sittliche Ertüchtigung, den die Gewöhnung an planmäßige Arbeit mit sich bringt, kommt bei 20 Wochen nicht genügend zur Geltung. Dazu kommt, dass die Arbeitslosen selbst naturgemäß den größten Wert darauf legen, für längere Zeit untergebracht zu werden, zumal für den Verlauf des ganzen Winters (Faupel 1931a: 26).

Arbeits- und Agitationsschwerpunkte des VBA waren unter anderem die Bodenmelioration und die "Polenablösung".[93] Die zuletzt genannte Initiative hatte zum Ziel, in einer konzertierten Aktion der landwirtschaftlichen Interessenverbände in der deutschen Landwirt-

---

[93] Das Kuratorium für Arbeitsdienst, das als Gründer und Träger des VBA Leitlinien für seine Arbeit formuliert hatte, rief Arbeitsausschüsse zu folgenden Themenbereichen ins Leben: Finanzen und Haushalt (Mitteleinwerbung), Anwerbung von "Arbeitsdienstwilligen", Siedlerhilfe, "Polenablösung", Meliorationen, Straßenbau; (*Der Arbeitsdienst*, Nr. 1, Januar/Februar 1931, S. 2).

schaft eine Verdrängung der polnischen Wanderarbeiter durch deutsche Arbeitsdienstler herbeizuführen. Ein Propagandaausschuss des Verbandskuratoriums, "der in engster Verbindung mit dem Vorstand für die äußere Ausbreitung und die Würdigung unserer Ideen sorgt, [unterhielt] besonders auch lebhafte Beziehungen zur Presse".[94]

Bei den zuständigen Reichsministerien wurden Faupels Initiativen eher reserviert aufgenommen, doch hatte der VBA bei der Anwerbung von Verbandsmitgliedern erhebliche Erfolge aufzuweisen. In dem hier entstehenden Netzwerk etablierte sich der VBA als Dachorganisation überwiegend privat organisierter und finanzierter Arbeitsdienstprojekte und Arbeitslager, die weit über das Gebiet des Deutschen Reiches verstreut waren und vor Ort den Arbeitsdienst, zumeist in Form von Arbeitslagern, organisierten.[95]

Dagegen schlugen Faupels Versuche fehl, große rechte Massenverbände wie den Frontkämpferverband "Stahlhelm" für eine Zusammenarbeit mit dem VBA zu gewinnen und damit Zugriff auf Teile ihrer Ressourcen zu erhalten.[96]

---

[94] *Der Arbeitsdienst*, Nr. 1, Januar/Februar 1931, S. 2.

[95] Im März 1931 waren in folgenden Städten Ortsgruppen des VBA vorhanden oder im Aufbau: Berlin (Lichterfelde, Südende, Tempelhof), Breslau, Darmstadt, Dessau, Dortmund, Dresden, Erfurt, Hildesheim, Karlsruhe, Königstein (Taunus), Leonberg, Leipzig, Ludwigsburg, Lübeck, München, Nürnberg, Osterode (Ostpr.), Opladen, Remagen, Sprottau, Stettin, Walterdorf (S. Schweiz), Weimar, Witten (Ruhr), vgl. *Der Arbeitsdienst*, März/April 1931, S. 14. Die Organisationen, die den VBA unterstützten, sind in der Zeitung des Verbandes aufgeführt. Beispielsweise gehörten im Oktober 1931 dem VBA allein in Bayern folgende 19 Organisationen an: Bayerischer Turnerbund, Zentralverband der Kriegsbeschädigten, Verein für Arbeiterkolonien in Bayern, Gewerkschaft "Deutsche Hilfe", Rotes Kreuz/Landesverband Bayern, Bund der Kinderreichen, Landesverband Bayern, Bayerischer Heimat- und Königsbund, Bayerischer Heimatschutz, Bund für freiwilligen Arbeitsdienst, Ehrenbund deutscher Weltkriegsteilnehmer, Landesausschuss Deutscher Ärzte in Bayern, Katholische Elternvereinigung, Evangelischer Handwerkerverein, Bayerischer Gewerbebund, Verband der Bayer. Offizier-Regimentsvereine, Hauptverband der Siedler Heimstätten- und Interessenten-Verbände (München), Ehem. Kgl. Bayer. Kadettenkorps e.V., Bayer. Ärzteverband e.V., Bund der Erwerbslosen Deutschlands (*Der Arbeitsdienst*, Okt. 1931, S. 43).

[96] Bundesamt Stahlhelm an Landesamt Sachsen des Stahlhelm, Abt. Id, Dresden A, 13.9.1932 (Graßmann), zum Verhältnis Stahlhelm-Volksbund (BA Berlin, Stahlhelm, Nr. 317, Bl. 84f.).

Ein Blick auf Faupels Mitstreiter im VBA erlaubt eine erste politische Verortung seiner Netzwerke. Zu den Mitgliedern des Bundesausschusses des Volksbundes für Arbeitsdienst gehörten unter anderem:

- **Fritz Irwahn:** Er war Sohn des Gründers des Deutschnationalen Handlungsgehilfenverbandes (DHV), eines der mitgliederstärksten Massenverbände der Weimarer Zeit, der namentlich die Angestellten der Großhandelsunternehmen organisierte und damit auch in Lateinamerika präsent war. Irwahn jun. war zugleich Leiter der Abteilung Bildungswesen im DHV (Dudek 1988: 76; Hamel 1967: 12, 230).

- **Generaldirektor Dr. Erich Lübbert:** Der Großindustrielle und spätere SA-Standartenführer war ab 1910 Syndikus im Diamantenbergbau Südwestafrikas und Vorsitzender der Lüderitzer Minenkammer. Seit 1926 Generaldirektor der größten deutschen Privatbahngesellschaft, der "AG für Verkehrswesen", war er zugleich Mitglied zahlreicher Aufsichtsräte. Zusammen mit Faupel war er Mitglied der "Gesellschaft zum Studium des Faschismus". Er fungierte in der Zeit vor der "Machtergreifung" als wirtschaftspolitischer Berater des SA-Führers Ernst Röhm, geriet unter anderem aus diesem Grunde bei der Zerschlagung der SA-Führung Ende Juni 1934 ins Visier der SS und wurde ins KZ Columbia-Haus gebracht. Mit einer persönlichen Todesdrohung Himmlers entlassen, widmete er sich fortan seinen Geschäften. Vom Nationalsozialismus hat er sich nicht distanziert: Nach 1945 gehörte er, nunmehr Aufsichtsratsmitglied der Dresdner Bank, zu den Spendern der rechtsradikalen "Deutschen Reichspartei".[97]

- **Wilhelm Rödiger:** Er war Führer des rechtsradikalen Jugendbundes der "Artamanen", einer rassenideologisch fundierten Sekte, die "degenerierten Städtern" eine "Reinigung des Blutes" durch Landarbeit versprach und als Träger des Blut- und Boden-Kultes zu den Vorläufern der NSDAP zu rechnen ist. Die Vorgeschichte der "Artamanen" reicht bis in die Kaiserzeit zurück. Willibald Hentschel hatte 1907 in seinem Buch "Varuna" eine Rückbesin-

---

[97] BA Berlin, ehem. BDC, Akte Erich Lübbert/Oberste SA-Führung; Dudek (1988: 76, 263), Höhne (1984: 9-19), Schlicker (1968: 264), Dudek/Jaschke (1984 I: 228), Mgverz. der GSF (BA Berlin, Stahlhelm, Nr. 260, Bl. 131).

nung auf die mystischen Wurzeln des "Ariertums" gefordert und die Gründung von der Außenwelt isolierter ländlicher Gemeinschaften propagiert, mit deren Bewohnern eine "reine Rasse" gezüchtet werden sollte. Der Begriff "Artamanen" war in diesem Zusammenhang von Hentschel lanciert worden. Der spätere "Reichsführer SS", Heinrich Himmler, war zeitweilig Mitglied dieser Gemeinschaft. Einige Autoren führen sein "Lebensborn"-Projekt auf Hentschels Rassenzüchtungsprojekt zurück. Schließlich sei vermerkt, dass der spätere KZ-Kommandant von Auschwitz, Rudolf Höß, über den "Artamanenbund" zur SS gelangte.[98]

– **Geheimrat Rudolf Böhmer**: Vor 1914 Amtmann in der Lüderitz-Bucht (Südwest-Afrika), tauchte er später ebenso wie Lübbert zusammen mit Faupel in der Gesellschaft zum Studium des Faschismus auf.[99]

– **Dr. Adolf von Achenbach** war Vorsitzender des Deutschen Landkreistages (Dudek 1988: 76).

– **Georg Escherich** war Führer der rechten Wehrorganisation "Orgesch", an deren Gründung Faupel mitgewirkt hatte (Dudek 1988: 76).

Im Ehrenpräsidium des VBA, das eher symbolische Bedeutung hatte, aber doch werbewirksam nach außen ins Feld geführt werden konnte, befanden sich Reichsminister a.D. von Keudell, Unterstaatssekretär a.D. von dem Bussche-Haddenhausen und als "Paradiesvogel" der mit Faupel befreundete Hamburger Kaufmann Roderich Schlubach, der, in Chile geboren, einem tahitianischen Fürstengeschlecht entstammte.[100]

Nach der Machtübernahme Hitlers konnte der der NSDAP unterstehende Teil der Arbeitsdienstbewegung unter dem späteren Reichs-

---

[98]   Zu Rödiger und den "Artamanen": Köhler (1967: 39-42, 159), Mosse (1994: 98f.), Broszat (1989: 51-55), Smith (1979: 211, 213), Dudek (1988: 76), Kater (1971).

[99]   Dudek (1988: 76); Köhler (1967: 159, 245); Mgverz. der GSF (BA Berlin, Stahlhelm, Nr. 260, Bl. 131).

[100] Die Familie Schlubach, um die Jahrhundertwende in Valparaíso/Chile ansässig, hatte dort eine Handelsniederlassung, vgl. Dudek (1988: 76, 276f.), *Deutscher Wirtschaftsführer* (1929: 1972), *Reichshandbuch der Deutschen Gesellschaft* (1931 II: 1644), Wilckens (1922: 46), sowie GStA, HA I, Rep. 218, Nr. 104, Bl. 31f.

arbeitsführer Konstantin Hierl seinen Monopolanspruch durchsetzen und die Konkurrenzverbände absorbieren oder ins Abseits drängen. Der VBA verlor damit seine Existenzberechtigung und verschwand.

4.2 Die "Gesellschaft zum Studium des Faschismus"

Faupels Organisationsarbeit gehörte neben seinem Nimbus als Front-Offizier zu den Faktoren, die ihn den führenden Exponenten der rechten Szene als Verbündeten empfahlen. Es gelang ihm ebenso mühelos, in die Klubs der hochkonservativen Eliten vorzustoßen wie in exklusive Zirkel, in denen die deutsche Diktatur intellektuell vorbereitet wurde. In den verschiedenen Etappen seiner Biographie entstanden nach und nach die einzelnen Bestandteile eines Beziehungsnetzes, dem er schließlich die Ernennung zum Institutsdirektor verdankte und das ihm in dieser Position den nötigen Rückhalt für seine Privatdiplomatie bot.

Bei einem beträchtlichen Teil der politisch relevanten Gestalten seines Umfelds kreuzten sich die biographischen Linien an ganz bestimmten Punkten. Es gab unter ihnen eine auffällig hohe Häufung von Leuten, die engere Beziehungen zu Schlesien besaßen. Dies war die Provinz, aus der Faupel stammte. Dort hatte er sein Freikorps aufgestellt, und die brutalen Kämpfe um das oberschlesische Industrierevier gehörten zu den zentralen Katalysatoren der rechtsextremen Bewegung nach 1918. Die zweite Gruppe wies Berührungspunkte mit den Kolonien auf oder hatte sich für längere Zeit in Lateinamerika aufgehalten. Und die dritte Gruppe stammte aus den verschiedenen rechten Vereinigungen, in denen Faupel eine Rolle spielte oder denen er nahe stand, sowie aus den Freikorps oder der Gruppe der Frontoffiziere.

Die wichtigste Vereinigung, der Faupel vor 1934 angehört hatte, war die "Gesellschaft zum Studium des Faschismus" (GSF), die im Folgenden beschrieben wird.

Der bereits erwähnte "Nationale Klub von 1919", von dem wahrscheinlich der Impuls zur Gründung der GSF ausging, war in der frühen Weimarer Republik zeitweilig "die weitaus bedeutendste und repräsentativste Vereinigung des neu belebten Konservatismus". Faupel trat ihm 1933 bei (Schulz 1962: 209). Als exklusive Gesellschaft in ihrer elitären Grundhaltung in manchem den traditionellen hochkonservativen "Herrenklubs" ähnlich, hatte der "Nationale Klub" sich konzeptionell bewusst von diesen abgegrenzt, da sie in ihrer mentalen Grundhaltung der Kaiserzeit verhaftet blieben und sich zudem sozial gegen das Bürgertum abgeschottet hielten. Altes Standesdenken reproduzierend und auf Restauration der monarchischen Welt drängend, fehlte ihnen die Kraft, massenwirksame politische Entwürfe zu formulieren, weshalb sie sich zunehmend isolierten. Die Krise der Weimarer Republik und ihr sich abzeichnendes Ende zwangen den innovationsbereiten Teil der konservativen Eliten, nach neuen politischen Konzepten Ausschau zu halten. Der "Nationale Klub von 1919" verstand seinen Namen als Programm: Auf eine durch Revolutionsgefahr gekennzeichnete Umbruchzeit verweisend, sammelten sich dort Kräfte, die bereits in der frühen Nachkriegszeit zu den Organisatoren der Gegenrevolution gehört hatten. Die existenzgefährdende Krise, in der sich die Republik befand, schien neuerlich ihr Eingreifen zu fordern. Den ursprünglichen Anspruch, sich als "geistiger Generalstab" der deutschen Rechten zu etablieren, vermochte der Klub nie zu erfüllen, doch erwachte mit dem Fortschreiten der Staats- und Wirtschaftskrise der Anspruch, maßgeblichen Einfluss auf die Debatten über die Neugestaltung Deutschlands zu nehmen (Hoepke 1968: 298).

Hans Pfundtner, in der NS-Zeit Staatssekretär im Reichsinnenministerium, versuchte den Klub 1932 anlässlich der bevorstehenden Reichspräsidentenwahl für politische Zwecke zu reaktivieren. Da seine Mitglieder zumeist vielbeschäftigte Leute waren, schlug er dem Klub vor, ein Mitglied zu bestimmen, das "über genügende Zeit verfügt und neben politischem Interesse auch die nötigen Verbindungen [besitzt] und über ein gewisses Organisationstalent [verfügt]", um die Aufgabe eines Koordinators für die Verbindungen zu den "nationalen Verbänden" zu übernehmen (Hoepke 1968: 298).

Der "Nationale Klub von 1919" fand in Hauptmann Waldemar Pabst, der 1919 zu den Gründern gehört hatte, den gesuchten Koordinator, der beim Aufbau und der Führung der "Gesellschaft zum Studium des Faschismus" die führende Rolle spielen sollte. In der Umbruchzeit 1918/19 faktisch Befehlshaber der renommierten Garde-Kavallerie-Schützen-Division, hatte er mit dieser Elite-Einheit entscheidenden Anteil an der Niederschlagung der ersten Revolutionsbewegung in Berlin. Er war verantwortlich für die Ermordung der Gründer der KPD, Karl Liebknecht und Rosa Luxemburg. Nach dem

Kapp-Putsch floh er 1920 nach Österreich, wo er bis 1930 mit anderen
die rechtsorientierten Heimwehren aufbaute. In diesen zehn Jahren
wurde er in der Alpenrepublik als Stabschef einer der wichtigsten
paramilitärischen Kräfte zu einem politischen Faktor von Gewicht.
1931-41 wirkte er als Prokurist des Unternehmens Rheinmetall-
Borsig.[101] Gemeinsam mit dem ehemaligen Herzog von Sachsen-
Coburg-Gotha wurde Pabst im März 1932 in den Beirat des "National
Klubs" gewählt. Beide waren ein Vierteljahr zuvor Initiatoren der
Gründung der GSF gewesen und schöpften nun das personelle
Reservoir des "Nationalen Klubs von 1919" aus, als es darum ging,
die exklusive Mitgliederschaft zusammenzustellen. Es bleibt unklar,
ob die Initiative zur Schaffung der GSF ursprünglich vom "Nationalen
Klub" ausging oder ob dieser sie nur mittrug, nachdem sie bereits
existierte. Doch waren die Verflechtungen zwischen beiden Vereinigungen seit der Gründung so eng, dass die Annahme gerechtfertigt
erscheint, dass ersteres der Fall war.[102]

Die Gründung der GSF ist ursprünglich wohl ein Versuch unter
vielen gewesen, die Führer der wichtigsten republikfeindlichen Kräfte
des rechten Spektrums zusammenzuführen. Alle Initiativen, diese für
eine Sammelbewegung oder wenigstens für ein abgestimmtes Vorgehen zu gewinnen, waren jedoch gescheitert. Die viel beschworene
Tagung in Bad Harzburg (1931) blieb der symbolhafte Ausdruck dieser fehlenden Koalitionsfähigkeit. Weniger ambitioniert, aber dafür
um so zielgerichteter, hatte die Gründung eines reinen *think tanks*
dagegen eine Reihe von Vorteilen. Der Name der "Gesellschaft zum
Studium des Faschismus" war programmatisch zu verstehen. Zweck
der GSF war die intensive Beschäftigung mit den politischen Erfahrungen der Diktatur Mussolinis. Als Studienvereinigung hatte die GSF
eine klar definierte Funktion. Indem sie ein ausländisches Vorbild in
freier Debatte analysierte, vermied sie es, ihre Mitglieder innenpolitisch auf einheitliche Positionen festzulegen und erlaubte damit Ver-

---

[101] Gietinger (1992: 331), Wiltschegg (1985: 357f.), *Der Spiegel* 16, 18.4.1962,
       S. 38-44 (Interview mit Pabst), Mgverz. der GSF (BA Berlin, Stahlhelm, Nr. 260,
       Bl. 131).

[102] Im Schreiben, das die Auflösung der GSF mitteilte, nannte sie der verantwort-
       liche Organisator Waldemar Pabst "die Faschistische Studiengesellschaft im Na-
       tionalen Klub" (Pabst an den Nationalen Klub, 24.9.1934, IML Sign. NL 35/7,
       NL Waldemar Pabst, zitiert nach BStU, MfS FV 8/69, Ordn. 4, Bl. 19, 44).

tretern konkurrierender und oftmals auch zerstrittener Rechtsverbände sich zur Verfolgung eines gemeinsamen Ziels zusammenzusetzen und im Gespräch zu bleiben. Wilhelm Faupel spielte als Ko-Organisator eine wichtige Rolle in der GSF. Wiederum scheint kein eigenes Archiv überdauert zu haben. Die Zusammensetzung der Mitgliederschaft ist jedoch ebenso überliefert wie ein Teil der Debatten, die protokolliert wurden, sowie Verzeichnisse der Ausschüsse und der dort verhandelten Gegenstände.

Die GSF verdient im Zusammenhang mit der Biographie Faupels aus folgenden Gründen eine etwas genauere Betrachtung:

Zum einen erlaubt eine Analyse der Mitgliederschaft dieses nach außen abgeschotteten Eliten-Zirkels einen Einblick in die Verbindungen Faupels zu den Kreisen des späteren Führungspersonals der Diktatur. Zum anderen war es das explizite Ziel dieser Organisation, die Übertragbarkeit von Ideologien und politischen Praktiken von einem Land auf ein anderes zu prüfen. Das von Faupel seit 1934 geleitete IAI hatte zwar nicht *expressis verbis* eine ähnliche Aufgabe gegenüber Lateinamerika, doch lässt allein die mehrjährige Mitarbeit des Generals a.D. in einer Studien-Gesellschaft mit der genannten programmatischen Ausrichtung erkennen, dass der spätere Instituts-Präsident sehr wohl die Wege kannte, die zu gehen waren, wenn faschistisches Gedankengut in ein anderes kulturelles Milieu übertragen werden sollte.[103]

Hielt man eine rechte Diktatur für wünschenswert und ihr baldiges Kommen für sicher, so war es ein folgerichtiger Schritt, sich zunächst eingehend mit den Erfahrungen bereits bestehender Regime totalitären Zuschnitts zu beschäftigen. Genau das war die Funktion der "Gesellschaft zum Studium des Faschismus", deren Ziel es nach den Worten ihres Vorsitzenden war, "das Gedankengut und die praktischen Erfahrungen des [italienischen] Faschismus zu prüfen und die Ergebnisse dieser Untersuchungen den Führern des kommenden Deutschland zur

---

[103] Vgl. zur Frage des Phänomens interkultureller "Übertragung": Paulmann (1998). Eine Anwendung der hier diskutierten komparativen Techniken und Fragestellungen der modernen Transferforschung auf die deutsch-lateinamerikanischen Gesellschaftsbeziehungen wäre eine der künftigen Herausforderungen an die Forschung. Eine konventionelle, politikwissenschaftlich orientierte Historiographie könnte dies sicherlich nicht leisten.

Verfügung zu stellen".[104] Eine neutrale Beschäftigung mit Italien war damit nicht beabsichtigt. Die Organisatoren der Gesellschaft ließen an ihrer Sympathie für das italienische Vorbild keinen Zweifel aufkommen:

> Die Gründung [der GSF] entsprach einem tiefen Bedürfnis des gesamten nationalen Deutschland, das in der faschistischen Staats- und Wirtschaftsidee grundsätzlich eine Lösungsmöglichkeit auch aus der gegenwärtigen deutschen Krise erblickt.[105]

Völlig neu war die Idee, eine solche Studiengesellschaft zu gründen, allerdings nicht. Seit der Machtübernahme Mussolinis war sein diktatorisches Experiment auf breites internationales Interesse gestoßen. Mehrere deutsch-italienische Verbände und Sektionen größerer Organisationen beschäftigten sich mit dem Phänomen, wovon ein breiter Strom von zeitgenössischen Veröffentlichungen zeugt.[106] In Lausanne entstand ein "Internationales Institut zum Studium des Faschismus".[107] Zudem organisierten in Deutschland verschiedene, dem Faschismus nahestehende italienische Organisationen Propagandakampagnen zugunsten des Mussolini-Regimes. An erster Stelle stand hierbei die italienische Handelskammer in Berlin, deren Präsident Giuseppe Renzetti seit 1926 die Auslandsvertretung der italienischen Faschisten in Deutschland aufbaute, gleichzeitig als Kontaktmann zu diversen Rechtsparteien wirkte und die GSF nach ihrer Gründung mit Informationsmaterial versorgte.[108]

Die "Gesellschaft zum Studium des Faschismus" wurde im Dezember 1931 von einem Vertreter des Hochadels aus der Taufe gehoben. Carl Eduard von Sachsen-Coburg-Gotha, vormals regierender Herzog dieses Kleinstaats, Neffe des britischen Königs Edward VII., preußischer General, Freikorpsoffizier und Funktionär mehrerer

---

[104]   BA Berlin, Stahlhelm, Nr. 260, Bl. 130.
[105]   Gesellschaft zum Studium des Faschismus: Aufgabe und Ziel (IML, Sign. NL 35/7, NL Waldemar Pabst, zitiert nach BStU, MfS FV 8/69, Ordn. 4, Bl. 37).
[106]   Zur zeitgenössischen Literatur vgl. weiter unten.
[107]   Binzer (1929), Eintrag auf der Titelseite. Allgemein zur Beschäftigung der deutschen Öffentlichkeit mit dem faschistischen Italien: Hoepke (1968).
[108]   Zu Renzetti vgl. Liebscher (1998: 71). Die Arbeit Liebschers zeigt am Beispiel der Sozialpolitik auf vorbildliche Weise, wie der Nationalsozialismus vom italienischen Faschismus gelernt hat. Zu Renzettis Verbindungen zu Stahlhelm und GSF vgl. BA Berlin, Stahlhelm, Nr. 260: Außenpolitik, Italien, April 1929-April 1933, Bl. 64, 83, 139, 189f.

Wehrverbände, gehörte zu jenen Vertretern der Aristokratie, die sich der NSDAP angenähert und sich ihr schließlich auf Gedeih und Verderb verschrieben hatten. Nach 1933 machte er innerhalb des Regimes Karriere: Er wurde SA-Gruppenführer, war von 1933-1945 Präsident des Deutschen Roten Kreuzes und stieg zum Reichsbeauftragten für das Kraftfahrwesen auf.[109] Aufgrund dieser Ämterhäufung hat er viele seiner Aufgaben an Vertraute delegiert, die er in den Wehrverbänden kennen gelernt hatte. Es scheint, dass er prägenden Einfluss auf die Besetzung von Schlüsselpositionen in den Verbänden behielt, in denen er nur nominell seine Funktion wahrnahm. In der Zeit nach 1918 hatte er eine Art "informellen Hofstaat" gebildet, bestehend aus einer kleinen Gruppe politisch aktiver Ex-Offiziere, die seine Lobby-Arbeit betrieben.

Es sollen hier kurz die wichtigsten Mitglieder der Gesellschaft und ihre künftige Stellung im Regime sowie Aufbau und Funktion der Gesellschaft zur Sprache gebracht werden.[110]

Die GSF war ausdrücklich nach dem Führerprinzip gegliedert: Die Mitglieder wurden durch den Vorsitzenden berufen, der in jedem Konflikt die letzte Instanz blieb. Es wurde darauf geachtet, dass die "Bereitschaft zu ernsthafter Arbeit [vorhanden war]. An Mitgliedern nur dem Namen nach", so der Herzog von Sachsen-Coburg-Gotha, "ist uns ... nicht gelegen".[111] Faupel gehörte zu dem kleinen inneren Kreis des "Verwaltungsrates" der GSF, der die Sitzungen vorbereitete. Ferner gehörte er zwei internen Arbeitsgruppen an. Die erste hatte die Aufgabe, "Richtlinien für die Behebung der Arbeitslosigkeit (Lösung des Arbeitslosenproblems) im korporativen deutschen Staat" auszuarbeiten, die zweite war der Organisation der Arbeitsdienstpflicht gewidmet.[112] Faupel konnte somit seine Aufgaben im VBA mit denen in

---

[109] Lichtenstein (1988: 20f.), Schulz (1962: 223), Mgverz. der GSF (BA Berlin, Stahlhelm, Nr. 260, Bl. 131).

[110] Die gesamten Ausführungen über die GSF stützen sich auf die Akte BA Berlin, Stahlhelm, Nr. 260, Kopien aus dem Nachlass Waldemar Pabst (IML Sign. NL 35/7, NL Waldemar Pabst, zitiert nach BStU, MfS FV 8/69, Ordn. 4) und die begleitende Konsultation biographischer Hilfsmittel.

[111] BA Berlin, Stahlhelm, Nr. 260, Bl. 130.

[112] Unterlagen der GSF, unter anderem Aufstellung der Arbeitsgruppen mit Namen ihrer Mitglieder (IML Sign. NL 35/7, NL Waldemar Pabst, zitiert nach BStU, MfS FV 8/69, Ordn. 4, Bl. 19, 25f.).

der GSF koppeln. Zugleich wurde deutlich, dass seine Arbeitsdienstpflicht an ausländische faschistische Vorbilder anknüpfen sollte.

Die Zahl der ordentlichen Mitglieder war auf 100 begrenzt. Diese
quantitative Beschränkung sollte den exklusiven Charakter der Gesellschaft unterstreichen. Die Zahl der "Studienmitglieder", denen kein
Mitspracherecht in Belangen der Gesellschaft eingeräumt wurde, war
hingegen nicht begrenzt; sie stieg von 1931 bis 1933 von etwa 100 auf
ca. 230 an.

Von den sicher zuzuordnenden 330 Studien- und Vollmitgliedern
1933 waren 91 aktive oder ehemalige Berufsoffiziere, also fast ein
Drittel. Ca. 10% der in der Gesellschaft vertretenen Offiziere waren
wie Faupel "Pour-le-Mérite"-Träger; angesichts der Zahl der reichs-
weit zu diesem Zeitpunkt noch lebenden ca. 650 Träger dieses Ordens
scheint dieser Anteil außerordentlich hoch.[113] Unter den Offizieren sei
Joachim von Stülpnagel genannt, der im Januar 1933 kurze Zeit als
Reichswehrminister im Gespräch war. Die Familie Stülpnagel, die
wiederum einen "Pour-le-Mérite"-Träger stellte (der nicht der GSF
angehörte), war Eigentümer der *Berliner Börsenzeitung*, die als
Sprachrohr des Heeres galt und in der Faupel gelegentlich Artikel
veröffentlichte.[114]

Die Angehörigen bildungsbürgerlicher Berufe (hohe Beamte, Professoren, Chefredakteure, Verleger, Schriftsteller, Rechtsanwälte,
Künstler, Kulturfunktionäre) bildeten mit 165 Mitgliedern nahezu die
Hälfte der Gesellschaft. Unter den Pressefunktionären ist Walter Funk
zu nennen, Hitlers persönlicher Wirtschaftsberater und Kontaktmann
der NSDAP zu den Vertretern der rheinisch-westfälischen Großin-
dustriellen. Zehn Jahre lang, bis 1932, war er Hauptschriftleiter an der
bereits genannten *Berliner Börsenzeitung*. Funk wurde 1933 Presse-
chef der Reichsregierung und Staatssekretär im Propaganda-Minis-
terium; seit 1937 war er Reichswirtschaftsminister, ab 1939 zugleich
auch Präsident der Reichsbank (Wistrich 1983: 80).

Unter den ca. 23 Industriellen und Bankiers (zuzüglich weiterer
22 ungesicherter Fälle) finden sich in der Gesellschaft, wenngleich
zum Teil nur als passives Mitglied, der zeitweilige Reichsbankpräsi-

---

[113] Ergebnis eines Vergleichs der Mitgliederliste mit dem Namensverzeichnis von
       Möller (1935).
[114] Zu Stülpnagel vgl. Wilhelm (1995), *Reichshandbuch der Deutschen Gesellschaft*
       (1931 II: 1876f.), Mgverz. der GSF (BA Berlin, Stahlhelm, Nr. 260, Bl. 131).

dent Hjalmar Schacht, Fritz Thyssen, einer der frühesten Förderer Hitlers unter den Industriellen (der 1939 mit der NSDAP brach und 1945 nach Argentinien auswanderte, wo er 1951 starb),[115] Erich Lübbert, der bereits im Zusammenhang mit dem VBA erwähnt wurde, Friedrich Minoux, 1919 einer der Finanziers der gegenrevolutionären Garde-Kavallerie-Schützen-Division (die unter der Leitung des oben genannten Waldemar Pabst gestanden hatte)[116] und Günther Quandt, bei dem Joseph Goebbels als Hauslehrer gearbeitet hatte (der Berliner Gauleiter heiratete 1931 die ehemalige Ehefrau Quandts).[117] Neben drei Bankdirektoren gehörte der zeitweilige Leiter der Tarifabteilung der Arbeitgeberverbände, Hermann Meissinger, zu den Mitgliedern der GSF.[118]

Unter den Kulturfunktionären in der Gesellschaft findet man zwei Intendanten a.D., darunter Max von Schillings, seit 1932 Präsident der Preußischen Akademie der Künste, sowie Hans Hinkel, später Staatskommissar im Preußischen Kultusministerium, dem Ministerium also, dem das IAI unterstellt war. Hinkel war nach der Machtübernahme Hitlers für die Gleichschaltung der Berliner Theater verantwortlich, wurde Reichskulturwalter und schließlich SS-Gruppenführer. Vermutlich erhielt Chaplins "Großer Diktator" als kleine Rache deutscher Emigranten seinen Namen.[119]

Darüber hinaus fand man in der Gesellschaft 56 Adlige, darunter den Kronprinzen der Hohenzollern, mindestens 14 ostelbische Gutsbesitzer sowie mindestens 17 hohe Partei- und Verbandsfunktionäre sowie Abgeordnete der NSDAP und der DNVP aus Reichstag und preußischem Landtag.

Mit dem Publizisten Eduard Stadtler hatte die Gesellschaft einen erfolgreichen *fundraiser* der äußeren Rechten in ihren Reihen. Ende 1918 hatte er mit Hilfe der Deutschen Bank das "Generalsekretariat

---

[115] Vgl. Nekrologe aus dem rheinisch-westfälischen Industriegebiet (1955: 234-236).

[116] Zu Minoux vgl. *Deutscher Wirtschaftsführer* (1929: 1513), Gietinger (1992: 326), Mgverz. der GSF (BA Berlin, Stahlhelm, Nr. 260, Bl. 131).

[117] Wistrich (1983: 91f.), *Deutscher Wirtschaftsführer* (1929: 1746), *Reichshandbuch der Deutschen Gesellschaft* (1931 II: 1457f.).

[118] Zu Meissinger vgl. *Deutscher Wirtschaftsführer* (1929: 1457), *Reichshandbuch der Deutschen Gesellschaft* (1931 II: 1222).

[119] Zu Schillings vgl. Beck (1933?); zu Hinkel vgl. *Die Zeit* 29, 15.7.1994, S. 10, Schumacher (1991: 287), Mgverz. der GSF (BA Berlin, Stahlhelm, Nr. 260, Bl. 131).

zum Studium und zur Bekämpfung des Bolschewismus" gegründet, das im Flugverbandshaus, Schöneberger Ufer 40, tagte; im gleichen Haus hielt übrigens die GSF einen Teil ihrer Sitzungen ab. Angesichts der Revolutionsgefahr in Berlin war es ihm im Januar 1919 gelungen, den später sagenumwobenen "Antibolschewismus-Fonds" ins Leben zu rufen. Auf der Sitzung am 10. Januar 1919 hatte Stadtler vor etwa 50 führenden deutschen Industriellen durch eine dramatische Beschwörung der Revolutionsgefahr erreicht, dass diese Geldgeber sich für die Einrichtung eines Geheimfonds bereit fanden. Stinnes hatte seinerzeit ausgerufen, die deutschen Banken und Industriellen müssten bereit sein, gegen die von Stadtler aufgezeigten Umsturzgefahren von links eine "Versicherungsprämie von 500 Millionen Mark" aufzubringen. Ein größerer Fonds unbekannter Höhe soll zwar eingerichtet worden sein, kam aber nicht mehr dem unmittelbaren Zweck zugute, nämlich der Bekämpfung der Revolutionsbewegung in der deutschen Hauptstadt. Freikorps und Regierungstruppen hatten diese weit schneller zerschlagen als erwartet. Das Gerücht, dass die hier gesammelten Gelder in einen dauerhaft bestehenden "Reptilienfonds" zugunsten der äußeren Rechten umgewandelt wurden, lässt sich nicht überprüfen. In jedem Fall haben wir in Stadtler einen erfahrenen Geldbeschaffer für geheime Zwecke in den Reihen der Gesellschaft.[120]

An führenden NS-Funktionären in der Gesellschaft seien neben den bereits erwähnten noch genannt: Hermann Göring, Hans Frank, der spätere Generalgouverneur im besetzten Polen (er war zu jener Zeit Reichstagsabgeordneter der NSDAP für Liegnitz, jenem Kreis, aus dem Faupel stammte), Hans Lammers, 1933-1945 Chef der Reichskanzlei und SS-Obergruppenführer, und Hermann von Raumer, später Generalsekretär der Antikomintern-Kommission, die sich als Nukleus einer allerdings wenig funktionstüchtigen "Faschistischen Internationale" verstand.[121] Daneben war dort der Vorsitzende der NSDAP-Fraktion im Preußischen Landtag, Wilhelm Kube, vertreten. Später Gauleiter der Kurmark, stieg er im Zweiten Weltkrieg nach einem zwischenzeitlichen Karriereknick zum Generalkommissar im besetzten Weißrussland auf, wo er mitverantwortlich für den örtlichen

---

[120]   Zu Stadtler vgl. unter anderem: *Der Spiegel* 49, 3.12.1984, S. 174-187 (Serie "Das Große Schmieren. Korruption in Deutschland", Teil III).
[121]   Zu Raumer vgl. Jacobsen (1968: 274-276) und Ledeen (1972).

Holocaust war; seine Haushälterinnen sprengten ihn 1943 mit einer englischen Haftmine in die Luft.[122] Schließlich gehörte der Oberste SA-Führer in Nordostdeutschland, Paul Schulz, zu den Mitgliedern der GSF. Als Fememörder war er zuvor zum Tode verurteilt, dann aber freigelassen worden. Die extreme Rechte hatte ihn, obwohl er eines Kapitalverbrechens überführt worden war, zum Märtyrer hochstilisiert und eine reichsweite Spendenkampagne zu seinen Gunsten organisiert. Mit ihm hatte die GSF einen der Hauptverantwortlichen für den Straßenterror der SA in ihren Reihen.[123] Mit Oberleutnant a.D. Friedrich Wilhelm Heinz war ein weiterer Freikorps-Führer und Aktivist der Arbeitsdienstbewegung in der Gesellschaft. Im Zweiten Weltkrieg Mitarbeiter der Abwehr, versuchte er nach 1945 mit einer vermutlich in weiten Teilen erfundenen Widerstandsvita erneut Karriere zu machen. Er leitete zeitweilig den Nachrichtendienst des Amts Blank, hatte also Anteil am Aufbau des späteren Militärischen Abschirmdienstes der Bundeswehr, bevor er wegen eines laufenden Verfahrens entlassen wurde.[124] GSF-Studienmitglied Pietzsch wurde nach 1933 Beauftragter für Wirtschaftsfragen im Stab des "Stellvertreters des Führers", Rudolf Heß.[125]

Unter den Studienmitgliedern schließlich waren einige, die später noch mit Lateinamerika zu tun haben sollten oder sich im weiteren Umfeld Faupels wiederfanden. Der Verleger Erich Zander stand 1938 in Verhandlungen um die Übernahme eines der bedeutendsten Verlagskonzerne Brasiliens, der dem erbenlos gebliebenen Unternehmer José Pimenta de Mello gehörte. Dieser hatte sich an Zander ge-

---

[122] Vgl. Höffkes (1986: 195-201), Wistrich (1983: 165f.), *Die Wahrheit* 8./9.8.1987, S. VI, 15./16.8.1987, S. VI, 22./23.8.1987, S. VI.

[123] Zu Paul Schulz vgl. unter anderem BA Berlin, Stahlhelm, Nr. 278. Vgl. außerdem: Nagel (1991), "Die Femelüge" (1928), Grimm (1929), Luetgebrune (1928), Müffling (1933).

[124] Zu Heinz vgl. Krüger (1993: passim). Die Biographie von S. Meinl: *Nationalsozialisten gegen Hitler. Die nationalrevolutionäre Opposition um Friedrich Wilhelm Heinz*, Berlin, 2000, war wegen unkritischen Umgangs mit Heinz' Angaben, der es offenbar mit der Wahrheit nicht so genau nahm, scharfen Angriffen ausgesetzt und wurde deshalb hier bei der Auswertung übergangen, vgl. *Die Welt*, 8.4.2000 (H. Köhler: Märchen vom Herrn Heinz. Susanne Meinl strickt vergeblich am Mythos von nationalsozialistischen Widerstandskämpfern).

[125] Oberste SA-Führung, Gerichts- und Rechtsamt, 12.12.1935 (BA Berlin, ehem. BDC, Akte Erich Lübbert/Oberste SA-Führung).

wandt, um dessen Kaufinteresse zu sondieren.[126] Der Radikalantisemit Johann von Leers, seit 1929 Mitarbeiter von Goebbels' Zeitung "Der Angriff" und Autor einer Vielzahl ebenso primitiver und gewalttätiger wie auflagenstarker Traktate ("Juden sehen dich an", in dem Albert Einstein mit dem Galgen gedroht wurde und Konrad Adenauer zum Israeliten umdeklariert wurde, weil er nicht den "rassischen" Vorstellungen des Autors entsprach), wurde "Reichsschulungsleiter der Studentenschaft", Dozent und Leiter der Auslandsabteilung der Hochschule für Politik, Studienleiter der Verwaltungsakademie in Berlin, Mitglied der Bundesleitung des Volksbundes für das Deutschtum im Ausland, deren Lateinamerikareferent Faupel wurde. Leers, aus Mecklenburg stammend und den Agrarideologen um Darré nahestehend, geriet zusammen mit diesen während des Zweiten Weltkrieges ins politische Abseits. Nach 1945 gehörte er in Argentinien zum Autorenteam der deutschen neonazistischen Zeitschrift "Der Weg", bevor er nach Ägypten übersiedelte, um sich dort Nasser als Propagandist gegen Israel anzudienen. In der GSF referierte er unter anderem über die Türkei unter Kemal Atatürk.[127]

Es ist offenkundig, dass die Führungsschicht der NSDAP in der Gesellschaft prominent vertreten war. Die Mitglieder können aber nicht in ihrer Gesamtheit als Vordenker einer künftigen nationalsozialistischen Herrschaft verstanden werden. Einzelne von ihnen zählten zu jenen Exponenten der traditionellen Rechten, die von einer Domestizierung der NSDAP träumten und dem Umfeld Papens oder Schleichers zuzuordnen waren, das sich bemühte, eine Fraktion der NSDAP aus der Partei herauszubrechen und diese unter Ausschluss der radikaleren Kräfte um Hitler und die SS an ein geplantes Kabinett der anderen Rechtskräfte zu binden. Zu dieser Gruppe gehörten die GSF-Mitglieder von Bose und von Bredow. Sie erlebten nach der Machtübernahme Hitlers einen Karrierebruch, der sich tiefgreifender

---

[126] Faupel an Promi, 5.1.1939 (GStA, HA I, Rep. 218, Nr. 237, Bl. 152), L. Collor an Faupel 4.1.1939 (GStA, HA I, Rep. 218, Nr. 237, Bl. 253). Der Ausgang der Verhandlungen ist in der Akte leider nicht dokumentiert.

[127] Zu Johannes von Leers vgl. Munzinger-Archiv (Lfrg. 21/1965), Bar-Zohar (1965: 248), Meding (1988: 106, 1992: 180), Schulz (1962: 234), *Der Spiegel* 45, 5.11.1958, S. 8, Eintrag BA Berlin, ehem. BDC, Akte von Leers. Vortrag von Leers' vor der GSF: "Die nationalistische Revolution Mustafa Kemals in der Türkei – eine ideengeschichtliche Parallele zur deutschen Erneuerung und zum Faschismus", 24.3.1933 (BA Berlin, Stahlhelm, Nr. 260, Bl. 227).

nicht denken lässt: Er endete 1934 im Zuge der Röhm-Affäre vor den Erschießungskommandos der SS.[128] Drei weitere Mitglieder der Gesellschaft hatten sich in den internen Kämpfen der extremen Rechten derart weit exponiert, dass sie im Juni 1934 nur mit Mühe einer Exekution entkommen konnten, nämlich Pabst, Paul Schulz und Generaldirektor Erich Lübbert.[129]

General Faupel befand sich somit inmitten eines Kreises besonders aktiver Vertreter der äußeren Rechten. Unter ihnen gab es zahlungskräftige Unternehmer und Bankiers, Verleger und Publizisten, einflussreiche Politiker und diskrete Lobbyisten. Mit Sicherheit kann festgestellt werden, dass Faupel persönlichen Kontakt zu hohen Vertretern des Regimes besaß. Dabei machte der Umstand, dass es in seinen Kreisen üblich war, die wichtigsten Absprachen möglichst nur mündlich zu treffen, es oft methodisch schwer, im Einzelnen nachzuweisen, wie er diese Einflusskanäle später genutzt hat.

Die GSF hielt etwa alle zwei bis drei Wochen Sitzungen ab, auf denen einzelne Mitglieder Vorträge über faschistische Theorie und Herrschaftspraxis hielten. Beispiele für die Vortragsthemen sind: "Die faschistische Miliz und ihre Übertragungsmöglichkeiten auf Deutschland", "Die soziale Idee des Faschismus und ihre Verwirklichung", "Koalitionsrecht und Gewerkschaften im Neuen Staat", "Preußentum und Faschismus". Es ging bei den Beiträgen der Referenten vor allem um die Vereinbarkeit der Traditionen der italienischen und der deutschen Rechten. Im Anschluss an die Vorträge, die überwiegend im Hotel Kaiserhof stattfanden, wo auch der Kreis um Hitler sein Hauptquartier eingerichtet hatte, gab es ausgiebige Debatten, die protokolliert wurden.

Darüber hinaus wurden zahlreiche "Sonderausschüsse für die einzelnen Arbeitsgebiete" gebildet, mit denen sich die GSF befasste. So beschäftigte sich beispielsweise der Ausschuss der "Gruppe Wirtschaft" mit dem Vorgehen gegen die Arbeiterbewegung und mit faschistischen Konzepten zur Bekämpfung der Arbeitslosigkeit. Die Sitzungen nahmen teilweise geradezu den Charakter eines Universi-

---

[128] Höhne (1984: 319). Die hier aufgeführte Liste der Todesopfer der "Röhm-Affäre" scheint weitgehend vollständig zu sein.

[129] Höhne (1984: 8-15), ferner: "Bericht des Generaldirektors Dr. E. Lübbert, Berlin, über die mit seiner Verhaftung am 3.7.1934 zusammenhängenden Vorgänge" (BA Berlin, ehem. BDC, Akte Erich Lübbert/Oberste SA-Führung).

tätsseminars an. Die Literaturliste über das faschistische Italien, die den Mitgliedern Anfang 1932 zuging, enthielt eine breite Palette von Publikationen, die das faschistische Verfassungssystem die Unternehmen, die Währungs- und Agrarpolitik, die Presse und die Rekrutierung der faschistischen Eliten behandelten (Anhang 3). Dabei zeigte sich bei allen Diskussionen, dass sich die Mitglieder der GSF über die Grenzen der Übertragbarkeit von italienischen auf deutsche Verhältnisse durchaus im Klaren waren. Es sollte keine "reine Copierarbeit" geleistet werden, wie in einem der Vorträge vermerkt wurde.[130]

5. Präsident des IAI und Botschafter in Spanien

Beide Verbände, denen Faupel seit 1931 beträchtliche Energie gewidmet hatte, verloren mit der Machtübernahme Hitlers ihre Existenzberechtigung. Die führenden Mitglieder der GSF erhielten hohe Posten in der nationalsozialistischen Administration oder verschwanden aus dem Blickfeld, weil sie Segmenten der deutschen Rechten nahegestanden hatten, die von der NSDAP an den Rand gedrängt worden waren. Die nationalsozialistische Arbeitsdienstbewegung hingegen sog alle parallel existierenden Organisationen auf; die Funktionäre dieser Konkurrenzverbände wurden entweder in die nationalsozialistische Bewegung integriert oder mussten sich nach einem anderen Tätigkeitsfeld umsehen. Die GSF bestand bis 1934 fort und löste sich schließlich auf. Ebenso verschwand der VBA. Ob Faupel gehofft hatte, diese Organisationen 1933 als Sprungbrett zu einer neuen, späten Karriere nutzen zu können, muss offen bleiben. Er war inzwischen 60 Jahre alt. Fortan als Pensionär zu leben, verbot ihm sein politischer Ehrgeiz.

5.1 Übernahme des Direktorenamtes des IAI

Als vorausschauend planender Stratege legte Faupel nach der Rückkehr aus Lateinamerika seine Beziehungsnetze von Anfang an sehr breit an. Allerdings hatte er auch keine andere Wahl: Vor vielen Jahren aus der Armee ausgeschieden, hatte er dort zwar viele alte Freun-

---

[130] "Ansprache Seiner Königlichen Hoheit [Carl Eduard von Sachsen-Coburg-Gotha] anläßlich der ersten Zusammenkunft der Mitglieder [der GSF] im Kaiserhof am 17.3.1932" (BA Berlin, Stahlhelm, Nr. 260, Bl. 202).

de, aber keine Hausmacht, auf die er bauen konnte.[131] Mit sicherem Instinkt nahm das "Generalsehepaar" das Ibero-Amerikanische Institut bereits in seiner Gründungsphase ins Visier. Dass bereits 1929 Verbindungen des noch nicht der Öffentlichkeit zugänglichen IAI zum Ehepaar Faupel bestanden, wird an der Gratulation deutlich, die das Institut Edith Faupel zum Abschluss ihrer Promotion nach Peru sandte.[132]

Bereits 1931 hatte der Generalmajor a.D. in einem in mancher Hinsicht programmatischen Vortrag vor dem Deutschen Wirtschaftsverband für Süd- und Mittelamerika die künftigen Aufgaben der deutschen Lateinamerikapolitik und des Ibero-Amerikanischen Instituts umrissen. Sollte das Deutsche Reich versuchen, die lateinamerikanische Öffentlichkeit für sich zu gewinnen, so empfahl Faupel als institutionelles Modell für das IAI ausdrücklich die US-amerikanische Pan American Union, "[eine] mit großen Geldmitteln und wichtigen Rechten ausgestattete... Einrichtung" (Faupel 1931b: 82). Den Aktionsradius seines nordamerikanischen "Vorbilds" hat das IAI nie erreicht, doch bemühte sich Faupel bis in die Kriegszeit hinein, detaillierte Informationen über die Konkurrenzinstitution zu bekommen und verstand sie stets als eigentliche Bezugsgröße, deren "politische Gefährlichkeit" er als Präsident des IAI noch 1941 gegenüber seinen Geldgebern ins Feld führte, um ihnen die Notwendigkeit größerer finanzielle Zuwendungen vor Augen zu führen.[133]

Als Faupel Anfang April 1934 die Führung des IAI übernahm, unterstand das Institut offiziell dem weisungsbefugten Reichs- und Preu-

---

[131]   In der Wehrmacht besaß Faupel zwar noch 1934, viele Jahre nach seinem Ausscheiden aus der deutschen Armee, nach Einschätzung von Diplomaten beträchtlichen Einfluss. So schätzte beispielsweise der ehemalige deutsche Gesandte in Argentinien, von dem Bussche, Faupel habe in der Reichswehr "viele Beziehungen und Einfluß" (von dem Bussche an von Neurath, 23.1.1934, PAAA, III Po 13 Mil. Arg. Bd. 2). Doch wurde zwei Jahre später bei Faupels Zusammenprall mit den Offizieren der Legion Condor sichtbar, dass er auf die Unterstützung der jüngeren Generation in der deutschen Armee nicht mehr rechnen konnte.

[132]   AA an IAI, 28.10.1929 (GStA, HA I, Rep. 218, Nr. 211, Bl. 329).

[133]   Faupel an den Präsidenten der Preußischen Bau- und Finanzdirektion, 13.1.1939 (GStA, HA I, Rep. 151 IC, Nr. 7109, zitiert nach BStU, MfS FV 8/69, Bd. 1, Bl. 345), Faupel an RPMW, 31.10.1941 (gleicher Best., Bl. 215), Faupel an RPMW, 27.8.1938, Bitte um Anstellung von Dr. Roemer, der zuvor bei der Pan American Union gearbeitet hatte und wegen der so erworbenen Insiderkenntnisse benötigt werde (gleicher Best., Bl. 354).

ßischen Kultusministerium.[134] Der zu profan klingende Titel eines
"Direktors" wurde 1936 nach langem und beharrlichem Drängen des
statusbewussten Faupel durch den des "Präsidenten" ersetzt.[135] Der
zuständige Minister Rust besaß kaum Durchsetzungsvermögen, so
dass letztlich diverse konkurrierende NS-Organisationen mit kulturpolitischen Ambitionen in der Reichskulturpolitik *de facto* das Regiment
führten. Heimlicher Herrscher im Kultusministerium wurde nach der
Konsolidierung des NS-Regimes die SS. Ein führender Funktionär des
SD-Hauptamts, Prof. Höhn, überwachte die Arbeit der wissenschaftlichen Referenten des Kultusministers, der sich den Entscheidungen des
Professors nicht zu widersetzen wagte.[136] Bei der Neubesetzung des
Direktorenpostens im IAI und bei der Bestimmung der künftigen
Richtlinien für dessen Arbeit beanspruchten neben dem Preußischen
Kultusministerium auch das Auswärtige Amt, das Propagandaministe-

---

[134] Faupel wurde zuvor regelmäßig im Institut vorstellig, auch die NSDAP/A.O.
lancierte ihn als ihren Kandidaten. "Kreise der Wirtschaft waren auch für ihn gewonnen worden" (Karl H. Panhorst: "Autobiographische Aufzeichnung", o.S., in:
NL Panhorst, in Privatbesitz). Seine Ernennung erfolgte bereits im März des Jahres. Faupel übernahm die Institutsleitung formal betrachtet "nur auftragsweise"
ohne eigenen Gehaltsposten im Institutsetat. Eine eigene Beamtenstelle wurde
weder für seinen Vorgänger noch für ihn eingerichtet (Rust/RPMW an PrFM,
25.2.1937, GStA, HA I, Rep. 151 IC, Nr. 7109, zitiert nach BStU, MfS FV 8/69,
Bd. 1, Bl. 174f.). Er bestritt seinen Unterhalt im wesentlichen aus seinem militärischen Ruhegehalt und erhielt zusätzlich eine "Aufwandsentschädigung" für die
mit der Institutsleitung verbundenen Repräsentations- und anderen Kosten in Höhe von 6.000 RM (1936) (Vahlen/RPMW an PrFM, 18.3.1936, GStA, HA I, Rep.
151 IC, Nr. 7109, zitiert nach BStU, MfS FV 8/69, Bd. 1, Bl. 139).

[135] "Der Direktor des Ibero-Amerikanischen Instituts in Berlin, Generalmajor a.D.
Faupel, hat wiederholt bei mir angeregt, seine Dienstbezeichnung 'Direktor' mit
Rücksicht auf den Sprachgebrauch der spanisch-portugiesisch sprechenden Ausländer durch die Bezeichnung 'Präsident' zu ersetzen. Fast regelmäßig werde er
nicht nur in der persönlichen Anrede, sondern auch schriftlich und in Pressenoti-
zen von ausländischen Persönlichkeiten als Präsident bezeichnet, weil die Ausländer die Bezeichnung Direktor für den Leiter eines Staatlichen Instituts mit kulturellen Aufgaben als ungewohnt empfinden" (Kunisch/RPMW, 27.8.1936,
GStA, HA I, Rep. 151 IC, Nr. 7109, zitiert nach BStU, MfS FV 8/69, Bd. 1,
Bl. 232). "Die Dienstbezeichnung 'Präsident' ist dem Direktor des Ibero-Amerikanischen Instituts mit Zustimmung des Herrn Preußischen Finanzministers (vom
18. September 1936 – I B 1248/27.8) und des Herrn Reichsministers des Innern
(vom 23. Oktober 1936 – II S B. 6200/4840) beigelegt worden." (Vermerk PrFM,
16.6.1942, GStA, HA I, Rep. 151 IC, Nr. 7154, zitiert nach BStU, MfS FV 8/69,
Ordn. 3, Bl. 273).

[136] Zu Höhns Stellung im Kultusministerium vgl. Heiber (1966: 124).

rium und die Auslandsorganisation der NSDAP ein Mitspracherecht. Doch selbst jenseits der unmittelbar für die Neubesetzung der Institutsführung zuständigen Institutionen fand Faupel Unterstützung. Das Auswärtige Amt verzichtete im entscheidenden Augenblick darauf, sein Mitspracherecht wahrzunehmen,[137] so dass letztlich wohl die Empfehlung des Ministeriums für Propaganda und der Druck der Auslandsorganisation der NSDAP zugunsten General Faupels den Ausschlag für dessen Ernennung zum Institutsdirektor gegeben haben dürfte.[138] Faupel hatte in der Führung der A.O. mehrere Vertraute, so den bereits genannten ehemaligen Militärinstruktor von Jagwitz und den Kommissar für die südamerikanischen Staaten, Willi Köhn, die für das IAI ihre eigenen Verbindungen nach Lateinamerika aufbauten. So war sichergestellt, dass Faupel das Nachrichtennetz der A.O. in Lateinamerika nutzen konnte, die ihn regelmäßig mit Informationen versorgte.[139] Der aus Mecklenburg stammende Köhn kann als Schlüsselfigur der A.O. in Südamerika gelten. Das ehemalige Mitglied der "Brigade Ehrhardt" wanderte 1928 nach Chile aus und war dort beim Banco Alemán Transatlántico beschäftigt. Bis Ende 1933 Landesgruppenführer der NSDAP in Chile und ab 30. Januar Auslandskommissar der Partei für die südamerikanischen Staaten, bekleidete er nach der Machtübernahme Hitlers mehrere diplomatische Ämter und

---

[137] Handschriftliche Randbemerkung auf dem Schreiben Robert Lehmann-Nitsches, 4.12.1933 an AA, Botschaftsrat N. N.: "wie mir LR Oster mitteilt, will das AA sich bei der Besetzung zurückhalten." Lehmann-Nitsche hatte in diesem Schreiben selbst Interesse bekundet, die Institutspräsidentschaft zu übernehmen (PAAA, VI, IAI, Bd. 3).

[138] Stieve/AA an PrMW, 27.2.1934: "Das Reichsministerium für Volksaufklärung und Propaganda hat dem AA mitgeteilt, dass es in der Person des Generals Faupel einen geeigneten Nachfolger des von der Leitung des Ibero-Amerikanischen Instituts zurückgetretenen Staatsministers a.D. Boelitz erblicke. Ich beehre mich, dem Preußischen Min. für Wiss. ... hiervon Kenntnis zu geben" (PAAA, VI, IAI, Bd. 3, o.Bl.). Die Ernennung Faupels durch das Kultusministerium erfolgte am 21.3.1934 mit Gültigkeit vom 1. April des Jahres (PrMW an AA, PAAA, VI, IAI, Bd. 3), sowie Telegramm Panhorst an Jagwitz 24.3.1934 mit Mitteilung der Ernennung Faupels (GStA, HA I, Rep. 218, Nr. 238, Bl. 100). Obwohl Faupel zu diesem Zeitpunkt Generalmajor a.D. war, wurde er auch in offiziellen Dokumenten oft als "General a.D." bezeichnet. Im vorliegenden Beitrag wird zum Teil diese Praxis übernommen, da der vollständige Offiziersrang ein wenig umständlich wirkt.

[139] GStA, HA I, Rep. 218, Nr. 238 und 239 (Schriftwechsel Faupels mit der NSDAP/A.O.).

stieg später bis in den Rang eines SS-Brigadeführers auf. Laut Abendroth hatten sich Köhn und Faupel bereits in Lateinamerika kennen
gelernt. Der A.O.-Funktionär gehörte 1936 zu jenen, die dem Generalmajor a.d. den Posten des Botschafters in Spanien verschafften. Er
begleitete Faupel bei dessen Spanienmission und bildete einen eigenen
Stab in der deutschen Botschaft, geriet aber später 1939 wegen eines
Devisenverfahrens zeitweilig in Schwierigkeiten.[140] Faupels Nähe zur
NSDAP/A.O. wurde unterstrichen, als er zusammen mit dem A.O.-
Chef und Gauleiter Bohle am 28.2.1935 von Hitler "zu einem mehr-
stündigen Vortrag über Fragen des Deutschtums im Ausland" empfangen wurde.[141]

Faupel hatte unter den genannten Bedingungen – ein schwacher
aufsichtsberechtigter Kultusminister einerseits, Fürsprecher in den
höheren Führungsebenen der Diktatur andererseits – organisatorisch
weitgehend freie Hand, doch war das offizielle Budget des Instituts
anfangs außerordentlich gering.[142] Der Aktionsradius des IAI wurde
aber durch neue oder bereits bestehende Organisationen vergrößert.
Denn das IAI besaß zum Teil Zugriff auf deren Mittel, weil die Kura-
torien wechselseitig miteinander verflochten waren. Daneben gründete
das Institut eine Reihe von Spezialorganisationen, von denen insbesondere die Deutsch-Ibero-Amerikanische Ärzteakademie eine gewisse Bedeutung erlangte.[143]

---

[140] BA Berlin, ehem. BDC, Akte Willi Köhn. Abendroth (1973: 103f., 114f.); Ebel
       (1971: 224); Newton (1981: 90).

[141] Nachtausgabe *Deutsches Nachrichtenbüro* Nr. 343, 2.3.1935 (BA Berlin, Präsi-
       dial-Kanzlei, Bd. 39/2/1, zitiert nach BStU, MfS FV 8/69, Bd. 3, Bl. 87), *Le
       Temps*, 4.3.1935 (GStA, HA I, Rep. 218, Nr. 238, Bl. 191).

[142] Vgl. Voranschlag über die Einnahmen und Ausgaben des IAI in Berlin für das
       Rechnungsjahr 1932 (GStA, HA I, Rep. 218, Nr. 235, Bl. 113R-114V). Im März
       1933 waren (gemäß Erlass vom 27.3.1931 und Erlass vom 15.5.1931) in Kap.
       148, Tit. 74, der dauernden Ausgaben im Staatshaushaltsplan für 1933 für das
       IAI an vorgesehenen Mitteln festgelegt: 61.000 RM (Angabe des PrMW,
       28.3.1933, GStA, HA I, Rep. 218, Nr. 235, Bl. 87). Zuschüsse aus anderen Mi-
       nisterien und staatlichen Einrichtungen, zusätzliche zweckgebundene Zuwendun-
       gen, außerplanmäßige Mittel und der Druckkostenzuschuss für das "Ibero-
       Amerikanische Archiv" sind darin nicht enthalten (PrMW an die Hauptkasse der
       Preußischen Bau- und Finanzdirektion, 4.4.1933, GStA, HA I, Rep. 218, Nr. 235,
       Bl. 85).

[143] Zu dieser Organisation liegt wie zu vielen anderen zwischenstaatlichen Vereini-
       gungen der Zeit vor 1945 noch keine Untersuchung vor, doch ist die Quellenlage

Entscheidend für den Handlungsspielraum des IAI war die Frage, welche Bedeutung die Führung des NS-Regimes der Iberischen Halbinsel und Lateinamerika beimessen würde. Denn davon hing die Zuteilung von Mitteln und die Übertragung von Aufgaben und Entscheidungskompetenzen ab. Hitler selbst hatte nie einen Zweifel daran gelassen, dass die Expansionsbestrebungen seines Regimes primär nach Osten zielten. Das IAI unterschied sich deshalb von Anfang an – bedingt durch die geringe *makropolitische* Bedeutung, die die NS-Führung Lateinamerika beimaß – substantiell von anderen Instituten, die sich auf geographische Großräume spezialisierten. Die "Ostforschung" bot weit eher die Voraussetzung, in den Dienst nationalsozialistischer Expansionsstrategien zu treten.[144] Es ist deshalb müßig, nach Indizien zu suchen, die in der Tätigkeit des IAI in eine ähnliche Richtung weisen. Nach Lage der Dinge sollte das Institut bei der Beherrschung eroberten Raums zu diesem Zeitpunkt gar keine Rolle spielen, weil Lateinamerika nicht in der Reichweite der deutschen "Eroberungsmaschinerie" liegen würde.[145]

Als "intermediäre Institution" war die Funktion des IAI von vornherein anders definiert. Wie bereits beschrieben, sollte es die Rolle einer Schaltstelle der interatlantischen Kommunikation gesellschaftlicher Gruppen spielen.[146] Und diese Stellung hat das Institut durchaus im Sinne des NS-Regimes politisch zu nutzen versucht. "Intermediäre" Institutionen unterscheiden sich von den "zentralen" Institutionen einer Gesellschaft vor allem darin, dass in ihnen nicht politische Entscheidungen strategischer Reichweite getroffen werden. Sie erlangen ihre Bedeutung dadurch, dass sie zur Vermittlung, Umsetzung und flankierenden Absicherung der strategischen Entscheidungen gebraucht werden. Als "Vermittlerinstanz" spielen diese Institutionen gleichwohl eine bedeutende Rolle, weil die praktische Umsetzung größerer politischer Konzepte von ihnen abhängt. Der Präsident des IAI geriet durch den Umstand, dass die Spitzen des NS-Regimes

---

im Falle der Deutsch-Ibero-Amerikanischen Ärzteakademie erneut schwierig. Vgl. Gliech (1998), Kapitel 6.1.3.

[144] Allgemein hierzu vgl. Burleigh (1988).

[145] Allgemeine Überblicksdarstellungen zu diesem Gesamtkomplex bieten Müller (1992) und Pommerin (1977).

[146] Vgl. meinen Beitrag in diesem Sammelband zur Vorgeschichte und Gründung des Ibero-Amerikanischen Instituts.

kaum konkrete Vorgaben für Lateinamerika machten, in die prekäre
Situation, hier als Interpret und Vermittler eines "potentiellen Führerwillens" zu wirken. Da in diesem konkreten Bereich – überspitzt gesprochen – der "Führer" den Führungsbedürftigen die Führung versag-
te, weil er außenpolitisch andere Prioritäten setzte, sahen sich die
regimetreuen Akteure der deutschen Lateinamerikapolitik gezwungen,
selbst herauszufinden, was die Reichsregierung dort hätte tun müssen,
wenn sie im Sinne des Nationalsozialismus zweckrational handeln
wollte. Für Faupel lief dies konkret darauf hinaus, den "deutschen
Einfluss" in Übersee so lange zu stärken, bis die Führung sich darauf
besinnen würde, ihn auch praktisch zu nutzen. Dabei trat das IAI in
Konkurrenz zu anderen Organisationen und Exponenten des Regimes,
die gleichfalls auf diesem Feld aktiv waren. Die juristische Neugestaltung des Instituts wurde durch eine Aufhebung der alten Satzung in
die Wege geleitet, die das IAI als preußisches Kulturinstitut etabliert
hatte. Zugleich verschwand damit auch das Kuratorium des Instituts,
das neben dem Direktor des IAI auch Vertretern einer Vielzahl anderer Institutionen ein Mitspracherecht bei der Ausrichtung der Institutspolitik zugestanden hatte. Durch die Etatisierung von 1936 wurde das
IAI schließlich ein staatliches Institut neuer Prägung. Die Beteiligten
bemühten sich, eine Rechtsform zu finden, "die auf der einen Seite die
völlige Identität mit dem Staat vermeidet, was aus politischen Gründen unerwünscht erscheint, auf der anderen Seite ihm aber eine offi-
ziöse Stellung sichert".[147]

Die erste Zeit seiner Präsidentschaft verbrachte Faupel damit, die
Ressourcen des Instituts zu erweitern und die konkurrierenden Institutionen im Bereich der deutsch-lateinamerikanischen Beziehungen
zu schwächen, indem er die entscheidenden Positionen selbst übernahm. Er wurde unter anderem Übersee-Referent im Volksbund für
das Deutschtum im Ausland (VDA)[148] und aus dieser Stellung ver-
drängte er ein ehemaliges Vorstandsmitglied der GSF namens Mann-

---

[147] Vermerk PrFM, 16.6.1938 (GStA, HA I, Rep. 151 IC, Nr. 7109, zitiert nach
       BStU, MfS FV 8/69, Bd. 1, Bl. 300).
[148] Zum VDA vgl. Goldendach/Minow (1994), diese Arbeit ist streckenweise aller-
       dings belletristisch und polemisch gehalten. Für die Gründungszeit: Weidenfeller
       (1976). Zu Faupels Stellung im VDA: GStA, HA I, Rep. 218, Nr. 5, Bl. 127,
       GStA, HA I, Rep. 218, Nr. 239, Bl. 156.

hardt.[149] Der VDA geriet 1937 unter die Ägide der SS. Ferner war Faupel zur gleichen Zeit Lateinamerika-Referent der Alexander-von-Humboldt-Stiftung und erhielt somit entscheidenden Einfluss auf die Verteilung von Forschungsstipendien an Lateinamerikaner.[150] Am 19. Februar 1935 wurde auf Veranlassung Faupels die Arbeitsgemeinschaft der Ibero-Amerikanischen Institute Deutschlands gegründet, die die Zusammenarbeit der bestehenden deutschen Lateinamerika-Institute sicherstellen sollte. Zu dieser AG gehörten neben dem IAI (Berlin) das Hamburger Pendant gleichen Namens, das Portugiesisch-Brasilianische Institut der Universität Köln sowie das Institut für A-merikaforschung an der Universität Würzburg.[151] Die 1932 in der venezolanischen Gesandtschaft (Berlin) gegründete Bolívar-Humboldt-Stiftung, deren Zweck wiederum die Förderung deutsch-lateinamerikanischer Beziehungen sein sollte, hatte wohl mehr repräsentative Aufgaben. Einer der beiden Präsidenten der Stiftung war seit ihrer Gründung der Präsident des IAI.[152]

---

[149]   Zu Prof. Dr. Johann Wilhelm Mannhardt vgl. *Reichshandbuch der Deutschen Gesellschaft* (1930 I: 1189). Er war zeitweilig Professor in Marburg und Direktor des Instituts für Grenz- und Auslandsdeutschtum. Er schied nach Reibungen mit der NSDAP/A.O. 1935 aus seiner Stellung im VDA aus, vgl. Brandt, Auslandskommissar der NSDAP/A.O., an Faupel, 4.11.1935 (GStA, HA I, Rep. 218, Nr. 4, Bl. 120).

[150]   Vertrauliches Rundschreiben Dr. Goepel, 15.6.1936, betr. Treffen des Auswahlausschusses der Alexander-von-Humboldt-Stiftung, mit Auswahl der Stipendiaten (BA Berlin, Deutsche Botschaft China 4216, zitiert nach BStU, MfS FV 8/69, Ordn. 3, Bl. 108-110).

[151]   Faupel an AA, 19.3.1935: Übersendung der Bestimmungen der Arbeitsgemeinschaft der Ibero-Amerikanischen Institute Deutschlands, 19.3.1935 (GStA, HA I, Rep. 218, Nr. 212, Bl. 183); Wortlaut der "Bestimmungen": GStA, HA I, Rep. 218, Nr. 212, Bl. 185-193, sowie GStA, HA I, Rep. 218, Nr. 721 (Arbeitsgemeinschaft der IAI's, Sitzungen und Schriftwechsel, 1935-1943).

[152]   Die Verhandlungen zur Gründung der Stiftung führten Boelitz, Ministerialrat Leist/PrMW und der Gesandte Venezuelas als Stellvertreter für die "bolivarianischen Länder". Das Grundkapital lag bei 15.000 RM, wurde aber von den Gründern als zu gering erachtet. Die Gründung wurde am 17.12.1932 notariell beglaubigt (Boelitz an PrMW, 13.1.1933, GStA, HA I, Rep. 218, Nr. 235, Bl. 107-108). Laut Boelitz war die Gründung vom IAI (d.h. von Boelitz selbst) angeregt worden (Boelitz an PrMW, 24.5.1933, GStA, HA I, Rep. 218, Nr. 235, Bl. 28). Zu den Aufgaben der Stiftung: Rechenschaftsbericht des IAI [ca. 1933] (GStA, HA I, Rep. 218, Nr. 235, Bl. 10f.). Das Direktorium der Stiftung bestand (außer den zwei Präsidenten) aus folgenden Personen: Minister Prof. Dr. Carlos Anze-Soria (Gesandter Boliviens), Admiral Behncke, Dr. Manuel José Casas (Vertreter Kolumbiens), General a.D. Wilhelm Faupel, Minister Henrique E. Gildemeister

Doch damit hatte es noch nicht sein Bewenden. Faupel übernahm
die Führung in der "Gesellschaft für Länderkunde", ferner der
"Deutsch-Spanischen" und auch der "Deutsch-Ibero-Amerikanischen
Gesellschaft". Die beiden zuletzt genannten Organisationen fanden
sich bald in dem gleichen Machtgeflecht wieder, in das auch das IAI
eingebunden war.[153] Hatten dort das Propagandaministerium und das
Auswärtige Amt maßgeblichen Einfluss, so wurde ihre Finanzierung
bald von der "Vereinigung zwischenstaatlicher Verbände und Einrichtungen" übernommen. Diese hing fiskalisch zunächst vom "Nachrichtenfonds" des Propagandaministeriums ab, später trat das "Kuratorium
der Adolf-Hitler-Spende der deutschen Wirtschaft" mit größeren
Summen als Geldgeber hinzu, doch geriet sie bald unter die Ägide von
SS-Obergruppenführer Lorenz.[154] So regierten wiederum alle nur
denkbaren Parteistellen und Interessengruppen der Diktatur in diese
Verbände hinein. Allem Anschein nach hat aber der Umstand, dass
alle Fäden in den Händen Faupels zusammenliefen, ihre Durch-
schlagskraft erhöht. Zudem behielt sich Faupel vor, die Mitglieder
persönlich auszuwählen. Jeder, der in die Deutsch-Spanische Gesell-

---

(Gesandter Perus), Bankdirektor W. Graemer, Prof. Dr. Hase, Ministerialdirektor
D. Heilbron, Legationsrat Hilario Machado Guerra, Legationssekretär Federico
Nielsen-Reyes, Dr. Karl Heinrich Panhorst, Zeitungsverleger Richard Parske,
Prof. Dr. Quelle, RA Dr. Simon, Generalkonsul Tama (Vertreter der Republik
Ecuador), Prof. Dr. Troll, Dr. Francisco Villalaz C., Geschäftsträger von Panama
(Boelitz an PrMW, 13.1.1933, GStA, HA I, Rep. 218, Nr. 235, Bl. 107f.).

[153]   Zur Leitung der Gesellschaft für Länderkunde: BStU, MfS FV 8/69, Ordn. 4,
Bl. 7. Zur Deutsch-Spanischen Gesellschaft: GStA, HA I, Rep. 218, Nr. 240, 241.
Faupel war seit 1936 Präsident der Deutsch-Spanischen Gesellschaft. Der im BA
Koblenz aufbewahrte Bestand zur Deutsch-Spanischen Gesellschaft (R 64 I)
konnte aus Zeitgründen noch nicht bearbeitet werden. Zur Deutsch-Ibero-Ameri-
kanischen Gesellschaft: GStA, HA I, Rep. 218, Nr. 240, passim. Die Deutsch-
Ibero-Amerikanische Gesellschaft wurde bei Kriegsende aufgelöst. 1954 wurde
in Frankfurt a.M. unter dem gleichen Namen eine neue Organisation gegründet
(*Frankfurter Rundschau*, 15.4.1988).

[154]   Aktennotiz Ahlemann, Wirtschaftspolitische Abteilung (I.G. Farben), "betr.
Spenden an zwischenstaatliche Gesellschaften und Volkstumsverbände", 14.10.
1938 (BA Berlin, I.G. Farben A 117, zitiert nach BStU, MfS FV 8/69, Bd. 17,
Bl. 390-393); Trendelenburg/Oberrechnungskammer an RPMW, 23.11.1938
(GStA, HA I, Rep. 151 IC, Nr. 7109, zitiert nach BStU, MfS FV 8/69, Bd. 1,
Bl. 319f.); Vermerk Ref. Rietdorf, Drape, Legler (Reichsmarschall Göring, Be-
auftragter für den Vierjahresplan), 23.07.1940 (GStA, HA I, Rep. 90a, Nr. 5,
Bd. 9, zitiert nach BStU, MfS FV 8/69, Ordn. 5).

schaft eintreten wollte, musste persönlich bei dem General a.D. vor-
sprechen.

Schließlich übernahm Faupel nach und nach die Führung der
meisten zwischenstaatlichen Wirtschaftsverbände, die mit Spanien
und Lateinamerika zu tun hatten. Es handelte sich um den Deutschen
Wirtschaftsverband für Süd- und Mittelamerika e.V., den Deutsch-
Argentinischen Centralverband, den Deutsch-Brasilianischen Han-
delsverband und die Deutsch-Mexikanische Handelskammer.[155]

Als Faupel im Frühjahr 1934 Direktor des IAI wurde, befanden
sich diese zwischenstaatlichen Organisationen gerade in einer Reor-
ganisationsphase. Die auf Lateinamerika spezialisierten Wirtschaftsverbände trafen sich am 2. Juli des Jahres zu einer gemeinsamen Sitzung, um über eine Satzungsänderung zu entscheiden, die sie zur Zusammenarbeit verpflichten sollte und zudem alle Einzelverbände dem
"Führerprinzip" unterwarf. Leiter der Sitzung war der "Stellvertreter
des Führers der Wirtschaft", Staatsrat Dr. Rüdiger Graf von der Goltz.
Vor 1933 war er einer der wichtigsten Strafverteidiger hoher NS-
Funktionäre, darunter Goebbels, und Mitglied der "Gesellschaft
zum Studium des Faschismus".[156] Wenige Wochen zuvor hatte die
NSDAP/A.O. durchgesetzt, dass die Verbände einen der ihren als
Vertrauensmann zum geschäftsführenden Mitglied wählten, um

> zum Inkrafttreten ihr genehmer Satzungsänderungen die erforderliche
> Einflussnahme auf die Geschäftsführung der Verbände [sicherzustellen].
> ... Die A.O. der NSDAP verfolgt die Absicht, auf dem Wege geeigneter
> Satzungsänderungen maßgeblichen Einfluss auf die Tätigkeit der Ver-
> bände zu gewinnen und aus ihrer Arbeit nach Möglichkeit alle Persön-
> lichkeiten auszuschalten, die heute nicht mehr tragbar erscheinen.[157]

Ihr Vertrauensmann war Eberhard von Jagwitz, der wie bereits erwähnt, in Argentinien zur Gruppe der Militärinstrukteure um Faupel
gehört hatte.[158] Der General a.D. wurde seinerseits vor der Satzungs-

---

[155]   GStA, HA I, Rep. 218, Nr. 240, passim. GStA, HA I, Rep. 218, Nr. 706: Deutscher Wirtschaftsverband für Süd- und Mittelamerika e. V.

[156]   Zu Rüdiger von der Goltz vgl. *Deutsche biographische Enzyklopädie* (1996 IV:
94) sowie Eintrag in der CD-ROM-Ausgabe (2001), Thévoz/Branig/Lowenthal-
Hensel (1974 I: 288).

[157]   Notiz des RWM über die betreffende Sitzung vom 12. Juli 1934 (BA Berlin,
RWM 9216, zitiert nach BStU, MfS FV 8/69, Ordn. 3, Bl. 281).

[158]   Von Jagwitz wurde zugleich Vorstand unter anderem im Deutschen Wirtschaftsverband für Süd- und Mittelamerika (AG Berlin-Charlottenburg, 6.10.1934, Ein-

änderung konsultiert. Es war klar, auf wen das "Führerprinzip" in den
Verbänden zugeschnitten war: Faupel schickte sich an, die von ihm
beanspruchte Domäne zum autoritären Staat *en miniature* umzugestal-
ten.[159]

Zugleich wird deutlich, wie stark inzwischen seine Stellung auch
im Vergleich zu Interessenvertretern der Industrie geworden war. Sogar der Vertreter der mächtigen I.G. Farben, Dr. Max Ilgner, der die
Lateinamerika-Beziehungen seines Konzerns betreute und 1934 Präsident der Deutsch-Mexikanischen Handelskammer war, musste sich
von diesem Posten zurückziehen, als Faupel ihn für sich selbst beanspruchte.[160] Das IAI wurde in zunehmendem Maße Anlaufstelle für
führende lateinamerikanische Politiker, und Faupel erfuhr in der Regel
vor interessierten deutschen Industriellen von solchen Reisen. Sie
scheinen das Institut und seinen Präsidenten als Vermittler von Kontakten zu den politischen Entscheidungsträgern in Übersee allmählich
akzeptiert zu haben. Spätestens ab 1936 ließen sich Vertreter der
I.G. Farben vor Lateinamerika-Reisen mit Empfehlungsschreiben Faupels ausstatten.[161] Doch der Präsident des IAI bemühte sich auch darum, die Federführung bei einzelnen Export- und Investitionsprojekten
zu übernehmen. Wie bereits erwähnt, hatte er sich bereits in Südwestafrika mit den Techniken der Photogrammmetrie vertraut gemacht. Im
Vorfeld einer 1939 vom "SS-Ahnenerbe" geplanten Bolivien-Expe-
dition stieß er eine Initiative deutscher Vermessungsunternehmen an,

---

trag ins Vereinsregister, GStA, HA I, Rep. 218, Nr. 706, o.Bl.). Im Zweiten Weltkrieg war von Jagwitz Verbindungsmann für das IAI im RWM (Adressenver-
änderungsanzeige des IAI, o.D. [1941], GStA, HA I, Rep. 218, Nr. 979, o.Bl.).

[159] Die Sammlung des Staatssicherheitsdienstes zum IAI enthält zwei Ordner zu den
"Unterorganisationen": BStU, MfS FV 8/69, Ordn. 7 und 7a (Objekte: verschiedene), die auch deutsch-lateinamerikanische Verbände der Zeit nach 1945 betreffen. Man findet dort allerdings fast ausschließlich wenig spektakuläres, frei zu-
gängliches Material als Fotokopie.

[160] Notiz RWM über die o.g. Sitzung vom 12.7.1934 (BA Berlin, RWM 9216, zitiert
nach BStU, MfS FV 8/69, Ordn. 3, Bl. 281). Ilgner, der die Lateinamerika-Politik
seines Konzerns mitgestaltete, behielt enge Beziehungen zum IAI. "In seinem
Büro in der Länderbank Unter den Linden ... fanden z.B. die meisten ... [kon-
zeptionellen Gespräche vor der Gründung der] deutsch-iberoamerikanische[n]
Ärzteakademie [statt]" (Karl H. Panhorst: Autobiographische Aufzeichnung, in:
NL Panhorst, in Privatbesitz).

[161] I.G. Farben an Dr. Panhorst, 17.7.1936 (BStU, MfS FV 8/69, Ordn. 17a, Bl. 23).

die Photogrammmetrie im Rahmen eines Großprojekts in diesem südamerikanischen Land zu etablieren.[162]

Bereits wenige Monate nach seiner Einsetzung als Institutsdirektor
hatte der ehemalige Generalstäbler Faupel mithin ein imposantes
Netzwerk geschaffen, das ganz seinen Bedürfnissen entsprach. Es
scheint, dass er die Masse der genannten Ämter bis Kriegsende behalten hat. Die Aktenlage lässt jedoch derzeit keine eindeutige Aussage
darüber zu, wie und mit welchem Erfolg er von dieser Ämterfülle
Gebrauch machte.[163] Hinter der zunehmenden Konzentration institutioneller Macht verbarg sich fraglos die Gefahr zeitlicher Überforde-
rung. Es war unmöglich, alle eroberten Domänen persönlich zu verwalten. Faupel war gezwungen, Aufgaben zu delegieren, konnte sich
aber in Fragen von strategischem Interesse die Entscheidung vorbehalten. Sein Generalsekretär, die Referenten des Instituts und die *corona*
freiwilliger Helfer des Instituts potenzierten seinen Einfluss, wenn es
ihm gelang, sie in weiteren Gremien, Verbänden und freiwerdenden
Posten zu platzieren. Die Dynamik des nationalsozialistischen Staats-
umbaus öffnete dabei auch dem IAI eine Vielzahl neuer Arbeitsfelder,
die in der Weimarer Zeit in dieser Form noch nicht bestanden hatten.

Den nächsten Schwerpunkt seiner Tätigkeit setzte Faupel in der
Betreuung nach Deutschland reisender und im Lande ansässiger Lateinamerikaner. Diese waren für das Institut die am leichtesten greif-
baren potentiellen "Multiplikatoren" deutschen Einflusses in Übersee.[164]

---

[162] Memorandum Wilhelm Schulz für eine geplante SS-Expedition nach Bolivien
(BA Berlin, ehem. BDC, Akte Research, Ahnenerbe Prof. Dr. Wilhelm Schulz).
Das von Faupel mit angeregte Projekt, für das Himmler bereits 1,5 Mio. RM bereitgestellt haben soll, scheint wegen des Beginns der Kampfhandlungen in Europa im September 1939 bis zum Kriegsende verschoben worden zu sein (Aktenvermerk über eine Rücksprache zwischen Faupel und Prof. Dr. Troll (Universität
Bonn), 20.11.1939, GStA, HA I, Rep. 218, Nr. 979, o.Bl.).

[163] Bereits bei der Ausarbeitung der "Richtlinien für die Zusammenarbeit der Wirt-
schaftsstellen der NSDAP im Auslande und den Deutschen Handelskammern im
Auslande" am 7.7.1934 in Hamburg glänzte Faupel durch Abwesenheit und entsandte auch keinen Stellvertreter. Die praktische Arbeit scheint ein Kooperati-
onswerk der NSDAP/A.O. und der Handelskammern gewesen zu sein (Abschrift
dieser Richtlinien, Office of Chief of Counsel for War Crime, Nürnberger Prozesse, BStU, MfS FV 8/69, Ordn. 14, Bl. 164f.).

[164] Vgl. dazu der Beitrag von Silke Nagel im vorliegenden Sammelband.

Faupel begriff seine auswärtige Kulturpolitik langfristig als ein Element zur Wiederherstellung der deutschen "Weltgeltung". Insofern waren langfristige Erfolge in der Gewinnung von "Multiplikatoren" weit erstrebenswerter als kurzfristige propagandistische Achtungserfolge. Doch war sich der Präsident des IAI darüber im Klaren, dass er einen beträchtlichen Teil seiner Energien dafür würde verwenden müssen, das Wirken regimenaher Kräfte auszubalancieren, die seine Arbeit bewusst oder unbewusst konterkarierten. Denn neben den zahlreichen Widerständen, auf die die deutsche Kulturpolitik in Lateinamerika und Spanien bereits seit der Jahrhundertwende stieß,[165] gab es noch eine große Zahl systemimmanenter Hemmschwellen, die die Errichtung des NS-Systems mit sich gebracht hatte. Der Rassismus des nationalsozialistischen Regimes war geeignet, selbst ausländische Bewunderer zu verprellen, dann nämlich, wenn sie selbst zu seinem Gegenstand wurden. Beispielsweise richtete sich die eugenische Gesetzgebung auch gegen deutsch-lateinamerikanische "Mischehen", wobei hier nicht so sehr europäischstämmige Lateinamerikaner, um die sich das IAI hauptsächlich bemühte, als vielmehr "Farbige" aus Ländern der Hemisphäre ins Fadenkreuz gerieten. Das Institut war hier auf eine defensive Rolle festgelegt: Es musste verhindern, dass der Rassismus des Regimes "Multiplikatoren" brüskierte. Traktate wie solche "Arnold Noldens" (ein Pseudonym für Wilhelm Pferdekamp) mit dem Titel "Afrika beginnt hinter den Pyrenäen", das "jeder gebildete Spanier als beleidigend empfinden" musste, versuchte das IAI über das Propagandaministerium aus dem Verkehr ziehen zu lassen.[166]

Die Versuche, den Verbreitungsgrad der deutschen Sprache in Übersee zu erhöhen, scheiterten schnell an den mangelnden finanziellen Mitteln. Die häufigen Initiativen Faupels, das Spanische als Lehrfach an deutschen Schulen zu verankern, sind im Großen und Ganzen gescheitert, weil vor allem die Wehrmacht darauf drängte, das Französische in seiner gewohnten Stellung zu belassen.[167] Ohne Zweifel

---

[165] Vgl. meinen Beitrag in diesem Sammelband zur Vorgeschichte und Gründung des Ibero-Amerikanischen Instituts.

[166] Quelle an Propagandaministerium, 6.1.1937 (GStA, HA I, Rep. 218, Nr. 235, Bl. 40).

[167] Vgl. Faupels frühestes Plädoyer für eine Verstärkung des Spanisch-Unterrichts: Faupel (1931b). Vgl. außerdem Faupel an PrMW, 16.8.1934, Aufforderung, den Spanisch-Unterricht an den deutschen Schulen stärker zu fördern (BA Freiburg, OKW, Amt Ausland, Film 2336, Aufn. 655687f.). Faupel an PrMW, 18.4.1934

war Faupels Einschätzung richtig, dass ohne die wechselseitige Erhöhung der Sprachkompetenz die erhofften "Multiplikator"-Effekte viel schwächer ausfallen würden, als erhofft. Auf diesem sprachpolitischen Feld zeigte sich, welche Grenzen selbst einem machtbewussten Generalstabsoffizier gesetzt waren, wenn die Kooperationsbereitschaft der anderen maßgeblichen Instanzen im Staat fehlten.

5.2 *"Hitlers Gauleiter in Spanien", "Botschafter der A.O." oder Bruchpilot? Faupel als diplomatischer Vertreter des Deutschen Reichs bei Franco 1936-37*

Ein unerwartetes Ereignis bot dem Präsidenten des IAI zweieinhalb Jahre nach seinem Amtsantritt die Aussicht, seine Karriere mit dem Titel eines Botschafters zu krönen. Am 17. Juli 1936 begann in Spanien und seiner Kolonie Marokko eine Revolte des Militärs, die auf den Sturz der bestehenden demokratisch gewählten Regierung zielte, die sich aus Linksparteien zusammensetzte. Hatten die Insurgenten angenommen, in wenigen Tagen in ganz Spanien die Macht übernehmen und ohne große Widerstände eine Militärdiktatur errichten zu können, so erwies sich diese Annahme schnell als Fehlkalkulation. Das Gros der Putschisten befand sich in Spanisch-Marokko und war auf die Kooperation der spanischen Marine angewiesen, die aber ihre Zusammenarbeit verweigerte. In kurzer Zeit gerieten die Rebellen in eine schwierige Lage. Den regionalen Putschbewegungen, die sich im Norden und Westen Spaniens bereits festgesetzt hatten und nun auf die Hauptstreitmacht warteten, drohte ein militärischer Gegenschlag der Madrider Regierung. In dieser Konstellation beschlossen die rebellierenden Nationalisten, Deutschland und Italien um Hilfe zu bitten. Vermittelt über einen in Spanisch-Marokko ansässigen Residenten der A.O. der NSDAP, Johannes Bernhardt, begaben sich Emissäre ins Deutsche Reich. Nach anfänglichem Zögern entschied sich Hitler persönlich für eine massive Intervention zugunsten der Militärrevolte, weil es ihren Vertretern gelungen war, ihre Erhebung als Teil des Kampfes gegen den "Bolschewismus" zu deklarieren, der eines

---

(GStA, HA I, Rep. 218, Nr. 101, Bl. 126), Bock an Haack, 23.5.1934 (GStA, HA I, Rep. 218, Nr. 101, Bl. 92). Zur militärischen Bedeutung des Französisch-Unterrichts vgl. unter anderem Prof. Dr. Hämel, Romanisches Seminar der Univ. Würzburg, an Faupel, 25.11.1934 (GStA, HA I, Rep. 218, Nr. 101, Bl. 123V).

der Zentralanliegen Hitlers war. Widerstände einzelner Ministerien, namentlich des Auswärtigen Amtes, konnten an dieser Entscheidung nichts mehr ändern.[168] Auf Hitlers Weisung erhielten die Aufständischen Transportflugzeuge, um ihre Truppen von Marokko aufs Festland ausfliegen zu können. Es zeigte sich schnell, dass die Nationalisten auf diesem Wege ihre in Spanien gemachten Gebietsgewinne absichern konnten, dass ihnen die nötige Stärke jedoch fehlte, um das ganze Land wie vorgesehen gewaltsam zu unterwerfen. Erneut wandten sich ihre Führer nach Berlin und Rom, nunmehr mit der Bitte um umfangreiche Rüstungslieferungen. Da die Spanier im Umgang mit diesem Kriegsmaterial nicht geübt waren, war die Entsendung von Armee- und Luftwaffenexperten und ausgebildeten Mannschaften nur noch eine Frage der Zeit. Beide faschistischen Staaten ließen sich auf eine zunehmend umfangreicher werdende Militärintervention ein. Diese berührte die Machtkonstellation in Westeuropa und im Mittelmeerraum und zog diplomatische Verwicklungen bis hart an den Rand eines europäischen Krieges nach sich. Frankreich und die Sowjetunion traten als Unterstützer der spanischen Republik auf den Plan, und auch lebenswichtige Interessen Großbritanniens waren berührt. Der Spanische Bürgerkrieg wurde mehr und mehr zu einem Stellvertreterkrieg der Großmächte. Keines der beteiligten Länder wollte einen Sieg der Gegenseite dulden. Keines war vom Stand der Rüstung her in der Lage, sich auf einen europäischen Krieg einzulassen. Die Diplomaten befanden sich in der unangenehmen Situation, den Konflikt international einzudämmen und zugleich der eigenen Regierung den Rücken für Rüstungslieferungen an eine der beiden spanischen Konfliktparteien freizuhalten.

In Deutschland sahen Kräfte der NSDAP ihre Stunde gekommen, die klassische Diplomatie durch eine nationalsozialistische zu ersetzen. Das Auswärtige Amt hatte lange gewarnt, sich zugunsten der spanischen Nationalisten auf einen internationalen Konflikt mit unabsehbaren Folgen einzulassen. Hitler hatte sich über ihren Rat hinweggesetzt und mit seiner politischen Entscheidung den Putschisten um Franco zu ersten Erfolgen verholfen. Die klassische Diplomatie hatte

---

[168] Allgemein zur deutschen Intervention in Spanien vgl. Abendroth (1973/1978), Akten zur Deutschen Auswärtigen Politik (1951), Jacobsen (1968: 421-424), Merkes (1969), Thomas (1984) und Whealy (1989). Vgl. außerdem Art. "Faupel" in: *Diccionario de la Guerra Civil Española* (1987 I: 309f.).

damit zunächst im inneren Machtkampf des "Dritten Reiches" eine Niederlage erlitten. Dies hatte spürbare Folgen, als die Reichsregierung den nächsten Schritt ging, indem sie die Aufnahme diplomatischer Beziehungen zu den Nationalisten in die Wege leitete. Die A.O. der NSDAP, deren Repräsentanten die Kontakte zu den Putschisten hergestellt hatten, beanspruchte von nun an bei den Spanien betreffenden Entscheidungen ein Mitspracherecht. Bei der Besetzung des Postens des deutschen Geschäftsträgers bei Franco konnte sie mit Wilhelm Faupel ihren Kandidaten durchsetzen. Seine Ernennung war zugleich ein innenpolitisch bedeutsamer Vorgang, weil er von allen Beteiligten als Testfall für die Verdrängung der traditionellen Diplomaten durch Vertreter der A.O. gewertet wurde.[169] Faupel musste wissen, dass das Auswärtige Amt nur darauf warten würde, ihn zu desavouieren, um damit einem eigenen Bedeutungsverlust entgegenzuwirken. Die Instruktionen, die ihm am 18.11.1936 von Außenminister Neurath für seine diplomatische Mission erteilt wurden, waren deutlich:

> Der Führer hat heute nachmittag in meiner Gegenwart den General a.D. Faupel empfangen und hat ihm den Auftrag erteilt, als Geschäftsträger das Reich bei der Regierung des Generals Franco zu vertreten. Auf Wunsch des Führers soll Faupel von hier einen Mann für Propaganda u[nd] einen für Fragen der Organisation der Phalangisten mitnehmen. ...

> Sodann bitte ich, ihm die Möglichkeit zu geben, sich über die Lage in Spanien, den Embargo-Ausschuß etc. zu orientieren. Wegen der militärischen Dinge wird sich Gen[eral] Faupel mit dem Reichskriegsminister in Verbindung setzen. Um militärische Dinge soll sich F[aupel] nicht kümmern, er muß aber natürlich laufend über alles, auch von militär[ischer] Seite unterrichtet werden. Seine Aufgabe besteht im wesentlichen darin, Gen[eral] Franco auf Wunsch zu beraten, unsere Interessen bei diesem zu vertreten u[nd] uns über die Vorgänge zu unterrichten.[170]

Diplomaten, die Faupel kannten, dürften gewusst haben, dass er das Verbot, sich in militärische Dinge einzumischen, konsequent ignorieren würde. Der erste Fallstrick für seinen Sturz war bereits in diesen Instruktionen gelegt. Aus dem Innern seines Präsidialzimmers war er

---

[169] Zur Deutung der Berufung Faupels durch seinen Nachfolger im Amt des deutschen Botschafters in Spanien, von Stohrer: BA Berlin, Nürnberger Prozess, Fall XII, Nr. 283 (zitiert in: BStU, MfS FV 8/69, Ordn. 4, Bl. 62-67).

[170] DZA Potsdam, Film AA 3182 (80), Filmarchiv IX/11 J III A 2 (zitiert nach BStU, MfS FV 8/69, Ordn. 3, Bl. 313).

ins Rampenlicht der internationalen Politik getreten. Die Versuchung, seinem spanischen Uriburu die Hand zu führen und damit direkt ins Schicksal Spaniens einzugreifen, war groß. Der spanische "Bolschewismus" lag dem schlesischen Sankt Georg als höchst lebendiger Drache zu Füßen. Von diplomatischen Federfuchsern und den mitgeführten Hilfstruppen der Legion Condor ließ er sich nicht daran hindern, den entscheidenden Stoß zu führen.

Bald nach seinem Eintreffen in Spanien verwandelte Faupel, dem die Gattin aus Berlin nachgereist war, sein Büro in ein Generalstabszimmer um.[171] Auf den Tischen seines Büros schienen militärische Karten, die den Frontverlauf zeigten, mehr Platz zu beanspruchen als die Akten seines diplomatischen Schriftverkehrs. Er forderte aus Deutschland einen Stab von Beratern an. Es waren fast ausnahmslos Offiziere, die zuvor Militärinstrukteure in Lateinamerika gewesen waren:

> Ich bitte ... aufs allerdringlichste, möglichst zahlreiche Offiziere, auch Unteroffiziere herauszusuchen, die Spanisch sprechen ... Auf dringenden Wunsch des Führers der gesamten Falange und im Einverständnis mit General Franco bitte ich ... vor allem, sofort den Major ... von Issendorff von der Kavallerieinspektion als Leiter für die Ausbildung der Falange ganz Spaniens zur Verfügung zu stellen und in Marsch zu setzen. Desgleichen bitte ich, sofort den Major a.D. von Frantzius (zu erreichen über das Ibero-Amerikanische Institut ...) als Leiter eines Infanterie-Schultruppenteils, ferner möglichst den Major a.D. Siber ... als Leiter der Ausbildung der Nachrichtentruppen und zur Überwachung des eingesetzten Nachrichtengerätes herauszusenden.[172]

Frantzius war Mitglied der Schriftleitung der von Faupel herausgegebenen Zeitschrift *Ejército, Marina, Aviación*.[173] Siber gehörte seit 1924 zu den Militärberatern in Argentinien und "hatte entscheidenden Anteil am Aufbau der Nachrichtentruppe der argentinischen Armee".[174] Jedoch blieb dem deutschen Geschäftsträger und späteren Botschafter eine Mitsprache bei der Ernennung der Befehlshaber der

---

[171] Informationen zu Faupels Amtszeit als Botschafter findet man unter anderem in folgenden Veröffentlichungen: Abendroth (1973), Harper (1967), Ruhl (1975) und Whealy (1989).

[172] *Akten zur Deutschen Auswärtigen Politik 1918-1945*, Serie D III, zitiert nach Broué/Témine (1982 II: 440f.).

[173] GStA, HA I, Rep. 218, Nr. 240, Bl. 42.

[174] Rinke (1996 II: 584). Zu von Issendorff vgl. Kapitel 3 sowie die "Bio-bibliographischen Grunddaten" zu den Mitarbeitern des IAI im vorliegenden Band.

eigentlichen deutschen Interventiontruppen verwehrt, die als Freiwillige getarnt ins Land kamen. Bei diesen handelte es sich vorrangig um Luftstreitkräfte, die den aufständischen Nationalisten weitgehend fehlten, ferner um Flakbatterien, Nachrichteneinheiten und vier Panzerkompanien (Broué/Témine 1982, II: 441). Während Oberst Warlimont die militärische Kommandozentrale leitete, unterstanden die Einheiten der Luftwaffe Generalleutnant Sperrle. Faupels Beraterkreis befolgte die Weisungen des Botschafters, die entscheidenden Offiziere der "Legion Condor" hatten dagegen zuvor mit dem General a.D. wenig zu tun gehabt. Sie gehörten einer anderen Generation und einer "jungen" Waffengattung an, zwei Gründe, weshalb sie wenig geneigt waren, sich Faupels Anordnungen zu unterwerfen. Anfangs ließen sich die Führer der angereisten deutschen Interventionsstreitkräfte die Bevormundung durch Faupel gefallen. General Sperrle war mit ihm bei der militärischen Lagebeurteilung in wesentlichen Punkten einer Meinung. Bald jedoch machte er dem inzwischen zum Botschafter aufgewerteten ehemaligen Generalstäbler klar, wie die Befehlsgewalten verteilt waren. Es begann zwischen beiden ein Machtkampf, bei dem sich der Befehlshaber der "Legion Condor" am Ende um den Preis der eigenen Ablösung durchsetzte.

Faupels Amtszeit als Botschafter fiel in das Jahr, in dem der Spanische Bürgerkrieg seinen Höhepunkt erreichte. Das erste nationalsozialistische Kriegsverbrechen, den von deutschen Luftstreitkräften durchgeführten Terrorangriff auf die baskische Stadt Guernica (26. April 1937), hatte er nicht militärisch, wohl aber politisch mitzuverantworten. Am 1. Mai 1937 trat Faupel der NSDAP bei, da der italienische Botschafter seinerseits Mitglied der faschistischen Partei war und vor allem die NSDAP/A.O. "ihrem" Chefdiplomaten in Spanien nunmehr eine ähnliche Anbindung an die Staatspartei nahe legte.[175]

Auch mit der Regierung der spanischen Nationalisten kam es relativ schnell zu Konflikten. Francos Innenminister Serrano Suñer zeichnete nach 1945 ein wenig schmeichelhaftes Bild des deutschen Botschafters:

Fauppel [sic!] [...] zeigte für unsere inneren Angelegenheiten ein deutliches Interesse, das bisweilen exzessiv, ja sogar impertinent war. Ich habe stets angenommen, dass dieses Interesse, das zu einem bestimmten An-

---

[175] BA Berlin, ehem. BDC, NSDAP-Mitgliedskarte und Akte Wilhelm Faupel.

lass sogar die Grenze der Indiskretion überschritt und gefährlich an eine
Intrige grenzte [die Affäre Hedilla], nicht von einer Anweisung aus Berlin herrührte. Es war die Eigeninitiative des Generals und seiner Gattin;
denn man muss sagen, dass der General und seine Angetraute ein Bot-
schafterehepaar waren und nicht nur der Botschafter und seine Frau. Beide hielten sich für Spanien-Spezialisten, und für solche hielt man sie
auch in Berlin, weil sie in Südamerika gelebt und in der deutschen
Hauptstadt ein Institut für ibero-amerikanische Kultur geleitet hatten.

Der General war ein korpulenter Mann, weit weniger als sein Nachfolger
von Stohrer, und war schon ein wenig vom Leben gezeichnet. Sein Ant-
litz hatte einmal die Züge eines Adlers getragen, seine Augen waren grau
und lebhaft, und er hatte eine große Nase. Frau Fauppel war dicklich, von
gewöhnlichem Anblick, ohne Zweifel intelligent und auf affektierte Weise liebevoll und mütterlich. Beide waren von Anfang an festentschlossen,
nicht im Hintergrund zu bleiben und um jeden Preis zu agieren. Sie
wussten mit ihrer Zeit nichts Besseres anzufangen, als jede kleine Subversion zu schützen und zu schüren, die sich gegenüber dem Hauptquartier [Francos] entfaltete (Serrano Suñer 1973: 87).

Die Einschätzung des späteren kubanischen Diktators Batista,
Faupel habe in Spanien den Rang eines "Gauleiters" beansprucht, dem
die spanischen Nationalisten sich zu unterwerfen hatten, scheint übertrieben.[176] Doch waren ihm Statthalterallüren nicht fremd. Seine Einschätzungen der Lage in Spanien trug er mit der ihm eigenen Entschiedenheit vor. Seine Kritik bezog sich vor allem auf den Charakter
des franquistischen Regimes. Faupel machte im Umfeld Francos sehr
früh eine Neigung zu sozialkonservativischen, restaurativen und "re-
aktionären" Tendenzen aus. Würden diese sich durchsetzen, müsste
eine "Revolution" im faschistischen Sinne ausbleiben, die sich ja in
Deutschland und Italien durchaus auch gegen die Kräfte des *Ancien
Régime* gerichtet hatte. Eine militärgestützte Rückkehr zu den Verhältnissen vor der Errichtung der spanischen Republik 1931 musste
aber einer vorausschauenden deutschen Außenpolitik zuwiderlaufen.
Nach Faupel war zwar der Sieg im Spanischen Bürgerkrieg primäres
Ziel deutscher Politik, doch lag es darüber hinaus in ihrem Interesse,
dass sich im Lager der "Nationalisten" die richtigen Kräfte durchsetz-
ten. Bei einer Rückkehr zum *Ancien Régime* blieben die tieferen sozialen Ursachen des Bürgerkriegs unangetastet. Dies würde unwei-
gerlich dazu führen, dass Spanien früher oder später wieder am Aus-

---

[176] So schrieb Fulgencio Batista in seinem Buch *Sombras de América*: "El General
Wilhelm von Fauppel [sic] pasó a ser gauleiter de Hitler en España..." (zitiert
nach Serrano Suñer 1973: 88. Batistas Buch war mir nicht zugänglich).

gangspunkt des nunmehr blutig ausgetragenen Konflikts angekommen wäre. Eine deutsche Intervention hätte zwar kurzfristig ihr Ziel erreicht, langfristig jedoch ihre Kräfte für eine sinnlose Sache verschwendet. Faupel drängte deshalb darauf, der franquistischen Bewegung den Charakter einer sozialen faschistischen "Revolution" zu geben. Aus naheliegenden Gründen vermutete er die geeignete tragende Kraft für eine solche Umwälzung in der spanischen Falange. Als faschistische Bewegung war diese aber nur eine Gruppierung unter vielen in der nationalistischen Umsturzbewegung, und die Offiziere des rebellierenden Militärs achteten sorgsam darauf, dass diese sich nicht zu einer ernstzunehmenden militärischen Konkurrenz entwickelte. Faupel steuerte hier gegen. Hitlers Genehmigung, Kräfte zur Ausbildung der Falange nach Spanien mitzunehmen, begann er dahingehend zu deuten, dass er berechtigt sei, sie militärisch ausbilden zu lassen. Tatsächlich zog er dafür Kräfte ins Land. Als im Frühjahr 1937 Falange-Führer Hedilla unter dem vermutlich falschen Vorwurf verhaftet und zum Tode verurteilt wurde, eine falangistische Konspiration gegen Franco vorbereitet zu haben, geriet Faupel in Verdacht, mit dem Falange-Führer im Einvernehmen gestanden zu haben, zumal er gegen die Verhängung der Todesstrafe diplomatisch intervenierte. Diese Maßnahme, ferner die undiplomatische Art, der Regierung Francos die Leviten zu lesen, die antikatholische Stoßrichtung vieler seiner Äußerungen und schließlich die wachsenden Konflikte mit den deutschen Befehlshabern der "Legion Condor" trieben die Ereignisse im Laufe des Jahres 1937 an einen Punkt, an dem die Abberufung Faupels unausweichlich erscheinen musste.

Weshalb war seine Mission gescheitert? An einer Fehleinschätzung der militärischen und politischen Verhältnisse in Spanien lag dies gewiss nicht. Die Führer der "Legion Condor" kamen bei der Lagebewertung oft zu ganz ähnlichen Ergebnissen wie Faupel. Bei der Beurteilung der strukturellen Mängel der franquistischen Politik und der oben beschriebenen Restaurationsgefahr kam Faupels Nachfolger, der Berufsdiplomat von Stohrer, zu ähnlichen Schlüssen. Faupels militärische Sozialisation, sein übersteigertes Selbstwertgefühl, seine mangelnde Bereitschaft zu diplomatischer Zurückhaltung gegenüber Franco und schließlich die Konkurrenzstellung zur jungen Offiziersgeneration der Wehrmacht und zum Auswärtigen Amt scheint weit eher eine Erklärung für seine Abberufung zu bieten als fachliche Inkompetenz.

Franco ließ Hitler im Sommer 1937 bitten, Faupel abzuberufen. Um diesen und die A.O. nicht in Misskredit zu bringen, wurde der Rückzug des Botschafters mit Gesundheitsgründen gerechtfertigt und zum gleichen Zeitpunkt auch sein Gegenspieler, General Sperrle, von seinem Posten entfernt.[177] Die A.O. hatte bei ihrem Versuch, sich als Konkurrenzmacht zum Auswärtigen Amt zu etablieren, eine empfindliche Niederlage erlitten. Gleichwohl war es dem deutschen Botschafter gelungen, in Spanien ein Netz von Beziehungen aufzubauen, auf das er sich nach seiner Rückkehr nach Deutschland verlassen konnte. Hitler scheint Faupel nach seiner Abberufung nicht mehr empfangen zu haben.[178] Dies musste systemintern seine Stellung längerfristig schwächen. Der Botschaftertitel, den er weiter trug, bedeutete dagegen nach außen hin einen Statusgewinn.

Der Spanische Bürgerkrieg war nicht allein ein europäisches, sondern auch ein lateinamerikanisches Ereignis, und als solches gewann er für die künftige Stellung des IAI seine Bedeutung. In Übersee haben ihn viele als Stellvertreterkrieg empfunden. Für die einen war er ein Krieg totalitärer Staaten gegen eine Demokratie, für die anderen ein überaus willkommener Befreiungsschlag der in Bedrängnis geratenen Oberschichten gegen eine Bedrohung von links. Faupel konnte damit rechnen, trotz der kurzen Dauer seiner diplomatischen Mission durch seine exponierte Stellung bei der deutschen Intervention in Spanien zu einem Sympathieträger der konservativen lateinamerikanischen Oberschichten aufzusteigen.

5.3 Zweite Präsidentschaft im IAI 1938-1945

Zurück in Deutschland übernahm Faupel 1938 erneut die Präsidentschaft des IAI. Doch zuvor war er gezwungen, die Pläne seines früheren Generalsekretärs Panhorst zu durchkreuzen, die darauf zielten, seine Rückkehr an die Institutsspitze zu verhindern und an seiner statt *de facto* die Führung des Hauses zu übernehmen. Panhorst wurde deshalb durch den Juristen Hans Joachim von Merkatz ersetzt.[179]

---

[177] Abendroth (1973: 118). Zum Verhältnis Faupel-Sperrle vgl. auch: DZA Potsdam, AA 60964 (zitiert nach BStU, MfS FV 8/69, Ordn. 5, Bl. 317).

[178] H. Hagen an K. Volland, 6.2.1973 (IAI, NL Hagen).

[179] Faupel war 1938 nach seiner Rückkehr offiziell aus Altersgründen in den Ruhestand versetzt worden (BA Berlin, Präsidial-Kanzlei Nr. 89/17, zitiert nach BStU, MfS FV 8/69, Bd. 8, Bl. 96). Die Stellung als Präsident des IAI war dennoch

Das Jahr 1938 war gekennzeichnet durch eine Reihe außenpoliti-
scher Erfolge des NS-Regimes wie den "Anschluss" Österreichs und
die Münchener Konferenz. Zugleich wurden die Vorbereitungen auf
einen großen Krieg in Europa forciert und die Rassenpolitik gegenüber den Juden verschärft. Dies waren Vorgänge, die das Verhältnis
des "Dritten Reichs" zum Ausland maßgeblich prägten. Aus ganz
anderen Gründen geriet das offizielle deutsch-lateinamerikanische
Verhältnis in eine Krise. In Chile und Brasilien gab es faschistisch
inspirierte Putschversuche, die auch die Nachbarländer veranlassten,
gegen die extreme Rechte vorzugehen.[180] Zugleich wurden in diesen
Ländern die Initiativen verstärkt, die von Einwanderung und ethnischer Vielfalt geprägten nationalen Gesellschaften zu homogenisieren.
Diese auf Assimilierung zielende Politik traf auch die deutschen Gemeinden und hatte empfindliche Einschränkungen der Aktivitäten
deutscher Organisationen in Übersee zur Folge. Die Auslandsorganisation der NSDAP hatte durch ihr oft undiplomatisches Auftreten und
durch terroristische Akte gegen ihre Feinde viel von dem Kredit ver-
spielt, den die subtilen Formen deutscher Kulturpolitik zuvor ange-
sammelt hatten. Aus dem Umfeld der "Schwarzen Front", einer vor
1933 von der NSDAP abgespaltenen Organisation Otto Strassers, die
die Nationalsozialisten nunmehr erbittert bekämpfte, wurden Anfang
1939 "Dokumente" in Umlauf gebracht, die der Reichsregierung die
Absicht unterstellten, das im Süden Argentiniens gelegene Patagonien
zu erobern. Dadurch lösten sie in Argentinien eine Verhaftungswelle
gegen Mitglieder der NSDAP/A.O. aus. Der Journalist Heinrich Jürges, der die betreffenden Fälschungen verbreitete, die die "Patago-
nien-Affäre" auslösten, war mit hoher Wahrscheinlichkeit auch ihr
Urheber. Jürges lässt sich ebenfalls als der Fälscher identifizieren, der

---

mehr als eine Ehrenfunktion, da seine Weisungsbefugnisse ungeschmälert blieben. Zu von Merkatz vgl. den entsprechenden Abschnitt in den "Bio-bibliographischen Grunddaten" zu den Mitarbeitern des IAI im vorliegenden Band.

[180] Allgemeine Darstellungen zu diesen Sachverhalten bieten unter anderem Hilton
(1972/73), Potashnik (1974) und Trindade (1988). Zur Haltung der argentinischen Öffentlichkeit gegenüber dem "Dritten Reich" 1938: Reichsbahnzentrale
für den Deutschen Reiseverkehr/Oficina de Información an Direktor Hans Gert
Winter, 26.11.1938 (GStA, HA I, Rep. 218, Nr. 149, Bl. 471).

später einen beträchtlichen Teil jener "Dokumente" herstellte, die das IAI in den Rang einer großen Spionageorganisation erhoben.[181]

Insgesamt wurde dadurch der Aktionsradius deutscher Politik in Lateinamerika schon vor Kriegsausbruch erheblich geschmälert. Entsprechend musste sich mit der Zeit auch die Politik des IAI ändern. Bis 1939 hatte Faupel im Rahmen des ihm Möglichen überaus erfolgreich gearbeitet. Die Logistik der deutsch-lateinamerikanischen Organisationen hatte er weitgehend seiner Kontrolle unterworfen. In der ungefähr ein Jahr währenden Amtszeit als Botschafter Hitlers in Francos Spanien war es ihm trotz der Konflikte mit Franco und der "Legion Condor" möglich gewesen, im Land zahlreiche Kontakte zu gewinnen. Spanien blieb während des Zweiten Weltkriegs neutral und war daher ein wichtiges Bindeglied zu den lateinamerikanischen Staaten, bis diese die diplomatischen Beziehungen abbrachen. Im Laufe des Jahres 1938 zeichnete sich ab, dass Francos Armeen aus dem Kampf gegen die spanische Republik als Sieger hervorgehen würden. Solange der Krieg noch andauerte, war mit einem nationalistischen Spanien als Verbündetem nicht zu rechnen. Doch seit dem Frühjahr 1939 schwiegen dort die Waffen. Es galt nun, das Land für ein Bündnis im bevorstehenden europäischen Krieg zu gewinnen. Das IAI bekam als "intermediäre Institution" erneut eine Schlüsselfunktion, doch lag sie diesmal in Europa. Im gleichen Maße, in dem Lateinamerika sich im Vorfeld des Krieges und schließlich nach dessen Beginn aus der Reichweite deutscher Außenpolitik entfernte, stieg die Bedeutung Spaniens. Mitte Februar 1938 skizzierte Faupel seinen neuen Aktionsschwerpunkt in einem Brief an Reichsminister Bernhard Rust:

Auf Grund meiner in Spanien gemachten Erfahrungen bin ich der Ansicht, dass es jetzt die Aufgabe des Instituts sein muß, unbeschadet seiner

---

[181] Zur Patagonienaffäre vgl. Newton (1981) und Pommerin (1977: 65-67). Zu Heinrich Jürges vgl. den Beitrag von Günter Vollmer über Heinrich Jürges sowie den Beitrag des Verfassers über das IAI und den Staatssicherheitsdienst im vorliegenden Band. Außerdem Newton (1991) und Rout/Bratzel (1984). Aus der zeitgenössischen NS-Presse: *Der Trommler* 8, Nr. 163, 20.6.1939, S. 3-54 (Abdruck der Übersetzung des Plädoyers des Anwalts des angeklagten A.O.-Funktionärs Alfred Müller, Dr. Justo Bergadá Múgica mit langen Ausführungen zum gefälschten Patagonien-Dokument Jürges'). Die Akte im Archiv des Staatssicherheitsdienstes BStU, MfS AP 1240/55: "Heinrich Jürges" wird im vorliegenden Sammelband im Beitrag von Günter Vollmer zu Heinrich Jürges und dessen Fälschungen über das IAI ausgewertet.

repräsentativen Pflichten und unter sorgsamer Verfolgung seiner wissenschaftlichen Ziele die Politik des Führers auf der iberischen Halbinsel auf kulturellem Gebiet zu unterstützen und zu diesem Zweck engste Fühlung mit der nach Erneuerung strebenden spanischen Jugend zu halten, die auf weltanschaulichem Gebiet bei uns, mehr noch als bei den Italienern, Anlehnung, Stützung und Vorbild sucht. Der auf sozialem und weltanschaulichem Gebiet in Spanien im Gange befindliche Umbruch wird starke Rückwirkungen auf Süd- und Mittelamerika haben, die sich zum Teil bereits bemerkbar machen.[182]

Die Politik des Ibero-Amerikanischen Instituts musste sich den neuen makropolitischen Gegebenheiten anpassen, doch setzte es seine Betreuungspolitik auch gegenüber Lateinamerikanern unvermindert fort. Die anvisierten "Multiplikatoren" unterwarfen sich keineswegs automatisch der politischen Großwetterlage. Das IAI besaß die besten Voraussetzungen, antizyklisches Verhalten in diesen Gruppen zu nutzen. Der Zustrom interessierter Akademiker brach mit der Abkühlung der diplomatischen Beziehungen nicht ab. Erst der Ausbruch des Krieges verminderte ihre Zahlen erheblich, doch reisten noch immer kleinere Gruppen über Spanien und Portugal nach Deutschland.

Auf die sich zunehmend verschärfenden ethnischen Nationalisierungspolitiken in Lateinamerika, die sich schließlich auch gegen die deutschen Schulen und Vereine richteten, entwarf Faupel eine Antwort, die wiederum auf eine Beeinflussung lateinamerikanischer "Multiplikatoren" hinauslief:

In meinem Antrag … um Bewilligung der Geldmittel zur Schaffung eines Deutsch-Ibero-Amerikanischen Pädagogen-Verbandes unter Ausnutzung der Erfahrungen der bereits bestehenden Deutsch-Ibero-Amerikanischen Ärzte-Akademie hatte ich darauf hingewiesen, daß seitens der ibero-amerikanischen Regierungen mit Maßnahmen zur Einschränkung der Selbständigkeit der dortigen deutschen Schulen zu rechnen sei. Der dem Institut … zugegangene Bericht des Deutschen Botschafters in Rio sowie neuere Nachrichten beweisen, dass in dem für uns in dieser Hinsicht besonders wichtigen Brasilien bereits außerordentlich scharfe Maßnahmen erfolgt sind. In anderen südamerikanischen Ländern sind ähnliche Schritte in Vorbereitung. Wir werden das sehr bedauerliche Vorgehen gegen die deutschen Schulen zwar hie und da abmildern und vielleicht auch verzögern, aber auf die Dauer nicht verhindern können.

Ich darf deshalb erneut darauf hinweisen, dass es notwendig und meines Erachtens höchste Zeit ist, um in irgendeiner Form mit den führenden Pädagogen der ibero-amerikanischen Länder in engere Fühlung zu kommen und sie in unserem Sinne zu beeinflussen. Zu diesem Zweck halte

---

[182] Faupel an Rust, 18.2.1938 (GStA, HA I, Rep. 218, Nr. 808, o.Bl.).

ich die Gründung des von mir vorgeschlagenen Deutsch-Ibero-Amerikanischen Pädagogen-Verbandes zwecks Heranziehung leitender Pädagogen spanischer und portugiesischer Sprache zu Informationsreisen in
Deutschland für das beste Mittel. Eine Reihe von südamerikanische Länder kennende[n] Herren, wie z. B. der frühere Landesgruppenleiter in
Argentinien, sowie der jetzige Landesgruppenleiter in Peru stimmen in
dieser Auffassung mit mir überein.[183]

Es war unverkennbar, dass sich Faupel nicht für kurzfristige Erfolge interessierte, sondern für die Langzeitwirkung kontinuierlicher
und subtiler Einflussnahme.

Dennoch sah sich das IAI spätestens seit September 1939 mit der
Gefahr eines Bedeutungsverlustes konfrontiert, denn die politisch
Verantwortlichen richteten ihre Aufmerksamkeit kriegsbedingt immer
stärker auf Europa. Faupel und sein Generalsekretär von Merkatz
mussten mit Lobbyarbeit versuchen gegenzusteuern. Es galt, neue
Arbeitsfelder zu erschließen, alte Kompetenzen zu sichern und vor
allem den Personalbestand zu erhalten. So gab es mehrere Umbruch-
phasen, in denen die Verantwortlichen des Instituts sich genötigt sahen, ihre Vorstellung von den gegenwärtigen und zukünftigen Aufgaben des IAI schriftlich zu fixieren.

Bereits im Vorfeld des Zweiten Weltkriegs setzten die Versuche
der Preußischen Bau- und Finanzdirektion ein, die Einsparpotentiale
im IAI auszuloten.[184] Hatte Faupel bislang seinen "Abwehrkampf" nur
gegen Franzosen, Bolschewisten und Nordamerikaner führen müssen,
so stand er nunmehr einem Gegner gegenüber, der diesen an Beharr-
lichkeit nicht nachstand: die Oberrechnungskammer. Fortan musste
der General a.D. buchstäblich um jeden Angestellten und jeden Bud-
getposten kämpfen.[185] Die im Vorfeld des Krieges geplante "Neuord-

---

[183] Faupel an RPMW, 14.5.1938 (GStA, HA I, Rep. 218, Nr. 808, o.Bl.).

[184] Die Oberrechnungskammer hatte am 23.11.1938 ein erstes Gutachten in dieser
Sache vorgelegt (GStA, HA I, Rep. 151 IC, Nr. 7109, zitiert nach BStU, MfS FV
8/69, Bd. 1, Bl. 362).

[185] Faupel an den Präsidenten der Preußischen Bau- und Finanzdirektion, 13.1.1939
(GStA, HA I, Rep. 151 IC, Nr. 7109, zitiert nach BStU, MfS FV 8/69, Bd. 1,
Bl. 335f.): "Klarstellung der Behauptung, das Ibero-Amerikanische Institut be-
schäftige in seiner Bibliothek zuviel Personal", sowie Bl. 345: "[Es] ergibt sich
klar und deutlich, dass die in Deutschland mit der Kultur-Propaganda in den ibero-amerikanischen Ländern in erster Linie betraute Stelle, nämlich das Ibero-
Amerikanische Institut in Berlin, den Kampf nur dann mit einiger Aussicht auf
Erfolg weiterführen kann und dass sich eine schwere dauernde Schädigung unserer Interessen in Ibero-Amerika nur dann vermeiden läßt, wenn dem Ibero-

nung" des IAI sollte "in ihren Grundzügen für andere kulturpolitische Auslandsinstitute richtungsweisend" sein, so dass die Debatten über Struktur und Funktion des Instituts einen paradigmatischen Charakter erhielten.[186]

Der Kriegsbeginn verschob die Koordinaten dauerhaft, innerhalb deren sich das Institut zu bewegen hatte. Das IAI sah sich gezwungen, seine politische Rolle neu zu definieren. Charakteristisch war in diesem Zusammenhang die Diskussion über den Stellenwert des Instituts, die im zweiten Kriegsjahr aus einem sehr konkreten Anlass geführt wurde: Dem Institut wurde das Marstallgebäude als Sitz entzogen, weil Hitler persönlich andere Pläne mit diesem Bauwerk hatte. 1940/41 befand sich das nationalsozialistische Regime auf dem Höhepunkt seiner Macht. Frankreich war militärisch besiegt, Großbritannien isoliert und in die Enge getrieben. Die Annahme schien gerechtfertigt, dass das Deutsche Reich in Kürze wieder in den Rang einer Kolonialmacht aufsteigen würde, und dies auf Kosten der Westmächte. Diese Situation veranlasste Hitler zu einer Aufwertung des Kolonialpolitischen Amtes der NSDAP, das unter seinem Reichsleiter Ritter von Epp eine Randexistenz in München gefristet hatte. Am 28.10. 1940 erhielt das Ibero-Amerikanische Institut "die schriftliche Mitteilung, der Führer habe entschieden, dass das Marstallgebäude der künftige Sitz des zu schaffenden Reichskolonialministeriums sein solle".[187] Faupel war gezwungen, unverzüglich zu reagieren. Den "Führer" umzustimmen, war ausgeschlossen. Es musste also ein neues repräsentatives Gebäude als Sitz des IAI gefunden werden. In diesem Zusammenhang wurde ein Schriftverkehr geführt, der gleich in mehrerlei Hinsicht bedeutsam erscheint. Zum einen war der Institutspräsident genötigt, Rechenschaft über die Leistungen des IAI abzulegen und den Entscheidungsträgern zu verdeutlichen, worin seine aktuellen Funk-

---

Amerikanischen Institut die dafür unbedingt erforderlichen Mittel zur Verfügung stehen. Ich bitte also, von dem Gedanken irgendeiner Personalverminderung des Instituts oder einer Beschneidung des Etats unter allen Umständen abzusehen …". Außerdem Aktennotiz von Merkatz, 4.5.1939 über eine Besprechung mit Oberregierungsrat Scurla vom 3.5.1939 (GStA, HA I, Rep. 218, Nr. 979, o.Bl.).

[186] PrFM an den RPMW, 24.2.1939 (GStA, HA I, Rep. 151 IC, Nr. 7109, zitiert nach BStU, MfS FV 8/69, Bd. 1, Bl. 366).

[187] Faupel an PrFM, 21.12.1940, "Bericht über die Verlegung des IAI" (BStU, MfS FV 8/69, Ordn. 2, Bl. 116).

tionen bestanden. Zum zweiten lässt sich an diesem Beispiel das Verhältnis Faupels zur SS dokumentieren, das ansonsten aufgrund der offenkundigen Aktenvernichtungen bei Kriegsende weitgehend verwischt worden ist. Und zum dritten wird sichtbar, welchen Stellenwert andere staatliche Einrichtungen des "Dritten Reiches" dem IAI beimaßen, weil sie gebeten wurden, sich über die Dringlichkeit der Bereitstellung eines größeren Gebäudes für das Institut zu äußern (Anhang 5).[188]

Faupels erste Adressaten bei der Suche nach einem neuen Gebäude waren das Preußische Finanzministerium und die SS. Er strebte die Übernahme beschlagnahmter Häuser ehemaliger Freimaurerlogen an, die nach äußerem Eindruck einen geeigneten Ersatz für den repräsentativen Marstall zu bieten schienen. Das einzige Problem war, dass der Sicherheitsdienst der SS diese bereits übernommen hatte. Ohne Umschweife schrieb Faupel direkt an den Führer des SD, Reinhard Heydrich, sowie an den Chef der Reichskanzlei, Lammers (er kannte diesen noch aus der "Gesellschaft zum Studium des Faschismus"). Lammers intervenierte persönlich bei Himmler. Die SS-Führung lehnte zwar Faupels Ansinnen ab, aber eher aus organisatorischen Gründen (Anhang 5a). Die zur Diskussion stehenden SD-Einrichtungen besaßen große Bibliotheken und konnten deshalb nicht kurzfristig umziehen. Doch Himmler schlug eine Alternative vor: "Ich wäre in Anbetracht der außerordentlichen Wichtigkeit dieser Angelegenheit gern bereit gewesen, ein vorhandenes größeres jüdisches Altersheim oder Waisenhaus für diese Zwecke freimachen zu lassen."[189] Doch diese entsprachen in der Fläche nicht den Platzansprüchen Faupels. Hätte er das Angebot angenommen, wären die Insassen der jüdischen Heime mit hoher Wahrscheinlichkeit unverzüglich deportiert worden. Die Raumansprüche Faupels haben es dem IAI um Haaresbreite erspart, seinen Platz in der Geschichte des Holocaust einzunehmen. Am 24.3. 1941 teilte ein Sachbearbeiter des preußischen Finanzministers mit,

---

[188] Ein beträchtlicher Teil des Schriftverkehrs, der in diesem Zusammenhang entstand, ist im Bestand des Preußischen Finanzministeriums erhalten geblieben (GStA, HA I, Rep. 151 IC, Nr. 2117). In der IAI-Dokumentation des Staatssicherheitsdienstes der DDR fand sich eine Kopie, auf die hier zurückgegriffen wird (BStU, MfS FV 8/69, Ordn. 2).

[189] Himmler an Lammers, 23.12.1940 (BStU, MfS FV 8/69, Ordn. 2, Bl. 114), vgl. Anhang 5a.

dass das Siemenshaus in der Gärtnerstraße 25-32 in Berlin-Lankwitz für das IAI zur Verfügung stünde.[190] Die Episode der Raumsuche dokumentiert, mit welcher Selbstverständlichkeit sich Faupel mit den Spitzen der SS in Verbindung setzte, wenn er ein Anliegen hatte. Diese reagierten keineswegs indigniert, verbaten sich nicht, mit Details eines Umzugs behelligt zu werden. Der Präsident des IAI sprach selbst davon, dass er mit "Heydrich und seinen Bearbeitern fast täglich" Verhandlungen geführt habe, seit der "Führerbefehl" zur Verlagerung des IAI ergangen war.[191] Sahen sie sich auch außerstande, Faupels Wunsch nachzukommen, so waren sie doch sofort bereit, bei hohen Stellen des Staates in seiner Sache zu intervenieren und in persönlich unterzeichneten Briefen die Bedeutsamkeit seines Anliegens zu unterstreichen. So gingen nur hohe Repräsentanten des NS-Regimes miteinander um, die in regelmäßigem Austausch standen und die daran gewöhnt waren, sich gegenseitig zu helfen. Die Kooperation zwischen Faupel und der SS-Führung war spätestens seit seiner Zeit als Botschafter in Spanien berufsbedingt sehr eng gewesen. Die spanischen Sicherheitskräfte machten sich nach dem Bürgerkrieg daran, die Herrschaft Francos dauerhaft abzusichern. Die Linke in Spanien war zwar militärisch besiegt, aber mindestens die Hälfte der Bewohner des Landes blieben Gegner der Putschisten. Franco sah sich deshalb in manchem in einer ähnlichen Situation wie Hitler 1933. Die spanische Linke lag 1939 zwar am Boden, hatte aber langjährige Erfahrungen im Umgang mit Waffen und zudem das Bewusstsein, dass Franco seinen Sieg nur der Intervention der faschistischen Mächte verdankte. Ohne diese hätten sie die Militärrevolte niedergeworfen. Eine neue internationale Konstellation hätte ihnen erneut Auftrieb verschaffen können. Es war nach dem Sieg der Franquisten im Frühjahr 1939 also dringlich, der demilitarisierten Linken durch Terror das Rückgrat auf Dauer zu brechen. Daraus ergab sich für die Polizeikräfte des neuen Regimes die Notwendigkeit, mit Himmler und der Gestapo zu konferieren, denn man wollte von ihrem nach der "Machtergreifung" gewonnenen Herrschaftswissen profitieren. Zudem befand sich im besetzten Frankreich eine größere Fluchtgemeinde spanischer Republikaner, die seit

---

[190] PrFM an RFM, 20.5.1941 (BStU, MfS FV 8/69, Ordn. 2, Bl. 148).
[191] Faupel an Staatsminister Prof. Dr. Popitz, PrFM, 15.11.1940 (BStU, MfS FV 8/69, Ordn. 2, Bl. 87-89), vgl. Anhang 5.

der Kapitulation des Landes im Herrschaftsbereich der Nationalsozialisten lebten. In welchem Maße Faupel als Spanienexperte in diese "Arbeitsbeziehung" der SS zur Regierung Franco integriert war, lässt sich auf Basis der verfügbaren Quellen nicht mit ausreichender Klarheit beantworten.

Der dritte Grund für ein steigendes Interesse der NS-Führung an Spanien war ein geostrategischer. Mit der Niederlage Frankreichs 1940 rückte die Iberische Halbinsel ins Zentrum des militärischen Interesses sowohl der "Achsenmächte" als auch Großbritanniens und der USA. Ein Kriegseintritt Spaniens und eine Eroberung Gibraltars hätte nach Einschätzung der deutschen Führung die strategische Lage Großbritanniens im Mittelmeer erheblich geschwächt. Zudem war die Gefahr real, dass sich eine alliierte Gegenoffensive auf Nordafrika konzentrieren würde, um von dort aus einen Stoß gegen Italien zu führen. Es schien also essentiell, die Operationsbasis der Achse zügig nach Westen hin zu erweitern. Der Erwartungsdruck Hitlers gegenüber Franco war zu diesem Zeitpunkt entsprechend hoch. Doch lehnte der spanische Diktator einen Kriegseintritt mit dem Hinweis ab, dass die Schwäche Spaniens als Spätfolge des Bürgerkriegs und die schlechte Ausrüstung seiner Armee ihm einen solchen Schritt nicht erlaube. Aus der Rückschau war die Lageeinschätzung Francos weit realistischer als die Hitlers. Das Deutsche Reich war außerstande, Spanien die zur Verteidigung gegen einen alliierten Angriff erforderlichen Waffen und vor allem die dringend benötigten Treibstoffe zu liefern.[192] Unter diesen Bedingungen hätte Francos Regime einer anglo-amerikanischen Offensive kaum standhalten können. Nach der Weigerung des *Caudillo*, an Hitlers Seite zu treten, wurden in Deutschland Überlegungen angestellt, wie man Spanien dennoch in den Krieg hineinziehen könnte. Eine verdeckte Unterstützung von Opponenten Francos innerhalb der spanischen Falange war eine Möglichkeit. Eine weitere bestand darin, die von Spanien nach Russland entsandte Freiwilligenarmee, die *División Azul*, nach gewonnenem "Ruhm" im "antibolschewistischen Kreuzzug" zu einer Kraft aufzubauen, die imstande wäre, Franco zu entmachten und in Spanien eine

---

[192] Allgemein hierzu Ruhl (1975). Zur Rolle der deutschen Geheimdienste in Spanien während des Zweiten Weltkriegs: Papeleux (1977) sowie Collado Seidel (1995).

Führungselite zu installieren, die bereit sein könnte, sich auf Gedeih und Verderb der Sache der "Achse" zu verschreiben. In einem solchen Spiel aus Intrigen und ständig wechselnden Szenarien waren Faupels spanische Beziehungsnetze, seine Kenntnisse über innerspanische Verhältnisse und die europaweit einmaligen Bibliotheksbestände wiederum gefragt.[193] Nach Auskunft des Präsidenten des IAI war das Institut für die spanischen Kriegsfreiwilligen tatsächlich eine wichtige Anlaufstelle in der Zeit, in der sie sich in Deutschland aufhielten, und erneut war vor allem ihre Funktion als "Multiplikatoren" von Interesse: "In ihren Reihen befinden sich … Hunderte von Akademikern, die die Hin- und Rückreise zwischen Spanien und der Ostfront regelmäßig zu enger Fühlungnahme und Zusammenarbeit mit dem Institut benutzen".[194]

Muss man die Episode des Institutsumzugs und die erwähnten Stellungnahmen der SS-Führung vor diesem Hintergrund bewerten, so war sie, wie bereits angedeutet, aus einem weiteren Grund von Interesse. Faupel wurde gezwungen, zu Papier zu bringen, wieso das IAI vom Regime gerade zu diesem Zeitpunkt gebraucht wurde. So fasste er in einem Memorandum seine wichtigsten Argumente zusammen:

---

[193] Beispielsweise fragte Generalfeldmarschall Keitel in einer *top secret*-Angelegenheit, wie der geplanten Eroberung Gibraltars, bei Faupel nach einer geeigneten karthographischen Dokumentation, Faupel an Keitel, 22.11.1940 (GStA, HA I, Rep. 218, Nr. 812, o.S.).

[194] Faupel an PrFM, 18.8.1942 (BStU, MfS FV 8/69, Ordn. 17, Bl. 103). Das MfS war lebhaft an Faupels Beziehungen zur "Blauen Division" interessiert (Auskunftsbericht über die Entwicklung, Hauptaufgaben und Arbeitsweise ibero-amerikanischer Institutionen im faschistischen Deutschland, ohne Verfasser, Januar 1970, S. 19f., BStU, MfS FV 8/69, Ordn. 17, Bl. 103f.). Zur Betreuung der spanischen Kriegsfreiwilligen vgl. Faupel an RPMW, 30.6.1942 (GStA, HA I, Rep. 218, Nr. 266/1, o.Bl.) sowie GStA, HA I, Rep. 218, Nr. 270. Zu Faupels Kontakten zur Auslands-Falange vgl. unter anderem: BA Berlin, Außenstelle Dahlwitz-Hoppegarten: ZB 7346 (zitiert in: BStU, MfS FV 8/69, Bd. 8, Bl. 83-89). Faupels letzte Spanien-Reise fand nach Angaben des damaligen Leiters der Bibliothek des IAI, Dr. Hagen, vom 15.5.-8.6.1943 statt. Er wurde von seinem Generalsekretär Merkatz begleitet. Wegen der unerfreulichen Umstände seines Ausscheidens als Botschafter 1937 scheint die Umgebung des Diktators Franco ihn weitgehend ignoriert zu haben (Notiz Dr. Hagen vom 4.2.1973 anlässlich seiner Kritik des Buches von Santander [1955], IAI, NL Hagen). Zu Faupels Spanienreise vgl. GStA, HA I, Rep. 218, Nr. 270. Zu Faupels Einschätzung der Bedeutung Spaniens für die Arbeit des IAI: Faupel an RPMW, 30.6.1942 (GStA, HA I, Rep. 218, Nr. 266/1, Personalakte Dr. Hans-Joachim von Merkatz, o.Bl.).

Das Ibero-Amerikanische Institut hat zur Zeit kriegswichtige Aufgaben
zu erfüllen. Auf seiner Tätigkeit beruht ein großer Teil unserer nach den
21 Ländern spanischer und portugiesischer Sprache gerichteten, gerade
jetzt unerläßlichen Propaganda, für die die in Europa einzigartige Spezialbibliothek des Instituts die Unterlagen bietet. Auch das OKW bedient
sich dieser Bücherei für gewisse Feststellungen.[195]

Zudem waren die repräsentativen Funktionen von großem Gewicht. Würde das IAI in ein räumliches Provisorium abgedrängt oder
müsste es gar dauerhaft mit einem zu kleinen Gebäude vorlieb nehmen, das aufwendige Empfänge nicht mehr zuließe, so würden die
statusbewussten lateinamerikanischen und spanischen Diplomaten und
Besucher dies als Zeichen einer Rangabwertung deuten. In einer Zeit,
in der das Deutsche Reich in Lateinamerika bereits einen sehr schweren Stand hatte, hätte ein symbolischer Missgriff Prestigeverluste zur
Folge gehabt, die dem Regime schaden mussten. Das Kolonialpoliti-
sche Amt der NSDAP war aufgrund der kriegsbedingten Veränderung
der politischen Großwetterlage per Führerbefehl nah an das Zentrum
der Macht herangerückt, und dies nicht nur räumlich. Im Falle eines
Sieges über Großbritannien wäre aus dieser ursprünglich peripheren
Parteiorganisation vermutlich eine mächtige Institution geworden, die
bei der Rückgewinnung eines deutschen Kolonialreichs eine Schlüsselrolle gespielt hätte. Dieser Vorgang hatte auch für das IAI exempla-
rischen Charakter: Kontrafaktisch betrachtet wäre ein ähnlicher Auf-
wertungsschub auch für das Institut denkbar gewesen. Und es war die
ganze Zeit über Faupels Strategie, dem IAI das Potential für einen
solchen Bedeutungssprung von der intermediären Institution zur ge-
staltungsfähigen Machtinstanz zu erhalten. Die Niederlage des "Dritten Reiches" könnte oberflächliche Betrachter veranlassen, in der
Rückschau auf diese Schattennatur das Potentielle in der Institutsgeschichte zu übersehen und zu leugnen. Eine Historiographie, die sich
darauf beschränkt, nur das tatsächlich Geschehene zu beschreiben,
und alternativen Entwicklungsmöglichkeiten oder der Vielfalt bestehender Optionen in einer politisch offenen Situation aber keine Beachtung schenkt, wird ihrer Aufgabe nicht gerecht.

Verschwand Lateinamerika seit 1939 zusehends aus dem Blickfeld
des Deutschen Reiches und sah das IAI in Übersee seinen Aktionsra-

---

[195] Faupel an Staatsminister Prof. Dr. Popitz, PrFM, 15.11.1940 (BStU, MfS FV
8/69, Ordn. 2, Bl. 87-89).

dius kleiner werden, so fand es doch schnell institutionellen Anschluss, als mit dem unaufhaltsam scheinenden Vormarsch der deutschen Wehrmacht die "Auslandswissenschaften" einen spürbaren Aufschwung erlebten. Ohne Zweifel waren sich die akademischen Eliten
des "Dritten Reiches" im Klaren darüber, dass die Herrschaft im besetzten Europa nicht überall direkt ausgeübt werden konnte. Landeskundliche Kenntnisse über die betroffenen Länder stiegen in den Rang
von Herrschaftswissen auf. Zugleich gewannen die Diskussionen an
Aktualität, wie sich vermittels ausländischer "Multiplikatoren" "deutscher Einfluss" vervielfachen ließe, ohne dass Vertreter des Deutschen
Reichs persönlich in Erscheinung treten mussten. Die institutionelle Konzentration im akademischen Sektor der Hauptstadt, die der
Kriegsverlauf nahe legte, führte Anfang 1940 unter anderem zur
Schaffung der Auslandswissenschaftlichen Fakultät an der Berliner
Friedrich-Wilhelm-Universität. Diese übernahm die Aufgaben der
Auslandshochschule und der Hochschule für Politik und trat mit dem
Anspruch auf, in Lehr- und Forschungsaufgaben, die das Ausland und
namentlich Europa betrafen, "eine zentrale Stellung ein[zunehmen]
und ... damit besondere Bedeutung in der deutschen inneren und aus-
wärtigen Kulturpolitik [zu übernehmen]".[196] Über seine Spezialisie-
rung auf Spanien und Portugal profitierte das IAI vom konjunkturellen
Aufschwung der "Auslandswissenschaften", doch hatten führende
Funktionäre des RSHA wie SS-Oberführer Prof. Dr. Franz Six die
Federführung, das IAI dagegen blieb nachgeordnet. Die seit 1938/39
geplante Neuordnung des IAI wurde in unmittelbaren Zusammenhang
mit dem Aufbau der Auslandswissenschaftlichen Fakultät der Berliner
Universität gestellt. Der Umstand, dass man die Frage der Reorganisation des Instituts ruhen ließ, solange der Dekan dieser Fakultät, Franz
Six, zum Kriegseinsatz eingezogen war, zeigt die enge administrative
Anbindung des IAI an die Projekte dieses "Kulturpolitikers" der SS,
die schließlich in die Gründung des Deutschen Auslandswissenschaftlichen Instituts (DAWI) mündeten.[197] Die Existenz des IAI schien

---

[196] Prof. Dr. Franz Six: "Die Auslandswissenschaften in Deutschland" (Aufsatz des
       Dekans der Auslandwissenschaftlichen Fakultät, 1940, BA Berlin, DAWI,
       Bd. 16, zitiert nach BStU, MfS FV 8/69, Ordn. 15, Bl. 66).
[197] Schreiben Scurla/RPMW an PrFM, 31.7.1939 (GStA, HA I, Rep. 151 IC,
       Nr. 7109, zitiert nach BStU, MfS FV 8/69, Bd. 1, Bl. 373). Gottstein/RPMW an
       PrFM, 12.2.1941 (gleicher Best., Bl. 406). Franz Six war zunächst Chef des

dabei zeitweilig zur Disposition gestellt und eine völlige Eingliederung in das DAWI nicht ausgeschlossen, doch konnte es seine Autonomie bewahren.[198] Der Anschluss an die nationalsozialistische Großraumplanung und Europa-Idee bot eine Chance, den drohenden Bedeutungsverlust des Instituts zu verzögern oder abzuwehren, den der versperrte Zugang nach Lateinamerika längerfristig nach sich ziehen musste. Solange nicht sichtbar wird, inwieweit sich das IAI aktiv in die Planung und Gestaltung der NS-Europa-Ideologie eingemischt hat, scheint es angebracht, die Einbindung des Instituts in die Arbeiten der Auslandswissenschaftlichen Fakultät und des DAWI als Versuch zu werten, das Überleben des Instituts bis zum Kriegsende zu sichern, in dem es anbot, seine Erfahrungen im Bereich der Kulturpolitik und der "Multiplikatoren"-Förderung einzubringen. Faupels Generalsekretär von Merkatz fungierte als Verbindungsmann des IAI zum Auslandswissenschaftlichen Institut. Als Spanienexperte wurde er bis Anfang 1945 zu den Sitzungen der "Arbeitsgemeinschaft Europa-Ausschuss" eingeladen, in der der Kreis um SS-Oberführer Six ohne Rücksichtnahme auf den Frontverlauf die Aufgaben der künftigen nationalsozialistischen Kulturpolitik in einem deutsch beherrschten Europa diskutierte. In der Sitzung dieser "Arbeitsgemeinschaft" vom 23.11.1944 führte Franz Six aus, welche Ziele die auswärtige Kulturpolitik und die spezialisierten Institute verfolgen sollten:

Amtes II im Sicherheitshauptamt der Reichsführung SS, später Leiter des Amtes II und des daraus hervorgegangenen Amtes VII des RSHA (Weltanschauung). 1941 zum Chef des "Vorkommandos Moskau" mit der Aufgabe ernannt, nach der Eroberung der sowjetischen Hauptstadt die dortigen Archive zu sichern, wurde seine Einheit wegen des Scheiterns dieser Planung in ein Einsatzkommando umgewandelt, das sich am Holocaust beteiligte. Nach 1945 als Kriegsverbrecher verurteilt, bald aber begnadigt, arbeitete er später als Direktor der Porsche-Diesel-Motorenwerke GmbH Friedrichshafen (*Der Spiegel* 11, 6.3.1967, S. 63; Höhne 1989: 327). Hachmeister (1998) zeigt die Bedeutung Six' in der nationalsozialistischen Hierarchie und namentlich in ihrer Medien- und Hochschulpolitik.

[198] "Auch zum Ibero-Amerikanischen Institut, das nach dem Wunsch des Auswärtigen Amtes seinen Namen und seine Selbständigkeit beibehalten soll, haben sich bereits enge, den Kriegsverhältnissen angepaßte Arbeitsbeziehungen entwickelt, die ggf. später organisatorisch weiter ausgebaut werden sollen. Der Ausbau muß aber unter den derzeitigen Personalverhältnissen noch zurückgestellt und voraussichtlich der Nachkriegszeit vorbehalten werden." Das Schreiben Scurlas bezieht sich auf das DAWI, 9.3.1943 (GStA, HA I, Rep. 151 IC, Nr. 7109, zitiert nach BStU, MfS FV 8/69, Bd. 1, Bl. 409).

1. Hauptaufgabe der Kulturpolitik ist die Aufbereitung und Gewinnung der Elite bei den Völkern. Denn wenn wir nicht die Eliten an uns zu binden verstehen, ist alle andere Arbeit erfolglos. Daher muß die Kulturpolitik von Kindergarten über Jugenderziehungsarbeit – Hochschule-Gesellschaft – zur systematischen Durchdringung der führenden Elemente führen, die 1. in der Entsäuerung, 2. in einer positiven Kristallbildung bestehen muß. Das System der Kulturpolitik, daß diese Menschen überall gleichmäßig beeinflußt werden, mußte erst geschaffen werden. Gerade im Kriege waren hierbei große Widerstände zu überwinden. Die Deutschen Institute sind das zentrale Instrument, das alle deutschen Einzelorganisationen zusammenfaßt, gleichsam das Organ aller inneren Institutionen, gleichgültig ob es sich um Auslandsabteilung der Reichsärzteführung, um Auslandsamt der Dozentenschaft, HJ usw. handelt. Die Diffamierung der Deutschen Institute durch England und Amerika zeigt, daß diese wertvolle Arbeit geleistet haben [...]. Die geistige Aufbereitung besteht in der Sammlung und Deutschorientierung der europäischen Eliten, unberührt von dem völkischen Gedanken. Innerhalb dieses Grundschemas der Kulturpolitik gibt es wenig Wandlungen in der Technik [...], die Elite wird immer am besten angesprochen durch eine Vielfalt von Mitteln. Erst auf dieser Basis kann Breitenwirkung kultureller Arbeit in Film, Musik, Theater usw. erzielt werden. Diese 2. Art ist nur dann tiefergehend, wenn deutsche und europäische Leistung Mitfundament des eigenen Lebens sind, damit wird ein Bekenntnis zum europäischen Geist erreicht.[199]

Im Beitrag von Six klingen noch einmal die wesentlichen Grundmotive der deutschen "Multiplikator"-Konzeption seit der späten Kaiserzeit an, doch waren sie inzwischen vollends in den Dienst einer totalitären Großraumpolitik gestellt.

Darüber hinaus lieferte das IAI seit Ausbruch des Krieges in steigendem Umfang Propagandamaterial für verschiedene Ministerien, namentlich das Auswärtige Amt, das versuchte, in Lateinamerika bestehende anti-US-amerikanische und antisemitische Empfindungen für das "Dritte Reich" zu mobilisieren. Von den entsprechenden Ausarbeitungen waren bislang nur die Titel zu ermitteln, während die Texte offensichtlich nicht erhalten geblieben sind. Einige Stichproben lassen erkennen, mit welchen *topoi* das Institut operierte. In den seit 1943 für das Außenministerium erarbeiteten Schriften finden sich unter anderem folgende Beiträge: "Imperialismus der USA", "Das Panama der Wallstreet", "Mexico unter der Dollarherrschaft", "Italie-

---

[199] Protokoll der Arbeitsgemeinschaft Europa-Ausschuss des DAWI, 23.11.1944 (BA Berlin, DAWI, Bd. 16, zitiert nach BStU, MfS FV 8/69, Ordn. 15, Bl. 335-336).

ner in den USA wie Neger behandelt", "Die Juden in Ibero-Amerika"
(Anhang 6a).[200]

6. Exkurs: Zur Wirkung des deutschen "Multiplikator"-Konzepts: Das Fallbeispiel der "germanisierten" argentinischen Heeresoffiziere

Die deutsche auswärtige Kulturpolitik hat sich, wie an anderer Stelle beschrieben, viel von einer Umsetzung des "Multiplikator"-Konzepts versprochen. Auch das IAI und sein Präsident haben ihm eine tragende Rolle in ihrer Politik zugeschrieben.[201] Man kommt deshalb nicht umhin, nach den praktischen Erfolgen der "Multiplikator"-Politik zu fragen. Bei näherem Hinsehen erweist es sich als ein überaus schwieriges Unterfangen, die Ergebnisse dieser Politik auch nur annähernd realistisch einzuschätzen. Faupels Beziehungen zur argentinischen Armee waren durch seine Arbeit als Militärinstrukteur besonders eng. Es scheint somit angebracht, die argentinischen Offiziere heranzuziehen, wenn es darum geht, die konkrete Wirkung des "Multiplikator"-Konzepts in den deutsch-lateinamerikanischen Beziehungen während des "Dritten Reiches" zu überprüfen. Erneut ist darauf hinzuweisen, dass einer Analyse quellentechnisch enge Grenzen gesetzt sind. Jede Form von zwischenstaatlicher Militärkooperation wird traditionell dem Bereich des staatlichen Arkanwissens zugeschlagen und ist damit *per definitionem* dem Blick der Öffentlichkeit entzogen. Das gilt insbesondere für die Zeit des Nationalsozialismus und die Rolle des IAI bei der Betreuung von Offizieren.[202] Da detaillierte Forschungen zum Thema fehlen, kann es an dieser Stelle nur darum gehen, den Kenntnisstand knapp zusammenzufassen, aussagekräftige Indizien aufzuführen und Interpretationsangebote zu machen.

Die "Germanisierung" einer der wichtigsten argentinischen "Multiplikatoren"-Gruppen, die um die Jahrhundertwende begann, fiel in eine Phase tiefgreifender sozialer Umwälzungen. Argentinien erlebte

---

[200]   "Vom Ibero-Amerikanischen Institut seit Anfang 1943 für das Auswärtige Amt gelieferte Ausarbeitungen" (GStA, HA I, Rep. 76, Nr. 1359, Bl. 23-25).

[201]   Vgl. meinen Beitrag in diesem Sammelband zur Vorgeschichte und Gründung des Ibero-Amerikanischen Instituts.

[202]   Eine der wenigen Analysen "germanisierter" lateinamerikanischer Offiziere als Gruppe bietet Ettmüller (1982), der allerdings anderen Fragestellungen folgt als der vorliegende Beitrag.

eine Masseneinwanderung bislang unbekannten Ausmaßes, die von der Regierung gefördert wurde. Die Agrarexportwirtschaft des Landes sollte auf den Nachfragesog reagieren können, der in Europa auf dem Höhepunkt der Industrialisierung entstanden war. Die argentinische Landwirtschaft vermochte aber die Masse der Zuwanderer nicht dauerhaft zu absorbieren, so dass diese vor allem in die Hauptstadt Buenos Aires abwanderten, wo ein städtisches Proletariat und eine relativ breite Mittelschicht entstanden. Hohe Durchschnittslöhne dämpften die sozialen Konflikte bis zum Ende des Ersten Weltkriegs. Dennoch fanden Anarchisten, die aus Italien und Spanien zugewandert waren, in Teilen der Unterschichten in einem Maße Unterstützung, dass sich die Oberschichten bedroht fühlten. Die Vorstellung, durch die Masseneinwanderung längerfristig zur Minderheit im eigenen Land degradiert zu werden, führte bei vielen alteingesessenen Argentiniern zu Entfremdungsängsten. Die Suche der politischen Eliten nach geeigneten Institutionen zur "Nationalisierung" der "Massen" begann. Neben Schule und Familie wurde eine Organisation für besonders geeignet gehalten, für eine Verbreitung "nationaler Werte" zu sorgen: die Armee. An sie wurden im Zuge ihrer Modernisierung immer neue Erwartungen geknüpft, die mit rein militärischen Zwecken nicht mehr viel zu tun hatten. Zur "Schule des Nationalismus"[203] konnte sie aber erst durch Einführung der Wehrpflicht werden, weil damit die Voraussetzung geschaffen wurde, dass ein größerer Teil der männlichen Jugend dauerhaft kaserniert und politisch beeinflusst werden konnte.

Wie bereits in Kapitel 2 erwähnt, waren drohende militärische Konflikte mit dem Nachbarland Chile der Auslöser für die Entscheidung, deutsche Militärberater nach Argentinien zu berufen, argentinische Offiziere zur Ausbildung nach Deutschland zu entsenden und den *servicio militar obligatorio* einzuführen. Gerade im Süden beider Länder war die Grenzziehung umstritten geblieben. Der Deutsch-Französische Krieg von 1870/71 hatte die Ausrichtung mehrerer ausländischer Armeen nach deutschem Vorbild bewirkt, für die zuvor eine Armee napoleonischer Prägung das Leitbild geboten hatte. Dabei waren es keineswegs nur rein militärische Erwägungen, die zu einer Orientierung am aufsteigenden Deutschen Reich geführt haben. Gerade für Argentinien ist es wichtig, auf eine Debatte hinzuweisen, die in

---

[203] Zur deutschen Vorstellung dieser Art vgl. Höhn (1963).

Italien eine Generation vor der Berufung deutscher Offiziere nach
Buenos Aires geführt worden war, denn die Italiener bildeten in Argentinien seit 1880 eines der größten Einwandererkontingente. Von
den argentinischen Offizieren der Zeit nach 1918, deren Eltern noch
im Ausland geboren worden waren, stellten diejenigen mit italieni-
schem Vater die größte Gruppe (Rouquié 1977: 95). Italien war wie
Deutschland eine "verspätete Nation"[204] (man könnte Argentinien in
diese Aufzählung aufnehmen), die nach der formellen politisch-staat-
lichen Einigung noch lange Zeit nach Wegen zur inneren Einigung
suchte. Diese war bei weitem noch nicht abgeschlossen, ja, man könnte so weit gehen zu behaupten, dass sie es teilweise bis heute noch
nicht ist. Diese Ähnlichkeiten veranlassten in Italien viele, die das
innere Zusammenwachsen des eigenen Landes ins Stocken gekommen
sahen, die deutschen Erfahrungen zu studieren. Dabei wurde seit 1866
Preußen, dann das Deutsche Reich für das italienische Militär "zunächst in militärorganisatorischer, dann auch in militärpolitischer Hinsicht" zur Orientierungsgröße.[205] Das Ergebnis dieses Anpassungspro-
zesses, das ein führender italienischer Offizier 1875 zusammenfasste,
hätte 50 Jahre später auch von einem argentinischen Militär formuliert
worden sein können:

> Von den Preußen, den Lehrmeistern der Gegenwart, haben wir viel *ge-
> lernt*, fast nichts *kopiert*, einiges *imitiert*. Wir haben Ideen und Dinge zu-
> rückgewiesen, die man uns unter dem Namen *preußisch* vorgestellt hat,
> weil wir sie für nicht gut hielten, sei es generell, sei es hinsichtlich unse-
> rer Bedürfnisse, unserer Bedingungen, unseres Temperaments. Andere
> Ideen, andere Dinge, die gerade jenseits der Alpen verworfen wurden,
> haben wir übernommen und bewahrt (Waldenegg 1991: 83).

Als erstes lateinamerikanisches Land vertraute Chile 1885 die Reorganisation seines Landheers einem preußischen Major namens Körner an. Durch die auf diese Weise eingeleitete Professionalisierung der
Armee setzte das Land seine Nachbarn unter Zugzwang. Obwohl sich
Körner 1891 am Bürgerkrieg gegen den abgesetzten chilenischen Präsidenten Balmaceda beteiligt hatte, schien man in Argentinien nicht
am Wert deutscher Militärberater zu zweifeln. 1899 wurde von der
Regierung des Präsidenten Roca an das Deutsche Reich die Bitte ge-

---

[204] Zu dem Begriff vgl. Plessner (1974).
[205] Waldenegg (1991: 81). Der Artikel bietet einen methodisch breit gefächerten
Ansatz.

richtet, Offiziere zu entsenden, die den Aufbau einer Militärakademie organisieren sollten.[206] In einem Rüstungswettlauf zwischen Argentinien und Chile brachte sich das Land in Abhängigkeit von deutschen Rüstungslieferanten, vor allem von der Firma Krupp.[207]

Im Jahrzehnt vor dem Ersten Weltkrieg wurden schätzungsweise 150 bis 175 argentinische Offiziere in Deutschland ausgebildet (Atkins/Thompson 1972: 259), die in den 20er und 30er Jahren in die höheren Ränge der heimischen Armee aufstiegen. Parallel dazu leiteten deutsche Instrukteure die Offiziersausbildung in Buenos Aires.

1901 war in Argentinien die allgemeine Wehrpflicht – nach preußischem Vorbild – per Gesetz eingeführt worden, womit zugleich deutsche Konzepte sozialer Kontrolle über die Rekruten übernommen wurden.[208] Doch es dauerte bis 1905, bis dieses Gesetz auch umgesetzt wurde. Die Einführung der allgemeinen Wehrpflicht verwandelte die argentinische Armee in eine Disziplinierungs- und Erziehungsanstalt. Aus unberechenbaren Fremden wurden Rekruten, die sich, einmal kaserniert, Drill und Indoktrination nicht mehr entziehen konnten.

Die Armee als "Schule der Nation" nach deutschem Vorbild wurde in Argentinien zur "Schule des Nationalismus" und zum Instrument der Assimilation der Migranten. Die Armee sollte aber auch mit Blick auf die Offiziere zur Bildungsanstalt umgewandelt werden. War dieser Funktionswandel der Armee vor dem Ersten Weltkrieg noch eine Neuerung, so galt die Erziehungsfunktion der Armee in Argentinien nach 1918 schon als pure Selbstverständlichkeit: "Wie wir wissen, ist der Offizier zuallererst Erzieher und erst an zweiter Stelle Anführer" (Lavandeira 1929: 1053). Die deutschen Militärinstrukteure hatten einen prägenden Einfluss auf diesen Funktionswandel der argentinischen Armee.[209] Doch die Armee erlaubte nicht nur einen mentalen Zugriff auf die Rekruten, sie hatte auch die körperliche Gewalt über

---

[206]   Zu den deutschen Militärberatern in Argentinien allgemein vgl. Atkins/Thompson (1972), Epstein (1954), Lindenberg (1977), Nunn (1975/1983), Potash (1969) und White (1986).

[207]   Ausführlich beschrieben ist dieser Rüstungswettlauf bei Schäfer (1974).

[208]   Allgemein zur Geschichte der Wehrpflicht in Argentinien vgl. Rodríguez Molas (1983). Zum deutschen Einfluss in diesem Bereich vgl. Atkins/Thompson (1972: 259).

[209]   Vgl. Rodríguez Molas (1983) sowie Beseler (1913), mit allgemeinen Ausführungen zur politischen Funktion des Wehrdienstes in Deutschland, Atkins/Thompson (1972), Epstein (1954), Rouquié (1977: 70, 74) und Schäfer (1974).

sie. Datenhungrige Positivisten entdeckten in den Soldaten ein kaserniertes Forschungspotential, das ihnen nicht davonlaufen konnte. An ihnen ließen sich Reihenuntersuchungen zur Überprüfung von Rassentheorien vornehmen. Erziehungsfunktion und Erforschung der "biologisch-rassischen Substanz" der Rekruten gingen spätestens seit den frühen 20er Jahren eine unauflösliche Beziehung ein. Ob Lavandeiras Forderung nach einer systematischen Vermessung der "rassischen Substanz" der durch den Wehrdienst erfassten Argentinier jemals umgesetzt wurde, sei dahingestellt:

> Als experimentelle und praktische Wissenschaft darf die Pädagogik ihre Lehre und Entwicklung nicht auf das Feld der reinen Theorie beschränken. … sie muss sich insbesondere darum bemühen, die Natur jener Individuen kennen zu lernen, die sie später zu unterrichten gedenkt. Dabei muss sie von einem praktischen Gesichtspunkte aus den biologischen Einfluss der Kreuzung der eigenen Rasse mit den Einwanderern in Rechnung stellen, die ins Land strömen (Lavandeira 1929: 1057).

Die Rassenideologien waren in Argentinien um die Jahrhundertwende schon ähnlich weit verbreitet wie in Europa und den USA.[210] Daher kamen die Ansätze für ihre praktische Umsetzung aus Argentinien selbst. Deutsche Wissenschaftler übernahmen jedoch Auxiliarfunktionen. Ein Teil der anthropometrischen Registrierung argentinischer Rekruten fand unter ihrer Anleitung statt. So betreute der deutsche Anthropologe Lehmann-Nitsche die Vermessung des Rekrutenjahrgangs 1891, über die Santiago Peralta bei ihm 1922 seine Dissertation schrieb (Peralta 1922). Die Umwandlung der argentinischen Armee zur Erziehungsanstalt erleichterte das Übergreifen der beschriebenen, ursprünglich nur theoretisierenden biologistischen Pädagogik auf diese Institution.

Gegen die einschneidende Maßnahme der Einführung der allgemeinen Wehrpflicht gab es Widerstand vor allem aus den Reihen der Großgrundbesitzer, weil der *servicio militar obligatorio* der Landwirtschaft Arbeitskräfte entzog.[211] Zudem wurde eingewandt, dass die zu erwartenden Kosten für den Staat in keinem vernünftigen Verhältnis zum erwarteten Nutzen stünden. Einer überraschend einfallenden chi-

---

[210] Vgl. hierzu Helg (1990), Stepan (1991) und Zimmermann (1992).
[211] "… este proyecto es antieconómico porque quita brazos al trabajo", als Paraphrase der Gegenargumente durch einen Befürworter des Wehrdienstes (Rodríguez Molas 1983: 27).

lenischen Armee könne man, so das Gegenargument, mit Hilfe von Milizen die Nachschubwege über die Anden abschneiden. Die Praxis führte schließlich dazu, dass beiden Seiten entgegengekommen wurde, da das argentinische Heer darauf verzichtete, die in Frage kommenden Jahrgänge vollständig einzuziehen. Dass die argentinischen Nationalisten in der Wehrpflicht vorrangig ein Mittel sahen, den jungen männlichen Einwanderern und den verweichlichten Sprösslingen aus den Familien der reichen Viehbarone das fehlende Nationalgefühl nahe zu bringen und die Erstgenannten vor den Einflüsterungen der Anarchisten zu bewahren, geht aus einer programmatischen Rede von Manuel Carlés aus dem Jahr 1924 hervor. 1919 war er Gründer der rechten paramilitärischen *Liga Patriótica*, deren Hauptzweck in der Bekämpfung der militanten Arbeiterbewegung bestand. Er trat anschließend als nationalistischer Agitator auf und besaß als solcher beträchtlichen Rückhalt im Militär.[212] In einem von der *Revista Militar* als Sonderdruck herausgegebenen Vortrag "Der Offizier in zivilen Funktionen" fasste er die Erwartungen, die Nationalisten seines Schlages mit der Wehrpflicht verbanden, zusammen:

Das ganze kostbare zivilisatorische Werk, das in vier Jahrhunderten zum Entstehen des argentinischen Amerika geführt hat, soll von böswilligen Männern vernichtet werden, die, als verzweifelte Flüchtlinge aus Europa in unseren Gefilden anlangend, den Anarchismus mit sich schleppen ..., den sie hier in all seinen Erscheinungsformen, den sozialistischen und kommunistischen, predigen. Ebenso wie diese erkennt ihr leicht den Jugendlichen, den Mann, der nicht in der Kaserne gewesen ist. Es sind dies die Lauwarmen, die ironischen Spötter, die Indifferenten, die sich um unsere Gesellschaft nicht scheren. Ihr findet sie in den Clubs der Aristokratie, in den Süßwarenläden der Vorstadt, unter jenen, die sich müßig an die Ladentische ländlicher *pulperías* lehnen. Aus diesen verwaisten Mitgliedern der Gesellschaft bilden sich die Gewerkschaften, die sozialistischen Vereine und die böswilligen politischen Komitees ..., Leute, die bereit sind, den Arm eines Mörders zu lieben, aber unfähig, dem offenen Blick eines wahren Mannes standzuhalten.

Diese Jugendlichen, denen es an Bewusstsein mangelt, benötigen die Militärerziehung durch den Offizier in der Kaserne, wo man die zwei fundamentalen Kräfte der Zivilisation kennt und umsetzt: die Unterordnung und die Disziplin. Zu wissen, dass der Sohn dem Vater Gehorsam schuldet, der Schüler glauben muss, was der Lehrer ihn lehrt, dass der Arbeiter zu tun hat, wozu der Techniker ihn anweist, heißt, den wahren Begriff der Unterordnung verstanden zu haben. Die Unterordnung in einem Land freier Menschen wie dem unseren bedeutet die bewusste Delegierung

---

[212] Zu Carlés und der "Liga Patriótica" vgl. Deutsch (1986).

der eigenen Willensentscheidung von dem, der gehorcht, an den, der befiehlt, weil ersterer begriffen hat, dass der andere der Bessere ist und ihm mithin übergeordnet. Die Subordination ist die eigentliche Essenz der Republik ... Die Armee ist die Schule der sozialen Disziplin (Carlés 1924: 5-7).

Es lohnte sich, Carlés so ausführlich zu zitieren, weil in seinen Ausführungen nicht nur deutlich wird, was sich viele im argentinischen Heer und außerhalb vom *servicio militar obligatorio* versprachen, sondern auch, weil hier wichtige Grundideen anklingen, die charakteristisch für das entstehende Sonderbewusstsein innerhalb der argentinischen Armee – und namentlich im Offizierskorps – waren. Auffällig war zunächst, gegen wen sich Carlés' Philippika richtete. Es war beileibe nicht nur die mittel- und orientierungslose Migrantenjugend gemeint, sondern auch die heranwachsenden Kinder der Oberschichtsfamilien. Dem vermeintlichen Chaos einer ungeordneten (weil nicht nach militärischen Prinzipien lebenden) Gesellschaft, stellte er den Kasernenhof als Idealbild entgegen. Zwar bekannte sich der Redner an anderer Stelle noch zur konstitutionellen Ordnung, doch hatte er ausdrücklich hinzugefügt, dass das Wahlrecht vor allem in dem Recht bestünde, sich per Abstimmung freiwillig der Herrschaft der Besseren zu unterwerfen. Legte er der Armee bereits unter der Hand nahe, für den Fall einer Gesellschaftskrise (wie immer diese definiert sein möge) als Ordnungsgewalt bereitzustehen, so beschränkte er ihre Aufgabe zunächst noch auf ihre volkspädagogische Rolle. Doch umkreiste seine Rede bereits in ihren *topoi* eine mögliche Machtübernahme des Militärs. Die Gegenüberstellung der Unterschichtsargentinier ohne Kasernenerfahrung, die "den Arm des Mörders lieben" und des *caballero*, dessen Blick sie nicht standzuhalten vermögen, konnte von Eingeweihten, die die spanischen Theoretiker der Militärdiktatur gelesen hatten, als elliptische Anspielung auf das Diktum Donoso Cortés' gelesen werden, dass die Herrschaft des Degens (also der Armee) der Herrschaft des Dolches (also der "Pöbelherrschaft" in der Demokratie) vorzuziehen sei. Die Begriffskoppelung Zivilgesellschaft/Chaos und Armee/Ordnung konnte als Aufforderung an das Militär verstanden werden, den demokratischen Staat vor sich selbst zu schützen, indem man ihn abschaffte. Die Wehrpflicht wurde unmissverständlich als Vehikel der Indoktrination angesprochen. Und es war nicht unbedeutend, ob man das deutsche Modell der Wehrpflicht als Orientierung nahm oder das französische, das immerhin revolutionären Ursprungs war. Es machte einen Unterschied, ob man Carnot oder Scharnhorst als *spiritus rector* wählte. Gleichwohl, wie am Beispiel der Wehrdebatte in Italien bereits angedeutet, handelte es sich auch in Argentinien keineswegs um eine pure Imitation. So wurde beispielsweise das in Deutschland übliche Prinzip der territorialen Rekrutierung abgelehnt, da man gerade durch die Zusammenlegung von Argentiniern verschiedener regionaler Herkunft in den Kasernen einen Verschmelzungsprozess in Gang zu setzen hoffte, der ein Gefühl nationaler Zusammengehörigkeit erzeugen sollte.

Die gesellschaftliche Sonderstellung, in die die Armee von 1900 bis zum Uriburu-Putsch von 1930 hineingeriet, war zum einen ein Ergebnis des Professionalisierungsprozesses unter deutscher Ägide, erklärte sich zum andern aber durch die innenpolitischen Entwicklungen seit der Wahlrechtsreform von 1912 und das Verhältnis der Armee zur Präsidentschaft der Radikalen.

Unter dem Druck der expandierenden, aber von der Macht ausgeschlossenen Mittelschichten hatten die regierenden Eliten Argentiniens beschlossen, das Wahlsystem zugunsten jener Partei zu öffnen, die diese Schichten repräsentierte, nämlich der Radikalen. Diese sollten damit als Verbündete gegen die unberechenbaren, durch die Masseneinwanderung anwachsenden Unterschichten gewonnen werden. Die alten Eliten handelten bei dieser Wahlrechtsreform unter Zwang und hofften insgeheim, dass ihre politischen Widersacher schnell ihre Regierungsunfähigkeit beweisen würden und die Macht den traditionellen Eliten wieder zufallen würde.

Die Armee hatte vor dem Ersten Weltkrieg mehrfach Aufstandsversuche der Radikalen unterstützt, doch hatte sie sich nicht dauerhaft an diese Partei gebunden. 1916 wurde der alte Radikalenführer Yrigoyen zum argentinischen Präsidenten gewählt. Wenig später setzte ein Entfremdungsprozess ein, der die Armee nicht nur von den neuen Machthabern entfernte, sondern von der Zivilgesellschaft insgesamt.[213] 1919 kam es in Argentinien zu Massenstreiks und Unruhen unter den Landarbeitern, die sich mit traditionellen Mitteln nicht mehr beilegen ließen. Die von Revolutionsangst geplagten Oberschichten drängten die Regierung, militärisch zu intervenieren. Yrigoyen wei-

---

[213] Allgemein hierzu Rouquié (1977).

gerte sich, in vollem Umfang auf diese Forderungen einzugehen, ließ
die Armee dann aber doch gegen die Landarbeiterbewegung in Patagonien einsetzen, wo der Staat traditionell kaum vertreten war und
deshalb auch keine anderen Instrumente der Konfliktregulierung besaß. Die Grundbesitzer hatten hier bislang selbst "für Ordnung gesorgt", konnten aber mit ihrer Gutspolizei die Landarbeiterbewegung
nicht mehr in Schach halten. Es kam zu einem Massaker der Armee an
Demonstranten, doch zog die Regierung anschließend die Truppen
wieder zurück. Die Spätfolgen dieses Konflikts waren schwerwie-
gend. Die Grundbesitzer warfen der Regierung vor, sie nicht zu schützen, und kündigten ihr den Gehorsam auf. Die Armee geriet unter den
Beschuss der radikalisierten sozialen Bewegungen, erhielt aber weder
von den alten Eliten, noch von der Regierung den erhofften Rückhalt.
    Viele argentinische Offiziere waren generell der Ansicht, dass die
Armee die einzige zuverlässig funktionierende Institution im Lande
sei, ohne dafür mit ausreichender gesellschaftlicher Akzeptanz belohnt
zu werden. Die Offiziere wurden mager besoldet und nicht in die
Clubs der Oberschicht aufgenommen, oder nur dann, wenn sie zugleich Großgrundbesitzer waren (Rouquié 1977: 106). Deshalb bildeten sie ihre eigenen Vereinigungen, aus denen sie wiederum die "Zivi-
listen" ausschlossen. Die alten Eliten machten ihnen erst dann zaghaf-
te Avancen, als sie bereits mit dem Gedanken spielten, die ungeliebten
Radikalen mit Gewalt aus der Regierung vertreiben zu lassen und die
Wahlrechtsreform von 1912 zu revidieren. Dass sich zahlreiche Offiziere zu diesem Zeitpunkt bereits innerlich sehr weit von den alten
Eliten entfernt hatten und bereit waren, sie sogar gewaltsam von der
Macht auszuschließen, weil sie ihnen die Fähigkeit zu einer effizien-
ten Führung der Staatsgeschäfte absprachen, war den meisten Angehörigen der "Oligarchie" zu diesem Zeitpunkt noch nicht bewusst.
    Im September 1930 stürzte General Uriburu die demokratisch ge-
wählte argentinische Regierung, brach dadurch mit der konstitutiona-
listischen Tradition des Landes und leitete eine Folge sich abwech-
selnder Militär- oder meist kurzlebiger Zivilregierungen ein, die letztlich erst mit der Redemokratisierung ab 1983 zu Ende ging. Uriburu
trat nach kurzer Zeit seine Macht an diejenigen sozialen Kräfte ab, die
bis zur Wahlreform von 1912 das Land regiert hatten. Es handelte sich
also, trotz mancher faschistisch anmutender Begleitphänomene seines
Regimes, um einen klassischen Fall von Restauration. Viele derjeni-

gen, die Uriburu bei seinem Umsturz unterstützt hatten, namentlich die jüngeren Offiziersjahrgänge (unter ihnen auch Perón), missbilligten die Rückübertragung der Macht an Kreise, die völlig in der Gedankenwelt des funktionierenden "Elitenregiments" klassischer Prägung der Epoche vor 1900 verharrten, die aber auf die Zwänge, die sich aus der Umwandlung zur "Massengesellschaft" ergaben, nicht adäquat zu reagieren vermochten. In manchem ähnelte diese Konstellation der in Deutschland und Italien vor der Machtübernahme durch die Faschisten, wo der Versuch der alten Eliten gescheitert war, mit den überkommenen Machttechniken die Gesellschaftskrisen der Nachkriegszeit beziehungsweise der Weltwirtschaftskrise zu meistern, weshalb die Faschismen in ihrer Aufstiegsphase in hohem Maße auch gegen die alten Eliten mobil machten.

Der Höhepunkt der deutschen Einflussnahme auf die argentinische Armee scheint vor 1933 gelegen zu haben. Es gab nämlich innerhalb des Offizierskorps Widerstände gegen eine allzu große Fremdorientierung. Diesen Kräften gelang es nach 1930, die Zahl der noch im Lande verbliebenen deutschen Instrukteure erheblich zurückzuschrauben. Doch setzte in der gleichen Zeit wieder ein Zustrom argentinischer Militärs nach Deutschland ein, die sich dort ausbilden lassen wollten.

Von den vor 1933 in Deutschland ausgebildeten Offizieren, die später in höhere militärische und politische Funktionen gelangten, seien stellvertretend – neben den bereits genannten – die folgenden aufgeführt:

– **Basilio Pertiné**: Der General, der im März 1936 zum argentinischen Kriegsminister aufstieg, war nach der gescheiterten Militärrevolte von 1905, an der er teilgenommen hatte, nach Deutschland entsandt worden und blieb dort mehrere Jahre zur Ausbildung. 1910-1918 war er Militärattaché in Deutschland. Den Krieg erlebte er zum Teil direkt an der Front als Beobachter. Danach kehrte er nach Argentinien zurück, um Karriere zu machen. Seit 1927 General, wurde er Direktor der militärischen Arsenale, Divisionskommandeur und Sekretär des einflussreichen *Círculo militar*, einem der wichtigsten Verkehrskreise argentinischer Offiziere. Im September 1930 gehörte er zu denjenigen, die sich erst mit einiger Verzögerung der Putschbewegung Uriburus anschlossen: Aufgefordert, die neue Regierung anzuerkennen, die bereits relativ fest im Sattel saß, erbat er sich einen Tag Bedenkzeit. Im gleichen Jahr wurde er Gouverneur des Teilstaates Córdoba, 1933 schließlich Präsident der in Europa ansässigen militärischen Beschaffungs-kommission. Unter der Präsidentschaft Justos übernahm er das Amt des argentinischen Kriegsministers. Im Umsturzjahr 1943 war er Intendant von Buenos Aires; die Briten rechneten ihn zu den NS-Sympathisanten und betrachteten seine Aufnahme in den Verwaltungsapparat der Putschregierung mit großer Sorge.[214]

– **Enrique Mosconi**: 1905-1914 in Deutschland, stieg er nach seiner Rückkehr zum Generaldirektor des staatlichen Ölunternehmens *Yacimientos Petrolíferos Fiscales* (YPF) auf, das den ausländischen Ölkonzernen ein Dorn im Auge war. Vehementer Befürworter einer Verstaatlichung der als strategisch wichtig eingeschätzten Energiewirtschaft, wurde er nach dem Putsch Uriburus abgesetzt und verhaftet. Er gehörte zu den *Germanófilos*, die der konstitutionellen Regierung 1930 die Treue gehalten hatten. Die Option für die Demokratie hinderte ihn im übrigen nicht daran, 1937 in Deutschland um eine Anstellung nachzusuchen.[215]

Die Zahl der nach 1933 zeitweilig in Deutschland ansässigen Offiziere aus dem Ausland lässt sich nicht genau bestimmen. Das lag vor allem an den Vorbehalten der Westmächte, die bis Mitte der 30er Jahre auf den Einschränkungen beharrten, die Deutschland in den auswärtigen Militärbeziehungen durch den Versailler Vertrag auferlegt worden waren, so dass die bestehenden Kontakte nach Möglichkeit nicht publik gemacht werden sollten.

Regierungen von Ländern wie Chile mussten aus Rücksicht auf die Öffentlichkeit des eigenen Landes Distanz zum "Dritten Reich" halten, ohne zugleich militärische und polizeiliche Kontakte unterbinden zu wollen. Endeten zum Beispiel die Verhandlungen über eine

---

[214] Zu Pertiné vgl. *La Nación* 31.3.1936, S. 7; Atkins/Thompson (1972: 268f.), Rapoport (1981: 168) und Rouquié (1977: 184, 218), *Revista Militar* Jg. XX, Nr. 236, Sept. 1920, o.S. (Liste der Mitglieder der Comisión directiva des Círculo militar). Zur Einschätzung durch Faupel: Faupel an Bohle, 2.11.1934 (GStA, HA I, Rep. 218, Nr. 238, Bl. 183).

[215] Zu Mosconi vgl. Rouquié (1977: 139, 153f., 176, 184, 199), *Revista Militar* XX, Nr. 236, Sept. 1920, o.S. (Liste der Mitglieder der Comisión directiva des Círculo militar); Reinecke an Gesandten Thermann in Argentinien, 7.9.1937 (GStA, HA I, Rep. 218, Nr. 225, Bl. 167).

deutsch-lateinamerikanische Polizeikooperation in den 30er Jahren in einer Sackgasse, so wurden diese eben inoffiziell, zum Teil auf eigene Initiative der involvierten Polizeioffiziere, gepflegt. Die Betreffenden wandten sich diskret an die Landesgruppe der NSDAP/A.O., die ihr Begehren dann weiterleitete. So kündigte 1935 eine Gruppe chilenischer Polizeioffiziere ihre Absicht an, in Deutschland Polizeieinheiten zu besuchen und sich über die deutsche Ausbildung zu informieren. Es war vorgesehen, sich im Rahmen der Olympiade der chilenischen Mannschaft als Turnier-Reiter anzuschließen, da die chilenische Regierung für eine offizielle Polizeimission kein Geld zur Verfügung stellte. Anschließend sollten sie dann ihren Aufenthalt um ein Vierteljahr verlängern.[216]

Wie viele lateinamerikanische Offiziere und Polizeifunktionäre über solche Deckfinanzierungen oder militärische Missionen mit zivilem Anstrich nach Deutschland kamen, ist nur schwer zu ergründen.

Argentinische Offiziere, die sich zwischen 1933 und 1939 längere Zeit in Deutschland aufgehalten haben, lassen sich mit Hilfe unerwarteter Quellen dingfest machen. So bot das "Deutsche Institut für Ausländer" Kurse in Landeskunde an und druckte jeweils im gleichen Jahr, wohl um seinen Finanziers seine Existenzberechtigung zu beweisen, die Namenslisten der Kursteilnehmer mit Herkunftsland und Berufsbezeichnung ab. Wenn ein argentinischer Offizier über mehrere Semester hinweg als Kursteilnehmer aufgeführt wurde, scheint die Annahme berechtigt, dass es sich um einen längeren, wenn nicht gar mehrjährigen Deutschland-Aufenthalt gehandelt hat.[217] Um eine Geheimmission (falls sie sich nicht ohnehin als Mitglieder der militärischen Beschaffungskommission oder als Diplomaten identifizieren lassen) kann es sich strenggenommen bei ihnen nicht – oder nur teilweise – gehandelt haben, sonst hätten sie wohl kaum einer Veröffent-

---

[216] NSDAP/A.O., Amt VII, an IAI, 4.6.1935 (GStA, HA I, Rep. 218, Nr. 238, Bl. 17), NSDAP/A.O., Amt VII, an IAI, 21.5.1935 (GStA, HA I, Rep. 218, Nr. 238, Bl. 32f.), Panhorst/IAI an NSDAP/A.O., Amt VII (1.7.1935): "Soeben wird uns mitgeteilt, dass das Polizei-Präsidium gern in dieser Angelegenheit eine entsprechende Einladung an chilenische Polizeioffiziere ergehen lassen wird. Der Teilnahme der Offiziere an irgendwelchen Dienstleistungen in Deutschland werden keine Bedenken entgegenstehen." Ob die Reise stattgefunden hat, geht aus den Akten nicht hervor (GStA, HA I, Rep. 218, Nr. 239, Bl. 243).

[217] *Mitteilungen des Deutschen Instituts für Ausländer*, Berlin, 1933-1942. Sämtliche Ausgaben enthalten diese Namenslisten.

lichung ihres Namens zugestimmt. Bei den auf diesem Wege oder mit Hilfe anderer Quellen ermittelten Offizieren, die in der Regel auf den Empfängen des IAI anzutreffen waren, lässt sich in vielen Fällen die spätere Laufbahn bis in die Zeit Peróns nachzeichnen. Hier sollen wiederum nur einzelne Beispiele herausgegriffen werden.

Auffällig ist zunächst, dass sich unter den Kursteilnehmern einige argentinische Marineoffiziere befanden, die man sonst eher unter der Ägide Großbritanniens vermuten würde. Darunter sind zu nennen:

- **Pedro Cases**: Er war 1938 in Deutschland und stieg unter Perón zum Marinegouverneur des Nordterritoriums von Feuerland und Kommandanten des Südsektors der *Zona Naval Marítima* auf, Funktionen, die er 1949-50 innehatte.[218]

- **Eduardo Ceballos**: Der argentinische Fregattenkapitän a.D. war Marineattaché in Berlin. Als Mitglied der argentinischen Marine-kommission, die zeitweilig ihren Sitz in Berlin hatte, verwaltete er den Beschaffungsetat der Marine für das Deutsche Reich. Nach 1945 war er in der argentinischen Ozeanforschung aktiv. Er wurde als überzeugter Anhänger der Nationalsozialisten eingestuft.[219]

Von den Offizieren des Landheeres fanden sich folgende:

- Der prominenteste unter ihnen war vermutlich **Enrique P. Gon-zález**, ein enger Vertrauter und Jugendfreund Peróns. Vor 1933 in Deutschland ausgebildet, weisen die Kursprogramme des DIA mehrfach für 1936 einen argentinischen Offizier seines Namens als Teilnehmer aus. Unter der Diktatur Uriburus war er Chef der berittenen Polizei von Buenos Aires, später gehörte er zu den Or-ganisatoren des Putsches vom September 1943. Anschließend wurde er Präsidialsekretär. 1949-50 war er unter Perón einer der Leiter der argentinischen Einwanderungsbehörde und zugleich Beauftragter für Technische Forschungen, mithin eine Schlüsselfi-gur bei der Einschleusung von NS-Flüchtlingen. Bis 1952 leitete er darüber hinaus das argentinische Atomforschungsprogramm.

---

[218] *Quién es quién en la Argentina* (1969: 150). Als Teilnehmer des 111./112. Kur-sus des DIA (Univ. Berlin) erwähnt in: *Mitteilungen des Deutschen Instituts für Ausländer* (1938, 16: 17).

[219] DZA Potsdam, Film 59558, S. 23c, o.Bl.; Newton (1991: 241, 288, 297, 302, 306).

1954 war er Chef des Verwaltungsrates des Chemieunternehmens *Compañía Química Argentina Suffosodio S. A.*[220]

- **Adolfo S. Espíndola**: Der argentinische Oberst, der 1939 die argentinische Militärkommission in Deutschland leitete, war 1942 – inzwischen General – Chef der Garnison von Buenos Aires. 1945 organisierte er als Exponent des *Ancien Régime* eine Militärkonspiration gegen die argentinische Militärregierung, die allerdings aufflog.[221]

- **Juan Carlos Sanguinetti** war zeitweilig argentinischer Militärattaché in Deutschland und einer der Verantwortlichen für die argentinische Olympiamannschaft. Er galt als großer Bewunderer des NS-Regimes. 1944 Kandidat der argentinischen Militärregierung für den Posten des Kriegsministers, unterlag er Perón, diente diesem aber 1948-50 als Oberbefehlshaber des Landheeres. Ein *teniente* "J. Sanguinetti", sehr wahrscheinlich identisch mit dem Vorgenannten, war 1927 Ko-Autor eines Artikels in der *Revista Militar*, der unverhohlen für den Erwerb von Giftgas für die Arsenale der argentinischen Armee geworben hatte.[222]

War die argentinische Armee in den 30er Jahren bemüht, die Zahl der deutschen Militärinstrukteure im Land zu reduzieren, so stieg die Zahl der sich im Deutschen Reich aufhaltenden argentinischen Offiziere parallel dazu an. Es lässt sich nachweisen, dass ein Teil derselben nach 1945 die nationalsozialistische Fluchtgemeinde unterstützt hat. An dieser Stelle hat der "Multiplikator"-Effekt zugunsten des

---

[220] Zu E. González vgl. *Quién es quién en la Argentina* (1969: 319f.). Dort ist erwähnt, dass er noch 1969 in Argentinien einen deutschen Offiziersrang beanspruchte. Außerdem Meding (1992: 198, 212), Newton (1991: 285, 287, 293-312, 368, 379, 449/FN 13) und Rouquié (1977: 329f., 333-35, 346, 351, 355, 373, 637). Enrique González ist als argentinischer Offizier verzeichnet in *Mitteilungen des Deutschen Instituts für Ausländer* (1936, 14: 11, 13).

[221] IAI, interne Ausarbeitung: Liste "In Berlin sich aufhaltend[e Lateinamerikaner], Argentinier, die der hier weilenden Militärkommission angehören." (28.4.1939) (DZA Potsdam, Film 59558, S. 23c, o.Bl.); Lista de Argentinos residentes en Berlín, compuesta en mayo 1939 (GStA, HA I, Rep. 218, Nr. 256, Bl. 40); Rouquié (1977: 292, 374).

[222] *Quién es quién en la Argentina* (1969: 664), *Mitteilungen des Deutschen Instituts für Ausländer* (1935, 13: 10; 1936, 14: 10); Newton (1991: 407, Anm. 37, 419, Anm. 53) und Sanguinetti (1927).

NS-Regimes tatsächlich gegriffen, allerdings erst nach dessen Zusammenbruch.

Die Verbindungen zum IAI ergaben sich durch die Person Faupels und seine Kontakte als früherer Militärinstrukteur. Doch hat man sich gehütet, allzu vertrauliche Aufzeichnungen über die gemeinsamen Unterredungen zu hinterlassen. Wir wissen, wer bei den opulenten Banketten des Instituts neben wem gesessen hat, weil bisweilen die Tischordnungen überliefert sind. Worüber die Offiziere mit Faupel sprachen, wissen wir in der Regel nicht. Wiederum sind die Frequenz der Kontakte zum IAI oder Quellen aus anderen Zusammenhängen die einzige Möglichkeit, sich ein Bild von der Bedeutung des Instituts bei der Weiterleitung von Offizieren zu machen.[223] Generell lässt sich feststellen, dass das IAI bei der Offiziersbetreuung von offiziellen deutschen Stellen eingebunden wurde.

7. Faupels Tod

Bei Kriegsende war das Personal des Instituts auf zwölf Beamte und Angestellte geschrumpft, von denen einzelne im IAI wohnten, zum Teil weil ihre Wohnungen ausgebombt waren, zum Teil, um bereitzustehen, wenn wegen der Kampfhandlungen Brände ausbrechen sollten, die den Bücherbestand gefährdeten.[224] Ein Teil der Referenten war zur Armee eingezogen worden, ein anderer Teil hatte sich rechtzeitig vor Beginn der Kämpfe um Berlin abgesetzt. Generalsekretär von Merkatz war auf das Landgut seiner Tante bei Angermünde gezogen, wo auch die ausgelagerten Buchbestände des Instituts zu finden waren, floh dann aber mit einem Treck vor der herannahenden Front weiter nach Westen.[225] Argentinienreferent Prof. Karl Fiebrig war

---

[223] Die für die Vorbereitung dieser Arbeit zur Verfügung stehende Zeit ließ es nicht zu, dies systematisch zu untersuchen.

[224] Aussagekräftig ist vor allem Hagen/Bock (1945). Ergänzungen zur Zeit des Kriegsendes finden sich bei Vollmer (1985). Allgemein zur Nachkriegsgeschichte des Instituts und der westdeutschen Forschung: Haupt (1955) und Stamm (1981).

[225] Hagen/Bock (1945: 9), Munzinger Archiv/Int. Biograph. Archiv: Hans-Joachim von Merkatz, Lieferung 17/82 P 002779-13/4.

nach Bayern übergesiedelt. Er ließ sich später von den Argentiniern als Botaniker anwerben.[226]

Vor Ort verblieben am Ende ein Studienrat, ein Bibliothekar, eine Romanistin, ein Altamerikanist, eine Sekretärin, ein Bibliotheksangestellter und der Hauswart. Eine "Kommandostelle des deutsch-südamerikanischen Untergrunds", die Curt Riess im IAI der Nachkriegszeit vermutete (Anhang 7), ließ sich daraus nicht bilden.

Am 22. April 1945 setzten über Berlin-Lankwitz russische Tieffliegerangriffe ein, einen Tag später kam das Institut in die Reichweite der sowjetischen Artillerie. Das Hauptgebäude erhielt mehrere Treffer, ohne dass allerdings Bibliotheksbestände davon betroffen waren. Das Institut, in dessen Keller die NS-Volkswohlfahrt einen Luftschutzraum unterhielt, wurde zur Anlaufstelle für 300 Menschen aus der Nachbarschaft, die dort Zuflucht suchten.

Anfang Mai 1945 soll sich General Faupel zusammen mit seiner Frau in seiner Villa in Potsdam-Babelsberg oder in Berlin das Leben genommen haben, doch ist dies nicht sicher dokumentiert. Faupel wurde einige Jahre später auf Weisung der Potsdamer Staatsanwaltschaft wieder aus dem Sterberegister gestrichen, ein Vorfall, der nur selten vorkam. Die Umstände, die zu dieser Löschung führten, ließen sich nicht rekonstruieren. Eine Grabstelle des Ehepaars Faupel ist nicht mehr auffindbar.[227] Der Staatssicherheitsdienst der DDR ging bei den bereits erwähnten, 1969 eingeleiteten Recherchen von einem Suizid des Ehepaars aus, verfügte also nicht über gegenlautende Informationen.[228]

Über den angeblichen Selbstmord der Faupels kursieren mehrere Versionen. Für keine von ihnen gibt es brauchbare Belege.

---

[226] Hagen/Bock (1945: 9). Fiebrig arbeitete später am Instituto Lillo in Tucumán (Meding 1992: 212). Vgl. auch den Eintrag zu Fiebrig in den "Bio-bibliographischen Grunddaten" zu den Mitarbeitern des IAI in diesem Sammelband.

[227] Mitteilung R. von Westrem an den Verfasser. Angeblich haben Russen oder US-Amerikaner bald nach Kriegsende eine Exhumierung der Leiche Faupels veranlasst und diese von seinem Zahnarzt identifizieren lassen (H. Hagen an K. Volland, 6.2.1973, IAI, NL Hagen).

[228] Oberleutnant Plötz, MfS, HA IX/11: "Information zum bisherigen Forschungsergebnis über Ibero-Amerikanische Institutionen", 11.2.1969 (BStU, MfS FV 8/69, Bd. 17, Bl. 54).

Version 1 (Cornelius Ryan, Historiker, Verfasser eines Standardwerks über die Eroberung von Berlin 1945):

> Der frühere deutsche Botschafter in Spanien, General a.D. Wilhelm Faupel, beabsichtigte, sich und seine Frau mit einer Überdosis von Medikamenten zu vergiften. Der General hatte ein schwaches Herz. Bei Anfällen nahm er ein Stimulans, das Digitalis enthielt. Faupel wußte, dass eine Überdosis Herzstillstand hervorrufen und ihm ein rasches Ende bereiten würde. Er hatte von dem Mittel soviel aufgespart, dass er sogar noch seine Freunde damit versehen konnte (Ryan 1966: 30).

Version 2 (Hermann Hagen, vor 1945 Leiter der Bibliothek des IAI und Mexiko-Referent):

> Aus seiner Identifizierung mit der NSDAP zog er [Faupel], zusammen mit seiner Frau, bei Annäherung der russischen Truppen im April 1945 die ... [Konsequenzen]; beide gaben sich in der Nähe Ihres Wohnsitzes Babelsberg durch Zyankali-Vergiftung den Tod. Ich halte es für wahrscheinlich, dass ihm damals die Gefahr, von den Russen verhaftet zu werden, klar vor Augen stand.[229]

Version 3 (angeblicher Bericht des peruanischen Arztes Víctor Manchego, übermittelt von Fernán Altuve-Febres):

> Ein langjähriger Freund des Ehepaars Faupel, der aus Peru stammende Mediziner Víctor Manchego, der in Berlin studiert hatte, soll bei Kriegsende als Radiologe an der Charité gearbeitet haben. Nachdem er den Luftwaffengeneral Ritter von Greim nach seinem Absturz bei einer gefährlichen Landung in Berlin verarztet hatte, soll dieser ihm aus Dank angeboten haben, ihn aus der Hauptstadt auszufliegen. Manchego übermittelte dieses Angebot Faupel, der ihm geantwortet habe, als preußischer Offizier auf seinem Posten verharren zu wollen. Zugleich sei er peruanischer General und als solcher werde er bis zur letzten Patrone kämpfen. Von der baldigen Ankunft der Roten Armee informiert, habe das Ehepaar Faupel sich von ihrem Chauffeur zur Charité fahren lassen, wo Manchego sie erwartete. Kurz vor der Ankunft hätten sie Selbstmord begangen, und Manchego habe sich um ihr Begräbnis gekümmert. Zugleich habe er in der Charité eine Gedenktafel für seinen verstorbenen Gönner angebracht.[230]

Am 27. April fiel das IAI in die Hand der Roten Armee. Bei den Durchsuchungen beschränkten sich die sowjetischen Truppen allerdings auf die Kellerräume, weil sie bei den Flüchtlingen Wertgegenstände vermuteten. Die Bücher und das Archiv des Instituts blieben

---

[229] Brief H. Hagen an K. Volland, 6.2.1973 (IAI, NL Hagen).
[230] Meine Paraphrase zu Altuve-Febres (o.J.: 6f.). Den Hinweis auf dieses Manuskript verdanke ich Dr. G. Vollmer.

überwiegend unberührt, doch konstatierte der Lagebericht des Instituts von 1945 den Abtransport von 35 Koffern unbekannten Inhalts, "die den nicht im Institut anwesenden Angestellten ... gehörten" (Hagen/Bock 1945: 10). Wenngleich "Aktensplitter" aus dem Archiv des IAI später in ostdeutschen Beständen auftauchten, kann doch als sicher gelten, dass die im Institutsgebäude selbst befindlichen Teile seiner Unterlagen dort vollständig belassen wurden. Dem provisorischen Leiter des Instituts war es zudem gelungen, den zuständigen russischen Ortskommandanten davon zu überzeugen, dass es sich bei der Bibliothek um das Eigentum eines Ausländers handelte. Der Offizier stellte dem Institut daraufhin eine Bescheinigung diesen Inhalts in kyrillischer Schrift aus, um nicht legitimierte Durchsuchungen zu unterbinden.[231] Bis Mitte Juni hatten die Flüchtlinge den Keller des Instituts verlassen, so dass die Aufräumarbeiten beginnen konnten.

Angesichts der exponierten Stellung, die Faupel und sein IAI in den deutsch-lateinamerikanischen und deutsch-spanischen Beziehungen beansprucht hatte, durfte es nicht weiter verwundern, dass die Feinde des Deutschen Reiches, namentlich Großbritannien und die USA, das Institut und seinen Präsidenten ins Visier nahmen. Waren die ersten anglo-amerikanischen Darstellungen zum Thema noch eher sachlich, so Samuel Guy Inmans Warnung vor dem Treiben der totalitären Staaten in Übersee, das dem Institut explizit eine wichtige Rolle als Koordinator deutscher Propaganda- und Elitenbetreuung zuordnete, so wurde der Ton zunehmend schärfer.[232] Als Ende Juli 1944 das Office of Strategic Services im Auftrag des US-Kriegsministeriums ein geheimes Memorandum vorlegte, in dem es Maßnahmen für die künftige Besatzungspolitik in Deutschland vorschlug, war in der beigefügten Liste der aufzulösenden Organisationen das Ibero-Amerikanische Institut namentlich aufgeführt. Obwohl selbst keine Gliederung der NSDAP, wurde es von den Autoren des Memorandums zu denjenigen Institutionen gezählt, die "Produkte nazistischen Denkens sind und im Bewußtsein der Öffentlichkeit mit dem Nazismus gleich-

---

[231]   Vollmer (1985: 498), darin ist ein Faksimile dieser Bescheinigung vom 7.5.1945 zu finden.
[232]   Inman (1938). Vgl. dazu Faupel an RPMW, 11.11.1938 (GStA, HA I, Rep. 218, Nr. 808, o.Bl.).

gesetzt wurden".[233] Diese interne Denkschrift war nur ein Beleg von vielen, die die in den USA weit verbreitete Besorgnis dokumentierten, dass mit der Zerschlagung der faschistischen Achsenmächte die Gefahren beileibe nicht beseitigt waren, die der westlichen Hemisphäre und ihrer politischen Kultur von rechtsradikalen Bewegungen drohten.

"Sind wir nicht drauf und dran, Lateinamerika an die Faschisten zu verlieren, während wir anderswo den Krieg gewinnen?" Mit dieser provozierenden Frage versuchte der US-Journalist Ray Josephs 1945 eine öffentliche Diskussion über die rechtsradikalen Residuen in Lateinamerika in Gang zu setzen (Josephs 1945: 10). Viele seiner Thesen wurden von anderen nordamerikanischen Intellektuellen geteilt: Einige autoritäre Regime in der Nachbarschaft der Vereinigten Staaten waren – so glaubten sie – im Begriff, sich in faschistische Diktaturen zu verwandeln. Gerade in Argentinien stand nach ihrer Auffassung ein postumer Triumph des Nationalsozialismus bevor, zurückzuführen auf beharrliche deutsche Vorarbeit. Das Ibero-Amerikanische Institut wurde im Zuge der sich daran entzündenden Polemiken angeklagt, in diesem Prozess der *Entdemokratisierung* Lateinamerikas eine Schlüsselrolle gespielt zu haben. Die Vorwürfe wogen schwer und knüpften an ältere Vorwürfe anglo-amerikanischer Propaganda an, das Institut habe

> den deutsch-italienischen Krieg gegen die spanische Republik 1936-39 organisiert und in Übersee falangistische Bewegungen gegründet, um mit ihrer Hilfe die faschistische Unterwanderung Lateinamerikas und der Philippinen in Gang zu setzen (Josephs 1945: 17).

Solche verschwörungstheoretischen Konstruktionen, die nicht nur in der unmittelbaren Nachkriegszeit häufig zu finden waren, lassen sich sicherlich leicht ins Reich der Phantasie verweisen. Einzelne, die sie verbreiteten, hatten fraglos das edle Motiv, die Öffentlichkeit auf die Gefahr hinzuweisen, dass bestimmte Elemente des Nationalsozialismus den Untergang des "Dritten Reiches" überdauert haben könnten. Andere Autoren spekulierten dagegen nur auf die Sensationslust ihrer Mitbürger und verbreiteten spektakuläre Gerüchte, ohne ihnen vorher auf den Grund zu gehen.

---

[233] "Leitfaden für die Zivilverwaltung. Die Auflösung der Nazi-Partei und der ihr angeschlossenen Organisationen", Nr. 31-110 der *Schriftenreihe des Kriegsministeriums*, Washington, 22.7.1944, zitiert bei Söllner (1986: 157-159).

8. Abschließende Bewertung

In der Debatte um den Stellenwert, den die nationalsozialistische Politik in Lateinamerika im Allgemeinen sowie Faupel und das IAI im Besonderen gehabt haben, gruppierten sich die Positionen über lange Zeit hinweg bipolar um "Maximalisten" und "Minimalisten". Erstere schrieben der NS-Politik in Übersee eine außerordentlich große Wirksamkeit zu und hielten auch die Spätfolgen für bedeutend. Letztere behaupteten das genaue Gegenteil. Sie schätzten die Erfolge der Nationalsozialisten in Lateinamerika als ebenso gering ein wie die Spätwirkungen des deutschen Wirkens.[234] Zwischen den beiden hier skizzierten Extrempositionen gibt es Mittelwege, die bisher noch zu selten oder gar nicht betreten worden sind.[235] Detailstudien können hier, wie die vorliegenden Beispiele zeigen, Abhilfe schaffen.[236]

Die politische Rolle des IAI ist von anglo-amerikanischer Seite bis 1945 erheblich überschätzt worden. Nach bisherigem Kenntnisstand übte es auf die politische Führungsebene lateinamerikanischer Staaten keinen direkten Einfluss aus, hatte es an Geheimdienstaktivitäten nur peripheren Anteil und war an nationalsozialistischer Untergrundarbeit nicht unmittelbar beteiligt. An diesem wichtigen Punkt hatten "minimalistisch" argumentierende Historiker zweifellos Recht. Was die mikropolitische Sphäre der langsamen geistigen Vereinnahmung, der Wirkung autoritär gesinnter "Multiplikatoren" betrifft, die von Vertretern des "Dritten Reichs" gezielt umworben wurden, ist ein ähnlicher Befund nicht möglich. Dies ist gewiss nicht nur von rein akademischem Interesse. Denn die Frage, ob und in welchen Gesellschaftsteilen totalitäre politische Grundhaltungen den Niedergang der faschistischen Staaten überdauert haben, kann sich im Falle einer tiefergreifenden Krise schnell als essentiell erweisen.

---

[234] Die Begriffe "Maximalisten" und "Minimalisten" hatte ich in meiner Magisterarbeit zur Kennzeichnung der makropolitisch orientierten historischen Deutungen der deutsch-lateinamerikanischen Beziehungen zwischen 1933 und 1945 eingeführt.

[235] Natürlich gibt es auch Autoren, die sich in dem oben beschriebenen "Disput" eher neutral verhalten. Dieser Mittlerposition könnte man beispielsweise Ebel (1971) zuordnen.

[236] Ein wichtiger neuerer Diskussionsbeitrag zu Chile ist Farías (2000). Aus naheliegenden Gründen rückte vor allem Argentinien ins Blickfeld der Historiker.

Als Hauptgegner der kommunistischen Sowjetunion gewann die
NS-Diktatur auch für viele Exponenten der Eliten lateinamerikanischer Staaten ein überregionales Gewicht. Diese fühlten sich von der
zunehmenden Mobilisierung der Unterschichten bedroht, deren Politisierung sie oft genug – bis in die 80er Jahre des 20. Jahrhunderts – als
Ergebnis "kommunistischer Unterwanderung" interpretierten. Die faschistischen Staaten boten die schärfste Antwort auf diese Herausforderung an, während sich die wenigen in den 30er Jahren noch verbleibenden demokratischen Staaten international in die Defensive gedrängt sahen und damit an Anziehungskraft verloren. Die Geschichte
der faschistischen Regime von ihrem Ende her zu betrachten, liefe
darauf hinaus, die Vorrangstellung, die diese zeitweilig als radikalste
Gegner des Kommunismus eingenommen haben, ebenso zu unter-
schätzen, wie die Maßstäbe, die sie damit für Teile derjenigen lateinamerikanischen Eliten gesetzt haben, die sich gleichfalls von linken
Bewegungen in ihrer Existenz bedroht fühlten (ob diese *realiter* jemals systembedrohend waren, wie ihnen ihre Gegner vorwarfen, ist
dabei ganz unerheblich). Dass nach 1945 die USA diese Rolle als
Antipode des kommunistischen Systems übernahmen, mochte diesen
Sachverhalt verdecken und in Vergessenheit geraten lassen.

Faupel und das IAI nahmen vor 1945 eine Stellung als Vermittler
zwischen Deutschland auf der einen Seite, Lateinamerika und der
Iberischen Halbinsel auf der anderen Seite ein, vermochten aber keine
exklusive Kontrolle über diese Kommunikationskanäle zu gewinnen.
Der Präsident des Instituts sah seine Aufgabe darin, den "deutschen
Einfluss" in Übersee soweit wie möglich zu erhöhen. Dienst an "deutschen Interessen" war bewusst auch Dienst an der Diktatur. In der
Gewinnung älterer lateinamerikanischer "Multiplikatoren" war er
durchaus erfolgreich. Die Reichweite der Institutsaktivitäten wurde
durch systemimmanente Hemmfaktoren geschmälert. Durch eine bessere finanzielle Ausstattung und stärkeren institutionellen Rückhalt
bei den Ministerien hätte das Institut sicherlich wesentlich mehr erreichen können. Rassismus, Xenophobie und mangelndes Einfüh-
lungsvermögen in fremde kulturelle Befindlichkeiten gehörten zu den
Charaktereigenschaften des Nationalsozialismus. Versuche, diese Elemente zugunsten eines rationalen Nutzenkalküls zurückzudrängen, auf
dem Außenpolitik nun einmal beruhen musste, wollte sie dauerhaft
erfolgreich sein, glichen der Quadratur des Kreises: Die Rechtsradika-

len hätten gezwungen werden müssen, sich selbst zu verleugnen. Ein Gefühl für Zweckrationalität gab es unter regimetreuen deutschen Lateinamerika-Politikern durchaus, doch waren sie außer Stande, den führenden Entscheidungsträgern des Regimes und der deutschen Öffentlichkeit insgesamt ihre Vorstellungen zu vermitteln. So waren diese darauf verwiesen, die Schäden soweit wie möglich in Grenzen zu halten, die andere Nationalsozialisten durch undiplomatisches Auftreten hervorgerufen hatten.

Die "Germanisierung" einzelner lateinamerikanischer Institutionen und die mentale Durchdringung von ganzen Gruppen wie dem argentinischen Offizierskorps kann das Abdriften eines Landes in den Autoritarismus nicht erklären. Die Diktaturen Lateinamerikas hatten ihren Ursprung in Lateinamerika. Welchen Anteil das deutsche Wirken bis 1945 an der Entdemokratisierung der Hemispäre gehabt hat, ist hingegen noch weitgehend ungeklärt. Die Forschung steht hier in vielen Bereichen erst am Anfang.

Literaturverzeichnis

Abendroth, Hans-Henning (1973): *Hitler in der spanischen Arena. Die deutsch-spanischen Beziehungen im Spannungsfeld der europäischen Interessenpolitik vom Ausbruch des Bürgerkrieges bis zum Ausbruch des Weltkrieges 1936-1939*. Paderborn: Schöningh.

— (1978): *Mittelsmann zwischen Franco und Hitler. Johannes Bernhardt erinnert 1936*. Marktheidenfeld: Schleunung.

Adolph, Hans J. (1971): *Otto Wels und die Politik der deutschen Sozialdemokratie 1894-1939. Eine politische Biographie*. Berlin: de Gruyter.

Akten zur Deutschen Auswärtigen Politik (1951): 1918-1945, Serie D (1937-1945), Bd. III: "Deutschland und der Spanische Bürgerkrieg, 1936-1939". Baden-Baden: Imprimerie Nationale.

Altuve-Febres, Fernán (o.J.): "Recuerdo peruano del General Faupel". Unveröffentlichtes Manuskript, aufbewahrt im Ibero-Amerikanischen Institut; behandelt u.a. den Tod des Generals Faupel.

Aly, Götz/Heim, Susanne (1992): *Das Zentrale Staatsarchiv in Moskau ("Sonderarchiv"). Rekonstruktion und Bestandsverzeichnis verschollen geglaubten Schriftguts aus der NS-Zeit*. Düsseldorf: Böckler-Stiftung.

Armen-Gaud (1929): "Enseñanzas de la guerra de Marruecos, 1925-1926, en materia de aviación". In: *Revista Militar*, Buenos Aires, April, S. 555-582.

Ash, Mitchell G. (1995): "Verordnete Umbrüche – Konstruierte Kontinuitäten: Zur Entnazifizierung von Wissenschaftlern und Wissenschaften nach 1945". In: *ZfG*, 43, 10, S. 903-924.

Atkins, George Pope/Thompson, Larry V. (1972): "German Military Influence in Argentina". In: *JLAS*, 4, 2, S. 257-274.

"Aus dem Arbeitsgebiet des Ibero-Amerikanischen Instituts". In: *IAA*, 13 (1939/40), S. 54-56, 179-181, 245-247, 288-291; 15 (1941/42), S. 126-128; 16 (1942/43), S. 62-66, 129-132; 17 (1943/44), S. 71-74, 136-138; 18 (1944), S. 61-63.

"Aus dem Tätigkeitsbericht des Ibero-Amerikanischen Instituts Berlin". In: *IAA*, 14 (1940/41), S. 79-80, 183-185, 300-303.

Bald, Detlef (1977): *Der deutsche Generalstab 1859-1939. Reform und Restauration in Ausbildung und Bildung.* München: Sozialwissenschaftliches Institut der Bundeswehr.

— (1982): *Der deutsche Offizier. Sozial- und Bildungsgeschichte des deutschen Offizierskorps im 20. Jahrhundert.* München: Bernard & Graefe.

Bar-Zohar, Michel (1965): *La Chasse aux savants allemands (1946-1960).* Paris: Fayard.

Beck, Joachim (Hrsg.) (1933): *Max von Schillings. Gesamtverzeichnis seiner Werke.* o.O.: o.V.

Beseler, Hans von (1913): *Die allgemeine Wehrpflicht.* Berlin: Mittler.

Bessel, Richard (1978): "Militarismus im innenpolitischen Leben der Weimarer Republik: Von den Freikorps zur SA". In: Müller, Klaus-Jürgen/Opitz, Eckardt (Hrsg.): *Militär und Militarismus in der Weimarer Republik*, Düsseldorf: Droste, S. 193-219.

Biographisches Handbuch des deutschen Auswärtigen Dienstes (2000). Bd. 1: A-F. Paderborn: Schöningh.

Binzer, Max von (1929): *Die Führerauslese im Faschismus.* Langensalza: Mann's Pädagogisches Magazin.

Blancpain, Jean-Pierre (1989): "Des visées pangermanistes au noyautage hitlérien. Le nationalisme allemand et l'Amérique latine". In: *Revue Historique*, 281, 2, S. 433-482.

Bley, Helmut (1968): *Kolonialherrschaft und Sozialstruktur in Deutsch-Südwestafrika 1894-1914.* Hamburg: Leibniz.

Blücher, Wipert von (1958): *Am Rande der Weltgeschichte. Marokko, Schweden, Argentinien.* Wiesbaden: Limes.

Bock, Peter (1938/39): "Aus dem Arbeitsgebiet des Ibero-Amerikanischen Instituts und der Deutsch-Ibero-Amerikanischen Gesellschaft". In: *IAA*, 12, S. 97f., 272-274, 420-422, 488-490.

— (1941/42): "Aus dem Tätigkeitsbericht des Ibero-Amerikanischen Instituts Berlin". In: *IAA*, 15, S. 81-83.

Bock, Peter/Panhorst, Karl H. (1937/38): "Aus dem Arbeitsgebiet des Ibero-Amerikanischen Instituts und der Deutsch-Ibero-Amerikanischen Gesellschaft". In: *IAA*, 11, S. 124-126, 245-247, 392-394, 513-514.

Borcke, Kurt (Heros) von (1938): *Deutsche unter fremden Fahnen.* Berlin: Schlieffen.

Braden, Spruille (1946): "The Germans in Argentina". In: *Atlantic Monthly*, 177, 4, S. 39-43.

Breit, Gotthard (1973): *Das Staats- und Gesellschaftsbild deutscher Generale beider Weltkriege im Spiegel ihrer Memoiren*. Boppard a.Rh.: Boldt.

Broszat, Martin (Hrsg.) (1989): *Kommandant in Auschwitz. Autobiographische Aufzeichnungen des Rudolf Höss*. München: dtv.

Broué, Pierre/Témine, Émile (1982): *Revolution und Krieg in Spanien. Geschichte des Spanischen Bürgerkrieges*. 2 Bde., 3. Aufl., Frankfurt a.M.: Suhrkamp.

Brunn, Gerhard (1969): "Deutscher Einfluß und deutsche Interessen in der Professionalisierung einiger lateinamerikanischer Armeen vor dem 1. Weltkrieg (1885-1914)". In: *JbLA*, 6, S. 278-336.

Buchrucker, Christian Rainerio Federico Juan Mario (1982): *Nationalismus, Faschismus und Peronismus 1927-1955. Ein Beitrag zur Geschichte der politischen Ideen in Argentinien*. Phil. Diss., Berlin: Freie Universität.

Buchwitz, Otto (1949): *50 Jahre Funktionär der deutschen Arbeiter-Bewegung*. Berlin: Dietz.

Burleigh, Michael (1988): *Germany Turns Eastwards. A Study of "Ostforschung" in the Third Reich*. Cambridge: Cambridge University Press.

Cantón, Darío (1971): *La política de los militares argentinos: 1900-1971*. Buenos Aires: Siglo Veintiuno.

Carlés, Manuel (1924): "El Oficial en funciones civiles. Versión taquigráfica de la conferencia pronunciada en el 'Círculo Militar' el 11 de Julio de 1924". In: *Revista Militar*, 283, Buenos Aires, Anexo.

Cartier, Jean-Pierre (1986): *Der Erste Weltkrieg 1914-1918*. München: Piper.

Cattaneo, Carlos (1928): "Relaciones existentes entre las industrias químicas normales y la de los gases de combate". In: *Revista Militar*, Buenos Aires, September, S. 537-540.

Chase, Allan (1943): *Falange. The Axis Secret Army in the Americas*. 4. Aufl., New York: G. P. Putnam's.

Coelho, Guillermo (1924): "La Química en la Guerra Moderna. Los Gases asfixiantes y tóxicos. Materiales incendiarios. Cortinas de humo, Capítulo VIII". In: *Revista Militar*, Buenos Aires, S. 446-471.

Collado Seidel, Carlos (1995): "Zufluchtstätte für Nationalsozialisten? Spanien, die Alliierten und die Behandlung deutscher Agenten 1944-1947". In: *VjZ*, 43, 1, S. 131-157.

Cortada, James W. (Hrsg.) (1982): *Historical Dictionary of the Spanish Civil War, 1936-1939*. Westport/London: Greenwood Press.

Demeter, Karl (1964): *Das Deutsche Offizierskorps in Gesellschaft und Staat 1650-1945*. Frankfurt a.M.: Bernard & Graefe.

Deutsch, Sandra McGee (1986): *Counterrevolution in Argentina, 1900-1932. The Argentine Patriotic League*. Lincoln, Nebr.: University of Nebraska Press.

Deutsche biographische Enzyklopädie (1995-1996). Bislang 4 Bde., München: K. G. Saur.

— (2001): CD-ROM-Ausgabe. München: K. G. Saur.

Deutscher Offiziersbund (Hrsg.) (1926): *Ehrenrangliste des ehemaligen Deutschen Heeres aufgrund der Ranglisten von 1914 mit den inzwischen eingetretenen Veränderungen.* Berlin: E. S. Mittler.

Deutscher Wirtschaftsführer (1929). Hamburg: Hanseatische Verlagsanstalt.

Diccionario de la Guerra Civil Española (1987). Bd. 1, Art. "Faupel". Barcelona.

Dingel, Frank (1989): "Die Revolution 1918/19 in Deutschland". In: *Revolution und Fotografie. Berlin 1918/19.* Berlin: Dirk Nishen, S. 26-64.

Dudek, Peter (1988): *Erziehung durch Arbeit. Arbeitslagerbewegung und freiwilliger Arbeitsdienst, 1920-1935.* Opladen: Westdeutscher Verlag.

Dudek, Peter/Jaschke, Hans-Gerd (1984): *Entstehung und Entwicklung des Rechtsextremismus in der Bundesrepublik.* Bd. 1, Opladen: Westdeutscher Verlag.

Ebel, Arnold (1971): *Das Dritte Reich und Argentinien. Die diplomatischen Beziehungen unter besonderer Berücksichtigung der Handelspolitik (1933-1939).* Köln: Böhlau.

Endres, Franz Carl (1927): "Soziologische Struktur und ihr entsprechende Ideologien des deutschen Offizierskorps vor dem Weltkrieg". In: *ASS*, 58, S. 282-319.

Engel, Gerhard/Holtz, Bärbel/Huch, Gaby/Materna, Ingo (Hrsg.) (1997): *Groß-Berliner Arbeiter- und Soldatenräte in der Revolution 1918/19. Dokumente der Vollversammlungen und des Vollzugsrates. Vom 1. Reichsrätekongreß bis zum Generalstreikbeschluß am 3. März 1919.* Berlin: Akademie-Verlag.

Engelbrechten, Julek Karl von/Volz, Hans (1937): *Wir wandern durch das nationalsozialistische Berlin. Ein Führer durch die Gedenkstätten des Kampfes um die Reichshauptstadt.* München: Zentralverlag der NSDAP.

Epstein, Fritz T. (1954): "Argentinien und das deutsche Heer". In: Göhring, Martin/Scharff, Alexander (Hrsg.): *Geschichtliche Kräfte und Entscheidungen. Festschrift zum fünfundsechzigsten Geburtstag von Otto Becker.* Wiesbaden: Franz Steiner, S. 286-294.

— (1941): *European Military Influences in Latin America.* Unveröffentlichtes Manuskript. Washington: Library of Congress.

Erger, Johannes (1967): *Der Kapp-Lüttwitz-Putsch. Ein Beitrag zur deutschen Innenpolitik 1919/20.* Düsseldorf: Droste.

Estorff, Ludwig von (1968): *Wanderungen und Kämpfe in Südwestafrika, Ostafrika und Südafrika.* Wiesbaden: Eigenverlag.

Ettmüller, Wolfgang (1982): "Germanisierte Heeresoffiziere in der chilenischen Politik". In: *IAA*, 8, 1/2, S. 85-160.

Falcoff, Mark/Dolkar, Ronald A. (Hrsg.) (1975): *Prologue to Peron. Argentina in Depression and War, 1933-1943.* Berkeley/London: University of California Press.

Farago, Ladislas (1975): *Le Quatrième Reich. Martin Bormann et les rescapés nazis en Amérique du Sud.* Paris: Pierre Belfond.

Farías, Víctor (2000): *Los nazis en Chile.* Barcelona: Seix Barral.

Felgen, Friedrich, u.a. (1928): *Die Femelüge.* München: J. F. Lehmann.

Foch, Maréchal (1931): *Mémoires pour servir à l'Histoire de la Guerre de 1914-1918*. 2 Bde., Paris: Plon.

Forschungsanstalt für Kriegs- und Heeresgeschichte (Hrsg.) (1939): *Darstellungen aus den Nachkriegskämpfen deutscher Truppen und Freikorps*. Bd. 4: "Die Niederwerfung der Räteherrschaft in Bayern". Berlin.

— (Hrsg.) (1940): *Darstellungen aus den Nachkriegskämpfen deutscher Truppen und Freikorps*. Bd. 6: "Die Wirren in der Reichshauptstadt und im nördlichen Deutschland, 1918-1920". Berlin.

Friedrich, Jutta (1968): "Die Auswirkungen des Kapp-Putsches 1920 auf Görlitz". In: *Schriftenreihe des Ratsarchivs der Stadt Görlitz*, 4, S. 115-168.

Fröhlich, Gerhard (1994): "Kapital, Habitus, Feld, Symbol. Grundbegriffe der Kulturtheorie bei Pierre Bourdieu". In: Mörth, Ingo/Fröhlich, Gerhard (Hrsg.): *Das symbolische Kapital der Lebensstile*. Frankfurt a.M.: Campus, S. 31-54.

Fromm, Bella (1993): *Als Hitler mir die Hand küßte*. Berlin: Rowohlt.

Fuhrmann, Horst (1992): *Pour le Mérite. Über die Sichtbarmachung von Verdiensten. Eine historische Besinnung*. Sigmaringen: Thorbecke.

Garriga Alemany, Ramón (1965): *Las relaciones secretas entre Franco y Hitler*. Buenos Aires: Jorge Alvarez.

Gietinger, Klaus (1992): "Nachträge, betreffend Aufklärung der Umstände, unter denen Dr. Rosa Luxemburg den Tod gefunden hat". In: *IWK*, 28, 3, S. 319-373.

Gliech, Oliver (1998): *Das Ibero-Amerikanische Institut (Berlin) und die deutsch-argentinischen Beziehungen 1929-1945*. Magisterarbeit, überarbeitete Fassung Berlin: Freie Universität, FB Geschichtswissenschaften.

— (2000): "Das Ibero-Amerikanische Institut 1930-1945". In: *Jahrbuch Preußischer Kulturbesitz*, 37, S. 265-281.

Goldendach, Walter von/Minow, Hans-Rüdiger (1994): *"Deutschtum erwache!" Aus dem Innenleben des staatlichen Pangermanismus*. Berlin: Dietz.

Goldwert, Marvin (1962): *The Argentine Revolution of 1930*. Ph. D., Austin, Texas: University of Texas.

— (1972): *Democracy, Militarism, and Nationalism in Argentina, 1930-1966*. Austin, Texas: University of Texas Press.

Grimm, Friedrich (1929): *Oberleutnant Schulz, Femeprozesse und Schwarze Reichswehr*. München: Lehmann.

Groener, Wilhelm (1957): *Lebenserinnerungen. Jugend, Generalstab, Weltkrieg*. Göttingen: Vandenhoeck & Ruprecht.

Hachmeister, Lutz (1998): *Der Gegnerforscher: Die Karriere des SS-Führers Franz Alfred Six*. München: Beck.

Hagen, Hermann/Bock, Peter (1945): "Bericht über die Geschichte, den gegenwärtigen Zustand und die Zukunftsmöglichkeiten des Ibero-Amerikanischen Instituts in Berlin". Berlin-Lankwitz, 27.6.1945. Unveröffentlichtes Manuskript (Bundesarchiv Berlin, Außenstelle Dahlwitz-Hoppegarten, Signatur ZB II 2180, Akte 3: Wiederaufbau des Ibero-Amerikanischen Instituts).

Hamel, Iris (1967): *Völkischer Verband und nationale Gewerkschaft. Der Deutschnationale Handlungsgehilfen-Verband 1893 bis 1933*. Frankfurt a.M.: EVA.

Harper, Glenn T. (1967): *German Economic Policy in Spain during the Spanish Civil War 1936-1939*. Den Haag: Mouton.

Haupt, Werner (1955): "Die Nachkriegsentwicklung der Ibero-Amerikanischen Bibliothek". In: *Zeitschrift für Bibliothekswesen und Bibliographie*, 2, 1, S. 58-60.

Hauschild-Thiessen, Renate/Bachmann, Elfriede (1972): *Führer durch die Quellen zur Geschichte Lateinamerikas in der Bundesrepublik Deutschland*. Bremen: Schünemann.

Heiber, Helmut (1966): *Walter Frank und sein Reichsinstitut für Geschichte des neuen Deutschlands*. Stuttgart: DVA.

Heinz, Friedrich Wilhelm (1933): *Kameraden der Arbeit. Deutsche Arbeitslager: Stand, Aufgabe und Zukunft*. Berlin: Frundsberg.

Helg, Aline (1990): "Race in Argentina and Cuba, 1880-1930: Theory, Policies, and Popular Reaction". In: Richard Graham (Hrsg.): *The Idea of Race in Latin America*. Austin, Texas: University of Texas Press, S. 37-70.

Hilton, Stanley E. (1972/73): "Acção Integralista Brasileira: Fascism in Brazil". In: *Luso-Brazilian Review*, 9, 2, S. 3-29.

Hoepke, Klaus-Peter (1968): *Die deutsche Rechte und der italienische Faschismus. Ein Beitrag zum Selbstverständnis von Gruppen und Verbänden der deutschen Rechten*. Düsseldorf: Droste.

Höffkes, Karl (1986): *Hitlers politische Generale. Die Gauleiter des Dritten Reiches. Ein biographisches Nachschlagewerk*. Tübingen: Grabert.

Höhn, Reinhard (1963): *Die Armee als Erziehungsschule der Nation. Das Ende einer Idee*. Bad Harzburg: Verlag für Wissenschaft, Wirtschaft und Technik.

Höhne, Heinz (1984): *Mordsache Röhm. Hitlers Durchbruch zur Alleinherrschaft, 1933-1934*. Reinbek: Rowohlt.

— (1989): *Der Orden unter dem Totenkopf. Die Geschichte der SS*. Bindlach: Gondrom.

Holzhausen, Rudolf (1950): "Die Quellen zur Erforschung der Geschichte des 'Dritten Reiches'". In: *Archivalische Zeitschrift*, 46, S. 196-206.

Hubatsch, Walter (Hrsg.) (1963): *Grundriß zur deutschen Verwaltungsgeschichte 1815-1945*. Bd. 22: "Bundes- und Reichsbehörden". Marburg: Johann-Gottfried-Herder-Institut.

Inman, Samuel Guy (1938): *Democracy versus the Totalitarian State in Latin America*. Philadelphia: American Academy of Political and Social Science.

Inventar archivalischer Quellen des NS-Staates (1991/1995). 2 Bde., München: K.G. Saur.

Jacobsen, Hans-Adolf (1968): *Nationalsozialistische Außenpolitik 1933-1938*. Frankfurt a.M.: Metzner.

Josephs, Ray (1945): *Argentine Diary. The Inside Story of the Coming of Fascism*. London: Gollancz.

Kaiser-Lahme, Angela (1992): "Westalliierte Archivpolitik während und nach dem Zweiten Weltkrieg. Die Beschlagnahme, Sicherung und Auswertung deutscher Archive und Dokumente durch die Amerikaner und Briten 1943-1946". In: *Der Archivar*, 45, 3, Sp. 406-408.

Kaminski, Andrzej J. (1982): *Konzentrationslager 1896 bis heute. Eine Analyse.* Stuttgart: Kohlhammer.

Kannapin, Klaus (1966): "Zur Politik der Nazis in Argentinien 1933-1943". In: Katz, Friedrich, u.a. (Hrsg.): *Der deutsche Faschismus in Lateinamerika 1933-1943.* Berlin (Ost): Humboldt-Universität, S. 81-102.

Kater, Michael (1971): "Die Artamanen. Völkische Jugend in der Weimarer Republik". In: *HZ*, 213, S. 577-638.

Kirsch, Hans-Christian (Hrsg.) (1978): *Der Spanische Bürgerkrieg in Augenzeugenberichten.* München: dtv.

Klarén, Peter F. (1986): "The Origins of Modern Peru". In: Bethell, Leslie (Hrsg.): *Cambridge History of Latin America*, Bd. 5 (c. 1870 to 1930). Cambridge: Cambridge University Press, S. 587-640, 891-896.

Klietmann, K. G. (1944): "Geschichtsbeitrag für das Freikorps Faupel". Unveröffentlichtes Manuskript (mit handschriftlichen Notizen und Korrekturen Faupels), GStA, HA I, Rep. 218, Nr. 360.

Kluge, Ulrich (1975): *Soldatenräte und Revolution. Studien zur Militärpolitik in Deutschland 1918/19.* Göttingen: Vandenhoeck & Ruprecht.

Köhler, Henning (1967): *Arbeitsdienst in Deutschland. Pläne und Verwirklichungsformen bis zur Einführung der Arbeitsdienstpflicht im Jahre 1935.* Berlin: Duncker & Humblot.

— (1987): "Berlin in der Weimarer Republik (1918-1933)". In: Ribbe, Wolfgang (Hrsg.): *Geschichte Berlins.* Bd. 2, München: Beck, S. 797-813.

Kriegsgeschichtliche Abteilung des Großen Generalstabs (Hrsg.) (1906-08): *Die Kämpfe der deutschen Truppen in Südwestafrika.* 2 Bde., 1 Ergänzungsband, Berlin: E. S. Mittler & Sohn.

Kröll, Ulrich (1973): *Die internationale Burenagitation, 1899-1902.* Münster: Regensberg.

Krüger, Dieter (1993): *Das Amt Blank. Die schwierige Gründung des Bundesministeriums für Verteidigung.* Freiburg: Rombach.

Kube, Alfred (1986): *Pour le mérite und Hakenkreuz. Hermann Göring im Dritten Reich.* München: Oldenbourg.

Kunz, Rudibert/Müller, Rolf-Dieter (1991): *Giftgas gegen Abd el Krim. Deutschland, Spanien und der Gaskrieg in Spanisch-Marokko, 1922-1927.* Freiburg: Rombach.

Lavandeira, Raúl (1929): "La pedagogía es la base del éxito en la instrucción de las tropas". In: *Revista Militar*, Buenos Aires, 29, 347, S. 1053-1059.

Ledeen, Michael Arthur (1972): *Universal Fascism. The Theory and Practice of the Fascist International, 1928-36.* New York: Howard Fertig.

Lehmann, Klaus-Dieter/Kolassa, Ingo (Hrsg.) (1996): *Die Trophäenkommission der Roten Armee. Eine Dokumentensammlung zur Verschleppung von Büchern aus deutschen Bibliotheken.* Frankfurt a.M.: Klostermann.

Lichtenstein, Heiner (1988): *Angepaßt und treu ergeben. Das Rote Kreuz im Dritten Reich.* Köln: Bund.

Liebscher, Daniela (1998): "Organisierte Freizeit als Sozialpolitik. Die faschistische Opera Nazionale Dopolavoro und die NS-Gemeinschaft Kraft durch Freude

1925-1939". In: Petersen, Jens/Schieder, Wolfgang (Hrsg.): *Faschismus und Gesellschaft in Italien. Staat – Wirtschaft – Kultur.* Köln: SH-Verlag, S. 67-90.

Lindenberg, Klaus (1977): "Militär und Abhängigkeit in Lateinamerika. Fremdbestimmte Faktoren seiner institutionellen Entwicklung, seines professionellen Rollenverständnisses und seines professionellen Verhaltens". In: Puhle, Hans-Jürgen (Hrsg.): *Lateinamerika. Historische Realität und Dependencia-Theorien.* Hamburg: Hoffmann und Campe, S. 193-229.

Luetgebrune, Walter (1928): *An die Strafkammer des Landgerichts 3 in Berlin, Alt-Moabit, Kriminalgericht. Antrag und Begründung zur Wiederaufnahme des Verfahrens zugunsten des Oberleutnants a.D. Paul Schulz aus Berlin in der Strafsache gegen Fuhrmann und Genossen (Fall Wilms).* München: Lehmann.

Mader, Julius (1971): *Hitlers Spionagegenerale sagen aus.* 2. Aufl., Berlin (Ost): Verlag der Nation.

Meding, Holger (1988): *"Der Weg". Eine deutsche Emigrantenzeitschrift in Buenos Aires, 1947-1957.* Historische Magisterarbeit, Köln: Universität.

— (1992): *Flucht vor Nürnberg? Deutsche und Österreichische Einwanderung in Argentinien 1945-1955.* Köln: Böhlau.

Meier-Welcker, Hans (1967): *Seeckt.* Frankfurt a.M.: Bernard & Graefe.

Merkes, Manfred (1969): *Die deutsche Politik im Spanischen Bürgerkrieg.* Bonn: Röhrscheid.

Ministerio de Guerra (1921/1922), (1926/1927), (1933/34): *Memoria del Ministerio de Guerra, presentada al honorable Congreso de la nación, correspondiente al año [...].* Buenos Aires: Congreso Nacional.

Mitteilungen des Deutschen Instituts für Ausländer (1933-1942). Berlin: Institut für Ausländer.

Möller, Hanns (Hrsg.) (1935): *Geschichte der Ritter des Ordens "Pour le mérite" im Weltkrieg.* Bd. 1, Berlin: Bernard & Graefe.

Mosse, George L. (1994): *Die Geschichte des Rassismus in Europa.* Frankfurt a.M.: Fischer.

Müffling, Wilhelm von (Hrsg.) (1933): *Wegbereiter und Vorkämpfer für das neue Deutschland.* München: Lehmann.

Müller, Jürgen (1992): "Hitler, Lateinamerika und die Weltherrschaft". In: *IAA,* 18, 1/2, S. 67-101.

— (1997): *Nationalsozialismus in Lateinamerika. Die Auslandsorganisationen der NSDAP in Argentinien, Brasilien, Chile und Mexiko, 1931-1945.* Stuttgart: Heinz.

Nagel, Irmela (1991): *Fememorde und Fememordprozesse in der Weimarer Republik.* Köln: Böhlau.

Nazi Party Membership Records (1946): *Nazi Party Membership Records Submitted by the War Department to the Subcommittee on War Mobilization of the Committee on Military Affairs United States Senate.* 4 Parts, August 1946, Washington: Government Printing Office.

Nekrologe aus dem rheinisch-westfälischen Industriegebiet (1955), Jg. 1939-1951, Düsseldorf: August Bagel.

Newton, Ronald C. (1976): "Social Change, Cultural Crisis, and the Origins of Nazism within the German-Speaking Community of Buenos Aires 1914-1933". In: *Northsouth. Canadian Journal of Latin American Studies*, 1, 1/2, S. 62-105.

— (1981): "The German Argentines between Nazism and Nationalism: The Patagonia Plot of 1939". In: *International History Review*, 3, 1, S. 76-114.

— (1988): "Los Estados Unidos, los germano-argentinos y el mito del Cuarto 'Reich' 1943-47". In: *Revista de historia de América*, 105, S. 111-146.

— (1991): *The Nazi Menace in Argentina, 1931-1947*. Stanford, Calif.: Stanford University Press.

Nunn, Frederick M. (1975): "European Military Influence in South America: The Origins and Nature of Professional Militarism in Argentina". In: *JbLA*, 12, S. 230-252.

— (1983): *Yesterday's Soldier: European Military Professionalism in South America, 1890-1940*. Lincoln, Nebr.: University of Nebraska Press.

Nusser, Horst G. W. (1973): *Konservative Wehrverbände in Bayern, Preußen und Österreich 1918-1933 mit einer Biographie von Forstrat Georg Escherich 1870-1940*. München: Nusser.

Oertzen, Friedrich Wilhelm (1936): *Die deutschen Freikorps 1918-1923*. München: Bruckmann.

Panhorst, Karl H. (1934/35): "Aus dem Arbeitsgebiet des Ibero-Amerikanischen Instituts und der Deutsch-Ibero-Amerikanischen Gesellschaft". In: *IAA*, 8, S. 189-193, 290-296, 378-380.

— (1935/36): "Aus dem Arbeitsgebiet des Ibero-Amerikanischen Instituts und der Deutsch-Ibero-Amerikanischen Gesellschaft". In: *IAA*, 9, S. 48-49, 128-130, 200-204, 301-302.

— (1936/37): "Aus dem Arbeitsgebiet des Ibero-Amerikanischen Instituts und der Deutsch-Ibero-Amerikanischen Gesellschaft". In: *IAA*, 10, S. 90-92, 191-196, 323-326, 512-515.

Papeleux, Léon (1977): *L'Amiral Canaris. Entre Franco et Hitler. Le rôle de Canaris dans les relations germano-espagnoles (1915-1944)*. Tournai: Casterman.

Papen, Franz von (1952): *Der Wahrheit eine Gasse*. München: List.

Paulmann, Johannes (1998): "Internationaler Vergleich und interkultureller Transfer. Zwei Forschungsansätze zur europäischen Geschichte des 18. bis 20. Jahrhunderts". In: *HZ*, 267, S. 649-685.

Peralta, Santiago M. (1922): *Antropología. La talla militar argentina. Estudio hecho sobre 35.458 conscriptos, clase 1891*. Tesis para optar al título de doctor de filosofía y letras (Sección historia), Prof. de la materia y padrino de tesis: doctor Lehmann Nietzche [sic], Buenos Aires.

Perón, Juan D. (1976): *Yo, Juan Domingo Perón*. Barcelona: Planeta.

Petter, Wolfgang (1980): "Das Offizierskorps der deutschen Kolonialtruppen, 1889-1918". In: Hofmann, Hanns H. (Hrsg.): *Das deutsche Offizierskorps 1860-1960*. Boppard a.Rh.: Boldt, S. 163-174.

Plessner, Helmuth (1974): *Die verspätete Nation. Über die Verführbarkeit bürgerlichen Geistes*. Frankfurt a.M.: Suhrkamp.

Pommerin, Reiner (1977): *Das Dritte Reich und Lateinamerika. Die deutsche Politik gegenüber Süd- und Mittelamerika 1939-1942*. Düsseldorf: Droste.

Potash, Robert A. (1969): *The Army and Politics in Argentina, 1928-1945. Yrigoyen to Perón*. Stanford, Calif.: Stanford University Press.

Potashnik, Michael (1974): *Nacismo: National Socialism in Chile (1932-1938)*. Ph. D., Los Angeles: University of California.

Preußen, Louis Ferdinand von (1987): *Im Strom der Geschichte*. Bergisch-Gladbach: Bastei-Lübbe.

Quellen zur Geschichte der Rätebewegung in Deutschland 1918/19 (1968). Bd. 1: "Der Zentralrat der Deutschen Sozialistischen Republik. 19.12.1918-8.4.1919, vom ersten zum zweiten Rätekongreß". Leiden: Brill.

¿Quién es quién en la Argentina? (1969). Buenos Aires: Quién es quién S. R. L.

Rapoport, Mario (1981): *Gran Bretaña, Estados Unidos y las clases dirigentes argentinas: 1940-1945*. Buenos Aires: Ed. de Belgrano.

Ratenhof, Udo (1987): *Die Chinapolitik des Deutschen Reiches 1871 bis 1945. Wirtschaft, Rüstung, Militär*. Boppard a.Rh.: Boldt.

Reichshandbuch der Deutschen Gesellschaft. Das Handbuch der Persönlichkeiten in Wort und Bild (1930-31). 2 Bde., Berlin: Deutscher Wirtschaftsverlag.

Riess, Curt (1944): *The Nazis go Underground*. New York: Doubleday, Doran & Co.

Rinke, Stefan H. (1996): *"Der letzte freie Kontinent": Deutsche Lateinamerikapolitik im Zeichen transnationaler Beziehungen, 1918-1933*. 2 Bde. Stuttgart: Heinz.

Rodríguez Molas, Ricardo Emilio (1983): *El servicio militar obligatorio*. Buenos Aires: Centro Editor de América Latina.

Röhm, Ernst (1933): *Die Geschichte eines Hochverräters*. München: Franz Eher Nf.

Rouquié, Alain (1977): *Pouvoir militaire et société politique en République Argentine*. Paris: Presses de la Fondation Nationale des Sciences Politiques.

Rout, Leslie B./Bratzel, John F. (1984): "Heinrich Jürges and the Cult of Desinformation". In: *International History Review*, 6, 4, S. 611-23.

— (1986): *The Shadow War: German Espionage and United States Counterespionage in Latin America during World War II*. Frederick, Ma.: University Publications of America.

Ruhl, Klaus-Jörg (1975): *Spanien im Zweiten Weltkrieg. Franco, die Falange und das "Dritte Reich"*. Hamburg: Hoffmann & Campe.

Ruiz, Fermín R. (1928): "La química aplicada a la defensa de una nación". In: *Revista Militar*, Buenos Aires, Januar, S. 179-188 (übersetzte Auszüge aus *Chemistry in the World's Work*).

Ryan, Cornelius (1966): *Der letzte Kampf*. Zürich: Droemer-Knaur.

Salomon, Ernst von (o.J. [1936]): *Nahe Geschichte*. Berlin: Rowohlt.

Salomon, Ernst von (Hrsg.) (1938): *Das Buch vom deutschen Freikorpskämpfer*. Berlin: Limpert.

Sanguinetti, J./Sanguinetti, F. O. (1927): "La aparición de una nueva arma en el escenario de la guerra". In: *Revista Militar*, Buenos Aires, 27, 317 (Juni), S. 631-636.

Santander, Silvano (1955): *Técnica de una traición. Juan D. Perón y Eva Duarte, agentes del nazismo en la Argentina.* Buenos Aires: Editorial Antygua.

Schäfer, Jürgen (1974): *Deutsche Militärhilfe an Südamerika. Militär- und Rüstungsinteressen in Argentinien, Bolivien und Chile vor 1914.* Düsseldorf: Bertelsmann.

Schiff, Warren (1972): "The Influence of the German Armed Forces and War Industry on Argentina, 1880-1914". In: *HAHR*, 52, S. 436-455.

Schlicker, Wolfgang (1968): *"Freiwilliger Arbeitsdienst" und die Arbeitsdienstpflicht 1919-1933. Die Rolle der militaristischen und faschistischen Kräfte in den Arbeitsdienstbestrebungen der Weimarer Republik.* Diss. Potsdam.

Schmidt, Ernst-Heinrich (1981): *Heimatheer und Revolution, 1918. Die militärischen Gewalten im Heimatgebiet zwischen Oktoberreform und Novemberrevolution.* Stuttgart: DVA.

Schulz, Gerhard (1962): "Der 'Nationale Klub von 1919' zu Berlin. Zum politischen Zerfall einer Gesellschaft". In: *JbGMO*, 11, S. 207-237.

Schulze, Hagen (1969): *Freikorps und Republik, 1918-1920.* Boppardt a.Rh.: Boldt.

Schumacher, Martin (Hrsg.) (1991): *M. d. R. – Die Reichstagsabgeordneten der Wiemarer Republik in der Zeit des Nationalsozialismus. Politische Verfolgung, Emigration und Ausbürgerung 1933-1945.* Düsseldorf: Droste.

Serant, L. (1921): "Guerra de gases. Procedimientos de agresión". In: *Revista Militar*, Buenos Aires, 21, 244 (Mai), S. 541-561.

Serrano Suñer, Ramón (1973): *Entre Hendaya y Gibraltar.* Barcelona: Ediciones Nauta.

Smith, Bradley F. (1979): *Heinrich Himmler 1900-1926. Sein Weg in den deutschen Faschismus.* München: Bernard & Graefe.

Söllner, Alfons (Hrsg.) (1986): *Zur Archäologie der Demokratie in Deutschland.* Bd. 1: "Analysen von politischen Emigranten im amerikanischen Geheimdienst 1943-1945". Frankfurt a.M.: EVA.

Stamm, Thomas (1981): *Zwischen Staat und Selbstverwaltung. Die deutsche Forschung im Wiederaufbau 1945-1965.* Köln: Wissenschaft und Politik.

Stepan, Nancy L. (1991): *"The Hour of Eugenics": Race, Gender, and Nation in Latin America.* Ithaca, N. Y.: Cornell University Press.

Thévoz, Robert/Branig, Hans/Lowenthal-Hensel, Cécile (1974): *Pommern 1934/35 im Spiegel von Gestapo-Lageberichten und Sachakten.* 2 Bde., Köln: Grote.

Thomas, Hugh (1984): *The Spanish Civil War.* Harmondsworth: Penguin.

Trindade, Hélgio (1988): *La tentation fasciste au Brésil dans les années trente.* Paris: Édition de la Maison des Sciences de l'Homme.

Übersicht über Quellen zur Geschichte Lateinamerikas in Archiven der Deutschen Demokratischen Republik (1971). Potsdam: UNESCO/Internationaler Archivrat.

Vogt, Adolf (1974): *Oberst Max Bauer. Generalstabsoffizier im Zwielicht, 1869-1929.* Osnabrück: Biblio.

Volkmann, Erich Otto (1930): *Revolution über Deutschland.* Oldenburg: Stalling.

Volberg, Heinrich (1981): *Auslandsdeutschtum und Drittes Reich. Der Fall Argentinien.* Köln/Wien: Böhlau.

Vollmer, Günter (1985): "Gerdt Kutschers Leben. Erkundungen". In: *Indiana*, 10 (Gedenkschrift Gerdt Kutscher, Teil 2), S. 485-518.

— (1993): "Das Ibero-Amerikanische Institut in Berlin." Unveröff. deutsches Manuskript für die (veränderte) spanische Ausgabe in: *Actas del cincuentenario de la Escuela de Estudios Hispano-Americanos*, Sevilla: CSIC.

Waite, Robert G. L. (1952): *Vanguard of Nazism. The Free Corps Movement in Postwar Germany, 1918-1923*. Cambridge, Mass.: Harvard University Press.

Waldenegg, Georg Christoph Berger (1991): "Die deutsche 'Nationale Mentalität' aus Sicht italienischer Militärs 1866-1876. Beschreibung, Rezeption, Schlußfolgerungen". In: *MGM*, 50, S. 81-106.

Weidenfeller, Gerhard (1976): *VDA: Verein für das Deutschtum im Ausland. Allgemeiner Deutscher Schulverein (1881-1918). Ein Beitrag zur Geschichte des deutschen Nationalismus und Imperialismus im Kaiserreich*. Bern: Lang.

Wer war wer in der DDR? Ein biographisches Lexikon (1995). Frankfurt a.M.: Christoph Links.

Wermelskirch, G. E. (1929): "La guerra química desde el punto de vista humanitario". In: *Revista Militar*, Buenos Aires, April, S. 483-488.

Whealey, Robert H. (1989): *Hitler and Spain. The Nazi Role in the Spanish Civil War*. Lexington: University Press of Kentucky.

Wheeler-Bennett, John W. (1954): *Die Nemesis der Macht. Die deutsche Armee in der Politik 1918-1945*. Düsseldorf: Droste.

White, Elizabeth Barrett (1986): *German Influence in the Argentine Army, 1900-1945*. Ph. D., University of Virginia: Charlottesville, Va.

Wilhelm, Hans-Heinrich (1995): "Die 'nationalkonservativen Eliten' und das Schreckgespenst vom 'jüdischen Bolschewismus'". In: *ZfG*, 43, 4, S. 333-349.

Wilckens, Adolf (1922): *Hundert Jahre deutscher Handel und deutsche Kolonie in Valparaíso 1822-1922*. Hamburg: o.V.

Wiltschegg, Walter (1985): *Die Heimwehr. Eine unwiderstehliche Volksbewegung?* München: Oldenbourg.

Wistrich, Robert (1983): *Wer war wer im Dritten Reich? Anhänger, Mitläufer, Gegner aus Politik, Wirtschaft, Militär, Kunst und Wissenschaft*. München: Harnack.

Zimmermann, Eduardo A. (1992): "Racial Ideas and Social Reform. Argentina, 1890-1916". In: *HAHR*, 72, 1, S. 23-46.

Internetressourcen:

"World Biographical Index" (K.G. Saur-Verlag): www.saur-wbi.de

ANHANG 1: Grunddaten der militärischen und diplomatischen Karriere Wilhelm Faupels

März 1892	Fahnenjunker Feldart. Rgt. 5 (Reiterabteilung des Feldartillerie-Regiments von Podbielski in Sagan)
17.09.1892	Fähnrich
20.05.1893	Sek. Ltn.
01.10.1899	Feldart. Rgt. 41
18.07.1900	Ostasiat. Sanitäts Komp.
16.02.1901	Pr. Ltn. o. Pat. (18.07.1902: Patent erh.)
28.12.1901	Feldart. Rgt. 41
01.10.1903	Kdt. z. Kriegsakademie
17.09.1904	Schutztruppe Deutsch Südwestafrika, Feldvermessungstrupp
13.09.1906	Hauptmann im Gen. Stab der Schutztruppe Deutsch Südwestafrika
1907	Generalstabsoffizier im IV. Armeekorps (Magdeburg) unter dem Kommando von Hindenburg
22.03.1910	Bttr. Chef Feldart. Rgt. 73
04.02.1911	Ausgeschieden. Militärberater in Argentinien
1911-13	Lehrer für Taktik und Generalstabsdienst an der Kriegsakademie in Buenos Aires
20.01.1914	Als Maj. m. Pat. v. 22.3.1913 im Großen Generalstab wieder angestellt.
30.07.1914	Kdt. z. Vetr. d. Ia 25. Div.
01.08.1914	Ia Gen. St. 2. Armee
25.11.1916	Chef Gen. St. III. A. K.
26.10.1917	Chef Gen. St. VIII. Res. Korps
18.04.1918	Oberstleutnant
22.06.1918	Chef Gen. St. VIII. Res. Korps
22.08.1918	Chef Gen. St. 9. Armee
22.09.1918	Chef Gen. St. Armee Abtl. C
11/1918	Abt. Chef b. Chef d. Gen. St. d. Feldheeres
18.6.1918/4.8.1918	Verleihung des Ordens "Pour-le-Mérite" mit Eichenlaub
Anfang 1919	Mitglied der militärischen Führungsspitze der Republikanischen Soldatenwehr (Berlin)
18./20.1.1919	Bildung des Freikorps Görlitz (später auch Freikorps Faupel genannt)

12.03.1920	Organisator der örtlichen Episode des Kapp-Putsches in Görlitz
Frühjahr 1921	Im Rang eines Oberst aus der Armee ausgeschieden
1921-1926	Militärinstrukteur in Argentinien
1926	Charakter als Generalmajor
1927-1929(30?)	Generalinspekteur der peruanischen Armee
1.4.1934-19.11.1936	Direktor (ab 1936:) Präsident des Ibero-Amerikanischen Instituts
20.11.1936	Deutscher Geschäftsträger bei der aufständischen spanischen "Nationalregierung"
9.2.1937	Botschafter ebenda
27.8.1937	Abberufung aus seiner diplomatischen Funktion und Versetzung in den einstweiligen Ruhestand
1.3.1938-1.5.1945	Präsident des Ibero-Amerikanischen Instituts
22.10.1938	Versetzung in den Ruhestand
27.08.1939	Charakter als Generalleutnant

Quellen für diese Angaben unter anderem: BA Freiburg Msg 109/6975; *Biographisches Handbuch des deutschen Auswärtigen Dienstes* (2000: 544f.).

ANHANG 1a: Veröffentlichungen Faupels (Auswahl)

Aufsätze und Bücher:

"Die Republik in Gefahr!?" In: *Deutsche La Plata Zeitung*, 4. Juli 1922.

La toma de las islas bálticas en octubre de 1917 como modelo de la cooperación entre el ejército y la armada. Conferencia pronunciada en el Círculo Militar, el 26 de Septiembre de 1924. Beilage zur *Revista Militar*, Buenos Aires 1924.

Problemas de instrucción y organización del ejército. Lima 1930.

"Die Arbeitsdienst-Verordnung und ihre Ausführungsbestimmungen". In: *Der Arbeitsdienst*, 3. Mai/Juni 1931a, S. 26-27.

"Die wirtschaftlichen und kulturellen Beziehungen Deutschlands zu Südamerika". In: *Ibero-Amerika*, Ausg. C (Berlin), 12.5.1931b, S. 81-85.

"Zur Fortentwicklung des Arbeitsdienstes". In: *Der Arbeitgeber*, 17, 1. November 1932.

"Las relaciones del ejército alemán con los países iberoamericanos". In: Faupel, Wilhelm/Grabowsky, Adolf/Cruchaga Ossa, M./Panhorst, Karl H./Rheinbaben, Baron Werner von (Hrsg.) (1933): *Ibero-América y Alemania.* Berlin: Carl Heymann, 1933, S. 171-175.

"Rede zur Eröffnungsfeier am 27. April 1936". In: *Reden und Abhandlungen zur Eröffnung des Instituts für Portugal und Brasilien der Universität Berlin.* Berlin: Alfred Metzner, 1936, S. 30-34.

"Über Entstehung, Verlauf und Lehren des Chaco-Krieges 1932-1935". In: *Wissen und Wehr*, 1936, S. 31-56.

"Unser Görlitzer Freikorps". In: *Görlitzer Nachrichten*, 27. Januar 1939, 2. Beilage.

Unveröffentlichte Manuskripte:

"Erfahrungen und Gesichtspunkte für die Ausgestaltung des Arbeitsdienstes", unveröffentlichtes Manuskript, BA Berlin, R 43 I, Bd. 2085.

Von Faupel herausgegebene Bücher und Zeitschriften:

Zusammen mit Grabowsky, Adolf/Cruchaga Ossa, M./Panhorst, Karl H./ Rheinbaben, Baron Werner von (Hrsg.): *Ibero-América y Alemania. Obra colectiva sobre las relaciones amistosas.* Berlin: Carl Heymann, 1933.

Alemania y el Mundo Ibero-Americano. Alemanha e o Mundo Ibero-Americano (prólogo Wilhelm Faupel). Berlin: Ibero-Amerikanisches Institut, 1939.

Ejército, Marina, Aviación (E.M.A.). Publicación mensual. Berlin: Oldenburg, 1 (1933/34)-11 (1944).

ANHANG 1b: Zeitungsartikel über Faupel oder mit Bezügen zu Faupel (Auswahl):

Berliner Lokal-Anzeiger. Nr. 202, 24.8.1937.

Deutscher Sonntagsbote. Zur Pflege der Muttersprache und Väterart, Padre Las Casas (Chile), Nr. 11 (1934), S. 480-481 (Ein General spricht zum Ausland. Argentinische Unterhaltung mit Generalmajor Faupel).

Deutsche Shanghai Zeitung, 16.8.1934, S. 3 (Übernahme aus La Nación/ Buenos Aires: Ein General spricht zum Ausland. Argentinische Unterhaltung mit Generalmajor Faupel).

Neue Zeit (Graz), 1.5.1952 (Dem österreichischen Fürsten Starhemberg wird darin der Vorwurf gemacht, er sei von Faupel 1943 zum Abwehrresidenten in Brasilien gemacht worden).

Niederschlesische Zeitung, 25.1.1920, S. 11, 1.2.1920, S. 11, Sp.1, 23.3.1920 (Freikorps Faupel).

Oberlausitzische Tagespost (StA Görlitz, Bestand Magistrat, Akte Treffen Freikorps Faupel 1939), Nr. 63 (1937) (General Faupel an die Baltenkämpfer), Nr. 171 (1937), Nr. 249 (1937) (Faupel bei seinen alten Kameraden im Tivoli), Nr. 273 (1937), 23.5.1939 (Freikorps Faupel ruft zum Appell).

Der Reiter gen Osten. Das Blatt der Kameraden Schlageters. Traditionszeitschrift der ehemaligen Baltikum-, Freikorps-, Grenzschutz-, Selbstschutz- und Ruhrkämpfer sowie der Rhein- und Ruhrgefangenen, Jg. 10 (1939),

S. 22: Treffen der Kriegerkameradschaft ehem. Baltikum- und Freikorpskämpfer unter Faupel (nur kurze Notiz).

Schlesische Zeitung, Nr. 136, 15.3.1942.

Sächsische Zeitung, 25.10.1956, S. 3; 27.10.1956, S. 3; 3.11.1956, S.
4 (drei-
teilige Serie über den Kapp-Putsch in Görlitz: "In den Görlitzer Straßen
floß Arbeiterblut", aus: Oberlausitzische Landesbibliothek Görlitz, Artikelsammlung, Sign. L IX 128).

Völkischer Beobachter, Berlin, 6.4.1940 (Ehrung Faupels als Präsident der
Deutsch-Spanischen Gesellschaft).

ANHANG 2: Ausrufung des Ausnahmezustands in Görlitz durch Faupel im Rahmen des Kapp-Putsches (12./13.3.1920)

Görlitz, den 13. März 1920

Ausnahmezustand

Anläßlich der Ereignisse in Berlin wird daran erinnert, daß der Ausnahmezustand auf Grund der Verordnung vom 13. Januar 1920 besteht. Die bereits im
Januar veröffentlichten wichtigsten Bestimmungen werden nachstehend wiederholt:

1. Verboten sind: Zusammenrottungen, Versammlungen, Umzüge unter
   freiem Himmel, auf Straßen, Fabrikhöfen und freien Plätzen.

2. Verboten ist: Der Ankauf und Verkauf, der Besitz von Waffen und Munition aller Art, Sprengstoffen, Handgranaten, sowie das Unternehmen,
   sich in Besitz derartiger Gegenstände zu setzen. Berechtigt zum Besitz
   oder Tragen von Waffen oder Munition sind nur Militär-, Polizei- oder
   sonstige Personen, die im Besitz eines gültigen Waffenscheines sind.

3. Plakate, Extrablätter, Flugblätter oder Zettel und ähnliche nicht periodisch erscheinende Blätter (Zeitungen) dürfen nur dann gedruckt, öffentlich verkauft, verteilt oder sonst verbreitet werden, wenn die Orts-
   polizeibehörde die Erlaubnis dazu erteilt hat.

4. Jede Betätigung durch Wort und Schrift oder andere Maßnahmen, die
   darauf gerichtet ist, lebenswichtige Betriebe zur Stillegung zu bringen,
   sind verboten. Als lebenswichtige Betriebe gelten: Die öffentlichen Ver-
   kehrsmittel sowie alle Anlagen und Einrichtungen zur Erzeugung von
   Gas, Wasser, Elektrizität und Kohle.

Es wird besonders auf das unter Ziffer 4 gegebene Verbot betreffend Stillegung lebenswichtiger Betriebe hingewiesen.

Vor jeder Übertretung der vorstehenden Bestimmungen wird dringend gewarnt.

Es wird von der Bevölkerung erwartet, daß sie die Truppe und die Polizei in der unbedingten Aufrechterhaltung der Ruhe und Ordnung in jeder Hinsicht unterstützt und dadurch ein Eingreifen des Militärs nicht notwendig gemacht [wird]. Es wird jedem dringend empfohlen, wie bisher seinem Berufe nachzugehen.

Faupel, Oberstleutnant und Garnisonsältester.

Quelle: Görlitzer Nachrichten 13.3.1920, zitiert nach Friedrich (1968: 155f.).

ANHANG 3: Literaturliste der "Gesellschaft zum Studium des Faschismus"

Andreae, Wilhelm: *Staatssozialismus und Ständestaat. Ihre grundlegenden Ideologien und die jüngste Wirklichkeit in Rußland und Italien*. Jena: Fischer 1931.

Beckerath, Erwin von: "Idee und Wirklichkeit im Faszismus [sic]". In: *Schmollers Jahrbuch*, 52. Jg., 1928, S. 201-218.

Beckerath, Erwin von: *Wesen und Werden des Faschismus*. Berlin: Springer 1927.

Bernhard, Ludwig/Forst de Battaglia, Otto: *Der Diktator und die Wirtschaft*. Berlin: Kranich-Verlag 1930.

Bernhard, Ludwig: *Der Staatsgedanke des Faschismus*. Berlin: Julius Springer 1931.

Binzer, Max von: *Die Führerauslese im Faschismus*. Langensalza: Man's Pädagogisches Magazin 1929.

Brewe, Hermann: *Das Problem der berufsständischen Verfassung und Vertretung in seiner Bedeutung für unsere nationale und wirtschaftliche Not*. Dresden: Kartell der Berufsstände 1931.

Dasso, Carlo: *Die faschistische Lehre*. Plauen i.V.: E. Rock o.J.

Diebow, Hans/Goeltzer, Kurt: *Mussolini*. Berlin: Verlag Tradition 1931.

Dresler, Adolf: *Die faschistische Presse*. München 1930.

Eschmann, Ernst Wilhelm: *Der faschistische Staat in Italien*. Breslau: F. Hirt 1930.

Eschmann, Ernst Wilhelm: *Der Faschismus in Europa*. Berlin: Junker & Dünnhaupt 1930.

Gutkind, Kurt Sigmar: *Mussolini und sein Faschismus*. Heidelberg: Merlin-Verlag 1928.

Heinrich, Walter: *Die Staats- und Wirtschaftsverfassung des Faschismus*. Berlin: Verlag für Nationalwirtschaft 1929.

Heinersdorff, Ulrich: *Das Arbeitsverhältnis im faschistischen Recht*. Berlin: Julius Springer 1930.

Lachmann, Ludwig Moritz: *Fascistischer [sic] Staat und kooperative Wirtschaft*. Berlin: Hoffmann 1930.

Landauer, Karl/Honegger, Hans (Hrsg.): *Internationaler Faschismus*. Karlsruhe: Braun 1928.

Leibholz, Gerhard: *Zu den Problemen des fascistischen [sic] Verfassungsrechtes*. Leipzig/Berlin: de Gruyter 1928.

Longert, Wilhelm: *Liberale und organische Staats- und Wirtschaftsordnung*. Berlin: Verlag für Nationalwirtschaft 1930.

Man, Hendrik de: *Sozialismus und Nationalfaschismus*. Potsdam: A. Protte 1931.

Mehlis, Georg: *Die Idee Mussolinis und der Sinn des Faschismus*. Leipzig: Haberland 1928.

Meletti, Vinzenzo: *Die Revolution des Faschismus. Autorisierte deutsche Ausgabe*. München: Eher 1931.

Michels, Robert: *Italien von heute. Politische Kulturgeschichte von 1860-1930 (Politik–Kultur–Wirtschaft)*. Zürich: Orell Füssli 1930.

Missel, Karl: *Währungspolitik und Industriepolitik, Agrarpolitik und Sozialpolitik im Italien der Nachkriegszeit*. Tübingen: Franz Pietzcker 1931.

Müller, Werner: *Der Faschismus als soziale Wirtschaftsmacht*. Berlin: Julius Springer 1928.

Oppen, Joachim von: *Mussolini und die italienische Landwirtschaft*. Berlin: I. Oppen 1930.

Reupke, Hans: *Das Wirtschaftssystem des Faschismus*. Berlin: Reimar Hobbing 1930.

Sanctis, Valerio de: *Das Recht der Kartelle und anderen Unternehmenszusammenfassungen in Italien*. Breslau: Heymann 1927.

Schmid, Emil: *Die Arbeitgeberorganisationen in Italien*. Zürich: Orell Füssli 1927.

Sorel, Georges: *Über die Gewalt*. Innsbruck: Wagner 1929.

Strele, Kurt: *Parlament und Regierung im faschistischen Italien*. Innsbruck: Wagner 1929.

Vogel, Emanuel Hugo: *Hauptprobleme der theoretischen Volkswirtschaftslehre auf sozialorganischer Grundlage*. Berlin: Parey 1930.

Quelle: BA Berlin, Stahlhelm, Nr. 260: Außenpolitik, Italien, Apr. 1929-Apr. 1933, Bl. 213, korrigiert durch den Verfasser.

ANHANG 4: Festakt anlässlich der Ernennung von Faupel zum Direktor des IAI, 17. April 1934. Bericht der Journalistin Bella Fromm

Diner im Ibero-Amerikanischen Institut, um die Ernennung Heinrich Faupels [sic!], eines Generals a.D., zum Leiter des Instituts zu feiern. Niemand im Institut braucht sich mehr Mühe zu geben, die Nazipropaganda, die hier in großem Maßstab betrieben wird, zu verbergen.

Nach dem Weltkrieg wirkte General Faupel als Armeeinstrukteur bei der argentinischen Regierung. Er ist kürzlich nach Deutschland zurückgekehrt. Er sagte mir: "Meine Hauptaufgabe war, dort den französischen Einfluß zu schwächen und die deutsche Ideologie zu kräftigen."

Ein alter Weltkriegsgeneral, den ich seit vielen Jahren kenne, war mein Tischnachbar. "Warum sind Sie vom 'General' zum 'SS-Standartenführer' hinübergewechselt, Herr General?" fragte ich. "Ist das nicht etwas sonderbar?"

Der General erwiderte nachdenklich: "Ich fürchte, es ist so. Vielen von uns gehen jetzt die Augen auf, obwohl wir die Bewegung in gutem Glauben unterstützt haben, da wir der Meinung waren, wir würden damit Deutschland helfen."

"Es ist niemals zu spät, einen Irrtum zu berichtigen, Herr General." Er schaute sich einen Augenblick um. "Würden Sie aus einem Zug herausspringen, der 180 km/h fährt?" fragte er mit einem Anflug von Resignation.

Quelle: Fromm (1993: 185).

ANHANG 5: Memorandum Faupels über die Funktion des IAI anlässlich des bevorstehenden Umzugs aus dem Marstallgebäude. Brief Faupels an Staatsminister Prof. Dr. Popitz, Preußischer Finanzminister, 15.11.1940

Sehr verehrter Herr Minister!

Die seit mehreren Wochen mit dem "Reichsführer SS" und den ihm nachgeordneten Stellen, insbesondere mit dem Gruppenführer Heydrich und seinen Bearbeitern fast täglich geführten Verhandlungen haben nunmehr mit dem Ergebnis geendet, dass mir die Überlassung eines der SS bzw. der Geheimen Staatspolizei zur Verfügung stehenden Gebäude für die Zwecke des Ibero-Amerikanischen Instituts als unmöglich bezeichnet worden ist. Es handelt sich, nachdem mehrere andere Häuser von vornherein als ungeeignet ausschieden, um das Logen-Gebäude Eisenacherstr. 13 oder aber um dasjenige Emserstr. 12/13.

Beide Gebäude kenne ich von innen noch nicht. Ich habe lediglich die Grundrißzeichnung eines der Stockwerke des Hauses Emserstr. 12/13 erhalten können, so dass ich ein abschließendes Urteil darüber, ob die in jedem der beiden Gebäude vorhandenen Räume für das Institut voll ausreichen, nicht habe. Die Verkehrslage beider Grundstücke ist für die Arbeit des Instituts durchaus geeignet, vor allem diejenige des Hauses Emserstr. 12/13, von dem mir auch bekannt ist, dass es über einen Vortragssaal von den für das Institut nötigen Dimensionen verfügt.

Sollte es Ihnen nicht möglich sein, eine Änderung in der Stellungnahme des Reichsführers SS bzw. des Gruppenführer[s] Heydrich herbeizuführen, so bleibt nach meiner Kenntnis der Lage nur noch der Ankauf des Grundstückes

Brahmsstr. 4-10 übrig, es sei denn, dass die Loge in der Dorotheenstr. zur Verfügung gestellt werden kann, deren innere Raumverhältnisse ich nicht kenne, deren Lage aber für das Institut sehr günstig ist (Nähe des Auswärtigen Amtes, des Reichswissenschaft[s]- und Reichspropagandaministeriums usw.) [...]

Die meisten der zahlreichen im Ibero-Amerikanischen Institut befindlichen großen Ölgemälde, Büsten usw. sind Geschenke fremder Regierungen, so z. B. des Generalissimus Franco, der Regierungen von Argentinien, Chile, Bolivien, Venezuela und anderer Länder. Die Regierung Portugals hat ein eigens für das Institut bestimmtes Gemälde ihres Nationalhelden Heinrich des Seefahrers in Auftrag gegeben. Die Wirtschafts-Wissenschaftliche [sic] Ausstellung besteht so gut wie ausschließlich aus Geschenken der iberoamerikanischen Regierungen bzw. ihrer hiesigen Botschaften und Gesandtschaften; auch die Bibliothek des Instituts setzt sich zu einem wesentlichen Teil aus Geschenken dieser Länder zusammen. Wollte man also aus Raummangel alle diese Freundschaftsgeschenke auf längere Zeit in Kisten verpackt beiseite stellen, so würden sich die im Institut ständig ein- und ausgehenden Botschafter und Gesandten der in Frage kommenden Staaten dadurch unfehlbar schwer verletzt fühlen und über diese Vernachlässigung berichten. Die auf kulturpolitischem Gebiet in jahrelanger Arbeit durch das Institut erzielten Erfolge würden damit zum großen Teil zerschlagen.

Auf der Benutzung der Bibliothek beruht nicht nur die gesamte wissenschaftliche Arbeit des Instituts, die Bücherei wird vielmehr gerade während des Krieges als Grundlage für Rundfunksendungen und sonstige Propagandaarbeit verwendet, desgleichen auch vom Oberkommando der Wehrmacht in Anspruch genommen, das über gewisse Länder geographische und sonstige Unterlagen vertraulicher Art verlangt, die nur im Institut zu beschaffen sind. [...]

Ich darf dabei erwähnen, dass 1942 der 450-jährige Gedenktag der Entdeckung Amerikas in großem Stile gefeiert werden wird. Zwecks Vermeidung einer Zersplitterung von Geldmitteln und Arbeitskräften ist geplant, die zentrale Leitung für die in Deutschland, zumal in Berlin aus propagandistischen Gründen zu veranstaltende Feier in die Hand des Ibero-Amerikanischen Instituts zu legen, eine Maßnahme, die bei dem guten Ruf, den es sich auf der iberischen Halbinsel sowie in Süd- und Mittelamerika erworben hat, als selbstverständlich zu bezeichnen ist. Es ist aber nicht angängig, dass das Institut bei dieser Gelegenheit mit einer für die Bibliothek provisorisch errichteten Baracke in Erscheinung tritt. Auch mit Rücksicht auf die Feuergefährlichkeit dürfte die Unterbringung der wertvollen Bestände der Bibliothek in einer Baracke nicht in Frage kommen.

Quelle: BStU, MfS FV 8/69, Ordn. 2, Bl. 87-89.

ANHANG 5a: Die SS und der Umzug des IAI 1940/41. Brief des "Reichsführers SS" Heinrich Himmler an Reichsminister Lammers, Berlin, 23.12.1940

Sehr geehrter Herr Reichsminister!

Zu meinem Bedauern muß ich Ihnen unter Bezugnahme auf Ihr Schreiben vom 25.11.1940 bezüglich einer würdigen Unterbringung des Ibero-Amerikanischen Institutes mitteilen, daß die genannten beiden ehemaligen Logengebäude für besondere Zwecke der Sicherheitspolizei und des SD eingerichtet wurden und hier unter anderem umfangreiche Bibliotheken untergebracht sind. Im Interesse der reibungslosen Durchführung sicherheitspolitischer Aufgaben kann daher leider auf keines dieser Häuser verzichtet werden.

Ich wäre im Anbetracht der außerordentlichen Wichtigkeit dieser Angelegenheit gern bereit gewesen, ein vorhandenes größeres jüdisches Altersheim oder Waisenhaus für diese Zwecke freimachen zu lassen. Doch stellte sich auch hier heraus, daß diese Liegenschaften nach Lage, Raumbedarf und baulichem Zustand als Dienstgebäude des Ibero-Amerikanischen Instituts ungeeignet erscheinen, da General Vaupel [sic] zur Unterbringung von Ausstellungen besonderen Wert auf das Vorhandensein von zwei größeren Sälen mit einer ungefähren Länge von je 50 m legte.

In Anbetracht der gegebenen Verhältnisse könnte ich daher bei der Beschaffung eines Dienstgebäudes nicht behilflich sein.

Heil Hitler!

Ihr sehr ergebener H. Himmler

Quelle: BStU, MfS FV 8/69, Ordn. 2, Bl. 114-115.

ANHANG 6: Interne Begutachtung eines faschistischen "Multiplikators" nach seinem Deutschland-Aufenthalt: Prof. Dr. Pedro Laín, Nationalrat der Falange und Abteilungsleiter des spanischen Innenministeriums. Dr. Rollwage (Deutsch-Spanische Gesellschaft), Berlin, 18.5.1940

Streng vertraulicher Bericht über die Studien- und Vortragsreise des Nationalrats der Falange und Leiters der Abteilung "Schrifttum und Verlagswesen" im spanischen Innenministerium, Prof. Dr. Pedro Laín, und seiner Frau durch Deutschland in der Zeit vom 28.2.-21.3.1940

Herr Laín war mit seiner Frau während dieser Zeit Gast der Deutsch-Spanischen Gesellschaft Berlin. Durch die Übernahme von Vorträgen beteiligten sich an den Kosten der Deutsche Ausland-Club Berlin und seine Ortsgruppen in Bremen und Stuttgart, das Ibero-Amerikanische Institut Hamburg, die Universität Berlin, die Frankfurter Gesellschaft für Handel, Industrie und Wissenschaft in Frankfurt/Main, die Universität Bonn und die Ortsgruppe München der Deutschen Akademie. Das genaue Programm ist aus der Anlage ersichtlich. In Berlin wurden die Gäste von Mitarbeitern der Gesellschaft und des Ibero-Amerikanischen Instituts Berlin betreut; außerdem begleitete der Geschäftsführer sie auf den Reisen nach Hamburg, Frankfurt und München. Die Betreuung während der kurzen Aufenthalte in Bremen, Bonn und Stuttgart war mit den örtlichen Veranstaltern vorher festgelegt.

Die nachstehende Charakteristik ist ein zusammengefaßtes Ergebnis der Beurteilungen und Eindrücke, die von dem Präsidenten der Gesellschaft und den mit der Betreuung beauftragten Personen gesammelt wurden.

A) Persönliches

Herr Laín ist der Ausbildung nach Mediziner (Psychiater), der sein Wissen schon frühzeitig durch philosophische Studien ausgeweitet hat. 1932 Studium in Wien. Seine gute Kenntnis der deutschen Philosophie vermittelte ihm ein sehr umfangreiches Wissen um die geistigen Grundlagen unserer heutigen Kultur, das ihm als ständiger kritischer Maßstab dient auch für die Beurteilung unserer politischen Maßnahmen und Pläne.

Ursprünglich ausgesprochen frankophiler Typ. Häufige Besuche in Frankreich (von seiner Frau begleitet); nach eigener Darstellung früher dort viele Verbindungen, die auch seiner Frau noch während des Bürgerkrieges die Reise aus dem roten Spanien über Frankreich nach Nationalspanien ermöglichten. Herr Laín legt Wert auf die Feststellung, daß er selbst diese Verbindungen jetzt abgebrochen habe, weil Frankreich eine unsachliche Hetzpropaganda gegen Deutschland betreibe. [...]

B) Stellungnahmen Dr. Laíns

1. Innerspanische Fragen

a) allgemeine Innenpolitik: Herr Laín schilderte von sich aus bzw. antwortete auf Zwischenfragen in vertraulich geführten Gesprächen mit Dr. Springer und Dr. Rollwage, die von uns aus scheinbar abstrakt über die "Geistige und Politische Neuordnung Europas" angeregt wurden, daß die Führung des neuen Spanien wieder eindeutig bei der Generalität, dem hohen Klerus und dem hohen Adel liege. Er sieht klar, daß ein wichtiger Grund des Bürgerkrieges, der Mangel einer gerechten Sozialordnung, nicht behoben ist und – etwa im Vergleich zu Deutschland und Italien – von der augenblicklichen Führung auch nicht durchgreifend beseitigt werden wird. Er gab die damit vorhandene "Gefahr der zweiten Revolution" zu, erhofft aber dennoch eine friedliche Lösung durch einen ungestörten Wirtschaftsaufbau (ohne konkrete wirtschaftspolitische Kenntnis!). Aus der Art seiner Darlegungen war zu entnehmen, daß er an einen solchen Wirtschaftsaufstieg Spaniens aus eigener Kraft nicht glaubt, sondern offenbar zu einem Kreise gehört, der Spanien in diesem Kriege unbedingt neutral halten will, indem er die gebundenen Interessen der Kriegspartner ausnutzt, um durch die äußeren Gefahren die innerspanischen Spannungen unter Druck zu halten, dabei mit beiden Parteien geeignete Geschäfte zu machen und so in der Zwischenzeit wenigstens einen teilweisen innerspanischen Wirtschaftsaufbau zu ermöglichen, der zwar mit der Sozial-Hypothek belastet wäre, aber immerhin erst einmal Aufstiegstatsachen schüfe. Die sozialen Erneuerungen würden als Programm verkündet, jedoch in "dieser Zeit der größeren Gefahren" hinter die Interessen der nationalen Selbsterhaltung zurückgestellt. Man rechnet mit einem Siege der Achsenmächte, aber auch mit einer durch die Härte der Auseinandersetzung bedingten Schwächung der Kriegsparteien, die auch ein unfertiges Spanien bei der Neuordnung des Kräfteverhältnisses in Europa als Partner schätzen würden.

b) Sozialismus: Laín steht der Ideenwelt des revolutionären Sozialismus ohne innere Beziehung gegenüber; er lehnt sie bei sich selbst als offenen oder verkappten Kommunismus und Bolschewismus ab. Seine Vorstellungen von den notwendigen sozialen (nicht "sozialistischen"!) Neuerungen in Spanien gehen bis zu einer Beseitigung der auffälligsten Rückständigkeiten im Vergleich zum allgemein-europäischen Niveau. Er urteilt eindeutig aus der "bürgerlichen" Welt des 19. Jahrhunderts und sieht infolgedessen ein spanisches Sozialprogramm in erster Linie als eine entgegenkommende Erfüllung der Arbeiterforderungen, soweit sie unvermeidlich sind. Die neuen Kräfte, wie sie sich in der schaffenden Volksgemeinschaft des Dritten Reiches einen ersten konstruktiven Ausdruck geschaffen haben, sind ihm fremd und erscheinen ihm auch offenbar gefährlich. Unsere Erfolge erklärt er sich selbst eher mit unserer "Disziplin", der aber "Seele" fehle. Er ist bemüht, die Aussprache auf die "geistige Ebene" zu verschieben; er weist darauf hin, daß unsere Revolution aus den sozialistischen Kämpfen der breiten Massen gewachsen sei und folglich in diesen Bezirken auch ihren ersten und stärksten Ausdruck fände. Dagegen sei die spanische Revolution aus den geistigen Schichten seines Volkes getragen worden, vor allem von den Akademikern. Daher sei für sie die geistige Auseinandersetzung eine vordringliche Aufgabe. Sie habe als wichtigste Themen:

c) Katholizismus und Nationalismus: Im katholischen Christentum habe sein Volk nach wie vor die große tragende Idee, die das völkische Leben im Rahmen der geeinten Nation ausrichten werde. Er sieht in der Politik Serrano Suñers die positive Lösung. Bei aller Vorsicht äußert sich sein scharfes Mißtrauen gegen unsere "Weltanschauung" und setzt unseren Ordnungsgedanken immer wieder – in den verschiedensten Situationen und mit den verschiedensten Formulierungen – den gleichen Grundgedanken entgegen: "Erneuerung der europäischen Kultur, politischen und wirtschaftlichen Ordnung durch Erneuerung der in Europa gewachsenen positiven Traditionskräfte"; d.h. für ihn Wiederherstellung des europäisch-katholischen Status quo. Daß Katholizismus und modernste staatliche Ordnung sich nicht widersprechen, wird in häufigen Wiederholungen am faschistischen Beispiel nachgewiesen. Laín ist zu klug und zu vorsichtig, um sich bei diesen Themen allzu sehr zu exponieren; er verzichtet bei einer forcierten Unterhaltung auf die Diskussion der Allgemeinverbindlichkeit dieser Lösungen und beschränkt sich darauf, in geschickter "Bescheidenheit" lediglich ihre Bedeutung für die romanischen Völker zu behandeln.

Die Ordnung des Mittelmeerraums werde katholisch sein. Jede andere Lösung widerspreche der Geschichte und der wirklichen Sehnsucht der Mittelmeervölker. Mussolini trage diese Verbindung von Tradition und Revolution des Mittelmeerraums in sich und habe sie dementsprechend auch im Faschismus entwickelt. Über der völkischen Vielgestaltigkeit dieses Kulturkreises stehe die im Christentum geschaffene geistige Einheit.

d) Volk und Monarchie; Falange: Laín hat sich mit Herder, Hegel und Fichte eingehend befaßt; er beurteilt unsere heutige politische Ideologie, soweit sie das Volk im Mittelpunkt des politischen Denkens und Handelns stellt, aus der Begriffswelt der deutschen Romantik, ohne der vom Nationalsozialismus geschaffenen inhaltlichen Fortführung und Ausweitung auch nur abstrakt zu folgen. Die politische Realität erklärt er sich immer wieder – zugestanden und unbewußt – mit der rein technologisch-organisatorischen "Disziplin" des Deutschen, die aus der militärischen Wurzel kommend uns auch im Zivilleben zu sonst unvorstellbaren Leistungen befähigt habe. Deshalb ist es auch nicht verwunderlich, wenn man von ihm so gut wie nichts von den Gedankengängen der völkischen Erneuerung hört, die wir von Spanien erwarteten.

Das Volk ist ihm die Summe der Staatsbürger. Er wünscht eine gute Regierung, die seinem Volke den Fortschritt erschließt und zugleich die spanischen Traditionskräfte wiederbelebe und so Spanien von neuem zu einer beachteten Mittelmeer- und später Imperial-Macht stärken soll. Das Thema "Monarchie" vermeidet er nach Möglichkeit in der Aussprache. Aus seinen Stellungnahmen ist aber deutlich zu schließen, daß ihm im Grunde eine in gemäßigter Sozialarbeit äußerlich erfolgreiche Monarchie als die beste Lösung vorschwebt. Auch hier wieder lehnt sich die eigene Urteilsbildung an das römisch-faschistische Vorbild an.

Als Nationalrat der Falange bekennt sich Laín auf direkte Fragen mit gesellschaftlich gemäßigter Begeisterung zur Bewegung. Von sich aus hat er ernsthaft die Falange nur in privatem, politisch-kritischem Gespräch im kleinsten und ihm vertraut gewordenen Kreise behandelt; und dort auch nur unter dem Gesichtspunkt der Zurücksetzung in der politischen Bedeutung im Vergleich zum Faschismus und Nationalsozialismus. Seine Uniform hat er in den drei Wochen seines Aufenthalts in Deutschland [...] nur einmal getragen: beim Besuch der Staatsoper in Berlin.

Seine Rückreise nach Spanien richtet er so ein, daß er in Rom drei volle Tage Aufenthalt hatte.

2. Spanisches geistiges Imperium

Herr Laín äußerte sich zu diesem Fragegebiet nur in sehr allgemeiner Art, der nicht zu entnehmen war, ob es sich dabei um eine allgemein verbreitete oder private Meinung handelte. Als Motive wurden deutlich: historische

Reminiscenzen; der Wunsch, die eigene politische Erneuerung in einen größeren politisch-historischen Zusammenhang zu stellen und anerkannt zu wissen; das faschistische Vorbild. Als Reihenfolge der imperialen Entwicklung nannte er

1. Portugal
2. Marokko
3. Ibero-Amerika

Ein auch nur in Umrissen festes Programm fehlt bzw. wurde nicht genannt; die Art der Darstellung ließ den Blick für reale Entwicklungsarbeit vermissen.

Dieses spanische geistige Imperium solle wieder ein christliches Imperium werden mit der "Madre España" als verpflichtendem Mittelpunkt. Spanien werde damit seinen Anteil leisten an der Neuordnung Europas, Afrikas und Amerikas.

3. Deutschland und Italien

Herr Laín geht bei allen Beurteilungen von der Bejahung der Politik der Achse aus. Der Faschismus zieht ihn zunächst stärker an. Er kennt aber uns und unsere Arbeit bereits gut genug (Teilnahme am Reichsparteitag in Nürnberg und an der Reichstagung der NS-Gemeinschaft "Kraft durch Freude" in Hamburg), um sich immer wieder von hier Anregungen für die praktische Arbeit zu holen, trotz der Vorbehalte, die im anderen Zusammenhang oben bereits erwähnt wurden.

Herr Laín wird die deutsche Kulturarbeit in Spanien sicher unterstützen, solange er dadurch nicht offen einseitig exponiert wird. Außerdem wünscht er unsere Verbindungen als Ergänzung und Ausgleich zu der italienischen Kulturarbeit in Spanien.

Den mit ihm unverbindlich und nur in sehr allgemeinen Zügen besprochenen Plan einer deutsch-spanischen Kulturzeitschrift griff er sofort auf und sagte seine Bereitschaft zu ständiger Mitarbeit zu. Weiterhin bekundete er großes Interesse an der Gründung und Arbeit einer parallelen Gesellschaft in Spanien, wobei er jedoch die "Asociación de Amigos de Alemania" als völlig ungeeignet ablehnte. Einer neuen spanisch-deutschen Gesellschaft würden er und sein Bekanntenkreis gern als Mitglieder und aktive Mitarbeiter angehören.

4. Rußland

Schroffste Ablehnung, immer wieder begründet und mit Beispielen belegt aus dem Kampf gegen den Kommunismus in Spanien. Die höfliche Bereitschaft, unseren Pakt mit Rußland als eine strategische Notwendigkeit von sich aus anzuerkennen, läßt dennoch stets sein Unbehagen und Mißtrauen erkennen. Er weist immer wieder auf die betont anti-kommunistische Haltung Italiens hin und sieht in der verschiedenen Einstellung zu Rußland eine Gefahr für das Einvernehmen der beiden Achsenmächte. An die Möglichkeit, die revolutionäre kommunistische Tätigkeit im europäischen Raum ohne eine Abdrängung Sowjetrußlands nach Osten zu unterbinden, glaubt Herr Laín nicht.

5. *Frankreich und England*

Überzeugte Ablehnung des liberalen und kapitalistischen Systems. Herr Laín sieht deutlich, daß die spanischen Entwicklungsinteressen sich mit den bisherigen Interessen Englands und Frankreichs überschneiden, und betont wiederholt, daß das spanische Volk in den Jahren des Bürgerkrieges zu deutlich zu spüren habe, wie wenig Interesse die beiden Staaten an einer wirklichen Einigung Spaniens hätten.

Dagegen betont er, daß eine dauerhafte Neuordnung der europäischen Verhältnisse nicht auf die bedeutendsten Kulturwerte verzichten dürfe, die das französische Volk im Laufe der Jahrhunderte geschaffen habe. Er sei überzeugt, daß die große Masse des französischen Volkes bei einer gerechten Behandlung nach dem Kriege mit gutem Willen und auch guten Erfolgen an der Aufbauarbeit teilnehmen werde.

Bezüglich England schließt sich Herr Laín ohne Vorbehalt den von uns vertretenen Auffassungen an. Er sieht in der Zerschlagung des unberechtigten englischen Übergewichtes in Europa vor allem die Chance für sein Land, die iberische Halbinsel nach spanischen Interessen zu ordnen und aufzubauen, im Zusammenhang damit die portugiesische Frage zu lösen und über ein wieder spanisches Gibraltar im Einvernehmen mit Italien und Frankreich einen gebührenden Teil Nordafrikas kolonisatorisch zu erschließen.

Abschließend wird erwähnt, daß die Deutsche Botschaft in Spanien in ihrem an das Auswärtige Amt gerichteten Schreiben vom 4. April d. Js. "nach der erfolgreichen Vortragsreise des Prof. Laín, die in Spanien propagandistisch ausgezeichnet gewirkt hat", einige spanische Persönlichkeiten vorschlug, die für eine Vortragsreise in Deutschland in Betracht kommen. In dieser Liste ist auch der bereits vorher als nächster spanischer Gast der Gesellschaft vorgesehene Nationalrat der Falange und Leiter der Abteilung für technisches Schulwesen und Berufsschulen im spanischen Erziehungsministerium, Prof. Dr. Antonio Tovar, benannt.

gez. Rollwage

Quelle: GStA, HA I, Rep. 218, Nr. 345, o.Bl.: Studienaufenthalt des Abteilungsleiters im spanischen Innenministerium Prof. Pedro Laín. *Kursiv:* Im Original unterstrichen.

ANHANG 6a: Vom IAI 1943 gelieferte Propagandaschriften und Expertisen

1: Vom Ibero-Amerikanischen Institut seit Anfang 1943 für das Auswärtige Amt gelieferte Ausarbeitungen:

1. USA-Politik gegenüber Cuba und Großbritannien. Gleiche Mittel zu gleichen Zielen

2. Eine Episode aus der Einschaltung der USA zur Vermittlung des Friedensschlusses zwischen Chile und Peru nach dem Pazifikkrieg [...]

3. Die Inbesitznahme der Falklandinseln durch England, 3. Januar 1833

4. Santo Domingo, Haiti, Nicaragua als Beispiele der Machtpolitik der USA

5. Verzicht auf bewaffnete Intervention (Auszug aus einem Artikel des Buches des Nordamerikaners Kirby Page: *Dollars and world peace*, Q. H. Doran Co., New York, 1927)

6. Expansion und Intervention

7. Imperialismus der USA

8. Venezuela-Grenzstreit. Ein Beispiel für Auslegung der Monroedoktrin

9. USA-Expansionspolitik in Vergangenheit und Gegenwart

10. Ibero-Amerika an der Kette der USA

11. USA-Imperialismus. Die USA rauben ihr Weltreich zusammen

12. Dollar-Diplomatie in Lateinamerika (Auszug aus einem Artikel des nordamerikanischen Senators Henrik Shipstead in *Current History*, Sept. 1927)

13. Die Philippinen in der Pazifikpolitik der USA

14. Die Hungerinsel Martinique

15. Haiti

16. Südamerikanische Zwischenbilanz

17. Französisch-Guayana. Besetzung durch brasilianische Truppen

18. Aus der Politik Roosevelts vor dem zweiten Weltkrieg

19. Roosevelt als Freund Frankreichs

20. Das Weltbild des Mr. Wallace

21. Streiflichter zur Lage

22. Mexico

23. Das Panama der Wallstreet

24. Martinique

25. Portugal und der Bolschewismus

26. Puertorico, ein "Musterland" der USA

27. Kalte Intervention

28. Mexico unter der Dollarherrschaft

29. Zum Untergang der "Maine"

64. USA schlägt England, III. Der Kampf um die Seeherrschaft im Karibischen Meer

65. Kalender der wichtigsten historischen Daten von Mexico

66. Die Insel Haiti als Gegenstand nordamerikanischer Expansionsgelüste

2: Besondere Ausarbeitungen, die für das Auswärtige Amt und das Reichsministerium für Volksaufklärung und Propaganda geliefert wurden, während des letzten Vierteljahres

1. Auszugsweise Übersetzung und Auswertung des vom Spanischen Justizministerium herausgegebenen Dokumentenwerkes über die rote Herrschaft in Spanien *La Dominación Roja en España*

2. Herstellung einer Propagandaschrift für die Deutsche Botschaft Madrid mit dem Titel: "Visiones y opiniones alemanas en torno a España"

3. Herstellung einer weiteren Propagandaschrift für die Deutsche Botschaft Madrid mit dem Titel: "España y los Españoles en la Literatura Inglesa"

4. Anfertigung eines Propagandaaufsatzes für die Deutsche Botschaft Madrid mit dem Titel: "Spanien im deutschen Geistesleben der jüngsten Vergangenheit"

5. Herstellung einer Propagandaschrift für die Deutsche Gesandtschaft Lissabon mit dem Titel: "Portugal in seinen kulturellen Beziehungen zu Deutschland"

6. Bearbeitung der Kartei der ehemaligen Mitglieder der Spanischen Freiwilligendivision. Ermittlung der Akademiker, Falangeführer, Offiziere usw., deren weitere Betreuung von kulturpolitischer Wichtigkeit ist

7. Zusammenstellung antibolschewistischer Äußerungen iberischer Staatsmänner

Quelle: GStA, HA I, Rep. 76, Nr. 1359, Bl. 23-26.

ANHANG 7a: Die IAI-Legende (1). Weissagungen von Curt Riess über die künftige Funktion des Instituts (1944)

There is a strong possibility, once the Nazis have gone underground, a great many things will continue to go on behind the front of the Ibero-American Institute. Again the men who run it will not even suspect what is actually going on. For, naturally, General von Faupel will be out and so will his intimate collaborators. But many of them will stay behind: minor, apparently harmless employees, sitting in dusty rooms working on elaborate reports that deal with the most involved cultural problems.

But they are not so harmless, and they will continue what they have been doing for the last few years. Thus the institute will be within the framework of the coming underground, what it has been within the setup of the Nazi regime. It will not only establish and keep contact between German Nazis and their helpers in Spain and South America, it will establish and hold on contacts all over the world. It will constitute an enormous net of contacts, a net covering the entire globe – something like the A.O., only on a higher and more selective level.

The A.O. will be there to keep the masses in line. The Ibero-American Institute will be there to keep contact with foreign leaders and subleaders, chosen from prominent personalities all over the world. The A.O. will be an instrument of the underground party abroad. The Ibero-American Institute will be an instrument co-ordinating the work abroad of a selected group of agents who outwardly no longer have any connections with the party, but who will in reality work for the Nazis. The A.O. will be the first front in the battle to come, the Ibero-American Institute the second front.

Quelle: Riess (1944: 156).

ANHANG 7b: Die IAI-Legende (2). Warnung vor Faupels "Geheimarmee" in Mexiko. Nachricht der deutschen Agentur DNB vom 5.10.1943

Ickes warnt vor Falangisten und Sinarchisten in Mexiko

Buenos Aires, 5. Oktober (DNB-Vertreter-Überseetelefon)

Nach United Press warnte der nordamerikanische Staatssekretär des Inneren, Ickes, vor einer angeblichen Totalitätspropaganda der Falangisten und mexikanischen Sinarchisten in Amerika. Anläßlich einer Spendensammlung der Washingtoner Juden behauptete Ickes, daß diese Parteigruppen auf Weisung des Leiters des Berliner Ibero-Amerikanischen Instituts, General Faupel, besonders in Mexiko, Kuba und Portorico arbeiteten. Die Falangisten seien zwar in Kuba als illegal erklärt worden, jedoch seien sie in anderen Ländern offen tätig. Unter ihrem Namen habe sich die nationalsozialistische Partei getarnt. Sinarchisten seien zwar nach außen hin nicht deutschfreundlich, jedoch durchaus antinordamerikanisch eingestellt. In Nordamerika zählten sie rund 50.000 Mitglieder und 2.500 hätten sich bereits in die Vereinigten Staaten eingeschlichen. Diese finanziell stark unterstützten Parteien seien eine Bedrohung der Demokratie und müßten daher besonders in den Vereinigten Staaten ausgemerzt werden.

Zusatz: Ickes stützt sich bei seinen Ausführungen anscheinend auf das Buch *Falange* eines gewissen Chase. Dieses Pamphlet ist von der ernst zu nehmenden mexikanischen Presse bereits als üble Sensationsmacherei charakterisiert worden. Der mexikanische Schriftsteller Alfonso Junco wendet sich beispielsweise in der argentinischen Morgenzeitung *Pueblo* gegen dieses Elaborat, welches die Politik der guten Nachbarschaft gefährdet. Chase habe aufgrund offensichtlich gefälschter Unterlagen behauptet, daß Faupel bereits ein geheimes Heer an der nordamerikanischen Grenze aufgestellt habe. Bisher habe man allerdings in Mexiko noch nicht den Pulverdampf dieser Geisterarmee zu riechen bekommen.

Quelle: BStU, MfS FV 8/69, Ordn. 17a, Bl. 250.

ANHANG 7c: Die IAI-Legende (3). Wilhelm "von" Faupel im Wunderland US-amerikanischer Propaganda. Erfindungen des US-amerikanischen Autors Allan Chase

Zu Beginn des Jahres 1934 bestellte Adolf Hitler General Wilhelm von Faupel in die Berliner Reichskanzlei. Ihre Unterredung dauerte nahezu einen ganzen Tag. Als er schließlich ging, war Faupels Aktenmappe um ein Blatt Papier dicker, ein Papier, das das Schicksal von 20 Nationen und Millionen von Menschen betreffen sollte.

Dieses Papier, unterzeichnet von Hitler, war Wilhelm von Faupels Ernennung zum Chef des Ibero-Amerikanischen Instituts in Berlin. [...] Der Mann hatte viele Begabungen. Im Ersten Weltkrieg hatte er sich an der Westfront ausgezeichnet. Er sprach Französisch, Russisch, Spanisch, Portugiesisch, Chinesisch und andere Sprachen fließend. [...] Wilhelm von Faupel lebte allein für den Tag, an dem er seine Rolle in der Errichtung eines neuen Reiches spielen würde. Sorgfältig hatte er eine eigene Theorie entwickelt, wie Deutschland die Welt erobern könnte. [...] "Ich habe die Vorkehrungen getroffen, um ganz Lateinamerika zu erobern", teilte er in mildem Ton von Schnitzler mit, als dieser 1934 nach Deutschland zurückkehrte. Seine Pläne enthielten minutiöse Details in einem umfangreichen Werk, das mindestens ein Jahr vor dem Reichstagsbrand entstanden war. [...] Der General machte sich ruhig ans Werk, den Gang der Weltgeschichte zu verändern. Sein erster Schritt bestand in einer Reorganisation des [Ibero-Amerikanischen] Instituts, das er in fünf Sektionen unterteilte. [...] Die Hauptfunktion dieser Sektionen war es, die deutschen Bevölkerungsgruppen der ersten und zweiten Generation, die in Lateinamerika lebten, zu organisieren. Mithilfe dieses Blocks von sechs Millionen Auswanderern wollte General von Faupel weitreichende Spionagetätigkeiten und Kampfapparate in allen 20 Nationen jenseits unserer [der US-amerikanischen] Grenzen organisieren. Diese sollten die Stoßtruppen des "Dritten Reichs" im bevorstehenden Kampf um die Weltherrschaft bilden. [...] General von Faupel war sich im Klaren darüber, daß die Festigung der Nazi-Macht in Lateinamerika von der Konzentration spanischer Aristokraten in jedem dieser Länder abhing. Diese Spanier [...] waren dafür auserkoren, die Rolle der wichtigsten Verbündeten Deutschlands zu spielen. [...] Um sie für sich zu gewinnen, mußte die spanische Republik zerschlagen werden und durch ein von Deutschland kontrolliertes Spanien ersetzt werden. Die Zerstörung des demokratischen Spanien erforderte bedeutende Mittel und außergewöhnliche Machtbefugnisse. Die Männer, die Hitler geschaffen hatten, sorgten dafür, daß es Wilhelm von Faupel für diesen Zweck weder an Geld noch an Machtmitteln fehlen würde.

Quelle: Chase (1943: 3-9).

Silke Nagel

Brücke oder Brückenkopf?
Die kulturpolitische Arbeit des IAI gegenüber den lateinamerikanischen und iberischen Ländern

1. Einleitung

Die auswärtige Kulturpolitik des "Dritten Reiches" ist, anders als die der Weimarer Republik, bisher noch nicht systematisch untersucht worden.[1] Im Zusammenhang mit der bereits an anderer Stelle erörterten Quellenproblematik kann auch hier keine abschließende Einschätzung der auswärtigen Kulturpolitik Deutschlands und der Rolle des Ibero-Amerikanischen Instituts darin zwischen 1930 und 1945 gegeben werden. Dieser Beitrag will jedoch die institutionellen Grundlagen und die konkreten Arbeitsinteressen des IAI darstellen. Sie sollen, wenn auch fragmentarisch, einen Einblick in die Problematik geben und zu weiteren Diskussionen und zu intensiveren Forschungen anregen.[2] Die Gründungsphase des Instituts, noch unter seinem ersten Direktor Boelitz, war geprägt durch die Idee des Kulturaustausches. Praktisch standen jedoch der Ausbau der Bibliothek und die finanzielle Krise zu Beginn der 1930er Jahre im Vordergrund. Das Institut nahm trotzdem repräsentative Funktionen wahr und wirkte als Informationsbörse. Nach Faupels Vorstellungen sollte das IAI ab 1934 zu einer den deutschen Interessen dienenden Zentrale für alle Mittel- und Südamerika betreffenden Fragen ausgebaut werden. Es wurde somit in sehr verschiedenen Bereichen tätig, wobei die auf den spanischen Sprachraum ausgerichtete Kulturpropaganda für das "neue Deutschland" die ideologische Grundlage bildete. Der Umfang und vor allem die Wirkung dieser Arbeit ist aus den bisher bearbeiteten Quellen nur bedingt herauszulesen. Erschwert wird ihre Einschätzung durch die

---

[1] Zur Weimarer Republik vgl. Düwell (1976); Laitenberger (1981) und, mit Bezug auf Lateinamerika, Rinke (1996: 413-487). Zur NS-Kulturpolitik in europäischen, von Deutschland okkupierten Staaten vgl. Benz/Otto/Weismann (1998).

[2] Die Pionierstudie zum IAI ist die Magisterarbeit von Oliver C. Gliech (Ms. 1998). Vgl. auch Gliech (1990).

enge Verflechtung mit staatlichen Stellen und nichtstaatlichen Organisationen. Deutlich wird jedoch der umfassende Anspruch, mit dem General Faupel als Führer des Instituts sich auch "kleinen" Themen widmete, ohne die "großen" zu vernachlässigen. Bei Kriegsende machte sich das Institut unscheinbarer, als es je gewesen war: keine auf Austausch bedachte Brücke zwischen den Kulturen, kein Brückenkopf faschistischer Ideologie, sondern nur eine Fachbibliothek.

2. Ziele und Grundlagen (1929-1933)

In einem Schreiben des IAI an den bevollmächtigten Minister von Chile in Deutschland, Luis V. de Porto-Seguro, vom 30.10.1929 wurden die Ziele des damals noch nicht offiziell eröffneten Instituts folgendermaßen zusammengefasst:

1. Die Annäherung und gegenseitige Befruchtung der ibero-amerikanischen und deutschen Kultur durch rege geistige Beziehungen und durch den Gelehrten- und Studentenaustausch.

2. Die Fruchtbarmachung der grossen geistigen Schätze, die in der Bibliothek niedergelegt sind und die durch Zuerwerbungen ergänzt werden sollen.

3. Die Pflege aller Beziehungen, Bestrebungen und Einrichtungen, welche auf kulturellem und wirtschaftlichem Gebiet der friedlichen Fortentwicklung und dem freundschaftlichen Verhältnis der beteiligten Länder dienlich sind. Hier erstrebt das Institut die Hilfe aller südamerikanischen und deutschen privaten und öffentlichen Kreise, die an einer engeren kulturellen Beziehung dieser Länder mit Deutschland interessiert sind.
    Das Ibero-Amerikanische Institut möchte eine zentrale, vermittelnde Stellung einnehmen. Seine Arbeit gilt in erster Linie den südamerikanischen Interessen, dabei ist an die Errichtung von Spezialabteilungen bzw. Länderabteilungen gedacht. Dem Institut werden Räume zur Verfügung stehen, in denen z.B. eine vollkommene Chile-Abteilung oder eine Mexiko-Abteilung eingerichtet werden kann. Der leitende Gedanke ist, allen Personen und Besuchern des Instituts eine genaue Kenntnis der kulturellen, sozialen und wirtschaftlichen Verhältnisse eines Landes zu vermitteln und mit Hilfe einer Ausstellung von kulturellen und sonstigen Ereignissen des Landes jede erwünschte Information kostenlos zu bieten. Ein vorhandener etwa tausend Quadratmeter umfassender Lichthof mit Glasdach eignet sich sehr gut zur Aufstellung von Wappen, Karten und sonstigen erwünschten repräsentativen Zeichen der einzelnen ibero-amerikanischen Länder. [...] Das Ganze ist zur Zeit im Aufbau begriffen.[3]

---

3   GStA, HA I, Rep. 218, Nr. 219; IAI an Porto-Seguro, 30.10.1929.

Das hier zum Ausdruck kommende einseitige Interesse an den ibero-amerikanischen beziehungsweise südamerikanischen Ländern mag der Höflichkeit gegenüber einem südamerikanischen Diplomaten geschuldet sein, sollte aber für die Gründungsphase des IAI und darüber hinaus durchaus Gültigkeit behalten. Die Satzung der Neugründung formulierte die Aufgabe des Instituts wesentlich knapper:

§1. Das unter preußischer Verwaltung stehende "Ibero-Amerikanische Institut" in Berlin hat zur Aufgabe die Förderung allgemeiner und besonderer Forschungsaufgaben der ibero-amerikanischen Kulturwelt und die Pflege der kulturellen Beziehungen zwischen den deutschen und ibero-amerikanischen Ländern.[4]

Betonte Boelitz vor allem in frühen Texten noch den Austausch der Kulturen (wobei Iberoamerika im Wesentlichen als *ein* "Kulturkreis" gesehen wurde), so äußerte Ministerialdirektor Dr. Gerullis vom Preußischen Ministerium für Wissenschaft, Kunst und Volksbildung bereits im Mai 1933 die Ansicht, "[d]ie Förderung unserer Beziehungen zur ibero-amerikanischen Welt ist Pflicht eines jeden national denkenden Menschen" und stellte sie damit vor allem in den Rahmen des deutschen nationalen Interesses.[5] Im August 1933 schließlich erbat sich Boelitz vom Auswärtigen Amt nationalsozialistische Literatur für den Lesesaal:

Um den Angehörigen dieser Staaten [des iberoamerikanischen Kulturkreises] die Möglichkeit zu geben, das Gedankengut der nationalsozialistischen Bewegung kennen zu lernen und zu studieren, haben wir den Wunsch, die wichtigsten Werke der nationalsozialistischen Literatur im Lesesaal aufzustellen und den Besuchern des Instituts zugänglich zu machen. Da es sich hierbei in erster Linie um ausländische Gelehrte und Studenten handelt, bitte ich das Auswärtige Amt, die Notgemeinschaft der Deutschen Wissenschaft ermächtigen zu wollen, uns im Hinblick auf unsere auswärtigen Leser die wichtigsten Werke der nationalsozialistischen Literatur und der Grundlagen des Nationalsozialismus zur Verfügung zu stellen. Wir sind überzeugt, dass die Lektüre dieser Werke der Verbreitung des Gedankengutes der Deutschen Bewegung besonders dienen wird.[6]

Das Ibero-Amerikanische Institut wurde von einem Direktor geleitet und nach außen vertreten, zu dessen besonderen Aufgaben die

---

4   GStA, HA I, Rep. 218, Nr. 235; Satzung des Ibero-Amerikanischen Instituts in
     Berlin.
5   GStA, HA I, Rep. 218, Nr. 235; Gerullis an Boelitz, 23.5.1933.
6   GStA, HA I, Rep. 218, Nr. 211, Boelitz an AA, 14.8.1933.

Pflege der Verbindungen des Instituts zur Wirtschaft und zur Presse gehörten (§4). Das für jeweils fünf Jahre tätige Kuratorium des IAI, das einmal jährlich tagte, setzte sich nach §6 der Satzung zusammen aus

– zwei von dem Preußischen Minister für Wissenschaft, Kunst und Volksbildung bestellten Beamten seines Ressorts,
– zwei Vertretern des Auswärtigen Amts,
– einem Vertreter des Reichsministeriums des Innern,
– einem Vertreter des Verbandes der deutschen Hochschulen,
– einem Vertreter des Ibero-Amerikanischen Instituts in Hamburg,
– einem Vertreter des Instituts in Würzburg,
– zwei Vertretern des Vereins der Freunde des Ibero-Amerikanischen Instituts,
– dem Direktor des Ibero-Amerikanischen Instituts.[7]

1933 bestand die Leitung des IAI neben seinem Gründungsdirektor Boelitz aus dessen Stellvertreter Dr. Otto Quelle (Professor an der Technischen Hochschule Berlin, Referent für Brasilien, Schriftleiter des Ibero-Amerikanischen Archivs und Mitherausgeber des *Boletín Bibliográfico*) und dem Direktorial-Assistenten Dr. Panhorst, der zugleich (in Verbindung mit Major von Issendorf und Dr. Edith Faupel) Referent für die Andenländer war.[8]

---

[7] An der Kuratoriumssitzung vom 5.11.1932 nahmen laut Protokoll Ministerialrat Dr. Leist als Vertreter des Preußischen Ministeriums für Wissenschaft, Kunst und Volksbildung, Konsul Dr. Schaller für das Auswärtige Amt, Prof. Dr. Gamillscheg, Dr. Grossmann im Auftrage von Senator Dr. Burchard-Motz aus Hamburg, Geheimrat Prof. Dr. Penck, Staatsminister a.D. Boelitz und Dr. Panhorst als Schriftführer teil. Als neue Kuratoriumsmitglieder wurden Geheimrat Prof. Dr. Krüss und Prof. Dr. Gamillscheg begrüßt, entschuldigt hatten sich Prof. Quesada, Ministerialrat Dr. Donnevert, Geheimrat Prof. Sapper, Prof. Dr. Gast und Prof. Dr. Wechsler (GStA, HA I, Rep. 218, Nr. 235, Verhandlungsschrift über die Sitzung des Kuratoriums des IAI am 5.11.1932).

[8] Als wissenschaftliche Referenten wurden außerdem geführt: Bibliotheksrat Dr. Hagen, Gesamtleiter der Bibliothek, Referent für Mexiko; Abogada Richarz-Simons, Referentin für Argentinien, Zeitschriften und Lesesaal; Studienrat Peter Bock, Referent für Guatemala, El Salvador, Honduras, Nicaragua, Costa Rica, Panama und Westindien, zuständig für die Bibliothek deutscher Werke in spanischer, portugiesischer und katalanischer Übersetzung; Major von Issendorff, in Verbindung mit Dr. Panhorst Referent für Venezuela, Kolumbien und Ecuador sowie Dr. E. Faupel, in Verbindung mit Dr. Panhorst Referentin für Peru und Bolivien (zunächst unbesoldet). Im Büro des IAI arbeiteten der Büro-Vorsteher Do-

Die Finanzierung des Instituts, das durch die Zusammenfügung der Bibliothek Quesadas, der von Hagen organisierten Biblioteca Mexicana und den Büchern und Karten Prof. Otto Quelles ermöglicht worden war, erfolgte bei der Gründung durch das Preußische Kultusministerium. Allerdings lag sie in der Anfangsphase nicht so hoch, dass die Ziele, die sich sein erster Direktor, Staatsminister a.D. Boelitz, gesetzt hatte, erreicht werden konnten. 1929 und 1930 betrug der vom Preußischen Kultusministerium in Aussicht gestellte jährliche Betrag jeweils 80.000 Reichsmark.[9] Er wurde allerdings durch einen Zuschuss des Reichsinnenministeriums ergänzt, im genannten Jahr um 10.000 RM (1931: 5.000 RM; 1932: 8.000 RM), die in Raten gezahlt wurden. Für die Auslandsarbeit erhielt das IAI zusätzlich Gelder vom Auswärtigen Amt, über die es dort Rechenschaft ablegen musste. Im Rechnungsjahr 1930 waren dies 10.000 RM, im folgenden Rechnungsjahr 1931 nur noch 5.000 Reichsmark. Der Haushaltsvoranschlag des Instituts für 1931 musste auf insgesamt 87.833.01 RM abgesenkt werden, die Bibliothekshilfskraft Frau Casparius wurde entlassen.[10] Auch die wissenschaftliche Bibliothekarin Dr. Oehlke, die Bibliothekarin Mayer und der Referent von Issendorff erhielten vor-

---

bisch, die ständige Bürokraft Wöllner, die Hilfskraft (zugleich Aufsicht im Lesesaal) Kersting und der Bürogehilfe Puff (GStA, HA I, Rep. 218, Nr. 235; Hagen, "Ibero-Amerikanisches Institut", [1933]). Die seit dem 1.4.1931 am IAI tätige Edith Faupel wurde ab Oktober 1931 aus dem Institutsfonds und vor allem aus Sondermitteln des Preußischen Kultusministeriums finanziert. Sie erhielt am 28.10.1931 300 RM aus Institutsfonds, am 14.4.1932 300 RM aus Institutsfonds, am 28.11.1932 und am 11.4.1932 jeweils 600 RM vom Kultusministerium und am 14.9.1933 300 RM aus Institutsfonds. Für März 1934 waren ihr 300 RM zugesagt worden. Außerdem sollte sie, falls das Auswärtige Amt am Jahresende 1933 dem Institut mindestens 2.000 RM anweisen würde, davon 600 RM rückwirkend erhalten (IAI, Dok, "Personalakten: Edith Faupel", Schriftwechsel mit dem Preußischen Ministerium für Wissenschaft, Kunst und Volksbildung und Aktennotizen. Die Akte enthält keine Dokumente aus der Zeit nach 1933).

[9]   Bereits im Jahr 1931 wurde er auf 71.820 RM gekürzt (GStA, HA I, Rep. 218. Nr. 235, IAI [Boelitz] an Preußisches Ministerium für Wissenschaft, Kunst und Volksbildung, 7.9.1931; IAI an Porto-Seguro, 30.10.1929).

[10] GStA, HA I, Rep. 218, Nr. 211, AA an IAI, 26.8.1931; Boelitz an AA, 28.7. 1931, Boelitz an AA, 20.11.1930; AA an IAI, 7.11.1930; GStA, HA I, Rep. 218, Nr. 235, IAI [Boelitz] an Preußisches Ministerium für Wissenschaft, Kunst und Volksbildung, 7.9.1931; GStA, HA I, Rep. 218, Nr. 236, IAI an Reichsministerium des Innern, 10.6.1933.

sorgliche Kündigungen.[11] Ab 1932 wurde der Institutshaushalt, der sich im genannten Jahr auf 78.767,15 RM belief,[12] zusätzlich dadurch belastet, dass die Heizkosten für die im Marstall genutzten Räumlichkeiten nun selbst aufgebracht werden mussten.[13] Da dies im Haushalt ursprünglich nicht vorgesehen war, mussten zusätzliche Mittel fließen. Das Preußische Kultusministerium verwendete sich deshalb beim Auswärtigen Amt für eine Erhöhung der Reichszuschüsse:

> Dem Auswärtigen Amt ist bekannt, daß das Institut sich mit wachsendem Erfolg um die Pflege der kulturellen Beziehungen zwischen Deutschland und Ibero-Amerika bemüht. Diese Tätigkeit, die von vornherein bei der räumlichen Unterbringung berücksichtigt worden ist, tritt immer mehr in den Vordergrund, s[o]daß es nach außen hin den Anschein hat, als handele es sich um ein Reichsinstitut. Dieser Eindruck wird verstärkt durch Vorträge und Veranstaltungen, an denen sich der Wirtschaftsverband für Süd- und Mittel-Amerika, die Deutsch-Spanische und die Deutsch-Ibero-Amerikanische Gesellschaft beteiligen.

> Leider trug die Bemessung der Reichszuschüsse dieser Sachlage bisher nicht genügend Rechnung. Ich möchte deshalb bitten, wenigstens den ursprünglichen Reichszuschuß von 20 000 RM schon in diesem Jahre wieder herzustellen. Denn neben dem im Voranschlag ausgeworfenen Staatszuschuß von 61 000 RM bestreitet mein Ministerium alljährlich aus Zentralfonds noch andere mit dem Institut zusammenhängende Aufwendungen, darunter die an Professor Quesada für die Überlassung seiner Bibliothek zu zahlende Jahresrente von 12 000 RM. Der Gesamtaufwand für das Institut ist bei der gegenwärtigen Finanzlage nur unter dem Ge-

---

[11] "Diese vorsorgliche Kündigung ist zum 1. November 1931 in der Weise erfolgt, dass zwar die weitere aushilfsweise Beschäftigung dieser drei Kräfte bis zum 31. März 1932 unter den bisherigen Bezügen vorgesehen ist, dass ich mir aber anderseits vorbehalten habe, eine 14tägige Kündigung der aushilfsweisen Beschäftigung jeweils zum 1. des Kalendermonats aussprechen zu können" (GStA, HA I, Rep. 218, Nr. 235, IAI [Boelitz] an Preußisches Ministerium für Wissenschaft, Kunst und Volksbildung, 7.9.1931). Bereits 1930 hatte Boelitz auf ein Rundschreiben vom 17.12. hin Kündigungen der Anstellungsverträge zum Zweck der Kürzung der Angestelltenbezüge aussprechen müssen (GStA, HA I, Rep. 218, Nr. 236, Boelitz an den Verwaltungsdirektor der Friedrich-Wilhelms-Universität, 20.12.1930). Im März 1931 mahnte die AOK Berlin das IAI, da die Angestellten mit einem Einkommen zwischen 300 und 700 RM noch nicht zur Arbeitslosenversicherung angemeldet worden waren (GStA, HA I, Rep. 218, Nr. 90, Allgemeine Ortskrankenkasse der Stadt Berlin an IAI, 31.3.1931).

[12] Aus preußischen Staatsmitteln 65.730 RM, vom AA 5.000 RM, vom Reichsministerium des Innern 8000 RM (GStA, HA I, Rep. 218, Nr. 211, Boelitz an AA, 10.6.1933).

[13] Für 1932 handelte es sich um einen Betrag von 3.560 RM (GStA, HA I, Rep. 218, Nr. 235, Preußisches Ministerium für Wissenschaft, Kunst und Volksbildung an AA [Durchschlag für das IAI], 6.6.1933).

sichtspunkt zu rechtfertigen, daß das Institut eben nicht bloß eine preußische Pflegestätte wissenschaftlicher Arbeit und Forschung ist[,] sondern darüber hinaus ein geistiges Bindeglied zwischen Deutschland und den ibero-amerikanischen Ländern. Die veränderten politischen Verhältnisse legen meines Erachtens die Frage nahe, ob das Institut nicht in engere Verbindung mit dem Reich gebracht werden sollte.[14]

Im März 1934 stand das IAI unter der Leitung des Stellvertretenden Direktors Prof. Otto Quelle. Quelle konnte dem Auswärtigen Amt auf dessen Nachfrage zwar Exemplare der Einnahmen- und Ausgabenabrechnungen für die Jahre 1931 und 1932 sowie die Berichte über die Entwicklung des IAI vom 1.4.1931-31.3.1933 vorlegen, doch hatte er über das gerade ablaufende Haushaltsjahr keine Informationen: "Sollten Sie über die Entwicklung des Instituts in dem Berichtsjahr 1933/34 irgendwelche Unterlagen wünschen, so könnte ich Ihnen dieselben allerdings nur mündlich geben, da schriftliche Unterlagen z.Zt. noch nicht vorliegen", schrieb Quelle am 19.3.1934 an Oberregierungsrat a.D. Dr. Morsbach vom Auswärtigen Amt.[15]

Im Mittelpunkt der Arbeit des Ibero-Amerikanischen Instituts standen in den Gründungsjahren der Aufbau und die Katalogisierung der Bibliothek. Diese wurde von dem Bibliotheksrat Dr. Hermann Hagen geleitet,[16] der dem ohnehin schon großen Bestand weitere Bände und Karten hinzufügen konnte. Der größte Teil der Neuzugänge beruhte auf Schenkungen, Rezensionsexemplaren oder im Austausch erworbenen Bänden. 1930 sammelte die Deutsche Gesandtschaft in Lima 150 Bücher von peruanischen Intellektuellen und dem dortigen Außenministerium für das IAI.[17] Von den 3.571 neuen Bänden für die

---

[14]   GStA, HA I, Rep. 218, Nr. 235, Preußisches Ministerium für Wissenschaft, Kunst und Volksbildung an AA [Durchschlag für das IAI], 6.6.1933. Das Auswärtige Amt sagte einen Jahreszuschuss von 14.000 RM zu, die Heizkostenumlage sollte jedoch das Preußische Kultusministerium zahlen (GStA, HA I, Rep. 218, Nr. 211, AA an Boelitz, 14.9.1933).

[15]   GStA, HA I, Rep. 218, Nr. 285, Quelle an Morsbach, 19.3.1934; Preußisches Ministerium für Wissenschaft, Kunst und Volksbildung an IAI, 5.3.1934.

[16]   Außerdem arbeiteten dort: die wissenschaftliche Bibliothekarin Dr. Hedda Oehlke, die Bibliothekarin Mia Koffka (bis 31.6.1932), die Hilfsarbeiterin Carmen Quelle, die Volontärin Barbara Maria Stephan (ab 1.11.1932), der Techniker Bialkowski (Bedienung der Adrema-Maschinen), der Buchbinder Müller und die Studienrätin Resch (unbesoldet, als Buchbinderin) (GStA, HA I, Rep. 218, Nr. 235; Hagen, "Ibero-Amerikanisches Institut", [1933]).

[17]   GStA, HA I, Rep. 218, Nr. 211, Deutsche Gesandtschaft in Lima an IAI, 8.12. 1930.

Bibliothek im Haushaltsjahr 1932 wurden nur 183 durch Kauf erworben (1930: 860 Bände; 1931: 334).[18] Die weitaus meisten eingehenden Bücher betrafen die Länder Spanien (712 der Neuzugänge), Mexiko (553) und Argentinien (536). Auch laufende Zeitschriften und Zeitungen wurden angeschafft, jedoch gab es bei den Titeln eine hohe Fluktuation und eine unregelmäßige Zustellung.[19] Bis zum 31.10.1932 war etwa ein Drittel des Bibliotheksbestandes handschriftlich katalogisiert worden (29.800 Titel mit schätzungsweise 40.000 Bänden). Der Druck von Titelkärtchen auf der Adrema-Maschine ging wesentlich langsamer vor sich und umfasste erst ein Zwölftel des Gesamtbestandes.[20] Die Bibliothek war von 9-17 Uhr (sonnabends von 9-13 Uhr) für Benutzer geöffnet. Wegen Personalmangels konnten sie nicht durchgehend beaufsichtigt werden, viele trugen sich nicht in das Benutzerbuch ein. Trotzdem wurden keine Diebstähle festgestellt. Hagen schätzte die Benutzerzahl auf durchschnittlich acht bis zehn Personen täglich. Nur wenige Bücher wurden außer Haus oder als Fernleihe herausgegeben.[21]

Neben den Arbeiten in der Bibliothek wurden jeweils im Winterhalbjahr, meist in Zusammenarbeit mit dem Wirtschaftsverband für Süd- und Mittelamerika, Vorträge veranstaltet[22] und bei der Feier des

---

[18] GStA, HA I, Rep. 218, Nr. 235; Hagen, "Ibero-Amerikanisches Institut" [1933].

[19] GStA, HA I, Rep. 218, Nr. 235; Hagen, "Ibero-Amerikanisches Institut" [1933].

[20] GStA, HA I, Rep. 218, Nr. 235, Verhandlungsschrift über die Sitzung des Kuratoriums des IAI am 5.11.1932.

[21] GStA, HA I, Rep. 218, Nr. 235; Hagen, "Ibero-Amerikanisches Institut", [1933]. Fernleihen gingen hauptsächlich an Staatsbehörden wie das Auswärtige Amt, Reichsministerien oder Preußische Ministerien sowie an die ibero-amerikanischen Gesandtschaften (GStA, HA I, Rep. 218, Nr. 236, Bericht über die Entwicklung des Ibero-Amerikanischen Instituts in Berlin vom 1. April 1931-31. März 1932).

[22] Zu den Vortragsthemen vgl. Anhang 1. "Diese Vorträge waren meist ausgezeichnet besucht, und es zeigte sich ein immer mehr zunehmendes Interesse der ibero-amerikanischen Kreise. An die Vorträge schloss sich regelmäßig ein geselliges Beisammensein an, für das der Wirtschaftsverband für Süd- und Mittelamerika die Kosten trug," hieß es im Protokoll der Kuratoriumssitzung im Jahr 1932 (GStA, HA I, Rep. 218, Nr. 235, Verhandlungsschrift über die Sitzung des Kuratoriums des IAI am 5.11.1932). Der Wirtschaftsverband residierte seit Sommer 1931 ebenfalls im Marstall (GStA, HA I, Rep. 218, Nr. 236, Bericht über die Entwicklung des Ibero-Amerikanischen Instituts in Berlin vom 1. April 1931-31. März 1932).

Día de la Raza[23] und bei weiteren Gelegenheiten politisch-repräsentative Aufgaben übernommen. Zu diesen gehörten zum Beispiel auch eine Geburtstagsfeier zu Ehren des Stifters Ernesto Quesada, bei der 1932 Büsten von Ernesto Quesada und seinem Vater, dem Bibliotheksgründer Vicente Quesada, im IAI enthüllt wurden.[24] Größere Aufmerksamkeit erfuhren auch die Bolívar-Feiern vom 17.12.1930, anlässlich derer ein Telegrammwechsel zwischen dem Institut und dem venezolanischen Präsidenten stattfand, und vom 19.12.1932, als eine von Präsident Gómez gestiftete Büste Simón Bolívars im IAI eingeweiht wurde.[25] Zwei Tage vorher, am Todestag Bolívars, hatten die Gesandten von Venezuela, Kolumbien, Bolivien, Peru, Panama und Ecuador in der venezolanischen Botschaft die Bolívar-Humboldt-Stiftung gegründet, die "die Erinnerung an den Befreier Simón Bolívar und den Gelehrten Alexander von Humboldt auf jede Art und Weise" erhalten wollte.[26] Neben dem Wirtschaftsverband für Süd- und

---

[23] "Der Pflege der kulturellen Beziehungen dienten ferner die Veranstaltungen des *Día de la Raza*, die jeweilig am 12. Oktober im Festsaal des Ibero-Amerikanischen Instituts abgehalten werden und an denen das gesamte diplomatische Corps der süd- und mittelamerikanischen Staaten, die deutschen Reichs- und Staatsbehörden und weiteste Kreise der Berliner Gesellschaft teilzunehmen pflegen. Das Programm setzt sich jeweils so zusammen, dass nach musikalischen Darbietungen Ansprachen des Direktors des Instituts, der Reichs- oder Staatsbehörden und einiger Vertreter der ibero-amerikanischen Staaten folgen. Geschlossen wird dann die Veranstaltung durch eine Ansprache des spanischen Botschafters" (GStA, HA I, Rep. 218, Nr. 235, Verhandlungsschrift über die Sitzung des Kuratoriums des IAI am 5.11.1932). Zur Bedeutung des *Día de la Raza* vgl. den Beitrag von Dawid D. Bartelt in diesem Band.

[24] Die dabei gehaltenen Reden wurde vom IAI veröffentlicht: *Quesada-Feier. Reden gehalten am 1. Juni 1932 im Festsaal des Ibero-Amerikanischen Instituts, Berlin, bei der feierlichen Übergabe der Büsten von Ernesto Quesada und Vicente G. Quesada* (1932).

[25] *Simón Bolívar. Discursos pronunciados el día 19 de diciembre de 1932, en el Salón de Actos del Instituto Ibero-Americano de Berlín, con motivo de la solemne entrega del busto de Simón Bolívar* (1933).

[26] GStA, HA I, Rep. 218, Nr. 235, Hagen, "Ibero-Amerikanisches Institut", [1933]; Boelitz an Preußisches Ministerium für Wissenschaft, Kunst und Volksbildung, 24.5.1933; Boelitz an Preußisches Ministerium für Wissenschaft, Kunst und Volksbildung, 13.1.1933; Boelitz an Preußisches Ministerium für Wissenschaft, Kunst und Volksbildung, 14.11.1932. Die Satzung der Stiftung, die sich wegen Kapitalmangels zuerst als Verein konstituierte, wurde erst 1933 erlassen. Ihr standen zwei Präsidenten vor, ein ibero-amerikanischer und ein deutscher, die eigentlich gleichberechtigt sein sollten. Der gesetzliche Vertreter der Stiftung im Sinne des BGB wurde jedoch der deutsche Präsident, zu dem in der Gründungs-

Mittelamerika bestand auch eine Zusammenarbeit mit der Deutsch-
Spanischen Gesellschaft.[27] In dem an das Reichsinnenministerium
gerichteten Tätigkeitsbericht des IAI (1.4.1931-31.3.1932) betonte
Boelitz die Funktion des Instituts als Anlaufstelle, die Deutsche und
Süd- und Mittelamerikaner zusammenbrachte und vielfältigen Interes-
sen dienlich war:

> Zu unserer Freude können wir auch über eine zunehmende Zahl süd- und
> mittelamerikanischer Besucher berichten. Wohl in jedem einzelnen Fall
> konnten die Besucher mit den ihnen wertvollen deutschen Kreisen in
> kürzester Zeit in Verbindung gebracht werden. In erster Linie handelt es
> sich um Fühlungnahme auf wissenschaftlichem Gebiet; aber auch in al-
> len anderen Fragen, die in den Bereich der deutsch-ibero-amerikanischen
> Beziehungen fallen, standen wir gern zur Verfügung. So haben wir uns
> um den Abgesandten der Regierung von Uruguay, der das Feuerlöschwe-
> sen in Deutschland studieren sollte, oder die Leiterin des mexikanischen
> Bibliothekswesens, die sich für deutsches Bildungswesen und besonders
> deutsche Bibliotheken interessierte, mit der gleichen Sorgfalt bemüht,
> wie etwa um den argentinischen Großgrundbesitzer, der für den Aus-
> tausch seiner landwirtschaftlichen Produkte besorgt war, oder den perua-
> nischen Arzt, der neue Verbindungen in Deutschland anknüpfen wollte.
> Und ebenso schenkten wir natürlich auch den verschiedensten deutschen
> Interessen dieselbe Aufmerksamkeit, ganz gleich, ob es sich um den Be-
> such Dr. Eckeners handelte, um die Ausfahrt des Kreuzers "Karlsruhe"
> oder um die Vorbereitung einer vom deutsch-österreichischen Alpen-
> Verein finanzierten grosszügigen Bergexpedition nach Peru oder Boli-
> vien. Besonders gross war die Zahl deutscher Wissenschaftler und vor al-
> lem deutscher Lehrer und Ärzte aus Süd- und Mittelamerika, die immer

---

versammlung Boelitz gewählt worden war und der laut Satzung immer der Präsi-
dent des IAI sein musste. Ibero-amerikanischer Präsident wurde der Gesandte
von Venezuela. An der Gründungsversammlung nahmen neben den Präsidenten
teil: Prof. Dr. Carlos Anze-Soria (Gesandter von Bolivien), Admiral Behncke,
Dr. Manuel José Casas (Vertreter von Kolumbien), Generalmajor a.D. Faupel,
Henrique E. Gildemeister (Gesandter von Peru), Bankdirektor W. Graemer,
Prof. Dr. Hase, Ministerialdirektor a.D. Heilbron, Legationsrat Hilario Machado
Guerra, Legationssekretär Federico Nielsen-Reyes, Dr. Karl Heinrich Panhorst,
Zeitungsverleger Richard Parske, Prof. Dr. Quelle, Rechtsanwalt Dr. Simon, Ge-
neralkonsul Tama (Vertreter der Republik Ecuador), Prof. Troll, Dr. Francisco
Villalaz C. (Geschäftsträger der Republik Panama). Vgl. auch *Fundación Bolí-
var-Humboldt* (1938).

[27] GStA, HA I, Rep. 218, Nr. 235, Verhandlungsschrift über die Sitzung des Kuratoriums des IAI am 5.11.1932; Boelitz an Ministerialdirektor Prof. Dr. Richter
(Preußisches Ministerium für Wissenschaft, Kunst und Volksbildung), 1.7.1931;
GStA, HA I, Rep. 218, Nr. 236, Bericht über die Entwicklung des Ibero-Amerikanischen Instituts in Berlin vom 1. April 1931-31. März 1932.

wieder bezeugten, wie wertvoll unsere Institution für deutsches Ansehen in Übersee sei.[28]

Im Protokoll der Kuratoriumssitzung von 1932 wurden unter den wissenschaftlichen Arbeiten des IAI neben der Teilnahme dreier Vertreter am Amerikanisten-Kongress in Hamburg im September 1930[29] samt Herausgabe einer Festschrift zu diesem Anlass folgende Tätigkeiten genannt:

> Die Neuordnung der Kartensammlung des Instituts, die Sammlung biographischen Materials über deutsche Forschungen in Süd- und Mittelamerika, die Veröffentlichung einer vollständigen Übersicht über die wissenschaftlichen Lehr- und Forschungsinstitute in Süd- und Mittelamerika, die Veröffentlichung einer Studie über die Stadtgeographie von Rio de Janeiro, die Bearbeitung der kritischen Bibliographie über die Fortschritte der Länderkunde von Süd- und Mittelamerika, die Beendigung aller Vorarbeiten für eine grössere Monographie über "Innertropische Arbeiterwanderungen". Ferner wurde auf juristischem Gebiet über die Frage der Meistbegünstigung in den Handelsverträgen der iberoamerikanischen Länder und ihre Ausnahmen sowie über die neue spanische Verfassung gearbeitet. In Angriff genommen sind auch Arbeiten über die gesetzliche Regelung der Minderheitenfrage in Ibero-Amerika. Eine Reihe von Mitgliedern des Instituts arbeitet ferner mit an dem neuen "Brockhaus", dem Handwörterbuch des Grenz- und Auslanddeutschtums, dem Handbuch der geographischen Wissenschaft und anderen Sammelwerken. Die Artikel des Handwörterbuchs des Grenz- und Auslanddeutschtums, die ibero-amerikanische Fragen behandeln, werden regelmässig dem Institut zur Begutachtung vorgelegt. Ferner werden die Referenten in der Frage der Übersetzung spanischer wissenschaftlicher Werke ins Deutsche und deutscher wissenschaftlicher Werke ins Spanische häufiger in Anspruch genommen.[30]

In vier Räumen des Instituts hatten Peter Bock und Major von Issendorf eine Dauerausstellung aufgebaut, die ethnographisches, mineralogisches und zoologisches Material aus Peru sowie landwirtschaftliche und industrielle Erzeugnisse aus Mexiko, Peru und Venezuela zeigte, die vorher von den Erzeugerländern auf der Ibero-Amerikanischen Ausstellung in Sevilla 1930 präsentiert worden waren. Zum Jahreswechsel 1931/32 beteiligte sich das IAI an einer Ausstellung

---

[28] GStA, HA I, Rep. 218, Nr. 236, Bericht über die Entwicklung des Ibero-Amerikanischen Instituts in Berlin vom 1. April 1931-31. März 1932.

[29] Am nächsten Kongress 1932 in Buenos Aires konnten aus finanziellen Gründen keine Institutsmitglieder teilnehmen.

[30] GStA, HA I, Rep. 218, Nr. 235, Verhandlungsschrift über die Sitzung des Kuratoriums des IAI am 5.11.1932.

altamerikanischer Kunst der Preußischen Akademie der Künste und der Staatlichen Museen.[31]

3. Das IAI unter Faupel (1934-1945)

3.1 Die institutionelle Entwicklung

Unter General Faupel wurde das Ibero-Amerikanische Institut zentral gelenkt und zu einer Mittelstelle für alle die spanisch- und portugiesischsprachigen Länder betreffenden Fragen umgestaltet. Es war dabei eng mit dem Auswärtigen Amt, insbesondere der Kulturabteilung,[32] und der NSDAP/A.O. vernetzt.[33] Auch die Zusammenarbeit mit dem Reichsministerium für Volksaufklärung und Propaganda wurde enger.[34] Faupels Amtszeit lässt sich in zwei Phasen teilen: vor und nach 1938. Die gut einjährige Unterbrechung seiner Präsidentschaft durch die Botschaftertätigkeit in Spanien von November 1936 bis Februar 1938 bedeutete für das IAI keinen grundsätzlichen Wandel. Sein Nachfolger Generalmajor a.D. Albrecht Reinecke blieb eine blasse Figur, die im Sinne Faupels, aber anscheinend ohne dessen Autorität weiteragierte. Faupel hatte ihn selbst für das Amt vorgeschlagen:

> Unter Bezugnahme auf meine Besprechung mit den Herren Zschintz und Ministerialdirektor Professor Dr. Vahlen, sowie auf Grund meines ges-

---

[31] GStA, HA I, Rep. 218, Nr. 235, Verhandlungsschrift über die Sitzung des Kuratoriums des IAI am 5.11.1932; GStA, HA I, Rep. 218, Nr. 236, Bericht über die Entwicklung des Ibero-Amerikanischen Instituts in Berlin vom 1. April 1931-31. März 1932; *Ausstellung altamerikanischer Kunst veranstaltet von den Staatlichen Museen in Gemeinschaft mit der Preußischen Akademie der Künste und dem Ibero-Amerikanischen Institut zu Berlin* (1931).

[32] 1936 wurde die Kulturabteilung in Kulturpolitische Abteilung umbenannt (Michels 1998: 13, Anmerkung).

[33] Vgl. den Schriftwechsel des IAI mit der NSDAP/A.O. in GStA, HA I, Rep. 218, Nr. 238 und Nr. 239. In diesen Akten finden sich unter anderem Berichte von den NSDAP-Landesgruppenleitern in Lateinamerika, politische Berichte und Berichte über Deutschlandreisende.

[34] 1936 ließ W. Faupel das von ihm im Auftrag des Propagandaministeriums rezensierte Buch *Brasilien* von Johannes Reinwaldt verbieten: "Auf Ihr Schreiben [...] teile ich mit, dass ich nach Prüfung das Geheime Staatspolizeiamt veranlasst habe, für eine sofortige Beschlagnahmung des oben genannten Buches Sorge zu tragen. Der Präsident der Reichsschrifttumskammer wurde gebeten, das Buch auf Liste I des schädlichen und unerwünschten Schrifttums zu setzten." GStA, HA I, Rep. 218, Nr. 239, W. Faupel an NSDAP/A.O., 17.2.1936; vgl. auch in derselben Akte das Gutachten Faupels für das Reichsministerium für Volksaufklärung und Propaganda vom 22.1.1936.

tern mit dem Herrn Reichsminister für Wissenschaft, Erziehung und Volksbildung gehaltenen Vortrages beantrage ich:

1. Es möge der Generalmajor a. D. Reinecke (Lichterfelde, Hindenburgdamm 130) mit meiner Vertretung als Präsident des Ibero-Amerikanischen Instituts so lange betraut werden, bis sich nach Ablauf einiger Monate ein klareres Bild über meine Tätigkeit in Spanien gewinnen lässt.

   Generalmajor a.D. Reinecke war vor dem Kriege etwa 5 Jahre Lehrer an der Kriegsakademie in Buenos Aires, spricht gut Spanisch und ist mit den Verhältnissen des Ibero-Amerikanischen Instituts vertraut. Insbesondere ist er in der Lage, die Beziehungen mit dem ihm persönlich bekannten diplomatischen Vertretern des ibero-amerikanischen Kulturkreises in der erforderlichen Weise aufrecht zu erhalten.

2. Es möge der ibero-amerikanische Kulturkreis stärker als bisher berücksichtigt werden, da seine steigende Bedeutung, ganz besonders die Notwendigkeit eines von uns ausgehenden kulturellen Einflusses auf Spanien, zur Zeit mit größter Dringlichkeit zu Tage tritt.[35]

Nach Faupels Rückkehr wurden einige Neuerungen am Institut eingeführt. Neben die Länderreferate wurden eine Betreuungsabteilung (geleitet von Dr. Edith Faupel), ein Referat für Philosophie und weltanschauliche Fragen (geleitet von Heinrich Müller, der auch Herausgeber der neuen Zeitschrift *Ensayos y Estudios* wurde) und eine Musikabteilung (geleitet von Richard Klatovsky)[36] gestellt. Auch der Generalsekretär des Instituts, der das nach dem Präsidenten wichtigste Amt bekleidete, wechselte 1938.[37] Während in der ersten Phase noch manche der als Kulturpolitik behandelten Themen in die Zeit des Ersten Weltkriegs und der Rivalität zu Frankreich zurückreichten, so stand die zweite Phase unter einem starken Interesse am Spanien Francos und an Salazars Portugal.[38] Ferner wurde in Lateinamerika

---

[35] GStA, HA I, Rep. 218, Nr. 285, W. Faupel an Reichs- und Preußisches Ministerium für Wissenschaft, Erziehung und Volksbildung, 27.11.1936.

[36] Dass diese Musikabteilung ihre Aufgabe durchaus als politisch verstand, belegt der Bericht Klatovskys über seine zweite, im Auftrag der Deutsch-Spanischen und der Deutsch-Ibero-Amerikanischen Gesellschaft 1942 erfolgten Reise nach Spanien und Portugal (GStA, HA I, Rep. 218, Nr. 218, W. Faupel an AA, 18.5.1942, mit Klatovskys 17-seitigem Bericht in der Anlage).

[37] Im selben Jahr wurde mit der Veröffentlichungsreihe *Quellenwerke zur alten Geschichte Amerikas, aufgezeichnet in den Sprachen der Eingeborenen* begonnen.

[38] Dies äußerte sich nicht nur in der Betreuung von Besuchern, Wissenschaftlern und Studenten (vgl. Anhang 2), sondern auch in Ausstellungen. Von März bis April 1942 veranstaltete das IAI zusammen mit der Deutsch-Spanischen Gesellschaft die Ausstellung "Spanische Kunst der Gegenwart" in der Preußischen

der US-amerikanische Einfluss stärker beobachtet. Der Weltkrieg ließ
die Beziehungen des IAI zu Lateinamerika keineswegs abbrechen,
allerdings erschwerten die Kommunikationshemmnisse zunehmend
Besuche und den direkten Austausch. Die Lage der Deutschen und
Deutschstämmigen in Lateinamerika erhielt vor allem nach Kriegsbeginn ein größeres Gewicht.[39]

Im Oktober 1934 übernahm Faupel die Leitung der für die Zusammenarbeit mit dem Institut relevanten Wirtschaftsorganisationen.
In das Vereinsregister wurde am 5.10.1934 für den Wirtschaftsverband für Süd- und Mittelamerika (gegründet unter Mitwirkung des
Deutsch-Argentinischen Central-Verbands und des Deutsch-Brasilianischen Handelsverbandes) eingetragen, dass General a.D. Wilhelm
Faupel, Major a.D. von Jagwitz und Bankdirektor Fischbeck als Vorstand zum Zwecke der Geschäftsführung bestellt worden waren.[40] Am
selben Tag wurden die drei Genannten auch als Vorstand des Deutsch-
Argentinischen Central-Verbands zur Förderung wirtschaftlicher Interessen eingetragen, Faupel und von Jagwitz außerdem als Vorstand
des Deutsch-Brasilianischen Handelsverbands und, am 8.10.1934, der
Deutsch-Mexikanischen Handelskammer.[41]

1938, nach seiner Rückkehr vom Botschafteramt in Spanien, erin-
nerte General Faupel seine Mitarbeiter im Institut durch einen Umlauf

---

Akademie der Künste, deren Werke auch verkauft wurden (*Ausstellung Spanischer Kunst der Gegenwart* 1942). Zeitlich direkt anschließend fand in der zweiten Aprilhälfte 1942 in der Berliner Kunsthalle eine Ausstellung portugiesischer
Künstler statt (GStA, HA I, Nr. 218, W. Faupel an AA, 26.5.1942).

[39] Im Mai 1940 erstellte das IAI für das Auswärtige Amt eine Liste der in Latein-
amerika tätigen deutschen Gelehrten (GStA, HA I, Rep. 218, Nr. 217, IAI an AA,
22.5.1940). 1941 folgte eine Liste der in "Süd- und Mittelamerika einschließlich
Mexiko sowie in Portugal und Spanien bestehende[n] Einrichtungen, die auf dem
Gebiet der kulturellen Zusammenarbeit mit Deutschland tätig sind" (GStA, HA I,
Rep. 218, Nr. 218, von Merkatz an AA, 13.11.1941). Im Sommer 1942 übergab
das IAI dem Gesandtschaftsrat Ahrens von der Kulturpolitischen Abteilung des
Auswärtigen Amtes eine Ausarbeitung über deutsch-argentinische Kulturinstitute
in Buenos Aires und über das Instituto Cultural Chileno (GStA, HA I, Aktennotiz
von Merkatz, 10.7.1942). Im selben Jahr erhielt das IAI (neben anderen Institutionen) zahlreiche Namenslisten der aus den lateinamerikanischen Staaten zurück-
kehrenden Deutschen (GStA, HA I, Rep. 218, Nr. 218).

[40] GStA, HA I, Rep. 218, Nr. 706, Amtsgericht Berlin-Charlottenburg, 6.10.1934
[Abschrift].

[41] GStA, HA I, Rep. 218, Nr. 706, Amtsgericht Berlin-Charlottenburg, 6.10.1934
[Abschrift].

an die hierarchische Ordnung, die durch das Interregnum Reineckes und durch Auseinandersetzungen zwischen Quelle und Hagen gelitten hatte.[42]

Umlauf!

Einige Sonderfälle veranlassen mich zu folgender Anordnung:

An fremdländische diplomatische Vertretungen in Deutschland, ebenso wie an deutsche diplomatische Vertretungen im Ausland gerichtete Schreiben der Mitarbeiter des Instituts (einschliesslich Ärzte-Akademie, Centro de Estudios Pedagógicos usw.) sind mir grundsätzlich im Entwurf vorzulegen. Das Gleiche gilt von Schreiben, die an die Pan-American Union abgehen.

Der Inhalt von schriftlichen, mündlichen oder telefonischen Verhandlungen der Mitarbeiter des Instituts usw. mit den Vertretern der Reichsministerien oder führenden Parteistellen ist mir vorher oder, falls das in dringenden Fällen zeitlich nicht durchführbar, hinterher zur Kenntnis zu bringen.

Diese Verfügung ist bei den Mitarbeitern des Instituts usw. am 1.X. und 1.IV. jedes Jahres erneut durch Umlauf in Erinnerung zu bringen; desgleichen sind alle neu hinzutretenden Mitarbeiter sofort mit dem Inhalt dieser Verfügung bekannt zu machen.[43]

Obwohl sich die Modalitäten der Finanzierung des Instituts für die Jahre Faupels noch nicht zufriedenstellend klären ließen, so kann man doch feststellen, dass sich die Lage im Vergleich zu den Jahren 1931-1933 entspannte. Das Auswärtige Amt finanzierte durch Einzelbewilligungen einen Großteil der kulturpolitischen Aktivitäten des IAI, und es war für viele von ihnen der direkte Auftraggeber.[44] So gab es 1935 eine Beihilfe von 350 RM zu einer Studienreise von Prof. Dr. med. Enrique Encinas nach Paris, deren kulturpolitischer Auftrag darin bestand, ibero-amerikanische Studenten von Frankreich nach Deutschland abzuwerben.[45] Vom 1. Januar bis 30. Juni 1940 wurden der spa-

---

[42] Vgl. dazu GStA, HA I, Rep. 218, Nr. 602, Hagen "Äusserungen zu dem Entwurf des Herrn Präsidenten des Ibero-Amerikanischen Instituts vom 4. Mai 1938, Weisungen für Herausgabe des 'Ibero-Amerikanischen Archivs'". Die Konflikte mit Quelle verschärften sich 1943, als es zu Streitigkeiten über die Rechte an den von ihm in die Bibliothek eingebrachten Büchern und Karten ging. Vgl. IAI, Dok, "Verschiedenes".

[43] GStA, HA I, Rep. 218, Nr. 264, W. Faupel, 19.7.1938.

[44] Der Kulturpolitischen Abteilung des Auswärtigen Amtes standen 1931 6,6 Millionen RM zur Verfügung, 1939 waren es 8,6 Millionen RM, 1943 sogar 20,9 Millionen RM (Michels 1998: 16).

[45] GStA, HA I, Rep. 218, Nr. 213, AA an IAI, 15.1.1936; W. Faupel an AA, 3.1. 1936. "Encinas hat es verstanden, drei peruanische und zwei ecuatorianische

nische Schriftsteller und Journalist der Zeitung *ABC*, César Ruano, und seine Ehefrau auf Antrag des IAI vom Auswärtigen Amt über das Institutskonto mit monatlich 300 RM unterstützt.[46] Prof. Quelle erhielt 1941 für einen Vortrag über die "deutschen Kulturleistungen in Brasilien" ein Honorar von 250 RM vom Auswärtigen Amt, außerdem übernahm dieses die Kosten der portugiesischen Übersetzung des Textes nebst Schreibarbeiten in Höhe von 255 RM.[47] Ende 1941 bewilligte das Auswärtige Amt 3000 RM für die Aufenthaltskosten des portugiesischen Arztes Dr. Alberto Madureira in Deutschland.[48] Im Sommer 1942 finanzierte es eine vom IAI organisierte Studienreise von vier spanischen Tierärzten nach Deutschland mit insgesamt 12.200 RM.[49] Allerdings sank der jährliche Haushalt, über den das IAI laut Einnahmen- und Ausgabennachweisen verfügen konnte, stark ab und betrug 1935 nur 46.535,93 RM.[50]

Bibliotheksdirektor Hagen pflegte weiterhin die Beziehungen nach Mexiko und konnte der Biblioteca Mexicana zahlreiche weitere Buchgeschenke und durch Tausch erworbene Zeitschriften hinzufügen.[51] Ab März 1940 wertete das Institut eintreffende Zeitschriften aus Spanien, Portugal und Übersee in Bezug auf ihre politische Berichterstattung für das Auswärtige Amt aus.[52] 1942 arbeitete das IAI im Auftrag des Auswärtigen Amtes und in Zusammenarbeit mit anderen Institu-

---

Ärzte zu veranlassen, von Paris nach Berlin zu kommen", schrieb Faupel. Über die Abwerbung von Studenten berichtete Encinas dem Schreiben nach "laufend" an Faupel.

[46] GStA, HA I, Rep. 218, Nr. 216, AA an IAI, 29.3.1940; W. Faupel an AA, 18.1.1940.

[47] GStA, HA I, Rep. 218, Nr. 217, AA an IAI, 3.4.1941.

[48] GStA, HA I, Rep. 218, Nr. 218, AA an IAI, 11.2.1942.

[49] GStA, HA I, Rep. 218, Nr. 218, IAI [von Merkatz] an AA, 28.7.1942.

[50] GStA, HA I, Rep. 218, Nr. 213, W. Faupel an AA. In diesem Bericht waren als Einnahmen aus Preußischen Staatsmitteln 31.480,14 RM ausgewiesen, das AA steuerte demnach 15.000 RM bei. Darüber hinaus hatte das Institut dem Bericht zufolge nur "sonstige Einnahmen" in Höhe von 55,79 RM. Auch 1936 bewilligte das Auswärtige Amt einen Betrag von 15.000 RM für das IAI (GStA, HA I, Rep. 218, Nr. 213, AA [Roth] an IAI, 27.6.1936).

[51] Zu den von ihm erbetenen Schriften gehörten die Monatlichen Mitteilungen der Landesgruppe Mexiko der NSDAP *(N.S. Herold)* ebenso, wie die von Lesern gewünschte Zeitung des mexikanischen Gewerkschaftsbundes CROM.

[52] GStA, HA I, Rep. 218, Nr. 216, IAI an AA, 1.3.1940.

tionen an einer vollständigen Bibliographie der deutschen Forschung über Chile.[53]

Tabelle 1:
Zugänge der Bibliothek während der Rechnungsjahre 1930-1937

Rechnungsjahr	Bände	Entfallend auf Werke
1930	5.840	3.243
1931	3.534	2.130
1932	3.571	2.438
1933	6.955	4.632
1934	5.114	4.163
1935	6.370	5.140
1936	8.492	5.973
1937	10.443	7.471

Quelle: Hagen (1938: 275).

3.2 Propagandamaterial

Dr. Hagen verschickte jetzt auch NS-Propagandamaterial an Personen, die daran Interesse äußerten oder die geeignete Leser zu sein schienen. Zu den versandten Schriften gehörte eine von Adolf Hitler gehaltene Rede vom 17.5.1933, aber auch das 1933 von Institutspräsident Faupel herausgegebene Sammelwerk *Ibero-América y Alemania*, das in mehreren Beiträgen die Frage der erzwungenen deutschen Abrüstung nach dem Ersten Weltkrieg aufgriff und auch die genannte Hitlerrede abdruckte.[54] Roberto Quirós Martínez, der Hagen sein Buch *El problema del proletariado en México* zur Rezension zugesandt hatte, erhielt unter anderem die Schriften *El Sarre. Una palpitante cuestión europea* und *Los factores potenciales de Alemania y Francia*. Er benutzte

---

[53]   GStA, HA I, Rep. 218, Nr. 218, AA an W. Faupel, 9.5.1942; W. Faupel an AA, 23.4.1942.

[54]   GStA, HA I, Rep. 218, Nr. 68, Hagen an Animas, 10.5.1935. Der mexikanische Schriftsteller Leonardo Animas hatte dem Ibero-Amerikanischen Institut zuvor unter anderem zehn Exemplare seines *Epistolario erótico e instructivo* zugesandt. Kurz darauf erbat er sich von Hagen den Band *Ibero-América y Alemania*, den er bei der Dirección General de Educación in Jalapa (Veracruz) kennengelernt hatte. Außerdem bekundete er Interesse an weiterer Literatur: "[...] histórica, discursos alemanes, de medicina, y alguno más que trate de socialismo, que *estén escritos en español* y que no sean de las teorías de Carlos Marx y Federico Hengels [sic]" (GStA, HA I, Rep. 218, Nr. 68, Animas an Hagen, 16.2.1935).

sie, um einige Zeitungsartikel mit dem Material zu schreiben.[55] Berta
von Glümer, die als Profesora de Literatura Infantil in der Escuela
Nacional de Maestros in Mexiko-Stadt in das Blickfeld des IAI geraten war und dieses mit Schriften versorgt hatte, erhielt Hitlers Rede
"Un año de nacionalsocialismo en Alemania" sowie die Broschüre
El territorio del Sarre.[56] Gleich zehn Schriften über die Saarfrage
erhielt Concepción Villareal in San Pedro de las Colonias (Coahuila,
Mexiko) als Dank für ihren neuesten Gedichtband.[57] Der deutschen
Schule in Mexiko-Stadt übermittelte Hagen über die NSDAP-Landes-
gruppe ein Foto von Ministerpräsident Göring mit dessen eigenhändi-
ger Unterschrift, etwa gleichzeitig erhielt die Schule auch ein Bild von
Reichsbildungsminister Rust.[58]

1939 gab das IAI "auf Veranlassung des Auswärtigen Amtes" den
Sammelband *Alemania y el Mundo Ibero-Americano* heraus, der ähnlich wie sein Vorgänger *Ibero-América y Alemania* von 1933 propagandistische Zwecke verfolgte.[59] Das Buch erschien in einer Auflage
von 4.000 Stück, von denen im September bereits etwa 2.000 Stück
nach Spanien, Portugal und Lateinamerika versandt worden waren.
Das Auswärtige Amt hatte für die Herstellung und Verteilung des
Bandes 7.400 RM zur Verfügung gestellt.[60]

---

[55]   GStA, HA I, Rep. 218, Nr. 68, Quirós Martínez an Hagen, 13.3.1935; Hagen an
       Quirós Martínez, 11.2.1935. Hagen vergaß nicht zu erwähnen, dass er sich für die
       Bibliothek auch das von Quirós herausgegebene, 861 Seiten starke Werk *Vida y
       obra de Abelardo Rodríguez hasta 1934* wünschte.
[56]   GStA, HA I, Rep. 218, Nr. 68, Hagen an von Glümer, 2.11.1934.
[57]   GStA, HA I, Rep. 218, Nr. 68, Hagen an Villareal, 31.10.1934. Die Schriften
       hießen: *El territorio del Sarre*; *La región del Sarre pertenece también económi-
       camente al Reich*; *La incorporación de la economía del Sarre a la del Reich*; *La
       Comisión de gobierno y la Cámara de Comercio de la región del Sarre por el
       Dr. O. Küch*; *A través de la región del Warndt alemán*; *La Europa inquieta. La
       región del Sarre – el problema franco-alemán*; *El plebiscito del Sarre*; *La cues-
       tión del Sarre en Versailles*, *La industria cerámica de la cuenca del Saar* und *La
       crisis económica de la región del Sarre*.
[58]   GStA, HA I, Rep. 218, Nr. 239, Hagen an NSDAP/A.O., 6.11.1935; IAI an
       NSDAP/A.O., 26.10.1935. Umgekehrt sandte der Direktor der deutschen Schule
       in Mexiko-Stadt, Pg. F. W. Schröter, "Kulturberichte" von dort auch an das IAI
       (GStA, HA I, Rep. 218, Nr. 73, W. Faupel an F. W. Schröter, 29.6.1939).
[59]   Thematisch standen nun die Annexionen des Jahres 1938 im Vordergrund. Pro-
       pagandaminister Josef Goebbels steuerte einen Text über den "Führer" bei
       (*Alemania y el Mundo Ibero-Americano. Alemanha e o mundo ibero-americano*,
       1939).
[60]   GStA, HA I, Rep. 218, Nr. 216, IAI [Bock] an AA, 7.9.1939.

Auf eine Anfrage bezüglich der Kontakte nach Kolumbien teilte General Faupel 1935 der Presseabteilung der NSDAP/A.O. mit, dass das IAI seit einem Jahr nicht nur in Austausch mit der kolumbianischen Nationalbibliothek stünde, sondern darüber hinaus auch mit der Academia Nacional de Historia (Bogotá), der Zeitschrift *Medicina y Cirugía* (Bogotá), dem Banco de la República (Bogotá), der Cámara de Comercio de Bogotá, der Dirección General de Estadística (Bogotá), dem Municipio de Bogotá, der *Revista Javeriana* (Bogotá), der Sociedad de Agricultores de Bogotá, der Sociedad Colombiana de Ingenieros (Bogotá), der Sociedad Geográfica de Colombia (Bogotá), der Zeitschrift *Alma Nacional* (Medellín), dem Colegio de Abogados de Medellín und der Zeitschrift *Ilustración Nariñense* (Pasto, Departamento Nariño). "Daraus ergibt sich, dass sich in Columbien bereits reichliches Aufklärungsmaterial über die kulturelle Bewegung in Deutschland befindet", schrieb Faupel an die Presseabteilung der A.O.[61]

1936 rückte der Jockey Club von Buenos Aires (Argentinien) in das Interesse Faupels, der bemängelte, dass dort etwa 45 französische, 19 englische, aber (abgesehen von der in Buenos Aires erscheinenden deutschsprachigen *La-Plata-Zeitung*) nur eine deutsche Zeitung auslägen. Neben einer regelmäßigen Versorgung mit Presseprodukten sollte der Klub über den Deutsch-Ausländischen Buchaustausch deutsche, vorwiegend nationalsozialistische Schriften erhalten. Durch Schenkungen von Zeitschriften und Büchern sollte er allmählich dazu gebracht werden, sich für diese zu interessieren und sie dann selbst anzuschaffen.[62] Etwa gleichzeitig erbat sich Dr. Edith Faupel vom Auswärtigen Amt Geld für eine Buchspende an die Stadtbibliothek in Lima (Peru).[63]

Antisemitische Propaganda stand nicht im Mittelpunkt der Institutsarbeit. Erst im August 1940 fragte Edith Faupel bei der Reichsforschungsstelle für die Judenfrage um Propagandamaterial an, da das

---

[61] GStA, HA I, Rep. 218, Nr. 238, W. Faupel an NSDAP/A.O., 7.2.1935.

[62] GStA, HA I, Rep. 218, Nr. 213, Martens an W. Faupel, 18.11.1936; W. Faupel an AA, 11.11.1936.

[63] GStA, HA I, Rep. 218, Nr. 213, E. Faupel an AA, 8.5.1936; AA [Roth] an IAI, 30.5.1936.

Institut kaum über diesbezügliche Schriften verfüge.[64] Wenig später
erhielt das IAI vom Reichsinstitut für Geschichte des neuen Deutschlands eine Liste "Forschungen zur Judenfrage" zugesandt. Drei Schriften wurden zur Übersetzung vorgeschlagen. General Faupel nahm zur
Übersetzungsfrage gegenüber dem Reichsinstitut Stellung:

> Eine Übersetzung der von Ihnen vorgeschlagenen Bücher wäre sehr
> wünschenswert. Das Ibero-Amerikanische Institut ist auch gern bereit,
> die Übersetzung zu vergeben und zu überwachen; ebenso würden wir
> eine grosse Anzahl (etwa 1000 Stück) an geeignete Persönlichkeiten und
> Institutionen in den spanisch sprechenden Ländern geschenkweise
> senden können. Allerdings ist es dem Institut aus Etatsgründen nicht
> möglich, sich finanziell an der Übersetzung und Drucklegung zu be-
> teiligen.[65]

3.3 Übersetzungen

Übersetzungen spielten für die Verbreitung deutscher Propaganda und
deutscher Literatur eine große Rolle. Bereits seit seinem Bestehen
sammelte das IAI Übersetzungen deutscher wissenschaftlicher Werke
ins Spanische[66] und versandte 1931 eine Liste dieser Titel an Interessenten in Lateinamerika.[67] Unter Faupel nahm das IAI Einfluss auf die
Auswahl von Werken, die übersetzt und verbreitet werden sollten. Die
Konvenienz eines Textes unterlag allerdings auch Schwankungen. So
war eine deutsche Übersetzung des Buches *Salazar* von Antonio Ferro
ursprünglich befürwortet worden, musste jedoch dann 1939 auch nach
Einwänden des Reichsministeriums für Volksaufklärung und Propaganda abgelehnt werden, da die Neuauflage des Buches "eine unge-

---

[64] GStA, HA I, Rep. 218, Nr. 164, E. Faupel an Reichsforschungsstelle für die
Judenfrage, 15.8.1940.

[65] GStA, HA I, Rep. 218, Nr. 164, W. Faupel an Reichsinstitut für Geschichte des
neuen Deutschlands, 26.9.1940.

[66] Peter Bock verwaltete innerhalb der Bibliothek die Abteilung deutscher Werke in
spanischer, portugiesischer und katalanischer Übersetzung, die 1932 etwa 700 Titel umfasste (GStA, HA I, Rep. 218, Nr. 235, Verhandlungsschrift über die Sitzung des Kuratoriums, 5.11.1932).

[67] GStA, HA I, Rep. 218, Nr. 90, Conrad Behre, Überseeische Buchhandlung Hamburg, an IAI, 15.4.1930; IAI [Panhorst] an Espasa-Calpe, 16.8.193[0]; Johannes
Franze an IAI, 30.5.1931. Die dem Institut von einigen Verlagen kostenlos zur
Verfügung gestellten Übersetzungen sollten im *Ibero-Amerikanischen Archiv*
hervorgehoben werden. Die versandte Liste war von der Notgemeinschaft der
Deutschen Wissenschaft 1931 in Berlin publiziert worden (*Auswahl von deutschen Werken in spanischer und portugiesischer Übersetzung. Selección bibliográfica de obras alemanas en traducción española y portuguesa*, 1939: 5).

schickte Bemerkung über den Führer" enthielt.[68] Im Mai 1939 ließ sich die Verlagsbuchhandlung Fleischhauer & Sohn aus Stuttgart, die spanische Gegenwartsliteratur auf Deutsch veröffentlichen wollte, vom IAI in Bezug auf die Auswahl von geeigneten Werken unterstützen. Besonders interessiert zeigte sie sich an dem Band von Ernesto Giménez Caballero, *El genio de España*, "[...] da dies die Grundlagen des neuen Spanien einschliesst".[69] Faupel sprach sich gegen eine vollständige Übersetzung von *El genio de España* aus und schlug stattdessen einen Band von M. de Bedoya aus dem Innenministerium Francos mit dem Titel *Siete años de lucha* vor.[70]

In Salamanca, wo Faupel 1937 als deutscher Botschafter bei Franco residierte, stand ihm die Frage der deutschen Auslandspropaganda besonders deutlich vor Augen:

> Damit Deutschland in der Aufbauarbeit Spaniens möglichst grossen Einfluss gewinnt, ist es unbedingt erforderlich, dass die Botschaft und im Nationalen Spanien befindliche Buchhandlungen mit spanischen Übersetzungen deutscher Literatur versorgt werden. Folgende Gebiete sind von besonderem Interesse:
>
> Arbeitsrecht, Verwaltungsrecht, Polizeirecht, Hygiene, Eugenik, sowie überhaupt die gesamte nationalsozialistische Aufbauarbeit; Arbeitsdienst, Arbeitsfront, Kraft durch Freude, Frauenwerk, H. J., BDM, usw.
>
> Am wertvollsten würden Übersetzungen der diesbezüglichen Gesetze und genaue Schilderungen der nationalsozialistischen Organisationen sein, weiterhin deutsche medizinische Fachzeitschriften [...].[71]

Eine Anregung des Deutsch-Ausländischen Buchaustausches, der als Fortführung älterer Bibliographien nur die Erstellung einer Aus-

---

[68] GStA, HA I, Rep. 218, Nr. 213, Deutsche Botschaft in Portugal an AA [Durchdruck], 10.2.1937.

[69] GStA, HA I, Rep. 218, Nr. 264, Fleischhauer & Sohn an IAI, 9.5.1939. Neben Giménez Caballero nannte der Verlag auch die Autoren Eugenio D'Ors, Emilia Pardo Bazán, [Miguel de] Unamuno, [Ramón] Pérez de Ayala sowie den Roman *Platero y yo*, dessen Autor Juan Ramón Jiménez ihnen unbekannt war. Faupel sollte die genannten Schriftsteller und Werke "wertmässig" einschätzen.

[70] "Mir erscheint das Buch von Giménez Caballero 'El genio de España' wohl zur deutschen Wiedergabe einzelner Absätze, nicht aber zur Übersetzung des gesamten Werkes geeignet. Es ist in seiner Gleichsetzung von Katholizität und Spaniertum für den deutschen Leser schwer verständlich [...]" (GStA, HA I, Rep. 218, Nr. 264, W. Faupel an Fleischhauer & Sohn, 22.5.1939). Zu den übrigen Autoren nahm Faupel nicht Stellung, sondern verwies auf eine später zu erfolgende Antwort eines Sachbearbeiters.

[71] GStA, HA I, Rep. 218, Nr. 213, Faupel an AA, 12.3.1937 [Durchschlag].

wahlliste von bereits existierenden spanischen Übersetzungen deutscher Werke vorsah, hielt er für ganz unzureichend:

> Da die Ergänzungsbibliographie den Zielen der deutschen Kulturpolitik
> dienen soll, darf sie selbstverständlich keine auswahllose Zusammen-
> stellung aller Übersetzungen deutschsprachiger Werke sein. Ich halte es
> jedoch für verfehlt, aus der Tatsache, dass keine "wissenschaftlich
> lückenlose" Bibliographie von Übersetzungen deutscher Werke im ei-
> gentlichen Sinne erforderlich ist, schließen zu wollen, dass eine kurze
> Auswahlliste von etwa 4-8 Seiten den deutschen Zwecken genügen
> würde. Vielmehr scheint mir eine möglichst umfassende Bibliographie
> bei selbstverständlicher Ausscheidung undeutscher, wenn auch im Ori-
> ginal deutschsprachiger Werke nach wie vor äusserst erwünscht. Das
> vom Deutsch-Ausländischen Buchaustausch angefügte Gegenargument,
> dass die Italiener überhaupt nicht soviele Übersetzungen ins Spanische
> aufweisen können, ist nicht stichhaltig. Wenn die Gesamtzahl der bis-
> herigen spanischen Übersetzungen italienischer Bücher geringer ist als
> die deutscher Werke, so liegt das daran, dass jeder gebildete Spanier
> italienische Werke ohne besonderes Studium der italienischen Sprache
> zu lesen vermag. Anderseits ist jedoch festzustellen, dass trotz dieser
> Vorzugsstellung des italienischen Buches gegenwärtig eine besonders
> rege italienische Propaganda durch spanische Übersetzungen eingesetzt
> hat, der Deutschland durch geeignete Massnahmen entgegentreten muss.
> Dazu gehört neben der neuerlichen Übersetzung deutscher Werke und
> Gesetze ins Spanische auch der möglichst vollständige [Nach-]weis des
> bisher Geleisteten um den Spaniern den Zugang zu dem vorliegenden
> Material zu erleichtern. Ich wiederhole daher meinen Antrag, das Ibero-
> Amerikanische Institut im obigen Sinne zur Ergänzung der allgemeinen
> Bibliographie instandzusetzen.[72]

1939 gab das Ibero-Amerikanische Institut die Bibliographie *Auswahl von deutschen Werken in spanischer und portugiesischer Übersetzung* mit einer Auflage von 10.000 Stück heraus, die vom Auswärtigen Amt mit 4.500 und 1.200 Reichsmark aus zwei getrennten Fonds
finanziert worden war. Die vorgesehene Versendung der *Auswahl* erwies sich jedoch nach Kriegsbeginn als schwierig: "Der Versand der
Bibliographie nach den ibero-amerikanischen Ländern ist infolge der
von der Postverwaltung verfügten Drucksachensperre für die genann-

---

[72] GStA, HA I, Rep. 218, Nr. 213, AA an Deutsch-Ausländischen Buchaustausch
[Durchdruck], 3.4.1937; AA an IAI, 14.7.1937; Deutsche Botschaft in Spanien
an AA [Durchschlag, gez. Faupel], 11.6.1937.

ten Gebiete vorläufig eingestellt worden", schrieb Faupel am 8.9. 1939.[73]

Direkt auf Anfrage der Regierung Francos wurde eine Artikelserie von Karl Triebold, Mitglied des nationalsozialistischen Lehrerbundes, über Freilufterziehung in Deutschland übersetzt und vom Centro de Estudios Pedagógicos des IAI herausgegeben. Die Finanzierung der Übersetzung in Höhe von 600 RM übernahm das Auswärtige Amt.[74]

Nachdem das IAI dem Auswärtigen Amt Anfang 1940 die Neujahrsansprachen von General Franco und Innenminister Serrano Suñer in Übersetzung zugeleitet hatte, erklärte sich dieses im Mai damit einverstanden, eine Ausgabe durch das IAI ins Deutsche übersetzter Reden Francos herauszugeben. Allerdings sollten die Redentexte vorher zur Stellungnahme vorgelegt werden.[75] Umgekehrt hatte das IAI bereits im Sommer 1934 eine spanische Übersetzung der Frontkämpferrede von Rudolf Heß geprüft und auf das spanische Publikum abgestimmt.[76] Obwohl General Faupel ein besonderes Interesse an der Übersetzung deutscher militärwissenschaftlicher Werke ins Spanische hatte, konnte er in diesem Bereich aus Geldmangel keine großen Fortschritte machen.[77]

3.4 Zeitschriften

Während die in Oldenburg erscheinende Zeitschrift *Ejército, Marina, Aviación* ein Privatinteresse Faupels darstellte, gab das Ibero-Amerikanische Institut als eigene Zeitschriften das *Ibero-Amerikanische Archiv* (IAA) und die *Ensayos y Estudios* (EE) heraus. Das *Ibero-Amerikanische Archiv* bestand schon vor dem IAI, Prof. Otto Quelle

---

[73] GStA, HA I, Rep. 218, Nr. 216, W. Faupel an AA, 8.9.1939; *Auswahl von deutschen Werken in spanischer und portugiesischer Übersetzung. Selección bibliográfica de obras alemanas en traducción española y portuguesa* (1939).

[74] GStA, HA I, Rep. 218, Nr. 217, Nolte an AA, 7.6.1940; Triebold (1943). Triebold schrieb im Vorwort des Bandes: "Este pequeño libro – escrito a los fines de una educación que procura buena salud, eficiencia y aptitud para el servicio militar, – es manifestación del espíritu de la educación nacionalsocialista."

[75] GStA, HA I, Rep. 218, Nr. 216, AA an IAI, 23.1.1940; GStA, HA I, Rep. 218, Nr. 217, AA an IAI, 28.5.1940.

[76] GStA, HA I, Rep. 218, Nr. 238, NSDAP/A.O. an W. Faupel, 22.8.1934.

[77] GStA, HA I, Rep. 218, Nr. 239, W. Faupel an NSDAP/A.O., 16.3.1936. Er selbst hatte 1930 sein Werk *Problemas de instrucción y organización del Ejército* in Lima veröffentlicht und gab in Deutschland seit 1933 die Zeitschrift *Ejército, Marina, Aviación* heraus.

hatte die Zeitschrift 1924 in Bonn gegründet. Als er 1930 nach Berlin kam, wurde das *Ibero-Amerikanische Archiv*, das aus Geld- und Zeitmangel nur unregelmäßig in vier Bänden erschienen war, zu einer Veröffentlichung des IAI. Quelle blieb bis zur Einstellung der Publikation 1944 ihr Schriftleiter, er gab insgesamt 18 Bände heraus. Inhaltlich wurden neben altamerikanistischen, kolonialhistorischen, kunsthistorischen und literarischen Fragen auch viele zeitgenössische Themen behandelt, zum Beispiel das Erziehungswesen lateinamerikanischer Länder, der Luftverkehr, die Wirtschaft, die Bevölkerungsentwicklung, die Gesetzgebung und der Panamerikanismus. Deutschtumsthemen waren stark vertreten, sei es als Beiträge über deutsche Forscher und Reisende oder über Einwanderer.[78] Das IAA enthielt dazu einen Literaturbericht und Mitteilungen über die Aktivitäten des IAI. Es war nicht nur eine Fachzeitschrift für deutsche Lateinamerika-Forscher, sondern wurde auch im Austausch mit anderen Zeitschriften ins Ausland versandt.[79] Im Rechnungsjahr 1932 waren dies 320 wissenschaftliche Zeitschriften aus aller Welt. Das IAA wurde im genannten Jahr in einer Auflage von 1.200 Exemplaren gedruckt und enthielt die Beilage "Ibero-Amerikanische Bibliographie".[80] Die Finanzierung lag beim Preußischen Ministerium für Wissenschaft, Kunst und Volksbildung.[81] 1937 bis 1938 kam es zwischen Bibliotheksdirektor Hagen und Prof. Quelle zu Auseinandersetzungen über das Rezensionswesen im *Ibero-Amerikanischen Archiv* und das Ein-

---

[78] Vgl. Oppel (1981). Der Artikel von Ronaldo Vainfas und Ronald Raminelli (1999) über die Zeitschrift enthält zahlreiche Fehler, insbesondere in Bezug auf die Geschichte des IAI.

[79] In der Anfangsphase diente es der Werbung für das neugegründete IAI (GStA, HA I, Rep. 218, Nr. 90, Boelitz an Pfarrer Dedekind, 19.2.1931; Deutsches Institut für Auslandskunde e.V. an IAI, 9.5.1931).

[80] GStA, HA I, Rep. 218, Nr. 235, Verhandlungsschrift über die Sitzung des Kuratoriums des IAI am 5.11.1932.

[81] Druck- und Honorarkosten beliefen sich auf 8.500 Mark (1932), für die das Preußische Kultusministerium zusätzliche Mittel bereitstellte. Für 1933 bewilligte das Ministerium Mittel in Höhe von 2.060 RM als Zuschuss für die Publikationskosten. Seitens des Verlages (Ferdinand Dümmlers Verlag in Berlin und Bonn) mussten davon 1.560 RM an den Schriftleiter Quelle gezahlt werden, 500 RM sollten beim Verlag verbleiben. Damit erhielten Verlag und Schriftleiter denselben Betrag wie im Vorjahr (GStA, HA I, Rep. 218, Nr. 235, Preußisches Ministerium für Wissenschaft, Kunst und Volksbildung an IAI, 30.3.1932 und 4.4.1933; GStA, HA I, Rep. 218, Nr. 235, Verhandlungsschrift über die Sitzung des Kuratoriums des IAI am 5.11.1932).

werben von Besprechungsexemplaren. Hagen bemängelte unter anderem, dass versprochene Rezensionen nicht geschrieben wurden. Außerdem stellte er die Qualität der Kritiken in Frage:

> Die Besprechungen müssen wissenschaftlich ernsthaft sein und ein hohes geistiges Niveau erkennen lassen. Es ist unbedingt erforderlich, dass sie freigehalten werden von Flachheiten, Schiefheiten und kulturpolitisch unzweckmässigen Äusserungen.[82]

Der Versuch Hagens, zusammen mit Studienrat Bock Quelle die Schriftleitung des Literaturberichts im IAA wegzunehmen und ihn zu isolieren, scheiterte jedoch an der Rückkehr Faupels, der neue Weisungen erließ und Hagens Ambitionen zurückstutzte. Erst ab September 1942 ging Faupel wegen des verspäteten Erscheinens einer Nummer des *Ibero-Amerikanischen Archivs* (Oktober 41/Januar 42) und des dadurch gefährdeten Ansehens des Instituts gegen Quelle vor. Dieser stand auch unter dem starken Verdacht, Bücher, die er als Leihgabe oder aus den Beständen des von ihm früher geleiteten Iberoamerikanischen Forschungsinstituts der Universität Bonn in die Bibliothek eingebracht hatte, ungenehmigt zu entfernen und dem Deutschen Auslandswissenschaftlichen Institut in Berlin zuzuführen.[83]

Mitte 1938 wurde im IAI ein Referat für Philosophie und weltanschauliche Fragen eingerichtet. Es wurde von einem jungen Doktoranden der Universität Köln geleitet, Heinz Müller. Die Hauptaufgabe der Abteilung wurde die Herausgabe einer neuen spanischsprachigen Zeitschrift namens *Ensayos y Estudios. Revista bimensual de Cultura y Filosofía.*[84] Sie erschien ab Januar 1939 beim Verlag Ferdinand Dümmler. Ihre Finanzierung kam, anders als beim IAA, vom Reichsministerium für Volksaufklärung und Propaganda und war wesentlich umfangreicher.[85] Die Schriftleitung lag bei einem Ausschuss, dem Prof. Nicolai Hartmann (Berlin), Prof. Otto Quelle (Berlin) und Prof. Eduard Spranger (Berlin) angehörten. Auf den Vorschlag von Hart-

---

[82] GStA, HA I., Rep. 218, Nr. 602, Hagen, "Vorschläge zur Bekämpfung der zu Tage getretenen Mängel des 'Ibero-Amerikanischen Archivs'", ohne Datum.

[83] IAI, Dok, "Verschiedenes". Die Beweisführung war auch deshalb kompliziert, da die eingebrachten Bücher und Karten nicht separat katalogisiert worden waren.

[84] Daneben wurden in dem Referat Rezensionen geschrieben, die Zweckmäßigkeit von Übersetzungen beurteilt und Vorschläge für die spanischsprachige Schullektüre gemacht.

[85] IAI, Dok, Faupel an AA, 20.10.1938. Der bewilligte Etat für 1939 betrug 21.030 RM.

mann und Spranger hin bat Müller auch den renommierten Münchner
Professor Dr. Karl Vossler, der seine Mitarbeit an der Zeitschrift bereits zugesagt hatte, als Mitherausgeber zur Verfügung zu stehen.
Vossler trat jedoch nicht in den Herausgeberausschuss ein.[86] Stattdessen stand der Greifswalder Hispanist Prof. Hellmuth Petriconi hierfür
zur Verfügung.[87] Das Ziel der neuen Zeitschrift lag laut Generalsekretär von Merkatz im kulturellen Bereich: "Die Zeitschrift 'Ensayos y
Estudios' ist mit Mitteln aus öffentlicher Hand gegründet worden. [...]
Zweck der Zeitschrift ist die Pflege der kulturellen Beziehungen zwischen Deutschland und den Ländern des Ibero-Amerikanischen Kulturkreises".[88] Nach der späteren Darstellung von Hans-Joachim Bock
diente die Zeitschrift, die bis 1944 in sechs Bänden erschien, der
"geistigen Mittlerschaft zwischen Deutschland und seinen ibero-amerikanischen Partnern". Teilergebnisse der deutschen wissenschaftlichen Forschung sollten in verständlicher Zusammenfassung einem
ausländischen Leserkreis vermittelt werden (Bock 1962: 329). Im
Inhaltsverzeichnis der erschienenen Bände überwiegen Aufsätze über
spanische (selten lateinamerikanische) und deutsche Literatur und
Philosophie. Auch Themen der Pädagogik und Musik werden behandelt. Eher untypisch sind einzelne Aufsätze über medizinische, kunst-
historische und archäologische Fragen. Eine inhaltliche Auswertung
dieser Texte steht noch aus, auch wissen wir bisher nichts über ihre
Verbreitung und ihre Bedeutung für die Leser.

Das Signet von *Ensayos y Estudios* wurde ein von Heinz Müller
entworfenes, janusköpfiges doppeltes E. "Mit dem Zeichen wird also
nur unterstrichen, was bereits in der Titelgebung angedeutet liegt,

---

[86]   GStA, HA I, Rep. 218, Nr. 264, Müller an Vossler, 24.10.1938 und 25.10.1938;
       Müller an Ferdinand Dümmlers Verlag, 3.11.1938. Zu Vossler vgl. Bräutigam
       (1997: 142-156).
[87]   GStA, HA I, Rep. 218, Nr. 264, Müller an AA, 25.11.1938. Petriconi, ein "Aus-
       landsdeutscher", der väterlicherseits aus einer italienischen Familie stammte und
       in Peru aufgewachsen war, hatte seine Professorenstelle in Greifswald auch den
       Bemühungen Faupels um seine Berufung zu verdanken (GStA, HA I, Rep. 218,
       Nr. 264).
[88]   GStA, HA I, Rep. 218, Nr. 264, von Merkatz an Landesverband Berlin im
       Reichsverband der deutschen Presse, 19.10.1939.

nämlich die Verbindung des romanistischen 'Essays' mit den antiken bzw. humanistischen 'Studia'."[89]

3.5 Sprachpropaganda und Schulbücher

Als Wilhelm Faupel das Ibero-Amerikanische Institut 1934 übernahm, folgte er einem ehemaligen preußischen Kultusminister im Amt. Dieser hatte sich, mit Unterstützung lateinamerikanischer Diplomaten wie des argentinischen Gesandten Dr. Eduardo Labougle, für eine stärkere Präsenz des Spanischunterrichts an deutschen Schulen eingesetzt.[90] Auch Faupel machte bereits ab 1934 Eingaben für eine stärkere Berücksichtigung des Spanischunterrichts an deutschen Schulen. Im selben Jahr berichtete er sogar von einer Unterrichtsreform in Spanien, wo nun der Deutschunterricht stärker betont wurde. Spanischunterricht an deutschen Schulen sollte auch den Deutschunterricht in Spanien und Lateinamerika fördern.[91] Vor allem aber war Faupel für die spanische Sprache, weil er gegen die französische war. So beklagte er sich 1935 bei der NSDAP/A.O., dass die Münchner Rückversicherung im Schriftverkehr mit Peru Französisch gebrauchte:

> Es liegt auf der Hand, dass es den deutschen Belangen höchst abträglich ist, wenn Deutsche sich an Einzelpersonen, Firmen oder Behörden des spanisch oder portugiesisch sprechenden Auslandes in französischer Sprache wenden. Durch derartige Briefe wird der Eindruck erweckt, als sei das Französische *die* Weltsprache, mit der man überall durchkommt. Die Folge ist, dass sich Ausländer noch mehr als bisher um die Erlernung des Französischen und noch weniger um die des Deutschen kümmern. Ich wäre dankbar, wenn die Auslands-Organisation auf dem ihr geeignet

---

[89] GStA, HA I, Rep. 218, Nr. 264, Müller an Ferdinand Dümmlers Verlag, 15.11. 1938.

[90] GStA, HA I, Rep. 218, Nr. 219, Boelitz an Labougle, 9.5.1933; GStA, HA I, Rep. 218, Nr. 235, Boelitz an Preußisches Ministerium für Wissenschaft, Kunst und Volksbildung, 5.5.1933; GStA, HA I, Rep. 218, Nr. 211, Boelitz an AA, 5.5.1933. Boelitz leitete ein Schreiben Labougles an die deutschen Behörden weiter. "Der Gesandte drückt damit den Wunsch weiter Kreise der spanisch sprechenden Länder aus, die eine allgemeine kulturelle Annäherung an Deutschland anstreben", schrieb Boelitz. Allerdings waren auch die wirtschaftlichen Interessen Deutschlands in Ibero-Amerika ein Grund für die Forderung nach mehr spanischem Sprachunterricht. In Preußen hatten laut Boelitz 1930/31 etwa 3.000 Schüler und Schülerinnen an 122 Anstalten Unterricht in Spanisch erhalten. Ab 1931 hatte der Spanischunterricht an den Schulen nach einer Reform allerdings an Bedeutung verloren (Bräutigam 1997: 86-99).

[91] GStA, HA I, Rep. 218, Nr. 285, W. Faupel an Preußisches Ministerium für Wissenschaft, Kunst und Volksbildung, 18.4.1934; 15.12.1934.

erscheinenden Wege eine Belehrung der Münchner Rückversicherungs-Gesellschaft eintreten liesse, um derartige Missgriffe in Zukunft zu verhindern.[92]

1937 setzte sich stellvertretend für Faupel Reinecke anlässlich einer bevorstehenden Reform des Sprachunterrichts an deutschen Schulen für den Spanischunterricht ein, außerdem forderte er die Ausbildung von Lehrkräften an den größeren Universitäten.[93] Faupel selbst hatte bereits 1936 zu dem Thema das Memorandum "Zur Ausgestaltung des spanischen Unterrichts an den höheren Schulen" verfasst. Darin heißt es unter anderem:

> Bei der bevorstehenden Schulreform ist die Frage der zu betreibenden neuen Sprachen nicht nach philologischen, sondern nach politischen Gesichtspunkten zu entscheiden. Die aus früheren Jahrhunderten überkommene weite Verbreitung der Kenntnis der französischen Sprache hat zur Folge, dass französische Zeitungen, Zeitschriften und Bücher in der ganzen Welt gelesen, französische Vortragsredner und Filme fast überall gut verstanden werden. Die Erfolge der deutschfeindlichen Stimmungsmache im Auslande beruhen in erster Linie auf dieser Tatsache. [...] Die Weltgeltung der französischen Sprache ist ein wesentliches Machtmittel der französischen Aussenpolitik; ihre Bekämpfung ist für uns eines der elementarsten Gebote der Selbsterhaltung. Dieser Kampf darf auch keinesfalls gescheut werden etwa aus der Erwägung heraus, dass wir eine politische Verständigung mit Frankreich suchen. Eine dauerhafte Verständigung wird uns durch eine Minderung des Einflusses der französischen Sprache nicht erschwert, sondern erleichtert.[94]

Zur Bekämpfung der Weltgeltung der französischen Sprache – eine Fortsetzung des Ersten Weltkriegs mit anderen Mitteln – sollten unter anderem von den Landesgruppen der NSDAP/A.O. billige Deutschkurse in Lateinamerika eingerichtet werden.[95] Auch dem

---

[92] GStA, HA I, Rep. 218, Nr. 238, W. Faupel an NSDAP/A.O., 25.1.1935. 1934 hatte er bemängelt, dass durch "Fehler einer anderen Stelle" Dr. Alessandri, Sohn des chilenischen Präsidenten, dazu veranlasst worden war, an der Berliner Universität einen juristischen Vortrag auf Französisch zu halten (GStA, HA I, Rep. 218, Nr. 238, W. Faupel an NSDAP/A.O., 29.6.1934).

[93] GStA, HA I, Rep. 218, Nr. 285, [Reinecke] an Reichs- und Preußisches Ministerium für Wissenschaft, Erziehung und Volksbildung, 9.3.1937.

[94] GStA, HA I, Rep. 218, Nr. 285, W. Faupel "Zur Ausgestaltung des spanischen Unterrichts an den höheren Schulen", 20.3.1936.

[95] GStA, HA I, Rep. 218, Nr. 239, W. Faupel an NSDAP/A.O., 18.11.1935; NSDAP/A.O. an W. Faupel, 22.11.1935; W. Faupel an Gauleiter Bohle, 23.3. 1936.

Auswärtigen Amt machte Faupel Vorschläge zur Verbreitung des Deutschunterrichts in Lateinamerika.[96] Bei Faupel stand das Interesse für Schulbücher und Lehrmittel in sehr direktem Zusammenhang mit der erfolgreichen französischen Kulturpolitik. So bekämpfte er das auch in Lateinamerika häufig verwendete, von den französischen Lehrern A. Mallet und J. Isaac geschriebene und ins Spanische übersetzte Geschichtsbuch *Los tiempos contemporáneos*. Es wurde in verschiedenen Auflagen verbreitet und in Brasilien, Uruguay, Bolivien, Argentinien, Paraguay, Chile, Peru, Venezuela und Mexiko eingesetzt. Faupel schätzte es als "deutschfeindlich" ein, vor allem – aber nicht nur – in seiner Darstellung der Kriegsschuldfrage: "Ich bemühe mich seit einem Jahre, gegen diese di[e] gesamte ibero-amerikanische Jugend im deutschfeindlichen Sinne vergiftenden Bücher vorzugehen", schrieb er an die NSDAP/A.O., mit der er in dieser Frage eng zusammenarbeitete.[97] Über die NSDAP-Landesgruppen zog er die ersten Berichte über die Verbreitung des Lehrbuches von Mallet und Isaac sowie über weitere Geschichtsbücher ein.[98] Die deutschen Diplomaten nahmen die Frage auf und berichteten über die Schulbücher an das Auswärtige Amt. Der deutsche Gesandte in Asunción (Paraguay), Graf von Wedel, erreichte sogar,

---

[96]   GStA, HA I, Rep. 218, Nr. 213, W. Faupel an AA, 9.12.1935; AA an W. Faupel, 19.12.1935. Außerdem regte er die Einführung eines gebührenfreien Studiums an deutschen Hochschulen für besonders geeignete deutschstämmige Abiturienten der deutschen Schulen in Argentinien, Brasilien und Mexiko an.

[97]   GStA, HA I, Rep. 218, Nr. 238, W. Faupel an NSDAP/A.O., 26.4.1935; vgl. auch GStA, HA I, Rep. 218, Nr. 238, NSDAP/A.O. an W. Faupel, 30.11.1934; W. Faupel an NSDAP/A.O., 29.9.1934; NSDAP/A.O. an W. Faupel, 28.8.1934; NSDAP/A.O. an W. Faupel, 31.7.1934; GStA, HA I, Rep. 218, Nr. 239, W. Faupel an NSDAP/A.O., 21.10.1935 (über diverse Schulbücher und Wandkarten); NSDAP/A.O. an W. Faupel, 28.9.1935; W. Faupel an NSDAP/A.O., 6.9.1935; NSDAP/A.O. an Bock, 22.9.1935; NSDAP/A.O. an W. Faupel, 22.8.1935; NSDAP/A.O. an Bock, 8.8.1935; W. Faupel an NSDAP/A.O., 7.8.1935; NSDAP/A.O. an W. Faupel, 5.7.1935.

[98]   GStA, HA I, Rep. 218, Nr. 238, W. Faupel an Bohle, NSDAP/A.O., 28.5.1935; NSDAP/A.O. an W. Faupel, 14.5.1935; W. Faupel an Bohle, NSDAP/A.O., 9.4. 1934; NSDAP/A.O., Bohle an W. Faupel, 18.2.1934. Ein weiteres Buch, nach dem Faupel über die NSDAP/A.O. fahnden ließ, war *Les Français par les textes. Lectures choisies d'auteurs contemporains*, das er als "französische Hetzpropaganda" klassifizierte (GStA, HA I, Rep. 218, Nr. 238, W. Faupel an NSDAP/A.O., 9.5.1935; GStA, HA I, Rep. 218, Nr. 239, NSDAP/A.O. an W. Faupel, 1.10.1935; NSDAP/A.O. an Bock, 2.9.1935; NSDAP/A.O. an W. Faupel, 27.7.1935; NSDAP/A.O. an W. Faupel, 23.7.1935).

dass der spanische Gesandte Merry del Val sich der Bekämpfung des Mallet/Isaac-Buches anschloss, da auch sein Land darin negativ dargestellt sei.[99] Zwar konnte das Buch in einigen Ländern durch ein aus Spanien herbeigeschafftes ersetzt werden,[100] jedoch verwirklichte Faupel sein Ziel, am IAI ein eigenes Geschichtsbuch für Südamerika schreiben zu lassen,[101] nicht.

3.6 Betreuungsaufgaben

Aus den gesichteten Akten und Unterlagen geht das Gründungsdatum der von Dr. Edith Faupel geleiteten Betreuungsabteilung nicht hervor. Vermutlich wurde das Referat als solches 1938 eingerichtet. Die Betreuung von Besuchern und Studenten hatte am Institut jedoch schon vorher stattgefunden. Seit seinem Bestehen kümmerte sich das IAI im Rahmen der Kulturarbeit und der Repräsentation um ausländische Besucher, meist Wissenschaftler, Studenten oder Journalisten, natürlich auch mit dem Ziel, dadurch einen günstigen Eindruck von Deutschland zu vermitteln. So wurden für Interessierte zum Beispiel Krankenhaus- und Schulbesichtigungen organisiert. 1936 betreute das IAI im Auftrag des Auswärtigen Amts Oberst Adalberto Tejeda, vormals mexikanischer Innenminister. Tejeda stand einer Einkaufskommission vor, die bei Aufenthalten in mehreren europäischen Staaten Aufträge für die Ausstattung des mexikanischen Polytechnikums vergeben wollte. Das Institut hatte Walther W. Hoppe mit der Begleitung des Gastes beauftragt und rechnete dessen Dienste für die Zeit vom 2. Januar bis zum 8. Juli des Jahres mit insgesamt 1.221,40 RM ab.[102]

---

[99] GStA, HA I, Rep. 218, Nr. 213, Deutsche Gesandtschaft in Asunción an AA, 11.7.1935. Vgl. auch GStA, HA I, Rep. 218, W. Faupel an Deutsche Gesandtschaft in Santiago de Chile, 4.4.1934.

[100] GStA, HA I, Rep. 218, Nr. 238, NSDAP/A.O. an W. Faupel, 16.1.1935; GStA, HA I, Rep. 218, Nr. 239, Deutsche Gesandtschaft in Asunción an AA, 11.7.1935 [Abschrift]. Es handelte sich um das *Compendio de Historia General* von Izquierdo Croselles.

[101] GStA, HA I, Rep. 218, Nr. 239, W. Faupel an NSDAP/A.O., 13.12.1935; W. Faupel an NSDAP/A.O., 7.8.1935.

[102] GStA, HA I, Rep. 218, Nr. 213, W. Faupel an AA, 7.9.1936; Panhorst an AA, 20.5.1936; Deutsche Gesandtschaft in Mexiko an AA [Durchschlag], 19.11.1935; Deutsche Gesandtschaft in Mexiko an AA [Durchschlag], 13.11.1935. Die Betreuung Tejedas wurde als äußerst erfolgreich angesehen, waren ihr doch Aufträge an die deutsche Wirtschaft in Höhe von etwa 750.000 RM gefolgt (GStA, HA I, Rep. 218, Nr. 567, *"Aktenvermerk.* Konto: Schul- und Lehrmittel").

1937 besuchte der argentinische Universitätsprofessor Dr. Ovidio Schiopetto als Gast der Reichsregierung drei Wochen lang Deutschland. Das IAI stellte für diese Zeit wiederum Walther W. Hoppe als Spanisch sprechenden Begleiter zur Verfügung.[103] Diese Art der Betreuung zeigte durchaus den gewünschten Effekt. Im November 1937 berichtete die Deutsche Botschaft in Buenos Aires an das Auswärtige Amt, dass der Architekt Ezequiel M. Real de Azúa bei einem Vortrag über seine Eindrücke in Deutschland, das er gemeinsam mit elf weiteren Berufskollegen kennen gelernt hatte, die vorzügliche Organisation der dreimonatigen Reise durch das Ibero-Amerikanische Institut in Berlin hervorgehoben hatte. Außerdem berichtete er – laut Botschafter Edmund von Thermann – folgendes über Deutschland:

> Der Redner sprach dann hauptsächlich über seine Beobachtungen auf den Gebieten, die ihn als Architekten besonders gefesselt hätten: Die Einrichtungen und Baulichkeiten der wissenschaftlichen Institute, der Schulen, Hospitäler und Arbeitshäuser, und äusserte sich besonders lobend über die deutsche Jugenderziehung, die Verminderung der Arbeitslosen und über die soziale und hygienische Fürsorge für Angestellte und Arbeiter. Grosse Bewunderung der Reisenden hätten auch die Reichsautostrassen erregt, nicht nur als ein gewaltiges grosszügig angelegtes Werk, sondern auch darum, weil sie sich der Natur und Landschaft vorzüglich anpassten. Argentinien könne sich daran ein Beispiel nehmen. [...] Die Veränderung, die mit dem deutschen Volke vorgegangen sei, sei erstaunlich, wenn man sie mit den früheren Verhältnissen vergliche. Es sei durchaus falsch, wenn man glaube, das deutsche Volk fühle sich unter einer Diktatur bedrückt und gehemmt, im Gegenteil, man bemerke überall ein fröhliches Schaffen und eine heitere Stimmung, die sich auch darin bemerkbar mache, dass in allen Bevölkerungskreisen viel und gern gesungen werde. Die Lebenshaltung sei im Durchschnitt recht hoch, vor allem falle es auf, dass man keine zerlumpten Gestalten sehe, dass auch einfache Leute gut angezogen seien und dass aller übertriebene Luxus fehle. Das deutsche Volk empfände seine Regierung nicht als einen lästigen Zwang, sondern folge ihr gern und freiwillig mit Disziplin, die es immer ausgezeichnet habe. Man fühle sich frei wie der Vogel, der sein Lied singt, der sich aber sehr wohl seiner Pflichten gegenüber dem Heim, der Nachkommenschaft und der Allgemeinheit bewusst sei. In den Führerschulen würde eine neue Jugend herangebildet, die ganz im neuen Geist erzogen sei und eine Gewähr des gesunden Fortschrittes des deutschen Volkes bilde.[104]

---

[103] GStA, HA I, Rep. 218, Nr. 213, AA an IAI, 12.5.1937.
[104] GStA, HA I, Rep. 218, Nr. 213, Deutsche Botschaft an AA, 17.11.1936.

Spanische, portugiesische und lateinamerikanische Studenten wurden im IAI zu Empfängen eingeladen und betreut. Das Institut unterhielt auch Kontakt zu dem von 1934-1938 in München bestehenden
Peru-Haus, in dem peruanische Studenten und Wissenschaftler preis-
günstige Unterkunft und Verpflegung fanden. Während Edith Faupel
Studenten dorthin vermittelte und Briefkontakt mit der Wirtschafterin
unterhielt, beriet sich Wilhelm Faupel mit dem Auswärtigen Amt
1936 über die neu zu besetzende Führung des Hauses.[105] Sein Interesse an den lateinamerikanischen Studenten begründete General Faupel
so:

> Wenn ich mich für die Heranziehung junger Ibero-Amerikaner zum Stu-
> dium an deutschen Hochschulen besonders einsetze, so erfolgt das des-
> halb, weil ich in meiner 17-jährigen Auslandstätigkeit immer wieder die
> Erfahrung gemacht habe, dass Studenten, Offiziere, usw., di[e] einige
> Jahre in Deutschland ausgebildet und dabei sachgemäss behandelt wur-
> den, später die besten Propagandist[en] für uns in ihren Heimatländern
> werden. Dazu kommt, dass zum Beispiel der junge bei uns ausgebildete
> Ingenieur [bei] Rückkehr in seine venezolanische, chilenische, usw.
> Heim[at] das Material für die von ihm zu erbauenden Brücken,
> Eis[en]bahnen, Fabriken, usw. fast stets in Deutschland bezie[hen] wird,
> dass sich also die kulturellen Beziehungen auch in wirtschaftlichen Nut-
> zen umsetzen.
>
> Ich bemühe mich deshalb, im Einvernehmen mit dem Reichskultusmi-
> nisterium und in enger Zusammenarbeit mit der Auslandsorganisation
> der NSDAP in Hamburg[,] mit allen Mitteln junge Ibero-Amerikaner
> nach Deutschland zu ziehen.[106]

---

[105] GStA, HA I, Rep. 218, Nr. 213, Deutsche Gesandtschaft in Lima an AA,
25.6.1936; W. Faupel an AA, 21.9.1936. Ein Interessent aus Peru, der seine deutsche Staatsangehörigkeit verloren hatte und mit einer Peruanerin verheiratet war,
erschien ihm nicht als passender Kandidat. Faupel war auch dagegen, dass die
peruanische Regierung sich finanziell am Peru-Haus beteiligte, da sie daraus ein
"Recht der Einmischung" herleiten würde. Den vormaligen Leiter des Hauses,
Ebentreich, hatte Faupel 1934 noch positiv beurteilt. Dieser war jedoch 1936
plötzlich nach Lima gereist, ohne seine Angelegenheiten mit dem Peru-Haus zu
klären. Er wurde nun von Faupel als notorischer Lügner dargestellt, der in Lima
von der NSDAP überwacht werden sollte (GStA, HA I, Rep. 218, Nr. 238, W.
Faupel an NSDAP, 31.5.1934; W. Faupel an NSDAP/A.O., 21.2.1936). Zum
Briefwechsel Edith Faupels mit dem Peru-Haus vgl. die Akte GStA, HA I,
Rep. 218, Nr. 727.

[106] GStA, HA I, Rep. 218, Nr. 238, W. Faupel an Außenpolitisches Amt der
NSDAP, 31.5.1934.

Die Referatsgründung manifestierte die Bedeutung, die dieser Betreuungsarbeit, die 1944 als Zielgruppe auch die Blaue Division[107] umfasste und damit als "kriegswichtig" galt, inzwischen zukam. Eine umfassende und differenzierte Untersuchung der am IAI in Zusammenarbeit mit der Deutsch-Spanischen und der Deutsch-Ibero-Amerikanischen Gesellschaft sowie mit der Deutsch-Ibero-Amerikanischen Ärzte-Akademie durchgeführten Betreuungsarbeit konnte im Rahmen dieses Beitrags aufgrund der Fülle des Materials nicht geleistet werden. Die Zahl der Betreuten, die von Edith Faupel als ihre "Kinder" angesehen wurden, war offensichtlich hoch. 1940 rühmte sie sich gegenüber der Reichsärztekammer, 800 Söhne und Töchter zu haben.[108] Unter ihnen befand sich als Prominenter auch der brasilianische Präsidentensohn Dr. med. Luthero Vargas, obwohl die Deutsche Botschaft in Brasilien warnte, dass er auf seinen Vater "keinen irgendwie betraechtlichen Einfluß haben soll und auch sonst in Rio keine hervorragende Rolle spielt".[109]

Dr. Faupel betreute ihre Schützlinge in enger finanzieller Zusammenarbeit mit der vom Auswärtigen Amt abhängenden Humboldt-Stiftung. Die Berichte der Studenten wurden anscheinend über das IAI an die Stiftung weitergeleitet.[110] Im Stiftungsrat hatte General Faupel eine Stimme, die er gelegentlich an Edith Faupel übertrug.[111]

Nicht immer ist aus der Korrespondenz von Edith Faupel klar ersichtlich, woher das Geld für ihre *hijos* kam und ob es festgelegte Kriterien für die Verteilung gab. So schien sie im Fall der ecuadorianischen Brüder Luis Romero Falconi und Jorge [Romero] Falconi nach eigenem Gutdünken darüber zu verfügen:

Hoy tengo que hacerles una noticia muy poco agradable, porque desde el 1°. de Enero de 1941 ya no les puedo enviar la beca de 100 marcos, pero espero que mi Max y Moritz me entienden y renuncian con alegría cuando saben que la plata es para uno de mis hijos que la necesita más urgen-

---

[107]   Eine spanische Freiwilligendivision zur Unterstützung der deutschen Truppen an der Ostfront.
[108]   GStA, HA I, Rep. 218, Nr. 164, E. Faupel an Auslandsabteilung der Reichsärztekammer, 21.8.1940.
[109]   GStA, HA I, Rep. 218, Nr. 216, Deutsche Botschaft an AA [Doppel], Vertraulich!, 20.7.1939.
[110]   GStA, HA I, Rep. 218, Nr. 164, Dr. Noé Ramírez Z. an E. Faupel, 8.12.1940.
[111]   GStA. HA I, Rep. 218, Nr. 164, E. Faupel an Miguel Rodríguez in München, 1940.

te, pues no tiene ni un centavo y Señora e hijo encima. Mucho más me hubiera agradado poder anunciarles un aumento, mis buenos hijitos. Como Uds. son tan inteligentes y aplicados creo que no les costará mucho dar clases en castellano para ganarse algunas monedas en sustitución de la beca.[112]

Eine anscheinend aus dem Jahr 1944 stammende Aufstellung aus einer Akte Edith Faupels lässt vermuten, dass sie [in diesem Jahr?] insgesamt 20.677,30 RM an 23 Personen ausgezahlt hatte.[113] Der Ursprung des Geldes wird nicht genannt. Neben der Humboldt-Stiftung kamen offenbar auch Gelder der Reichsärztekammer zur Finanzierung von ausländischen Medizinstudenten in Frage. An einen ihrer Schützlinge schrieb Faupel:

Por el mismo correo le envío 100 Marcos a la Konradstrasse 4, más no nos será posible y también estos tengo que sacar con dificultad. Si estoy bien enterada la Academia Médica Germano-Ibero-Americana le ha conseguido, a instancias mías, alojamiento y comida en el St. Vinzenz-Krankenhaus en el que Ud. trabaja y me extraña un poquito que Ud. no me escribe nada sobre el particular. Si hubiera sabido a tiempo que Ud. está casado – lo que no me ha dicho tampoco – le hubiera solicitado por medio de la Academia una beca en efectivo de la Reichsärztekammer, ahora ya es tarde.[114]

Das IAI erfuhr über das Auswärtige Amt, welche peruanischen Studenten Visa für Deutschland erhielten und wo sie was studieren wollten.[115] Umgekehrt zog das IAI an deutschen Universitäten Erkundigungen über immatrikulierte peruanische Studenten ein, die es an das Auswärtige Amt weiterleitete. 1937 antwortete der am IAI beschäftigte Prof. Dr. C. Fiebrig dem Auswärtigen Amt, "dass die im Institut vorliegenden Listen von den in Deutschland studierenden Peruanern noch nicht die in diesem Sommersemester Immatrikulierten umfassen und wir Ihnen daher die gewünschte Liste zustellen werden, sobald sie vollständig ist [...]".[116]

---

112 GStA, HA I, Rep. 218, Nr. 164, E. Faupel an Luis Romero Falconi und Jorge Falconi, 1.11.1940; GStA, HA I, Rep. 218, Nr. 280, Liste "Ecuador", 17.2.1943.
113 GStA, HA I, Rep. 218, Nr. 280, vier Seiten Bleistiftnotizen.
114 GStA, HA I, Rep. 218, Nr. 164, E. Faupel an Pedro de la Riva in Düsseldorf, 11.10.1940.
115 GStA, HA I, Rep. 218, Nr. 216, AA an IAI, 18.8.1939. In diesem Bericht wurden vier Peruaner aufgeführt.
116 GStA, HA I, Rep. 218, Nr. 213, Fiebrig an AA, 19.7.1937.

Auch 1943 informierte das Ibero-Amerikanische Institut das Auswärtige Amt. Edith Faupel, die für die Betreuungsabteilung des IAI
und die Deutsch-Ibero-Amerikanische Gesellschaft eine als *fichero*
oder Kartothek bezeichnete Kartei über in Deutschland wohnende
Lateinamerikaner führte, sandte eine Liste an die Informationsabtei-
lung des Auswärtigen Amts.[117] Der Aufstellung zufolge hielten sich
noch 260 Lateinamerikaner in Deutschland auf, vor allem Chilenen
und Peruaner.

Tabelle 2:
Aufstellung der 1943 in Deutschland verbliebenen Lateinamerikaner

Nation	Anzahl
Argentinien	12
Bolivien	8
Brasilien	7
Chile	142
Costa Rica	1
Cuba	4
Ecuador	6
Guatemala	5
Honduras	2
Kolumbien	2
Mexiko	8
Nicaragua	1
Peru	50
San Salvador	6
Uruguay	3
Venezuela	3
Summe	**260**

Quelle: GStA, HA I, Rep. 218, Nr. 280, Liste mit Durchschlag, ohne Titel.

---

[117]   GStA, HA I, Rep. 218, Nr. 280, E. Faupel an AA, 17.2.1943. Die Dokumente
dieser Akte sind in sehr ungeordnetem Zustand. Die Akte enthält neben der oben
wiedergegebenen Aufstellung auch Namenslisten, die die Vertreter der einzelnen
Nationalitäten benennen und offenbar Vorlage für die Tabelle waren. Sie sind
allerdings keineswegs vollständig, so fehlen insbesondere Angaben über die chilenischen Staatsangehörigen. Die erhaltenen Teile des *fichero* enthalten unterschiedlich dichte Informationen zur jeweiligen Person, ihrer Einstellung zu
Deutschland, teilweise auch Informationen aus den Akten der Humboldt-
Stiftung.

Edith Faupel verwaltete nicht nur Stipendien. Sie half bei Problemen mit deutschen Behörden,[118] bei der Arbeitssuche und organisierte
Geld für medizinische Operationen. Nicht immer wird aus den bisher
gesichteten Akten deutlich, auf welcher Seite dabei ihre Sympathien
lagen. Ein in seiner Bedeutung bisher nicht geklärter Fall ist der des
mexikanischen Studenten der Rechtswissenschaften Juan Samuel Melo Fitzmaurice, der 1936 neunzehnjährig nach Berlin gekommen und
dem IAI durch den mexikanischen Geschäftsträger Dr. Icaza empfohlen worden war. Melo Fitzmaurice hatte vorher in Spanien studiert
und war wegen des Bürgerkriegs dort nach Berlin gekommen.[119] In
Berlin hatte er zunächst an der Friedrich-Wilhelms-Universität studiert, seit März 1938 aber nicht mehr an Vorlesungen teilgenommen.
Von Januar bis April 1938 arbeitete Melo Fitzmaurice als Hilfskraft
für das mexikanische Konsulat. Konsul Salvador Elizondo befand sich
in finanziellen Schwierigkeiten, aus denen auch Darlehen, die Melo
ihm gewährte, nicht heraushelfen konnten. Durch die Vermittlung
seines Schneiders Rauchwerg stellte Melo Fitzmaurice den Kontakt
zwischen Elizondo und jüdischen deutschen Auswanderungswilligen
wie den drei Brüdern Raphael her, die für mexikanische Pässe hohe
Summen zahlten. Elizondo stellte die Dokumente aus, Melo erhielt
eine Vermittlungsgebühr. Nachdem Elizondo durch Vizekonsul Obregón abgelöst worden war, versuchte Melo Fitzmaurice, von diesem für
den jüdischen Deutschen Windschauer eine mexikanische Einreisege-
nehmigung zu erhalten. Er sollte von Windschauer mit der Beteiligung
an einer Erfindung zur Kunstseidenproduktion entschädigt werden.
Obregón lehnte die Genehmigung jedoch ab und Melo stellte das Dokument selber aus. Am 8.12.1938 wurde er von der deutschen Polizei

---

[118] GStA, HA I, Rep. 218, Nr. 318. Diese Akte enthält Dokumente über einen wegen
       nicht gezahlter Alimente von Haft bedrohten peruanischen Studenten. Edith Fau-
       pel schaltete einen Anwalt für ihn ein. 1943 wandte sie sich dagegen, dass der ar-
       gentinische Staatsbürger Alfredo Uhlig dienstverpflicht worden war und erbat für
       diesen Angehörigen eines neutralen Staates eine Genehmigung zu einem Ar-
       beitsplatzwechsel (GStA, HA I, Rep. 218, Nr. 280, E. Faupel an Arbeitsamt Neu-
       ruppin, 6.12.1943).
[119] So schrieb es Hagen an das Sekretariat der Berliner Universität. Er verwendete
       sich für die Aufnahme Melos als Gasthörer, obwohl seine Papiere nicht vollstän-
       dig waren, da sie zum Teil in Madrid verblieben seien. Außerdem bat er um eine
       Erlassung oder wenigstens Ermäßigung der Studiengebühren (GStA, HA I, Rep.
       218, Nr. 237, Hagen an Sekretariat der Universität Berlin, 22.10.1936).

festgenommen, mehrerer Devisenvergehen angeklagt und zur Untersuchungshaft nach Plötzensee überstellt.[120] Erst Ende 1939 kam Bewegung in seinen Fall. Ein neuer Anwalt namens Loske, den Edith Faupel für Melo Fitzmaurice bestellt hatte, arbeitete hauptamtlich für das Oberkommando des Heeres.[121] Zusammen mit Edith Faupel verwirklichte er das Ziel, den geständigen Melo Fitzmaurice aus dem Gefängnis herauszuholen. Melo wurde am 7.11.1939 zu drei Jahren Haft und einer Geldstrafe von 60.000 RM rechtskräftig verurteilt.[122] In einer Aktennotiz des IAI heißt es:

> Während des Verfahrens gegen Melo stellte sich heraus, daß einige bekannte Diplomaten südamerikanischer Staaten in nicht unerheblicher Weise darin verwickelt sind. Insbesondere handelt es sich dabei um den Botschaftsrat der Mexikanischen Gesandtschaft, Herrn Dr. Icaza. Dieser ist als besonders deutschfreundlich bekannt und [so] mußte es deshalb unter allen Umständen vermieden werden, daß sein Name im Zusammenhang mit dem Strafverfahren gerichtskundig gemacht wurde. Auf Veranlassung des Ibero-Amerikanischen Instituts ist deshalb seitens des Auswärtigen Amtes beim Justizministerium dahingehend interveniert worden, daß in der Hauptverhandlung alle Herrn Icaza berührenden Komplexe nicht erwähnt werden sollten. In Verfolg [sic] dieser Verhandlungen wurde eine entsprechende Vereinbarung zwischen dem Gericht, der Staatsanwaltschaft und der Verteidigung des Melo getroffen. Melo wurde von seinem Verteidiger angewiesen, über die Beteiligung des Icaza in jedem Falle zu schweigen, was er auch strikt durchgeführt hat.

---

[120] GStA, HA I, Rep. 218, Nr. 247, "Abschrift aus den Akten Fitzmaurice". Diese Abschrift aus der Anklageschrift und den Ermittlungsakten wurde vermutlich anhand der Unterlagen aus der Praxis des Rechtsanwalts Meier angefertigt, der die "Handakten Fitzmaurice" Dr. von Merkatz überlassen hatte. GStA, HA I, Rep. 218, Nr. 247, I. A. Behncke für Rechtsanwalt Meier, 24.10.1939 [Bestätigung der Rückgabe am genannten Datum].

[121] Als Anwalt war er Assessor des Rechtsanwalts und Notars Friedrich Meier. Loske hielt es in einem Schreiben vom 26.1.1940 ["Eilt sehr!"] an das Justizministerium nach einer Unterredung mit Staatsanwalt Dr. Ehrhardt und Dr. Edith Faupel für nötig klarzustellen, dass er die Angelegenheit Melo nicht im dienstlichen Auftrag des OKW behandele, sondern als Melos Verteidiger.

[122] Der Generalsekretär des IAI, von Merkatz, hatte am 24.10.1939 Legationsrat Bräutigam von der Wirtschaftsabteilung des Auswärtigen Amts aufgesucht und ihn gebeten, sich in einem Schreiben an das Justizministerium für eine Amnestierung des Angeklagten aus politischen Gründen einzusetzen. Ein solches Schreiben war am ersten Verhandlungstag, dem 26.10.1939, dort noch nicht eingegangen. Landgerichtsrat Meyer sagte aber größte Rücksichtnahme auf die mitbelasteten Diplomaten (ihre Namen sollten in der Verhandlungsschrift nicht erscheinen) sowie einen Ausschluss der Öffentlichkeit und der Presse zu (GStA, HA I, Rep. 218, Nr. 247, "Aktennotiz, Berlin, den 27. Oktober 1939" [von Merkatz]).

Andererseits besitzen die Eltern des Melo – der Vater ist Oberst in der
mexikanischen Armee und spielt eine wichtige Rolle in der Öl- und Mi-
nenindustrie, – genügenden Einfluß, um im Falle des Bekanntwerdens
Icaza zumindestens von seinem jetzigen Posten abberufen zu lassen. Dies
muss u. E. unter allen Umständen vermieden werden, da die Persönlichkeit Icazas für die Aufrechterhaltung bestimmter Verbindungen nach
Süd-Amerika unbedingt von Nutzen erscheint. [...] Außerdem ist Melo,
der wie festgestellt werden konnte sehr zahlreiche Auslandsverbindungen
hat, durchaus geeignet, in gewissem Sinne in den Nachrichtendienst eingespannt zu werden.[123]

Ein von der Verteidigung angekündigter Revisionsantrag gegen
das Urteil wurde zurückgezogen, stattdessen sammelten Loske und
Edith Faupel Unterstützung für ein Gnadengesuch an das Justizministerium. Über eine Besprechung darüber mit Staatsanwalt Dr. Erhardt,
an der auch Edith Faupel teilgenommen hatte, hielt Loske folgendes
fest:

Eine Begnadigung wäre aber deshalb opportun, weil damit verschiedene
Diplomaten, insbesondere dem in das Verfahren verwickelten, Herrn
Botschaftsrat Dr. Icaza eine Gefälligkeit erwiesen würde, die ihn unserem Staate gegenüber besonders verpflichten würde. Hierzu wurde seitens des RJM erklärt, daß dieser Fragenkomplex nicht vom Justizministerium, sondern von den dafür zuständigen Stellen geklärt werden könne.
Falls also ein diesbezügliches Interesse vorliege, müsse dieses dem RJM
nachgewiesen werden.

Daraufhin war die Rede davon, daß ein solches Interesse entweder beim
Auswärtigen Amt oder bei der Abwehr des OKW vorhanden sein könne.
In diesem Zusammenhang erklärte der Unterzeichnete, daß er, da er
hauptamtlich im OKH tätig sei, sich vorstellen könnte, daß sich die Abw
[sic] für den Fall interessiere. Es wurde dann davon gesprochen, welche
Erklärung der Abw im Falle eines vorliegenden Interesses erfolgen müsse. Dazu wurde seitens des RJM für erforderlich gehalten, daß die Abw
ihr Interesse in einem Schreiben an das Reichsjustizministerium besonders bekunde.

Frau Dr. Faupel und der Unterzeichnete erklärten sodann sich bemühen
zu wollen, eine solche Stellungnahme der Abw herbeizuführen. [...]

Ich bemerke noch, daß nach der Rücksprache beim Reichsjustizministerium Seine Exzellenz, Herr Botschafter Faupel sich mit der Abwehr-
Abteilung ins Benehmen setzte, und eine Unterredung zwischen den Herren Sachbearbeitern der Abw einerseits und Frau Dr. Faupel sowie dem
Unterzeichneten für Donnerstag, den 25.1.40 vereinbarte.[124]

---

[123] GStA, HA I, Rep. 218, Nr. 247, "*Aktennotiz*, Berlin, 18. Januar 1940".
[124] GStA, HA I, Rep. 218, Nr. 247, Loske an Reichsministerium der Justiz, z. Hd.
Staatsanwalt Dr. Ehrhardt, 26.1.1940 [Durchschlag].

Das Gnadengesuch für Melo wurde am 13.1.1940 eingereicht.[125] Melos Eltern erklärten sich zur Zahlung von 1.500 US-Dollar bereit.[126] Im Juni 1940 hielt sich Melo in Genua (Italien) auf, wohin General Faupel ihm schrieb:

> Auch ich hoffe sehr, dass Sie sich ein neues Leben aufbauen und will Ihnen gern weiter behilflich sein. Ich glaube dass beiliegender Empfehlungsbrief Ihnen die Tore nach Spanien und in eine gute Zukunft öffnet.
>
> Meine Frau [...] und ich würden uns sehr freuen weiter von Ihrem Ergehen zu hören und rechnen damit, dass Sie ein guter Freund Deutschlands bleiben werden. Meine Frau dankt Ihnen im Namen ihrer vielen anderen 'hijos' sehr für die Spende von 500 Mark, die Ihr Gesandter General Azcárate so freundlich war, ihr in Ihrem Namen zu übergeben.[127]

Dem Ministerio de Negocios Extranjeros in Madrid schrieb Wilhelm Faupel unter dem Datum vom 13.6.1940:

> El ciudadano mejicano [sic] Señor S. Melo Fitzmaurice me ha rogado darle un certificado sobre su conducta política en Alemania para que las altas autoridades de España le permitan su entrada y permanencia en España. Cumplo gustosamente con esta solicitud ya que me consta que el Señor Melo ha vivido apartado de la vida política mejicana y que su único afán es continuar sus estudios universitarios en España, interrumpidos por la guerra del 1936.
>
> Tampoco en Alemania se ha metido en política. Agradecería si se le diera permiso de entrar y permanecer en España para que pueda llevar a cabo su cometido.[128]

---

[125]   GStA, HA I, Rep. 218, Nr. 247, Entwurf Gnadengesuch Samuel Melo Fitzmaurice an den Reichsminister der Justiz [ohne Datum]; Loske an Generalstaatsanwalt beim Landgericht Berlin-Moabit, 13.1.1940.

[126]   Wilhelm Faupel bestätigte in einem Schreiben an den Rechtsanwalt Friedrich Meier, bei dem Loske als Assessor tätig war, dass ein Betrag von 1.500 US-Dollar für die Familie Melo eine erhebliche Summe darstellte. Außerdem wünschte er dem Begnadigungsverfahren Erfolg mit den Worten: "Ich bemerke weiterhin, dass es für unsere Interessen im Hinblick auf das sehr entgegenkommende Verhalten des hiesigen mexikanischen Gesandten angebracht erscheinen würde, wenn wir unsererseits ihm uns durch eine Geste gefällig erzeigen könnten." Das Schreiben war zur Weitergabe an das Justizministerium gedacht (GStA, HA I, Rep. 218, Nr. 247, W. Faupel an Friedrich Meier, 26.4.1940).

[127]   GStA, HA I, Rep. 218, Nr. 247, W. Faupel an S. Melo Fitzmaurice, 12.6.1940.

[128]   GStA, HA I, Rep. 218, Nr. 247, W. Faupel an Ministerio de Negocios Extranjeros en Madrid, 13.6.1940.

3.7 Nebenorganisationen

Wie bereits erwähnt, bestanden bei der Amtsübernahme General Faupels als Präsident des IAI mehrere Organisationen, mit denen es eng
verflochten war und die er unter seine Leitung brachte. Im Laufe seiner Amtszeit kamen weitere hinzu. Zum Teil dienten sie speziellen
Aufgaben, zum Teil sehr wahrscheinlich der Finanzbeschaffung als
"Briefkastenfirmen" (Vollmer 1985: 496). Ihre Bedeutung war durchaus unterschiedlich. Aus dem Rahmen fiel in jedem Fall die Deutsch-
Spanische Gesellschaft, die seit November 1930 bestand. Als Pendant
zu ihr war bereits im selben Jahr eine Deutsch-Ibero-Amerikanische
Gesellschaft (DIAG) im Gespräch. Allerdings wurde sie erst Ende
1932 gegründet. Ihr erster Präsident war Freiherr Hans Paul von Humboldt-Dachröden (1932-1939). Dem Verwaltungsrat gehörten außerdem die Bankdirektoren W. Graemer und H. V. Hübbe, Reichsminister a.D. Dr. R. Krohne, Reichsbahndirektor Dr. Br. Schwarze, Admiral
a.D. P. Behncke, Staatssekretär a.D. C. Bergmann, der frühere deutsche Gesandte in Argentinien Freiherr von dem Bussche-Haddenhausen, Staatssekretär Dr. Fr. Schlegelberger, Rechtsanwalt Dr. Simon,
der Geschäftsführer des Wirtschaftsverbands für Süd- und Mittelamerika A. Fröhlich, der Vorsitzende der Deutsch-Mexikanischen Handelskammer Berlin Dr. A. Kray, Staatsminister a.D. Dr. O. Boelitz,
Dr. E. Faupel, Dr. K. H. Panhorst und Prof. Dr. Quelle an.[129] Das
Preußische Kultusministerium wollte sich bemühen, zu den Sitzungen
einen Vertreter zu entsenden.

Nach der Satzung hat die Gesellschaft den Zweck, alle Einzelpersonen,
Vereinigungen und Einrichtungen, die dem kulturellen und wirtschaftlichen Austausch zwischen Deutschland und den spanisch und portugiesisch sprechenden Ländern dienen, zu einem einheitlichen Wirken zu
vereinigen. Sie soll in einer Arbeitsgemeinschaft mit allen in Betracht
kommenden Stellen unbeschadet ihrer Selbständigkeit bestrebt sein,
Zersplitterung wertvoller Kräfte zu verhindern und nach großen einheitlichen Gesichtspunkten die freundschaftlichen Beziehungen zwischen
Deutschland und den spanisch und portugiesisch sprechenden Ländern
fördern. Insbesondere soll sie mit den nach Deutschland kommenden
Ibero-Amerikanern eine persönliche und fürsorgliche Verbindung pflegen, die Bedeutung des ibero-amerikanischen Kulturkreises und der
wirtschaftlichen und politischen Verhältnisse der zugehörigen Länder in
Deutschland in zweckmäßiger Weise würdigen und ebenso die Kenntnis

---

[129] *Ibero-Amerikanisches Archiv*, Bd. 6, Nr. 4 (1932: 379-380).

deutschen Geisteslebens und deutscher Verhältnisse in den ibero-amerikanischen Ländern vertiefen.

Die Gesellschaft soll in diesem Sinne als Dachorganisation wirken; ihre Gründung ist im Einvernehmen mit dem Ibero-Amerikanischen Institut erfolgt. Der Direktor und einige Mitglieder des Instituts gehören dem Verwaltungsrat der Gesellschaft an.[130]

Zweiter Präsident der Gesellschaft wurde bis 1945 General Faupel, sein Stellvertreter war Bankdirektor Fischbeck, Geschäftsführer Studienrat Peter Bock.[131] Die Deutsch-Spanische und die Deutsch-Ibero-Amerikanische Gesellschaft unterstützten vor allem die Besucherbetreuung finanziell und gewährten ausländischen Studenten Stipendien. Die DIAG stellte zum Beispiel 1939 1.500 RM in Aussicht, damit fünf chilenische Juristen unter Führung von Prof. Benavente 1940 längere Zeit in Deutschland bleiben konnten.[132] Ebenfalls 1939 erklärte sie sich bereit, die Unkosten für Verpflegung und Unterkunft des brasilianischen Kultusministers Dr. Francisco Montojos zu tragen.[133]

General Faupel hatte die Leitung der Deutsch-Spanischen Gesellschaft 1936 übernommen. Nach einem Bericht Traugott Böhmes von 1946 hatte Faupel die Gesellschaften für seinen persönlichen Ehrgeiz und seine politischen Ziele instrumentalisiert:

> Botschafter Faupel war ein Mann von ausserordentlich starkem persönlichen Ehrgeiz. Sein Geltungsbedürfnis liess ihn nach seiner Ernennung zum Präsidenten des Ibero-Amerikanischen Instituts (1934) darauf hinarbeiten, auch alle anderen Einrichtungen, die in Berlin der Verbindung mit der Iberischen Halbinsel und Ibero-Amerika dienten, unter seine Führung zu bringen, und es gelang ihm in der Tat in den folgenden Jahren, die Leitung der Deutsch-Spanischen Gesellschaft, der Deutsch-Ibero-Amerikanischen Gesellschaft und des Deutschen Wirtschaftsverbandes für Süd- und Mittelamerika in die Hand zu bekommen. Diese Institutionen boten ihm die Möglichkeit, auf gesellschaftlichem Gebiete durch Einladungen von angesehenen Ausländern, Empfänge, Frühstücke

---

[130] GStA, HA I, Rep. 218, Nr. 235, Preußisches Ministerium für Wissenschaft, Kunst und Volksbildung an IAI, 10.3.1933.

[131] GStA, HA I, Findbuch Repositur 218B: Deutsch-Ibero-Amerikanische Gesellschaft. Im Findbuch werden unter dem Stichwort "Abteilungen" eine Musikabteilung unter der Leitung von Richard Klatovsky und eine Betreuungsabteilung unter Dr. Edith Faupel aufgeführt. Dazu heißt es: "Die beiden Abteilungen, die ca. 1938 errichtet wurden, wurden gemeinsam mit der Deutsch-Spanischen Gesellschaft unterhalten."

[132] GStA, HA I, Rep. 218, Nr. 216, von Merkatz an AA, 28.7.1939.

[133] GStA, HA I, Rep. 218, Nr. 216, W. Faupel an AA, 16.6.1939.

und andere gesellige Veranstaltungen wirksam zu sein. Er benutzte insbesondere die Deutsch-Spanische Gesellschaft dazu, die zahlreichen spanischen Besucher für das nationalsozialistische Deutschland zu interessieren und während des Krieges um ihre Freundschaft zu werben. Die genannten Gesellschaften setzten ihn auch in die Lage, die in Deutschland studierenden Ausländer unter seinen Schutz zu nehmen und z. T. mit Studienbeihilfen zu unterstützen.[134]

1944 waren bei der Deutsch-Spanischen Gesellschaft folgende haupt- und ehrenamtliche Helfer beschäftigt:

1. Wilhelm Faupel, Leiter der Gesellschaft seit 3.2.1936, ohne Gehalt oder Aufwandsentschädigung;

2. Hans Joachim von Merkatz, Eintritt in die Gesellschaft am 1.6. 1938, geschäftsführendes Vorstandsmitglied seit 1.9.1941, Aufwandsentschädigung 325 RM, gleichzeitig Stellvertreter des Geschäftsführers der Deutsch-Ibero-Amerikanischen Gesellschaft.[135]

3. Edith Faupel, Eintritt in die Gesellschaft am 3.2.1936, Leiterin der Betreuungsabteilung, die aus Ersparnisgründen von der Deutsch-Spanischen und der Deutsch-Ibero-Amerikanischen Gesellschaft gemeinsam unterhalten wird, Aufwandsentschädigung bisher 200 RM (Erhöhung beantragt), "kulturpolitisch und nachrichtendienstlich besonders kriegswichtiges Arbeitsgebiet".

4. Richard Klatovsky (eingezogen seit dem 1.7.1943), Musikreferent des gemeinsam mit der DIAG unterhaltenen Musikreferats (jetzt stillgelegt), Bearbeitung der für Spanien, Portugal und Ibero-Amerika bestimmten Musikprogramme des Rundfunks, Aufwandsentschädigung 125 RM;

5. Hans Albert Woelk, Eintritt in die Gesellschaft am 1.7.1944, Aufwandsentschädigung 225 RM, nebenamtliche Halbtagstätigkeit: schriftstellerische Arbeiten zu Propagandazwecken, Übersetzertätigkeit, Hilfsarbeiten bei der Betreuung von Spaniern, hauptamtlich beim IAI beschäftigt;

---

[134] GStA, HA I, Rep. 218, Nr. 380, Böhme, "Überblick über die Geschichte und Tätigkeit des Ibero-Amerikanischen Instituts Berlin", 7.2.1946.

[135] "Das Aufgabengebiet in der Gesellschaft ist mit dem Hauptamt des Dr. von Merkatz als Generalsekretär des IAI vollkommen gleichgeschaltet, daher zeitlich von diesem nicht abzugrenzen." GStA, HA I, Rep. 218, Nr. 347, von Merkatz, Entwurf Schreiben an die VzV [Vereinigung zwischenstaatlicher Verbände und Einrichtungen e. V.], 7.8.1944.

6. Carlos Hunsche, Pressereferat der Gesellschaft (und der DIAG),
    Aufwandsentschädigung 250 RM, hauptamtlich bei der Rund-
    funkabteilung des Auswärtigen Amtes beschäftigt;
7. Martha Koop, Eintritt in die Gesellschaft am 1.9.1943, Kassenfüh-
    rerin und technische Personalverwalterin, Vergütung 100 RM;
8. Lila Arroyo, Eintritt in die Gesellschaft am 1.9.1943, Sekretärin,
    Gehalt 299 RM;
9. Georg Weidekamp, Gehalt 125 RM, zeichnerische Arbeiten zu
    propagandistischen Zwecken, insbesondere kartographische und
    künstlerische Zeichnungen, Tabellen, Kunstschriften und hand-
    werkliche Hilfsarbeiten.[136]

Seit dem 9.4.1935 gab es die Deutsch-Ibero-Amerikanische Ärzte-
Akademie. Sie war mit Zustimmung des Reichsministeriums des Innern, des Reichs- und Preußischen Ministeriums für Wissenschaft,
Erziehung und Volksbildung und des Auswärtigen Amtes gegründet
worden. Sie sollte Ärzten des ibero-amerikanischen Kulturkreises die
Gelegenheit geben, ihre medizinischen und volkshygienischen Kenntnisse zu erweitern und deutsche medizinische Einrichtungen kennen
zu lernen.[137] Auch die Ärzte-Akademie betreute ausländische Besucher und Studenten, für die sie auch Fortbildungskurse und Kongresse
veranstaltete. Sie arbeitete mit Universitäten, Kliniken und Kranken-
häusern zusammen.[138] 1938 hatte sie mehr als 500, 1939 bereits 650
lateinamerikanische Ärzte als Mitglieder (Gliech Ms. 1998: 83-84).
Die Arbeit musste sich nach Kriegsbeginn, da nun keine Gruppen von
Ärzten mehr nach Deutschland kamen, auf indirekte Art vollziehen.
Faupel berichtete darüber an das Auswärtige Amt:

> Umsomehr hat sich die Deutsch-Ibero-Amerikanische Ärzte-Akademie
> bemüht, durch Veranstaltung von Rundfunkvorträgen medizinischen In-
> halts in Zusammenarbeit mit dem Deutschen Kurzwellensender sowie

---

[136] GStA, HA I, Rep. 218, Nr. 347, von Merkatz, Entwurf Schreiben an die VzV,
       7.8.1944. Der Entwurf sollte ein Schreiben beantworten, das nach Informationen
       über die Freistellung von Mitarbeitern zum "kriegsentscheidenden Einsatz" frag-
       te. Von Merkatz schlug dafür sich selbst, Dr. Hunsche, Herrn Woelk und Herrn
       Weidenkamp vor. Beim Personal der Deutsch-Spanischen und der Deutsch-
       Ibero-Amerikanischen Gesellschaft hatte es bei den Bürokräften kurz vor der Er-
       stellung des Entwurfs krankheitsbedingte Umschichtungen gegeben.
[137] GStA, HA I, Findbuch Repositur 218A: Deutsch-Ibero-Amerikanische Ärzte-
       Akademie.
[138] Zur Arbeit der Ärzte-Akademie vgl. Farías (2000: 105-152).

durch Unterbringung von deutschen wissenschaftlichen Arbeiten in spanischen, süd- und mittelamerikanischen Zeitschriften die Beziehungen zu
den Ärzten der spanisch und portugiesisch sprechenden Länder aufrecht-
zuerhalten.[139]

Nach dem Vorbild der Ärzte-Akademie und als Reaktion auf die
"deutschfeindliche Hetze" in Ibero-Amerika seitens der USA wurden
in der zweiten Hälfte der 1930er Jahre weitere Organisationen (Verbände) gegründet: das Centro de Estudios Pedagógicos (24.9.1938),
das Centro de Estudios Veterinarios ([21.12.?]1938), das Centro de
Estudios Biológicos, Agronómicos y Forestales (25.1.1939). General
Faupel war jeweils ihr Präsident, in ein Ehrenpräsidium wurden Vertreter der Ministerien, Fachvertreter und zum Teil Repräsentanten der
Stadt Berlin und der NSDAP/A.O. mit aufgenommen.[140] Die *Centros*
wurden vom Auswärtigen Amt mitfinanziert, über ihren Gesamthaus-
halt ist wenig bekannt. Da ihre Gründung "im Einvernehmen" auch
mit dem Reichsbildungsministerium und dem Propagandaministerium
erfolgte, kann eine Bezuschussung von dort nicht ausgeschlossen
werden. Für 1939 bestand die unverbindliche Zusage des Auswärtigen
Amtes, das Ibero-Amerikanische Institut mit 15.000 RM, die Ärzte-
akademie mit 9.600 RM, das Centro de Estudios Técnicos mit 6.000
RM, das Centro de Estudios Veterinarios und das Centro de Estudios
Biológicos, Agronómicos y Forestales zusammen mit 3.600 RM zu
unterstützen.[141]

Die Arbeit des Wirtschaftsverbands für Mittel- und Südamerika
lässt sich nur schlecht rekonstruieren. Er stand aber vermutlich als
Geldgeber hinter einigen Aktivitäten des Ibero-Amerikanischen Instituts. Auf Initiative und in Zusammenarbeit mit der Deutsch-Ibero-
Amerikanischen Handelsgesellschaft m.b.H. (DIA) ließ das IAI eine
deutsche Lehrmittelausstellung[142] in mehreren lateinamerikanischen

---

[139] GStA, HA I, Rep. 218, Nr. 216, W. Faupel an AA, 7.3.1940. Außerdem sollten
die Beziehungen nach Spanien intensiviert werden.
[140] IAI, Dok, "Verschiedenes".
[141] IAI, Dok, "Verschiedenes", Aktennotiz von Merkatz über ein Gespräch mit
Legationsrat Roth, 3.2.1939. Auch 1941 erhielt die Ärzte-Akademie 9.600 RM
vom Auswärtigen Amt. Wie bei der Kulturpolitik des IAI selbst bewilligte das
AA auch Zuschüsse für konkrete Vorhaben (GStA, HA I, Rep. 218, Nr. 213,
W. Faupel an AA, 27.10.1936; GStA, HA I, Rep. 218, Nr. 218, IAI an AA,
15.12.1941).
[142] In Zusammenarbeit mit der deutschen Schule in Mexiko waren deutsche Lehrmittel vom Kindergarten bis zur Universität von Dr. Carlos Beltrán als Vertreter

Ländern zeigen. Finanziert wurde sie über ein neu eingerichtetes Konto bei der Deutsch-Südamerikanischen Bank, für das treuhänderisch für die DIA Dr. Erich Leist verfügungsberechtigt war. Dieses Konto wurde im Januar 1936 mit 10.000 RM, später mit insgesamt 12.000 RM ausgestattet. Wilhelm Faupel machte Leist darauf aufmerksam, dass der Überweiser der Summe, der Werberat der deutschen Wirtschaft, für den Rechnungshof des Deutschen Reiches geeignete Verwendungsnachweise forderte.[143] Bis September 1937 war die Lehrmittelausstellung unter der Leitung von Prof. Carlos Beltrán Morales in Venezuela (Februar bis Juli 1936), Peru ("im Frühjahr" 1937) und in Havanna (Kuba) gezeigt worden, außerdem bestand in Buenos Aires eine Ausstellung unter Leitung von Dr. Kurt Held und in Bagdad (Irak) eine weitere unter der Leitung des DIA-Geschäftsführers David S. Mujaés. Weitere Einladungen lagen vor: nach Uruguay, Bolivien, Brasilien und Chile. Sie sollten nach Beendigung der Ausstellungen in Buenos Aires und Bagdad realisiert werden. Von den Ausstellungen erwartete man einerseits eine kulturpropagandistische Wirkung, andererseits direkte Verkaufsaufträge von Seiten der Gastgeberstaaten. In Venezuela hatte die Ausstellung 1936-1937 Aufträge des Unterrichtsministeriums in Höhe von etwa 70.000 RM eingebracht, die Firma Leybold konnte darüber hinaus für 130.000 RM physikalische Laboratorien verkaufen. In Peru kam ein Auftragswert von 12.500 RM zustande, in Kuba liefen die Verhandlungen noch.[144] In den Folgejahren war der kulturelle Erfolg meist größer als der ökonomische. Die Ausstellung ging nach Santiago de Chile und wurde von der kolumbianischen Regierung zur Vierhundertjahrfeier nach Bogotá eingeladen. In La Paz (Bolivien) berichtete die Presse begeistert über Spielzeuge, Bücher, Hefte, geometrische Formen, Material der Bereiche Geologie, Geographie, Botanik, Naturwissenschaft, Ana-

---

der DIA bereits im April und Mai in Mexiko-Stadt gezeigt worden (Deutsche Oberrealschule in Mexiko [1936]: 13-14; GStA, HA I, Rep. 218, Nr. 68, Einladungskarte zur Ausstellungseröffnung).

143   GStA, HA I, Rep. 218, Nr. 566, W. Faupel an Leist, 2.1.1936. Im Dezember 1935 hieß es in einem früheren Schreiben von W. Faupel an Leist, dass der Wirtschaftsverband für Mittel- und Südamerika das Darlehen zur Verfügung stellte. Ebenso schrieb er an Geheimrat Traugott Böhme, dem damaligen Leiter der Schulabteilung im Auswärtigen Amt (GStA, HA I, Rep. 218, Nr. 566, Faupel an Leist, 11.12.1935; GStA, HA I, Rep. 218, Nr. 213, W. Faupel an AA, 6.12.1935).

144   GStA, HA I, Rep, 218, Nr. 566, Aufstellung der DIA, 7.9.1937 [Durchschlag].

tomie, Psychotechnik, Physik und Chemie, über Landkarten, Wandta-
feln und Globen. Besonderes Interesse riefen mikroskopische Projek-
tionsapparate, Sterilisationsapparate, Trockenschränke, Brutapparate,
Mikroskope, optische Geräte, Maschinenmodelle und "Kosmos-Käs-
ten", also Klein-Laboratorien für Mechanik, Chemie, Elektrotechnik
und Optik, hervor.[145]

Im Juni 1938 betrug Dr. Leists Kontostand für die Lehrmittelausstellung in Südamerika 9.889 RM. Dieses Geld wurde auf das Konto
Schul- und Lehrmittel des Ibero-Amerikanischen Instituts bei der
Deutsch-Südamerikanischen Bank überwiesen. Es sollte für die Über-
führung der Ausstellung nach Kolumbien verwendet werden. Der an
der ursprünglichen Darlehenssumme von 12.000 RM fehlende Betrag
sollte erst durch den Werberat, bei ausreichenden Einnahmen aber
doch noch von der DIA nachgezahlt werden. Das IAI stellte der DIA
nun in einem neuen Vertrag diese 12.000 RM zinsfrei zur Verfügung.
Der Verdienst aus den realisierten neuen Ausstellungen – zunächst der
kolumbianischen[146] – sollte zur Hälfte der DIA und zur Hälfte dem
IAI-Fonds zufließen, bis das Darlehen zurückgezahlt worden wäre.[147]
Wegen der nicht gesicherten wirtschaftlichen Erfolgsaussichten in
Kolumbien blieb der Termin für die Rückzahlung der 12.000 RM im
Vertrag offen. Außerdem wurde das Darlehen noch einmal um 2.000
RM aufgestockt. Für eine weitere Ausstellung in Guatemala wurde
darüber hinaus ein Darlehen von 8.500 RM zur Verfügung gestellt.[148]
Tatsächlich verlief das Geschäft mit Kolumbien, vor allem aber an-
schließend mit Guatemala wirtschaftlich negativ. Dazu trug auch der
inzwischen begonnene Krieg bei. Die DIA berichtete:

> Aus Columbien haben wir einen Auftrag auf Bleistifte und Schiefergrif-
> fel im Betrage von RM 49.091,30 erhalten, bei dessen Ausführung uns
> ein Verlust von mehreren Tausend Mark entstanden ist, weil uns die Ex-
> portförderung in Höhe von RM 8.859,70 nicht genehmigt wurde, trotz-

---

[145] GStA, HA I, Rep. 218, Nr. 566, DIA an IAI, 1.6.1938; DIA an IAI, 3.5.1938 mit
       Zeitungsbericht *La Noche* (La Paz) vom 30.3.1938.
[146] Es war zwar geplant, die Ausstellung auch in Guatemala zu zeigen, jedoch sollte
       dies "vorerst vertraulich" behandelt werden (GStA, HA I, Rep. 218, Nr. 566,
       "*Aktennotiz*, 23.6.1938" [von Merkatz]).
[147] GStA, HA I, Rep. 218, Nr. 566, Leist an W. Faupel, 19.6.1938; DIA an W. Fau-
       pel, 23.6.1938; W. Faupel an DIA, 21.6.1938.
[148] GStA, HA I, Rep. 218, Nr. 567, DIA an IAI, 17.1.1940 [Abschrift] mit Anlage;
       Faupel an Präsident des Werberats der deutschen Wirtschaft, 16.1.1940.

dem wir vor Ausführung des Auftrages dem Reichswirtschaftsministerium Kenntnis von der Angelegenheit gaben.

Ferner haben wir Aufträge im Gesamtwert von ca. RM 10.000,- erhalten. Weitere Aufträge in Höhe von insgesamt RM 22.000,- sind infolge Ausbruchs des Krieges nicht mehr zur Ausführung gelangt. Deshalb hat sich als Resultat der Ausstellung Columbien ein Gesamtverlust von mehreren Tausend Mark ergeben.

Guatemala: Es ist nur zu einem Vorschlag für zwei Aufträge gekommen, die aber infolge des Krieges nicht zur Ausführung gelangen.

Die Guatemala-Ausstellung ist also wirtschaftlich negativ verlaufen.[149]

Das langfristige Ziel des IAI, über die Zusammenarbeit mit der DIA hinaus eine zentrale Stelle für den Export von Schul- und Lehrmitteln in Berlin zu schaffen,[150] konnte nicht verwirklicht werden.

4. Das Kriegsende und das IAI

Die letzten Jahre des Krieges schränkten die Arbeit des IAI sehr stark ein. Das Institut musste im Oktober 1941 nach Lankwitz umziehen, die Bibliothek folgte in Teilen erst im Frühjahr 1942. Wilhelm Faupel versuchte dabei mit Hilfe des Auswärtigen Amtes, den Transport in die ehemalige Siemens-Villa am Rande Berlins zu ermöglichen. Die Politische Abteilung des Auswärtigen Amtes bescheinigte die "Kriegswichtigkeit" der Bibliothek:

[...] und wiederhole hierdurch meine mündlichen Angaben, daß das Auswärtige Amt für kriegswichtige Aufgaben auch das zurzeit noch unzugängliche Büchermaterial der Bibliothek des Ibero-Amerikanischen Instituts eiligst benötigt. Daher hat der schnelle Transport von etwa 100 000 Bänden nebst zugehörigen Regalen aus politischen Gründen als eine Angelegenheit größter Dringlichkeit zu gelten.[151]

Der Unterzeichner des Schreibens, E. von Luckwald, hoffte, dass es Faupel und der beauftragten Spedition Haberling damit gelingen würde, Arbeiter für den Transport der Bibliotheksbestände zu beschaffen. Am 18.4.1942 konnte Faupel von Luckwald davon in Kenntnis

---

[149] GStA, HA I, Rep. 218, Nr. 567, DIA an IAI, 17.1.1940 [Abschrift].

[150] GStA, HA I, Rep. 218, Nr. 567, "*Aktenvermerk*. Konto: Schul- und Lehrmittel", unterschrieben von Panhorst, Leist und Lumme im Juni 1938, abgezeichnet von W. Faupel.

[151] GStA, HA I, Rep. 218, Nr. 218, AA [Pol IX] an W. Faupel, 4.4.1942.

setzen, dass der Transport der Bücher "in vollem Gange" war.[152]
Trotzdem gelang der Umzug nicht vollständig, die Bibliothek musste
teilweise im Marstall ein- beziehungsweise aus Berlin ausgelagert
werden.[153]

Durch den Militärdienst war das Personal zahlenmäßig stark reduziert worden. Am 19. April 1945 trat der Generalsekretär des Instituts,
Dr. Hans-Joachim von Merkatz, kurzfristig einen Urlaub an, von dem
er nicht zurückkehrte. General Faupel und seine Ehefrau Dr. Edith
Faupel haben vermutlich am 1. Mai 1945 ihr Leben durch Suizid be-
endet.[154]

Die Verwaltung des IAI wurde ab dem 30.6.1945 kommissarisch
von Dr. Traugott Böhme übernommen, der vorher das Schulreferat
innerhalb der Kulturpolitischen Abteilung des Auswärtigen Amtes
geleitet hatte. Es unterstand nun dem Magistrat der Stadt Berlin, Abteilung für Volksbildung. Während der Magistrat die Liquidierung des
Instituts am 6. November 1945 verfügt hatte, sollte die Bibliothek als
solche möglichst erhalten bleiben. Neben dem Kommissarischen Leiter Böhme sollten in der "Lateinamerikanischen Bibliothek" folgende,
auch bisher im IAI tätige Personen beschäftigt werden:

Studienrat Peter Bock,
Bibliotheksrat Dr. Hermann Hagen,
Wissenschaftlicher Assistent Gerdt Kutscher,
Wissenschaftliche Hilfsarbeiterin Dr. Hedda Oehlke,
Wissenschaftliche Hilfsarbeiterin Dr. Gertrud Richert.

"Keine dieser Personen hat der NSDAP angehört; vielmehr ist ihre
antifaschistische Gesinnung erwiesen und ihre politische Zuverlässigkeit im Sinne der Demokratie steht ausser Zweifel", schrieb Böhme an
die Militärregierung.[155] Böhmes Rechtfertigungsstrategie gegenüber
der US-amerikanischen Militärregierung, die das IAI als "Nazi Agen-

---

[152] GStA, HA I, Rep. 218, Nr. 218, AA [Pol IX] an Faupel, 4.4.1942; Faupel an AA,
     18.4.1942.
[153] Von 1941-1945 waren 600 Kisten mit Büchern in den Kellern des Marstallge-
     bäudes untergebracht worden, 75 Bücherkisten waren nach Gut Hohenlandin bei
     Angermünde ausgelagert worden. Die Kriegsverluste der Bibliothek werden auf
     etwa 40.000 Bände geschätzt (Bock 1962: 328).
[154] GStA, HA I, Rep. 218, Nr. 380, Böhme an U.S.-am. Militärregierung, 29.3.1946.
     Zur unmittelbaren Nachkriegsgeschichte des IAI vgl. Vollmer (1985: 496-503).
[155] GStA, HA I, Rep. 218, Nr. 380, Böhme an U.S.-am. Militärregierung, 29.3.1946.

cy" eingestuft hatte, war klar: Als Personen mit exekutiven Befugnis-
sen seien im IAI nur der Präsident Faupel und der Generalsekretär von
Merkatz anzusehen. Diese seien aber nun nicht mehr präsent. Das
Institut war 1930 vom Staat Preußen gegründet worden und sei bis
1945 eine rein staatliche Einrichtung geblieben:

> Das Institut hat zu keiner Zeit in irgendeinem Verhältnis organisatori-
> scher Zugehörigkeit zur NSDAP. [sic] gestanden. Die NSDAP. hat we-
> der zu seiner Finanzierung beigetragen, noch hatte sie in irgendeiner
> Weise Einfluss auf seine Verwaltung und Arbeitsweise. [...] Es wurde im
> preussischen Staatshaushalt als eine Einrichtung der Verwaltung für
> Wissenschaft, Erziehung und Volksbildung geführt und erhielt seine ge-
> samten Geldmittel lediglich vom Staate, und zwar vom Preussischen Mi-
> nisterium, später Reichsministerium, für Wissenschaft, Erziehung und
> Volksbildung. Dieses Ministerium war die einzige Dienststelle, die be-
> rechtigt war, dem Institut für seine Verwaltung und Arbeit Vorschriften
> zu machen und Weisungen zu erteilen.
> Die Aufgabe, die dem Institut bei seiner Gründung 1930 zugewiesen
> wurde, lag ganz überwiegend auf dem Gebiete der Wissenschaft, der vor
> allem die für Europa völlig einzigartige grosse Bibliothek des Instituts
> dienen sollte. Daneben sollte das Institut auch die kulturellen Beziehun-
> gen zwischen Deutschland und den ibero-amerikanischen Republiken,
> Spanien und Portugal, pflegen. Für diesen Teil der Aufgabe standen je-
> doch keine besonderen Geldmittel zur Verfügung.
> Unter der Regierung Hitlers hat sich an der wissenschaftlichen und kultu-
> rellen Aufgabe der Arbeit des Instituts nichts geändert. Die wissenschaft-
> liche Aufgabe stand weiterhin im Vordergrunde durch Pflege der Biblio-
> thek, Herausgabe zweier wissenschaftlicher Zeitschriften ("Ibero-Ameri-
> kanisches Archiv" und "Ensayos y Estudios") und Veröffentlichung
> grosser Monographien zur vorkolumbianischen Geschichte Amerikas.
> Die kulturellen Beziehungen wurden in derselben Weise und mit densel-
> ben Methoden gepflegt wie vor 1933; die NSDAP. hatte auf diese Arbeit
> keinen Einfluss.[156]

Zur Untermauerung der "Harmlosigkeit" des Instituts führte Böhme in
einem "Überblick über die Geschichte und Tätigkeit des Ibero-
Amerikanischen Instituts Berlin" insbesondere die wissenschaftliche
Arbeit des IAI an, das diverse altamerikanistische Werke veröffentlicht, mehr als 100 wissenschaftliche Vorträge organisiert und einen
umfangreichen Schriftwechsel mit kulturellen und wissenschaftlichen

---

[156] GStA, HA I, Rep. 218, Nr. 380, Böhme an Militärregierung von Deutschland
    (Frankfurt am Main)/Militärregierung des amerikanischen Sektors von Berlin,
    7.2.1946.

Einrichtungen in Ibero-Amerika, Spanien und Portugal "(besonders
U.S.A.)" [sic!] unterhalten habe.[157]

In Bezug auf die politische Arbeit des IAI hielt Böhme an seiner
formalistischen Ansicht fest, dass diese nicht Auftrag des Instituts
gewesen sei:

> Es gehörte nicht zu den Aufgaben des Ibero-Amerikanischen Instituts,
> sich auf politischem Gebiet zu betätigen und etwa eine politische Propa-
> ganda in den Ländern spanischer und portugiesischer Sprache zu treiben.
> Sein Budget sah keine Geldmittel für derartige Zwecke vor und bot dafür
> auch keine Möglichkeit.[158]

Jegliche politische Tätigkeit schrieb er Faupels Privatinteresse und
seinen persönlichen Beziehungen zu den lateinamerikanischen Ländern und Spanien zu:

> Es kann als feststehend betrachtet werden, dass Botschafter Faupel diese
> Beziehungen zu dem Versuch benutzt hat, Ibero-Amerikaner und Spanier
> politisch zu beeinflussen. In welchem Umfange dies geschehen ist und zu
> einem Erfolg geführt hat, lässt sich schwer beurteilen, da er Gespräche
> und Korrespondenzen dieser Art ohne Zeugen und Mitwisser zu führen
> pflegte und sich seine politische Betätigung zum grossen Teil in seiner
> Wohnung und an anderen Orten ausserhalb des Instituts abspielte.[159]

Böhmes Strategie – alle Verantwortung lag bei W. Faupel und von
Merkatz, die politische Tätigkeit fand nicht in der Bibliothek statt,
sondern in den übrigen, in Personalunion geführten Gesellschaften
und bei Faupels zuhause, die Akten der angegliederten Gesellschaften
(vor allem der Deutsch-Spanischen und der Deutsch-Ibero-Amerikanischen Gesellschaft) lagen nicht in Böhmes Zuständigkeit und waren
ihm damit nicht zugänglich[160] – war erfolgreich. Das Institut blieb als
Bibliothek bestehen und hieß ab dem 1.4.1946 Lateinamerikanische

---

157 GStA, HA I, Rep. 218, Nr. 380, Böhme, "Überblick über die Geschichte und
     Tätigkeit des Ibero-Amerikanischen Instituts Berlin", 7.2.1946.
158 GStA, HA I, Rep. 218, Nr. 380, Böhme, "Überblick über die Geschichte und
     Tätigkeit des Ibero-Amerikanischen Instituts Berlin", 7.2.1946. Gerade in diesem
     Punkt musste Böhme besser informiert gewesen sein, hatte er doch selbst in der
     Kulturpolitischen Abteilung des Auswärtigen Amtes gearbeitet, die den größten
     Teil der Kulturpropaganda des IAI finanzierte.
159 GStA, HA I, Rep. 218, Nr. 380, Böhme, "Überblick über die Geschichte und
     Tätigkeit des Ibero-Amerikanischen Instituts Berlin", 7.2.1946.
160 GStA, HA I, Rep. 218, Nr. 380, Böhme an Major J. W. Taylor, 20.9.1945.

Bibliothek.[161] Ihre Bestände mussten von nationalsozialistischem und militaristischem Schrifttum gesäubert werden. Bibliotheksdirektor Hagen übergab an drei Terminen Bücher, Zeitschriften und Flugblätter an die Library of Congress Mission und hielt, ganz im Sinne Böhmes, fest:

> Von dem abgelieferten Schrifttum entstammte nur der kleinste Teil den Bücherbeständen der Lateinamerikanischen Bibliothek. Der weitaus grösste Teil dagegen stammte von anderen, nicht mehr bestehenden Organisationen her, die im Gebäude des ehemaligen Ibero-Amerikanischen Instituts ihre Geschäftsstellen hatten.[162]

Tabelle 3: Von der Lateinamerikanischen Bibliothek an die Library of Congress Mission abgeliefertes nationalsozialistisches und militaristisches Schrifttum (1946)

Datum	Bände und Broschüren	Zeitschriftenhefte	Flugblätter
31.08.1946	679	781	262
14.09.1946	413	948	-
27.11.1946	417	11.180	-
Zusammen	**1.509**	**12.909**	**262**

Quelle: GStA, HA I, Rep. 218, Nr. 370, Hagen an Library of Congress Mission, 21.12.1946.

5. Einschätzung der Arbeit des Instituts

Das Ibero-Amerikanische Institut der Jahre 1930-1945 war weit mehr als eine Bibliothek. Als ein mit staatlichen Mitteln gefördertes Kulturinstitut verfolgte es in enger Verflechtung mit anderen Organisationen und staatlichen Stellen Ziele, die sich in die allgemeinen zeitgenössischen Vorstellungen von Kulturpolitik einfügten und diese mitprägten. Standen anfänglich kultureller Austausch und wissenschaftliche Arbeit im Zentrum der vom Preußischen Kultusministerium unterhaltenen Institution, so intensivierte sich ab 1934 die Zusammenarbeit mit dem Auswärtigen Amt und dem 1933 eingerichteten Reichsministe-

---

[161] "In der Wahl des neuen Namens sollte eine begrenzte Aufgabenstellung und die gebotene Anpassung an die veränderten Zeitverhältnisse zum Ausdruck kommen", schrieb Hagen wenige Jahre später (1951: 355).

[162] GStA, HA I, Rep. 218, Nr. 370, Hagen an Library of Congress Mission, 21.12. 1946.

rium für Volksaufklärung und Propaganda. Außerdem unterhielt Institutspräsident Faupel enge Beziehungen zur NSDAP/A.O. Das IAI erweiterte damit seine Kompetenzen und seine Einflussnahme innerhalb der deutschen Lateinamerikapolitik. Gleichzeitig ordnete es sich in seinen Arbeitsbereichen den Anforderungen des nationalsozialistischen Staates unter. Dies zeigt sich besonders deutlich in der Zusammenarbeit mit den Nebenorganisationen. So reichte die Betreuungsarbeit, die ursprünglich repräsentative und werbende Funktionen hatte, bis in die Nachrichtendienste hinein. In Zusammenarbeit mit der DIA versuchte das IAI, die deutsche Wirtschaft zu fördern. Nicht alle von Faupel für wünschenswert gehaltenen Ziele konnten verwirklicht werden. Für manche standen nicht genügend Finanzmittel zur Verfügung, für andere fehlte es, insbesondere nach Kriegsbeginn, an Personal. Die bei der Institutsgründung im Vordergrund stehenden Beziehungen nach Süd- und Mittelamerika mussten während des Weltkrieges eingeschränkt werden. Bereits ab 1936 rückten Spanien und Portugal als politische Partner und Objekte der Kulturpropaganda immer stärker in den Vordergrund. Unter Faupel hat sich das Institut bemüht, "Brückenkopf" für den Nationalsozialismus zu sein.

Bei Kriegsende, als sich die Haupttäter der Verantwortung entzogen hatten, stellte sich das Institut unter dem Kommissarischen Leiter Böhme wieder in die Tradition einer preußischen Wissenschafts- und Kultureinrichtung und versuchte, die politische Arbeit des IAI zwischen 1934 und 1945 zu verschleiern. Diese moralisch zweifelhafte Strategie rettete die einzigartige Bibliothek und ließ die Phase der nationalsozialistischen Kulturpropaganda in der Institutsgeschichte in Vergessenheit geraten.

Literaturverzeichnis

Alemania y el Mundo Ibero-Americano. Alemanha e o mundo ibero-americano (1939). Berlin: Verlagsanstalt Otto Stollberg.

Ausstellung altamerikanischer Kunst veranstaltet von den Staatlichen Museen in Gemeinschaft mit der Preußischen Akademie der Künste und dem Ibero-Amerikanischen Institut zu Berlin (1931). Berlin: o.V.

Ausstellung Spanischer Kunst der Gegenwart veranstaltet vom Ibero-Amerikanischen Institut, der Deutsch-Spanischen Gesellschaft und der Preußischen Akademie der Künste (1942). Berlin: o.V.

Auswahl von deutschen Werken in spanischer und portugiesischer Übersetzung. Selección bibliográfica de obras alemanas en traducción española y portuguesa (1939). Herausgegeben vom Ibero-Amerikanischen Institut Berlin und dem Deutsch-Ausländischen Buchaustausch. Berlin: o.V.

Benz, Wolfgang/Otto, Gerhard/Weismann, Anabella (Hrsg.) (1998): *Kultur – Propaganda – Öffentlichkeit. Intentionen deutscher Besatzungspolitik und Reaktionen auf die Okkupation.* Berlin: Metropol.

Bock, Hans-Joachim (1962): "Das Ibero-Amerikanische Institut". In: *Jahrbuch der Stiftung Preußischer Kulturbesitz 1962. Vermächtnis und Verpflichtung.* Köln, S. 324-331.

Bräutigam, Thomas (1997): *Hispanistik im Dritten Reich. Eine wissenschaftsgeschichtliche Studie.* Frankfurt a.M.: Vervuert.

Deutsche Oberrealschule in Mexiko: Bericht ueber die Schuljahre 1933-1935 [1936]. Mexiko, D.F.: o.V.

Düwell, Kurt (1976): *Deutschlands auswärtige Kulturpolitik 1918-1932. Grundlinien und Dokumente.* Köln: Böhlau Verlag.

Ensayos y Estudios. Ensaios e Estudos. Revista bimestral de cultura y filosofía (1939-1944), 1-6, Berlin/Bonn.

Farías, Víctor (2000): *Los nazis en Chile.* Barcelona: Seix Barral.

Faupel, Wilhelm/Grabowsky, Adolf/Cruchaga Ossa, M./Panhorst, Karl Heinrich/Rheinbaben, Werner von (Hrsg.) (1933): *Ibero-América y Alemania. Obra colectiva sobre las relaciones amistosas, desarme e igualdad de derechos.* Berlin: Carl Heymanns Verlag.

Fundación Bolívar-Humboldt (1938). Berlin: o.V.

Gliech, Oliver C. (1990): "Das Ibero-Amerikanische Institut (Berlin) in der NS-Zeit. Grundprobleme einer Untersuchung". In: *Iberoamericana,* 14, 1, S. 5-16.

—   (1998): *Das Ibero-Amerikanische Institut (Berlin) und die deutsch-argentinischen Beziehungen 1929-1945.* Ms., Magister-Hausarbeit, Berlin: FU Berlin, Fachbereich Geschichtswissenschaften, überarbeitete Fassung.

Hagen, Hermann B. (1938): "Bericht der Bibliothek des Ibero-Amerikanischen Instituts (März bis Mai 1938)". In: *IAA,* 12, 2, S. 275-279.

—   (1951): "Die Lateinamerikanische Bibliothek zu Berlin". In: *Übersee-Rundschau.* Hamburg, 3, 10, S. 355-357.

Ibero-Amerikanisches Archiv (1930-1944), 4-18, Berlin/Bonn.

Laitenberger, Volkhard (1981): "Organisations- und Strukturprobleme der auswärtigen Kulturpolitik und des akademischen Austausches in den zwanziger und dreißiger Jahren." In: Düwell, Kurt/Link, Werner (Hrsg.): *Deutsche auswärtige Kulturpolitik seit 1871. Geschichte und Struktur.* Köln: Böhlau Verlag, S. 72-96.

Michels, Eckard (1998): "Die deutschen Kulturinstitute im besetzten Europa". In: Benz, Wolfgang/Otto, Gerhard/Weismann, Anabella (Hrsg.): *Kultur – Propaganda – Öffentlichkeit. Intentionen deutscher Besatzungspolitik und Reaktionen auf die Okkupation.* Berlin: Metropol, S. 11-33.

Oppel, Helmut (1981): *Ibero-amerikanisches [sic] Archiv. Alphabetisches und systematisches Register*. Berlin: Colloquium Verlag (*Ibero-Amerikanisches Archiv*, Beih. 1).

Quesada-Feier. Reden, gehalten am 1. Juni 1932 im Festsaal des Ibero-Amerikanischen Instituts Berlin, bei der feierlichen Übergabe der Büsten von Ernesto Quesada und Vicente G. Quesada (1932). Berlin: IAI.

Rinke, Stefan (1996): *"Der letzte freie Kontinent": Deutsche Lateinamerikapolitik im Zeichen transnationaler Beziehungen*. Stuttgart: Hans-Dieter Heinz Akademischer Verlag.

Simón Bolívar. Discursos pronunciados el día 19 de diciembre de 1932, en el Salón de Actos del Instituto Ibero-Americano de Berlín, con motivo de la solemne entrega del busto de Simón Bolívar (1933). Berlin: o.V.

Triebold, Karl (1943): *La educación al aire libre en la nueva Alemania. Colección de informes prácticos*. Berlin: IAI.

Vainfas, Ronaldo/Raminelli, Ronald (1999): "Los americanistas del III Reich. La Ibero-Amerikanisches Archiv en los tiempos del nazismo". In: *Historia y Sociedad*, Medellín, 6, S. 69-83.

Vollmer, Günter (1985): "Gerdt Kutschers Leben. Erkundungen". In: *Indiana*, Berlin, 10 (Gedenkschrift Gerdt Kutscher, Teil 2), S. 485-518.

ANHANG 1: Vorträge am Ibero-Amerikanischen Institut, 1930-1944

1.11.1930 Prof. Dr. A. L. **Mayer** (München): El Greco und sein Verhältnis zur spanischen Kunst

9.12. Prof. Dr. O. **Quelle** (Berlin): Südamerika am Ausgang der Spanisch-Portugiesischen Kolonialzeit

13.1.1931 Priv.-Doz. Dr. R. **Stickel** (Bonn): Natur- und Kulturbild des nördlichen Hochspaniens

10.2. Prof. Dr. Fr. W. **von Rauchhaupt** (Heidelberg): Die 6. Panamerikanische Konferenz von 1928 und ihre Bedeutung für die nationalen Rechte der amerikanischen Staaten und für das Völkerrecht

25.6. Regierungsarchitekt Luis **Muñoz Maluschka**: Die Entwicklung des Städtebaus in Chile (Einladung des IAI in Verbindung mit dem Architekten- und Ingenieurverein Berlin)

3.11. Legationsrat Dr. **Henle** (Berlin): Mit dem Zeppelin nach Südamerika

6.11. Karl **Schöffer** (Leipzig): Deutsche Maler und Zeichner in Lateinamerika, von der Entdeckung bis heute

4.12. Gesandtschaftsrat Dr. **Hüffer** (Berlin): Die spanische Kaiseridee im Mittelalter

15.1.1932 Prof. Dr. **Termer** (Würzburg): Die Mayakultur in Yucatán und Guatemala

24.2.   Vidal **Guardiola** (Spanien): Politik und Wirtschaft Spaniens nach der Staatsumwälzung

4.3.   Prof. Dr. **Schott** (Hamburg): Natur- und Wirtschaftsbilder von der Westküste **Südamerikas**

11.11.   Priv.-Doz. Dr. **Lautensach** (Gießen): Die Kulturlandschaften Portugals

9.12.   Prof. Dr. **Krieg** (München): Indianer und Weisse im Chacogebiet

13.1.1933   Prof. Dr. **Weise** (Tübingen): Der Anteil Spaniens an der europäischen Kunst

17.2.   Ministerialrat **Reinshagen** (Berlin): Der deutsche Handel mit Süd- und Mittelamerika unter dem Einfluß der Weltwirtschaftskrise

24.2.   Prof. Dr. E. **Tiessen** (Berlin): Der Paraná-Fluß in Argentinien. Priv.-Doz. Dr. W. **Herrmann** (Berlin): Technische und wirtschaftliche Betrachtungen in Argentinien und Brasilien

10.3.   Prof. Dr. **Brüggen** (Santiago de Chile): Das Land Chile und seine Eigenart

22.3.   Regierungsrat Dr. **Borchers** (Bremen): Die Anden-Expedition des Deutsch-Österreichischen Alpenvereins nach Peru im Jahre 1932

24.11.   Frhr. **von Türckheim**: Von Kaffeebau und Vulkanen in Guatemala und Südmexiko

13.12.   Prof. Dr. A. **Laudin**: Als deutscher Ingenieur am La Plata

12.1.1934   Prof. Dr. Fr. **Kühn**: Probleme aus dem Wirtschafts- und Geistesleben Argentiniens

16.2.   Prof. Dr. A. **Hase**: Deutsche biologische Forschungsarbeit in Ibero-Amerika seit Alexander v. Humboldt

9.3.   Prof. Dr. O. **Quelle**: Kulturgeographische und kulturgeschichtliche Studien im Staate Bahia

Winterhalbjahr

1934/35   Prof. Dr. C. **Troll**: Kulturentwicklung und Wirtschaftsstruktur der Andenländer Südamerikas

—   Prof. Dr. L. **Schultze-Jena**: Ethnologische Studienreise nach Mexiko und Mittelamerika

—   Dr. **da Veiga Simões** (Gesandter Portugals in Berlin): Kulturbeziehungen zwischen Portugal und Spanien

—   Dr. **Wronsky** (Direktor der Deutschen Lufthansa): Luftverkehr nach Ibero-Amerika

1935   Dr. Leopoldo **Ortiz** (Gesandter Mexikos in Berlin): Wirtschaftliche und soziale Verhältnisse in Mexiko (Einladung der Deutsch-Mexikanischen Handelskammer)

—   Prof. Carlos **Beltrán Morales**: Mexiko von heute (Einladung der Deutsch-Mexikanischen Handelskammer)

—   Prof. Dr. P. **Bosch-Gimpera** (Barcelona): Die Völker Spaniens

17.1.1936   Ministerialdirektor **Fleischmann** (Reichspostministerium): Die modernen Nachrichtenmittel der Deutschen Reichspost innerhalb der deutsch-ibero-amerikanischen Verkehrsbeziehungen

Februar   Dr. **Köhler** (Präsident des Leipziger Messeamts): 400 Jahre deutsch-ibero-amerikanischer Handel im Lichte der Leipziger Messe

—   Prof. Dr. **Weise** (Tübingen): Das nationale Grundelement in der deutschen und der spanischen Kunst

13.11.   Dr. **Wiederhold** (Chile): Südamerikanische Schweiz

Winterhalbjahr
1936/37   Dr. **Beinhauer** (Köln): Die Wesenseigentümlichkeiten des Spaniertums

—   Staatssekretär a.D. Freiherr **von Rheinbaben**: Die Panamerikanische Konferenz von Buenos Aires

19.2.1937   Reinhard **Maack**: Wissenschaftliche Reisen im brasilianischen Staate Paraná

11.5.   Staatsminister a.D. Hermann **Esser**: Deutschlands Stellung im Fremdenverkehr in der Welt unter besonderer Berücksichtigung des Verkehrs mit den ibero-amerikanischen Staaten

—   Prof. Dr. Ovidio **Schiopetto** (Argentinien): Die wirtschaftlichen Beziehungen zwischen Argentinien und Deutschland

10.12.   Ministerialdirektor i.e.R. Ernst **Reichard** (Präsident des Werberats der deutschen Wirtschaft): Der deutsch-ibero-amerikanische Handel im Zeichen natürlicher Ergänzungsgrundlagen

10.1.1938   Prof. Dr. **Kuhn** (Kiel): Studienreise in Argentinien 1936/37 (Einladung im Haus der Länder)

31.1.   Legationsrat Dr. **Schwendemann**: Eindrücke aus dem spanischen Bürgerkrieg

14.2.   Dr. Max **Ilgner** (I.G. Farben-Industrie): Die wirtschaftlichen Entwicklungsmöglichkeiten der ibero-amerikanischen Länder (Einladung im Haus der Länder)

18.2.   Dr. **Ahlfeld**: Bodenschätze und Bergwirtschaft Boliviens (Einladung des Wirtschaftsverbands für Süd- und Mittelamerika)

18.3.   Prof. Dr. O. **Quelle**: Sevilla, eine kulturgeschichtlich-geopolitische Studie

1.4.   Rechtsanwalt Dr. Luis **Sánchez Maspons**: Die [sic] Falange Española Tradicionalista y de las J. O. N. S.

11.4.   Oberstleutnant Adolf **Röpnack**: Panamerikanische Verkehrsprobleme (Einladung im Haus der Länder)

28.4.   Fritz **Kübler**: Eindrücke und Erlebnisse aus dem heutigen Bolivien

24.5.   Konsul Dr. Felix **Schleyer**: Rückblicke und Ausblicke zur Lage in Spanien

2.6.   Prof. Dr. L. **Cabral de Moncada** (Coimbra): Der portugiesische Staat, politisch und kulturell gesehen

10.6.   Der deutsche Idealismus und die portugiesische Rechtsphilosophie

24.8.   Senator Eduardo **Haedo** (Uruguay): La intensificación de las relaciones económicas y culturales entre Uruguay y Alemania

4.11.   Dr. **Frontaura Argandoña** (*El Diario*, La Paz): Proceso de la cultura en Bolivia (Einladung des Wirtschaftsverbandes für Süd- und Mittelamerika)

11.11.   Frau **Oettling-Kappler**: Mexikanische Kolonialarchitektur

2.12.   Dr. Ernst **Schmitt**: Eindrücke aus Peru

13.12.   Dr. Mario Sergio **Cardím** (São Paulo): Possibilidades Económicas do Brasil em relação a Alemanha; und O Estado de São Paulo na Economia Nacional Brasileira (Einladung des Deutsch-Brasilianischen Handelsverbandes)

16.12.   Karl **Pistor**: Ein Ausschnitt aus dem unbekannten Südamerika: Ecuador

16.1.1939 Prof. Dr. Wilhelm **Kegel** (Berlin): Geologische Studien in Brasilien, besonders im Bergbaugebiet von Minas Gerais (Einladung des Deutsch-Brasilianischen Handelsverbands)

20.1.   Prof. Dr. Julio **Martínez Santa-Olalla** (Burgos): Archäologische Forschungen über die Westgoten in Spanien (Einladung der Deutsch-Spanischen Gesellschaft)

13.2.   Staatssekretär a.D. Freiherr **von Rheinbaben**: Die Panamerikanische Konferenz in Lima (Einladung zusammen mit der Deutschen Gesellschaft für Völkerrecht und Weltpolitik)

24.2.   Prof. Dr. Hellmuth **Petriconi** (Greifswald): Ibero-Amerikanische Literatur

10.3.   Prof. Dr. phil. et med. Hans **Krieg** (München): Eindrücke und Erlebnisse auf meiner 4. Forschungsreise in Südamerika 1937/38

16.10.   Prof. Dr. E. **Spranger**: Das deutsche Berufs- und Fachschulwesen

—   Ministerialrat Dr. **Benze**: Der Aufbau des deutschen Schulwesens (Vortragssitzung des Centro de Estudios Pedagógicos)

19.1.1940 Prof. Dr. A. **Mayer-Abich**: Westindien, die Brücke zwischen Europa und der Neuen Welt

16.2.   Florian **Kienzl**: Dom Pedro, Kaiser von Brasilien

20.2.   Enrique L. **Andrade** (Generalkonsul von Ecuador in Hamburg): Ecuador, Landschaft und Bodenschätze

8.3.   Dr. Pedro **Laín** (Spanien): Der spanische Nationalcharakter

9.4.	Prof. Dr. A. O. **Meyer** (Berlin): Die britische Expansionspolitik und Ibero-Amerika
26.4.	Dr. G. **Richert** (Berlin): Portugal in Vergangenheit und Gegenwart
14.6.	Abteilungsleiter **Trefs**: Aufbau und Leistungen der Deutschen Arbeitsfront (Vortrag für die Mitarbeiter des IAI)
12.7.	Prof. Dr. Antonio **Tovar** (Spanien): Der Gedanke des spanischen Imperiums in der Geschichte und in der Gegenwart
1.11.	Prof. Dr. **Jessen** (Rostock): Die Straße von Gibraltar (Einladung der Deutsch-Spanischen Gesellschaft)
22.11.	Prof. Dr. H. **U[bbelohde]-Doering** (München): Fürstengräber, Tempel und Fernstraßen der Inka (Einladung der Deutsch-Ibero-Amerikanischen Gesellschaft)
6.12.	Prof. Dr. **Valdecasas** (Madrid): Wesen und Bedeutung des Hidalgo (Einladung der Deutsch-Spanischen Gesellschaft)
17.1.1941	SS-Hauptsturmführer Dr. Ph. **von Lützelburg** (Berlin): Das Amazonasgebiet als organischer Lebensraum (Einladung der Deutsch-Ibero-Amerikanischen Gesellschaft)
14.2.	Regierungsrat Dozent Dr. H. **Wilhelmy** (Kiel): Reisen und Forschungen in Paraguay 1936/37 (Einladung der Deutsch-Ibero-Amerikanischen Gesellschaft)
28.3.	Prof. Dr. **Schramm** (Greifswald): Menéndez y Pelayo und das heutige Spanien (Einladung der Deutsch-Spanischen Gesellschaft)
7.7.	Dr. Jesús Evaristo **Casariego** (*El Alcázar*, Madrid): Humboldt y el mundo hispánico (Einladung der Deutsch-Spanischen Gesellschaft)
31.10.	Dr. Ernesto **Giménez Caballero** (Spanien): Der spanische und der deutsche Geist (Einladung der Deutsch-Spanischen Gesellschaft)
14.11.	Prof. Dr. O. **Quelle** (Berlin): Ibero-Amerika und Afrika (Einladung der Deutsch-Ibero-Amerikanischen Gesellschaft)
16.12.	Dr. Alberto **Madureira**: Die Behandlung der Verwundeten im spanischen Bürgerkrieg (Einladung der Deutsch-Ibero-Amerikanischen Ärzte-Akademie)
19.12.	Prof. Dr. Ernst **Kühnel** (Berlin): Die islamische Baukunst in Spanien (Einladung der Deutsch-Spanischen Gesellschaft)
23.1.1942	Dr. Paolo **Nicolai** (Italien): Ibero-América frente al Eje
13.2.	Prof. Dr. Martín **Almagro Basch** (Barcelona): Ampurias, seine Entstehung und sein Untergang (Einladung der Deutsch-Spanischen Gesellschaft)
13.3.	Generalkonsul Ludwig **Aeldert**: Überseeischer Konsulatsdienst am Volke, insbesondere in Südamerika (Einladung der Deutsch-Ibero-Amerikanischen Gesellschaft)

27.3.	Prof. Dr. Joaquín de **Entrambasaguas** (Madrid): La lírica española en el momento actual (Einladung der Deutsch-Spanischen Gesellschaft)
23.4.	Oberleutnant Prof. Dr. Juan Manuel **Castro Rial** (Spanien): Spanien und das neue Europa
10.7.	Prof. Dr. Harri **Meier** (Leipzig): Camões, Portugals Nationaldichter, im deutschen Geistesleben (Einladung der Deutsch-Ibero-Amerikanischen Gesellschaft)
1.12.	Prof. Dr. Fernando María **Castiella** (Falange Española Tradicionalista/J. O. N. S., Madrid): Historia de la política exterior y posición de España ante la Nueva Europa (Einladung der Deutsch-Spanischen Gesellschaft)
11.12.	Dr. Ing. Walther **Brecht**: Expeditionsfarbfilm der deutschen Anden-Kundfahrt 1939/40 mit begleitendem Vortrag (Einladung der Deutsch-Ibero-Amerikanischen Gesellschaft)
19.2.1943	Prof. Dr. Theodor **Heinermann** (Präsident des Deutschen Kulturinstituts in Madrid): Das Mahnmal des ewigen Spanien. Der Escorial im Wandel der Meinungen (Einladung der Deutsch-Spanischen Gesellschaft)
29.7.	Botschafter a.D. Ulrich **von Hassell**: Spanien zwischen Atlantik und Mittelmeer (Einladung der Deutsch-Spanischen Gesellschaft)
24.5.1944	Dr. Carl Heinz **Hunsche** (Berlin): Brasiliens Weg in den Krieg und in die USA-Hörigkeit (Einladung der Deutsch-Ibero-Amerikanischen Gesellschaft)
9.6.	Prof. Dr. Román **Perpiñá Grau** (Spanien): Bedingungen der Kolonisation Afrikas. Ergebnisse einer Studienreise

Quellen: GStA, HA I, Rep. 218, Nr. 235, Verhandlungsschrift über die Sitzung des Kuratoriums des IAI am 5.11.1932; Hagen, "Ibero-Amerikanisches Institut" [1933]; *IAA*, 1930-1944, "Mitteilungen aus dem Arbeitsbereich".
Vortragsreihen der Deutsch-Ibero-Amerikanischen Ärzte-Akademie wurden hier nicht berücksichtigt.

ANHANG 2: Liste der zu Ehren von Spaniern, Portugiesen und Ibero-Amerikanern gegebenen Essen und Empfänge

1936

Empfang für den früheren mexikanischen Innenminister Oberst **Adalberto Tejeda**, Deutsch-Mexikanische Handelskammer.

Anläßlich [der] **400-Jahrfeier** der Gründung von Buenos Aires Empfang für Mitglieder der argentinischen Botschaft, der argentinischen Kolonie.

Besuch der im Aufbau begriffenen Ibero-Amerikanischen Wirtschaftsausstellung durch den Staatssekretär im port. Unterrichtsministerium, Ing. **Nobre Quedes** und den Schriftleiter José **Pontes.**

Besuch des Präsidenten der Junta da Educação Nacional und Dekan der medizinischen Fakultät in Lissabon, Prof. Celestino **da Costa** in Gegenwart des Gesandten Dr. Alberto **da Veiga Simões** etc.

Besuch des uruguayischen Finanzministers Dr. César **Charlogne** in Gegenwart des uruguayischen Gesandten **Sampognaro.**

Empfang am 30. April für Herzog Adolf Friedrich **zu Mecklenburg.**

Empfang für die spanischen, portugiesischen und ibero-amerikanischen **Teilnehmer an dem VI. Internationalen Gemeindekongress** in Berlin.

Überreichung des Bildes des chilenischen Freiheitshelden General O'Higgins durch den Botschafter von Chile, Luis V. **de Porto-Seguro.**

Besuch des früheren Präsidenten von Kolumbien, Dr. **Olaya Herrera,** in Begleitung des Gesandten Dr. **Obregón Arjona.**

Am 27. Juli Empfang zu Ehren einer Gruppe von argentinischen Architekten unter Leitung des Prof. **Real de Azúa.**

Empfang für **spanische Austauschschüler** am 5. August.

Besuch des bolivianischen Bergbau-Industriellen Simón **Patiño.** Essen zu Ehren Patiño's im "Haus der Flieger".

Empfang zu Ehren von Prof. Dr. **Manchego** (Perú), Prof. Dr. **Münnich** (Chile) und Dr. **Acosta** (Chile) in der Deutsch-Ibero-Amerikanischen Ärzte-Akademie.

Empfang zu Ehren des argentinischen Rundfunk-Pioniers Angel **Perrone** in Begleitung des arg. Botschafters Dr. Eduardo **Laboulge.**

Vortrag des chilenischen Arztes Dr. **Wiederhold.**

1937

Besuch der beiden chilenischen Gelehrten Prof. Dr. **Martin** und Prof. Dr. José **Gálvez.**

Besuch von brasilianischen Professoren und Medizinstudenten unter Leitung von Prof. Dr. Alipio **Correa Netto.** Der bras. Botschafter Dr. **Moniz de Aragão** nahm daran teil.

Empfang zu Ehren des Generalsekretärs des port. Instituto para a Alta Cultura in Lissabon, **Leite Pinto,** am 3. Februar.

Am 26.2.37 Begrüssung des bol. Chirurgen Prof. Dr. **Bilabo Rio.**

Besuch der Dt.-Ibero-Amerikanischen Ärzte-Akademie durch den mex. Chirurgen Prof. Dr. **Valdés Villareal.**

Besuch der Dt.-Ibero-Amerikanischen Ärzte-Akademie durch den arg. Chirurgen Prof. R. **Pasman.**

Besuch der Herren Prof. Dr. Noé **Azevedo** und Prof. Dr. **Hanemann Guimarães** am Institut.

Besuch Prof. **Mesquita Sampaio's** in der Ärzte-Akademie.

Teilnehmer der 2. Demonstrationsreihe für Ärzte u.a.: Prof. Dr. **Romano**, Prof. Dr. **Rojas Avedaño**, Dr. Napoleón **La Terza**, Dr. Antonio **Paul**, Dr. **Martínez Durán**, die auch im Institut begrüßt wurden.

Empfang für **chilenische Ingenieure und Architekten**.

Empfang für Dr. Ing. Juan **Gantes**, Generaldirektor des technischen Schulwesens der Republik Chile und Prof. an der Universität Santiago.

Empfang für den Generaldirektor des Statistischen Amts im arg. Landwirtschaftsministerium Prof. Dr. Ovidio V. **Schiopetto**.

Gedenkfeier am 28. Mai zum 400jährigen Todestage des port. Dramatikers Gil Vicente. Festredner: Prof. Dr. Agostinho **de Campos**.

Besuch des mexikanischen Gesandten in Berlin, General Juan S. **Azcárate**.

Besuch des arg. Gesandten in Stockholm, Dr. Ricardo **Olivera**.

Besuch des venezolanischen Gesandten Dr. Eduardo J. **Dagnino**.

Besuch des Senators **Figueroa** und Gemahlin aus Santiago de Chile.

Besuch des Dr. Alberto **Zwank**, Prof. an der Universität Buenos Aires.

Besuch des Direktors der Psychiatrischen Heilanstalten des Staates São Paulo, Dr. **Pacheco e Silva**.

Besuch des Dr. Alberto **Uriburu** nebst Gattin.

Besuch des Präsidenten des arg. Senators Dr. **Sánchez Sorondo**.

Vom 14.-16. Juli Kongress der in Deutschland studierenden ibero-amerikanischen Studenten. Teilnahme u.a.: Dr. **Acevedo**, der columbianische Gesandte Dr. **Obregón Arjona**.

Anlässlich bol. Nationalfeiertags am 6.8. Empfang für bol. Gesandten General **Sanjinés**, früheren bol. Minister Luis **Añez** etc.

Empfang zu Ehren einer Gruppe brasilianischer Architekten unter Führung von Prof. Armando **de Godoy**, am 26. August.

Empfang für eine Gruppe **arg. Architekten** am 24. September.

Am 11. Oktober Empfang in Anwesenheit des bras. Botschafters, Dr. **Moniz de Aragão**; des columbianischen Gesandten Dr. **Obregón Arjona**, des span. Botschafters, **Marqués de Magaz**, und des Herrn Fernando **Morales** als Vertreter der ibero-amerik. Studenten in Deutschland.

Im Rahmen eines Empfanges Übergabe der Büste José Martí's durch den kubanischen Gesandten Dr. A. F. **Concheso** am 15. November.

Empfang zu Ehren des arg. Ingenieurs Marcelino A. **Ceriale**.

Besuch des Präsidenten des Instituts für Arbeitsrationalisierung in São Paulo, Dr. Moacyr E. **Alvaro**.

Besuch des Leiters des chil. Zolltarifwesens Patricio **Aldunate**.

Besuch des Kinderarztes Prof. Dr. Arturo **Scroggie**, Chile.

Besuch des Historikers Prof. Eugenio **Pereira** (Chile).

Besuch des Generaldirektors des Bevölkerungspolitischen Amtes in Rio de Janeiro, Dr. Dulphe **Pinheiro Machado**.

Besuch des arg. Spezialisten für Hautkrankheiten, Dr. Pedro L. **Baliña**.

Besuch des Prof. Dr. **Brüggen** von der Universität Santiago de Chile.

1938

Empfang am 25. Januar für den Chef der arg. Luftwaffe, General Armando **Verdaguer**.

Begrüssung einer von Prof. **Passanante** geführten arg. Studiengruppe ebenfalls am 25. Januar.

Besuch des brasilianischen Dirigenten und Komponisten Francisco **Mignone**.

Tee-Empfang zusammen mit der Dt.-Sp. Gesellschaft anlässlich der Anwesenheit junger **spanischer Falangisten** in Deutschland am 24. Februar.

Besuch des Prof. der Physik an der peruanischen Universität Lima, Dr. Santiago **Antúñez de Mayolo**.

Besuch des arg. Professors Dr. Antonio A. **García Morales**, Direktor der arg. Münze.

Oberst Esteban **Cristi** aus Uruguay besuchte das Institut.

Besuch von Frau Hänny **Simons**, stellv. Leiterin der Universitätsbibliothek La Plata/Arg.

Besuch des früheren chil. Handelsministers, Dr. Aníbal **Barrios**.

Besuch von Prof. Dr. med. Edgardo **Nicholson** aus Buenos Aires.

Besuch von Prof. Dr. Hernán **Alessandri** aus Santiago de Chile.

Besuch von Prof. Dr. Ing. L. **Cantanhede de C. Almeida**, Direktor der Staatlichen Ingenieurschule in Rio de Janeiro, und seiner Gattin.

Besuch des Leiters des Presse- und Propagandaamtes in Lima, Dr. jur. Miguel **Benavides**.

Besuch der Leiterin der Sozialhilfe der Falange, Frau Mercedes **Sanz Bachiller Viuda de Redondo**.

Besuch des Nationalrates H. Javier **Martínez de Bedoya**, Generaldirektor des spanischen Sozialamtes.

Besuch des Leiters des Presse- und Propagandaamtes der Sozialhilfe der Falange E. T., Frau Manuela **Sanz Escauriaza**.

Besuch des Leiters des Amtes für Kunst in der Falange E. T., H. Jacinto **Alcántara Gómez**.

Besuch des Herrn H. Tomás **Rodríguez López**, Reichsleiter des Amtes für Volksgesundheit der Falange E. T.

In Begleitung des arg. Botschafters Dr. **Labougle** Besuch der arg. Architekten Domingo **Pitella** und José **Grasso**.

16 **arg. Architekten** besuchten am 24.6. das Institut.

Besuch einer Gruppe brasilianischer Ingenieure unter Führung von Prof. Dr. **Kullnig**.

Empfang für Prof. Dr. med. Hernán **Alessandri** und seiner Gattin, an dem u.a. der chil. Botschafter, Exz. **de Porto-Seguro**, teilnahm.

Besuch des chil. Botschafters in Buenos Aires, Luis **Barros Borgoño**, zusammen mit seiner Schwiegertochter Frau Elena **de Barros Valdés** und seiner Nichte Frl. **Barros Riesco**.

Besuch des Generalleutnants Juan **Contreras** in Begleitung der Majoren **Stringe** und **Delano**, Chile.

Besuch des guatemaltekischen Gesandten in Paris, José Gregorio **Díaz**, und seiner Gattin.

Besuch des Gesandten von Panamá in Buenos Aires, Eduardo **Holguín C.** und seiner Gattin (Frau Marta **Salice Irigoyen de Holguín**) und Frau Mercedes **Clare de Oscamou**.

Besuch des Generalleutnants Manuel **Rodríguez**, ehem. peruanischer Minister für Öffentliche Arbeiten.

Besuch der Argentinier Dr. Alfredo D. **Schiavone** und Senator Manuel J. **Fernández Goitia**.

Besuch des Senators **Haverbeck** aus Chile.

Prof. **Abreu Fialho** und Gattin besuchten das Institut; Brasilien.

Besuch Prof. Clemente **Quaglio's** aus São Paulo.

Prof. **Porto** und Gattin aus Portugal besuchten das Institut.

Besuch der Professoren Víctor J. **Rodríguez Toralbas**, Aurora **García Rodríguez** und Luis **de Soto** von der Universität Habana.

Besuch der Herren Carlos **Cueto**, Augusto **Tamayo**, Alberto **Tauro**, José **Mejía Vaca**, als Abordnung der Univ. San Marcos, Lima.

Besuch der Vertreter der spanischen Landwirtschaft, José **Ruiz Santaella**, Antonio **Lavín**, Juan de **Leyva Andía**, Fausto **Martín Sanz**.

Besuch von Frl. Marie Luise **Zimmermann** (Uruguay) und Frau Amanda **Brieba de Lorca** (Chile), Delegierte auf dem Roten-Kreuz-Kongress in London.

Besuch des Herrn **Aguirre**, von der Wasserbauverwaltung Santiago, Chile.

Am 9. August Empfang für eine Gruppe **spanischer Austauschschüler**, im Beisein des span. Botschafters Admiral Antonio Magaz, **Marqués de Magaz**.

Empfang am 24. August zu Ehren des früheren Unterrichtsministers von Uruguay, Senator Eduardo **Haedo**.

Empfang am 3. September für eine Gruppe **nationalspanischer Industrieller**.

Empfang für eine **portugiesische Gruppe** von 130 Personen.

Empfang für die **Teilnehmer** des V. Internationalen **Prüfungs- und Treuhandkongresses** aus Spanien, Perú, Chile, Mexiko, den Philippinen am 22.9.

Empfang für eine **bolivianische Jugendgruppe** unter Führung von Offizieren am 27.9.

Empfang für die brasilianischen Professoren **Abreu Fialho**, Agenor **Porto**, **Annes Dias**, Jairo **Ramos**, E. **Souza Aranha** u.a.

Am 15. August Empfang für die arg. und chilenischen Ärzte Dr. **Mazza**, Dr. **Poli**, Dr. **Amuchastegui**, Dr. **Otero** (Arg.), Prof. Aníbal **Grez**, Prof. **Calderón**, Dr. Rodolfo **Philippi**, Dr. **Balmaceda**, Dr. Gustavo **Fricke** (Chile).

Empfang anlässlich des "Día de la Raza" am 12. Oktober; anwesende Personen u.a.: der Gesandte von Venezuela, Dr. Gustavo **Herrera**; cand. med. Víctor Manchego (Perú); der chilenische Botschaftsrat **Molina Letelier**; der Gesandte von Guatemala, Dr. Adán **Manrique Rios**.

Am 3. Oktober Empfang einer Gruppe **spanischer Falangisten** und einer Gruppe junger Spanierinnen.

Empfang zu Ehren der Prinzessin Ludwig Ferdinand von Bayern, **Infantin von Spanien**, am 8.12.

Besuch durch den ehem. peruanischen Ministerpräsidenten, General Manuel **Rodríguez**; Dr. **Pelufo** mit Frau, Dr. **Alvarado** mit Frau und Prof. Dr. Angel **Guido** mit Frau und Tochter aus Argentinien; Dr. **Mannas** mit Frau aus Cuba.

Besuch des Brasilianers Dr. **Odair Grillo** vom Technischen Forschungsinstitut.

Besuch von Studienrat **Bravo** (Bol.), Architekt und Studienrat Abel **Gutiérrez** (Chile) und Direktorin Frl. **Pino de Ruiz** (Arg.)

Besuch von Frau Carlota **André** aus Chile.

Abendessen für Frl. Pilar **Primo de Rivera** (D.S.G.) im Harnack-Haus.

Empfang für eine Gruppe **nationalspanischer Behördenvertreter** am 20.12.38 (D.S.G.).

1939

Besuch von Prof. Dr. Ing. José **Gassalds**, La Plata.

Besuch von Prof. Dr. med. José **Valdés**, Buenos Aires.

Besuch von Dr. Luis **Nóbrega** und Dr. José **Sauret** aus Argentinien.

Besuch von Herrn E. J. Th. **Raydt**, Herrn José **Soría** und Frau, Herrn Dr. Arturo **Plaza** aus Bolivien.

Besuche von Brasilianern: Oberst **Cordeiro de Farias** und Frau, Dr. med. Roberto **Franco do Amaral**, Dr. med. Paulo **Mayerle**, Dr. med. Sebastião **Hermeto**, Dr. med. Laurindo **da Silva Quaresma**, Dr. med. Luthero **Vargas**.

Besuche von Chilenen: Prof. Benjamín **Claro Velazco**; Rechtsanwalt Carlos **Fenner**; Dr. Benito **Petschen**, Dr. Max **Fontaine**, Dr. Tulio **Banderas Bianchi**, Dr. Eduardo **Schuster**, Dr. Hector **Coronas**.

Ekuadorianischer Besucher: Prof. Dr. **Valenzuela**.

Besuch des Dr. Mario **Arenas Archila** aus Columbien.

Dr. Alberto **Lavín Padrón** aus Cuba besuchte das Institut.

Das Institut besuchten: Schriftleiter **Pagés Llergo**, Dr. Salvador **Subiran** und Frau, Dr. Guillermo **Montaño I.** aus Mexico.

Besuch des Peruaners Dr. Manuel **del Castillo**.

Besuch des Herrn Dr. **Fernandez Vidal** aus Portugal.

Besuch des Generals **Moscardó**, Spanien.

Besuch des Venezolaners Dr. Humberto **Campins**.

Essen im Haus der Flieger zu Ehren der unter Führung des früh. port. Staatsministers **Cordeiro Ramos** stehenden port. Regierungsdelegation am 3.4. (D.S.G.).

Empfang zu Ehren einer Gruppe **portugiesischer Journalisten** am 5.4.

Besucher aus Argentinien: Herr José **María Páez**, Unterstaatssekretär im Ministerium für öffentliche Arbeiten; Prof. Dr. Raúl **Martínez de Hoz**; José P. **Sadi**; Frau Adela **López de González**; Dr. Enrique **Forn**, vom Ministerium des Innern.

Besuch des Bolivianers Dr. Pedro V. **Carreño**.

Am 24.5. Empfang der span. Juristen José María **Arellano Igea**, Ignacio **Casso Romero**, Augusto **Morales Díaz**, Luis **Flores Estrada**, Adolfo **Domínguez Merellas**, Antonio **Alvarez Robles** (D.S.G.).

Besuch des Herrn Valentim F. **Bouças** mit Frau und Töchtern, aus Rio de Janeiro; und Dr. Paulo **Próes da Cruz** aus Porto Alegre.

Besuch des ehem. chil. Finanzministers Prof. Dr. Daniel **Martner**; und Prof. Dr. Arnulfo **Johow**; Herr **Molina Luco** und Frau, als Delegierter des Roten Kreuzes.

Besuch von Herrn **Pagés Llergo**. Geschäftsführender Direktor der Zeitschrift *Hoy*, Mexico.

Besuch der uruguayischen Staatsangehörigen Admiral **Ruete** und Frau.

Abendempfang im Haus der Flieger für eine Abordnung **spanischer Offiziere**: General **Aranda** (D.S.G.), am 14.6.

Am 22.6. ein Essen zu Ehren des Arztes Dr. P. **Busch**, des Vaters des Präsidenten der Republik Bolivien.

10.7.39 – Frühstück für bras. Industriellen Herrn Valentim F. **Bouças** im Haus der Flieger; bras. Geschäftsträger Dr. **da Graça Aranha** nahm teil (D.I.A.G.).

Empfang einer **Studiengruppe** von Professoren aus Columbien, Cuba, Mexiko, Nicaragua, El Salvador, Bolivien, Paraguay, Chile u. Spanien. U.a.: Prof. Dr. Miguel A. **Branly** (Habana).

Empfang für eine Gruppe **chilenischer Landwirte** am 22. Juli, in Anwesenheit des Gesandten **Morla Lynch**.

Empfang zu Ehren der **Teilnehmer** am Internationalen **Kongress für Archäologie** am 21.8.

Am 28.9. Empfang zu Ehren einer bras.-port. Studiengruppe. Teilnehmer waren u.a.: Prof. Dr. **Lemos Torres** (Bras.), Dr. João **Becegueiro** (Bras.), Dr. Sylvio de **Abreu Fialho** (Bras.), Prof. Dr. Victor **Fontes** (Port.), Prof. Dr. Armando **Narciso** (Port.).

Empfang einer Studiengruppe argentinischer, chilenischer und peruanischer Ärzte am 24.7. Teilnehmer u.a.: Prof. Carlos **Waldorp** (Arg.), **Díaz Muñoz** (Chile), Hernán **Torres** (Perú).

Empfang zu Ehren einer Gruppe **Pädagogen**, u. zw. Dr. Oscar **Bustos**, Chile; Dr. **Juan Durán**, Chile; Dr. Luis **Gómez Catalán**, Chile; Dr. Orestes **Vera**, Chile; Dr. Enrique **Arnáez** und Sohn, Perú; Dr. Nicanor **Rivera Cáceres**, Perú.

Besucher des Instituts: Prof. Dr. med. Aníbal **Olaran Chans**; Dr. O. **Jürgens**; Dr. Alejandro **Ceballos**, Prof. der Chirurgie, und Frau; Prof. Dr. Nerio **Rojas**; Prof. Dr. José **de Filippi**; Dr. Ricardo **Seeber** von der arg. Staatsbank; Prof. Erasmo Justo **Muñoz**, alle aus Argent.

Besuch des Generals **Quintanilla** aus Bolivien.

Aus Brasilien besuchten das Institut: Prof. José Maria **de Freitas**; Dr. med. Luthero **Vargas**; Dr. Anibal **Toledo** mit Frau; Dr. Agnelo **de Albuquerque** und Frau; Oberst **Cordeiro de Farias** und Frau.

Aus Chile besuchten das Institut die Professoren Dr. Cristóbal **Espildora** und Hector **Orrego Puelma**, Frau Elena **Wolf de Díaz**.

Besuch des Ecuadorianers Prof. Dr. Juan **Valenzuela**.

Empfang zu Ehren einer **arg. Studiengruppe** der Institución Cultural Argentino-Germana, am 14.2.

Empfang des chil. Senatspräsidenten und früheren Aussenministers, Miguel **Cruchaga Tocornal**, am 9.3.

Am 10.3. Abschiedsempfang für eine **bras. Ärzte-Gruppe**.

Empfang am 13.3. des mex. Journalisten Vicente **Villasana**.

Besuch des span. Schriftstellers **González Ruano**.

Besuche des Senators Dr. Carlos **Fenner** und Dr. Carlos **Schwarzenberg**, beide aus Chile.

Besuch des Bakteriologen Dr. Guillermo **Pando**, Cuba.

Besuch des neuen Geschäftsträgers von Paraguay, General **Manlio Schenoni**.

Abschieds-Empfang zu Ehren der chilenischen und peruanischen **Pädagogen**.

1940

Empfang für sp. Rundfunkkommission unter Leitung von Dr. José **Rodiles Pascual**.

Frühstück am 20.2. zu Ehren des bol. Gesandten Exz. Hugo **Ernst-Rivera**.

Abschiedsempfang für den chil. Militärattaché Major Alejandro **Herrera**.

Empfang für sp. Kinderarzt Dr. Eugenio **Díaz Torreblanca**.

Empfang für span. Ministerialdirektor Dr. Pedro **Laín** am 1.3.

Am 19. April Empfang für den sp. Dirigenten u. Komponisten José María **Franco**.

Am 11.5. besuchte eine Kommission spanischer Fliegeroffiziere unter Leitung des General **Barrón** das Institut.

Empfang zu Ehren einer Gruppe spanischer **Eisenbahn-Ingenieure.**

Besuch des chil. Botschafters Exz. T. **Barros** und Frau Barros, am 5. Juni.

Empfang zu Ehren des chil. Botschafters, Exz. **Barros** im Hotel Adlon.

Besuch des Militärschriftstellers Major Affonso de **Carvalho** aus Brasilien (Brasilianisches Kriegsministerium).

Besuch des sp. Ministers des Äußeren, Ramón **Serrano Suñer.**

Empfang für die Landesgruppenleiterin des Frauenwerks der Spanischen Falange, Frau Celia **Giménez.** Begrüßung des span. Staatsrats Prof. Dr. Antonio **Tovar**; 12.7.

Am 12. August Empfang zu Ehren einer Gruppe von Vertretern der span. Presse unter Victor **de la Serna**, Direktor der Madrider Zeitung *Informaciones.*

Besuch des Gauleiters von Madrid, Miguel **Primo de Rivera** am 27.9.

Besuch des bras. Schriftstellers und Direktors des Historischen Museums in Rio de Janeiro, Dr. Gustavo **Barroso.**

Besuch der arg. Offiziere Oberst **Best** und Major **Abarca.**

Besuch des Prof. Dr. **Asquini**, Direktor des Centro di Studi Americani in Rom.

Besuch der port. Offiziere **Alvez de Souza, de Beires Junqueira** und de **Oliveira Pinto.**

Besuch des Direktors des Instituto de Estudios Políticos in Madrid, Prof. Dr. Alfonso **García Valdescasas**, in Begleitung der Professoren **Torres, Uria** und **Conde** der gleichen Hochschule.

Besuch des Gesandten von Portugal, Exz. **Nobre Guedes** und Frau Nobre Guedes.

Empfang am 3.10. zu Ehren des span. Pianisten u. Dirigenten José **Cubiles.**

Empfang für bras. Gelehrten und Schriftsteller Dr. Gustavo **Barroso** im Hotel Adlon am 21.10.40.

Empfang für eine Gruppe führender **span. Pädagogen.**

Empfang für Direktor der port. Münze, Ing. José Pedro de **Campos Pereira.**

1941

Besuch des technischen Leiters der port. Münze, Ing. J. P. **de Campos Pereira.**

Besuch der bras. Schriftstellerin und Journalistin Maria Teresa **Cavalcanti.**

Der Direktor des Rumänischen Instituts an der Univ. Berlin, Prof. Dr. Grigore **Manoilescu**, besuchte das Institut.

Besuch der sp. Diplomlandwirte Prof. **Martín** und Prof. **Leiva.**

Besuch des Herrn **Cienfuegos** und Frau Jane **Anderson de Cienfuegos.**

Besuch des Direktors der Madrider Zeitung "El Alcázar", Dr. **Casariego.**

Besuch des Generals José **Moscardó Ituarte** und seines Adjutanten Major Rafael **Moreno.**

Besuch des Prof. Dr. Antonio **Tovar**, Staatsrat.

Besuch der Offiziere Oberstlt. José **Mousinho de Albuquerque**, Hptm. Amandio Manuel **Pascoal Rodrigues** und Lt. Antonio Sebastião **Ribeiro de Spinola**, aus Portugal.

Besuch der Hauptleute Luis **Wilhelmi** und Francisco **Cerdán** sowie Lt. **Navarro**.

Empfang für eine Gruppe span. **Forstakademiker** am 1.4.

Empfang der span. und port. **Teilnehmer** an der Internationalen **Juristenbesprechung**.

Empfang am 16.4. für die span. Diplomlandwirte **Martín** und **Leiva**.

Zu Ehren des Leiters der span. Falangesyndikate, Gerardo S. **Merino**, Empfang am 5.5.

Empfang für bras. Schriftstellerin und Journalistin Maria Teresa **Cavalcanti** am 13.5.

Empfang zu Ehren einer Abordnung von **Jugendführerinnen** der span. Falange.

Besuch des leitenden Arztes der span. Falange-Jugend, Dr. Jesús **Fernández Cabeza**.

Empfang am 5.7. für Dr. Jesús Evaristo **Casariego**, Direktor der Madrider Zeitung "El Alcázar", im Aero Club.

18.7.41 – Abschiedsempfang für scheidenden span. Botschafter General **Espinosa de los Monteros**, in Begleitung: General **Muñoz Grandes**.

Empfang der span. **Künstler**, die vom Musikfest in Bad Elster zurückkehrten.

Empfang zu Ehren des neu ernannten port. Gesandten Grafen **Tovar** im Hotel Adlon.

Im Haus der Flieger Empfang für Pilar **Primo de Rivera**, Führerin der weiblichen span. Falange.

Empfang im Hotel Adlon für chil. Botschafter Oberst **Barros**.

Empfang im Haus der Flieger für die Portugiesen Oberstlt. José **Mousinho de Albuquerque** und die Offiziere seiner Begleitung.

Zu Ehren des arg. Botschafters **Olivera** Empfang im Haus der Flieger 11.11.41.

Empfang im Hotel Esplanade für Prof. Dr. **Palanca** und Dr. **de la Quintana**, Gäste des Reichsgesundheitsführers in Deutschland.

1942

Besuch des Chefs des Generalstabs der sp. Luftwaffe, Generallt. **Gallarza**.

Besuch des Kommandanten des im Osten eingesetzten sp. Fliegerverbandes, Major **Salas**.

Besuch des Dr. **Pérez Hernández**, von der sp. Botschaft in Berlin.

Begrüßung am 19.3.42 der span. Maler **Alvarez de Sotomayor**, Direktor des Prado-Museums in Madrid, Manuel Benedito **Vives** und Francisco **Núñez Losada**.

Empfang für Rechtsanwalt Marcelo **Catalá Ruiz** und eine Gruppe span. Landdienstführerinnen.

Besuch des Dr. Giuseppe **lo Verde** vom Centro Italiano di Studi Americani in Rom.

Besuch der sp. Apotheker Leonardo **Gutiérrez Colonier**, Ramón **Torriente Miguel** und Prof. Dr. Eugen **Sellés**.

Empfang zu Ehren der zum Länderfußballspiel Spanien-Deutschland hier weilenden **spanischen Nationalmannschaft** am 13.4.

Am 14.4. Empfang der span. Abordnung zum Akademikertreffen der Freiwilligen-Legionen unter Leitung des Staatsrats **Guitarte**.

Empfang für Herrn Francisco **Guillén Salaya**, Herrn Juan **Garrido Arboledes** und Herrn Rafael **Martínez Alonso** und Herrn Angel **Martínez García** am 10.6.

Besuch des früheren spanischen Botschafters in Berlin, General **Espinosa de los Monteros**, und seiner Tochter;

des Kommandeurs der span. Freiwilligendivision, Generallt. **Muñoz Grandes**;

des Botschafters von Chile, Oberst Tobías **Barros**, begleitet vom chil. Generalkonsul in Paris, **Reyes**, und dem Luftfahrtattaché der chil. Botschaft, Oberst **Puccio**;

des Nationalrates der Falange Dr. Ernesto **Giménez Caballero**;

des Oberfeldarztes Dr. Ramón **Pellicer**; Stabsarzt Dr. **López Romero**; Hptm. Pedro **Martínez García** und Oberlt. **Rose** von der Blauen Division; die Herren Federico **Izquierdo** und Jesús **Revuelta Imaz**;

Legationssekretär Dr. Luiz Jorge **da Costa** aus Lissabon besuchte das Institut;

der Ausländerkursteilnehmer 1942: Juiz de Direito Dr. Augusto **Paes de Almeida e Silva**, Dr. Joaquim **Lança**; Portugal;

des Stabsarztes Dr. Pablo **D'Ors Pérez**; Oberlt. Juan **Ackermann**; Stadtkämmerer Pedro **Jover Balaguer**; Manuel **de la Calzada Herranz** und Prof. Buenaventura **Bassegoda Muste**.

Empfang am 20. Aug. für port. Hptm. **Quintino da Costa** und unter seiner Führung stehende Abordnung der port. Staatsjugend u. der port. Akademie für Leibesübungen.

Empfang im Hotel Bristol für arg. Schriftsteller Hptm. Manuel A. **Miranda Durand**.

Empfang für die span. Ärzte Dr. **Muñoz Calero**, Dr. **Castro Cabrera**, Dr. **Paz Especo**.

Am 29.10. Begrüßung des arg. Schriftstellers Juan Carlos **Goyeneche**, im Hotel Bristol.

Empfang für Dr. **Enríquez de Salamanca,** sowie für span. Teilnehmer am Ausländerkursus des Dt. Auslandswiss. Instituts und auch für die port. Teilnehmer.

Empfang im Hotel Adlon für Prof. Dr. **Castiella** und Prof. Dr. Castro Rial und Dr. Cedó.

1943

Abschiedsempfang für scheidenden span. Konsul David **Carreño** im Haus der Flieger, 15.1.

Das Institut besuchten: der Kommandeur der span. Freiwilligen-Division, Generallt. Esteban **Infantes;**

die Führerin der weiblichen Falange, Pilar **Primo de Rivera,** in Begleitung der Abteilungsleiterinnen María **Ontiveros,** Clarita **Stauffer,** Casilda **Cardenal;**

Prof. Alberto **Asquini,** Rom;

Oberst **Díaz de Villegas** vom Generalstab der span. Freiwilligen-Division;

der port. Maler Carlos **Carneiro;**

die Herren **Alvarez Esteban,** Carlos **Fesser Terasa,** Ignacio **Bermejo,** Trinidad **Nieto Funcia, Pau de Arriaga** von der Gruppe spanischer Wissenschaftler, die am Ferienkurs in Weimar teilnahmen;

die span. Apotheker: Herren José Luis **Yarza,** Luis **Civit,** Felipe **Ruiz,** José Antonio **Alonso,** José **de Grandes,** Mariano **Gómez,** Juan **Solís,** Jesús **Moreno Sobrino,** Luis **Jaraquemada.**

Empfang für span. Nationalrat u. Schriftsteller Dr. Ernesto **Giménez Caballero,** 21.4.

Besuch von Nationalrat Mariano **Calviño.**

Empfänge fanden statt für Professor Alberto **Asquini,** Rom, am 13.7.; Pilar **Primo de Rivera** am 30.7.; Generalleutnant **Esteban Infantes** am 27.10. und am 6. Dezember für die span. **Teilnehmer** an den **Ausländerkursen** des Dt. Auslandswissenschaftlichen Instituts in Weimar.

Quelle: GStA, HA I, Rep. 218, Nr. 380.

Friedrich E. Schuler

Vom Kulturinstitut zum SS-Institut?
Das Ibero-Amerikanische Institut im Dritten Reich

1. Einleitung

Es wäre übertrieben zu behaupten, dass das Ibero-Amerikanische Institut in Berlin eine Geheimdienstzentrale des faschistischen Staats
gewesen sei. Die Forschung der letzten Jahrzehnte hat zwar eindeutig
belegt, dass sich die offiziellen Institutionen der Geheimdienstarbeit
der Nazizeit, die Abwehr der Deutschen Wehmacht und die verschiedensten politischen Behörden, unter der Leitung der SS befanden.[1]
Schon das kleine Institutsgebäude und die geringe Mitarbeiterzahl
beweisen, dass es ein Witz gewesen wäre, diesem Kulturinstitut die
zentrale Aufgabe anzuvertrauen, den faschistischen Staat mit geheimdienstlichen Methoden zu schützen oder zu stärken.[2]

Der Leser darf aber nicht zu dem vorschnellen Urteil kommen,
dass die Erforschung der Beziehungen des Instituts zu deutschen und
ausländischen Geheimdienstbehörden auch nur halbwegs abgeschlossen und erklärt sei. Wenn er bereit ist, die offiziellen Grenzen von
Titeln und Zuständigkeiten kritisch zu hinterfragen – und der fast
unwiderstehlichen Versuchung entgegenzuarbeiten, Geschichtsschreibung ex-post zu betreiben, als ob die glückliche Zerstörung des deutschen faschistischen Staats schon von Anfang festgestanden hätte –,
dann wird es möglich zu verstehen, welch delikate und zunehmend
wichtige Rolle Kulturinstitute wie das Ibero-Amerikanische Institut

---

[1] Eine ausgewogene Untersuchung der Abhöreinrichtungen des Auswärtigen Amts
und des Forschungsamts von Göring gibt es bisher noch nicht. Irving (1989) ist
fast unbrauchbar.

[2] Vgl. Abshagen (1956); Leverkühn (1957); Kahn (1978); Geyer (1984); Rout und
Bratzel (1986). Die zur Zeit beste Forschungsarbeit über die Gesamtgeschichte
des Ibero-Amerikanischen Instituts in Berlin ist die unveröffentlichte Magisterarbeit von Oliver Gliech: *Das Ibero-Amerikanische Institut (Berlin) und die
deutsch-argentinischen Beziehungen 1929-1945* (Freie Universität Berlin 1996;
überarbeitete Fassung 1998). Ich danke Herrn Gliech herzlich für die Kopie seiner Arbeit und für gelegentliche Anregungen.

innerhalb der deutschen, aber auch der internationalen faschistischen Revolution und der Geheimdienstwelt gespielt haben. Die folgenden Seiten beweisen, dass das Institut keine eigenständige Geheimdienstbehörde gewesen ist, dass es aber dennoch eine zunehmend wichtige Funktion in dem sich stetig ausweitenden nachrichtendienstlichen Netzwerk der NSDAP und der SS Himmlers gespielt hat. 1940 wies es sich in den erhaltenen Akten selbst als eine Geheimdienst-Verbindungsstelle aus. Für die Zeit nach 1940 ist die Quellenlage zu dürftig, um die Rolle des IAI im Auf und Ab der Kriegsereignisse verlässlich zu interpretieren.[3]

Neu entdeckte Quellen in den Archiven Berlins, der USA und Spaniens belegen, dass das Ibero-Amerikanische Institut zwischen 1933 und 1940 innerhalb des Nazistaats mindestens drei verschiedene Rollen gespielt hat.

Zunächst einmal instrumentalisierten 1934 und 1935 die damaligen "Möchtegern"-Außenpolitiker der NSDAP (Ribbentrop und Bohle, aber auch Himmler) Lateinamerika als eine "unwichtige" Region, in der die NSDAP hoffte, schnell Einfluss auf die Entwicklung und Umsetzung von außenpolitischen Strategien gewinnen zu können. Das IAI spielte in diesem Machtgerangel die Rolle einer Plattform, auf der Nazi-Außenpolitiker, lateinamerikanische Diplomaten und Repräsentanten der traditionell konservativen Ministerialbürokratie der Reichshauptstadt um Einfluss kämpften.

Danach funktionierte das Institut 1936 und 1937 als eines von vielen faschistischen Kulturinstituten, deren Führung sich mit der Frage beschäftigte, wie man Kulturarbeit im Ausland unmittelbarer und nutzbringender in die Revolution des faschistischen Staats einbinden könne; wie es möglich wäre, die Bestände und Kontakte der Institute besser für den kommenden totalen Krieg zu nutzen. Langsam begannen sich Institute – zumindest indirekt – in das sich stetig ausweitende nachrichtendienstliche Netzwerk der Partei, der SS und einzelner Planungsgruppen von Armee, Marine und Luftwaffe einzugliedern.

1938 – und zwar schon vor der im September erfolgten allgemeinen militärischen Mobilmachung europäischer Streitkräfte – erscheint

---

[3] Für die Zeit nach 1940 bieten Dawid Bartelts und Oliver Gliechs neueste Forschungen erste interessante Einblicke. Siehe Gliechs Faupel-Biographie in diesem Band.

das Ibero-Amerikanische Institut in den Quellen in seiner dritten Rolle. Auf Grund persönlicher Vorarbeit des Präsidenten Faupel im Spanischen Bürgerkrieg etablierte es sich als das bürokratische und propagandistische Verbindungsglied zwischen faschistischen Revolutionären in Deutschland und in Spanien. Die deutschen Anmaßungen, die aus dem Anspruch einer betreuenden revolutionären "Schulungsarbeit" erwachsen waren, hatten spanische Revolutionäre, vor allem Francos Schwager Ramón Serrano Suñer, schon 1937 wiederholt zurückgewiesen. Trotz dieser Spannungen lebte die prekäre Verbindung im Bereich der Parteiorganisation und der Polizeiarbeit in der Form eines widerspenstigen Erfahrungsaustausches zwischen Himmlers SS und Francos neu organisierter Staatspartei Falange fort (Ruhl 1975). Im Herbst 1940, als der Faschismus in Europa eine anscheinend unschlagbare Kriegsmacht war, zeigte sich diese schwierige Verbrüderung von Revolutionären in seiner nächsten Erscheinungsform: Einem weltweit tätigen faschistischen Geheimdienst, an dem von Anfang an auch japanische Partner mitarbeiteten. Das Ibero-Amerikanische Institut sollte innerhalb dieses Netzwerks als Hauptverbindungsstelle zwischen Deutschland und Spanien fungieren. In einem Interview mit dem spanischen Historiker Ros gab der noch lebende ehemalige Außenminister Ramón Serrano Suñer 1998 zu, dass dieser Plan in der Tat zwischen ihm und Himmler 1940 ausgearbeitet worden sei; lediglich unerwartete finanzielle Probleme und der spätere Kriegsverlauf hätten diese Pläne vereitelt. Damit hätte das Institut nach mehreren Jahren indirekter nachrichtendienstlicher und propagandistischer Tätigkeit eine neue Funktion als direktes Glied im wachsenden nationalen und internationalen Geheimdienst- und Weltanschauungsimperium der SS übernommen. Oliver Gliechs Forschung hat nun gezeigt, dass parallele Anstrengungen gemacht wurden, das IAI in ein geplantes Auslandswissenschaftliches Institut unter SS-Oberführer Franz Six einzugliedern.[4]

Dieser Aufsatz schreibt der Vergangenheit des IAI eine Bedeutung zu, die über eine beschaulich rückblickende Institutsgeschichte hinausgeht. Wenn der Historiker bereit ist, seine Schlüsse nicht nur aus den großen Plänen Hitlers und der dominanten Figur des Präsidenten

---

[4]   Siehe Gliechs Faupel-Biographie in diesem Band.

Faupel zu ziehen, dann kann die Geschichte des IAI ein Fenster sein, das den Blick auf vier historische Abläufe freilegt:

- Die Entwicklung der bürokratischen Rivalitäten im Bereich der Außenpolitik des Dritten Reiches,
- die technologische und konzeptionelle Veränderung von Geheimdienstarbeit als Konsequenz der faschistischen Revolution,
- die Entwicklung neuer Methoden und Sichtweisen der Kulturarbeit im Ausland als wichtigem Teil der ethnischen Neuordnung Europas unter der SS-Führung
- und die noch immer unterschätzten geheimen Beziehungen zwischen deutschen und faschistischen Revolutionären im iberischen und lateinamerikanischen Raum.[5]

Dieses Kapitel kann, auf Grund der lückenhaften Quellenlage und der kurzen zur Verfügung stehenden Zeit, nur als ein Beitrag zu einer noch offenen Forschungsfrage verstanden werden. Oliver Gliechs Arbeiten haben gezeigt, dass einige geschichtliche Detailfragen nie endgültig beantwortet werden können. Über das Berliner Ibero-Amerikanische Institut muss daher das letzte historische Urteil noch offen bleiben.

2. Das IAI als Plattform außenpolitischer Rivalitäten 1934-1935: Politiker der NSDAP, des Auswärtigen Amts und der Wirtschaftsministerien ringen um Einfluss

Der kommerzielle Veröffentlichungsbetrieb von heute verlegt keine herausragenden Magisterarbeiten. Deswegen blieb der deutschen Öffentlichkeit bisher Oliver Gliechs Rekonstruktion der Geschichte des IAI vorenthalten. Gliech hat gezeigt, wie mühelos und schnell diese ursprünglich humanistisch ausgerichtete Bibliothek und Kulturein-

---

[5]   Die Mehrzahl der deutschen Forschungen über die deutsch-lateinamerikanischen Beziehungen betrieben Geschichtsschreibung, als ob es die Abwehr, das Reichssicherheitshauptamt oder das Forschungsamt nie gegeben hätte. Es bleibt nach wie vor bei Politik- und Sozialgeschichte mit einigen wenigen Ausflügen in die Semiotik der Nazipolitik (siehe Pommerin 1977; Volland 1976; Müller 1997). Im Gegensatz dazu versuchen U.S.-amerikanische Arbeiten zu krampfhaft, die vielen bürokratischen Verwirrungen des Nazistaats als absichtliche Verschwörungen zu entlarven. Weder die deutsche noch die U.S.-amerikanische Geschichtsschreibung haben bisher daran gedacht, die deutsche Zusammenarbeit mit den Geheimdiensten Japans, Italiens oder Spaniens genauer zu untersuchen.

richtung nach 1933 unter dem Druck der Auslandsorganisation der NSDAP in den Einflussbereich der nationalsozialistischen Außen- und Kulturpolitik geriet.

Im Vergleich zu Kulturinstituten, die sich mit geographischen Regionen der Sowjetunion oder Asiens beschäftigten, sicherte die Ernennung General Faupels zum neuen Präsidenten des IAI den Nationalsozialisten eine frühe, kaum angefochtene Einflussbasis. Selten hatten individueller faschistischer Eifer, bürokratische Personalpolitik und ein schon bestehender institutioneller Rahmen besser zusammengepasst als im Falle Faupels und des IAI.[6] Nur so konnte das Institut der NSDAP die Möglichkeit bieten, Einfluss in einem außenpolitischen Feld zu erlangen, das nach wie vor von den konservativen Diplomaten des Auswärtigen Amts sowie den Fachleuten der privaten und staatlichen Berliner Finanzwelt und des Wirtschaftsministeriums beherrscht wurde. Faupels früher Erfolg schaffte somit ein neues Tätigkeitsfeld für die "Möchtegern"-Außenpolitiker der NSDAP.

In diesen ersten Jahren der Naziregierung ging es nicht darum, eine vorher ausgearbeitete, umstürzlerische Nazistrategie in Lateinamerika zu verwirklichen.[7] Zwischen 1933 und 1935 sahen einige Parteiführer die Möglichkeit, sich in dieser Region früh einen außenpolitischen Einflussbereich aufzubauen. Hier wurden die Beziehungen anders als bei den europäischen Staaten und den USA weniger von geschulten Diplomaten, einflussreichen Firmendirektoren und Militärplanern beeinflusst. Die zunehmende Zentralisierung der Kulturarbeit gegenüber Lateinamerika durch Faupels IAI schuf der Partei eine Plattform, auf der sich faschistische Außenpolitiker mit traditionellen deutschen und lateinamerikanischen Diplomaten treffen konnten, sei es auch nur, um sich im stillen Diplomatiespiel kräftemäßig abzuschätzen. Der Champagner und die kleinen Häppchen, die auf diesen

---

[6] Es gibt bisher noch keine vergleichende Untersuchung der Kulturinstitute im Dritten Reich. Schon allein aus diesem Grund wird Institutsgeschichte bisher eher als einzigartig und nicht als Teil einer nationalen Kulturpropaganda verstanden.

[7] Jürgen Müllers *Nationalsozialismus in Lateinamerika* (1997) ist ein wichtiger Fortschritt in der Forschung, da das Buch die starken regionalen Unterschiede der deutsch-lateinamerikanischen Beziehungen in diesen ersten Jahren betont. Ronald C. Newton hatte schon in *The "Nazi Menace" in Argentina* (1992) gezeigt, mit wie viel Fingerspitzengefühl der Historiker an die Untersuchungen der Tätigkeit der Nationalsozialisten in Lateinamerika herangehen muss.

Empfängen gereicht wurden, waren nicht Luxus, sondern Wegzehrung für den unerbittlichen bürokratischen Grabenkrieg innerhalb Deutschlands im Bereich der Außenpolitik.[8] Faupel machte es möglich.

Diese Interpretation verlangt vom Leser, dass er Hans-Adolf Jacobsens Darstellung (1968) folgt und die Person Hitlers in der Außenpolitik der frühen Jahre der Naziregierung nicht als allmächtig überschätzt. Ganz bewusst hatte Hitler ja den bürgerlichen Traditionalisten Neurath als Außenminister im Kabinett akzeptiert. Neuraths antirevolutionäre außenpolitische Handlungsweise sollte Beobachtern und Diplomaten im In- und Ausland vorgaukeln, dass jeder mit dieser faschistisch-revolutionären Regierung auch in Zukunft vernünftig werde reden können. Neuraths traditionelle, revisionistische Vorgehensweise versprach, Hitlers revolutionäre Ansätze auch in den kommenden Jahren zu mäßigen. Hitler hielt an dieser defensiven, verschleiernden Präsentation faschistischer Außenpolitik bewusst bis 1938 fest.[9] Erst jetzt wurde der Traditionalist Neurath durch den Nationalsozialisten Ribbentrop ersetzt.

Mit anderen Worten, der Historiker darf Hitlers eurozentrische Politik und seine persönliche Vorliebe für den "Drang nach Osten" nicht

---

[8] Auch nach dreißig Jahren ist Hans Adolf Jacobsens *Nationalsozialistische Außenpolitik* (1968) ein beeindruckendes Werk, das diesen Kampf bis 1938 eindeutig belegt. Für die Jahre danach siehe das englischsprachige Standardwerk von Gerhard L. Weinberg, *The Foreign Policy of Hitler's Germany* (1994a) und *Starting World War II* (1994b).

[9] Niedhart (1981). Vor allem Gliech begeht wiederholt den historischen Kardinalfehler, aus dem Rückblick vorhersagen zu können, wie geschichtliche Entwicklung verläuft. Entwicklung, Erfolge und Niederlagen des Dritten Reichs waren in Wirklichkeit nicht vorherbestimmt, obwohl viele nazistische und kommunistische Historiker dies gerne glauben wollen. Neue Akten aus den Bereichen der Wirtschafts-, Geheimdienst- und Kulturpolitik zeigen, wie offen deutsche Politik gegenüber Lateinamerika und den USA gewesen ist. Die stetig sich verändernden Taktiken produzierten Widersprüche und komplexe Handlungsfreiräume, die Gliech mit dem Argument beiseite wischt, dass Hitler letztendlich alles in Nazideutschland kontrolliert hat. In Wirklichkeit konnte Hitler erst ab 1938 hoffen, dass er sich als Diktator innerhalb Deutschlands weitgehend durchgesetzt hatte. Gliechs Interpretationen stützen sich sehr auf Pommerin (1977) und Volland (1976). Diese Bücher waren Doktorarbeiten, die auf einer sehr beschränkten Quellenbasis beruhten. Müllers Werk (1997) dagegen macht zum ersten Mal echte Fortschritte, so wie vor dreißig Jahren Jacobsens Buch. Der Kampf um Lateinamerika zwischen verschiedenen Gruppen innerhalb des Nazistaats, der sich nach 1938 trotz Hitlers Anordnung nur verstärkte, wird an anderer Stelle dargestellt werden müssen.

zum wichtigsten faschistischen außenpolitischen Zielgebiet dieser frühen Jahre reduzieren. Auch kann das Dritte Reich nicht allein durch die Person Hitlers und dessen Stufenpläne erklärt werden.[10] Während sich Neurath im europäischen und US-amerikanischen diplomatischen Umfeld über seinen zukünftigen Einfluss auf Hitler täuschte, und Hitler stillschweigend, aber beharrlich, nach dem Osten schielte, lernten die einflussreichen "Möchtegern"-Außenpolitiker der NSDAP notgedrungen andere Erdteile schätzen. Asien, Afrika und Lateinamerika waren zwar nur zweit- und drittrangige außenpolitische Betätigungsfelder, boten aber dennoch die Möglichkeit, frühzeitig mehr Einfluss in der Außenpolitik zu erlangen, auch wenn später eurozentrische Historiker diese Aktivitäten hochnäsig als nebensächlich abgewertet haben.

Alfred Rosenberg, Joseph Goebbels, Wilhelm Bohle, Herrmann Göring, Heinrich Himmler und Joachim von Ribbentrop brannten alle darauf, sich eine persönliche außenpolitische Einflusssphäre zu erkämpfen. Dies geschah aus persönlichen Gründen oder auch nur, um Hitler davon zu überzeugen, dass einer von ihnen als "echter" faschistischer Außenpolitiker die "Schlappschwänze" im Auswärtigen Amt jederzeit ablösen könnte: ein bürokratischer Umsturz, den Hitler für sie in Zukunft bewerkstelligen müsse.

Schon 1933 hatte sich Rosenberg in deutsch-brasilianische Wirtschaftsfragen eingemischt.[11] Im selben Jahr hatte Goebbels den Diplomaten im Auswärtigen Amt seine propandistischen Richtlinien für Lateinamerika aufgedrängt.[12] Auch der Leiter der Auslandsorganisation der NSDAP, Bohle, folgte ohne Zögern den Anweisungen von Rudolf Heß und übersah Zuständigkeitsansprüche des Auswärtigen Amts in Lateinamerika auch dann, wenn es nicht nur um parteiinterne Fragen ging. Schließlich scheute sich auch Himmler nicht, seine Parteigerichtsverfahren in Nord- und Südamerika fortzusetzen, als ob es dort keine etablierten nationalen Rechtssysteme gäbe.

Diese Handlungen standen fast immer in direktem Gegensatz zu den Vorstellungen und Ansprüchen der Staatssekretäre, Abteilungs-

---

[10] Der brillanteste Versuch, die Geschichte des Dritten Reichs aus der Person Hitlers zu erklären ist Ian Kershaws meisterhafte Biographie *Hitler* (1998).
[11] Seraphim (1964: 38, Anm. 55).
[12] Müller (1997: 65). Goebbels erhielt die Zuständigkeit für die Auslandspropaganda.

leiter und Sachbearbeiter des Auswärtigen Amts, die vor allem die
noch immer undisziplinierten Parteiorganisationen in Lateinamerika
als Störenfriede ihres idealen diplomatischen Weltbildes verdammten.
Natürlich fürchteten sie, dass Nazimärsche und faschistische Werbe-
arbeit in Lateinamerika das mühsam erworbene, aber noch immer
halbherzige demokratische Renommee der letzten Jahre schnell wieder zerstören würden. 1933 und 1934 existierte im lateinamerikanischen Raum eine offene und direkte Rivalität zwischen den Praktiken
faschistischer Gruppen der NSDAP und den Konsulaten und Botschaften des Auswärtigen Amts.[13]

Das schwierigste Problem für beide Seiten war die Frage, wie man
mit den polarisierten politischen Bewegungen innerhalb der ethnisch
deutschen Gemeinschaften umgehen sollte. Im Gegensatz zu dem
heute populären Klischee stellten die Sehnsüchte und der nationalistische Eifer vieler ethnischer Deutscher in Lateinamerika in erster
Linie ein Problem für den faschistischen Staat dar, nicht aber die
Morgengabe eines fertig geschmiedeten Werkzeugs für sofortige konspirative Aktionen.[14] Diese unabhängigen Nazigruppen hatten vor
1933 ihre revolutionären Fantasien innerhalb der lokalen deutschen
Gemeinschaften ausgelebt. Nach 1933 stürzten ihre wachsenden politischen Machtansprüche, ohne viel Nachdenken, auch den jungen
faschistischen deutschen Staat in ein ernstes internationales Image-
problem. Ethnisch deutsche Nazigruppen waren in diesen Jahren ein
ernsthaftes Organisations- und Disziplinproblem, das der faschistische
Staat erst einmal zu seinen Gunsten lösen musste.

In der Nachkriegszeit untersuchten Historiker mit großem Eifer
die so genannte Gleichschaltung, als ob ein Befehl aus dem Braunen
Haus automatisch zum Erfolg geführt hätte. Es war leicht gewesen,
1933 die Gleichschaltung zu fordern. In Übersee stellte es sich als viel

---

[13] Siehe die hervorragende Beschreibung des Kampfes zwischen der A.O. und dem
      Auswärtigen Amt bei Müller (1997: 21-69). Für Mexiko siehe Schuler (1998:
      50).

[14] Die meist sehr emotionale Diskussion über eine "Fünfte Kolonne" setzt fälschli-
      cherweise stillschweigend voraus, dass schon der Vorsatz, Zersetzungsarbeit zu
      betreiben, genügte, um Erfolg zu haben. Aus einem unerklärten Grund gehen
      Historiker davon aus, dass schon allein die organisatorische Übernahme von eth-
      nisch deutschen Gruppen im Ausland automatisch und letztlich auch immer
      erfolgreich verlaufen würde. Dagegen siehe die zu vorsichtige Abwägung von
      L. de Jong (1956).

schwieriger heraus, diesen Befehl erfolgreich und konstruktiv durchzusetzen. Lokaler Stolz und zehn Jahre währende wirtschaftliche Unabhängigkeit erschwerte die Durchsetzung bedingungslosen Gehorsams. Für die NSDAP war es ein Glücksfall, dass Rudolf Heß den jungen Wilhelm Bohle kennen lernte und ihn zum Leiter der Auslandsorganisation seiner Partei machen konnte. Im Gegensatz zu späteren Historikern, die klare, nachvollziehbare Pläne erwarten, um die Vergangenheit zu entschlüsseln, improvisierte Bohle vorwärts träumend seine politische Aufgabe. Er sah die Eingliederung aller ausländischen Naziorganisationen und die parteibürokratische Durchdringung aller deutschen Organisationen im Ausland als eine Herausforderung, die er mit revolutionärer Begeisterung und der Kraft seiner Persönlichkeit meistern wollte (McKale 1977: 46f.).

Für diesen ehrgeizigen Neuankömmling in der nationalsozialistischen Führungsschicht war die Gleichschaltung aber auch eine einmalige Gelegenheit, sich eine dauerhafte Führungsposition innerhalb des Nazistaats zu erarbeiten. Sollten sein Ehrgeiz und sein Organisationsvermögen dazu ausreichen, belastbare, kontrollierbare und vor allem auch verwertbare Beziehungen mit Deutschen im Ausland herzustellen, dann könnte er Hitlers Utopie der faschistischen Weltrevolution ein schlagkräftiges Werkzeug in die Hand geben, gegen das sich die schwachen, innerlich polarisierten Staatsgefüge Argentiniens, Chiles und Brasiliens ohne kostspielige soziale Unruhen nur schwer würden wehren können. Und eine weltweit organisierte Parteibasis würde der faschistischen Revolution ein exklusives internationales Kommunikations- und Handlungsnetzwerk verschaffen, mit dem bisher nur der Vatikan und die Komintern in ihren politischen Waffenarsenalen experimentierten.[15] So half Bohle, mit Faupel und dem IAI eine deutsche Drehscheibe aufzubauen, mit der die Partei Einfluss auf die Außenpolitik nehmen konnte.

Faupel entpuppte sich als ein gewiefter bürokratischer Grabenkämpfer. Er benutzte sein autoritäres Charisma, den Standortvorteil der Regierungshauptstadt Berlin und das schöngeistige, bürgerliche

---

[15] Eine internationale Geschichte der Katholischen Aktion gibt es bisher noch nicht. Für den englischsprachigen Raum siehe Gallagher (1950); für Deutschland siehe Keller (1936). Zur Komintern siehe McDermott et al. (1996).

Bildungsrenommee des IAI, um sein Institut systematisch zu einer landesweiten und vor allem unabhängigen Kommunikationsstelle zwischen Partei und Lateinamerika auszubauen. Da die Rolle der Partei im Staat immer stärker wurde, schien es politisch angebracht, dass konservative deutsche Regierungsmitglieder, Diplomaten Lateinamerikas und Parteigrößen immer öfter ins IAI kamen. So erlangte dieses inoffizielle "Partei-Institut" zunehmend einen spürbaren Einfluss, den es gegen das Auswärtige Amt in den kommenden Jahren auszunutzen hoffte.

Den Einfluss auf die Politik konnte man jedoch nicht mit Empfängen allein ausweiten. Deshalb war der nächste Schritt der NSDAP, Bohles und Faupels IAI als Treff- und Austauschplattform systematisch zu einem Entscheidungsträger auszubauen. Zu diesem Zweck übernahm Faupel die Führung in allen namhaften lateinamerikanisch-deutschen Vereinen, Gesellschaften und beruflichen Interessenvertretungen.

Das Außenhandelsamt der NSDAP hatte schon 1934 die politische Befehlsgewalt über die Deutschen Handelskammern in Lateinamerika übernommen. Mit der Person Faupels kamen auch seine persönlichen Kontakte und der Zugang zu lateinamerikanischen Militärkreisen in das IAI.

Ende 1934 begann ein konzentrierter Angriff auf berufsspezifische Verbände. Zuerst bemühte sich Faupel mit Goebbels Hilfe den wissenschaftlich-medizinischen Bereich Lateinamerikas stärker zu beeinflussen. Danach fungierte er als bürokratischer Unterhändler, der die Neugründung einer so genannten Deutsch-Ibero-Amerikanischen Ärzteakademie forcierte.[16] Durch sie sollten bewusst deutsche medizinisch-technische Errungenschaften stärker in Lateinamerika als Werbemittel zur politischen Aufwertung des faschistischen Staats präsentiert werden.

Zur selben Zeit bemühte sich Faupel um die Übernahme aller deutschen akademischen Institute, die sich mit Lateinamerika befassten. Am 19. Februar 1935 machte er das IAI zu einem inoffiziellen Zentralinstitut aller Institute Deutschlands, die akademische Bezie-

---

[16] Geheimes Staatsarchiv Preußischer Kulturbesitz, Berlin, Hauptabteilung I [im Folgenden GStA], Repositur 218, Einleitung zum Findbuch.

hungen mit der Iberischen Halbinsel und Lateinamerika unterhielten.[17] Faupel hatte diese Arbeit schon im Spätherbst 1934 begonnen.[18]

Faupel, von nun an Präsident einer so genannten Arbeitsgemeinschaft der Ibero-Amerikanischen Institute Deutschlands platzierte sich – obwohl er kein Akademiker war – als eine Art Dekan der Deutschen Hochschulwissenschaft und Lehre über Lateinamerika. Es lohnt sich, die Einflussmöglichkeiten dieses Amtes etwas genauer zu untersuchen.

Von nun an bestand Faupel darauf, sämtliche Veranstaltungsplanungen aller deutschen akademischen Forschungsinstitute zu beaufsichtigen. Alle Institute außerhalb Berlins mussten ihn über Besuche von lateinamerikanischen Politikern, Amtsträgern, Ärzten, Militärs, Journalisten, Architekten, Ingenieuren und Studenten informieren. Diese Benachrichtigungspflicht ermöglichte es, akademischen Austausch gezielt zur politischen – und eben gerade nicht zur wissenschaftlichen – Meinungsbildung, zu missbrauchen.

Zweitens übernahm Faupel die Kontrolle über die Auslandsreisen deutscher Akademiker nach Lateinamerika. Theoretisch konnte Faupel nun die Vergabe von Reisegeldern und Beurlaubungen dazu benutzen, Forschern, die der Weltanschauung des nationalsozialistischen Staats und Faupels persönlichem Machtanspruch positiv gegenüberstanden, zu belohnen. Unabhängige Akademiker waren von nun an von seinen Geldern abhängig und im Falle direkter, offener Opposition konnte er Karrieren leicht blockieren oder die nötige Information an die Gestapo weitergeben. Somit hatte Faupel auch die Hochschulwissenschaft als ein Propagandainstrument in das aggressive Utopia des Totalen Krieges eingespannt. Langsam begannen Propagandaziele akademische Fragestellungen zu ersetzen.

Schließlich beanspruchte Faupel auch zu wissen, wann wichtige lateinamerikanische Akademiker und Studenten nach Deutschland zu reisen beabsichtigten. Sie wurden im IAI registriert und nicht mehr nur vom Deutschen Akademischen Auslandsdienst oder dem Außenamt der lokalen Universität betreut. Der offizielle Grund war das Interesse an einer besseren Studentenbetreuung. In Wirklichkeit, mit sei-

---

[17] GStA, HA I, Rep. 218, Nr. 212, Bestimmungen, Bl. 185-193.
[18] GStA, HA I, Rep. 218, Nr. 238, Bd. 1, Brief der A.O.-Abteilung IV an Faupel, 7. November 1934, Bl. 178/179.

ner Frau als Betreuungsleiterin, war der Schritt von der sozialen Betreuung zur politisch-polizeilichen Beobachtung ein fast natürlicher
Impuls für die beiden Faupels. Später werden wir sehen, mit welch
gefährlichen Folgen Faupel sich bereitwillig dieser Arbeit widmete,
wenn die NSDAP-Führung es verlangte.

Interessanterweise beanspruchte Faupel auch das letzte Wort in
der Vergabe von akademischen Auszeichnungen an Lateinamerikaner.
Somit machte sich die Partei auch die Eitelkeit von deutschen und
lateinamerikanischen Akademikern zu politischen Manipulations-
zwecken zunutze.

Im März 1935 war Faupel eine zentrale Figur der NSDAP in den
deutsch-lateinamerikanischen Militärbeziehungen sowie den naturwis-
senschaftlich-medizinischen und den anderen akademischen Beziehungen zu Lateinamerika.

Sein Einfluss nahm zu, als er im Sommer 1935 die Leitung der Lateinamerikanischen Abteilung des Volksbunds für das Deutschtum im
Ausland (VDA), des größten deutschen Verbandes, der sich kulturell
manipulierend mit deutschen Auswanderern und deren Nachkommen
im Ausland befasste, übernahm. Dieser Schritt war zwar keine Eroberung Faupels, sondern ein Friedensangebot des bisherigen VDA-
Kulturpolitikers Steinacher an die NSDAP-Führung,[19] er bedeutete
aber dennoch die Einschleusung eines NSDAP-Mannes in diesen
wichtigen, immer noch erfolgreich um seine Unabhängigkeit kämp-
fenden Kulturverein. Dies musste auch eine engere Zusammenarbeit
mit dem Deutschen Ausland-Institut in Stuttgart bedeuten, einem anderen wichtigen Kulturinstitut, über das wir später mehr erfahren werden. Somit erhielten Faupel und Bohle die Kontrolle über Namenslisten ausgewanderter Deutscher in Nord- und Südamerika, aber auch
Vertrauensleute, die Partei und Staat auf Anfrage durch das DAI in
Stuttgart und die A.O. in Berlin über Vorgänge in Übersee informierten. Zunehmend bedeutete dies auch die Bearbeitung von politischen
Führungszeugnissen und parteiischen Zuverlässigkeitserklärungen.

---

[19]   Ich danke Frau Silke Nagel ganz herzlich für ausführliche Informationen zu
diesem Vorgang und ihre andauernde Bereitschaft zur wissenschaftlichen Diskussion. Siehe auch den Verteilerschlüssel bei Jacobsen (1968: Übersicht 5 auf
Seite 223) und GStA, HA I, Rep. 218, Nr. 239, Bd. 2, Brief NS-Volkswohlfahrt
an A.O., 10. Oktober 1935, Bl. 156.

Es darf nicht überraschen, dass Faupel auch eine Entscheidungs-
trägerrolle in den wirtschaftlichen Beziehungen an sich reißen wollte.
In den kommenden Monaten übernahm er den Vorsitz des Deutschen
Wirtschaftsverbands für Süd- und Mittelamerika e.V., des Deutsch-
Argentinischen Centralverbands, des Deutsch-Brasilianischen Han-
delsverbands und der Deutsch-Mexikanischen Handelskammer.[20] Im
Jahre 1936, übernahm er schließlich auch die Führung der Deutsch-
Spanischen Gesellschaft.

Diese Übersicht über Faupels beeindruckende Ämterhäufung dient
nicht dazu, den persönlichen Einfluss Faupels hervorzuheben, obwohl
sie verdeutlicht, wie sehr die NSDAP-Führung ihm vertraute. Es ging
hier jedoch nicht um Ämterhäufung als Selbstzweck, sondern um eine
durchdachte, systematische Bemühung, in so vielen Bereichen Lateinamerikas wie möglich das Mitspracherecht der Partei auszuweiten.
Kein Wunder, dass 1935 plötzlich viele Naziführer und Lateinamerikaner an den Empfängen im IAI und in Berlin teilnehmen wollten. Es
war diese Ämterhäufung Faupels, die erklärt, warum man ab 1935
nicht mehr am IAI vorbeiarbeiten konnte.[21]

Als Gegenleistung taten Hitler und die Parteileitung viel, um Faupel und sein Institut aufzuwerten. Schon am 28. Februar 1935 hatte
Faupel die Gelegenheit erhalten, A.O.-Leiter Bohle zu einer Audienz
bei Hitler, bei der auch Parteiführer Heß anwesend war, zu begleiten
(Jacobsen 1968: 801). Die drei Männer sprachen mit Hitler nicht nur
über die Partei und über ethnische Angelegenheiten, sondern berieten
ihn auch in allgemeinen Fragen der deutsch-lateinamerikanischen Beziehungen, ein Themenbereich, der eigentlich dem Auswärtigen Amt
zufiel. Zur Diskussion stand die Entsendung deutscher Militärattachés
nach Lateinamerika, die Erhebung der deutschen diplomatischen Vertretungen in Brasilien, Argentinien und Chile zu Botschaften und
schließlich die Propagandaarbeit im Schulbuch-Bereich gegen den
Einfluss von Franzosen im lateinamerikanischen Unterrichtswesen.[22]

---

[20] GStA, HA I, Rep. 218, Einleitung zum Findbuch.
[21] Diese Ämterhäufung Faupels wird oftmals missverstanden. Sie ist nicht ein
      Ergebnis von Faupels Machtstreben, sondern findet sich auch bei ähnlichen *cau-
      dillos*, die andere Erdteile kulturell für den Nazistaat auf gleichgeschalteter Ebene
      kontrollieren sollten.
[22] GStA, HA I, Rep. 218, Nr. 238, Präsidialsachen, Bd. 1, April 1934 - Juni 1935,
      Brief Bohles an Faupel, 26. Juni 1935, Bl. 1f.

Die Quellen nennen keinen zwingenden Grund dafür, warum Faupels
Anwesenheit bei Hitler notwendig gewesen wäre, es sei denn, Bohle
imitierte das Verhalten eines Staatssekretärs, der seinen Gebietsspe-
zialisten zur Unterredung mitbrachte. Nach dem Empfang konnte
Faupel behaupten, dass er Hitler persönlich beraten hätte.

Eine weitere öffentliche Bestätigung der Bedeutung Faupels ergab
sich ein paar Wochen später. Als Hitler dem A.O.-Führer Bohle erlaubte, seine Zentralverwaltung mit 170 Angestellten von Hamburg in
die Reichshauptstadt Berlin zu verlegen, durfte Faupel mit den Repräsentanten der Stadt Berlin, des Propagandaministeriums und des Auswärtigen Amts an der Begrüßungsdelegation teilnehmen. Der Umzug
der A.O. von Hamburg nach Berlin signalisierte die Ankunft einer
weiteren Nazibehörde, die sich nun in der Reichshauptstadt für die
Partei um auswärtige Angelegenheiten bemühen konnte. Faupel hatte
dieses Feld in Berlin vorher fast allein bearbeitet. Später, im Herbst
1935, lud Heß Faupel gesondert zum Reichsparteitag der NSDAP
ein.[23]

Die erhaltenen Akten seines Präsidentenbüros zeigen, wie selten
das Auswärtige Amt mit dem IAI über Fragen Lateinamerikas korrespondierte. Im Gegensatz dazu leitete ihm Bohles Parteibürokratie
regelmäßig neue Berichte zu, die ihn zu einem gut informierten Berater in lateinamerikanischen Angelegenheiten machten. Zum Beispiel
unterrichtete ihn das Außenhandelsamt der NSDAP über den wirtschaftlichen Aufschwung in Argentinien.[24] Im August 1935 erhielt er
einen Bericht über wirtschaftliche Veränderungen in Chile.[25] Er wusste auch, dass ein deutscher Bankfachmann sich darauf vorbereitet
hatte, zentralamerikanische Notenbanken in der Handhabung deutscher künstlicher Finanzmittel zu trainieren.[26]

Es darf nicht überraschen, dass Faupels Korrespondenz mehr Informationen über lateinamerikanische Militärangelegenheiten enthielt
als die Korrespondenz des Auswärtigen Amtes. Im Sommer 1935

---

[23] GStA, HA I, Rep. 218, Nr. 239, Bd. 2, Dr. E., Stab Heß, an Faupel, September
      1935, Bl. 182.
[24] GStA, HA I, Rep. 218, Nr. 238, Bd. 1, Argentinien-Bericht des Außenhandels-
      amts der A.O. der NSDAP an das Ibero-Amerikanische Institut, Februar 1935,
      13. März 1935, Bl. 109.
[25] GStA, HA I, Rep. 218, Nr. 239, Bd. 2, Wirtschaftsbericht der A.O. über Chile
      und Japan, 5. August 1935, Bl. 222.
[26] GStA, HA I, Rep. 218, Nr. 212, Attaché-Bericht, 8. März 1935, Bl. 175.

hatte sich die chilenische Polizei an die NSDAP mit der Bitte gewandt, dass chilenische Polizeioffiziere nach Deutschland reisen wollten, um sich mit den modernen technischen Hilfsmitteln der deutschen
Polizei vertraut zu machen.[27] Im Juli 1935 wollten chilenische Carabi-
nieri nach Deutschland kommen, um die Pferdeschule der Polizei zu
besuchen.[28] Damals musste Faupel sie noch an die Deutsche Botschaft
und die offiziellen Kanäle des Auswärtigen Amts zurückverweisen.[29]
Die NSDAP war auch der bevorzugte Kanal, den paraguayische Militärs benutzten, um sich zu erkundigen, ob es möglich wäre, deutsche
Militärausbilder zu erhalten.[30] Der stellvertretende Landesleiter Pg.
Voss sollte diskret die Rolle des Verbindungsmannes spielen, nicht
der deutsche Botschafter.[31] Die chilenische Gruppe Milicia Republi-
cana fragte nach einer gedruckten spanischen Fassung deutscher Lie-
derbücher mit Kampf- und Wanderliedern.[32] Der guatemaltekische
Polizeipräsident General Anzueto bat die NSDAP um Hilfe für den
Studienaufenthalt seines Sohnes in Freiburg.[33]

Faupel machte besondere Anstrengungen bei den militärischen
Beziehungen zu Lateinamerika. Zu Beginn war er zumindest indirekt
eine einflussreiche Person bei der Vermarktung deutscher Militärflug-
zeuge in Lateinamerika.[34] Auch hoffte er, durch das Verfassen eines
deutsch-spanischen Wörterbuchs militärische Begriffe für ganz Südamerika auf eine Sprachregelung zu verengen. So veröffentlichte er
ein deutsch-spanisches Handwörterbuch mit Militärbegriffen. Ferner

---

[27] GStA, HA I, Rep. 218, Nr. 238, Bd. 1, Amtsleiter Zeissig an Faupel, 21. Juni
1935, Bl. 65f.

[28] GStA, HA I, Rep. 218, Nr. 238, Bd. 1, Brief der A.O. der NSDAP, Amt VII, an
Faupel, 4. Juni 1935, Bl. 4.

[29] GStA, HA I, Rep. 218, Nr. 239, Bd. 2, Brief, Dr. P/Rö an A.O., 1. Juli 1935,
Bl. 243.

[30] Zum Beispiel siehe GStA, HA I, Rep. 218, Nr. 239, Bd. 2, Brief der A.O. der
NSDAP, Amt VII, an Faupel, 3. September 1935, Bl. 183.

[31] GStA, HA I, Rep. 218, Nr. 239, Bd. 2, Brief, Wilhelm Voss aus Oberkassel,
18. Oktober 1935, Bl. 137.

[32] GStA, HA I, Rep. 218, Nr. 238, Bd. 1, Brief, 25. Juni 1935, Bl. 5.

[33] GStA, HA I, Rep. 218, Nr. 239, Bd. 2, A.O. der NSDAP, Amt VII, an Faupel,
23. September 1935, Bl. 171.

[34] GStA, HA I, Rep. 218, Nr. 239, Bd. 2, Durchschlag des Briefes des Außenhandelsamtes der A.O. der NSDAP an Faupel, 25. Januar 1936, Bl. 58, und Brief
Faupels an die A.O. der NSDAP vom 14. Februar 1936 über die Chilenische
Flugzeug-Einkaufskommission, GStA, HA I, Rep. 218, Nr. 239, Bd. 2, 14. Februar 1936, Bl. 46.

machte er sich sogleich daran, ein zweites Wörterbuch zu schreiben, um Lateinamerikanern die militärtechnischen Begriffe aus dem Bereich des Explosionswesens zu erschließen.[35]

Für die NSDAP war Faupel nicht nur ein Verkehrspolizist in der zunehmenden Kommunikation mit Lateinamerika, sondern immer auch Propagandist. Jagwitz vom NSDAP-Parteiamt VI bat Faupel, sich dafür einzusetzen, dass die Landes- und Ortsgruppenleiter Südamerikas ihre Gewährsleute in Lateinamerika unauffällig aussandten, um festzustellen, ob die militärische Zeitschrift *Ejército, Marina, Aviación* in den Offizierscasinos auslag.[36] Aus El Salvador und Kolumbien informierte ihn die Partei über deutschfeindliche Schulbücher (was nur ein anderer Begriff für französische Lehrbücher war).[37] Die neuesten Nachrichten vom Propagandakampf in Lima erreichten ihn im Juli 1935.[38] Wiederholt beschwor Faupel Bohle und die Parteibürokratie, den Propagandakampf in Lateinamerika gegen Frankreich, gegen die französische Sprache und französische Militärberater aggressiv voranzutreiben.[39] Er wies darauf hin, dass die Lateinamerikaner, wenn sie bessere Gelegenheit besäßen, Deutsch zu lernen, mehr Interesse hätten, nach Deutschland zu reisen, und dass sie dann den Nazistaat mit eigenen Augen sähen und mit positiven Eindrücken wieder nach Lateinamerika zurückkehrten.[40] Darüber hinaus versuchte Faupel, einflussreiche, in Berlin weilende Diplomaten und Journalisten persönlich propagandamäßig zu bearbeiten.[41]

Faupel achtete darauf, für die Partei herauszufinden, wer deutschfeindlich war und welchen Lateinamerikaner man für Nazideutschland

---

[35] Faupel schrieb auch eine interessante, aber wehrtechnisch doch sehr allgemeine Studie für die Fachzeitschrift *Wissen und Wehr* über die Lehren des Chaco-Krieges (1936).

[36] GStA, HA I, Rep. 218, Nr. 238, Bd. 1, Jagwitz an Faupel, 23. Juni 1935, Bl. 29.

[37] GStA, HA I, Rep. 218, Nr. 238, Bd. 1, A.O., Abt. Schulwesen, bezüglich des Schreibens der Landesgruppe Kolumbien und El Salvador, 26. März 1935, Bl. 36.

[38] GStA, HA I, Rep. 218, Nr. 239, Westermann an Landesgruppenleiter NSDAP, Lima, 24. Juli 1935, Bl. 185.

[39] GStA, HA I, Rep. 218, Nr. 239, Bd. 2, Brief Faupels an Bohle, 23. März 1936, Bl. 11.

[40] GStA, HA I, Rep. 218, Nr. 239, Brief Faupels an die A.O. der NSDAP, 18. November 1935, Bl. 117.

[41] GStA, HA I, Rep. 218, Nr. 238, Gesprächsnotiz über Unterhaltung mit dem spanischen Journalisten Eusebio Zuluaga, 11. Mai 1935, Bl. 40.

einnehmen konnte.[42] Der Brasilianer Mello Franco wurde von Faupel als eine Person identifiziert, dessen Kandidatur zum Friedensnobelpreis die Partei untergraben müsse, da er Antifaschist sei.[43] A.O.-Berichte informierten ihn, wer im Präsidentschaftswahlkampf von Panama deutschfreundlich oder deutschfeindlich war.[44] Im Gegensatz dazu wies Faupel auf die Unzufriedenheit des Diplomaten Dupuy hin, aber auch auf das Wohlwollen von Adolfo Agorio aus Uruguay, das man vielleicht für Nazi-Deutschland ausnutzen könne.[45] Die Partei berichtete auch aus Brasilien, dass große soziale Bewegungen wie die "Integralisten" die Bildung eines lateinamerikanischen Faschismus fördern könnten.[46] Immer blieb Faupel ein wichtiger Anlaufpunkt für weltanschauliche und strategische Fragen, der alle Behörden mit seinen Auskünften gern versorgte und auch oftmals wusste, welcher Volksdeutsche widerspenstig oder hilfreich im Gleichschaltungsprozess in Lateinamerika war.[47]

Die besessenen Zentralisierungsbemühungen Faupels und der NSDAP zeigten ab Herbst 1935 beeindruckende Früchte. Als am 12. Oktober 1935 der Día de la Raza im Festsaal des Ibero-Amerikanischen Instituts gefeiert wurde, waren alle, die Rang und Namen hatten, anwesend. Vor allem Hitlers immer deutlicher bevorzugter Außenpolitiker Ribbentrop benutzte das Institut, um sich in lateinamerikanischen Angelegenheiten gegenüber dem Auswärtigen Amt in Szene zu setzen. Obwohl beim Empfang auch Repräsentanten des Auswärtigen Amts zugegen waren, war es Ribbentrop, der die offizielle Ansprache hielt und Hitlers persönliche Grüße überbrachte.[48]

---

[42] Siehe Faupels Warnung vor dem Leiter des "Haus München" in Lima, in GStA, HA I, Rep. 218, Nr. 239, Bd. 2, Faupel an A.O., 21. Februar 1936, Bl. 37.

[43] GStA, HA I, Rep. 218, Nr. 238, Bd. 1, Faupel an A.O. der NSDAP, 2. Januar 1935, Bl. 154.

[44] GStA, HA I, Rep. 218, Nr. 238, Bd. 1, A.O. der NSDAP, Amt VII, an Faupel, Politischer Kurzbericht Panama, 28. Mai 1935, Bl. 21.

[45] GStA, HA I, Rep. 218, Nr. 238, Bd. 1, Brief Faupels an A.O. der NSDAP, Amt VII, 20. Juni 1935, Bl. 8.

[46] GStA, Rep. 218, Nr. 239, Bd. 2, Bericht von Cossels, Brasilien, 5. Dezember 1935, Bl. 95/96.

[47] Siehe den Durchschlag an Faupel über den Kampf in der deutschen Gemeinschaft Mexikos, GStA, HA I, Rep. 218, Nr. 239, Bd. 2, Brief Panhorst an die A.O. der NSDAP, 21. Januar 1936, Bl. 67.

[48] Noch ein Jahr vorher hatte Reichskanzleichef Lammers die Grüße Hitlers übersandt.

Bei dieser Gelegenheit hob Ribbentrop Spanien als einen kulturellen Brückenkopf zwischen Deutschland und Lateinamerika hervor.[49] Er betonte an diesem Día de la Raza, dass in der Zukunft der Rassebegriff in der deutschen Lateinamerikapolitik mehr Gewicht finden würde.[50] General Faupel sprach nach Ribbentrop und beschwor das kulturelle Konzept der Hispanidad,[51] das in scharfem Widerspruch zu Frankreichs Lateinamerika-Interessen und zum U.S.-amerikanischen Panamerikanismus stände.

Am 2. November 1935 gab es einen Empfang zu Ehren der diplomatischen Vertreter der Staaten des ibero-amerikanischen Kulturkreises, zu dem der Chef der Reichskanzlei Lammers einlud. Auch auf dieser Veranstaltung rivalisierte der Partei-Außenpolitiker Ribbentrop öffentlich mit Außenminister Neurath. Auch diesmal war Faupel anwesend. Andere Repräsentanten kamen aus dem Erziehungsministerium, dem Außenpolitischen Amt der NSDAP und der A.O. der NSDAP.[52] Bei diesem eindrucksvollen Auftakt der diplomatischen Winterempfänge 1935/36 in Berlin war es offensichtlich, dass deutsche Diplomaten hier wie in Lateinamerika zunehmend die Anwesenheit und die abweichenden Handlungen der Parteirepräsentanten dulden mussten. Somit hatte Faupel und sein IAI der NSDAP eine ideale Drehscheibe aufgebaut, auf der deutsche und lateinamerikanische Diplomaten und die Außenpolitiker der Partei erfolgreich um Einfluss rangen.[53] Faupel schloss das Jahr 1935 ab als ein beliebter und erfolgreicher Handlanger der NSDAP-Führung.

3.   Vier Gründe für einen plötzlichen Verlust an politischem Einfluss (1936)

Anfang 1936 war die experimentelle Dynamik des Ausbaus des faschistischen Staats so stark geworden, dass diese Revolution begann, ihre eigenen Kinder zu verschlingen. Bisher war Faupel eine Person von zentraler politischer Bedeutung gewesen, auf den sogar Hitler unter Umständen hörte. Doch Anfang 1936 fiel das Ibero-Amerikani-

---

[49]   *Ibero-Amerikanische Rundschau*, 1.8: 35f., Hamburg, Oktober 1935.
[50]   *Ibero-Amerikanisches Archiv*, 9: 202, Berlin 1935/36.
[51]   *Ibero-Amerikanische Korrespondenz*, 1. Oktober 1935.
[52]   *Ibero-Amerikanische Korrespondenz*, Jg. 5, Nr. 45, 5. November 1935.
[53]   Die Veranstaltungen sind im Einzelnen in der Instituts-Zeitschrift *Ibero-Amerikanisches Archiv* (Berlin) aufgelistet.

sche Institut und sein Präsident spürbar in ihrer Bedeutung zurück. Zwar blieb das Institut für deutsch-lateinamerikanische Themen in der Öffentlichkeit und gegenüber lateinamerikanischen Diplomaten nach wie vor die designierte Anlaufstelle der Partei; hinter den Kulissen reduzierten jedoch technologische Veränderungen, der Wandel im Nachrichtendienstwesen und neue außenpolitische Prioritäten den Präsidenten und sein Institut zu einer Einrichtung, die sich zusehends auf Kultur- und Propagandaarbeit beschränken musste. Vier Gründe erklären, warum das sich verändernde politische Umfeld des IAI dessen einflussreiche Position so schnell schwächte.

Erstens, das Gerangel um die Position der offiziellen Außenpolitik der NSDAP schien sich zusehends zu Gunsten von Joachim von Ribbentrop zu entscheiden (Weitz 1997). Schon im Juli hatte Heß zugestimmt, dass die Befugnisgewalt über ethnische Deutschtumspolitik in den ehemaligen deutschen Kolonien, in Europa und den USA an Ribbentrop vergeben werden sollte (Jacobsen 1968: 222). Nach seinem Erfolg bei den deutsch-britischen Marine-Verhandlungen kürte Hitler Ribbentrop nicht nur zum Diplomaten der Partei, sondern gab ihm auch einen eigenen Haushalt von zehn Millionen RM, der es ihm erlaubte, eine eigene, außenpolitische Behörde mit 65 neuen Angestellten und einem separaten Gebäude aufzubauen (Jacobsen 1968: 252-319). Hitlers finanzielle Zuwendung und sein gesondertes Lob auf dem Reichsparteitag bedeuteten aber auch, dass Ribbentrop in der politischen Wertschätzung an A.O.-Leiter Bohle vorbeizog. Außerdem half der Reichsführer-SS Himmler nach, indem er Ribbentrop einen SS-Rang verlieh, der ihn in die obere Führungsschicht der Partei – höher als Bohle – aufrücken ließ.[54] Außerdem konnte Ribbentrop sich nun zusehends auch im europäischen Raum in die Außenpolitik einmischen, so dass Lateinamerika schnell an Bedeutung im innerparteilichen Machtkampf verlor. Lateinamerika entwickelte sich – hinter Europa und den USA, China und Japan – zu einem drittrangigen politischen Schauplatz: zu einem Bereich, den man ohne großen Verlust A.O.-Leiter Bohle überlassen konnte. Ironischerweise festigte Bohle seine Bedeutung in Lateinamerika zu einer Zeit, da er zum erstenmal

---

[54] Jacobsen (1968) unterschätzt systematisch den Druck bei der Infiltration des Auswärtigen Amts durch die SS (im Gegensatz dazu seine Anmerkung 52 auf S. 282).

merklich im innerparteilichen Gerangel der NSDAP zurückfiel. Es wurde offensichtlich, dass ein Mann wie Faupel in dem sich verlagernden bürokratischen Grabenkrieg mit seinem Institut keine Verwendung mehr finden konnte.

Der zweite Grund ist, das sich Lateinamerika als Rohstofflieferant für die deutsche Aufrüstung als viel wichtiger erwies, als man 1934 ursprünglich angenommen hatte. Zuerst war die Einführung von *barter trade* und künstlichen Verrechnungsmethoden noch ein Vabanquespiel gewesen, das auch von den lateinamerikanischen Wirtschaftsfachleuten nur notgedrungen toleriert worden war. Als sich jedoch die führenden finanziellen Nationen USA, Großbritannien und Frankreich auch 1935 und 1936 unwillig zeigten, ein neues, weltweit funktionierendes Währungssystem um den sehr wackligen Goldstandard wiederherzustellen, wurde das deutsche Provisorium zu einer problematischen, aber funktionierenden parallelen Handels- und Finanzmethode aufgewertet (Barkai 1977: 135-143). Allein schon aus diesem Grunde sahen sich lateinamerikanische Volkswirtschaftler gezwungen, breitere und deswegen langfristigere Verbindungen mit den neuen faschistischen Handelsinstitutionen einzugehen (Hilton 1975: 132-168).

Solange parlamentarische Systeme ihre Märkte und Industrien durch den Protektionismus a la *Smooth Haley Tariff* in den USA und das britische imperiale Wirtschaftssystem abschotteten, wuchs den faschistischen Alternativen eine neue Anziehungskraft zu, die sie aus eigener Anstrengung nicht hätten entwickeln können (Blum 1959).[55] Ab 1936 bedeutete dies zumindest eine kurzfristige Aufwertung der Wirtschaftsdiplomaten im Auswärtigen Amt und anderer Wirtschaftsfachleute des Nazistaats. Endlich hatten traditionelle Diplomaten ein schlagkräftiges Argument, um die revolutionäre Parteiarbeit Bohles in Lateinamerika merkbar in den Hintergrund zu drängen.

1936 erlangten die deutsch-lateinamerikanischen Wirtschaftsbeziehungen eine militärwirtschaftliche Dimension, die sie bisher im 20. Jahrhundert noch nicht gehabt hatten. In Berlin hatte Ribbentrop versucht, sich schon auf den Herbstempfängen als rassistischer, aber doch rationaler Handelspolitiker auszugeben. Da nun die deutsch-

---

[55] Das Versagen der Europäer, eine funktionierende internationale Währungspolitik aufzubauen, kann man in Kapitel 4 nachlesen (Blum 1959: 120-183).

lateinamerikanischen Wirtschaftsbeziehungen länger als erwartet ein tragender Pfeiler der deutschen Aufrüstung zu sein schienen, zögerten Hitler und Göring nicht, in Lateinamerika der Wirtschaft erst einmal den Vorrang gegenüber der ethnisch-revolutionären Politik Bohles einzuräumen. Und Faupel hatte keine Kenntnisse der Handels- und Finanzbeziehungen. Er konnte weder Bohles Wirtschaftsexperte noch Spezialist für internationale Währungsfragen werden.

Der dritte Grund für den Einflussverlust des IAI war das langsame Vordringen der SS in die Beziehungen zu Lateinamerika seit 1936. Nach 1933 forderten Himmler und Heydrich lange Zeit vergeblich, dass sie auch international arbeiten wollten, da sie ideologische Feinde zu bekämpfen hätten, die vom Ausland Unterstützung erhielten. Gegenüber Lateinamerika hatte dieses Argument zum ersten Mal Erfolg, als sich eine Fraktion der Moskauer Komintern im Herbst 1935 dazu entschloss, die politische Unsicherheit in Brasilien für einen Aufstand auszunutzen.[56] Schnell setzte der Antikommunist Himmler das Thema Brasilien auf die Themenliste, die er mit Hitler besprechen wollte. Es ist belanglos, dass die Quelle nur den Namen Brasilien auf dem Kalender auflistet. Wichtig ist aber, dass schon einen Monat später Lateinamerikaner die Initiative übernahmen und unnachgiebig auf eine engere Beziehung zur Gestapo hinarbeiteten.[57] Im Gegensatz zu 1935, bevorzugten die südamerikanischen Regierungen den diplomatischen Postverkehr mit dem Auswärtigen Amt, nicht aber das Nachrichtensystem regionaler oder nationaler NSDAP-Organisationen. Somit entglitt Faupel – und damit der A.O. – ein möglicher Einfluss auf diese wichtigen zukünftigen paramilitärischen Verbindungen zwischen Deutschland und Lateinamerika.

Ab 1936 bauten lateinamerikanische Regierungen zunehmend ihre eigenen Beziehungen zur SS auf, erst mit und später ohne Hilfe des Auswärtigen Amtes. Bei diesen interkontinentalen Geheimdienstbeziehungen schloss die weltweite Gemeinde der Geheimdienstler den militärischen Haudegen Faupel aus ihrem engen Kreis aus.

---

[56] Ravines (1951) beschreibt im Detail die internen Debatten der Komintern, ob dieser Aufstand unterstützt werden solle oder nicht.

[57] National Archives of the United States [im Folgenden NAUS], Sammlung T-120, Rolle 231, Bild 295186, Rio, Deutsche Gesandtschaft an AA, Zusammenarbeit der brasilianischen Polizei mit der Geheimen Staatspolizei zur Bekämpfung des Kommunismus, 30. Januar 1936.

Ab 1936 musste sich Faupel zunehmend auf die Pflege der Beziehungen im Bereich des Militärs, der deutschen kulturellen Einrichtungen und Forschungsinstitutionen und auf die soziale und politische Beobachtung und Manipulierung des lateinamerikanischen Diplomatischen Korps in Berlin beschränken. Mit der Entsendung eines ersten Marineattachés nach Buenos Aires Ende 1936 erhielt er auch einen Rivalen in der Vermittlung militärischer Informationen an die deutschen Streitkräfte.

Der vierte Schlag gegen Faupel und sein Institut war der unauffälligste, aber dennoch der durchschlagendste. Seit 1934 waren zur Verbesserung der Geheimdienstarbeit beträchtliche Summen zur Weiterentwicklung neuester Abhörtechniken bereitgestellt worden, die man nun verstärkt bei den Verhandlungen der deutschen Diplomaten und Wirtschaftsvertreter anwandte. Die finanzielle Spritze ermöglichte den Ausbau des noch heute wenig bekannten Forschungsamts, zuerst innerhalb des Reichs, dann auch in Ost- und Westeuropa. Diese ideologisch neutrale Abhörbehörde konnte jedes Telefonat, Fernschreiben und Telegramm gezielt und innerhalb kürzester Frist abhören und danach rasch den einzelnen Ministerien und der Naziführung zugänglich machen.[58] Wenn der Historiker dazu die militärischen Abhördienste und die kleineren technischen Abhördienste des Auswärtigen Amts zählt (Geyer 1984: 310-345), wird deutlich, dass die Zahl und die inhaltliche Qualität der nachrichtendienstlichen Informationen nach 1935 sprichwörtlich explodierte. Diese neue Fülle an Informationen und vor allem ihre hervorragende Qualität stellte den Informationswert des Ibero-Amerikanischen Instituts und den Wert der Gerüchte und Halbwahrheiten, die Faupel auf Berliner Empfängen ergattern konnte, grundlegend in Frage.

Noch im 19. und frühen 20. Jahrhundert war das Sammeln von Berichten, Büchern und Briefinformationen das modernste und schlagkräftigste Mittel gewesen, um europäisches Wissen über Lateinamerika zu vertiefen. Deshalb war es auch sinnvoll, diese Sammlung wichtiger, objektiver wissenschaftlicher Informationen in einer Biblio-

---

[58] NAUS, RG 319, Supreme Headquarters Allied Expeditionary Force, War Room Publication, 1. June 1945, The Reichsforschungsamt, Secret. Counterintelligence Corps Detachment 970/41, 5. September 1945, Memorandum for the Officer in Charge: Forschungsamt-Reichsluftfahrtministerium, Secret; und Gsi(b), 8 Corps District, BAOR, Das Forschungsamt des RLM, For Top Secret, January 2, 1946.

thek zusammenzufassen und zu systematisieren. Als sich jedoch die Funktechnik weiterentwickelte und der nationalsozialistische Staat große Geldsummen in den technischen Ausbau eines Informations- und Nachrichtendienstes stecken konnte, reduzierte die Technik rasch den Informationswert von Büchern und Monate alten NSDAP-Berichten, die noch 1935 Faupel mit Herrschaftswissen ausgestattet hatten.

Faupels Institut hatte zwar Zugang zu anti-kommunistischer Literatur über Lateinamerika und Kontakte zu lateinamerikanischen Antikommunisten, aber er verfügte eben nicht über die modernsten Abhöranlagen der Gestapo, des Forschungsamts oder der Abwehr. Wie umsichtig Faupel auch in der politischen Annäherung war, auf dem zunehmend technischen Niveau der Nachrichtendienste konnten wissenschaftliche Bibliotheken und Institute nicht mithalten.

Hinzu kam, dass der Machtkampf innerhalb der NSDAP und des faschistischen Staats immer auch auf besonderem Herrschaftswissen beruhte. A.O.-Leiter Bohle hatte zwar Zugang zu exklusiven Informationen aus Parteiberichten[59]. Da er aber über keine eigene technische Abhörbehörde verfügte, versuchte er seit 1936, die ihm unterstehenden Behörden und Institute neu zu koordinieren, damit sie ihm im Machtkampf gegen Himmler und Ribbentrop von Nutzen sein könnten. Später schilderte der Leiter von Himmlers RSHA, Walter Schellenberg, eindrucksvoll, wie verzweifelt und unnachgiebig Bohle sich bemühte, Kontrolle über seinen eigenen Geheimdienst durchzusetzen:

[...] untersuchte ich alle Aktivitäten der A.O. und musste feststellen, dass Bohle immer wieder versuchte, einen eigenen Nachrichtendienst aufzubauen. [... unleserlich ...] Er erkannte die Hoheit des Reichssicherheitshauptamts [im nachrichtendienstlichen Bereich] nicht an und wollte selber die Oberaufsicht über alle Geheimdienstorganisationen haben, die

---

59　NAUS, State Department Special Interrogation Mission, Ernst Wilhelm Bohle, The Deutsches Ausland-Institut, RG 59, ABB, Box 21, Seite 9, Auszug aus Höttl-Verhör in der unteren Seitenhälfte. Höttl betonte: "Not only did Bohle have his own intelligence service [Nachrichtendienst der A.O.] and not only did he maintain the closest liaison to the RSHA through SS Standartenführer Schnaus he actually sent long (and mostly confused) reports to Himmler and Bormann based upon information gathered by his representatives abroad." Höttl hatte diese Berichte mit eigenen Augen gesehen und behauptete, dass Himmler meistens nur Berichte las, die weniger als zwei Seiten lang waren. Im Fall Bohle aber machte er Ausnahmen. Er las diese dicken Berichte und machte am Rand Bemerkungen wie zum Beispiel: "Sehr interessant, gut beobachtet."

im Ausland arbeiteten. Zumindest wollte er, dass jeder Agent zuerst ihm Bericht erstattete. [...] Er bot an, den Agenten innerhalb der Parteiortsgruppe zu tarnen. [...] Alles in allem wollte er die Führung übernehmen.[60]

In diesem Zusammenhang hatte ein Mann wie Faupel noch 1935 eine wichtige Rolle gespielt, da er Rohinformationen aus Lateinamerika in regionale und historische Zusammenhänge setzen und Vorgänge für die Naziführung politisch interpretieren konnte. Sobald aber Lateinamerika aus wirtschaftlichen Gründen nicht mehr destabilisiert werden durfte, gab es weniger Bedarf für die Informationen, die Bohle, Faupel oder das IAI herausfiltern konnten. Mit dem Aufstieg der technischen Nachrichtendienste fiel nicht nur Bohle zurück, sondern auch Faupel und die Arbeit der Kulturinstitute. Und damit konnte das IAI nicht mehr als exponierte Bühne des internen Machtkampfs der Nazis dienen.

Diese Ausführungen dürfen nicht so missverstanden werden, dass das IAI nach 1935 plötzlich unwichtig war. Trotz des Anwachsens des SS-Geheimdienststaats und der diplomatischen Parteibürokratie Ribbentrops blieb das IAI das zentrale, offizielle Aushängeschild der Partei für Lateinamerika in der Reichshauptstadt.

Stellt der Historiker diesen Prozess auf den Kopf, bleibt als zentrale Frage der nächsten Seiten, welche Funktion und welchen Wert Kulturinstitute wie das IAI nach 1936 für den faschistischen Staat hatten. Derselbe Wandel, der die Bedeutung Faupels so überraschend schnell zurückdrängte, schuf gleichzeitig einen wachsenden Druck, die Funktion der Kulturinstitute neu zu definieren. Dieser Zwang, nach 1936 eine neue Funktion der Kulturinstitute zu suchen, kann nur verstanden werden, wenn man sich deutlich macht, wie sehr das Anwachsen des faschistischen Geheimdienststaats und seiner neuen Datengewinnung den Informationswert der auf der Basis von Texten und Briefkontakten mit dem Ausland von den Kulturinstituten gelieferten Daten grundsätzlich in Frage stellte. Die Beziehungen zwischen den Kulturinstituten, dem Nazistaat und den Geheimdiensten sowie die Kontakte zum Ausland änderten sich in diesen Monaten für immer.

---

[60] NAUS, T-1270, Rolle 81, Bild 987, Schellenbergverhör. Diese Ausführungen beruhten auf Erfahrungen, die Schellenberg nach 1940 gemacht hatte. Indirekt beweisen sie, dass Bohle im nachrichtendienstlichen Bereich trotz der vielen Niederlagen, die ihm Ribbentrop nach 1938 zufügte, nie aufgab.

4. Ein Beitrag zur Metamorphose des Kulturinstituts im frühen Dritten Reich (1936-1938)

An diesem Punkt bitte ich den Leser um Flexibilität. Erstens untersuchen die nächsten Seiten nicht historische Ereignisse im IAI, sondern die mehr abstrakte Frage, ob und wie sich interne, bürokratische Arbeitsweisen in den deutschen Kulturinstituten unter dem Faschismus veränderten. Zweitens stellt sich die Frage, wie sich Leitung und Mitarbeiter des IAI gegenüber dem Druck zur nationalsozialistischen Auslandskulturpolitik verhielten.

Mit anderen Worten: Obwohl nach 1936 die Leiter und Sachbearbeiter der ausländischen Kulturarbeit nach wie vor dieselbe Arbeit machten wie 1935 und der Berufsalltag sich nicht grundlegend änderte, zwang die nationalsozialistische Vorbereitung des Kriegs auch die Kulturinstitute, ihre Arbeit fortzusetzen, als ob man alten Wein in neue Flaschen füllt. Somit wurden ausländische Kulturkontakte gezielter und bewusster für Ziele der nationalsozialistische Politik eingesetzt. Außerdem ergab sich eine Art Wettbewerb innerhalb der deutschen Kulturbürokratie, der faschistischen Revolution zu Hause und im Ausland zuzuarbeiten und damit auch in Zukunft eine Daseinsberechtigung zu garantieren. Die folgenden Seiten untersuchen also nicht konkrete historische Ereignisse, sondern den Prozess, wie sich bürokratische Kultur, Arbeitsweise und Funktion eines Instituts, das sich mit ausländischer Kulturarbeit als einem wichtigen Teil des Nazistaats – nicht mehr nur der Partei – widmete, veränderte.[61]

Nur wenige Dokumente, die interne IAI-Diskussionen über diese Arbeitsabläufe und Arbeitsziele detaillierten, haben den Krieg überlebt. Außerdem handelte Präsident Faupel als rücksichtsloser Autokrat, der Widerspruch schnell und ohne viel Federlesen unterdrückte. Und da das IAI nur eine relativ kleine Zahl von Angestellten beschäftigte, konnte er Änderungen unmittelbar durch mündliche Anweisungen und/oder mit ein paar persönlichen Gesprächen – und deshalb ohne große schriftliche Hinterlassenschaft – durchsetzen.

---

[61] Geyer, *Aufrüstung oder Sicherheit* (1980). Dieses brillante Buch wird leider sehr selten von Forschern, die sich mit Lateinamerika beschäftigen, beachtet. Ich danke an dieser Stelle ganz herzlich Herrn Professor Geyer für die vielen Jahre seiner geduldigen Mentortätigkeit.

Im Deutschen Ausland-Institut (DAI) in Stuttgart war das anders.
Glücklicherweise haben viele der DAI-Akten mit ausführlichen internen Diskussionen überlebt. Sie erlauben es, eine erste, vorläufige Darstellung der sich wandelnden Aufgabe und Funktion von ausländischer Kulturarbeit im Nazistaat zwischen 1936 und 1938 im Detail zu
rekonstruieren.[62] Später, wenn es darum geht, ob diese Veränderungen
auch im IAI stattgefunden haben, verfügen wir glücklicherweise über
neue IAI-Quellen aus USA-Archiven, die zeigen, dass das IAI auch an
diesem Prozess teilnahm.

Das Deutsche Ausland-Institut war das größte Kulturinstitut, das
sich offiziell und systematisch mit den Anliegen und den Lebens-
erfahrungen der deutschen Auswanderer und ihrer Nachkommen in
der ganzen Welt befasste.[63] Außerdem war es engstens verbunden mit
dem VDA, dem größten und einflussreichsten Verband in Deutschland, der sich mit denselben Fragestellungen beschäftigte. Es darf
nicht vergessen werden, dass IAI-Präsident Faupel die Abteilung
Übersee des VDA vom Sommer 1935 an leitete.[64] IAI-Leiter Faupel
und DAI-Leiter Czaki machten Ihre erste Bekanntschaft im Frühjahr
1934. Im Herbst 1934 bat Czaki Präsident Faupel um Vorschläge und
sogar Anweisungen bezüglich einer bevorstehenden Lateinamerikareise.[65] Beide Institute waren wichtige Einrichtungen im Übersee-
Bereich.

Ähnlich wie das IAI die größte systematische Sammlung deutsch-
lateinamerikanischer Korrespondenz verwaltete, die sich mit offiziellen zwischenstaatlichen Fragen akademischer und kultureller Art beschäftigte, verwahrte das DAI die größte Sammlung von Briefen,
Druckschriften, Büchern und Kontakten der Alltagskultur deutscher
Auswanderer. 1934 bildeten ungefähr 40.000 Namen und Adressen
von deutschen Auswanderern, von deren Nachkommen, Vereinen und
beruflichen Organisationen den Grundstock der DAI-Sammlung.

---

[62] Die Sammlung T-81 im National Archive of the United States ist eine Goldgrube,
um die Gedankenwelt der vielseitigen kulturellen Beziehungen zum Ausland zu
studieren.

[63] Die einzige systematische, wenn auch sehr traditionelle Geschichte des DAI im
deutschsprachigen Raum ist Ritter (1976). Siehe auch die bahnbrechende Arbeit
über deutsche ausländische Kulturarbeit von Kloosterhuis (1994).

[64] Siehe Anm. 19.

[65] Czaki schrieb an Faupel im Mai 1934 und kündigte einen Besuch im Herbst an.

In der Weimarer Republik hatte der deutsche Staat Briefe und Berichte von Volks- und Reichsdeutschen im Ausland hauptsächlich als "Äußerungen" eines ideologisch undefinierten "Deutschseins im Ausland" geschätzt. Deshalb war es nicht so wichtig, was diese Briefe und Berichte aus Übersee nach Deutschland schrieben. Wichtig war, dass die Verbindung an sich aufrecht erhalten wurde und dass dadurch das Heimweh des Auswanderers staatlicherseits weiterhin für politische Zwecke manipuliert werden konnte.

Seit 1933 wurde ein ideologisch derart undifferenzierter Ansatz von der NSDAP, aber auch von Morgenluft witternden konservativen Volkstumsorganisationen in Frage gestellt. Ein bloßes "in Verbindung bleiben" wurde nun abschätzig als ein unrevolutionäres, antiquarisches Sammeln von Heimwehgeschwafel eingestuft, dem jegliche überlegte und zielgerichtete politische Ausrichtung fehlte. Der revolutionäre Flügel der NSDAP und Naziführer um Propagandaminister Goebbels, bestanden darauf, mit der reformistischen oder verdeckt imperialistischen Kulturpolitik der Weimarer Republik zu brechen.

Diese neue Politik begann im DAI – wie im IAI – mit einer neuen Personalpolitik. Der jüdische Präsident Dr. Wertheimer wurde durch den "arischen" und ideologisch aggressiven volkspolitischen Dr. Czaki ersetzt. Darüber hinaus gab es aber keine Anweisungen von oben, wie der auslandskulturelle Briefverkehr, die Besucherbetreuung und die akademischen Sammlungen aggressiver für eine faschistische Volkstumspolitik einzusetzen seien.

4.1 Vom einfachen Sammeln zum bewussten Aufbereiten von ausländischer Kulturinformation zu einer "nützlichen Liste"

Das DAI lag, im Gegensatz zum IAI, in Stuttgart und nicht im neuen politischen Zentrum des Nazistaats. Noch entscheidender war, dass es keinen fanatisch revolutionären Führer als neuen Leiter erhielt, dem A.O.-Führer Bohle oder NSDAP-Leiter Heß nahe stand. Fern ab von Berlin versuchte die Institutsführung, erst einmal ihr Verhältnis zur NSDAP-Führung nach eigenen Vorstellungen aufzubauen.

Zur selben Zeit, als Wilhelm Faupel immer mehr Organisationen erfolgreich zu einem Netzwerk zusammenfügte, suchte das DAI sich eine starke zukünftige Stellung zu erarbeiten, indem es sich bemühte, sich einzelnen Parteiabteilungen anzudienen und das Arbeitspensum spürbar zu intensivieren. Die Losung "Mehr vom Alten" schien 1933 eine erste Antwort des DAI auf die Frage zu geben, wie die ausländische Kulturarbeit innerhalb des Nazistaats aussehen könnte.[66] Die Institutsleitung erwarb eine neue, aber bescheidene technische Hilfe – das Flachkarteisystem – und machte sich in mühsamster Fleißarbeit daran, die 40.000 Anschriften nach Aktualität und Ländern neu zu ordnen. Ab Mai 1935 lagerte ein stetig wachsender Teil der Sammlung nicht mehr nur in beschrifteten, staubigen Ordnern, sondern war visuell für den schnellen Zugriff aufbereitet.[67] Voller Stolz reiste die DAI-Führung 1935 in die Reichshauptstadt Berlin, um diese "modernisierte" Sammlung von Schrift-, Bild-, Ton- und Kontaktmaterial der NSDAP, den Regierungsbehörden und ausgesuchten Militärbehörden anzubieten.[68] Als Faupel und sein Institut das Ende einer ersten Blütezeit im Umfeld der NSDAP erlebten, wurde zum ersten Mal eine größere Zahl staatlicher Behörden und Parteiabteilungen in Berlin auf das ungewöhnliche Material im DAI aufmerksam.

Diese Vermarktung des DAI in der Hauptstadt hatte aber nur bescheidene Konsequenzen. Zuvor hatte nur die Marine regelmäßig Reiseberichte über deutsche Gemeinschaften im Ausland dem DAI zur Archivierung übergeben.[69] Von 1936 an begannen vereinzelt Militärbehörden und Staatliche Ministerien, das DAI in Vorgänge einzubeziehen.[70] Schon damals arbeitete das DAI auch mit Behörden zusammen, die jüdischen Bürgern und Regimegegnern Genehmigungen und finanzielle Bescheinigungen für die erzwungene Auswanderung aus-

---

[66]   NAUS, T-81, Rolle 420, ohne Bildnummer, Dr. Gardemann, Vorschläge zur Verlebendigung der Arbeit am Vereinsarchiv, Juni 1934.

[67]   NAUS, T-81, Rolle 420, Bild 5167111-7112, Anregung zur weiteren Nutzbarmachung der Vereinskartei, 1935.

[68]   NAUS, T-81, Rolle 420, Bild 5167187, Monatsbericht der Abteilungen, Januar 1936: Im Dezember 1935 besuchte Dr. Drascher das Auswärtige Amt, die Marineleitung, das Reichswirtschaftsministerium, das Büro Ribbentrop, den DAAD und (nach 1934) zum zweiten Mal die A.O. der NSDAP. Herr Moshack sprach in Berlin mit dem Rückwanderamt, der Reichsjugendführung (Abteilung Ausland), dem Reichsstand des Deutschen Handwerks, der Reichsanstalt für Arbeitsvermittlung, der DAF, der A.O. der NSDAP, dem AA und dem Werberat der Deutschen Wirtschaft.

[69]   NAUS, T-81, Rolle 426, Bild 5173566, OKM, Arbeitsbeziehungen des DAI im Reich, April 1937.

[70]   NAUS, T-81, Rolle 420, Bild 5167066, Kapitel Archiv und Nachrichtenabteilung, in DAI-Halbjahresbericht, Juli-Dezember 1936.

stellten.[71] Das DAI scheute sich auch nicht, eine Liste aller Juden zu führen, die sich in Stuttgart aufhielten.[72] Dies war aber noch keine institutionalisierte Zusammenarbeit mit dem sich ausbreitenden nachrichtendienstlichen Apparat der NSDAP und der SS sowie der Wehrmacht, der Marine und der Luftwaffe.

Nach der Rückkehr aus Berlin mussten die DAI-Direktoren und Abteilungsleiter intern ihre Suche nach einer neuen Basis für die Zusammenarbeit mit dem Nazistaat fortsetzen und intensivieren. Das war allein schon eine finanzielle Frage, da der faschistische Staat zunehmend Gelder für gezielte Propagandaarbeit vergab. Es wurde auch berichtet, dass "gewisse Behörden" Forschungsaufträge an Institute vergeben wollten, falls sie sich dazu bereit erklärten, mehr und gezielter über ethnische Gruppen im Osten Europas und in der Sowjetunion zu forschen.[73] Nach wie vor ungelöst blieb die Frage, wie sich die Inhalte von Briefen, Druckschriften und Büchern aus dem Verkehr mit dem Ausland in ein Produkt umwandeln ließen, das der Partei und dem faschistischen Staat nützlich sein konnte.

Die naheliegendste Antwort schien zu sein, ungefilterte Information auf Anfrage in politischen oder wirtschaftlichen Adressenlisten neu zusammenzustellen. So bestellte das Werbeamt der Stadt Köln eine Liste, um Verkehrswerbung gezielter betreiben zu können. Ein Herr Stab bat um die Adressen aller deutschen Theater in den U.S.A. Die Firma Merkel und Kienlin in Esslingen bestellte eine Liste zur Werbung für Wollwaren.[74] Grosse Exportfirmen suchten vereinzelt nach markt- oder berufsspezifischen Anschriftenlisten von Deutschen im Ausland, um ihre Werbekampagnen gezielter durchführen zu können.[75]

---

[71] NAUS, T-81, Rolle 420, Bild 5167074, Kapitel Auswandererberatung, in DAI-Halbjahresbericht, Juli-Dezember 1936.

[72] NAUS, T-81, Rolle 424, Bild 5170857, Verzeichnis über die bis zum Jahre 1917 geborenen, in Stuttgart sich aufhaltenden Juden (abgeschlossen Ende Dezember 1937; 73 Seiten).

[73] NAUS, T-81, Rolle 420, Bild 5167117, Bericht, Dr. Drascher, 28. November 1935.

[74] NAUS, T-81, Rolle 422, Bild 5168887, Statistik über Vereinslisten, Personen und Vereinskartei, 1937.

[75] NAUS, T-81, Rolle 420, Bild 5167065, Archiv und Nachrichtenabteilung, in DAI-Vierteljahresbericht, April-Juni 1936.

Interne Hausberichte zeigen aber auch, dass das DAI immer öfter und enger mit der württembergischen politischen Polizei und der Gestapo in Berlin zusammenarbeitete.[76] Ohne irgendwelche konspirative Absicht oder vorherige parteiliche Planung ergab sich aus der Zusammenarbeit von einzelnen Institutsmitgliedern und Abteilungsleitern mit der politischen Polizei eine regelmäßigere Kooperation. Bald nahmen auch Parteiabteilungen und staatliche Behörden an der politischen Polizeikorrespondenz teil.[77]

Interessanterweise gründete das Institut aus eigenem Ansporn 1934 eine Familienforschungs-Abteilung, die sich sogleich mit dem Rassenpolitischen Amt der NSDAP in Berlin in Verbindung setzte und Geld beantragte. Diese so genannte Familienforschung war in Wirklichkeit "Sippenforschung". Sie sammelte in regionalen Grenzen systematisch die Familiennamen und Adressen deutscher Auswanderer auf, um sie dann pseudowissenschaftlich zu weltweiten "Sippen" listenmäßig neu aufzubereiten. Der kritische Punkt ist hier, dass diese Listen immer eine aggressive politische Komponente beinhalteten, die jenseits der Kontrolle von Forschern stand.[78] Unter SS-Führung verengte sich der Sippenbegriff schnell in einen politischen Anspruch auf kulturelle und politische Selbstbestimmung für Auswanderer und deren Nachkommen im Einwandererland. Im sippenmäßigen Idealfall galten die kulturellen Umfelder und rechtlichen Konzepte des Landes, in dem die deutschen Auswanderer lebten, als untergeordnet. Was erstrangig war, wurde von den Rassenpolitikern der SS und der Naziführung definiert. Somit kamen durch staatliche Kulturinstitute nicht nur forscherlicher Unsinn, sondern auch indirekte, aber handfeste Territorialansprüche von SS- und NSDAP-Ideologen in die Auslandsgebiete, in denen deutsche Nachfahren lebten, also auch nach Nord- und Südamerika. Diese Idee war eine erste "wissenschaftliche" Begründung, Kulturbeziehungen mit dem Ausland unter straffe ideologische Nazikontrolle zu stellen. Ein unerwarteter Bonus der Aus-

---

[76] NAUS, T-81, Rolle 420, Bild 5167176, Nachrichtenabteilung, in DAI-Vierteljahresbericht, April-Juni 1936.

[77] Siehe die DAI-Korrespondenz mit der politischen Polizei Württembergs.

[78] Der Leiter gründete im Januar 1936 einen Ibero-Amerikanischen Kreis, um im Rahmen der Sippenkunde auch "die Südamerikaner zu sammeln" (NAUS, T-81, Rolle 554, Bilder 5336245-250, 29.1.36). Die Hauptstelle für Auslanddeutsche Sippenkunde des DAI wurde im März 1934 auf ehrenamtlicher Basis gegründet (in NAUS, T-81, Rolle 475, Bild 5233267).

wanderer- und Sippenerfassung lag in der unsystematischen Sammlung von Namen und Anschriften politischer Regimegegner, die Deutschland hatten verlassen müssen und nun durch das DAI verwaltungsmäßig aufgearbeitet wurden.

Langsam kristallisierten sich auf diese Weise erste Themenbereiche heraus, deren statistische Erfassung dem faschistischen Staat nützlich zu sein schien. Name, geographischer Aufenthaltsort, aktueller Beruf, die Bereitschaft, politische und kommerzielle Werbeschriften zu empfangen, sowie der Herkunftsort der ausgewanderten Vorfahren waren die Themen, um die herum das DAI Listen zusammenstellte. Die Quellen verdeutlichen, wie sehr dieser Prozess aus einer faschistischen Innovationsbegeisterung, aber auch unter dem Wettbewerbsdruck innerhalb der Bürokratien zunahm, und zwar nicht als bloße Umsetzung eines vorher ausgearbeiteten Naziplans. Diese Entwicklung von der wahllosen Sammlung zur nützlichen Liste ging unter großen Mühen und unter konstanten Klagen über mangelndes Personal vonstatten.

4.2 Von der "nützlichen Liste" zum Traum eines außenpolitischen Nachrichtendiensts für Partei und Staat

Von 1935 bis Mitte 1936 signalisierten die regelmäßigen Aufträge der staatlichen Behörden und der Partei an das DAI, dass die Erstellung von Adressenlisten und Rastern eine erste akzeptable Teillösung ihrer Identitätssuche innerhalb des Nazistaats sein könnte.[79] Als der Bürgerkrieg in Spanien ausbrach und General Faupel sich als prominentester Botschafter der NSDAP in das sehr ungewisse spanische Umfeld begab, versiegte die humanistisch motivierte Forscherneugier in den Kulturinstituten.[80] Mit den Worten des DAI-Leiters Csaki:

---

[79] Als Bohle 1945 über seine Verbindungen zum DAI befragt wurde, tat er so, als ob das DAI für die A.O. keine Bedeutung gehabt hätte. Er gab jedoch zu, zumindest 1937 persönlich an einer DAI-Tagung in Stuttgart teilgenommen zu haben. NAUS, State Department Special Interrogation Mission, Ernst Wilhelm Bohle, The Deutsches Ausland-Institut, RG 59, ABB, Box 21, Seite 13.

[80] Der Leiter des DAI, Dr. Csaki, formulierte das Problem so: "Die Kernfrage für die Volkstumsarbeit und somit auch für das DAI lautet heute: Wie stehen wir den neuen Tatsachen der Volkwerdung und inneren Umgestaltung des Auslandsdeutschtums gegenüber?" (in "Neue Tatsachen der Volkstumsforschung", Vortrag gehalten in der Sitzung des Kulturrates am Freitag, dem 6. September von

[...] tragen ja auch die Auslandsdeutschen Verantwortung, jeden Posten zu halten, für die Volksgemeinschaft zu leben, zu kämpfen und zu sterben. Die auslandsdeutsche Arbeit im Reich muss grosszügig organisiert werden, in die geistige Mobilisierung für Ehre, Kultur und Wirtschaft muss auch das Auslandsdeutschtum miteingeschlossen sein. Es ist ein System einer deutschen Gesamt-Kulturpolitik aufzustellen. In groben Umrissen ist es bereits vorhanden. Die Ausarbeitung der genauen Richtlinien und Organisationen ist Sache eines einheitlichen "Generalstabes".[81]

Vom Standpunkt des Totalen Krieges her erwiesen sich Motive wie die Pflege der Muttersprache, der Vaterlandsliebe, von Humboldts Exotismus oder die missionarische Verbreitung europäischer Hochkultur als hoffnungslos veraltet. Jetzt, da die Neuordnung Europas durch Krieg immer wahrscheinlicher wurde, verstärkte sich der Druck, die vorher bewusst reformistischen Werkzeuge der Auslandskulturarbeit in verdeckt aggressive Waffen umzuschmieden. Im Umfeld revolutionärer, kriegsbereiter Interessengruppen in Staat und Partei[82] entwickelten sich schriftliche und persönliche Kontakte mit dem Ausland immer mehr zu einer verschleierten Form von Rohdatenbeschaffung, um Listen mit Informationen zusammenzustellen. Ein Positionspapier verlangte:

Die Aufgabe der Kartei liegt schlichtweg darin, über das Deutschtum der Erde, soweit es irgendwie organisiert ist, genauesten Aufschluss geben zu können.[83]

1936 wurde dieser Prozess auch durch den sich fortsetzenden internen Machtkampf unter den Nazigrößen geschürt. Obwohl es nun offensichtlich war, dass Institute wie das DAI und das IAI zu klein waren, um in der Zukunft eine dominierende bürokratische Bastion für die außenpolitischen Grabenkämpfe in der Naziführung zu bieten, gingen auf anderen Parketts die Machtkämpfe zwischen Himmler, Ribbentrop, Göring, Bohle und Hitler weiter. Die meisten Forscher

---

Dr. Csaki; in NAUS, T-81, Rolle 475, Bilder 5232760-62, 6.9.36, Sitzung Wissenschaftlicher Beirat).

[81] In "Neue Tatsachen der Volkstumsforschung", Vortrag gehalten in der Sitzung des Kulturrates am Freitag, dem 6. September von Dr. Csaki; in NAUS 81, Rolle 475, Bilder 5232760-62, 6.9.1936, Sitzung Wissenschaftlicher Beirat.

[82] NAUS, T-81, Rolle 419, Bilder 5165421-5424, Dr. W. Gardemann, Vorschläge für den Ausbau der Arbeit im Vereinsarchiv, 11. September 1936.

[83] NAUS, T-81, Rolle 419, Bilder 5165421-5424, Dr. W. Gardemann, Vorschläge für den Ausbau der Arbeit im Vereinsarchiv, 11. September 1936.

schlagen an dieser Stelle die Hände über dem Kopf zusammen und bieten als Erklärung die These vom Chaos des Nazistaats an. Die Quellen des DAI erlauben uns jedoch eine etwas differenziertere Sichtweise.

Die Nachkriegsverhöre Bohles[84] geben Auskunft, wie sehr er sich in jener Zeit weiterhin bemühte, die Behörden, Institute und Parteistellen, die – wie das DAI und das IAI – unter seiner Kontrolle standen, immer wieder so zu nutzen, dass sie ihm relevantes Herrschaftswissen beschafften. Bohle sah die Beispiele Görings und seines Forschungsinstituts, Himmlers und seiner Gestapo, Ribbentrops und seines eigenen aufblühenden Berichterstatterwesens und damit den offensichtlichen Zusammenhang zwischen Machtzunahme und Zugang zu einem Nachrichtendienst. Schon Anfang 1936 bestätigte eine Quelle des DAI:

> Mitte Dezember besprach der Leiter der Abteilung eingehend mit den Herren der A.O. der NSDAP in Berlin die sich in Zukunft bietenden Möglichkeiten noch engerer Zusammenarbeit. Insbesondere sollen die im Institut eingehenden Informationen von draussen noch mehr der A.O. zugängig gemacht werden.[85]

Diese Idee tauchte zum zweiten Mal Ende 1936 in den Quellen auf, als die Institutsführung des DAI schriftlich darüber nachdachte, ihre Sammlungen und Listen so zu organisieren, dass sie direkt als nachrichtendienstliches Rohmaterial verwendet werden könnten.

Die Quellen erklären auch detailliert, wie die Sammlungen wichtige nachrichtendienstliche Informationen ermöglichen. Zu einer Zeit, als die Zensur der inländischen Presse und die Kontrolle der Einfuhr ausländischer Zeitungen aktuelle, ungefilterte Nachrichten immer weniger verfügbar machten, konnten sich die Kulturinstitute als Inseln der Wirklichkeit darstellen. Sie bezogen weiterhin unzensierte ausländische Zeitungen und hatten laufend Zugang zu interessanten sozialen und ethnischen Informationen, die ausschnittsweise aus Briefen und Auslandsdrucksachen herausgearbeitet werden konnten.

---

[84] "Intelligence Facilities of the A.O.", NAUS, RG 59, *Interrogations*, ABB, Box 21, State Department Special Interrogation Mission, Ernst Wilhelm Bohle, 5.-8. September 1945, Seite 8.

[85] NAUS, T-81, Rolle 420, Bild 5167182, Monatsbericht der Abteilungen, Anfang Januar 1936.

Ein Bericht des DAI bestätigte:

Wiederum wurde wie früher eine grössere Anzahl für unsere Arbeit
wichtiger, verbotener Zeitungen mit Erlaubnis der Politischen Polizei an-
gefordert und regelmässig durchgearbeitet.[86]

Ein Beispiel ist ein hausinterner Bericht von Ende 1936, der Themen auflistet, die Sachbearbeiter beachten sollten, wenn sie Briefe
und Zeitungen aus dem Ausland aufbereiteten. Görings Luftwaffe
benötigte Nachrichten über regionale Wetterberichte, Landkarten, den
Neubau von Fabriken, Änderungen des Verkehrsnetzes, Planung und
Bau von Flughäfen, detaillierte Flugplatzpläne, Segelflugschulen, das
Auffinden von Erdgas und Erdölquellen, den Verlauf von Erdölleitun-
gen, Bau und Verlauf von Telefonleitungen und die Position von
Funktürmen und Sendern.[87] In diesem Zusammenhang wurde der In-
formationsfluss aus dem DAI versuchsweise in einen militärischen
Nachrichtendienst umfunktioniert.

Im Gegensatz zu Göring hofften Heß und Bohle, dass der Informationsfluss auch Nachrichten über politische und soziale Veränderungen aufzeigen würde, die als Berichte den Analysen der hohen Diplomatie hinzugefügt werden könnten.[88] Besonders die Verbindungen des
DAI zu ausgesuchten Korrespondenten, den oft missverstandenen
"Vertrauensleuten", hoffte man zur Untersuchung von bestimmten
Fragen heranziehen zu können. Eine Quelle berichtete, dass das DAI
1936 über eine spezielle Kartei weltweit Kontakte zu 2.532 Sonderbe-
richterstattern aufrechterhielt.[89] Diese Freiwilligen wurden plötzlich
als ein vollkommen unerschlossenes, nachrichtendienstliches Arbeits-
kräftereservoir gesehen, über das weder das Auswärtige Amt noch die
Gestapo verfügen konnten:

---

[86]   NAUS, T-81, Rolle 420, Bild 5167170, Vierteljahresbericht, Vereinsarchiv,
        Anfang April 1936.
[87]   NAUS, T-81, Rolle 418, Bilder 5164509-4511, Anlage II, Nachrichtenwesen.
        Dr. Gd./Wzl., 19.12.1936.
[88]   Im Nachkriegsverhör gab Bohle zu "The DAI, however, exchanged correspond-
        ence and foreign newspapers with the A.O."
[89]   NAUS, T-81, Rolle 420, Bild 5167182. Anfang 1936 zählte die DAI-Kartei
        weltweit 2.532 "enge Freunde" (Monatsbericht für Abteilungen, Dr. Csaki).

Schliesslich steht die Abteilung mit persönlichen Vertrauensleuten in allen Ländern der Erde in Verbindung, die zum kleinen Teil regelmässig, zum grösseren Teil auf Anfragen umgehend und zuverlässig berichten.[90]

Natürlich boten aktuelle Informationen über lokale ethnische Bürgerkriegsaktionen und andauernde regionale Spannungen immer die Möglichkeit, verdeckte ethnische Zersetzungspolitik zu betreiben, eine Variante der Kriegsführung, die das Auswärtige Amt nach wie vor verabscheute. Ein Kulturinstitut wie das DAI könnte auf diese Weise, zumindest theoretisch, einen regelmäßigen, wenn auch nur ergänzenden außenpolitischen Nachrichtendienst herausbringen.[91]

Aus der Sicht der Institutsleiter bedeutete dies, dass ihr Institut sich im nationalen behördlichen Wettbewerb endlich herausheben könnte. Die DAI-Führung träumte Ende 1936 davon, dass das Institut sich bald zur "vertraulichen Nachrichtenstelle für Partei und Behörden" weiterentwickeln könnte. An anderer Stelle wurde das DAI zur "Mittelstelle der außenpolitischen Unterrichtung für Partei und Behörden".

In Einzelfällen hatte sich das DAI, wenn auch noch ohne jede langfristige systematische Perspektive, schon vor Dezember 1936 in diesen Aufgabenbereich begeben. Die Deutsche Marine hatte das DAI seit der Weimarer Republik als gelegentliches Schulungsinstitut und als Korrespondenten in Anspruch genommen. Indirekt hatte auch die Wehrmacht im Frühjahr 1936 damit begonnen, Material, Fachwissen und Sachbearbeiter des DAI zur Kriegsvorbereitung zu nutzen, indem es mit seinen Kontakten zur Deutschen Forschungsgemeinschaft indirekt enger in die so genannte Auslandsforschung einbezogen wurde.[92] Auch das Psychologische Institut der Wehrmacht wusste, dass die Sammlung des DAI interessant für die Erstellung von ethnischen Pro-

---

90 NAUS, T-81, Rolle 418, Bild 5164509, Anlage II, Nachrichtenwesen, Dr. Gd./ Wzl.

91 NAUS, T-81, Rolle 418, Bilder 5164521-5164526. Vorschlag zur planmäßigen Erfassung und Verwertung des auslandskundlichen Stoffes im DAI, NAUS, Rolle 418, Bilder 5164517-4518; "Zur Einrichtung eines vertraulichen Nachrichtendienstes", NAUS, T-81, Rolle 419, Bilder 5165376-165421.

92 NAUS, T-78, Rolle 440. Siehe Einladung zur Vorbesprechung eines Lehrganges über den Ausbau der Auslandsforschung, der von der Deutschen Forschungsgemeinschaft und dem Psychologischen Laboratorium des Kriegsministeriums gemeinsam veranstaltet wurde. Brief des Psychologischen Laboratoriums vom 27. April 1936 an mehr als 22 Dienststellen.

filen osteuropäischer Bevölkerungsgruppen oder etwa der afrikanischen Soldaten in französischen Heeresgruppen war.[93]

So kamen Ende 1936 schließlich die drei unabhängigen Prozesse – die Hoffnung der Institutsleiter, bürokratisch im Nazistaat aufzusteigen, das Beharren auf der Entwicklung von "nützlichen Listen" und der Machtkampf unter den Nazigrößen – in eine sich gegenseitig bedingende Beziehung. Dies war ein stiller Übergang vom Experimentieren mit Formen der Kulturpropaganda zum nachrichtendienstlichen Institut, der sich als überraschend mühelos erwies. Er bedurfte nur einer neuen Fragestellung, eines gezielteren Einsatzes von geschulten Sachbearbeitern und einer Aufstockung der Finanzmittel. Das wichtigste Ergebnis dieses Prozesses war, dass sich die vorher separaten Entwicklungen von "nützlichen Listen", der Einsatz von Karteien und Ordnungshilfsmitteln und die direkte wehrwirtschaftliche Spionagearbeit nunmehr nicht nur berührten, sondern bewusst verflochten.[94]

Dies waren nicht nur Hirngespinste oder vereinzelte Vorschläge. Die DAI-Quellen bestätigen, dass die Institutsführung sich Ende 1936 daran machte, einen Probelauf für einen solchen Nachrichtendienst einen Monat lang auszuprobieren.[95] Danach sollten die Erfahrungen aus diesem Pilotprojekt zum Aufbau eines regelmäßigen Nachrichtendiensts genutzt werden. Anfang 1937 hatte man endlich eine grundlegend neue, konkrete Antwort auf die Frage gefunden, wie kulturpolitische Verbindungen zum Ausland der Vorbereitung innerhalb des Konzepts der Totalen Kriegführung langfristig dienen könnten (Geyer 1986).

4.3 Das unbefriedigende Dasein als unbeachtetes Institut im SS-Staat

Plötzlich, im Februar 1937, endeten die Hoffnungen der Institutsleiter, die führende Behörde in ihrem Einflussbereich zu werden. SS-Mit-

---

[93] Zum Beispiel NAUS, T-78, Rolle 440, Bilder 64141406-1407. Ein Brief vom 2.11.1935, in dem es heißt: "Das Psychologische Laboratorium übersendet anliegend die völkerpsychologische Untersuchung Nr. 5, 'Die nationale Zusammensetzung der Bevölkerung der UDSSR und die Möglichkeiten für eine propagandistische Bearbeitung'. Geheim."

[94] Siehe denselben Prozess im Bereich der Volkszählung (Aly/Roth 1984; Lübke/Milton 1994).

[95] NAUS, T-81, Rolle 419, Bild 5165403, Aufgabenprogramm der Abteilung für 1937. Anlage IV.

glied und Naziführer Ribbentrop rief alle Institute und Leiter, die kulturelle und ethnische Kontakte mit dem Ausland unterhielten, zu einer Konferenz nach Berlin. Dort wurden die zukünftigen Prioritäten und Zuständigkeitsfragen grundsätzlich geregelt.[96] Hitler lies durch Ribbentrop verkünden, dass ein neuer Verbindungsstab geschaffen worden sei, der in Zukunft alle Arbeiten für den faschistischen Staat koordinieren solle. Später wurde dieser Verbindungsstab in Volksdeutsche Mittelstelle (Vomi) umbenannt, und im Sommer 1938 machte Hitler daraus eine staatliche Behörde. Himmler und die SS hatten ein weiteres Mal im internen bürokratischen Machtkampf gesiegt und zwangen nun auch den kulturellen und ethnischen Außenbeziehungen ihre Kontrolle auf.

Da Hitler zu diesem Zeitpunkt von einer defensiven Außenpolitik zu einer offen aggressiven Neuordnung Europas überging, erklärte der Verbindungsstab seine vorrangige Aufgabe in der Disziplinierung von Instituten und Parteigruppen im Ausland. Keine Behörde und kein Institut, also auch das IAI und das DAI nicht, durften jetzt noch Sonderwege gehen. Auch Bohle und seine Parteibehörden standen von nun an unter dem zunehmenden Einfluss von Himmlers Bürokratie.[97]

Das war das Ende der institutionellen Machtträume der DAI-Führung. Ribbentrops Anordnungen bedeuteten jedoch nicht das Ende der neuen Verfahren zur Aufbereitung von kulturellen Informationen, die man seit 1936 entwickelt hatte. Im Gegenteil, die desillusionierten bürokratischen Grabenkämpfer setzten 1938 die Anwendung der "nützlichen Listen" in vielen Instituten und Behörden fort. Von nun an arbeiteten die Institute in einem losen SS-Verband und -Einflussbereich, ohne daraus besondere Rechte oder Privilegien ableiten zu können. Ein Mitarbeiter des DAI brachte die neue Situation auf den richtigen Nenner. Das DAI sei nun "eine fette Blattlaus, die von den flinken Ameisen" der Volksdeutschen Mittelstelle und untergeordneter Forschungsstellen gemolken wurde.[98] Ein Kulturinstitut wurde

---

[96] NAUS, T-81, Rolle 425, Bilder 515164527-4530, Bericht Dr. Gardemann.
[97] NAUS, T-81, Rolle 418, Bilder 5164527-4530.
[98] NAUS, T-81, Rolle 141, Bilder 0179024-31, Brief von Kloss an Götz, 28. Dezember 1938.

1938 immer mehr zum Zulieferinstitut für die SS und deren politische Kontrollstellen.[99]

In den Gebieten Österreichs, Belgiens und der Tschechoslowakei wurden kulturpolitische Kontakte und ethnische Politik schon damals eindeutig zur illegalen inneren Politisierung – ein besserer Begriff wäre Zersetzung – eingesetzt. Das Herrschaftswissen, das diese Aktionen vorbereitete, kam zunehmend aus den Kulturinstituten. So vollzog sich der nächste Schritt von der Kriegsvorbereitung hin zur eigentlichen Kriegführung.[100]

Für den Außenstehenden blieben die Institute interessante Sammlungen ethnisch-geographischen Materials, eine Bibliothek und ein Treffpunkt für wissenschaftlich Gleichgesinnte. Hinter dieser Fassade stellten Bibliothekare, Sachbearbeiter und Hilfskräfte, ebenso wie mehr als fünfzig Jahre später die Browser der Computerrevolution, hereinkommende Daten für die SS in immer neuen Listen nach immer neuen Gesichtspunkten zusammen.

Ebenso wie die Erstellung und der Gebrauch von Listen sich fortsetzte, wurden die Institute auch bewusster für kriegerische Zwecke

---

[99] In Stuttgart war Dr. Könekamp die Verbindungsperson zwischen DAI und A.O. In Berlin funktionierte Kruse als Verbindungsperson sowohl zur Volksdeutschen Mittelstelle als auch zum Innenministerium. Strölin bestätigt, dass es eine regelmäßige Korrespondenz mit dem IAI in Berlin gegeben hat. Die Akten selbst sind bisher noch nicht wieder aufgefunden worden. NAUS, State Department Special Interrogation Mission, RG 59, DeWitt C. Poole Mission, Dr. Karl Strölin, Secret, Seite 18-19. Im DAI war Dr. Gardemann Verbindungsmann zur Gestapo.

[100] Es war nur eine von vielen personellen Veränderungen im Dritten Reich, bei denen die verbleibenden nationalkonservativen Politiker in der staatlichen Führung durch radikale Nationalsozialisten ersetzt wurden. Himmler, der schon im Februar 1937 durch Lorenz und Behrends den Anspruch erhoben hatte, die gesamte ausländische Volkstumsarbeit zu bestimmen, wurde von Hitler im Sommer 1937 endgültig zum Herrscher über alle staatlichen und innerparteilichen Polizeikräfte Deutschlands ernannt. Ein Jahr später, im Juli 1938, wurde die "Vomi" von einer SS-Dienststelle zur allumfassenden staatlichen Dienststelle aufgewertet. Der noch immer einflussreiche VDA-Leiter Steinacher wurde von Hitler im Oktober 1937 aus seiner Stellung entfernt. Im Wirtschaftsministerium trat Minister Schacht im November 1937 zurück. Die Wehrmachtsführung wurde von Hitler im Januar 1938 zerschlagen, so dass er sich selbst zum obersten Militärführer Deutschlands ernennen konnte. Im Februar 1938 trat Außenminister Neurath zurück, und der Nationalsozialist und SS-Mann Ribbentrop übernahm das Auswärtige Amt. Schon im November 1937 hatte Hitler in seiner Hossbach-Rede im kleinen Kreis klarere Prioritäten für einen Wechsel zur aggressiv offensiven Außenpolitik der nächsten Jahre gesetzt.

benutzt. Im Juni 1938 wandte sich die Deutsche Wehrmacht an das
DAI, um das hervorragende ethnische Kartenwerk für militärische
Zwecke auszuwerten.[101] Zusätzlich fand eine erste Tagung über die
Anwendung von Fünfte-Kolonne-Techniken statt. Der Kolonialrefe-
rent des DAI erklärte dem Wehrmachtangehörigen:

> Ich halte es für ausserordentlich wesentlich, die Auslandsdeutschen wäh-
> rend ihrer Zugehörigkeit zur Wehrmacht zu erfassen. Sie wissen um mili-
> tärische Dinge Bescheid, unterstehen der militärischen Disziplin und
> sind, wenn sie wieder zurückgekehrt sind, die gegebenen Verbindungs-
> leute. Man muss ihnen diese Aufgabe schon während ihrer Dienstzeit
> deutlich machen. Der richtige Weg dazu ist der, dass man diese Mann-
> schaften am Schluss ihrer Dienstzeit entweder zentral oder bei den ver-
> schiedenen Generalkommandos zusammenzieht und ihnen durch geeig-
> nete Vorgesetzte in Form eines Lehrganges Aufklärung darüber gibt, wie
> sie in Zukunft im Ausland sich ihrer Aufgabe am besten widmen können.
> Ich halte es dabei für nützlich, wenn ein Fachinstitut wie das DAI hinzu-
> gezogen wird.[102]

Der erste Lehrgang, in dem Wehrmacht und DAI direkt zusam-
menarbeiten konnten, sollte nach der Planung des Institutsabteilungs-
leiters schon Ende September 1938 anfangen. In Berlin begann Görings Vertrauter Megerle im Herbst 1938 – er hatte vorher die geheime propagandistische Zersetzungsarbeit in Österreich geleitet – die
Bibliothek und die Sachbearbeiter des Amerika-Instituts zu benutzen,
um dessen Sammlung zur zersetzenden Kriegspropaganda gegen
Nord- und Südamerika heranzuziehen.[103] Die bedrückendste Quelle
stammt jedoch aus dem DAI.

Am 9. Dezember 1938 erschienen Mitarbeiter des Rasse- und
Siedlungshauptamts der SS im DAI und verlangten von Angestellten
ethnisches und kulturelles Material, das Informationen über Polen
enthielt. Die SS-Planer hatten sich nicht vorher an die Institutsleitung
gewandt und sahen auch keine Notwendigkeit, den Vorgang vertraulich zu behandeln. Sie verlangten nach Landkarten, Straßenkarten,
Statistiken und Informationen über Polens Bodenqualitäten, Sied-
lungsdichte, wirtschaftliche Vermarktungsmöglichkeiten und die ethnische Gliederung in der Umgebung von Warschau. Auch Material

---

[101]　NAUS, T-77, Rolle 875, Bilder 562282-2284, Bericht Hauptmann von Schier-
brandt über seine Teilnahme an der Tagung des DAI in Stuttgart, 14.-19. Juni
1938.

[102]　Ibid.

[103]　Die Akten des Büro Megerle befinden sich in der Sammlung T-120.

über das Baltikum und Rumänien interessierte sie.[104] Den verblüfften DAI-Mitarbeitern erklärten sie, dass ihre Forschungen dazu verwendet würden, um die Gesellschaft Polens nach der kriegerischen Eroberung zu zerstören und dann nach SS-Idealen neu aufzubauen. Mit anderen Worten, Eichmann hatte seine soziale Zerstörungsarbeit mit Rastern und Listen erst nach dem Anschluss Österreichs begonnen. Im Falle Polens benutzten die SS-Behörden die Kulturinstitute schon im Dezember 1938 – vor dem eigentlichen Krieg –, um gezielt die rassistische Neuordnung des baltischen Raums zu betreiben. Somit wurde ethnisches und kulturelles Material schon 1938 zur Nachkriegsplanung benutzt. Die revolutionäre Dynamik des faschistischen Staats hatte nur drei Jahre gebraucht, um kulturelle und ethnische Auslandsarbeit vom undifferenzierten Sammeln zur Vorbereitung der zerstörerischen sozialen Nachkriegsplanung voranzutreiben. Spätestens seit Dezember 1938 zeigen die Quellen, dass zumindest die DAI-Führung wusste, dass die Arbeit der Informationssammlung im Rahmen ausländischer Kulturarbeit wirklich kriegerische Tätigkeit war.

Dies ist der geeignete Moment, um in diesem Aufsatz wieder zu der Entwicklung des IAI zurückzukehren. Der Exkurs in die Entwicklung des DAI stellt die Frage, ob das IAI zwischen 1936 und 1939 eine ähnliche Entwicklung durchmachte oder ob das IAI nicht vielmehr ein Institut war, das sich auf "Multiplikatoren-Arbeit" und Faupels Visionen in Bezug auf Lateinamerikapolitik beschränkte. Blieb das IAI eigenständig und in seiner Arbeit unabhängig von Kriegsvorbereitungen der NSDAP und der SS, oder kam es, wie im Fall des DAI, schon vor 1940 zunehmend in den Herrschaftsbereich der SS?

Es wäre naiv zu behaupten, das IAI – das bevorzugte Institut der NSDAP für Lateinamerika – hätte sich in den folgenden Jahren der Durchdringung durch die immer mehr dominierende SS entziehen können.

Der erste Grund war Präsident Faupel und seine Einstellung zur Arbeit der politischen Polizei. Schon in den zwanziger Jahren hatte er als glühender Antikommunist und als Militärberater in Lateinamerika mit politischen Polizeiorganisationen und militärischen Nachrichten-

---

[104] NAUS, T-81, Rolle 425, Bilder 5172801-2803, Vertraulicher Bericht über den Besuch der Herren vom Rasse- und Siedlungshauptamt, Dr. Isbert und Dr. Csaki, 3. Dezember 1938.

diensten zusammengearbeitet.[105] Faupel kooperierte ohne Zögern mit
politischen Nachrichtendiensten, wenn die Situation es erforderte.
Diese Bereitwilligkeit brachte Faupel 1934 mit ins IAI. Zum Beispiel
verhandelte er Anfang 1934 mit Staats- und Parteibehörden über die
Übernahme der Leitung der Gesellschaft für Volksbildung in Berlin.
Zuerst zögerte er mit einer Zusage. Man einigte sich, die existierenden
Mitgliederlisten der Gesellschaft und die Satzung an die politische
Polizei zur Untersuchung zu übergeben. Auch die neue Satzung wurde, nach langem bürokratischen Hin und Her, ausdrücklich von der
politischen Polizei bestätigt.[106] Dann war Faupel bereit, die Leitung zu
übernehmen. Als Faupel ein paar Jahre später in Spanien war, korrespondierte Dr. Panhorst ohne Skrupel mit der politischen Polizei in
Sachen Gesellschaft für Länderkunde.[107] Der Kampf der Faschisten
gegen Demokratie und Kommunismus war untrennbar mit Geheim-
diensttätigkeit verbunden.

Auch die Zusammenarbeit mit dem DAAD des Dritten Reichs be-
inhaltete gelegentliche nachrichtendienstliche Informationsarbeit. Am
23. Oktober 1933 wurde auf einer Tagung das Verhältnis zwischen
dem DAAD und dem faschistischen Staat definiert. Im Sitzungsproto-
koll wird unter der Rubrik "Auswertungen der Auslandserfahrungen
deutscher Jungakademiker und Lehrer" festgestellt:

> Den Hintergrund der Aussprache zu diesem Punkt bildet die Tatsache,
> dass der DAAD aus den laufenden Berichten seiner Austauschstudenten
> und Lehramtsassistenten eine Fülle von Material pädagogischer und poli-
> tischer Art bezieht, das nach verschiedenen Richtungen von Bedeutung
> ist. Innerhalb des eigenen Tätigkeitsgebietes des DAAD wird dieses Ma-
> terial zunächst für Auskunftszwecke über ausländische Hochschulen
> verwandt. Darüber hinaus werden aber geeignete Äußerungen auch den
> zuständigen Ämtern und Reichsbehörden zur Verfügung gestellt.[108]

---

[105]   Erfolgreiche Kämpfe gegen kommunistische Milizen beruhten auf geheimen
        Informationen über personellen Aufbau, Organisation und Aufenthaltsort. In La-
        teinamerika unterstützte Faupel auch den Einsatz von Militärflugzeugen, die
        Länder und Regionen aus der Luft vermessen, aber unter Kriegsbedingungen
        auch Feindpositionen auskundschaften konnten.
[106]   Die Organisation wurde dann in "Gesellschaft für Länderkunde" umbenannt, und
        Faupel übernahm die Leitung.
[107]   NAUS, T-120, Rolle 974B, keine Bildnummer, Brief der Gesellschaft für Volks-
        bildung an Panhorst, 3. Juni 1937.
[108]   NAUS, T-253, Rolle 581, Bilder 1515633-5651, Protokoll der 3. Tagung der
        Akademischen Auslandsstellen vom 23.-24. Oktober 1933 in München. Zu die-

Direktor Faupel war als Lateinamerikareferent der Humboldt-Stiftung engstens an der Auswahl der Studenten beteiligt. Zusätzlich betreuten Faupel, seine Frau und andere IAI-Mitarbeiter lateinamerikanische Studenten. Es waren Untersuchungen geplant, ob und wie Informationen aus der Betreuungsarbeit Edith Faupels verwendet werden könnten.[109] Das DAAD-Protokoll deutet darauf hin, dass schon im ersten Jahr des Dritten Reichs Informationen aus dem studentischen Bereich für mehr als pädagogische und kulturpolitische Zwecke eingesetzt wurden. Konzeptionell waren sie Teil eines aggressiven Propaganda- und Kulturkonzepts, das von Anfang an auf eine Revision des internationalen politischen Systems durch Krieg zusteuerte.

Der A.O.-Leiter Bohle, der "Stellvertreter des Führers" Heß und Alfred Rosenberg untersuchten schon 1933 und 1934, wie man Kulturinstitute als getarnte Organisationen der Zersetzungsarbeit in Österreich, Südosteuropa, der Tschechoslowakei und der Ukraine benutzen konnte.[110] Innerhalb der Institute beteiligten sich die Sachbearbeiter für Lateinamerika und die USA an Bemühungen, die Vorraussetzungen zu schaffen, dies in Zukunft auch in diesen Ländern möglich zu machen. Das Bestehen der NSDAP auf Gleichschaltung im Kulturbereich war nicht Selbstzweck oder einfacher Machthunger, sondern der Versuch, eine straffe internationale Organisation aufzubauen, die neue ethnische und rassische Konzepte weltweit zu Gunsten faschistischer Machtpolitik verbreiten und durchsetzen könne. Diese Konzepte stellten die politische und soziale Legitimation der schwachen Staaten in Südosteuropa und Lateinamerika bedrohlich in Frage und ermutigten Bevölkerungsgruppen, durch rechtsradikale soziale Bewegungen den existierenden Staat von innen heraus zu zerstören. Dokumente im DAI-Archiv zeigen, dass diese Gedanken 1934 trotz Hitlers Priorität

---

sem Zeitpunkt wurde auch diskutiert, ob und wie man von ausländischen Studenten einen Ariernachweis verlangen könnte.

[109]   Im Mai 1934 schrieb Faupel, dass das IAI für den DAAD "als die iberoamerikanische Fragen speziell bearbeitende amtliche Stelle" tätig war (T-120, Rolle 975A, keine Bildnummer, Brief Faupels an die Deutsche Gesandtschaft, Montevideo, 22. Mai 1934. DAAD-Leiter und SS-Mitglied General a.D. Massow arbeitete mit Faupel eng in Fragen der Ibero-Amerikanischen Gesellschaft zusammen).

[110]   Ein Heß-Berater war Herr Jahnke, der schon während des Ersten Weltkriegs für das deutsche Militär von Mexiko aus politische Zersetzungsarbeit gegen die USA geleistet hatte. Heß und Faupel wussten genau, wie man diese Taktiken benutzte.

eines Drangs nach Osten auch in Bezug auf Lateinamerika und die USA diskutiert wurden.

Deshalb dürfte sich das neugestaltete Kulturnetzwerk rund um das IAI nicht anders als ähnliche Kulturinstitute verhalten haben. Die nationalsozialistische Revolution brauchte Institutionen und Organisationen, die sich als Werkzeug und Waffe im iberischen und lateinamerikanischen Raum instrumentalisieren ließen. Dies wird deutlicher, wenn man den Kampf um die Namenslisten des VDA in Übersee näher betrachtet, einer Abteilung, die Faupel seit 1935 leitete. In dieser Eigenschaft besaß Faupel die Kontrolle über Tausende von Namen und Anschriften von Deutschen in Übersee, die aus "sippenkundlichen", rassistischen, finanziellen und nachrichtendienstlichen Gründen vom DAI, dem VDA und von landsmannschaftlichen Organisationen heiß begehrt war.

In der von der NSDAP- und SS-Führung dominierten Kulturpolitik konnten Informationen, die aus der Kulturarbeit im Ausland gewonnen wurden, auch zu terroristischen Repressalien instrumentalisiert werden. Ein bedrückendes Beispiel, das das IAI betrifft, erscheint 1938 in den Quellen. Im Mai 1938 hatten die deutsch-brasilianischen Beziehungen ihren tiefsten Stand in den 30er Jahren erreicht. Nach längeren regionalen Unruhen und im Rahmen der Neuorganisation des brasilianischen Staats hatte sich die Vargas-Regierung endlich dazu entschlossen, die unabhängigen revolutionären Aktivitäten vereinzelter Volks- und Reichsdeutscher in Brasilien zu unterbinden. Teil dieser Maßnahme war die Verhaftung von einzelnen Deutschen und NSDAP-Führern durch lokale und regionale Polizei- und Militärkommandeure. Jürgen Müller hat die Ereignisse und die Komplexität dieser Krise ausführlich in seinem hervorragenden Buch beschrieben (1997: 300-310).

Wichtig für diesen Artikel ist festzustellen, dass deutsche Behörden es nicht nur dabei beließen, eventuelle Gegenmaßnahmen zu "erörtern", den Brasilianern mit Vergeltung zu drohen und die brasilianische Regierung durch Botschafter Ritter zu nötigen. Erhaltene Dokumente des IAI und des Auswärtigen Amts zeigen, dass die Gestapo und die SS die Informationen und die studentische Betreuungsarbeit des IAI-Netzwerks dazu benutzten, um den Aufenthaltsort aller Brasilianer in Hamburg und Berlin herauszufinden. Diesmal ging es nicht mehr um kulturelle Arbeit, sondern um die Zusammenstellung von Verhaftungslisten.

Die Betreuungsarbeit durch das IAI und die Anschriftensammlungen ermöglichten es, schnell, zuverlässig und diskret die Adressen und die berufliche Ausbildung von Lateinamerikanern zusammenzustellen, die dann – als Repressalie – zur Einweisung in Konzentrationslager hätten benutzt werden können. Nachdem Faupels Institut die Aufgabe für den Berliner Raum gelöst hatte, gab er den Befehl von Heß ohne Zögern an den Hamburger Institutsleiter weiter, damit er auch dort erledigt würde.[111] So wie 1938 das internationale Umfeld ständig in größere Spannungsfelder trieb, wurde auch die Zusammenarbeit zwischen der Gestapo, der NSDAP und dem IAI immer aggressiver. Namenslisten, die ursprünglich aus kulturpolitischen Gründen angelegt worden waren, tauchten nun auch im terroristischen Umfeld auf.

Die Tatsache, dass die deutsche Kulturarbeit in Lateinamerika sich zunehmend auf das IAI konzentrierte, bedingte auch, dass das IAI zur zentralen Anlaufstelle für eine stetig wachsende Zahl von Behörden und anderen Institutionen wurde. Schon 1936 schrieb das Institut für Wirtschaft in Kiel an das IAI in Berlin, um dessen Bibliothek für wirtschaftstheoretische Planungen zu benutzen, die sich mit Autarkie, nationalsozialistischer Wirtschaft, konjunkturellen und wehrwirtschaftlichen Fragen beschäftigten.[112] Das IAI stand auch in schriftlichem Austausch mit dem Auslandsdienst von Herrn Heide. Dessen Bemühungen, die Zeitungswissenschaft nutzbringend in den NS-Staat zu bringen, unterlagen zwar den Rivalen vom SD; das bedeutete aber nicht, dass Heides Informationsdienst – einer von vielen unwichtigen

---

[111] NAUS, T-120, Rolle 972B, ohne Bildnummer, 17. Mai 1938, Brief Faupels an Professor Grossmann, Ibero-Amerikanisches Institut, Hamburg. Durch Eilboten. Persönlich: "Der Stellvertreter des Führers hat mich beauftragt, ihm eine Liste in Berlin und Hamburg anwesender Brasilianer zu beschaffen. Für Berlin ist das bereits erfolgt. Ich bitte Sie, mir für Hamburg diese Liste unter Angabe von Name, Beruf und Wohnung zuzusenden. Für schnelle Erledigung wäre ich Ihnen dankbar. Streng vertrauliche Behandlung der Angelegenheit ist gesichert. Ich bitte Sie Ihrerseits um das Gleiche. Faupel." Die Gestapo erschien in diesem Zusammenhang nur als eine konsultierende Kraft, nämlich als das Büro, das die eigentlichen Verhaftungen hätte vornehmen sollen, nicht aber als die führende politische Kraft der Aktion. Dies blieb die NSDAP.

[112] NAUS, T-120, Rolle 974B, Brief Dr. Lotsch, Institut für Wirtschaft, Kiel, an die Deutsch-Ibero-Amerikanische Gesellschaft, 8.12.1936.

vertraulichen Informationsdiensten im Nazistaat – nicht Wissen aus dem IAI erbat oder es mit wichtigen politischen Äußerungen einzelner Politiker versorgte.[113] Kein Wunder, dass Dawid Bartelt zeigen konnte, dass das IAI regelmäßig als politische Auskunftei für Partei und Behörden in Fragen von ausländischen Persönlichkeiten und deren "arischen" Status angeschrieben wurde.[114] Er zeigte auch, dass die Länderspezialisten im IAI ihre wissensspezifischen Beiträge zu den zentral geplanten Veröffentlichungen des Handwörterbuchs des Grenz- und Auslandsdeutschtums und des Brockhaus beitrugen. Diese Sachverständigen wurden von der NSDAP als Teil eines nationalen Expertenpools gesehen, die eben nicht mehr unabhängig arbeiteten, sondern getreu der politischen Beaufsichtigung der "parteiamtlichen Prüfungs-Kommission zum Schutze des NS-Schrifttums" tätig war.[115] Verschiedene Briefe Faupels aus dem Jahr 1938 beweisen auch, dass er und sein Institut ähnliche bürokratische Querverbindungen zu von der SS beeinflussten Instituten eingegangen war, wie dem DAI. Ein Brief vom 21. Februar 1938 belegt, dass er nun offizielle und ständige Kontakte zur Akademie des Deutschen Rechts besaß. Diese Akademie war die Zentralstelle für die Entwicklung einer neuen deutschen Rechtsauffassung, die von SS-Idealen dominiert wurde.[116] Genauso wichtig waren der direkte Kontakt und Inhaltsaustausch zwischen dem Deutschen Ausland-Institut in Stuttgart und dem IAI in Berlin.[117] Auch in diesem Bereich gibt es Parallelen mit der DAI-Entwicklung.

Eine noch offene Frage bleibt, wie und warum das IAI nach 1935 stärker in den Herrschaftsbereich der SS wanderte. Indirekter SS-Einfluss lässt sich ab 1934 nachweisen, als Heydrich einen SD-Refe-

---

[113] NAUS, T-120, Rolle 974 B, vertraulicher Brief an IAI, 15.12.1936. Im Text gibt der Autor Informationen über Radiopropaganda aus Paraguay, die sich auf Heides Auslandsdienst Nr. 2984/36 beziehen. Siehe auch den Brief von Geheimrat Heide an Panhorst, Auszug aus Brief Marco Konders vom 21.1.1937. Am 12. März 1937 informierte Heide das IAI, dass die Auslandspresse GmbH 750 RM für pressepolitische und propagandistische Aufgaben zur Verfügung stellen würde. Alle Dokumente in Rolle 974B, ohne Bildnummern.

[114] Bartelt in diesem Band (Seite 85). Er zitiert hier vier Beispiele, die in die Zeit zwischen 1935 und 1939 fallen.

[115] Bartelt in diesem Band (Seite 85).

[116] NAUS, T-120, Rolle 972 B, ohne Bildnummer, 21. Februar 1938, Brief Faupels an Direktor Dr. Lasch, Akademie für Deutsches Recht.

[117] NAUS, RG 59, ABB, Special Interrogation Mission, Dewitt C. Poole Mission, Dr. Karl Strölin, Seite 14.

renten für die Beaufsichtigung von Kulturarbeit forcierte (Heiber 1966: passim). In diesem Zusammenhang sollte auch Joseph Goebbels genannt werden, für dessen in Südamerika tätigen Propagandaleiter Köhn der Direktor Faupel 1934 Material lieferte. Oliver Gliech zeigte, dass später Himmlers SS-Mann Lorenz direkt die finanziellen Fäden im "Nachrichtenfonds" kontrollierte.[118]

Dies waren Veränderungen in Machtstrukturen, die sich außerhalb des Instituts entwickelten und die von Institutsmitarbeitern nicht beeinflusst werden konnten. Zwischen 1935 und 1938 verhielt sich die SS gegenüber dem IAI lediglich als eine neue Machtquelle, die an der Seite der A.O. der NSDAP erschien und auf die das Institut Rücksicht nehmen musste.

So führte Faupel weiterhin für die Partei die Verbindungsarbeit zur spanischen Falangepartei durch. Zur selben Zeit bedrohte die SS bei Francos Aufstand republikanische Botschaftsangehörige. Auf diese Weise kamen sich Institut, Präsident und die SS durch vereinzelte Zusammenarbeit in politischen Projekten näher. Vereinzelte Zusammenarbeit bei Projekten der politischen Polizei schlüpfte so von selbst an die Seite von eher "normaler" Auskunftserteilung.

Die Fühlungnahme mit Faupel vertiefte sich während dessen Aufenthalt in Spanien. Dort lernte er SS-Kräfte als Polizisten kennen, die deutsche Waffenlieferungen an Spanien schützten. Zusätzlich tauchte die SS im Bereich der Polizeischulung in Spanien auf. Faupels nachrichtendienstliche Informationen über den Verlauf des Bürgerkrieges stammten aus spanischen Militärquellen, aber auch aus neu eingeführten Geheimdienststrukturen der Abwehr und der italienischen Armee.

Ideologisch waren sich Faupel, die SS-Kräfte und die A.O. der NSDAP näher als Personen, die eine traditionelle Diplomatie in Spanien betreiben wollten.

Ab 1937 setzten Göring und Hitler neue Prioritäten im Spanischen Bürgerkrieg durch. Plötzlich wurde das Experimentieren mit der Unterstützung sozialrevolutionärer Gruppen und ethnisch Deutscher gegenüber Lateinamerika und der Iberischen Halbinsel in den Hintergrund gestellt. Im Gegensatz dazu nahm der Einfluss der Wehrökonomen und der Rohstoffbeschaffer zu. Die sozialrevolutionäre politische Tangente der nationalsozialistischen Revolution wurde auf

---

[118]   Gliech in diesem Band (Seite 202).

Osteuropa und Skandinavien beschränkt. Nach seiner Ablösung in Spanien kehrte Faupel nach Berlin zurück. Mit Ernüchterung musste er sich zusehends auf kleinere persönliche Initiativen und Kulturpropaganda beschränken.

In dem Maße, in dem die A.O. der NSDAP in Berliner Regierungskreisen an Einfluss verlor, stieg die Macht Himmlers und der SS. Ebenso wie er sich 1937 das Monopol der Zersetzungsarbeit durch Deutsche im Ausland gesichert hatte, unterstützte er nun einen Parteigänger, der auch das Gebiet der Kultur und Propaganda anderen Parteirivalen entreißen sollte. Den nazifizierten Kulturinstituten in Deutschland stand eine weitere Reorganisationswelle bevor, die sie, straffer organisiert, noch tiefer in den SS-Herrschaftsbereich bringen sollte. Das Aushängeschild dieser SS-Politik sollte das Deutsche Ausland-Institut werden. Oliver Gliech zeigt, dass auch das IAI in diesen Verbund einbezogen worden war. Spätestens seit 1938 war der Einfluss der SS auf das IAI stärker als der der NSDAP.[119] Genauso wie im Stuttgarter DAI ergab sich der Abstieg in diese schlimmen Praktiken langsam. Er kam nicht aus einer Naziverschwörung heraus und beruhte auch nicht auf langfristiger Planung. Er war das Resultat der revolutionären politischen Kultur des Nazistaats, die immer mehr Information brauchte, um den Krieg vorzubereiten.

Der Ausbruch des Weltkriegs im September 1939 unterbrach die Pläne der SS. Plötzlich mussten Faupel und das IAI, wie alle anderen Bürokratien in Deutschland, den kurzfristigen Bedürfnissen der deutschen Kriegsführung zuarbeiten. Von diesem Moment an vermischten sich SS-ideologische Praktiken und die unmittelbaren Zwänge aus dem sich stetig ändernden Kriegsverlauf.

1940, als Hitlers Krieg gegen die Beneluxländer und Frankreich unerwartet erfolgreich verlief und sich gleichzeitig die Beziehungen

---

[119] Zu diesem Zeitpunkt organisierte der SD und die antikommunistische Abteilung in der Gestapo unter Umgehung des IAI einen systematischen Informationsfluss mit Nachrichtenmaterial direkt aus Lateinamerika. Auch lateinamerikanische Nachrichtenorganisationen korrespondierten nun direkt mit Müller von der Gestapo und nicht mehr mit dem IAI (siehe die Dokumente in der Abteilung Deutschland in der Sammlung T-120). Mit anderen Worten, eine Geschichtsschreibung, die sich nur auf das Institut selbst konzentriert, würde diesen Verflechtungen der Institute und Behörden nicht die notwendige Aufmerksamkeit geben können. Dann gäbe es in der Tat zwischen 1936 und 1938 wenig mehr über das Institut als die üblichen Ränkespiele in der Verwaltung zu berichten.

zu Japan und Italien vertieften, entschied sich der Reichsführer SS
Himmler, sein Geheimdienstimperium auf Kosten der Wehrmacht
systematischer mit anderen Achsenmächten zu verknüpfen. In diesem
Zusammenhang tauchen in den Quellen neue langfristige Pläne für das
IAI als Teil des SS-Herrschaftsbereichs auf.

5. Das IAI als geplante Verbindungsstelle eines deutsch-spanisch-japanischen Geheimdienstes (1940)

Das Einzige, was wir sicher über diese Episode der Institutsentwick-
lung wissen, ist die Tatsache, dass der ehemalige spanische Außenminister und Schwager Francos, Ramón Serrano Suñer, 1998 in einem
Gespräch mit dem spanischen Historiker Manuel Ros den Inhalt eines
Geheimdienstberichts, den ich in den National Archives in Washington entdeckt hatte,[120] als Zeitzeuge bestätigte.

Bisher bekannte Quellen hatten schon belegt, dass der Reichsführer SS Himmler im Oktober 1940 nach Spanien fuhr, um dort persönlich eine weitreichende Zusammenarbeit zwischen deutschen und
spanischen Polizeibehörden vertraglich zu unterzeichnen.[121] In dieser
Quelle des OSS berichtete nun ein Informant, dass Himmler vor allem
nach Spanien gefahren sei, um die abschließenden Verhandlungen
über den Aufbau eines weltweiten faschistischen Geheimdienstes zu
führen, dem deutsche, spanische und japanische Organisationen zuarbeiten sollten. Das IAI sollte innerhalb dieses Geheimdienstes als
zentrale Verbindungsstelle zu Himmlers Reichssicherheitshauptamt
tätig sein. In Spanien sollte die gleiche Funktion der neu zu gründende
Consejo de la Hispanidad übernehmen (Barbeito 1989). Nach dem erfolgreichen Aufbau dieses Geheimdienstes würde das IAI nicht mehr
nur ein propagandistisches Kulturinstitut bleiben, das Geheimdienstbehörden nach Bedarf zuarbeitete, sondern es würde in der Tat eine
zentrale Verwaltungsfunktion im nachrichtendienstlichen Bereich
übernehmen. Innerhalb dieses neuen Rahmens würden Institutsbiblio-
thek und kulturelle Auslandskorrespondenz immer mehr zur bloßen

---

[120] NAUS, M-1499, OSS Washington, Spanish Strategy re: Gibraltar Flank, Bericht
Nr. 10506, August 28, 1942, Secret.

[121] Ich danke Herrn Dr. Manuel Ros, der mir großzügigerweise die Seite aus seiner
Doktorarbeit zur Verfügung stellte, die sein im Juni 1998 geführtes Interview mit
Außenminister Serrano Suñer enthielt. Siehe die hervorragende Forschungsarbeit
Manuel Ros Agudo, *Neutralidad sospechosa* (2000).

Tarnung verkommen. Eine solche hauptamtliche Geheimdienstfunktion des IAI ist bisher immer nur als Propaganda oder Lüge zurückgewiesen worden. Die Bestätigung des Zeitzeugen Serrano Suñer hat nun eine neue wissenschaftliche Untersuchung möglich gemacht. Weitere neue Quellen erklären ferner, warum Historiker vorher keine schriftlichen Quellen gefunden haben, die diese Gerüchte als geschichtliche Tatsachen hätten bestätigen können. Walter Schellenberg, Himmlers letzter Leiter der Abteilung VI des RSHA, berichtete in seinem Verhör von deutsch-spanischen Verhandlungen, in denen Himmler versuchte, SS-Agenten in Spanien als Diplomaten zu tarnen. Die diplomatische Immunität sollte ihnen unbegrenzte, straffreie Handlungsfreiheit im Ausland ermöglichen. In diesem Fall wurden die Verhandlungen durch den spanischen Botschafter in Berlin und den Spanier Mayalde geführt. Wichtig für dieses Kapitel ist lediglich, dass der bindende Vertrag bewusst mündlich abgefasst wurde.[122]

Schon 1939 hatte Abwehrchef Canaris diesen spanischen Verhandlungsstil erklärt. Als es darum ging, verlässliche Verträge zu schließen, welche die Versorgung deutscher Kriegsschiffe in spanischen Häfen gewährleisten könnten, schrieb Canaris:

> Es ist nicht richtig, bei einer Versorgung von Spanien aus sich ausschliesslich auf eine Zusammenarbeit mit der spanischen Marine zu stützen, da die spanische Marine und Regierung in allen Versorgungsfragen in keiner Weise beteiligt sein dürfen, wenn die Neutralität gewahrt bleiben soll. Es kann daher nur mit einer stillschweigenden Duldung, bzw. Unterstützung spanischer Behörden usw. gerechnet werden. Die Vorbereitung [...] muss stets so erfolgen [...], dass die Spanier nach aussen hin völlig unbeteiligt dastehen.[123]

Diese Vorgehensweise wird auch noch einmal während des Abbaus des unglaublich großen deutschen Geheimdienstapparates in Spanien nach 1942 bestätigt. Die Akten der KO, der Kriegsorganisation der deutschen Abwehr, in Madrid bestätigen, dass höchste Führer des spanischen Militärs gerne mit den Deutschen nachrichtendienstlich zusammengearbeitet haben. Die Zahl der Eingeweihten blieb je-

---

[122] NAUS, T-1270, Rolle 81, Bild 946, Schellenbergverhör.
[123] Bundesarchiv Militär Archiv Freiburg, Sammlung RM 7/1976, Geheime Kommandosache, Canaris an Marineattaché in Spanien-Portugal Meyer-Döhner, OKW, Abt. Ausland B. Nr. 757/38, Gkdos Ausl IV(a), Brief, Berlin, 2. September 1939.

doch gering und auf die oberste Führung beschränkt.[124] Aus persönlichen und aus politischen Gründen bestanden die Spanier auf einer Diskretion, die systematisch historische Tatsachen, wenn nötig, zu schwer aufklärbaren Gerüchten reduzierten. Es ist deshalb kein Wunder, wenn die geplante nachrichtendienstliche Rolle des IAI mit den Spaniern bisher nicht in den Quellen erschienen ist.

Der zweite Grund, warum das IAI nach wie vor als ein beschauliches Kulturinstitut interpretiert wird, ist das junge Alter und die glücklicherweise demokratisch geprägte Lebenserfahrung der heutigen Historiker in Spanien und Deutschland. Heutzutage ist die Zusammenarbeit zwischen Demokratien und Märkten durch diplomatische Verhandlungen geprägt. Im Gegensatz zu diesem nicht gewalttätigen, oftmals ritualisierten und vorhersagbaren Vorgehen war die Zeit zwischen 1936 und 1942 durch den Kollaps der Diplomatie und den Aufstieg der Geheimdienste geprägt. Sogar deutsche Botschafter und Konsuln wurden – in Verletzung ihrer beruflichen Tradition – seit dem 28. Juni 1938 vertraulich, aber doch offiziell aufgefordert, als Spione ihre Augen und Ohren für wehrmäßig interessante Informationen offen zu halten.[125] Schon vor Beginn des Zweiten Weltkriegs im September 1939 wurden verdeckte, geheimdienstliche Handlungen auf niedriger Ebene immer wichtiger für die erfolgreiche Durchsetzung politischer und taktischer Ziele der europäischen Politik.

Erfreulicherweise unterrichten die modernen Universitäten ihre Studenten nicht in geheimdienstlichen Methoden. Deshalb müssen sich die Wissenschaftler heute diese Kenntnisse entweder aus Büchern und Dokumenten selbst aneignen, oder sie lassen sich von demokratisch-politischen Utopien verführen und schreiben, dass Diplomatie und politische Geschichte auch nach 1936 die meisten Vorgänge erklären können.

Mit anderen Worten, viele Quellen in den Archiven der europäischen Außenministerien sind häufig nur schriftliche Dementis von nicht eingeweihten Diplomaten, die die Wahrheit nicht wussten. Auch ihre diplomatische Ethik wurde vom faschistischen Staat zu kriegerischen Zwecken missbraucht. Es sind verzweifelte Zeugnisse vom

---

[124] NAUS, T-120, Akten des KO-Stützpunkts Madrid.
[125] NAUS, T-120, Rolle 1073, Bilder 433290-433295, 28. Juni 1938, Pol. I 498, Weizsäcker an Missionschef persönlich.

schnellen Zusammenbruch der Tradition europäischer Diplomatie nach 1936. Die Geschichte nach 1936 muss als Kriegsgeschichte geschrieben werden, nicht als Institutsgeschichte.

Was uns am Ende dieses Kapitels interessiert, sind die Bestätigung der amerikanischen Quellen durch Außenminister Serrano Suñer und einige wenige, aber doch inhaltreiche Dokumente. Sie erlauben uns zu fragen, wie das IAI in den weltweiten faschistischen Geheimdienst passen sollte. Wann begann man mit seinen Planungen, und wieso bauten Serrano Suñer und Himmler neue geheimdienstliche Strukturen auf, die mit den schon existierenden militärischen Aufklärungsdiensten konkurrieren würden?

Überraschenderweise ist dies keine Teilgeschichte europäischer Geheimdienstarbeit, sondern der bereits bekannte Hinweis auf die geringe Bedeutung der Behörden, die im faschistischen Staat nicht zur Kriegsvorbereitung oder Kriegführung beitrugen. In diesem Zusammenhang experimentierten Franco und sein Schwager Serrano Suñer – wie vorher Hitler, Heß und Bohle zwischen 1933 und 1936 –, dass man mit einer zuverlässigen, schlagkräftigen Parteiorganisation im In- und Ausland Macht festigen konnte. Ironischerweise war es General Faupel gewesen, der schon 1937 versucht hatte, solch eine sozialrevolutionäre Strategie Franco und Serrano Suñer aufzunötigen.

Als sich 1938 der spanische Bürgerkrieg immer mehr zu Gunsten Francos entwickelte, machten sich die wahrscheinlichen Gewinner des Kriegs erneut daran – diesmal ohne deutsche Bevormundung –, ein bürokratisches Vehikel aufzubauen, mit dem sie ihre persönliche politische Vision den spanischen Minderheiten im Ausland aufzwingen könnten.

Zuerst entmachteten Franco und Serrano Suñer die sozialrevolutionären Führer der alten Falange, dann vereinigten sie die Partei mit politischen Splittergruppen, und schließlich benutzten sie die übriggebliebene Fassade, um sie als Machtwerkzeug für außenpolitische Zwecke zu manipulieren. Im Herbst 1938 reisten Serrano Suñers Emissäre nach Deutschland, um bei Bohle und der A.O. Erfahrungen zu sammeln, die diese vor 1937 mit einer ähnlichen Strategie im Umgang mit deutschen Gruppen im Ausland gemacht hatten. Ironischerweise war es wiederum General Faupel, der als IAI-Präsident die spanische Abordnung in Berlin empfing. Ohne Zweifel waren Serrano Suñer und die anderen Spanier geschickte Schüler, die im faschisti-

schen Ausland lernten, wie man eine Parteiorganisation innerhalb
ethnischer Bevölkerungsgruppen zur politischen Stabilisierung und
zum Export eigener Machtziele einsetzen konnte.

Serrano Suñer hatte auch den Vorteil, dass Hitler und Mussolini
ihm durch ihre faschistischen Bewegungen 1939 schon eine immer
größere Schneise in die europäische politische Kultur geschlagen hatten (Mazower 1999: 138-182), die er für seine katholisch-faschistische
Vision einer neuen spanischen Weltmacht auszunutzen beabsichtigte.
Er arbeitete unnachgiebig auf die Wiederherstellung eines großen
spanischen Kolonialreiches – zuerst in Afrika, aber später auch in
Lateinamerika und auf den Philippinen – hin.

Hitler hatte Bohles Arbeit zusehends den dringlicheren Zwängen
seiner Kriegswirtschaft geopfert. Andererseits wartete Franco, bis
Hitler das europäische politische System unwiderruflich zu einer faschistischen europäischen Festung umgebaut hatte, bevor er sich offen
an seine Seite stellte. Als Hitlers Feldzüge im ersten Halbjahr 1940
diese politischen Träume in der Tat in den unmittelbaren Bereich der
Möglichkeit rückten, zog Serrano Suñer an seinem Caudillo in einzelnen Bereichen vorbei und begann, die bürokratische Grundlage dafür
zu schaffen, dass sein spanischer Imperialismus innerhalb der erwarteten faschistischen Ordnung in Europa und Übersee eine stärkere Rolle
spielen könnte. Dies war der historische Zusammenhang, der verstanden sein muss, um die folgenden Geheimdienstpläne Himmlers und
Serrano Suñers richtig einzuordnen.

Die Dokumente erzählen uns leider nicht, wann genau und warum
sich die radikalen Revolutionäre Serrano Suñer und Himmler entschlossen, als deutsch-spanische Geheimdienstpartner enger zusam-
menzuarbeiten. Die Arbeit der Gestapo in Spanien hatte bereits 1936
als Schutz deutscher Waffenlieferungen begonnen. Gestapo-Angehö-
rige hatten auch schon republikanische Botschaftsangehörige in Berlin
zugunsten der Franco-Bewegung terrorisiert.[126] Eine erste nachweis-
bare spanische Liebesgabe Serrano Suñers war die 1939 gegebene
Einwilligung, in einem Spionage-Ring in Großbritannien Falangemit-
glieder als Agenten für Deutschland arbeiten zu lassen.[127] Nach der

---

[126] NAUS, T-120, Serial Nr. 2390, Bild 499907, Agreements for the Formation of an
Anti-Communist Front, 16. Dezember-29. Juni 1944, Brief von Gestapo an AA,
30. März 1939.
[127] NAUS, The Magic Documents, Microfilmsammlung.

Eingliederung aller nicht-militärischen deutschen Geheimdienste im RSHA im Jahre 1939 sah Himmler das spanische Umfeld immer mehr mit Interesse, um seinen SS-eigenen Geheimdienst auch auf der Iberischen Halbinsel zu stärken und um in Lateinamerika an der Deutschen Abwehr vorbei operieren zu können. Plötzlich bot das Bedürfnis Serrano Suñers, seine eigene politische Polizei mit deutschen Erfahrungen zu schulen, Himmler die Möglichkeit, mehr Einfluss außerhalb Europas zu gewinnen. Eine Hand wusch die andere. Zusätzlich legten Hitlers Blitzkriegsiege im Sommer 1940 faschistischen Revolutionären wie Himmler und Serrano Suñer nahe, ihre vorher nur vereinzelt vorkommende Zusammenarbeit mit Blick auf die faschistische Nachkriegszeit zu systematisieren, zu institutionalisieren und mit den Japanern zu verknüpfen.

Im Juli 1940 reiste Außenminister Serrano Suñer mit verschiedenen spanischen Anhängern seines kleinen, radikalen Kreises nach Berlin, um dort eine Reihe von Aspekten der zukünftigen spanisch-deutschen Zusammenarbeit zu erörtern. Vielleicht sprach er während dieser Reise auch mit Himmler. Der französische Historiker Gallo (1969: 113-115) belegt, dass Serrano Suñer im September 1940 ein zweites Mal nach Berlin kam. Diesmal lässt sich ein Besuch bei der Berliner Gestapo nachweisen. Anschließend äußerte sich Serrano Suñer gegenüber der faschistischen Zeitung *Arriba* mit den Worten, dass er sich für Spanien auch eine "so starke und solide Polizei wie jene, die im Dritten Reich existiert", wünsche.

Das nächste belegbare Treffen zwischen spanischen und deutschen Polizeikräften fand im Oktober 1940 statt. Diesmal war es Himmler, der persönlich nach Spanien reiste und sich auch mit Repräsentanten der spanischen Polizei traf. Die U.S.-amerikanische Geheimdienstquelle behauptet, und Serrano Suñer bestätigte es, dass Himmler während dieses Besuches auch die endgültigen Pläne zur geheimdienstlichen Zusammenarbeit mit der spanischen Führungsschicht besprach. Ein wichtiger Aspekt des Übereinkommens war, dass General Faupel und sein Ibero-Amerikanisches Institut die Verbindungsstelle des neuen internationalen Geheimdienstes in Deutschland werden sollte. In Spanien sollte der neu zu gründende Consejo de la Hispanidad dieselbe Aufgabe übernehmen. Auf der japanischen Seite arbeitete der Hakko Ichui mit.

Der Informant behauptet ferner, dass die Spanier ihre Arbeit hauptsächlich durch den Außendienst der Falange durchführen lassen wollten. Angeblich gab es damals schon 400 Agenten, die weltweit für Serrano Suñer tätig waren. Zumindest im Fall des TO-Spionagerings in Großbritannien kann dies belegt werden. Zur selben Zeit gab es auch nachweisbar Diskussionen über eine mögliche deutsch-spanische Zusammenarbeit in Mexiko (Schuler 1998: 173-199).

Der Informant berichtete unter anderem, dass es Himmler gewesen sei, der darauf bestand, dass der neue Geheimdienst alle wichtigen Bereiche der totalen Kriegswelt durchdringen sollte. Ein Wirtschaftsspionagedienst sollte durch spanische Firmen im Ausland unterhalten werden. Der spanische diplomatische Dienst sollte gezwungen werden, das Unverletzlichkeitsprivileg der diplomatischen Postbeförderung zu missbrauchen, damit Geheimdienstmaterial ohne Gefahr über den Pazifik und den Atlantik geschickt werden konnte; ein Schifffahrtsdienst sollte die Küstenbeobachtung übernehmen, aber auch Versorgungsdienste für Unterseebote leisten; ein Propaganda- und Pressedienst sollte die öffentliche Meinung manipulieren, und eine straffe regionale bürokratische Führung sollte die weltweiten Aktionen erfolgreich koordinieren. Glücklicherweise bestätigte Serrano Suñer 1998 diese Pläne.

Wenn sich der Leser für einen Moment in das zeitliche Umfeld vom Herbst 1940 begibt, dann kann man verstehen, wieso Faupel wieder Morgenluft für sich und sein Institut witterte. Nach fast fünf Jahren Arbeit fern vom Rampenlicht der großen Politik des Nazistaats versprachen Himmler und Serrano Suñer dem IAI eine neue, wichtige diesmal offizielle bürokratische Rolle: die einer internationalen geheimdienstlichen Verbindungsstelle. Nachdem sich das IAI 1935 als Institut der Partei hervorgetan hatte, sollte es ab 1940 neue Bedeutung und mehr Einfluss als internationales Geheimdienstinstitut im Einflussbereich der SS erlangen.

Wie 1935 gab es auch diesmal die Komponente innenpolitischer Rivalität, nicht nur in Deutschland, sondern auch in Spanien. Das geplante Geheimdienstnetz sollte unabhängig von den traditionellen militärischen Geheimdiensten der Streitkräfte arbeiten. Himmler und Serrano Suñer wollten sich beide von den traditionellen Militärs auch im nachrichtendienstlichen Bereich absetzen.[128] Diesmal war es Faupel und das IAI, die ihnen helfen sollten.

Wir kennen auch das Ende dieser Episode. Serrano Suñer erzählte Dr. Ros, dass aus unbekanntem Grund Himmler nie die nötigen Geldmittel für den geplanten Geheimdienst zur Verfügung stellte. So blieben diese beeindruckenden bürokratischen Machtgefüge im Bereich der Planung. Die U.S.-amerikanische Quelle behauptet, dass Serrano Suñer danach die Falange für seine eigenen geheimdienstlichen Operationen ohne deutsche Beteiligung benutzte. Dies dürften aber nicht die einzigen Gründe gewesen sein, dass die weit fortgeschrittenen Pläne nicht Wirklichkeit wurden.

Nach dem Herbst 1940 entfremdeten sich die vorher engen deutsch-spanischen Beziehungen, da Franco sich weigerte, offen auf deutscher Seite in den Krieg einzutreten (Preston 1994: 374-401). Ganz sicher, kann man spekulieren, hat Hitlers und Ribbentrops Verärgerung über Francos brillantes Taktieren Himmler zum Abwarten bewogen. Wenig später, nach dem Fehlschlag der deutschen Luftwaffe über England, orientierte Hitler dann die deutschen Energien, und damit auch die Himmlers, gegen die Sowjetunion.

Man darf aber nicht von einem Extrem ins andere fallen. Die systematische, institutionelle Zusammenarbeit ging nicht über Planungen hinaus. Dagegen entwickelte sich die ungeplante, gelegentliche Zusammenarbeit zwischen Serrano Suñers und Himmlers Agenten im iberischen Raum und in Lateinamerika ungehindert weiter. Nur Faupel und sein IAI wurden zum großen Verlierer dieser nicht verwirklichten Planung.

Abschließend kann der Historiker feststellen, dass das fortdauernde Gerücht der Nachkriegszeit – das IAI sei eine Geheimdienstzentrale gewesen – zumindest zum Teil stimmt. Lediglich Geldmangel, Kriegsverlauf und Francos Taktik verhinderten, dass ausführliche mündliche Verhandlungen und Pläne auch konkrete Wirklichkeit wurden. So müssen Wissenschaftler in der Zukunft das Ausmaß und die Dynamik der indirekten, internationalen faschistischen Geheimdienstarbeit erforschen. Erfreulicherweise wird dies von der angenehmen Warte der siegreichen, demokratischen Gesellschaft und der neu er-

---

[128] NAUS, RG 226, XL 29951, Erika Penquitt, Final Interrogation Report, Gestapo Personalities and Notes on German Espionage in Spain, 26. Oktober 1945.

standenen, humanistischen Forscherwelt und Kulturarbeit mit dem Ausland geschehen.[129]

Literaturverzeichnis

Abshagen, Karl Heinz (1956): *Canaris*. London: Hutchinson.

Aly, Götz/Roth, Karl Heinz (1984): *Die restlose Erfassung: Volkszählen, Identifizieren, Aussondern im Nationalsozialismus*. Berlin: Rotbuchverlag.

Barbeito, Mercedes (1989): "El Consejo de la Hispanidad". In: *Espacio, tiempo y forma*, Serie V, Bd. 2, S. 113-137, Madrid.

Barkai, Avraham (1977): *Das Wirtschaftssystem des Nationalsozialismus: der historische und ideologische Hintergrund 1933-1936*. Köln: Verlag Wissenschaft und Politik.

Blum, John Morton (1959): *From the Morgenthau Diaries*. Boston, Mass.: Houghton Mifflin Company.

Faupel, Wilhelm (1936): "Die Lehren des Chaco-Krieges". In: *Wissen und Wehr*, 7: 31-56, Berlin.

Gallagher, Eugene (1950): *Catholic Action: The Spiritual Formation of Laymen and Their Role in the Apostolate*. Washington, D.C.: Georgetown University College of Arts and Sciences.

Gallo, Max (1969): *Histoire de l'Espagne franquiste*. Paris: Robert Laffont.

Geyer, Michael (1980): *Aufrüstung oder Sicherheit*. Wiesbaden: Franz Steiner Verlag.

— (1984): "National Socialist Germany: The Politics of Information". In: May, Ernest R.: *Knowing One's Enemies: Intelligence Assessment before the Two World Wars*. Princeton, N.J.: Princeton University Press, S. 310-346.

— (1986): "German Strategy in the Age of Machine Warfare, 1914-1945". In: Paret, Peter: *Makers of Modern Strategy: From Machiavelly to the Nuclear Age*. Princeton, N.J.: Princeton University Press, S. 527-598.

Gliech, Oliver (1996): *Das Ibero-Amerikanische Institut (Berlin) und die deutsch-argentinischen Beziehungen 1929-1945*. Magisterarbeit, Freie Universität Berlin, FB Geschichtswissenschaften (überarbeitete Fassung 1998).

Heiber, Helmut (1966): *Walter Frank und sein Reichsinstitut für Geschichte des neuen Deutschlands*. Stuttgart: DVA.

Hilton, Stanley (1975): *Brazil and the Great Powers: The Politics of Trade Rivalry*. Austin, Tx.: University of Texas Press.

Irving, David (1989): *Das Reich hört mit: Görings "Forschungsamt"*. Kiel: Arndt.

Jacobsen, Hans Adolf (1968): *Nationalsozialistische Außenpolitik 1933-1938*. Frankfurt am Main: Alfred Metzner Verlag.

---

[129] Später versuchte Serrano Suñer, weiterhin Kontakte mit Himmler aufrecht zu halten. Siehe NAUS, T-120, Rolle 1079, Bild 329697, Besprechungspunkte Himmler/Ribbentrop, 8. Mai 1944.

Jong, Louis de (1956): *The German Fifth Column in the Second World War.* Chicago, Ill.: University of Chicago Press.

Kahn, David (1978): *Hitler's Spies: German Military Intelligence in World War II.* Cambridge, Mass.: Da Capo Press.

Keller, Michael (1936): *Katholische Aktion: Eine systematische Darstellung ihrer Idee.* Paderborn: F. Schöningh.

Kershaw, Ian (1998): *Hitler.* New York/London: W. W. Norton.

Kloosterhuis, Jürgen (1994): *Friedliche Imperialisten: Deutsche Auslandsvereine und auswärtige Kulturpolitik, 1906-1918.* 2 Bände, Frankfurt am Main: Peter Lang.

Leverkühn, Paul (1957): *Der geheime Nachrichtendienst der deutschen Wehrmacht im Kriege.* Frankfurt am Main: Bernard und Graefe.

Lübke, David Martin/Milton, Sybil (1994): "Locating the Victim: An Overview of Census-Taking, Tabulation Technology, and Persecution in Nazi Germany." In: *IEEE Annals of the History of Computing,* 16.3, S. 25-39, Los Alamitos, Calif.

Mazower, Mark (1999): *Dark Continent: Europe's Twentieth Century.* New York: Knopf.

McDermott, Kevin, et al. (1996): *The Comintern: A History of International Communism from Lenin to Stalin.* Houndsmill: Macmillan Press.

McKale, Donald M. (1977): *The Swastika outside Germany.* Kent, Ohio: State University Press.

Müller, Jürgen (1997): *Nationalsozialismus in Lateinamerika: die Auslandsorganisation der NSDAP in Argentinien, Brasilien, Chile und Mexico, 1931-1945.* Stuttgart: Verlag Hans Dieter Heinz.

Newton, Ronald C. (1992): *The "Nazi Menace" in Argentina.* Stanford, Calif.: University of Stanford Press.

Niedhart, Gottfried (1981): "Deutsche Außenpolitik im Entscheidungsjahr 1937." In: Hildebrand, Klaus/Werner, Karl Ferdinand (Hrsg.): *Deutschland und Frankreich 1936-1939.* München/Zürich: Artemis Verlag, S. 475-493.

Pommerin, Reiner (1977): *Das Dritte Reich und Lateinamerika: Die Deutsche Politik gegenüber Süd- und Mittelamerika 1939-1942.* Düsseldorf: Droste.

Preston, Paul (1994): *Franco: A Biography.* New York: Basic Books.

Ravines, Eudocio (1951): *The Yenan Way.* New York: Scribner.

Ritter, Ernst (1976): *Das Deutsche Ausland-Institut in Stuttgart 1917-1945.* Wiesbaden: Franz Steiner Verlag.

Ros Agudo, Manuel (2000): *Neutralidad sospechosa: España y la ayuda encubierta al eje durante la segunda guerra mundial.* Tesis doctoral, Universidad Complutense de Madrid.

Rout, Leslie/Bratzel, John (1986): *The Shadow War: German Espionage and U.S. Counterespionage in Latin America during World War II.* Washington, D.C.: Greenwood Press.

Ruhl, Klaus-Jörg (1975): *Spanien im Zweiten Weltkrieg: Franco, die Falange und das "Dritte Reich".* Hamburg: Hoffmann und Campe.

Schuler, Friedrich E. (1998): *Mexico between Hitler and Roosevelt: Mexican Foreign Policy in the Age of Lázaro Cardenas.* Albuquerque, N.M.: University of New Mexico Press.

Seraphim, Hans Günther (1964): *Das Politische Tagebuch Alfred Rosenbergs 1934/35 und 1939/40.* München: DTV.

Volland, Klaus (1976): *Das Dritte Reich und Mexico: Studien zur Entwicklung des deutsch-mexikanischen Verhältnisses 1933-1942 unter besonderer Berücksichtigung der Ölpolitik.* Frankfurt am Main: Peter Lang.

Weinberg, Gerhard L. (1994a): *The Foreign Policy of Hitler's Germany: Diplomatic Revolution in Europe, 1933-1936.* Highlands, N.J.: Humanities Press.

— (1994b): *The Foreign Policy of Hitler's Germany: Starting World War II, 1937-1939.* Highlands, N.J.: Humanities Press.

Weitz, John (1997): *Hitler's Diplomat: Joachim von Ribbentrop.* London: Phönix Giant.

Günter Vollmer

Die falsche Geschichte
des Ibero-Amerikanischen Instituts:
Heinrich Jürges und die Spione aus Lankwitz

1. Einleitung

1.1 Schöne Geschichten: Dies sind Geschichten, an denen, außer ein
paar Namen, **alles falsch** ist: In Berlin-Lankwitz, in einer herrschaft-
lichen Villa hinter großen Bäumen, wo früher einmal die Familie von
Siemens gewohnt hatte, liefen während des Dritten Reichs die Fäden
der deutschen Lateinamerika-Spionage zusammen. Dort residierte
Wilhelm Faupel, General a.D., Botschafter a.D. und amtierender Präsident des Ibero-Amerikanischen Instituts. Nur ein Bruchteil dessen,
was dort getrieben wurde, ist jemals bekannt geworden. Wir kennen
nur sechs Briefe und ein paar Protokollnotizen über Dinge, die während des Krieges in Buenos Aires passierten.

Faupels Mann in Buenos Aires war Kapitän Niebuhr, der Marine-
und Luftattaché an der Deutschen Botschaft. Am 7. August 39 schreibt
der Kapitän einen langen Brief nach Lankwitz. Er hat ein Problem: Da
"weitreichende Pläne unseres Führers zur Entscheidung drängen und
wir am Vorabend großer militärischer Ereignisse stehen", ist es unbedingt notwendig, sofort mit der Anlage von Versorgungsstützpunkten
"für Kaperschiffe und U-Boote" an der "patagonischen und Feuer-
landküste" zu beginnen. Und ausgerechnet in dieser Situation veröffentlicht nun ein deutscher Emigrant, der "Hochverräter Jürges", die
geheimen Pläne in einer Bonarenser Tageszeitung. Die argentinische
Regierung wird hellhörig und ordnet eine Untersuchung an. "Da eine
physische Liquidierung des Jürges unter den gegenwärtigen Umständen eine gegenteilige Wirkung hier auslösen würde, müssen wir uns
darauf konzentrieren, ihn moralisch zu liquidieren." Der Botschafter
hat schon vorgetragen, dass Jürges ein bereits einschlägig vorbestraf-
ter Urkundenfälscher sei, aber das muss noch abgesichert werden.
"Als persönlicher Ratgeber unseres Führers in allen Fragen der Süd-

amerikapolitik der Reichsregierung", schreibt Niebuhr, "dürfte es Ihnen leicht sein, die zur Durchführung dieser Notwendigkeit m.E. von der Geheimen Staatspolizei zu treffende Vorsorge anzuregen." Was Faupel sofort und gründlich erledigt: Jürges hat seitdem nicht nur eine, sondern gleich drei Vorstrafen, und zwar amtlich.

Das und mehr steht im ersten der sechs Briefe, und so geht es dann weiter: Da werden argentinische Politiker bestochen und gekauft, politische Gegner ausgeschaltet und "geselbstmordet"; da wird der britische Handelsattaché in Spanien, der "verfluchte Yenken", von Dr. Panhorst, dem ehemaligen Generalsekretär des IAI, "buchstäblich vom Himmel herunter geholt und direkt zur Hölle geschickt", leider ohne seinen Chef, den "Stinkjuden Hoare", wie Institutspräsident Faupel bedauert; da erhält Dr. von Merkatz, der amtierende Generalsekretär des IAI, aus Madrid die Anweisung, die Fliegerlegenden Galland, Rudel und Reitsch in Bereitschaft zu setzen; da berichtet Dr. Hagen, der Bibliotheksleiter des IAI, wie sein Vorgesetzter im Morgengrauen des 2. Mai 43 von einem deutschen U-Boot bei Mar del Plata abgesetzt wird und dann, während das U-Boot wartet, in einer evangelischen Kirche Perón zum Putsch überredet, der Botschaft entsprechende Anweisungen gibt und wenige Tage später, am 8. Mai, zufrieden wieder nach Cádiz zurückfährt. Und am Ende schenkt dann noch der 71-jährige Faupel im letzten Brief seiner Topagentin Evita, "unserer Freundin", ein Brillantkollier; sie ist erfreut und lässt "herzlichste Dankesgrüße übermitteln".

Es sind *schöne Geschichten, aber sie sind*, wie gesagt, *alle falsch*. Die Personen sind echt,[1] aber die Briefe haben sie nicht geschrieben. Die Briefe schrieb Heinrich Jürges.

Abb. 1: Die "fast echte" Unterschrift des Kapitäns Niebuhr, gefälscht von Heinrich Jürges.

---

[1] Wilhelm Faupel war tatsächlich 1934-45 Präsident des Ibero-Amerikanischen Instituts, Niebuhr war tatsächlich Attaché in Buenos Aires. Hauptmann Panhorst, der Generalsekretär (1930-38), hat während des Krieges in Spanien für den deutschen Geheimdienst gearbeitet (als "Landwirtschaftsexperte" im Dienste des Admirals Canaris), und Yenken ist wirklich in Spanien mit dem Flugzeug abgestürzt.

1.2 Ihr Erfinder: Heinrich Jürges hatte bessere Tage gesehen.

Nach Aussagen der Genossin *** ist der Jürges in der letzten Zeit sehr nervös und hat auch viel getrunken, was ganz gegen seine frühere Gewohnheit ist. Er steht ferner den ganzen Tag am Fenster seiner Wohnung und beobachtet die Straße, vor allem die Menschen, die im Haus aus- und eingehen. Dabei führt er Selbstgespräche. Er fühlt sich durch Mitarbeiter des MfS beobachtet, was dadurch zum Ausdruck kam, daß er *** bei einem Theaterbesuch sagte: "Da ist schon wieder einer von der Stasi."

Wir wissen das von Hille, dem Mitarbeiter des MfS, der den Auftrag hatte, Jürges zu beobachten.[2] Er ist damals, Anfang Juni 53, "im Haus aus- und ein"-gegangen und hat bei den Nachbarn Erkundigungen über Jürges eingezogen. Er hat dabei auch mit einem etwa 1,70 Meter großen, graumelierten Herrn, graugrüner Trenchcoat, schwarze Halbschuhe, gesprochen. Später erfuhr er von der Genossin ***, dass es Jürges war, den er befragt hatte.

Die Genossin ***, ein Fräulein Koch, das zur Babelsberger Richterschule gehen wollte, musste es wissen. Sie wohnte nebenan und war Duzfreundin der Familie seit dem Tag, an dem Frau Jürges sie in ihrer Zahnarztpraxis behandelt hatte.

Die Stasi hatte Heinrich Jürges im Visier. Sie glaubte, er sei ein Spion, ob für die Engländer, die Amerikaner, die Brasilianer oder für das "Adenauer-Regime", war nicht klar. Vorher hatten ihn andere im Visier gehabt: Nazi-Agenten in Chile, argentinische Gerichte, das Berliner Ibero-Amerikanische Institut, die amerikanische Militärpolizei, die britische, diverse deutsche Staatsanwälte, ein Bonner Minister, Juden, Zionisten, der "Staatsfeind" Paul Merker, der "Titoist" Wolfgang Leonhard, um nur einige zu nennen. Die einen haben nie erfahren, dass sie Jürges verfolgt haben, und die andern haben es irgendwann aufgegeben, den Nebel um ihn und seine Geschichten lichten zu wollen. Auch die Stasi hat ihn schließlich am 28. Februar 55 mit 169 Blatt zu den Akten gelegt.[3]

---

[2]   Überliefert ist es im Ermittlungsbericht seines Referatsleiters ("Akte Jürges", s. Bibliographie [im Folgenden AJ mit Blattnummer], Bl. 98); die mit *** bezeichneten Stellen wurden geschwärzt.

[3]   Heinrich Jürges war eigentlich nichts von alledem, was man hinter ihm vermutete: 1898 in Wuppertal geboren; Volks-, Real- und Handelsschule; Kaufmännischer Angestellter. Nach eigener Aussage schon in den 20er Jahren Mitarbeiter von Goebbels, mit dem er sich dann überwarf. 1933 nach Lateinamerika emig-

Die Stasi war nur an Jürges, dem "Spion", interessiert (der er nicht war). Uns interessiert Jürges, der Fälscher (der er war): durchaus ein Meister seines Fachs, mit einem Hang zum Dramatischen, was ihm gelegentlich zum Verhängnis wurde. Fast alle seine Geschichten sind filmreif, regelrechte Drehbücher. Das ist wörtlich zu nehmen: Rout und Bratzel haben darauf hingewiesen (1984: 504), dass eine Anfang 44 von Jürges präsentierte Fälschung, die "Hellmuth-Affaire", sehr exakt den Plot von Fritz Langs Film *Hangmen also die* (1942) wiedergibt. Uns geht es hier um eine andere Geschichte, um Jürges und das Ibero-Amerikanische Institut und damit um einen anderen Film, etwa um Alfred Hitchcocks *Notorious* (1946) mit seinen sinistren Nazispionen und der Spionenmutter mit ihren blonden Schneckenzöpfen: Mit Briefen und Dokumenten, die er aus den Kellern der zerstörten Reichskanzlei und anderen Kellern hat, führt uns Jürges in die dubiose Welt der Geheimdienste, und das mit allem, was dazu gehört.[4] Seine Geschichten hat ihm niemand so richtig geglaubt, aber

---

riert (hauptsächlich Buenos Aires und Montevideo); dort Beteiligung an Strassers *Schwarzer Front*, mit der er sich überwarf. Nach dem Krieg Tätigkeit bei der Amerikanischen Militärregierung in Berlin (OMGUS), mit der er sich überwarf. 1950 in den Russischen Sektor übergesiedelt und später – nach seinen Schwierigkeiten mit der Stasi – in den Englischen Sektor zurückgekehrt. Mitte der 50er Jahre eifriger Benutzer der Ibero-Amerikanischen Bibliothek (d.h. des IAI), wo er als Spätheimkehrer aus russischer Kriegsgefangenschaft auftrat, "sehr harmlose Bücher wie zum Beispiel Romane" las und von den Bibliothekaren für einen CIA-Agenten gehalten wurde (Hagen in Anhang 3). Anfang der 60er Jahre dann noch einmal ein Prozess in Westdeutschland, der sich bis 1966 hinzieht; er wirkt so arm, krank und heruntergekommen, dass man am Schluss auf zivilrechtliche Schritte gegen ihn verzichtet (Volberg 1981: 121f.). Alles in allem eine traurige Geschichte, eine gescheiterte Existenz.

[4] Auf solche Filme kommt wohl jeder, der sich auf Jürges-Geschichten einlässt: Als ich Ronald Newton während des Berliner "Exil"-Colloquiums von meinem Eindruck erzählte, zog er sein Vortragsmanuskript aus der Tasche und zeigte mir seinen Hinweis auf Fritz Lang (1994: 197). Fast vierzig Jahre vorher war Carlos von der Becke bei seiner Gegendarstellung zum gleichen Ergebnis gekommen: "Er übertrifft noch das Beste von Hitchcock" (1956: 225). Wer die Filme kennt, findet die Bilder in den Jürges-Papieren wieder (und umgekehrt könnte man die Jürges-Papiere durchaus in dieser Manier verfilmen). Mit *Notorious* gibt es allerdings eine Schwierigkeit: In der damaligen deutschen Synchronisation hatte man – "vergangenheitsbewältigend" – aus den bösen Nazi-Spionen ebenso böse internationale Rauschgifthändler gemacht. Jürges hätte den Film also im Original sehen müssen, aber auch das wäre möglich gewesen: Als Mitarbeiter der amerikanischen Militärregierung hatte er Zugang zum *Outpost*, dem Kino für US-Bürger im damaligen Berlin.

sie haben ihren Reiz, sie prägen sich ein und sind dann nicht mehr aus der Welt zu schaffen.

1.3 Ihre Wirkung: Im Herbst 1939 veröffentlicht der Emigrant Heinrich Jürges in einer Bonarenser Zeitung Dokumente, von denen er sagt, sie seien ihm aus der Deutschen Botschaft zugespielt worden. Nach diesen Dokumenten plant die deutsche Regierung, in Südargentinien militärische Stützpunkte anzulegen. Die argentinische Regierung verlangt Aufklärung. Es kommt zum "Patagonien-Prozess", in dem die Botschaft vorträgt, dass die Dokumente gefälscht seien und dass Heinrich Jürges in Deutschland bereits einschlägig vorbestraft sei; von 1924 bis 1927 habe er wegen Meineids und Urkundenfälschung eine Zuchthausstrafe verbüßt. Die Affäre trübt das argentinisch-deutsche Verhältnis, die Aktivitäten der NSDAP werden in Argentinien verboten; erst nach Peróns Putsch normalisieren sich die Beziehungen wieder.

Ob die Dokumente nun falsch waren oder echt, ob sie für die argentinische Regierung ein Grund für das NSDAP-Verbot waren oder nur ein Anlass, eins ist sicher: Mit seiner Aktion hat Jürges Geschichte gemacht. Er zahlt dafür: Gefängnis und Ausweisung aus dem argentinischen ins uruguayische Exil.

Damit ist Jürges Antifaschist. Später – nach dem Krieg, in Berlin – soll er das beweisen. Und da legt er wieder Dokumente vor: Briefe und Protokolle, die die Hintergründe des "Patagonien-Prozesses" beleuchten, eben jene "Faupel-Geschichten". Er selbst hat wenig Erfolg damit, aber seine Geschichten verselbständigen sich.

Außer dem Personal der Deutschen Botschaft in Buenos Aires und den Mitarbeitern des Berliner Ibero-Amerikanischen Instituts werden in diesen Dokumenten auch die "argentinischen Freunde" belastet: Perón, Evita und eine Reihe von Generälen, Politikern und Beamten – nach den Jürges-Papieren sind sie alle Kreaturen der Nazis, willige Handlanger, käuflich und korrupt. Eigentlich sind das Dinge, die während des Kriegs passiert sein sollen, aber sie fügen sich auch danach noch in die politische Lage – schließlich bleiben diese Leute ja weiter an der Macht. 1953 veröffentlicht also Silvano Santander, ein vehementer Perón-Gegner im uruguayischen Exil, die Jürges-Papiere im Faksimile. Sein Buch ist schnell vergriffen, noch im gleichen Jahr folgt die zweite Exilausgabe; wirkliche Verbreitung findet es aber erst durch die dritte Ausgabe, die 1955 in Buenos Aires in großer Auflage erscheint.[5] Seitdem sind die Briefe historische Dokumente zur deutsch-argentinischen Geschichte oder zur Geschichte des Ibero-Amerikanischen Instituts.

Was hat es also auf sich mit diesen Briefen, mit der Geschichte, die dort erzählt wird, und mit dem Strafregister? Sind sie echt? Oder sind sie Fälschungen? Dokumentieren sie deutsch-argentinische Wirklichkeit oder nur die Nöte und den Erfindungsreichtum eines in die Enge getriebenen politischen Falschmünzers? Die Suche nach Antworten führt durch ein Labyrinth aus Echt und Falsch.

1.4 Danksagung: Ich stieß auf diese Geschichten beim Sichten der hinterlassenen Papiere Hermann B. Hagens. Was Jürges gemacht hat, ließ sich mit Hagens Notizen und mit der Literatur klären; warum er das getan hat und wozu, darüber konnte man nur Vermutungen anstellen. Und dabei wäre es vermutlich geblieben. Dass es nicht so kam, lag an einer Wühlmaus, einem Archivfrettchen, das damit nicht zufrieden war, sich auf den Weg zur Gauck-Behörde machte und dort die Akte "Jürges, Heinz" fand: Alles was ich über Entstehung und Hintergründe der Jürges-Papiere weiß, verdanke ich Oliver Gliech.

Außerdem danke ich Anneliese Seibt für viele Jahre schöner Zusammenarbeit und für die Geduld, die sie auch bei diesem Beitrag noch mit mir gehabt hat.

Und dann danke ich meiner Frau, obwohl sie mir mein schönes Manuskript mehrmals auf den Kopf gestellt hat. Weil, natürlich.

---

[5] Nach einem Artikel in der *Welt* soll es eine "Millionenauflage" gewesen sein (Merck 1956). Das Buch selbst ist unscheinbar: *Técnica de una traición. Juan D. Perón y Eva Duarte, agentes del nazismo en la Argentina* (127 Seiten, 4 Photos, 13 Faksimiles, Buenos Aires: Ed. Antygua 1955; Vorwort datiert auf Oktober 1955, Abschluss des Drucks laut Kolophon am 31. Oktober 1955). Nach Faksimileseiten bei von der Becke (1956) weicht diese dritte Ausgabe von den beiden vorherigen ab (127 Seiten, Montevideo: Taller Gráfico Tricromía 1953, mit Vorwort vom Juli 1953; beide Ausgaben sind in der Benson Latin American Collection nachgewiesen).

2. Der Stand der Dinge

2.1 Die Jürges-Papiere: Was es mit diesen Geschichten auf sich hat, wissen wir von Jürges. Im "Patagonien-Prozess" hatte die Deutsche Botschaft auf sein Vorstrafenregister hingewiesen. Alles Fälschung, hatte Jürges dazu gesagt. Erst Jahre später erfährt er "die Wahrheit": Nach Deutschland zurückgekehrt, findet er Briefe von und an Wilhelm Faupel, Leiter der Nazispionage in Lateinamerika, und Protokolle von Vernehmungen seiner damaligen Prozessgegner, und da steht es dann, schwarz auf weiß, dass Heinrich Jürges der gefährlichste Nazigegner in Buenos Aires war und wie er an sein Strafregister kam: Im Laufe des Prozesses hatte die argentinische Regierung auf dem Amtsweg einen Auszug aus dem entsprechenden Strafregister verlangt; das Auswärtige Amt in Berlin musste antworten; und daraufhin hat Faupel Anweisung gegeben, in Hagen, wo Jürges in den 20er Jahren wohnte, entsprechende Vermerke im Strafregister nachzutragen. Die drei Vorstrafen des Heinrich Jürges waren also eindeutig eine Fälschung des deutschen Geheimdienstes, ein faschistisches Machwerk. Das ist die Erklärung, die Jürges dazu gegeben hat: er allein, ein anderes Zeugnis gibt es nicht.

Um seine Version zu belegen, hat Jürges "Beweismittel" vorgelegt. Insgesamt handelt es sich dabei um elf Texte, im Folgenden Jürges-Papiere oder "Dokumente" genannt:

6   Briefe von, an und über Faupel; im Folgenden "Faupel-Briefe" oder 'Brief' 1-6 genannt (Text in Anhang 1.1-6).

1   Brief des *Schwarze Front*-Herausgebers Bruno Fricke; im Folgenden "Fricke-Brief" genannt (Anhang 1.7).

1   Telegramm (Text: Anhang 1.8).

3   Aussagen vor einer Ermittlungs-Kommission der amerikanischen Militärregierung (OMGUS): die Aussage des Botschaftsrats Prinz Stephan zu Schaumburg-Lippe (Anhang 1.9), die Aussage des Botschafters Edmund von Thermann (Anhang 1.10) und die gemeinsame Aussage von Thermanns und des Bibliotheksdirektors am IAI, Hermann B. Hagen (Anhang 1.11); im Folgenden 'Protokoll' 9-11 genannt.

Abb. 2: Hermann B. Hagen 1926 in Mexiko. Wahrscheinlich wäre er Geographie-Professor geworden, wenn er nicht Plutarco Elías Calles begegnet wäre. Es war nur ein kurzes Gespräch am Rande eines Staatsbesuchs: Der Marburger Privatdozent klagte, dass es in Deutschland keine Bücher über Mexiko gäbe. "Dann kommen Sie nach Mexiko, wo Ihre Bücher stehen," sagte der designierte Präsident sinngemäß auf Mexikanisch und versprach ihm eine Vollmacht. Hermann Hagen nahm das wörtlich, fuhr mit zwei Koffern los und kam anderthalb Jahre später mit 25.000 Büchern zurück: neben der Quesada-Bibliothek der zweite Grundstock des IAI. Das Photo zeigt sein Hotelzimmer in Mexiko. Rechts oben sein Koffer, rechts unten sein Bett.

Hagen war einer der Gründer des IAI, Leiter der Bibliothek (1930-45) und später Direktor des Instituts (1946-57). Man hat ihm Orden verliehen, aber die trug er nicht. Festreden hat er keine gehalten, und gefeiert wurde er auch nicht. Aber das alte Ibero-Amerikanische Institut hat er geprägt wie kein anderer.

Und nicht nur das: 1945/46 hat er es auch gerettet. Der Präsident Faupel hatte sich umgebracht, der Generalsekretär von Merkatz hatte sich abgesetzt; der Berliner Magistrat wollte die Bücher und die Bibliothekare in die Universitätsbibliothek überführen und das IAI schließen. Hagen und die Referenten Bock, Kutscher, Oehlke und Richert haben das verhindert (Vollmer 1985). "Sehr schlimm war es damals [...] für die wenigen noch dort verbliebenen Beamten und Angestellten," schrieb er 84-jährig an Klaus Volland (AH 19), ohne ein Wort darüber zu verlieren, welche Rolle er dabei gespielt hatte.

Nach dem Verlauf der Geschichte, die in 'Brief' 1-6 erzählt wird (Anhang 2), kann es zwischen den ersten beiden Briefen noch einen anderen gegeben haben; außerdem ist nach 'Brief' 6 noch ein weiterer Brief, das Schlusskapitel, denkbar. Auch die "Aussagen" sind offensichtlich nicht vollständig: Der Form nach sind es Passagen aus längeren Protokollen. Jürges dürfte also noch mehr über Faupel und Nazis in Buenos Aires geschrieben haben, aber bisher sind nur diese elf "Dokumente" bekannt geworden.

Alle elf "Dokumente" werden in Anhang 1 veröffentlicht. Es gibt drei Gründe dafür: Einerseits sind es Zeugnisse einer verqueren, in Nöte geratenen Phantasie, reizvolle Fiktion also. Zum anderen geben sie Einblick in die Werkstatt des Fälschens, in das Produzieren von Fehlinformationen, da man hier das Erfinden rekonstruieren und die Erfindungen an der Realität messen kann. Und zum dritten – und das ist der Hauptgrund – sind es 'Un-Dokumente': Alle Aussagen über das Ibero-Amerikanische Institut und die deutsch-argentinischen Beziehungen während des Dritten Reichs, die mit Angaben in diesen "Dokumenten" übereinstimmen oder dort zwischen den Zeilen stehen, sind falsch. Alle Schlüsse, die direkt oder indirekt aus diesen "Dokumenten" gezogen werden, sind falsch. Anhang 1 'dokumentiert' also die falsche Materialbasis, den falschen Schluss.

2.2 Die Entgegnungen: Santanders Buch war kaum erschienen, da regten sich Proteste. Hermann Terdenge, BRD-Botschafter in Buenos Aires, der erste nach dem Krieg, schrieb Ende 53 mehrere Briefe an den argentinischen Außenminister. Sein Vorgänger im Amt, Erich Otto Meynen, der "Verfasser" von 'Brief' 5, hatte schon vorher eine Erklärung abgegeben.[6] Aber das waren interne Richtigstellungen unter Diplomaten. Erst mit der dritten, der großen Ausgabe von 1955 erreichte Santander die argentinische Öffentlichkeit, und dreizehn Monate später war dann auch die öffentliche Antwort im Handel. Carlos von der Becke, einer der in den Briefen als korrupt und bestechlich belasteten Offiziere, hatte eine umfangreiche Gegendarstellung verfasst. Auf 318 Seiten wies er sachliche Fehler in den von Santander präsentierten "Offiziellen Dokumenten" nach: falsche Dienstgrade, falsche Unifor-

---

[6] Die Briefe sind als Apéndice 3-6 zu von der Beckes Gegendarstellung veröffentlicht (1956: 315-318).

men, falsche Schecks usw. – eine lange Liste, die eigentlich jeden Glauben an die Echtheit der Dokumente verbieten müsste.[7]

Zur gleichen Zeit dachte auch in Deutschland jemand über Santanders Faksimiles nach: Hermann B. Hagen, der als "Dr. Haggen" in 'Protokoll' 11 dubiose Aussagen macht über Faupels U-Boot-Fahrt nach Buenos Aires. Er war durch Zufall an das Buch gekommen: Hasso Vitz, ein Mitarbeiter der *Freien Presse* (Buenos Aires), machte 1956 eine Deutschlandreise und besuchte bei dieser Gelegenheit auch Hermann Hagen, damals Direktor der Ibero-Amerikanischen Bibliothek (d.h. des früheren und späteren Ibero-Amerikanischen Instituts). Vitz erzählt beiläufig von Santanders Buch und der Rolle, die Faupel und das IAI dabei spielen; Hagen ist interessiert; Vitz leiht ihm sein Exemplar; Hagen liest es und ist verwirrt.

Er hatte Anlass: Er war 1930 einer der Gründer des Instituts gewesen; war von Anbeginn an Bibliotheksdirektor und damit nach oder neben den Generalsekretären Karl Heinrich Panhorst (1930-38) und Hans-Joachim von Merkatz (1938-45) ranghöchster Mitarbeiter Faupels gewesen und danach dessen Nachfolger geworden (1946-57).[8] Er kannte das Institut und die Leute, die dort beschäftigt waren, bis ins Intime.[9] Und nun liest er Dinge, die dort – "vor seiner Nase" – passiert sein sollen, aufregende Dinge, aber sie müssen sich auf einem anderen Stern zugetragen haben. Er stolpert über die Unterschrift Faupels, die kannte er aus elfjähriger Zusammenarbeit. Den Brief hatte Faupel

---

[7]   Nach eigenen Worten hat von der Becke mehrere Monate Recherchen in sein Buch gesteckt und es dann auf eigene Kosten veröffentlicht: *Destrucción de una infamia. Falsos "Documentos Oficiales"* (Buenos Aires 1956; Abschluss des Drucks laut Kolophon am 22. November 1956). Im gleichen Jahr erschien eine zweite Gegendarstellung: Walter von Simons, *Santander bajo la lupa. Técnica de un papellón* (Buenos Aires: Ed. Aluminé 1956). Von Simons, der ehemalige Leiter der Agentur "Transocean" in Buenos Aires, der in den Jürges-Papieren nicht und im Buch nur am Rande (1955: 28) vorkommt, war schon bei anderer Gelegenheit mit Santander und der Comisión Investigadora kollidiert (*Diario de sesiones* 1942: 645).

[8]   Formell wurde er erst später Direktor, de facto führte er aber ab 1946, seit der Übernahme des Instituts durch den Berliner Magistrat also, die Geschäfte.

[9]   Wenn er später, lange nach seiner Pensionierung, das Institut besuchte, soll er kaum dazu gekommen sein, mit seinem Nachfolger zu sprechen. Auf dem Wege zum Direktorzimmer sei er von den Mitarbeitern abgefangen worden, um bibliothekarische Auskünfte zu geben, allgemeine Lebenshilfe zu leisten oder Streitigkeiten zu schlichten. Er sei eine "Instanz" gewesen, sagte mir Gisela Wallos, Oberamtsrätin im IAI, die ihn in der Zeit noch erlebt hatte.

1944 aus Madrid geschrieben (wo er damals nicht war) und zwar an den "lieben" "Hans" von Merkatz im "Lateinamerikanischen" Institut. "Faupel hätte Herrn von Merkatz im Jahre 1944 wohl kaum mit 'Mein lieber junger Freund' angeredet," sagt Hagen (in Anhang 3). Keiner seiner damaligen Kollegen scheint ihn für "lieb" gehalten zu haben, zumindest ist das nicht überliefert – wohl aber das Gegenteil.[10] Es herrschte Distanz, und deshalb hätte niemand, auch Faupel nicht, seinen Namen verstümmelt: Er hieß Hans-Joachim. Und was noch schlimmer war: das Wort "lateinamerikanisch". Wenn es ein Wort gab, das Faupel hasste, dann war es das Wort "lateinamerikanisch". Das war ein Schlagwort der französischen und angelsächsischen, das heißt der "feindlichen" Propaganda. Jeder der dieses Wort benutzte, wurde – und Hagen konnte das bezeugen, er hatte es jahrelang miterlebt – von ihm belehrt und korrigiert. Faupel kämpfte für "ibero-amerikanisch", und das bis zum Bindestrich.[11] Daß seine damaligen Mitarbeiter dann 1946 in ihrer Not, die Konkursmasse zu retten, das Institut "lateinamerikanisch" nannten,[12] hängt wohl auch damit zusammen: Für sie muss das die perfekte Camouflage der Vergangenheit gewesen sein.

Nachdem Hagen all diese verwirrenden Dinge zur Kenntnis genommen hatte, schrieb er einen langen Brief an die Deutsche Botschaft in Buenos Aires, für die sich ja nun "die Frage erhebt, wie gegen die schädlichen Auswirkungen des Buchs angekämpft werden kann". Er zählt alles auf, was nach seiner Kenntnis des "Faupel"-

---

[10] "Wenn man sich mit anderen unterhielt, und von Merkatz kam in die Nähe, hörte man auf zu reden, über Witze wurde dann nicht mehr gelacht," sagte mir in den 70ern Gerdt Kutscher (1942-78 im IAI, zuletzt als Wiss. Direktor). Und Hagen benachrichtigte nach der Lektüre von Santanders Buch zwar den ersten Generalsekretär Panhorst (der in 'Brief' 5 erwähnt wird), nicht aber dessen Nachfolger von Merkatz (an den dieser 'Brief' adressiert ist): "Dagegen unterlasse ich eine Benachrichtigung an Herrn von Merkatz, mit dem ich seit 1945 keine Verbindung mehr habe." Was – vgl. Vollmer (1985: 497) – nicht so ganz stimmt. Hagens Brief an Panhorst aus dem Jahre 1956 ist als handschriftlicher Entwurf in der "Akte Hagen" (Bibliographie [im Folgenden AH mit Blattnummer], Bl. 8) erhalten.

[11] Näheres dazu in den Beiträgen von Silke Nagel und Dawid D. Bartelt in diesem Band.

[12] Der Vorschlag, einfach den Namen zu ändern, stammte – schreibt Hagen am 6. Februar 73 an Klaus Volland (AH 20) – von einem Mitglied der amerikanischen Untersuchungskommission. Über das Institut in den Nachkriegsjahren Vollmer (1985); die dort benutzten Dokumente stammen im Wesentlichen aus dem Nachlass Kutscher im IAI.

Instituts falsch ist: nach von der Beckes "argentinischer Perspektive" also die Gegendarstellung aus "Berliner Sicht" (Text in Anhang 3). Sein Brief, der nicht für die Öffentlichkeit bestimmt war und eigentlich auch nur durch Zufall erhalten ist,[13] ist auch in anderer Weise bemerkenswert: Er ist eine der wenigen Auseinandersetzungen eines IAI-Mitarbeiters mit Angelegenheiten des Instituts im Dritten Reich.

Hagens Fakten und von der Beckes Fakten ließen sich – ohne große Anstrengung – durch weitere Fakten ergänzen. Da berichtet zum Beispiel Kapitän Niebuhr an Faupel, daß Topagentin Evita ("ein verteufelt hübsches, intelligentes, charmantes, zielstrebiges und draufgängerisches Frauenzimmer") die "Arbeitsgebiete Brasilien und südliche Pazifikküste" übernommen habe ('Brief' 3): ein Kapitän zur See, der den Atlantik mit dem Pazifik verwechselt!

Auch eine Stilanalyse würde sich lohnen. Schon auf den ersten Blick fällt auf, dass der Kapitän Niebuhr, die Berufsdiplomaten Meynen und Freude und der Institutspräsident Faupel bei allen individuellen und laufbahnbedingten Unterschieden in den ihnen unterstellten Briefen exakt die gleiche Sprache sprechen und dass man diese Sprache dann wiederfindet in den Passagen, in denen Jürges selbst diese Zeit in seinen Lebensläufen beschreibt.[14] Der Brief, den Faupel an "Hans" von Merkatz geschrieben haben soll ('Brief' 5), hat jedenfalls nichts gemein mit all den anderen Faupelbriefen, die erhalten sind.[15]

So weit die Fakten. Aber, wie jedermann irgendwann erfahren hat: Gegen eine gut präsentierte und gut platzierte Lüge haben Fakten keine Chance. Die Argumente erreichen den Kopf und werden akzeptiert, aber die Bilder der Lüge werden nicht gelöscht. Sie kommen wieder zu Tage, wenn der Kontext es will. Es gibt Historiker, die nicht alles lesen können, und andere, die nicht alles lesen wollen; sie machen weiterhin direkten Gebrauch von diesen "Dokumenten".[16] Aber wich-

---

[13] Erhalten als handschriftlicher Entwurf in der "Akte Hagen" (AH 1-7).

[14] Ein geeigneter Text für einen solchen Vergleich ist der Jürges-Brief in Anhang 5.

[15] Einen Original-Brief hat Gliech in Anhang 5 zu seinem Beitrag über Faupel veröffentlicht.

[16] Mehr als zwanzig Jahre nach Carlos von der Beckes Richtigstellung schreibt ein anderer Argentinier, Ovidio Gondi, in seinem Aufsatz über "Hispanidad y Nazismo" (1978: 8): "Jahre später, als die deutschen Archive der Öffentlichkeit zugänglich gemacht wurden, fand man einen Brief Wilhelm von [!] Faupels, geschrieben an den Sekretär des Instituts", und dann folgt die Geschichte von Panhorsts Attentat ('Brief' 5); den Brief verdankt Gondi Santander, und das in die

tiger ist die indirekte Benutzung: das, was zwischen die Zeilen gerät, oder das, was Forschungsinteresse und Fragestellungen in bestimmte Richtungen lenkt.

Wenn die nüchternen Fakten die Bilder nicht verdrängen, dann hilft vielleicht nur noch eins: die pittoreske Geschichte, wie die Bilder entstanden sind. Wir verdanken sie dem Ministerium für Staatssicherheit der Deutschen Demokratischen Republik. Es ist schlimm, wem Historiker alles dankbar sind, wenn sie auf der Suche nach der Geschichte sind. Schlimm, aber nicht neu: Seit eh und je verdammt der Historiker die Inquisition und ihre Prozesse – und ist dankbar für die Akten.[17]

3. Chronik einer Fälschung

3.1 Ein Opfer des Faschismus: Am 19. Oktober 1946 kehrte Heinrich Jürges nach dreizehn Jahren Exil in Lateinamerika nach Berlin zurück. Er hatte eine Anstellung als Dolmetscher bei einer amerikanischen Kommission gefunden, die Fluchtwege von Kriegsverbrechern und den Transfer von Nazi-Gold nach Lateinamerika untersuchen sollte.[17] Er wohnte in dieser Zeit in der "Notunterkunftstätte für Zivilbeamte USA" in Berlin-Dahlem im Amerikanischen Sektor (Ladenbergstraße 22).

Die Arbeit bei den Amerikanern gibt er – nach Differenzen mit seinen Vorgesetzten (so Jürges) – wieder auf und nimmt als freier Journalist am 11. Juni 47 eine Wohnung im Berlin-Wilmersdorf im Britischen Sektor; von dort zieht er – nach Differenzen mit den Engländern (so Jürges) – Ende September 47 nach Berlin-Wittenau in den Französischen Sektor, wo er – so Jürges – von den Amerikanern behelligt wird (AJ 29), weshalb er am 17. Juli 50 nach Berlin-Pankow in den Russischen Sektor umzieht (AJ 9). Für die Wohnung in Pankow

---

Geschichte eingeschmuggelte Adelsprädikat hat er auch von Santander (1955: 59). Mit diesem "Adelsbrief" ist Wilhelm "von" Faupel vielerorts zu finden, selbst in der *Gran Enciplopedia de España*, immer mit entsprechender Charakterisierung. Und Ladislas Farago genügt dann noch nicht einmal die Plastizität der Jürges-Kolportage; er verfeinert sie noch mit weiteren Ornamenten (1974).

[17] So in Santanders Vorwort und in verschiedenen Eingaben, die Jürges an Dienststellen in Ost und West, an den Oberbürgermeister Ebert, an Hermann Matern von der Zentralen Kontrollkommission der SED und andere gerichtet hat und die dann alle in seiner Stasi-Akte landeten. Soweit nicht anders angegeben, stammen alle folgenden Belege aus dieser Akte (abgekürzt: AJ Blatt).

spricht außerdem, dass er inzwischen wieder verheiratet ist und seine
neue Frau dort eine Zahnarztpraxis hat. Da bleibt er dann, bis er Mitte
der 50er Jahre wieder in den Westen geht, nach Berlin-Tiergarten im
Britischen Sektor.[18] Der Wanderweg ist wichtig, denn es ist gleichzeitig eine Wanderung durch die Berliner Zuständigkeiten in den Nachkriegsjahren.

Noch bei den Amerikanern wohnend, beantragt Jürges seine Anerkennung als "Opfer des Faschismus". Am 27. Januar 47 schickt er den
entsprechenden Fragebogen mit einem ausführlichen Lebenslauf an
den Magistrat von Groß-Berlin, Hauptamt Sozialwesen, Hauptausschuss OdF, in Berlin-C im Russischen Sektor. Einen Monat später,
am 28. Februar, spricht er dort persönlich vor und reicht am folgenden
Tag noch einmal 18 "Dokumente" – hauptsächlich Zeitungsartikel von
oder über Jürges – als Anlagen zum Lebenslauf nach (AJ 35-46). Am
8. März 47 wird er daraufhin als "Opfer des Faschismus" anerkannt
und zwar in Gruppe I als "Kämpfer" (AJ 132). Er erhält den entsprechenden Ausweis, was nicht nur menschlich-moralische Anerkennung
und politische Rehabilitierung bedeutet, sondern auch handfeste Vorteile im Alltag mit sich bringt.

3.2 Kein Opfer des Faschismus: Heinrich Jürges war am Ziel. Als
anerkanntem Opfer des Faschismus standen ihm, dem man bisher mit
Misstrauen begegnet war, nun viele Türen offen. Aber es dauerte nicht
lange, da holte ihn seine Vergangenheit ein.

In den 20er Jahren hatte er im Ruhrgebiet gewohnt und war dort
dreimal mit dem Gesetz in Konflikt geraten: das erste Mal 1922 wegen Unterschlagung in Wuppertal-Barmen (10.000 M, ersatzweise
50 Tage Gefängnis), das zweite Mal 1923 wegen unbefugten Waffenbesitzes in Schwelm (3 Mio. M, ersatzweise 3 Tage Gefängnis) und
das dritte Mal 1924 wegen schwerer Urkundenfälschung in Tateinheit
mit Betrug und Anstiftung zum Meineid in Hagen (4 Jahre Zuchthaus
und 10 Jahre Ehrverlust) – eine Jugendsünde, ein Kavaliersdelikt und
eine echte Vorstrafe. So steht es jedenfalls im Strafregister (AJ 215).

---

[18] Sein Leserausweis für die "Ibero-Amerikanische Bibliothek" war ausgestellt auf
Potsdamer Straße 105 (AH 13).

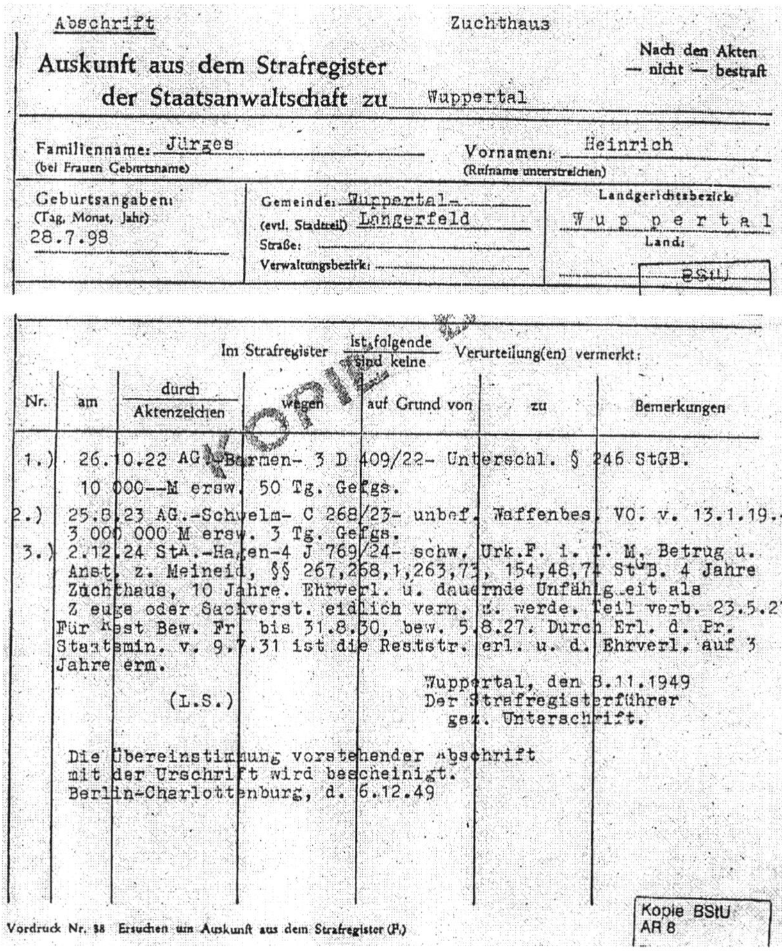

Abschrift   Zuchthaus

Nach den Akten
— nicht — bestraft

Auskunft aus dem Strafregister
der Staatsanwaltschaft zu Wuppertal

Familienname: Jürges   Vornamen: Heinrich
(bei Frauen Geburtsname)   (Rufname unterstreichen)

Geburtsangaben: Gemeinde: Wuppertal Landgerichtsbezirk
(Tag, Monat, Jahr) (evtl. Stadtteil) Langerfeld W u p p e r t a l
28.7.98 Straße: Land:
 Verwaltungsbezirk: BStU

Im Strafregister ist folgende/sind keine Verurteilung(en) vermerkt:

Nr.	am / durch Aktenzeichen	wegen	auf Grund von	zu	Bemerkungen
1.)	26.10.22 AG-Barmen-	3 D 409/22-	Unterschl.	§ 246 StGB.	
	10 000--M ersw. 50 Tg. Gefgs.				
2.)	25.8.23 AG.-Schwelm-	C 268/23-	unbef. Waffenbes	VO. v. 13.1.19.--	
	3 000 000 M ersw. 3 Tg. Gefgs.				
3.)	2.12.24 StA.-Hagen-4	J 769/24-	schw.Urk.F. i. T. M. Betrug u.		

Anst. z. Meineid, §§ 267,268,1,263,73, 154,48,74 StB. 4 Jahre
Zuchthaus, 10 Jahre. Ehrverl. u. dauernde Unfähigkeit als
Zeuge oder Sachverst. eidlich vern. u. werde. Teil verb. 23.5.27-
Für Rest Bew. Fr bis 31.8.30, bew. 5.8.27. Durch Erl. d. Pr.
Staatsmin. v. 9.7.31 ist die Reststr. erl. u. d. Ehrverl. auf 3
Jahre erm.

(L.S.)   Wuppertal, den 3.11.1949
       Der Strafregisterführer
       gez. Unterschrift.

Die Übereinstimmung vorstehender Abschrift
mit der Urschrift wird bescheinigt.
Berlin-Charlottenburg, d. 6.12.49

Vordruck Nr. 38 Ersuchen um Auskunft aus dem Strafregister (F.)

Kopie BStU
AR 8

Abb. 3: Die Vorstrafen. Kopie des Auszugs aus dem Strafregister, den die Oberstaatsanwaltschaft Wuppertal im November 49 an den Hauptausschuss "Opfer des Faschismus" des Magistrats von Groß-Berlin geschickt hatte (AJ 215).

Ende 1949 – Berlin war inzwischen geteilt – erhielt die für Wittenau zuständige Abteilung Sozialwesen/PRV des Magistrats in Berlin-Charlottenburg (Kantstraße 24) Kenntnis von diesen Vorstrafen. Wie, ist nicht bekannt. Nach Jürges war dies eine der Machenschaften des "Dr. Hans von Merkatz", den er in einem Artikel in *Der Weg*, der Zeitschrift der Jüdischen Gemeinde Berlins, scharf angegriffen habe. Dieser Zeitungsartikel ist aber erst – ebenfalls laut Jürges (AJ 173) – am 12. Januar 51 veröffentlicht worden.[19]

Jedenfalls erscheint Jürges Anfang November 1949 in der Kantstraße und trägt vor, die Deutsche Botschaft in Argentinien habe im Jahre 1939, um ihn im so genannten "Patagonienprozess" zu diskreditieren, ein von der Hitlerregierung gefälschtes Vorstrafenregister benutzt. Jürges bittet den Magistrat festzustellen, ob dieses gefälschte Register tatsächlich existiert und noch geführt wird. Der Magistrat fordert daraufhin am 4. November bei der zuständigen Oberstaatsanwaltschaft Wuppertal einen Auszug aus dem dortigen Strafregister an. Wenige Tage später liegt er in Berlin vor. Den Magistrat interessiert nur die Zuchthausstrafe; er wendet sich daher an die Oberstaatsanwaltschaft Hagen, wo der Prozess geführt worden ist, und bittet um Zusendung der Akte 4J769/24. Aus Hagen wird mitgeteilt, dass die Akten "nicht auffindbar und wahrscheinlich durch Kriegseinflüsse in Verlust geraten" seien. Mit Schreiben vom 6. Dezember 49 wird Jürges über dieses Ergebnis informiert. Der Magistrat ersucht ihn um eine schriftliche Stellungnahme und empfiehlt ihm, aktiv zu werden und von sich aus alle ihm "geeignet erscheinenden Wege zu gehen, die zu einer Nichtigkeitserklärung des [seiner] Behauptung nach gefälschten Vorstrafenregisters führen können" (AJ 47f.).

Daraufhin fährt Jürges nach Wuppertal. Am 22. Februar 50 erscheint er in der Geschäftsstelle der Staatsanwaltschaft, präsentiert das Schreiben des Berliner Magistrats vom 6. Dezember und erklärt, dass er nur einmal verurteilt worden sei und zwar 1923 wegen unbefugten Waffenbesitzes und dass die beiden anderen Eintragungen (Unterschlagung 1922 und Urkundenfälschung 1924) gefälscht seien. Er beantragt, die Angelegenheit in Hagen klären zu lassen und das Strafregister entsprechend zu berichtigen (AJ 201). Und damit setzt er eine Dampfwalze in Bewegung.

Der Oberstaatsanwalt in Wuppertal stellt zunächst die üblichen Ermittlungen an, aber ohne Ergebnis. Dann fordert er am 29. Juni 50 Jürges auf nachzuweisen, wo er sich in der Zeit von Dezember 1924 bis Mai 1927, in der er laut Register im Zuchthaus war, aufgehalten

---

[19]   Ein Versehen oder ein Schreibfehler kann ausgeschlossen werden, da in anderem Zusammenhang das gleiche Datum genannt wird (AJ 59 oder 141).

habe, und das durch Urkunden oder andere Beweismittel zu belegen (AJ 201). Jürges antwortet am 4. Juli, dass er in dieser Zeit in Holland gewohnt habe und dass er Beweise nachreichen werde (AJ 202f.).

Daraufhin wendet sich die Oberstaatsanwaltschaft Wuppertal am 10. Juli an die Oberstaatsanwaltschaft Hagen: Es soll festgestellt werden, ob bei der Ausstellung des von Jürges vorgelegten Auszugs aus dem Strafregister ein Versehen unterlaufen ist und ob es noch andere Unterlagen zu diesem Fall gibt (AJ 202). Der Oberstaatsanwalt in Hagen stellt fest, dass kein Versehen unterlaufen ist, und ordnet eine Untersuchung an:

- Die Kripo Hagen stellt die Mitangeklagten im damaligen Prozess fest. Es sind drei Männer, von denen der eine verstorben ist, der zweite verschollen; der dritte wird in Hagen ausfindig gemacht. Er wird am 25. August vernommen und erklärt, dass Jürges in Haft war (AJ 202-204). Am 23. Januar 51 wird er erneut vorgeladen. Man hat inzwischen ein Photo von Jürges, und der Zeuge identifiziert ihn als seinen Mitangeklagten ("er sieht allerdings wesentlich älter aus als z.Zt. der gemeinsamen Verurteilung"; AJ 205).

- Die Kripo Schwelm, wo Jürges in jenen Jahren gewohnt hat, findet einen ehemaligen Polizeimeister, der damals im Dienst war (und der kurioserweise Wilhelm Vaupel heißt) und zwei Frauen, die damals mit Jürges im gleichen Hause gewohnt haben. Sie werden am 23. Oktober vernommen und erklären, dass Jürges in Haft war (AJ 205-207).

- Die Kripo Köln findet eine alte Dame in Köln-Mühlheim, die offensichtlich – die entsprechenden Passagen sind in der Akte geschwärzt – die Witwe des verstorbenen Mitangeklagten ist. Sie wird am 7. November vernommen und erklärt, dass Jürges in Haft war (AJ 207).

- Die Nachforschungen im Meldeamtsregister von Schwelm ergeben (AJ 206): "Am 11.2.1924 ist er wieder nach hier *** bei *** zugezogen. Auf der Karte befindet sich ein handschriftlicher Vermerk, daß J. sich seit dem 23. 8. 1924 im Gefängnis in Münster befindet. Jürges ist dann am 23. 5. 1927 erneut von Münster (Gefängnis) hier bei *** zur Anmeldung gelangt und hat sich am 21. 10. 1927 nach Antwerpen abgemeldet. Seit dieser Zeit ist Jürges hier nicht mehr wohnhaft gewesen. Die Daten auf der Haus-

karte des hiesigen Meldeamtes hinsichtlich seiner Entlassung aus
dem Zuchthaus in Münster decken sich mit den Daten hinsichtlich
seiner Entlassung aus der Strafhaft im Strafregisterauszug."

Am 23. Januar 51 teilt der Hagener Oberstaatsanwalt seinem Kollegen in Wuppertal mit (AJ 208): "Nach den eingeleiteten Ermittlungen steht fest, daß der Antragsteller Jürges (Bl. 1 [= AJ 201]) tatsächlich im Jahre 1924 zu vier Jahren Zuchthaus wegen Meineids pp. verurteilt wurde und daß die Angaben im Antrage Bl. 1 unwahr sind."

Dieses Ergebnis wird dem Westberliner Senator für Sozialwesen
in Berlin-Wilmersdorf mitgeteilt, der es dann zuständigkeitshalber –
Jürges ist inzwischen nach Berlin-Pankow umgezogen – am 14. März
51 an die Ostberliner VdN-Dienststelle in Berlin W 8 weitergibt (AJ
50f.). Einen Monat später, am 14. April, wird Jürges vom Referat VdN
mitgeteilt, dass "eine Übernahme [seiner] OdF-Anerkennung nach den
Richtlinien vom 14.6.50 als VdN nicht erfolgen kann" (AJ 221). Die
schriftliche Begründung folgt am 22. Mai: Neben verschiedenen anderen Dingen "ist uns Ihr Strafregister zur Kenntnis gekommen [...].
Diese Tatsache ist allein ausreichend" (AJ 134f.).

Jürges erhebt am 28. Mai 51 Einspruch und kündigt an, er werde
zur mündlichen Verhandlung vor dem Beschwerdeausschuss "weitere
dokumentarische Beweise dafür vorlegen, daß dieses Strafregister das
Produkt einer gemeinen Fälschung ist" (AJ 136f.). Das ist inzwischen
auch nötig, besser gesagt, fast schon zu spät. Echt oder gefälscht, die
Existenz des Strafregisters war Jürges seit 1939 bekannt, und nun fragt
man sich im VdN, warum er diesen "enorm wichtigen" Tatbestand in
seinem OdF-Antrag verschwiegen hat: "Wir halten deshalb seine Behauptung, daß der Strafregisterauszug gefälscht worden ist, für unglaubhaft."[20] Man hat inzwischen die Wuppertaler Ermittlungen zur
Kenntnis genommen, und dagegen helfen Jürges nur noch handfeste
Beweise.

Die Verhandlung vor dem Beschwerdeausschuss ist auf Anfang
Juli 51 angesetzt, findet dann aber erst am 22. November 51 statt:
Jürges präsentiert seine "dokumentarischen Beweise", die Sitzung

---

[20]   Der VdN-Vorsitzende Proksch an den Beschwerdeausschuss, Berlin, 5. November 51 (AJ 138).

wird vertagt.[21] Jürges protestiert am 25. November auf acht Seiten (AJ 54, 56-62). Die neue Verhandlung findet am 17. April 52 statt, der Ausschluss wird bestätigt (AJ 65-67). Formell wird diese Entscheidung mit anderen Dingen begründet, etwa mit seiner Zugehörigkeit zu Strassers *Schwarzer Front*: 'Hitlergegner, aber kein Antifaschist'.

Jürges gibt nicht auf. Am 28. April 52 wendet er sich noch einmal an die Oberstaatsanwaltschaft Wuppertal (AJ 208f.): Er legt Photokopien von zwei Briefen[22] vor, aus denen hervorgeht, dass sein Strafregister 1939 gefälscht worden ist. Die Kopien haben amtlichen Charakter: Sie sind am gleichen Tag von Frau Höhne, "Justizobersekretärin als Urkundsangestellte der Geschäftsstelle des Amtsgerichts [Berlin-]Pankow" beglaubigt worden. Die Wuppertaler Juristen beeindruckt das nicht, denn die Stempel besagen nur, dass die Kopien mit den in Pankow vorgelegten Originalen übereinstimmen; sie sagen nichts aus über die Echtheit oder die Glaubwürdigkeit der Originale.

Außerdem gibt Jürges die im Juli 50 angekündigten Auskünfte[23] über seinen Aufenthalt in Holland (AJ 209): Er könne diesen Aufenthalt nicht nachweisen, da dort keine Meldepflicht bestanden habe, etwa vorhandene Unterlagen "bei der Bombardierung Rotterdams durch die Göringsche Luftwaffe im Jahre 1940" vernichtet und "die jüdischen Familien Hausdorf-Coni und van Gemert, bei denen [er] gewohnt habe, von der Gestapo in die Gaskammern von Auschwitz geschickt" worden seien. Und so weiter. (Ein Jahr später legt er dann bei einer Vernehmung im Volkspolizeirevier Berlin-Pankow einen Beweis vor: "eine Postkarte aus Holland", die aber von VP-Mstr. Conrad "nicht entziffert werden [kann], da sie in holländischer Sprache geschrieben ist" (AJ 227). Diese Postkarte ist also sein einziger Nachweis über den Aufenthalt in Holland. Und dagegen stehen nun

---

[21] Im Protokoll der Sitzung (AJ 142f.) werden Jürges' Beweismittel nicht erwähnt. Was er nun wirklich während dieser und der folgenden Verhandlung vorgelegt hat, bleibt zu klären (siehe Kap. 5.1).

[22] Niebuhr an Faupel vom 7. August 39 und Meynen an Niebuhr vom 12. Juni 43 ('Briefe' 1 und 4); Abschriften der vom Amtsgericht Pankow am 28. April 52 beglaubigten Kopien (AJ 210-214).

[23] Am 4. Juli 50 hatte er nach Wuppertal geschrieben, dass er die gewünschten Unterlagen besorgen und nachreichen würde, "sobald der mir bekannte und gegenwärtig hier abwesende Oberst *** von der Holländischen Militärmission in Berlin wieder hier ist" (AJ 203). Davon ist nun nicht mehr die Rede.

die Ermittlungen in Hagen, Schwelm und Köln und die Eintragungen im Hagener Melderegister.)

Die Oberstaatsanwaltschaft Wuppertal ist nicht überzeugt, aber sie beauftragt am 9. Oktober den Oberstaatsanwalt in Hagen, noch einmal zu prüfen, ob eine Fälschung der Eintragung im Strafregister möglich ist, und erhält den Bescheid, dass die Eintragung laut Handschrift und anderen Kriterien echt ist (AJ 209f.). Daraufhin schickt die Oberstaatsanwaltschaft Wuppertal am 15. Oktober 52 den ganzen Vorgang an den Oberstaatsanwalt von Groß-Berlin (Ost) und empfiehlt, gegen Jürges wegen Urkundenfälschung zu ermitteln (AJ 199f.).

Der Berliner Oberstaatsanwalt ermittelt. Am 29. April 53 wird Jürges schließlich vorgeladen. Er erscheint und bestreitet alles (AJ 229f.): Zu den fünf Zeugen aus Hagen, Schwelm und Köln kann er sich nicht äußern, er kennt die Leute ja nicht, verheiratet war er auch nicht,[24] und er war nicht 1,76, sondern 1,88 groß.[25] Der Oberstaatsanwalt vermerkt das alles, verzweifelt darüber und gibt die Akte am 11. Mai 53 der Stasi "zum Verbleib" (AJ 231).

Die Stasi ermittelt weiter, aber sie interessiert sich nicht mehr für die Fälschungen und das Strafregister, sondern nur noch für den potentiellen Agenten Jürges. Das kann ihm jedoch nicht nachgewiesen werden (AJ 190), und so verschwindet Jürges dann im Februar 55 zunächst einmal im Stasi-Archiv (AJ 191):

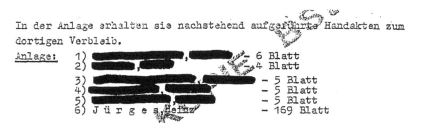

In der Anlage erhalten sie nachstehend aufgeführte Handakten zum dortigen Verbleib.

Anlage: 1) ▮▮▮▮▮▮▮, ▮▮▮▮▮▮▮ – 6 Blatt
2) ▮▮▮▮▮▮▮, ▮▮▮▮▮▮▮ – 4 Blatt
3) ▮▮▮▮▮▮▮▮▮▮▮▮▮▮ – 5 Blatt
4) ▮▮▮▮▮▮▮▮▮▮▮▮▮ – 5 Blatt
5) ▮▮▮▮▮▮▮▮▮▮▮▮ – 5 Blatt
6) J ü r g e s, Heinz – 169 Blatt

---

[24]   Zum Beweis legt er ein Zivilregister aus Buenos Aires vor, das dem deutschen Familien-Stammbuch gleichzusetzen ist (AJ 230): Danach hat er 1937 in Buenos Aires geheiratet und wurde ein halbes Jahr später Witwer. Über mögliche frühere Ehen wird nichts ausgesagt.
[25]   Hille, der MfS-Mann, der ihn im Juni 53 beobachtete (und befragte), schätzte ihn auf "ca. 1,70 m" (AJ 101).

3.3 Kurz-Chronik: Heinrich Jürges wurde 1924 in Hagen wegen Urkundenfälschung und Anstiftung zum Meineid zu vier Jahren Zuchthaus verurteilt und hat einen Teil der Strafe in Münster verbüßt. So steht es im amtlichen Strafregister.

Dieses Strafregister wird 1939 in einem Prozess in Buenos Aires von der Deutschen Botschaft gegen ihn verwendet. Seitdem weiß Jürges von der Existenz des Registers und seiner Vorstrafen.

Vom VdN-Vorstand dazu befragt, bezeichnet er Anfang November 49 in einem Gespräch diese Eintragungen in seinem Strafregister als unrichtig; sie seien "von der Hitlerregierung" gefälscht worden.

Eine Untersuchung der Oberstaatsanwaltschaft Wuppertal kommt im März 51 zu dem Ergebnis, dass die Eintragungen im Strafregister offensichtlich zutreffen. Es gibt eindeutige Aussagen, dass Jürges 1924-27 im Gefängnis war.

Im April 51 wird daraufhin seine Anerkennung als Opfer des Faschismus annulliert. Jürges protestiert dagegen im Mai 51 und kündigt an, er werde zur mündlichen Verhandlung vor dem Beschwerde-Ausschuss "weitere dokumentarische Beweise dafür vorlegen, daß dieses Strafregister das Produkt einer gemeinen Fälschung ist".

Die Sitzung findet im November 51 statt; Jürges präsentiert zu seiner Entlastung die "dokumentarischen Beweise" (und wird dann trotzdem im April 52, wegen anderer Dinge, ausgeschlossen).

Im Zusammenhang mit seiner Anerkennung als "Opfer des Faschismus" hat er also

— Anfang November 49 den Tatbestand berichtet,

— im Mai 51 "dokumentarische Beweise" angekündigt und

— im November 51 und April 52 seine "Dokumente" als Beweismittel vorgelegt.

Bleibt nur noch zu klären, was er in diesen beiden Verhandlungen nun eigentlich vorgelegt hat, denn darüber schweigen sowohl Jürges als auch der VdN-Protokollant.

Am 17. April 52 ist er jedenfalls damit gescheitert. Aber das ist nicht das Ende der Geschichte.

4. Die Vermarktung der "dokumentarischen Beweise"

Der Beschwerdeausschuss hatte ihm nicht geglaubt; seine "Dokumente" hatten ihm nicht geholfen. Aber nun hatte er sie, und er war Journalist und Nachrichtenhändler, und als solcher hat er sie dann vermarktet. Und da seine Geschichten ihren Reiz hatten und manchen Leuten sehr gelegen kamen, werden sie nicht billig gewesen sein.

Das war sein Metier, davon lebte er, aber es war ein hartes Brot. Der *Mittagszeitung* hatte er "sehr wichtige Akten über die westliche Spionage" versprochen; man hatte ihm einen Vorschuss von 1.000 Westmark gegeben, aber die Akten wurden nie geliefert (AJ 53). Er hatte sich an die *Weltbühne* gewandt und geheime Materialien der Amerikanischen Militärverwaltung in Aussicht gestellt (AJ 28); großen Wert scheinen seine Materialien aber nicht gehabt zu haben, denn die Zusammenarbeit ist nicht zustande gekommen. Nun hatte er endlich "echte" Dokumente, für die damaligen Medien echte "Knüller".

Zwei beglaubigte Kopien hatte er am 28. April 52 an die Oberstaatsanwaltschaft Wuppertal geschickt. Eine dritte taucht fast gleichzeitig in Graz auf. In Österreich lief damals der Prozess gegen Ernst Rüdiger Reichsgraf von Starhemberg, den ehemaligen Chef der "Heimwehr". Am 1. Mai 52 veröffentlicht die in Graz erscheinende *Neue Zeit* Niebuhrs Brief vom 27. Januar 43 an Faupel, in dem Starhemberg eine zwielichtige Rolle als Nazi-Spion spielt.[26] Auch hier handelt es sich um eine in Pankow von Frau Höhne beglaubigte Kopie, allerdings bereits vom 25. März. Der Artikel stammt "von einem Berliner Mitarbeiter". Der Name des Mitarbeiters wird nicht genannt; immerhin erfahren wir aber, dass er 1939 bis 1946 im Exil in Buenos Aires war, dort Starhemberg persönlich begegnet ist und nach jedem Gespräch mit ihm eine Aktennotiz verfasst hat. Als er nun am 5. Januar 52 im Radio hört, dass Starhemberg sein Vermögen zurück-

---

[26] "Als Nachfolger von Schulz-Hausmann will Graf Luxburg den in Einzelaufträgen bereits bewährten, nur mitunter sehr anspruchsvollen Fürsten Starhemberg einsetzen, das bereits nachgesuchte Einverständnis von Exz. Canaris vorausgesetzt" (Niebuhr an Faupel, 27. Januar 43; 'Brief' 3). Nach Wiltschegg (1985: 208) lag dieser Brief bereits am 22. Mai 48 dem Vermögensausschuss des Österreichischen Parlaments vor. Er bezieht sich dabei auf Epler (1955: 34): Dort handelt es sich jedoch um einen am 25. Mai 48 vorgelegten Brief von Görings Stabschef; den Niebuhr-Brief kennt Epler aus der *Neuen Zeit* vom 1. Mai 52. Den Hinweis auf Wiltscheggs Anmerkung und damit auf die ganze Geschichte verdanke ich Oliver Gliech.

erhalten soll, holt er aus seinem Archiv die Mappe "Fritz Mandl und Ernst Rüdiger Starhemberg" und berichtet, was "der Fürst" damals wirklich in Buenos Aires getrieben hat: in jenen "nächtelangen Gelagen in der Violin-Bar des Zigeunerprimas Horvath Sandor, wo er, stets umgeben von einem Kranz mehr stark als schön kosmetisierter Freundinnen internationaler Herkunft, bei Sekt und feuriger Zigeunermusik Stimmung suchte und machte für nachfolgende orgiastische Intimitäten". Daten und Stil lassen kaum einen Zweifel, dass der "Berliner Mitarbeiter" Heinrich Jürges hieß. Am Fuß der Seite steht übrigens der Fortsetzungsroman: *Internationale Zone* von Milo Dor und Reinhard Federmann, 17. Folge, lange nicht so schön.

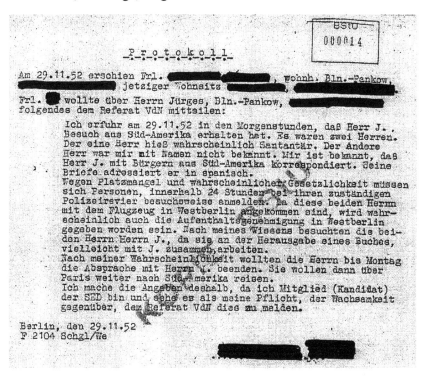

Abb. 4: Die Anzeige. Der 29. November 52 war ein Samstag; Frl. *** muss sich also sofort auf den Weg zum Referat Verfolgte des Naziregimes gemacht haben. Bereits Monate vorher hatte sie einen Bericht über den undurchsichtigen Nachbarn bei der Stasi abgegeben, und danach hat sie ihre Bedenken noch an mindestens fünf anderen Dienststellen vorgetragen.

Der Hauptabnehmer der "Dokumente" aber war Santander – oder "Santantär", wie er in der Stasi-Akte heißt.[27] Am 29. November 52, einem Samstag, hat er – zusammen mit einem anderen Argentinier aus Paris, der "Saleri" oder so ähnlich[28] hieß (AJ 115) – in den Morgenstunden Heinrich Jürges in Pankow besucht. Sie blieben übers Wochenende. "Die beiden Herren [besuchten] Herrn Jürges, da sie an der Herausgabe eines Buches, vielleicht mit Jürges zusammen, arbeiten." Noch am gleichen Samstag wusste das VdN-Referat darüber Bescheid. Fräulein ***, die Nachbarin, sah es "als ihre Pflicht, der Wachsamkeit gegenüber, [...] dies zu melden".[29]

Wie das Treffen zustande kam und was besprochen wurde, bleibt im Dunkeln. Die Stasi kannte nur den Bericht der Nachbarin (die nicht dabei war). Jürges schweigt sich – zumindest in der Akte – aus. Was wir wissen, stammt von Santander: In einer blumigen Einleitung zu seinem Buch beschreibt er, wie er zu seinen Berliner Dokumenten kam und was es damit auf sich hat. Es wird das sein, was ihm Jürges an jenen Tagen gesagt hat.

Santanders Geschichte lautet so: Ende 1951 ging er zum zweiten Mal nach Montevideo ins Exil. Wenig später sei es zu einem Briefwechsel gekommen mit einem Deutschen ("un ciudadano de esa [alemana] nacionalidad"), einem "notorisch militanten Antinazi", der in

---

[27] Silvano Santander, geb. 1895, Journalist, Abgeordneter und Politiker, war vehementer Gegner Peróns; ein Altersgenosse von Jürges und wie er umstritten und schwer durchschaubar; eine sehr zweifelhafte Figur, wenn auch nur die Hälfte von dem stimmt, was von der Becke vorträgt (1956: 22f.). Er war Mitglied der Comisión especial de la Cámara de Diputados de la Nación Investigadora de las Actividades Antiargentinas, vor der auch Jürges ausgesagt haben soll. Die *Técnica de una traición* von 1955 war nicht ihre erste Zusammenarbeit. Bereits zehn Jahre vorher hatten beide gemeinsam ein Buch veröffentlicht – sagt zumindest Jürges: "Ich bin Mit-Autor folgender antifaschistischer Bücher: [...] 5. *Nazismo en Argentina*, Montevideo 1945" in seinem OdF-Antrag vom 27. Januar 47 (AJ 41); das Buch ist allerdings ohne jeden Hinweis auf Jürges unter Santanders Namen erschienen.

[28] Möglicherweise war es Juan Antonio Solari, der ehemalige Sekretär der Comisión Investigadora de Actividades Antiargentinas, der auch Santander angehört hatte

[29] Protokoll vom 29. November 52 (AJ 14), s. Abb. 4. Dass sie sich ausgerechnet an den VdN wandte, lag daran, dass sie schon drei Wochen vorher, am 7. November, dort vorgesprochen hatte, um sich über Jürges zu erkundigen: Er kam ihr "sehr undurchsichtig" vor (AJ 31). Sie hat ihre Bedenken dann noch an mindestens fünf anderen Dienststellen vorgetragen, u.a. beim MfS (AJ 102).

Buenos Aires und Montevideo agiert habe. Dieser habe ihn auf Dokumente über Naziaktivitäten in Südamerika, speziell in Buenos Aires, aufmerksam gemacht, die die Alliierten in der Reichskanzlei ("Chancillería del Reich") gefunden hätten (1955: 25). Im November 52 sei er dann nach Ost-Berlin gefahren, um diese Papiere zu prüfen. Die ihm vorgelegte Dokumentation habe aus Protokollen von Vernehmungen deutscher Botschaftsangestellter und aus Briefen aus dem Besitz Wilhelm Faupels bestanden (1955: 26). Außerdem sei er mit zwei Augenzeugen bekannt gemacht worden, die im Juli 45 vor Mar del Plata geheimnisvolle Kisten aus deutschen U-Booten ausgeladen hätten.[30]

So viel zu seinen Berliner Dokumenten. Die übrigen Belege in Santanders Buch sind Protokolle argentinischer Parlaments- und Ausschusssitzungen, Presse-Mitteilungen über Adolf Galland, Hans Ulrich Rudel, Kurt Tank und andere prominente "Nachkriegsargentinier". Mit dem Gegenstand der Berliner Dokumente haben sie nichts zu tun.

Santander hatte ein Wochenende lang Gelegenheit, die Jürges-Papiere zu studieren. Was er dann (und zu welchen Bedingungen) erworben hat, wissen wir nicht. Die sechs "Faupel-Briefe" (Anhang 1.1-6) und die Vernehmungsprotokolle, zumindest Auszüge daraus (Anhang 1.9-10), waren jedenfalls dabei. In seinem Buch präsentiert er sie wie 'Originale'. Die 'Echtheit' der 'Dokumente' ist ihm wichtig, denn nur so haben sie 'Beweiskraft'. Und deshalb legt er auch großen Wert darauf und weist mehrmals darauf hin, dass es ein deutsches Amtsgericht war, das die 'Authentizität' seiner Dokumente bestätigt hat. Dass die Justizobersekretärin Höhne nur die Übereinstimmung der Photokopien mit den Vorlagen – und nicht etwa die Echtheit der Vorlagen – beglaubigt hat, übersieht er (oder verschweigt er).

Ihn interessieren bei alledem auch nicht die VdN-Probleme und die Rehabilitierungsversuche seines Informanten Jürges. Er will mit

---

[30] "Rodolfo Gualter Dettelmann" und "Mariano Alfredo Schulz", zwei ehemalige Matrosen der "Graf Spee", jetzt wohnhaft in Ost-Berlin, berichten ihm: Nach Kriegsende seien zwei deutsche U-Boote in Mar del Plata gelandet und zwar – wie bekannt – U 530 am 10. Juli 45 und U 977 am 17. August 45. Außerdem seien aber am 28. und 29. Juli 45 noch zwei weitere deutsche U-Boote gekommen. Auf Befehl des zweiten Kommandanten der "Graf Spee", Kapitän Kay, hätten sie beim Entladen helfen müssen: Viele schwere Kisten (acht Lastwagenladungen) seien es gewesen und achtzig Personen seien damals an Land gegangen (1955: 37).

der gleichen Geschichte Perón angreifen: keine private Berliner Angelegenheit, sondern hohe argentinische Politik.

5. Die Fälscher und ihre "Dokumente"

5.1 Die Präsentation der "Dokumente": Dank der Stasi und ihrer
Akte "Jürges, Heinz" können wir zeitlich genau abgrenzen, wann die
"Dokumente" aufgetaucht sind: Der in ihnen beschriebene Tatbestand
– die Fälschung des Vorstrafenregisters – wird erstmals Anfang November 49 vor dem VdN-Referat und dann am 22. Februar 50 vor der
Oberstaatsanwaltschaft Wuppertal vorgetragen. Von "dokumentarischen Beweisen" ist erst am 28. Mai 51 die Rede, und zwar im Zusammenhang mit der auf Anfang Juli 51 angesetzten Verhandlung vor
dem VdN-Beschwerdeausschuss. Präsentiert hat er sie dann in der
tatsächlichen Verhandlung am 22. November 51 und in der zweiten
Verhandlung am 17. April 52. Aber was hat er eigentlich präsentiert?
Waren es die "Faupel-Briefe"?
   Und warum erst jetzt? Seit November 49 musste Jürges Erklärungen liefern. Er tat das wortreich auf vielen Seiten. Aber seine wichtigsten Beweismittel – jene "Faupel-Briefe", die seine Version belegen
(Anhang 1.1-6) – bringt er erst gegen Ende des Verfahrens ins Spiel.
Vermutlich hätte er sich sehr viel Ärger erspart, wenn er sie bereits
1949/50 beim ersten Auftauchen seiner Vorstrafen vorgelegt hätte;
dem VdN-Referat hätte das zu diesem Zeitpunkt – ohne Kenntnis der
Wuppertaler Ermittlungen – vielleicht noch genügt. Da er aber damals
alles Mögliche zu seiner Entlastung vorgelegt hat, nur nicht diese
zentralen Dokumente, kann man davon ausgehen, dass er sie erst später gefunden, d.h. erfunden hat. Im März 52 gab es diese Briefe; das
wissen wir von Frau Höhne vom Pankower Amtsgericht, sie hat es
amtlich bestätigt. Seit wann es sie gab, ist aber nicht klar. Später – in
seinem Brief an den Oberbürgermeister Ebert (AJ 74) – hat Jürges
gesagt, er habe sie in der ersten Verhandlung am 22. November 51
vorgelegt, aber das widerspricht seiner ganzen Argumentation.
   In seiner Ankündigung vom 28. Mai 51 ist nur von "weiteren dokumentarischen Beweisen" die Rede (AJ 136); das Protokoll der Verhandlung vom 22. November 51 (AJ 142f.) erwähnt die Briefe mit
keinem Wort; ebenso wenig wie Jürges in seinem Protestschreiben
vom 25. November (AJ 54-62), wo man nur spitzfindige Details über

die unterschiedliche Zitierung seines Strafregisters[31] und fünf Anlagen (darunter den "Fricke-Brief", Anhang 1.7), aber keinen Hinweis auf die "Faupel-Briefe" findet. Im "Fricke-Brief" steht zwar schon die Geschichte vom gefälschten Strafregister, aber in Jürges' Begleitschreiben wird dieser Brief nur als Beleg für sein Verhältnis zur *Schwarzen Front* benutzt, und außerdem lautet die Geschichte dort anders. Nach dem "Fricke-Brief" handelt es sich um eine "von der A.O. (Koehn!) und Himmlers Gestapo ausgeführte Fälschung", die zwischen dem Presse-Attaché Sandstede und dem A.O.-Mann Willi Köhn vereinbart worden sei (AJ 51) und nicht, wie es im ersten "Faupel-Brief" steht, zwischen dem Marine-Attaché Niebuhr und Faupel.[32] Und noch am 2. Januar 52, als Jürges seinen Fall im Sekretariat des stellvertretenden Berliner Oberbürgermeisters vorträgt, führt er als Beweis Unterlagen zu einem 1933 gestellten Antrag auf ein USA-Visum an, "worin von keiner Vorstrafe bis 1933 die Rede war" (AJ 139). Das engt die Entstehungszeit der "Faupel-Briefe" ein: Anfang Januar bis Mitte März 52 – pünktlich also zur zweiten, der entscheidenden Verhandlung vor dem Beschwerdeausschuss. Was, streng genommen, aber nur für die ersten fünf 'Briefe' gilt, denn der sechste wurde offensichtlich – auf Bestellung? – nachgeliefert.[33]

---

[31] Jürges verweist auf argentinische Pressemitteilungen, nach denen der Botschafter von Thermann einmal nur von "Urkundenfälschung" spricht, ein andermal nur von "Meineid", wo sich doch die Vorstrafe auf "Urkundenfälschung und Meineid" beziehe. Die Erklärung ist einfach: In dem einen Fall geht es um das falsche "Patagonien"-Papier von Jürges (also um den Urkundenfälscher Jürges) und in dem andern um eine den NSDAP-Landesleiter Müller belastende Aussage des Zeugen Jürges vor einem Bonarenser Gericht (also um den meineidigen Jürges). Vgl. Anhang 5.

[32] Faupel kommt überhaupt erst spät ins Spiel: Im November 49 war das Strafregister "von der Hitlerregierung" gefälscht worden (vor dem VdN-Referat, AJ 47), im Februar 50 "durch politische Gegner" (vor der OStA Wuppertal, AJ 201), im Mai 51 wieder "von der Hitlerregierung" (an den Beschwerde-Ausschuss, AJ 136), im November 51 "von der Gestapo", wobei, heißt es an anderer Stelle, von Merkatz (und mit ihm Faupel) daran "aktiv beteiligt" waren (an den Beschwerde-Ausschuss, AJ 58f.; s. Anhang 5). Erst in den 'Briefen' wird er der Drahtzieher.

[33] Die Kopie von 'Brief' 6 (Freude an Faupel, 22.11.44), die Santander im Faksimile veröffentlicht hat (1955: 66f.), ist erst am 3. Februar 53 in Pankow beglaubigt worden (1955: 69), d.h. lange nachdem Santander Ostberlin verlassen hatte. In diesem Brief schreibt Freude unter anderem, dass er 1944 die argentinische Staatsbürgerschaft angenommen habe. Im Kontext des Briefs ist das nicht wichtig, wohl aber im Kontext des Buchs. Zentraler Punkt des ersten Kapitels, das

Auch im Protokoll dieses zweiten Termins am 17. April 52 (AJ 65-67) ist von den Briefen keine Rede, aber das kann natürlich auch daran liegen, dass man die Vorstrafen inzwischen aus der Argumentation ausgeklammert hatte. Dass sie auf dieser Sitzung vorgelegen haben, erfahren wir an ganz anderer Stelle, aus Jürges' Brief an die Oberstaatsanwaltschaft Wuppertal vom 28. April 52 (AJ 208f.): "Ein von der dortigen Staatsanwaltschaft im vergangenen Jahre erteilter Strafregisterauszug war kürzlich hier Gegenstand einer Besprechung, an der ich teilgenommen habe. Etwas peinlich die bei dieser Gelegenheit ausgelöste Überraschung durch den von mir an Hand dokumentarischer Unterlagen aus der Hitlerzeit geführten Nachweis, daß es sich tatsächlich um eine Fälschung der Gestapo handelt, wie in meinem Berichtigungsantrag vom 22. Februar 50 [an die Oberstaatsanwaltschaft Wuppertal] bereits aktenkundig gemacht. Aus der Fülle des vorgelegten Beweismaterials füge ich die gerichtlich beglaubigten Fotokopien zweier Briefe bei, die am 7. August 1939 bzw. am 12. Juni 1943 von den damals in Buenos Aires konspirierenden Nazidiplomaten Kapitän Dietrich Niebuhr und Gesandter Dr. Erich Otto Meynen geschrieben worden sind. Ich stelle anheim, den Inhalt zur Kenntnis zu nehmen."

Bei jener "Besprechung, an der [er] teilgenommen" hatte, der Verhandlung vom 17. April 52, haben also mindestens 'Brief' 1 und 'Brief' 4 vorgelegen. Aber sie kamen zu spät.

---

von den Nazi-Beratern Peróns handelt, ist das Protokoll einer Parlamentsdebatte vom 31. Juli 46: Die Auslieferung Ludwig Freudes wird abgelehnt, weil er nach vorliegenden Dokumenten seit 1935 Argentinier sei. Der Abgeordnete Santander erhebt Einspruch: Freude habe die argentinische Staatsbürgerschaft erst zehn Jahre später angenommen, als feststand, dass der Krieg verloren war. Er war damals um Beweise gebeten worden, hatte aber keine gehabt (1955: 19-24). Nun kann er den 'Brief' 6 vorlegen, da steht's, da "wird man noch mehr über das Vorleben Ludwig Freudes finden" (1955: 23). Vermutlich war es so: Nach Montevideo zurückgekehrt, fing er an zu schreiben, und dabei stellte er fest, dass er keine stichhaltigen Beweise gegen Freude hatte. Unter dem, was er Ende November 52 aus Pankow mitgebracht hatte, war nichts Brauchbares; also wandte er sich noch einmal (brieflich) an Jürges, und der versorgte ihn im Februar 53 mit 'Brief' 6, in dem er gleichzeitig den Lapsus in 'Brief' 5 – Sandstedes Tod – korrigierte (vgl. Anm. 49).

5.2 Die Herkunft der "Dokumente": Wir haben (schlechte) Faksimiles
von Photokopien und spanische Fassungen von deutschen Texten.
Nicht ein Wort ist im Original überliefert. Und wir haben nicht einmal
brauchbare Informationen über die Originale. Was wir wissen, stammt
im Wesentlichen von Santander, und es bezieht sich hauptsächlich auf
die Protokolle.

Zunächst also die Protokolle (Anhang 1.9-11) in der Darstellung
Santanders (1955: 26f.): Im September 46 habe die amerikanische
Militärbehörde eine Untersuchungskommission eingesetzt, die unter
der Leitung von William Sidney und Herbert Sorter die Dokumentation der Reichskanzlei und anderer deutscher Behörden sichten und
prüfen sollte. Santanders Informant habe in dieser Kommission als
"traductor y asesor" gearbeitet. Bei dieser Dokumentation habe es sich
um vertrauliche Berichte an den Außenminister, an Martin Bormann
und an Wilhelm Faupel, den Präsidenten des Ibero-Amerikanischen
Instituts, gehandelt. Zu den dabei gefundenen Dokumenten seien die
noch lebenden Angehörigen der Deutschen Botschaft in Buenos Aires
befragt worden. Die entsprechenden Aussagen hätten eine dicke Akte
("un voluminoso expediente") gefüllt, die General William Draper Jr.,
"consejero financiero" der US-Militärregierung, im Juli 47 mit allen
Unterlagen nach Washington gebracht habe. Für die alliierten Regierungen ("los gobiernos aliados") seien beglaubigte Kopien ("copias
autenticadas") ausgestellt worden. Dieses "expediente", also eine der
Kopien, habe nun Santander 1952 in Jürges' Wohnung in der Hand
gehabt: "Ese expediente estuvo en nuestras manos". Und bei dieser
Gelegenheit habe er dann die wichtigsten Teile exzerpiert: "Hemos
extraído lo que considerábamos más fundamental a nuestro propósito." So weit Santander, und es ist anzunehmen, dass er hier wiedergibt, was Jürges ihm damals gesagt hat.

Jedenfalls deckt es sich mit dem, was Jürges selbst über sich sagt:
"[...] kehrte ich, auf besondere Veranlassung des State Department
(Staatssekretär Spruille Braden), im Dezember 1946 nach Berlin zurück, zwecks Aufnahme einer besonderen Tätigkeit bei der OMGUS
[Office of the Military Government for Germany, U.S.], Finance Division. Diese besondere Tätigkeit bestand in der Durchsicht einer Anzahl Akten des ehemaligen Auswärtigen Amtes, der Auslandsorganisation der NSDAP und des Lateinamerikanischen Instituts, und zwar zu
dem Zweck, darin Spuren und Anhaltspunkte zu suchen über den

Menschen- und Vermögensschmuggel der Nazis nach Spanien, Portugal und Argentinien. Im Juli 1948 nahm ich das Ausscheiden des Staatssekretärs Spruille Braden aus dem State Department und seine Ersetzung durch den faschistisch-freundlichen ehemaligen Botschafter in Franco-Spanien, Norman Armour, zum Anlaß, meine Tätigkeit bei der OMGUS aufzugeben, übel vermerkt von dem damaligen Chef der Finance Division, Mr. Sorter."[34]

Dazu passt, dass er vom 19. Oktober 46 bis zum 9. Juli 47 in der "Notunterkunftsstätte für Zivilbeamte USA" in Berlin-Dahlem (Ladenbergstraße 22) gewohnt hat.[35]

Es trifft zu, dass damals eine amerikanische Kommission im Lankwitzer Institut ermittelte: Haussuchung, Befragung der Mitarbeiter, Prüfung der Akten; ein Teil der Akten wurde konfisziert. An dieser Aktion kann Jürges aber nicht beteiligt gewesen sein, da sie bereits abgeschlossen war, bevor er nach Berlin kam.[36] Auch bei späteren Kontakten des Instituts zu US-Dienststellen kann Jürges nicht in Erscheinung getreten sein; sonst hätte sich Hermann Hagen, damals Direktor und damit Ansprechperson, an ihn erinnert, als er ihm 1950 im Institut begegnete.[37]

---

[34] Zitiert in einem Bericht von Petzold, MfS/Abt. II (Spionage), vom 12. Februar 53 (AJ 28).

[35] Bericht von Hille, MfS/Abt. IV, vom 25. Februar 53 (AJ 9).

[36] Vom Ergebnis dieser Untersuchung hing damals ab, ob das Institut aufgelöst und in die Bibliothek der damaligen Friedrich-Wilhelms-Universität (der heutigen Humboldt-Universität also) eingegliedert werden sollte oder nicht. Der Bericht der Kommission ist bisher nicht aufgetaucht, aber offensichtlich hat sie nichts Gravierendes gefunden: Am 1. April 46 wurde das IAI als "Lateinamerikanische Bibliothek" vom Berliner Magistrat übernommen (Vollmer 1985: 499). Jürges kam erst ein halbes Jahr später, am 19. Oktober 46, nach Berlin (AJ 9).

[37] Nach Hagens Brief an die Deutsche Botschaft in Buenos Aires (Anhang 3) hat Jürges das Institut erstmals 1950 besucht. Im "Benutzerbuch" des IAI ist er 1954-55 nachgewiesen, u.a. mit Ausleihen am 20. Mai, 31. Mai, 8. Juli und 1. August 55. Das stimmt überein mit der handschriftlichen Notiz eines damaligen Bibliothekars (Ende 1960; AH 13): "1954 oder 1955 erstmals in Bibliothek / 1955 Potsdamer Str. 103 / Letzte Notiz über Rückgabe in Ben. Kartei 26. 9. 1955 / Lieh aus: spanische Romane, Außenpolitisches Arg., Buch über Porfirio Díaz, ABC / Sagte, er käme direkt aus Russl., aus Gefangenschaft. Deshalb sein Beinleiden. / Nach Angaben deutscher Presse Zwischenträger für Kommunisten in Montevideo. Nach der Presse bis Kriegsende im Minist. Goebbels, dann verschollen. / Artikel im Spiegel. / General von der Becke Entgegnung. / Redakteur der Freien Presse, Bs. As., Vitz lieh das Buch."

Nach Santanders Auskünften hat also der OMGUS im September 1946 die Angestellten der Deutschen Botschaft in Buenos Aires vernommen, und Jürges soll daran in irgendeiner Form mitgewirkt haben. Dem widerspricht, dass Jürges erst am 18. Oktober 46 nach Berlin kam (AJ 9). An anderer Stelle gibt er aber an, dass er sich während seiner OMGUS-Tätigkeit "Auszüge und Notizen" aus den dort geführten Akten gemacht habe (AJ 28). Auch dabei ist allerdings Vorsicht geboten, denn diese Angabe macht er, als er sich um einen Vertrag bei der *Weltbühne* bewirbt: das 'Brautgeschenk' eines Journalisten also. Wie dem auch sei, bei dem "expediente", das Santander in Jürges' Wohnung in Händen hatte und von dem er sagt, es sei eine der für die "Alliierten Regierungen" ausgestellten Kopien, könnte es sich, wenn überhaupt, um diese "Auszüge und Notizen" handeln. Und das gilt dann auch nur für die Protokolle.

Die "Faupel-Briefe" haben in ihrer Provenienz nichts mit diesen OMGUS-Akten zu tun. Es sind sechs Briefe: Vier sind an Faupel gerichtet ('Brief' 1, 2, 3, und 6), einer wurde ihm – laut Vermerk – zur Kenntnis geschickt ('Brief' 4), und einen hat er selbst an sein Institut geschrieben. Sie müssten demnach alle in Faupels Ablage gewesen sein. Die Frage ist also, wie Jürges an Faupels Ablage kommt. Er selbst gibt, als er die Briefe dem Berliner VdN-Referat und der Oberstaatsanwaltschaft Wuppertal präsentiert, keinerlei Auskunft. Santander macht nur eine einzige Angabe, und die ist bezogen auf das Telegramm des Grafen Luxburg (Anhang 1. 8): "gefunden im Archiv des Generals Faupel" ("hallado en el archivo del general Faupel"; 1955: 31); was das für ein Archiv war und wo es war, sagt er nicht. Etwas informativer ist der "Berliner Mitarbeiter" der Grazer *Neuen Zeit*: "Ein 1950 aus den Trümmern eines zerbombten Gebäudes ausgegrabener Teil des Archivs des im Mai 1945 durch Selbstmord geendeten Generals Wilhelm Faupel, zu Hitlers Zeiten Präsident des Lateinamerikanischen Instituts und während des Krieges Organisator blutiger Revolutionen in südamerikanischen Ländern, zeigt sich, obwohl durch Feuer und Wasser beschädigt, als eine wahre Fundgrube von Einzelheiten nicht nur der Nazispionage und Sabotage, sondern auch von konspirativen und subversiven Plänen der Nazis in Amerika." Nachrichten aus "erster Hand"; denn es besteht – wie bereits gesagt – wohl kaum ein Zweifel, dass der "Mitarbeiter" Heinrich Jürges war.

Bei dieser Version erhält Jürges Schützenhilfe von Hermann Hagen. In seinem Brief an den deutschen Botschafter in Buenos Aires (Anhang 3) führt er aus, dass Faupel "seine Privatkorrespondenz, die sicher vorwiegend politischen Inhalts war", in seiner Wohnung in Potsdam-Babelsberg erledigt habe. "Ich halte es für wahrscheinlich, daß, nachdem Herr und Frau Faupel am 1. Mai 1945 ihrem Leben durch Gift ein Ende gemacht hatten, die Russen in der Villa beträchtliche Bestände von Privatakten geheimen Inhalts gefunden haben. Es ist mir etwa 1950 von dem schon erwähnten Besucher Heinrich Jürges berichtet worden, er habe einen bedeutenden Bestand derartiger Akten in einem von den Russen angelegten Aktenlager in Dresden zu sehen bekommen. Ich halte es für wahrscheinlich, daß das der Wahrheit entspricht. Es scheint mir ziemlich gewiß zu sein, daß die von Santander herangezogenen Schriftstücke, die Faupel betreffen, in irgendeinem Zusammenhang mit diesem den Russen in die Hände gefallenen Aktenbestand stehen."

Bei dieser Version erhält Hagen wiederum Schützenhilfe von einem professionellen Archivrat. In einem Vortrag gibt Rudolf Holzhausen 1950 einen Überblick über die "Quellen zur Erforschung der Geschichte des Dritten Reichs", unter anderem über das Privatarchiv eines Deutschen Botschafters in Moskau und das Privatarchiv Faupels. Von dem Archiv des Botschafters gibt es spätere Nachrichten, das Archiv Faupels ist spurlos verschwunden.

Anscheinend gab es also Faupel-Bestände und vielleicht auch in Dresden, aber die letzte Nachricht darüber ist fünfzig Jahre alt. Und wenn, dann sind sie im Nebel verschwunden wie Faupel selbst: Die Eintragung seines Todes im Potsdamer Sterberegister ist wenig später, warum auch immer, wieder gelöscht worden.

Ergebnis: Was Jürges und Santander zu ihren Quellen sagen, ist nicht sehr glaubwürdig. Andererseits: Wir befinden uns auf einem äußerst unsicheren Terrain; was wir wissen, reicht nicht zur Widerlegung. Und außerdem bleiben andere Fragezeichen: Dass er das Personal der Deutschen Botschaft in Buenos Aires kannte – Jürges hatte genug Gelegenheit gehabt, es kennen zu lernen. Aber woher kannte er Faupel, von Merkatz, Panhorst und sogar den Freiherrn von Bibra von der Deutschen Botschaft in Madrid, der auf einmal in einem Zusatz zu 'Brief' 6 auftaucht. Und woher hatte er die Unterschriften und die Briefköpfe? (Die hatte er in Pankow, aber davon später.)

5.3 Die Bearbeitung der "Dokumente": Santander kommt zu Jürges, und Jürges zeigt ihm ein "Protokoll", in dem Prinz Stephan zu Schaumburg-Lippe, während des Krieges Botschaftsrat in Buenos Aires, aussagt über seine Schmiergeldzahlungen an argentinische Politiker,[38] und Santander erfährt nun in Pankow Dinge, die er eigentlich schon immer gewusst hatte, die er aber bisher nie beweisen konnte. Für sein Buch ist das von zentraler Bedeutung. Mit diesem "Protokoll" kann er endlich seine politischen Gegner zur Strecke bringen. Die Reise nach Berlin war ein Erfolg, sagt jedenfalls Santander.

In Berlin wählt er aus diesen und anderen "Protokollen" die ihn interessierenden Passagen aus, nimmt sie – ob in der Jürges'schen "Originalfassung" oder als Kopie oder als Abschrift, darüber gibt er keine Auskunft – mit nach Montevideo und veröffentlicht sie im Faksimile und in einer spanischen Übersetzung, so wie es auch mit den sechs "Faupel-Briefen" getan hat. Nur, diesmal ist es anders: Seine Übersetzungen waren nie genau, aber diese hat mit der deutschen Vorlage wirklich nichts mehr zu tun. Es ist so, als hätten die amerikanischen Ermittler den Prinzen damals – September 46 in Berlin – zweimal zur gleichen Sache befragt, und dabei behauptet doch der Prinz,[39] er sei nach dem Krieg überhaupt nicht mehr in Berlin gewesen.

Aber was hat Santander nun wirklich mitgenommen nach Montevideo? Vor einem uruguayischen Untersuchungsausschuss äußert er sich dazu ganz konkret: Es war das Protokoll einer OMGUS-Ermittlung; das Protokoll selbst war in Englisch abgefasst, aber die Kopie, die er in Händen hatte, war auf Deutsch, und es handelte sich bei dieser Kopie um die offizielle Ausfertigung der Amerikanischen Militärregierung für die Russische.[40]

---

[38] Laut Volberg war der Prinz "in der Botschaft für Deutschtumsfragen (Schulen, Vereine usw.) zuständig und verwaltete auch wohl gewisse Fonds. Dies war keine maßgebende Position" (1981: 117).

[39] So steht es jedenfalls in einem Schreiben des BRD-Botschafters Terdenge an das argentinische Auswärtige Amt vom 31. Dezember 53, d.h. wenige Monate nach Erscheinen der ersten Ausgabe (veröffentlicht in von der Becke 1956: 316).

[40] Aussage Santanders am 25. Juni 54 vor der Comisión Investigadora de Actividades Antinacionales de la Cámara de Representantes del Uruguay (von der Becke 1956: 68f.). In seinem Buch steht, dass die Amerikanische Militärregierung Kopien für die "Gobiernos aliados"gemacht habe. Ein Mitglied der Kommission, Dr. Armando R. Malet, fragt dazu: "[...] me interesaría saber [...] cuál de los protocolos existentes tuvo oportunidad de consultar." Sr. Santander: "Uno de ellos." Sr. Malet: "[...] ¿que pertenecía a qué Gobierno?" Sr. Santander: "Ese

Allein das ist schon aufregend, aber was dann mit dieser Kopie passiert, wie der eine Fälscher die Fälschungen des anderen fälscht, bis die "Dokumente" wirklich perfekt sind, ist noch besser. Es sind drei Stufen zur Vollkommenheit:

Stufe 1 ist das deutsche "Original" von Jürges: Die "Aussage" des Prinzen Stephan zu Schaumburg-Lippe laut Faksimile (Anhang 1.9a):

Der Prinz wird zu seiner "Mitwirkung bei der Verteilung der von diesen [Spezialkonten] abgehobenen Gelder" befragt. Er gibt zu Protokoll, dass er nach seinen "leider nur unvollständig erhalten gebliebenen Aufzeichnungen" in der "letzten Juniwoche 1941" Schecks in Höhe von "rund 550.000 Pesos" eingelöst habe. Unter anderem habe er aus dieser Summe folgende Beträge ausgezahlt:

Zahlung	Pesos
an Oberst Juan Domingo Perón	*200.000,–*
an Fräulein Eva Duarte	*33.600.–*
an ~~General Carlos von der Becke~~*	*50.000.–*
an den Chef der Kriminalpolizei, Miguel Viancarlos	*25.000,–*
an den Justizvertrauensmann Dr. Belisario Gache Pirán	*50.000,–*

* "General Carlos von der Becke" wurde im Faksimile der dritten (argentinischen) Ausgabe (1955: 34) ausradiert, ist aber immer noch deutlich lesbar.

Stufe 2 ist die spanische "Übersetzung" von Santander: Die "Aussage" des Prinzen laut Text (Anhang 1.9bc):

Die Kommission weist den Prinzen darauf hin, Botschafter von Thermann habe bereits ausgesagt, dass zwischen dem 24. und dem 30. Juni 1941 insgesamt 500.000 Pesos bereitgestellt worden seien. Nachdem der Prinz nun schon vier Schecks an deutsche Zeitungen identifiziert habe [Santander 1955: 30], wird er aufgefordert, weitere Zahlungen zu erläutern. Um seinem Gedächtnis nachzuhelfen, legt man ihm "einen Stapel Papiere" ("un cúmulo de papeles") vor, die auf unterschiedlichen Wegen nach Berlin ge-

---

protocolo está en Berlín Oriental." Sr. Malet: "Perdóneme la minuciosidad, [...] ¿en qué idioma está redactado?" Sr. Santander: "Está en inglés, pero las copias que tuve en la mano cotejando, estaban en alemán."

kommen seien. Der Prinz sieht die Papiere durch; nach bestimmten "Nummern von Überbringerschecks [...] auf die Banco Germánico und die Banco Alemán Transatlántico in Buenos Aires" befragt, kann er sich an vier, bzw. fünf Zahlungen erinnern:

Scheck	Datum	Betrag	an
682106	24. - 27.	66 492,20	*El Pampero**
458405	Juni 40*	32 910,10	*Deutsche La Plata Zeitung**
463802	"	24 125,10	*Der Trommler**
463804	"	23 916,30	*Clarinada**
463801	*24. 6. 41*	*25 000,00*	*Miguel Viancarlos*
463803	*26. 6. 41*	*33 600,00*	*Eva Duarte*
682113	*28. 6. 41*	*50 000,00*	*Belisario Gache Pirán*
~~*682814*~~	~~*28. 6. 41*~~	~~*50 000,00*~~	~~*general Carlos von der Becke***~~
682117	*30. 6. 41*	*200 000,00*	*coronel Juan Domingo Perón*

* In Buenos Aires erscheinende deutsche Zeitungen und Zeitschriften (Santander 1955: 30); die Jahreszahl muss "41" lauten (vgl. Stufe 0). – ** So in den ersten beiden (uruguayischen) Ausgaben (s. Faksimile bei von der Becke 1956: 250); in der dritten (argentinischen) Ausgabe gelöscht.

Abgesehen davon, dass der Prinz in der spanischen Fassung Santanders ganz andere Dinge sagt als im faksimilierten "Original" (die könnten in nicht faksimilierten Passagen des "Protokolls" stehen) und abgesehen davon, dass das Gespräch bei Santander ganz anders aufgebaut ist (das könnte "künstlerische Freiheit" des Übersetzers sein) und abgesehen von vielen anderen Dingen, die einem auffallen, wenn man in Anhang 1.9 oder 1.10 die deutschen und spanischen Fassungen vergleicht – von all dem abgesehen, bleiben zwei gravierende Widersprüche zwischen beiden Fassungen:

– Der eine Widerspruch betrifft die "Gesprächsgrundlage": Bei Jürges sind es eigene Aufzeichnungen, die der Prinz mitgebracht hat und der Kommission vorlegt; bei Santander sind es viele einzelne, auf unterschiedliche Weise nach Berlin gekommene Papiere, die die Kommission dem Prinzen vorlegt, wobei er dann nach ganz bestimmten, ihm ebenfalls vorgelegten Schecknummern befragt wird ("aquí tiene usted los números de los cheques": offenbar eines der "vielen Papiere").

Ebenso widersprüchlich ist die "Gesprächsgrundlage" in der gleichzeitig erfolgten Vernehmung des Botschafters von Thermann: Bei Jürges wird er nur nach allgemeinen Zahlungspraktiken der Botschaft befragt, und er antwortet, da seine Unterlagen verloren gegangen sind, aus dem Gedächtnis; bei Santander wird er ganz konkret nach dem Verwendungszweck von 500.000 Pesos befragt, die nach einem der Kommission vorliegenden Dokument zwischen dem 24. und dem 30. Juni 41 ausgezahlt wurden.

– Der andere Widerspruch: Die Übersetzung bringt Informationen, die in der Vorlage nicht enthalten sind. Dabei handelt es sich nicht um stilistische Ausschmückungen, sondern um nüchterne Daten: Jürges zitiert im "Original" den Betrag und den Namen des Empfängers, Santander übernimmt diese Angaben und ergänzt in seiner "Übersetzung" das Datum, die Schecknummer und (an anderer Stelle) die Banken.

Widersprüche in den "Protokollen" 1.9 und 1.10
zwischen dem "Original" von Jürges und der "Übersetzung" von Santander

Informationen	Fassung Jürges	Fassung Santander
Gesprächsgrundlage:		
von Thermann	allgemeine Auskunft aus dem Gedächtnis	ein von der Kommission vorgelegtes Dokument
Schaumburg-Lippe	*(Antwort:)* eigene, vom Prinzen mitgebrachte Aufzeichnungen	*(Texteinschub:)* viele verschiedene Dokumente; *(Frage:)* Unterlage(n) über Schecknummern und Banken; jeweils von der Kommission vorgelegt
Datum der Schecks:		
von Thermann	•	24.-30.6.1941
Schaumburg-Lippe	letzte Juniwoche 1941	•
Gesamthöhe der Schecks:		
von Thermann	•	500.000 Pesos
Schaumburg-Lippe	550.000 Pesos	500.000 Pesos
Angaben zu den Schecks:		
von Thermann	•	•
Schaumburg-Lippe	•	Nummer, Datum
	Name, Betrag	Name, Betrag

Datum, Schecknummern und Banken stehen nicht im "Protokoll". Santander hat sie also entweder erfunden oder aus einer anderen Quelle übernommen. Carlos von der Becke, der anscheinend prophylaktisch schon in der dritten, der argentinischen Ausgabe vom Verfasser ausradiert und gelöscht worden ist (s. Abb. 7), hat diese Quelle gefunden.

Stufe 0 ist eine ganz andere Aussage, die nichts mit der "Aussage" des Prinzen zu tun hat, die dann aber doch das Gleiche sagt:

Scheck	Datum	Betrag	Bank
682.106	26. 6. 41	66 492,20	Banco Germánico
463.801	*24. 6. 41*	*25 000,00*	*Banco Alemán Transatlántico*
463.802	24. 6. 41	24 125,10	Banco Alemán Transatlántico
458.405	25. 6. 41	32 910,10	Banco Alemán Transatlántico
463.803	*26. 4. 41*	*33 600,00*	*Banco Alemán Transatlántico*
463.804	27. 4. 41	23 916,30	Banco Alemán Transatlántico
682.113	*28. 6. 41*	*50 000,00*	*Banco Germánico*
682.114	*28. 6. 41*	*50 000,00*	*Banco Germánico**
682.117	*30. 6. 41*	*200 000,00*	*Banco Germánico*
454.428	30. 6. 41	50 000,00	Banco Alemán Transatlántico
Total		556.043,70	

* Dies ist laut Betrag und Schecknummer die "Zahlung" an von der Becke.

Diese Liste ist elf Jahre älter als das "Protokoll" von Jürges, elf Jahre vor Stufe 1 also. Sie steht im "Informe N.° 2" der Comisión Investigadora de Actividades Antiargentinas, in einem Bericht für die "Reunión núm. 41" am 5. September 41.[41] Und dieser Bericht, unsere Stufe 0, ist unterzeichnet von Silvano Santander, dem gleichen Santander, der auch die Stufe 2 verfasst hat: Er war Mitglied dieser Kommission. Unter dem Titel "Cheques al portador" wird beschrieben, wie verschwenderisch die Deutsche Botschaft in Buenos Aires mit Geld umgeht: In einer einzigen Woche – zwischen dem 24. und dem 30. Juni 41 – seien Schecks über mehr als eine halbe Million Pesos ausgestellt worden. Beweis: die Liste.

---

[41] Der "Informe" ist in den Sitzungsberichten des Abgeordnetenhauses abgedruckt (*Diario de sesiones*, 1942, IV: 105-150). Die Liste steht dort auf Seite 116; Faksimile in Abb. 8 und bei von der Becke (1956: 249).

Abb. 5: Heinrich Jürges, Täter. Das Photo aus der NSDAP-Mitgliedskartei (BA Berlin, ehem. BDC; auch dieses Photo verdanke ich Oliver Gliech).
Mitglied der NSDAP, ausgeschlossen; der *Schwarzen Front*, ausgeschlossen; der SED, ausgeschlossen. Er überwarf sich mit den Autoritäten des Dritten Reichs in Buenos Aires und den Autoritäten der Alliierten im Nachkriegs-Berlin. Staatsanwälte der BRD nahmen ihn unter die Lupe und Staatsanwälte der DDR. Niemand hat ihm so recht getraut (außer jenen, die, jeder auf seine Weise, von seinen Geschichten profitieren wollten).

Abb. 6: Silvano Santander, Täter. Ein Photo aus der *Welt* (1956).
Mit 21 Jahren aus dem Postdienst entlassen, wegen Unterschlagung; mit 35 aus dem Zolldienst entlassen, weil er ein teures Auto der Marke "Graham" gegen ein billigeres ausgetauscht hatte. Wegen dieser und anderer Dinge (falsche Aussage, Verleumdung, Beleidigung) wurden ihm 1937 die Abgeordneten-Diäten gesperrt (von der Becke 1956: 22).
1954 wurde er wegen der *Técnica* viermal vor einen uruguayischen Untersuchungsausschuss zitiert. Die Protokolle stehen bei von der Becke (1956: 54-196). Wenn man sie liest, tut er einem fast Leid – auch das eine Parallele zu seinem Partner Jürges.

Abb. 7: Carlos von der Becke, Opfer. Ein Photo aus dem *Spiegel* (1956).

Er wurde Chef des Generalstabs, Oberbefehlshaber der argentinischen Armee, UNO-Botschafter, aber schon vorher muss er wichtig gewesen sein: In der "Gehaltsliste" der Nazi-Botschaft, die Jürges & Santander in 'Protokoll' 1.9 präsentiert haben, war der "General" (der damals erst Oberst war) doppelt so viel wert wie der (damals bereits pensionierte) "Chef der Kriminalpolizei" Viancarlos. 50.000 Pesos soll ihm der Prinz zu Schaumburg-Lippe im Juni 41 ausgezahlt haben, "bar auf die Hand" und, laut 'Protokoll' 1.10, bestimmt zur "Aufrechterhaltung freundschaftlicher Beziehungen". Gegen diese und andere Behauptungen hat er vehement protestiert. Seine Gegendarstellung ist überzeugend für den, der sie liest, aber sie ist mit ihren 318 Seiten zu dick für die, die lieber Jürges-Geschichten lesen.

Schmiergeld hat er übrigens nur in den ersten beiden Ausgaben (Montevideo 1953; Faksimile bei von der Becke 1956: 250) angenommen; in der dritten, die 1955 nach Peróns Sturz in Buenos Aires erschien, ist davon nicht mehr die Rede. Die entsprechenden Stellen (1955: 33, 35) sind dort (fast) spurenlos gelöscht worden. Die "Korrektur" ist erst nach dem Umbruch und der Erstellung des Registers, "in letzter Minute" also, erfolgt, da die gelöschten Stellen dort noch unter "Becke" erscheinen. Technisch war das kein Problem. Die "Korrektur" der Stelle im Faksimile (1955: 34) war schwieriger (neues Raster); man beschränkte sich darauf, sie unkenntlich zu machen (was aber nicht ganz gelang).

Weder Santander noch von der Becke geben einen Grund an. Möglich ist dies: Ein chilenischer Journalist hatte von der Geschichte Gebrauch gemacht; von der Becke hatte daraufhin am 15. Oktober 55 mit Hinweis auf Santanders Urheberschaft eine Richtigstellung beim Verteidigungsministerium eingereicht (1956: 44). Zwei Wochen später, am 31. Oktober 55, wurde der Druck des Buchs abgeschlossen – ohne das "Schmiergeld" an Carlos von der Becke. Reine Prophylaxe?

Ob es nun das war oder etwas anderes: Irgend etwas an dem General muss dem abgebrühten Santander Angst gemacht haben.

phan Zu Schaumburg-Lippe, quien manifestó que desde el 24 al 27 de junio del año 1940, se habían pagado las sumas que en seguida se mencionan, a los siguientes diarios: "El Pampero", cheque 682106, Banco Germánico, $ 66.492.20; "Deutsche La Plata Zeitung", cheque 458405, $ 32.910.10; "Der Trommler", cheque 463802, pesos 24.125.10; "Clarinada", cheque 463804, $ 23.916.30.

"Cheque número 463801 del 24-6-941, $ 25.000.00 firmado, cobrado por "mí, igual que los otros, a Miguel Viancarlos.
"Cheque número 463803 del 26-6-941, $ 33.600.00 a Eva Duarte.
"Cheque número 682113 del 28-6-941, $ 50.000.00 a Belisario Gache "Pirán.
"Cheque número 682117 del 30-6-941, $ 200.000.00 al coronel Juan "Domingo Perón.

Año 1941 $ m/n.

Junio 24—Cheque Nº 682.106 c/Banco
Germánico de la América
del Sur. (Cuenta espe-
cial) 66.492,20
„   24—Cheque Nº 463.801 c/Banco
Alemán Transatlántico . .   25.000.—
„   24—Cheque Nº 463.802 c/Banco
Alemán Transatlántico.
(Cuenta especial «K») . .   24.125,10
„   25—Cheque Nº 458.405 c/Banco
Alemán Transatlántico.
(Cuenta especial «L») . .   32.910,19
„   26—Cheque Nº 463.803 c/Banco
Alemán Transatlántico . .   33.600.—
„   27—Cheque Nº 463.804 c/Banco
Alemán Transatlántico . .   23.916,30
„   28—Cheque Nº 682.113 c/Banco
Germánico. (Cuenta espe-
cial) . . . .   50.000.—
„   28—Cheque Nº 682.114 c/Banco
Germánico . . . .   50.000.—
„   30—Cheque Nº 682.117 c/Banco
Germánico . . . .   200.000.—
„   30—Cheque Nº 454.428 c/Banco
Alemán Transatlántico . .   50.000.—

Total 556.043,79

Abb. 8: Die Schecks des Silvano Santander. Oben Zahlungen an deutsche Zeitungen und argentinische "Freunde" nach der 1946 in Berlin gemachten "Aussage" des Prinzen zu Schaumburg-Lippe, veröffentlicht 1953/55 in Santanders *Técnica de una traición* (1955: 30, 33). Unten Ausgaben der Deutschen Botschaft nach dem von Santander mitverfassten "Informe N.° 2", vorgelegt im September 1941 und veröffentlicht im *Diario de sesiones* (1942, IV: 116).

Aber selbst wenn nun diese Liste echt ist: Es sind "Überbringer-schecks"; wer sie eingelöst hat, ist nicht nachvollziehbar, und noch weniger, an wen dieser den jeweiligen Betrag ausgezahlt hat.[42] Wenn man dem Prinzen 1946 in Berlin diese Liste vorgelegt hätte und er sich an die Beträge erinnert hätte, könnte sich eine gewisse Logik ergeben. (Wenn auch keinerlei Wahrscheinlichkeit: Zehn Schecks pro Woche, das sind mehr als 500 Schecks pro Jahr, und da soll der Prinz nach fünf turbulenten Jahren noch eine Trefferquote von 100% erreichen!) Könnte, aber bei der Befragung wurden ja ganz andere Unterlagen benutzt, jedenfalls nicht die Liste – das sagen, auch wenn sie sich in der Art der Unterlagen widersprechen, sowohl Jürges als auch Santander. Und damit entfällt diese Möglichkeit.

Bleibt also nur die andere: Santander hat, als er die "Aussage" des Prinzen "übersetzte" ('Protokoll' 1.9c), die Namen und die Beträge aus der Jürges-Fassung übernommen und dann die Schecknummern, die Datumsangaben und die Banken aus seiner Liste von 1941 ergänzt.[43] Anders geht es nicht.

Und Jürges? In seiner deutschen Fassung, der "Originalfassung", hat er die Namen der Empfänger erfunden, aber in allen fünf Fällen – selbst bei den eigenwilligen 33.600 Pesos für Evita – hat er die Beträge auf den Peso genau aus Santanders Liste von 1941 übernommen.

Aber nicht nur das stammt aus Santanders Liste. Bei Jürges gibt der Botschafter von Thermann, da ihm die Kommission keine Dokumente vorlegt und er all seine Unterlagen verloren hat, nur allgemeine Auskünfte aus der Erinnerung. Bei Santander ist das ganz anders: Da wird dem Botschafter ein von ihm selbst unterzeichnetes Dokument vorgelegt, nach dem zwischen dem 24. und dem 30. Juni 41 Schecks in Höhe von 500.000 Pesos bei der Banco Germánico und der Banco Alemán Transatlántico eingelöst wurden. Bei der Vernehmung des Prinzen ist es umgekehrt; da ist Santander allgemein: Er erwähnt nur

---

[42] Die Daten in der Liste scheinen tatsächlich echt zu sein: Als von der Becke sich 1955 bei der Banco Germánico nach dem Scheck 682.114 vom 28. Juni 41 über 50.000 Pesos erkundigt, erhält er die Auskunft, dass dies ein Scheck der Serie V gewesen sei, ausgestellt von der Deutschen Botschaft, und zwar "al portador", an den Überbringer, und dass dessen Name demzufolge der Bank nicht bekannt sei (1956: 248).

[43] Wobei er die ursprüngliche Reihenfolge der Schecks in Stufe 0, die der in solchen Dingen versiertere Jürges in Stufe 1 verschleiert hatte, in Stufe 2 wiederherstellt.

den ungefähren Betrag, die 500.000 Pesos; und es ist Jürges, der die Details bringt: "rund" 550.000 Pesos in der letzten Juniwoche 41. Die Differenz von 50.000 Pesos zwischen Santander und Jürges ist leicht zu erklären: Das ist der Scheck Nr. 454428, der letzte in Stufe 0, von dem Santander in Stufe 2 keinen Gebrauch gemacht hat.[44] Ausgangspunkt sind also in beiden Fällen "rund" 550.000 Pesos, und so steht es auch in Santanders Liste im "Informe N.° 2": 556.043,70 Pesos, ausgestellt zwischen Dienstag, dem 24., und Montag, dem 30. Juni 41 auf die Banco Germánico und die Banco Alemán Transatlántico.

Aus dem "Informe N.° 2" wurden also die Schecknummern, die Datumsangaben, die Beträge, die Banken und der Gesamtbetrag übernommen. Das einzig Neue in den Jürges/Santander-"Protokollen" sind die Namen der Empfänger. Jürges hatte sie vom Prinzen erfahren, denn der brachte zu seiner "Vernehmung" im September 46 seine eigenen Aufzeichnungen mit, und bei diesen "leider nur unvollständig erhalten gebliebenen Aufzeichnungen" des Prinzen handelte es sich – ohne jeden Zweifel[45] – um Santanders "Informe N.° 2"; der Prinz hat also, laut Jürges,[46] Santander plagiiert. (Kein Wunder, dass die beiden spätestens an dieser Stelle die Orientierung verloren haben und sich in ihrem eigenen Werk verirrten.)

Was auch immer die "Gesprächsgrundlage" der "Vernehmungen" gewesen sein mag, die Grundlage der "Protokolle" war jedenfalls der "Informe N.° 2", d.h. Santanders Bericht "Cheques al portador", an den sich Mitte der fünfziger Jahre wohl kaum noch jemand erinnern konnte. Er hatte damals zwar in der Zeitung gestanden, allerdings

---

[44] Nach der Faksimileseite bei von der Becke (1956: 250) hatte Santander diese 50.000 Pesos, an die sich der Prinz bei seiner Vernehmung nicht mehr erinnern konnte (1955: 33), schon in den ersten beiden (uruguayischen) Ausgaben abgezogen; in der dritten (argentinischen) Ausgabe hätte er eigentlich weitere 50.000 abziehen müssen: für den dort gelöschten Scheck 682114 an Carlos von der Becke.

[45] Ohne auf Santanders "Übersetzungen" einzugehen: Bereits in Jürges' "Original" sind Scheckbeträge, Zeitspanne und Gesamthöhe identisch mit den Angaben der Liste in Santanders "Informe N.° 2".

[46] Bei Santander ist alles anders: Da ist es nicht der Prinz, sondern der Botschafter von Thermann, der zu den 500.000 Pesos befragt wird, und es ist die Kommission, die dabei ein Dokument mit den Daten des "Informe N.° 2" vorlegt, wobei Santander als Quelle jedoch nicht den von ihm verfassten "Informe" angibt, sondern ein Schreiben des Botschafters, das man in der Reichskanzlei gefunden habe (1955: 33).

ohne die Liste:[47] Die stand nur an einer Stelle, in dem wenig zugänglichen "Informe N.° 2" der Sitzungsberichte des argentinischen Abgeordnetenhauses. Dieser "Informe N.° 2" muss also an jenem 29. November 52 in der Wohnung von Heinrich Jürges in Berlin-Pankow gewesen sein. Entweder war es ein Exemplar von Jürges (nach dem, was er dem VdN-Referat als Beweismittel vorgelegt hat, muss er kofferweise Broschüren und Zeitungsartikel aus Lateinamerika mitgebracht haben), oder es war ein Exemplar, das Santander aus Montevideo mitgebracht hatte.

Aber es ist auch nicht wichtig, wessen Exemplar es nun war. Wichtig ist, dass sie als "Aussage" bei einer 1946 in Berlin durchgeführten Vernehmung Daten abgeschrieben haben, die einer von ihnen – in ganz anderem Zusammenhang und mit ganz anderer Absicht – bereits fünf Jahre vorher in Buenos Aires veröffentlicht hatte.

All das wäre vielleicht nicht aufgefallen, wenn Santander nicht das Bedürfnis gehabt hätte, die Jürges-Fälschung noch zu verbessern, das "Dokument" noch "dokumentarischer" zu machen – was er dann tat, indem er es "übersetzte". Silvano Santander konnte kein Deutsch.

6. Die "Dokumente" und die Tatsachen

Alliierte Soldaten durchsuchen die Keller der noch schwelenden Reichskanzlei. Sie finden Dokumente über Vorgänge in Buenos Aires und befragen dazu die Verantwortlichen. Jürges war dabei als Übersetzer und Sachbearbeiter im Dienste der Amerikaner.

Russische Soldaten graben in den Ruinen einer Babelsberger Villa und finden die Briefe des Institutspräsidenten Faupel. Jürges, inzwischen im Ostberliner Pankow wohnend, studiert sie in Dresden.

Das sind die Geschichten, die die Nutznießer präsentieren: Jürges, der seine Vorstrafen loshaben will; Santander, der Perón eins auswischen muss; die *Neue Zeit*, die dem Fürsten Starhemberg ans Zeug flicken will. Jeder hat seinen Grund; jeder baut seine Legende. Das alles ist nicht glaubwürdig, es steht auf tönernen Füßen.

Und trotzdem: Jedes Mal, wenn man zugreift, glitschen sie einem aus der Hand wie Aale. Jede Klärung endet in Nebel. Jedes Argument wird einem aus der Hand genommen.

---

[47] In *La Nación* vom 5. September 41 (von der Becke 1956: 255).

Mit Fälschern und Lügnern zu argumentieren, ist sinnlos. Hat man sie überführt, finden sie sofort ein Schlupfloch in einer neuen Lüge. Ein Beispiel: Im fünften "Faupel-Brief", den Santander im November 52 aus Pankow mitnahm, ordnet der General an, dass Gottfried Sandstede, der ehemalige Presse-Attaché, sich am 23. Mai 44 in Madrid einzufinden habe. Schlecht möglich, denn Sandstede ist am 9. März 44 in Russland gefallen: Fünf Todesanzeigen standen in Buenos Aires in der Zeitung.[48] Aber kein Problem, im sechsten "Faupel-Brief", der im Februar 53 an Santander nachgeliefert wurde, kann das *en passant* korrigiert werden: Sandstede ist natürlich nicht gefallen; man hat ihm mit diesen Todesanzeigen nur eine neue Identität für seine Spionagetätigkeit in Spanien konstruiert. Solange der Fälschungsprozess läuft, kann man fast alles korrigieren.

Wenn aber der Prozess abgeschlossen ist und die Fälscher nichts mehr hinzufügen können, bleiben nur noch ihre Geschichten, und die sind wehrlos. Dann zählt nur noch das, was dort steht, und das kann man mit den Tatsachen, mit nachprüfbaren Fakten vergleichen. Auf einige Tatsachen ist schon hingewiesen worden:

– Niebuhr schickt seinen ersten Brief 1939 an das "Lateinamerikani-sche" Institut; er benutzt damit einen Namen, den das Institut erst in den Jahren 1946-54 hatte (im Jahre 1950 also, als Heinrich Jürges zum ersten Mal dort war und mit Hagen sprach).[49]

– Niebuhr schickt diesen ersten Brief 1939 nach Berlin-Lankwitz, das heißt in die Siemens-Villa,[50] an eine Adresse also, die erst zwei Jahre später gültig wurde (und die gültig war, als Heinrich Jürges im Institut war). Bis 1941 lag das Institut ganz wo anders: im Marstall, in Berlin Mitte.

– Selbst Faupel kennt offensichtlich den Namen des von ihm ge-leiteten Instituts nicht, als er 1944 an von Merkatz im "Lateiname-

---

[48] In der *Deutschen La Plata Zeitung* vom 11. Mai 44, d.h. zwölf Tage, bevor er in Madrid erscheinen sollte (von der Becke 1956: 237).

[49] Das Institut war 1930 als "Ibero-Amerikanisches Institut" gegründet worden, 1946-54 hieß es "Lateinamerikanische Bibliothek", dann 1954-62 "Ibero-Ameri-kanische Bibliothek" und seit 1962, d.h. seit der Aufnahme in die Stiftung Preu-ßischer Kulturbesitz, wieder "Ibero-Amerikanisches Institut".

[50] Sitz des Instituts war 1930-41 der Marstall in Berlin-Mitte, dann 1941-77 die "Siemens-Villa" in Berlin-Lankwitz; seit 1977 ist es Teil des Kulturforums in Berlin-Tiergarten.

rikanischen" Institut schreibt. Niemand hat damals diesen Namen benutzt (bis auf Heinrich Jürges, der in seinen diversen Eingaben und Briefen das Institut immer nur "lateinamerikanisch" nennt).[51]

– Und er schreibt den Brief nicht an "Hans-Joachim" von Merkatz, mit dem er bereits sechs Jahre lang zusammen gearbeitet hat, sondern an "Hans" von Merkatz. Niemand hat den Namen des Herrn von Merkatz verstümmelt (bis auf Heinrich Jürges, der ihn in seinen diversen Eingaben und Briefen mit konstanter Bosheit "Hans" von Merkatz nennt).[52]

– In all diesen Briefen werden Staatsgeheimnisse mitgeteilt: auf dem normalen Postweg ("via Condor"), unverschlüsselt und ohne den Zusatz "persönlich" (Niebuhrs Brief an Faupel hätte die IAI-Sekretärin routinemäßig geöffnet).

– Die Liste ließe sich erweitern: "General" von der Becke ('Brief' 1) war damals erst Oberst (von der Becke 1956: 201); "Oberst" Perón ('Brief' 2) war erst Oberstleutnant (1956: 223). Und bei der Gelegenheit ist dann auch wichtig, dass sich Perón erst während eines Erdbebens am 15. Januar 44 in Evita verliebt hat (und nicht bereits im August 41 verliebt war, wie Jürges in 'Brief' 2 behauptet).

Wem das nicht reicht: Auf von der Beckes 318 Seiten findet er mehr, als er braucht.

Aber man kann das auch anders angehen. Jürges erzählt uns eine fortlaufende, in sich stimmende, zusammenhängende Geschichte über Faupel und seine Leute in Buenos Aires, und wenn nun ein Kapitel seiner Geschichte gelogen ist, dann ist die ganze Geschichte gelogen. Wenn also die U-Boot-Fahrt, von der in 'Brief' 4 und den 'Protokollen' 10 und 11 berichtet wird, nicht stattgefunden hat oder wenn Faupel nicht in Madrid war, als er von dort den 'Brief' 5 an "Hans" von Merkatz schrieb, dann betrifft das nicht nur diese Details, sondern auch den Zusammenhang, in dem sie stehen; dann sind nicht nur 'Brief' 4 und 'Brief' 5 und die 'Protokolle' 10 und 11 falsch, dann

---

[51] Den Namen "Ibero-Amerikanisches Institut" benutzt Jürges erstmals 1953, d.h. nach Fertigstellung seiner "Dokumente" (vgl. sein Schreiben an den Oberbürgermeister Ebert vom 11. Januar 53, AJ 74).

[52] Zum Beispiel an Ebert (AJ 74) oder an den Beschwerdeausschuss (Anhang 5).

stimmt die ganze Geschichte nicht, die in diesen elf "Dokumenten"
erzählt wird.

Wie war das also mit Faupel und seiner U-Boot-Fahrt nach Argentinien? Laut Jürges war er Anfang Mai 43 in Buenos Aires, um Perón
zum Putsch zu überreden. Die Details und die Termine stehen in Anhang 1.11:

10./20.4.43	Abreise von Cádiz (Mitte April)
2.5.43	Ankunft in Buenos Aires (bei Morgengrauen)
8.5.43	Abreise aus Buenos Aires (nachts)
20./31.5.43	Ankunft in Cádiz (Ende Mai)

So haben es Edmund von Thermann, der ehemalige Botschafter in
Buenos Aires, und Hermann Hagen, damals Bibliotheksdirektor in
Berlin, nach dem Krieg zu Protokoll gegeben – zumindest laut Jürges.

Tatsächlich hatte Faupel in dieser Zeit ganz andere Sorgen. Er war
nicht nur Präsident des IAI, er war auch Vorsitzender der DSG, der
Deutsch-Spanischen Gesellschaft in Berlin, und in dieser Eigenschaft
hatte ihn General Moscardó, der Vorsitzende der Spanisch-Deutschen
Gesellschaft in Madrid, schon dreimal nach Spanien eingeladen. Seit
fünf Jahren war er nicht mehr dort gewesen; diesmal wollte er reisen.
Am 24. Februar 43 ließ er für einen Aufenthalt vom 5. bis 30. März
Peseten im Gegenwert von 2.750 RM beantragen.[53] Der Termin ver-
strich. Moscardó schickte drei neue Einladungen: Er solle noch "vor
Ostern" – vor dem 25. April also – kommen.

Ribbentrop hatte inzwischen seine Zustimmung gegeben, aber das
reichte nicht. Am 6. April wurde Faupel im Auswärtigen Amt vorstellig[54] und sprach mit Staatssekretär von Weizsäcker: "Er, Faupel, wolle

---

[53] Den Antrag an die Deutsche Kongress-Zentrale stellte von Merkatz. Die tatsächlichen Kosten betrugen dann später 6.188,12 RM; bewilligt von der Devisenstelle
beim Oberfinanzpräsidenten am 5. Mai 43 an von Merkatz "und weitere 2 Reise-
teilnehmer" für eine "Kulturpolitische Reise nach Spanien". Diese und andere
Details der Reise stehen in einer Akte, die sich heute im Berliner Geheimen
Staatsarchiv befindet (HA I, Rep. 218, Nr. 270: "Spanienreise").

[54] Bei dieser Gelegenheit trug Faupel auch seine Bedenken gegen den spanischen
Botschafter Vidal vor, der "anti-deutsch" sei und die deutschen Waffenliefe-
rungen an Spanien sabotiere. Von Weizsäcker "hatte keine Zeit, um mit Herrn
Faupel" zu diskutieren, und warf die Bedenken in den Papierkorb: "Ich habe den
Eindruck, daß die meinerseits nicht erbetene Kritik des Personals der hiesigen
Spanischen Botschaft von Herrn Faupel auf einem voreingenommenen Stand-
punkt beruht" (Aufzeichnung des Staatssekretärs Ernst von Weizsäcker vom

in Spanien nicht hervortreten, sondern in der Stille kulturpolitische Annäherungsprobleme behandeln und diese selbstverständlich auf die Wünsche der Botschaft abstimmen." Am 17. April wollte er abreisen, um am 20. April in Madrid zu sein. Von Weizsäcker hatte Bedenken gegen den Termin, da in diesen Tagen die Deutsche Botschaft in Madrid neu besetzt werden sollte.[55] Der zukünftige Botschafter Dieckhoff schloss sich ihm an: "Ich lege entscheidenden Wert darauf, daß die Reise [Faupels] mindestens drei Wochen verschoben wird."[56]

Es wurden fünf Wochen. Dann bestiegen Faupel, seine Ehefrau Edith und der Generalsekretär Hans-Joachim von Merkatz – verabschiedet von acht Personen[57] – in Berlin den Schlafwagen nach Hendaye, wo sie vom deutschen Konsul Korth empfangen wurden. Am 17. Mai kamen sie in Madrid an; sie blieben bis zum 7. Juni. Faupel hielt sich dabei an die Abmachung: "Die Reise des Generals Faupel hat rein privaten Charakter," war selbst in Buenos Aires noch zu lesen.[58]

Es war eine anstrengende Reise mit vielen Veranstaltungen und Empfängen. Und während Faupel dort die entsprechenden Worte sprach (worüber die Zeitungen mit Photos berichteten), saß er laut Jürges in einem U-Boot, mitten im Atlantik, auf halber Höhe zwischen Argentinien und Spanien. Seit dem 17. Mai hielt er in aller Öffentlichkeit Reden in Madrid und anderswo, laut Jürges aber kam er erst Ende Mai in Cádiz an – am andern Ende Spaniens und ohne Frau und von

---

6. April 43, St.-S. Nr. 215; Akten des Auswärtigen Amtes/1511/371838; meine Kenntnis dieser Dokumente und Kopien nach den verfilmten Beständen verdanke ich Hans-Henning Abendroth). Für die Öffentlichkeit war "Exz. Faupel" immer noch "Botschafter a.D.", und er legte großen Wert darauf; im Auswärtigen Amt war das anders, da wurde dieser Vermerk unter "Aufzeichnungen über Gespräche und Besuche von Nicht-Diplomaten, Bd. 2" abgelegt.

[55] Aufzeichnung des Staatssekretärs Ernst von Weizsäcker vom 6. April 43, St.-S. Nr. 216 (Akten des Auswärtigen Amtes/1511/371839f.).

[56] Aufzeichnung des Botschafters Dieckhoff vom 7. April 43 "zu der Aufzeichnung St.-S. Nr. 216" (Akten des Auswärtigen Amtes/1511/371841).

[57] Zumindest wurden, laut Reisekostenrechnung in der Akte "Spanienreise", acht Bahnsteigkarten à 0,10 RM abgerechnet.

[58] *El Diario Español*, Buenos Aires, 16. April 43 (Faksimile bei von der Becke 1956: 262). In der Akte "Spanienreise" des Geheimen Staatsarchivs liegen weitere Zeitungsberichte, Photos, Einladungskarten und Hektographien des Veranstaltungsprogramms, das die drei damals absolvierten.

Merkatz, aber dafür mit Gottfried Sandstede, dem gewesenen Bonarenser Presse-Attaché, der damals an der Ostfront stand.

Nach den Jürges-Papieren muss Faupel, der "persönliche Ratgeber
des Führers" ('Brief' 1), ständig in Spanien gewesen sein; um aber ein
einziges Mal tatsächlich dorthin zu kommen, hatte der 71-jährige
Ex-Botschafter eine entwürdigende Prozedur von Anträgen und Ver-
tröstungen durchlaufen müssen.

Man kann das noch verfeinern: Am 7. Mai 43, einen Tag vor Faupels Abreise aus Buenos Aires, als er laut Jürges noch mit Perón
verhandelte, saß er in Berlin-Lankwitz an seinem Schreibtisch. Der
Präsident der Deutschen Gesellschaft für Wehrpolitik und Wehrwis-
senschaften, Dr. von Cochenhausen, General der Artillerie a.D., hatte
den General a.D. Faupel und seine Mitarbeiter zur Feier des zehnjährigen Bestehens der Gesellschaft eingeladen. Faupel dankte ihm an
jenem 7. Mai: Er sei leider verhindert, da er "in der nächsten Woche
nach Spanien fahren muß"; die Karten habe er weitergegeben:
"Allerdings besteht mein Institut jetzt fast nur noch aus weiblichen
Mitarbeitern."[59] Womit er Recht hatte: Außer von Merkatz und einigen
betagten Bibliothekaren, hatte der "Spionagechef" fast nur noch
Sekretärinnen "unter sich".

Und dann, ein Jahr später, an jenen Tagen um den 22. Mai 44, an
dem er laut Jürges seinem Generalsekretär "Hans" von Merkatz den
aufregenden Brief aus Madrid schrieb, saß er am gleichen Berliner
Schreibtisch und schrieb ganz andere Briefe:

– Am 12.5.44 an Otto Hein, Apotheker in Halle: Er stellt ein (sehr
   schlechtes) Zeugnis über seine ehemalige Hausangestellte Ursula
   Dassdorf aus; außerdem lädt er Hermann Baumann, Professor in
   Wien, ein, einen Beitrag für die IAI-Zeitschrift *Ensayos y Estudios*
   zu schreiben.

– Am 17.5.44 an Elise Brack, Dresden: Er kondoliert zum Tod ihres
   Bruders. Der "Bruder" war Max Uhle, der große Archäologe, der
   89-jährig in einem schlesischen Altersheim gestorben war, in seinen letzten Jahren ein Schützling Faupels.[60]

---

[59] Auch diesen Briefwechsel findet man im Geheimen Staatsarchiv (HA I, Rep.
      218, Nr. 191, Bl. 119, 121).
[60] Faupel regelte in diesen Tagen auch die Formalitäten um Uhles Renten: Briefe an
      das Auswärtige Amt und den Oberbürgermeister von Dresden vom 16. Mai, an

- Am 19.5.44 an Dr. Fuentes Rojo, Göttingen: Er bittet um Überset-
zung eines deutschen Manuskripts für seine wehrwissenschaftliche
Zeitschrift *Ejército, Marina, Aviación*.[61]
- Und am 22.5.44 selbst schreibt er an die Deutsche Forschungsge-
meinschaft, Berlin: Er reicht eine Reisekostenabrechnung für
Dr. Gertrud Richert ein; die IAI-Referentin hatte in Portugal und
Spanien Vorträge über den Bildhauer Georg Kolbe gehalten.

Das sind die Briefe, die man heute im Geheimen Staatsarchiv in Ber-
lin findet. Es ist die Ausbeute aus drei Ordnern: "Präsidialsachen",
November 42 bis Mai 44, A bis J; die Sammlung ließe sich aus den
Ordnern K bis Z erheblich erweitern.[62] Alle diese Briefe wurden ord-
nungsgemäß in die Ablage gegeben, sie stehen im Brief-Journal des
Instituts, und sie wurden beantwortet.

Das war es, was Hagen so verwirrt hatte, als er die "Faupel-
Briefe" las: Für ihn, der damals dabei gewesen war, waren es Nachrichten von einem fremden Stern. Der 'wirkliche' Institutspräsident
hatte andere Sorgen gehabt; davon zeugen seine 'echten' Briefe.

---

das Erziehungsministerium vom 20. Mai und anderes. Am 31. Mai hat Frau
Brack ihm dafür gedankt, abgezeichnet von Faupel und von Merkatz. Die Kor-
respondenz ist heute im Geheimen Staatsarchiv (HA I, Rep. 218, Nr. 248, Bd. 2,
Bl. 54-67).

[61] An diesem Tag wurde – laut Jürges – in Buenos Aires der deutsche Handelsattaché Dr. Richard Burmester, der einer seiner Informanten gewesen sei, "auf
ausdrückliche Anweisung des damals in Madrid sitzenden Präsidenten des Lateinamerikanischen Instituts, General Wilhelm Faupel, von der Gestapo in Buenos Aires geselbstmordet" (Jürges an den Beschwerdeausschuss, 25. November
51; Anhang 5).

[62] Das Bild, das diese Briefe von der damaligen Situation geben, ist nicht das Ergebnis zufälliger Quellenfunde. Die allgemeine Ablage des IAI in den Jahren
1929-45 ist der Hauptteil des Bestands, der 1945 von den Alliierten beschlagnahmt wurde und sich seit 1969 unter dem Titel "Präsidialsachen" im Geheimen
Staatsarchiv befindet: eine chronologisch und alphabetisch geordnete Serie von
144 Ordnern (HA I, Rep. 218, Nr. 90-233). Daneben gibt es unter dem gleichen
Titel noch einige Sachakten (Nr. 234-243), die aber nur kurzfristig geführt wurden: etwa Korrespondenz mit verschiedenen Ministerien (1930-32) oder mit der
A.O. der NSDAP (1934-36). Der Briefwechsel in den Monaten April - Mai 44
wurde in den Ordnern 196-201 abgelegt; die oben erwähnten Briefe finden sich
an folgender Stelle: HA I, Rep. 218, Nr. 197 (Bl. 169), 198 (Bl. 363), 196
(Bl. 403), 196 (255). Von den Sachakten aus diesem Bestand enthält nur die Uh-
le-Akte (HA I, Rep. 218, Nr. 249) Dokumente aus der gesuchten Zeit.

Abb. 9a: Ein Domvikar und viele Sekretärinnen: Die (fast vollständige) Be-
legschaft des Ibero-Amerikanischen Instituts im Oktober 1943. Ein Foto zu
Faupels 70. Geburtstag (IAI, Bildarchiv). "Allerdings besteht mein Institut
jetzt fast nur noch aus weiblichen Mitarbeitern," hatte er ein halbes Jahr vorher an den General von Cochenhausen geschrieben. Genau 83% sind es auf
dem Foto (wenn man die sechs Gäste nicht mitrechnet).

Abb. 9b: Der Domvikar Franz Zwick, auf dem Gruppenphoto rechts außen,
und die fünf Herren oben rechts waren Gäste (vermutlich Mitglieder der
Deutsch-Spanischen oder Deutsch-Ibero-Amerikanischen Gesellschaft). Ich
danke Alexander Lozze für die Bearbeitung des Fotos.

Abb. 9c: Von den übrigen 23 Personen waren 16 Sekretärinnen oder Bibliothekarinnen.

Abb. 9d: Bei den sieben anderen muss es sich also um die "Spionage-Truppe" des Generals gehandelt haben. Im Einzelnen: 1. Wilhelm Faupel, Präsident (70 Jahre) – 2. Dr. rer. pol. Edith Faupel, seine Frau, Leiterin der Abteilung Betreuung (53) – 3. Dr. jur. Hans-Joachim von Merkatz, Generalsekretär (38) – 4. Lic. Gisela Pape, stellvertretende Schriftleiterin der IAI-Zeitschrift *Ensayos y Estudios* (32) – 5. Dr. phil. Hermann B. Hagen (?), Bibliotheksleiter (54) – 6. Studienrat Peter Bock, Referent für Erziehungs- und Bildungswesen (57) – 7. Dr. phil. Gertrud Richert, Kunstreferentin (58). – Auf dem Photo fehlen: [8.] Dr. rer. nat. h.c. Carl Fiebrig, Referent für Naturwissenschaften, ein 74-jähriger Botaniker, der sich einige Monate vorher mit Genehmigung Faupels zu seiner Tochter nach München zurückgezogen hatte – [9.] der Altamerikanistik-Student Gerdt Kutscher, zuständig für die Bearbeitung des Lehmann-Nachlasses und Referent für Archäologie und Ethnologie (30) – [10.] Dr. phil. Hedda Oehlke, wiss. Bibliothekarin, Hagens "rechte Hand" (46) – [11.] Dr. phil. Otto Quelle, 64-jähriger Geographie-Professor an der Berliner Universität, Mitbegründer des IAI, aber inzwischen de facto aus dem Institut ausgeschieden.

Fünf Mitarbeiter waren, da ihre Tätigkeit im Institut nicht "kriegswichtig" war, zur Wehrmacht eingezogen worden: der Buchbinder Erhard Müller (32), der Bürovorsteher Hellmuth Dobisch (43), der Bürogehilfe Willi Puff (36), der Gärtner Emil Gronostay (38) und der Referent für Philosophie und Weltanschauung Heinz Müller (31).

7. Warum eigentlich Faupel?

"Spionage-Chef" Faupel und sein "Biograph" Jürges sind sich nie begegnet. Als Faupel Instrukteur in Argentinien war, war Jürges in Deutschland; als Jürges nach Buenos Aires kam, war Faupel in Berlin; als Jürges wieder nach Berlin kam, war Faupel tot. Jürges war auch nie in Faupels Institut. Als er Berlin verließ (1933), amtierte dort noch Otto Boelitz, und als er zurückkam (1946), war es Hermann Hagen.

Hermann Hagen und Jürges sind sich erstmals 1950 begegnet. Jürges besuchte das Institut, damals die "Lateinamerikanische Bibliothek", in Berlin-Lankwitz. Beide unterhielten sich; wir wissen das aus Hagens Briefen an die Botschaft und an Volland. Benutzer der Bibliothek und damit häufigerer Besucher und besserer Kenner des Hauses wurde Jürges erst später: 1954-55, als seine Geschichten über das Institut bereits veröffentlicht waren.

Über Faupels Institut sagt er wenig; er scheint auch fast nichts darüber zu wissen. Der Umzug vom Marstall in Berlin-Mitte in die Siemens-Villa in Berlin-Lankwitz (1941) ist ihm entgangen; er weiß noch nicht einmal den Namen des damaligen Instituts. Von Faupels Mitarbeitern kennt er nur den Generalsekretär "Hans" von Merkatz, dann "Dr. Panhorst" (wobei nicht klar ist, ob Jürges von dessen IAI-Tätigkeit in den Jahren 1930-38 überhaupt etwas wusste) und schließlich "Dr. Haggen", den "secretario", mit dem er 1950 gesprochen hatte.

Aber andererseits: Er hatte offensichtlich eine Original-Unterschrift Faupels und seinen privaten Briefkopf. Dass er die Unterschriften Niebuhrs, Meynens und Freudes hatte und dass ihm die Mitarbeiter der Deutschen Botschaft in Buenos Aires und deren Aufgabengebiete bekannt waren, verwundert nicht: Die Unterschriften und Briefköpfe waren in Santanders Buch *Nazismo en Argentina* abgedruckt,[63] und mit dem Botschaftspersonal hatte er jahrelang zu tun gehabt. Mit Faupel aber hatte er nie etwas zu tun gehabt.

---

[63] In einem Buch also, das er – nachweislich: er hat 1947 angeboten, es dem OdF-Ausschuss vorzulegen (AJ 41) – in Pankow hatte (vgl. Anm. 27). Im Anhang seines *Nazismo* hat Santander fünf Dokumente der Deutschen Botschaft veröffentlicht: Ein nicht ausgefülltes, aber unterschriebenes Formschreiben von Niebuhr, mit dem er internierte Matrosen der "Graf Spee" in die Botschaft zitiert hat, und vier "Recibos", mit denen von Thermann, Schaumburg-Lippe und Meynen Zahlungen der "Federación de Círculos Alemanes de Beneficencia y Cultura" quit-

Deutsche Botschaft
Der Marine- und Luftattaché

Buenos Aires,
Av. L. N. Alem 168, 6°p.

Abb. 10a: Niebuhrs Briefkopf. Oben nach dem Faksimile eines Formbriefs in Santanders *Nazismo* (1945), vermutlich echt; unten nach den Faksimiles der 'Briefe' 1-3 in Santanders *Técnica* (1955), von Jürges gefälscht.

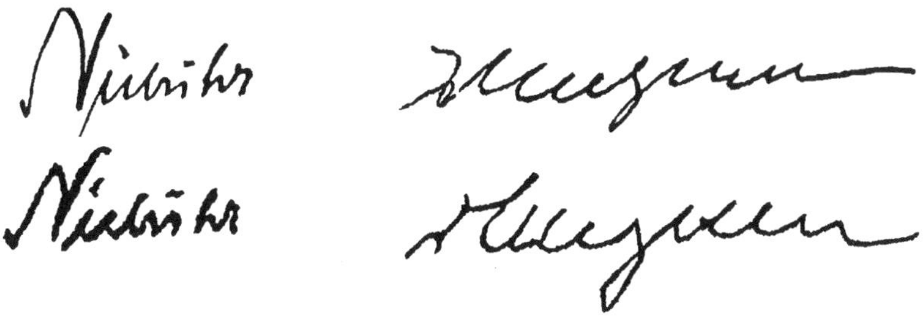

Abb. 10b: Die Unterschriften des Attachés Niebuhr und des Gesandten Meynen. Oben nach Faksimiles eines Formbriefs und einer Empfangsbestätigung in Santanders *Nazismo* (1945), vermutlich echt; unten nach den Faksimiles der 'Briefe' 1-4 in Santanders *Técnica* (1955), von Jürges gefälscht.

Die einzige Erklärung, die sich anbietet, ist die, die Jürges selbst gegeben hat, als er 1950 mit Hagen sprach: Die Russen hätten in Faupels Wohnung in Potsdam-Babelsberg (Griebnitzstraße 2) die private Korrespondenz gefunden und in ein Aktendepot nach Dresden gebracht, und Jürges habe Gelegenheit gehabt, sie dort einzusehen. Wenn das so war, dürften ihn natürlich besonders die argentinischen Briefe Faupels interessiert haben, die Korrespondenz des ehemaligen Militärinstrukteurs mit seinen Schülern und Freunden, die inzwischen Rang und Namen hatten. Von solchen Privatbriefen eines politisierenden Pensionärs zur Konstruktion des allgewaltigen Spionage-Chefs ist nur ein Schritt. Jürges scheint ihn schon bei der Lektüre vollzogen zu

---

tiert haben (und die bereits 1941 im "Informe N.° 2" abgedruckt waren). Es fehlt also nur noch die Unterschrift Freudes, aber das ist ohnehin ein Sonderfall, da 'Brief' 6 erst nach Santanders Berlin-Besuch angefertigt wurde (vgl. Anm. 33).

haben, denn bei der gleichen Gelegenheit, bei der er Hagen von dem Dresdner Aktendepot erzählt, erzählt er auch von Faupels U-Boot-Fahrt nach Buenos Aires. Sein Szenario war also schon damals, 1950, angelegt.

Abb. 10c: Zweimal "W. Faupel". Oben eine echte Unterschrift aus den Akten; unten die von Jürges gefälschte Unterschrift unter 'Brief' 5.

Wenn es dieses russische Akten-Depot in Dresden gegeben hat (wie es der Archivar Holzhausen 1950 in einer Fachzeitschrift behauptet) und Jürges in diesem Depot Privatbriefe von Faupel gelesen hat (wie er Hagen gegenüber behauptet), dann wäre das eine Erklärung, wie Jürges an die täuschend echte Unterschrift gekommen ist. Aber es erklärt nicht die Behauptung vom "damals in Madrid sitzenden" Faupel; schließlich wurden all die Briefe, die er dort gelesen haben kann, in Babelsberg geschrieben. Er kann dort nicht gelesen haben, dass Faupel im Mai 1944 in Madrid war, weil Faupel damals in Berlin war, und er kann dort auch nichts über die U-Boot-Fahrt gelesen haben, weil diese Fahrt nicht stattgefunden hat. Aber er kann dort, in jenem Depot, seine Faupel-Visionen gehabt haben, Inspirationen zu Geschichten, die ihren Reiz haben – und die ihn dann in arge Verlegenheit brachten, als er sie belegen sollte. In seiner Not war er dann nicht mehr wählerisch: Er schrieb die 'Briefe'.

Als Jürges ihm 1950 die U-Boot-Geschichte erzählte, protestierte Hagen ganz energisch: Das sei unmöglich, absolut unsinnig. Umso erstaunter war er, als er fünf Jahre später in Santanders Buch las, dass die Geschichte von ihm stamme, dass er selbst, Hermann B. Hagen, das vor einer Untersuchungskommission ausgesagt habe. Lügen gehen seltsame Wege, und Lügner kennen keine Grenzen.

8. Epilog: Der Umgang mit diesen Geschichten

8.1 Der Umgang mit diesen Geschichten innerhalb des Ibero-Amerikanischen Instituts: Hermann Hagen, der manische Bibliothekar, war "zufällig" auf Santanders Buch gestoßen: Der Bonarenser Journalist Hasso Vitz, hatte es in der Tasche, als er ihn 1956 besuchte. "Zufällig" ist natürlich falsch: Eine Bibliothek, die Bücher aus Argentinien sammelte, war angewiesen auf Informationen über Neuerscheinungen, und die kamen in der Regel mit einer gewissen Verzögerung. Es dauerte deshalb seine Zeit, bis sie bestellt und bearbeitet werden konnten, aber dann waren sie da; man kann sich am IAI-Katalog davon überzeugen. Das war die Norm. Aber hier war es anders.

Das Santander-Exemplar, das Hermann Hagen las, war das, das Hasso Vitz ihm geliehen hatte (und dann wieder mitnahm). Sofort nach der Lektüre schrieb Hagen an die Deutsche Botschaft in Buenos Aires. Es wurde ein langer Brief (Anhang 3), der mit der Bitte endete, bei Verwendung der darin enthaltenen Informationen seinen Namen und die Ibero-Amerikanische Bibliothek "unbedingt aus dem Spiele zu lassen". Nach dem "Zusammenbruch von 1945" habe das Institut mit vielen Mühen wieder hohes internationales Ansehen erworben, und da sei es "nicht gerade förderlich", wenn die "wohlbekannte Einrichtung und der Name ihres Direktors in dem Zusammenhang einer politischen Polemik auftauchte". Dem "politischen" Institut hatte er nach der Faupel-Ära abgeschworen (und abschwören müssen[64]).

Auf diesem "unpolitischen" Kurs blieb er. Siebzehn Jahre später schrieb er einen zweiten Brief über das IAI im Dritten Reich: Klaus Volland hatte bei der Vorbereitung seines Buchs *Mexiko und das Dritte Reich* (1976) den "Zeitzeugen" Hagen befragt, und der 84-jährige Pensionär gab dem Doktoranden auf sieben Seiten gewissenhaft Auskunft, alles was er wusste, um ihm dann aber "dringend ans Herz zu legen", seine Mitteilungen mit solcher Diskretion zu verwenden, dass dem Institut "keinerlei Schaden erwachsen kann". Sein Schlusssatz: "Bedenken Sie deshalb bei dem, was Sie schreiben, in Berück-

---

[64] Eine der Bedingungen, dass das IAI nach 1945 weiterleben durfte, war der Verzicht auf "Politik". Erst musste eine Antwort gefunden werden auf die "Frage, ob das Ibero-Amerikanische Institut in seiner wissenschaftlichen Arbeit zwangsläufig auch zu politischer Betätigung kommen muß" – so der Titel einer Eingabe an den Berliner Magistrat vom 15. Januar 46 (vgl. Vollmer 1985: 502).

sichtigung der Interessen des Ibero-Amerikanischen Instituts die alte politische Weisheit 'Quieta non movere'."[65]

Hagens Brief an die Botschaft hatte den Vermerk "Streng vertraulich". Die Sache war dann auch so vertraulich, dass weder der Brief noch die Antwort der Botschaft in die IAI-Akten kamen.[66] Erhalten ist nur der handschriftliche Entwurf, und auch das eher durch Zufall.[67] Das Buch, Santanders *Técnica de una traición*, wurde übrigens auch nicht bestellt.

Ein Jahr später schickte die Deutsche Botschaft in Buenos Aires von der Beckes Gegendarstellung an das IAI.[68] Dort gab es seit März 57 einen neuen Direktor: Hans-Joachim Bock. Er war jahrelang Hagens Stellvertreter gewesen, aber von dieser erst ein paar Monate zurückliegenden Geschichte hat er offensichtlich nichts gewusst. Jedenfalls bedankte er sich am 11. Juli 1957 höflich für das "besonders interessante" Buch und schickte dann am 15. Juli noch einen Brief an die Botschaft:

> Im Nachgang zu meinem Schreiben vom 11. d. M. erlaube ich mir, Sie herzlich zu bitten, uns bei der Beschaffung des Buches von Silvano Santander ("Técnica de una traición") behilflich zu sein, auf das sich Herr Carlos von der Becke in seinem Buch bezieht. Die Ibero-Amerikanische Bibliothek, bzw. ihr Vorgänger, das Ibero-Amerikanische Institut in Berlin, werden in beiden Büchern häufig erwähnt und, wenn auch zu Unrecht, in politische Vorgänge hineingezogen. Es erscheint mir deshalb vom dienstlichen Standpunkt aus unerläßlich, daß das Buch hier vorhanden ist, schon um bei etwaigen Verdächtigungen mit herangezogen werden zu können.

Die Botschaft schickte daraufhin am 12. September 57 die Bücher von Santander und Simons (für 3,10 DM, aber leider ohne die gewünschte dreifache Rechnung). Bock bedankte sich am 27. September

---

[65]   Hermann B. Hagen an Klaus Volland, Berlin, 6. Februar 73 (AH 21).

[66]   Die IAI-Akten bis 1961 befinden sich heute im Geheimen Staatsarchiv; in den entsprechenden Ordnern für die Jahre 1956-58 (HA I, Rep. 218, Nr. 1025-43) wurden die beiden Briefe nicht abgelegt. Am 7. Februar 73 hatte Hagen seinem Nachfolger Bock zur Kenntnisnahme einen Durchschlag seines Briefs an Volland geschickt; weder Brief noch Durchschlag kamen in die IAI-Ablage.

[67]   Der Entwurf kam erst nach Hagens Tod (1976) – zusammen mit dem Brief an Volland und anderen Papieren, der "Akte Hagen" – ins IAI.

[68]   Die folgende Korrespondenz Bock/Deutsche Botschaft ist im IAI ordnungsgemäß abgelegt worden und befindet sich dementsprechend heute im Geheimen Staatsarchiv (HA I, Rep. 218, Nr. 1039).

– und ließ alle drei Bücher sofort sekretieren.[69] Im Alphabetischen Katalog des Ibero-Amerikanischen Instituts hat sich der Vermerk "Unter Verschluß" auf der Karteikarte der Gegendarstellung (!) von Walter von Simons bis heute gehalten.[70]

Bock blieb auf diesem Kurs. "Es ist besser, wenn Sie nicht von diesen Dingen reden," sagte er 1969 zu Ignacio Sotelo in einem Interview für *Excelsior* (México).[71] Sein Nachfolger wurde Wilhelm Stegmann (1974-86), und der war sehr erstaunt, als man ihm lange nach seiner Pensionierung die Jürges-Papiere zeigte. Er war jahrelang Bocks Stellvertreter gewesen, aber darüber hatten sie offensichtlich nie gesprochen. Im Nachhinein teilte er übrigens den Standpunkt Hagens und Bocks: Besser nicht an solche Dinge rühren.

Das ist nun jahrzehntelanger Umgang mit Jürges und seinen Erfindungen; Umgang der "Opfer" mit seinen Lügen. Was veranlasste Hagen, der ein kluger und resoluter Mann war, zu solcher "Zurückhaltung"? Er hatte keinen Grund, sich Vorwürfe zu machen. Er hatte die Faupel-Ära, von kleinen "Sündenfällen" abgesehen, im Schatten der Bibliothek[72] unbeschadet überstanden. Aber er wusste auch, dass Faupel die Rolle, die Jürges ihm angedichtet hat, gern gespielt hätte und dass es nur deshalb nicht dazu kam, weil die Nazi-Größen andere Leute hatten, professionellere als einen alten General mit einer Handvoll Bibliothekare. Wenn es nach den Träumen der Institutsleitung gegangen wäre, wären die Jürges-Visionen nicht so absurd gewesen. Und was hätte der Bibliotheksdirektor dann in dieser Welt der Spione und Saboteure getan? Hätte er sich auf Dauer entziehen können? Nun aber war der Spuk vorbei. Die Antwort hatte sich erübrigt. Hagen hatte

---

[69] Die IAI-Exemplare der drei Bücher wurden laut Akzessionsbuch tatsächlich erst bei dieser Gelegenheit erworben (von der Becke: 1957/1223, 15. Juli, Geschenk: Arg. Botschaft, Bonn [!]; Simons und Santander: 1957/2046 und 1957/2047, 30. September, Kauf: 3,10 DM).

[70] In Bocks wenig später geschriebenen Geschichte des Instituts (*El Instituto Ibero-Americano. Su origen y desarrollo*, Berlin 1964) wird der Vorgang nicht erwähnt. Erst vor einigen Jahren kam er beim Sichten Hagenscher Akten wieder ans Licht.

[71] Original: "mejor es que no hable Ud. de estas cosas." Das Gespräch fand am 11. Mai 69 statt; Manuskript in Bock (2001).

[72] Worauf er Wert legte: "Ich war [...] glücklicherweise in einer Abteilung, an die politische Dinge kaum herantraten" (Hagen an Deutsche Botschaft in Buenos Aires; Anhang 3). Ähnlich an Volland.

Glück gehabt (und seine Nachfolger, jeder auf seine Weise, auch).
Besser, nicht von diesen Dingen reden.

Alles in allem: Kein Hagen- und kein IAI-Problem, es war die
deutsche Schwierigkeit mit der Vergangenheit. Man darf nicht vergessen, dass der Bundespräsident von Weizsäcker seine Rede über die
'Befreiung' erst 1985 hielt (halten konnte).

*8.2 Der Umgang mit diesen Geschichten außerhalb des Ibero-Ameri-
kanischen Instituts:* "Endlich haben wir den verfluchten Yenken [...]
zur Strecke gebracht. Er ist tot, von Dr. Panhorst [...] buchstäblich
vom Himmel herunter geholt und direkt zur Hölle geschickt." Da hat
also der ehemalige Generalsekretär des IAI einen britischen Diplomaten ermordet; sein damaliger Vorgesetzter, Institutspräsident Faupel,
ist begeistert und berichtet es aus Madrid dem neuen Generalsekretär
von Merkatz; nachzulesen in 'Brief' 5. Genau genommen ist Yenken
natürlich nicht ermordet worden, Faupel war damals nicht in Madrid,
und den Brief hat Heinrich Jürges geschrieben.

Wir kennen diese Geschichte aus Santanders Buch, aber bevor er
sie im Juli 1953 zum ersten Mal in Montevideo veröffentlichte, hatte
er sie dort schon in der Zeitung gelesen. Sie steht im ersten Absatz von
'Brief' 5, und dieser Absatz wurde, wie Hagen 1956 an die Deutsche
Botschaft in Buenos Aires schrieb, "bereits vor mehreren Jahren in
einer kommunistischen Zeitung Ost-Berlins abgedruckt". Ob es nun
der Bericht in dieser Zeitung war, den der britische Abgeordnete
Dr. H. M. King gelesen hat, oder ein darauf basierender Bericht in
einer anderen, jedenfalls richtete er am 24. Januar 1953 ein Schreiben
an Außenminister Eden, in dem er erklärte, Yenken sei 1944 in Spanien ermordet worden. Diese Erklärung Kings wurde am folgenden
Tag von *United Press* verbreitet, und sie ist dann wohl in vielen Zeitungen veröffentlicht worden. Unter anderem stand sie in *El País*
(Montevideo), wo Santander sie fand. Für ihn war dieser UP-Bericht
ein weiteres 'Dokument', und er veröffentlichte ihn als Beweis für die
Echtheit von 'Brief' 5.

Das erste, was Historiker lernen, ist, Quellen anzugeben. An Hand
dieser Belege kann man den Weg von Informationen verfolgen. Aber
das gilt nur für die seriösen Geschichten. Die Geschichte von Yenkens
Ermordung ist eine dubiose Geschichte, und da ist es anders. Die verbreiten sich unterirdisch: Der Ost-Berliner Journalist – vermutlich

Jürges – kannte den 'Brief' 5, King kannte nur den Artikel des Journalisten, *United Press* kannte nur Kings Anfrage, *El País* kannte nur *United Press*. Und am Ende steht dann die von Heinrich Jürges in Pankow erfundene Geschichte in einer uruguayischen Zeitung (und damit in Santanders Buch), nicht vollständig, natürlich, aber in der Substanz.

Das ist durchaus kein ungewöhnlicher Informationsweg: Vom Jürges-Brief über die Verarbeitung seiner Information und die Wiedergabe der Verarbeitung bis zum Santander-Buch. Im Gegenteil, es ist der übliche Weg: von der Quelle über die verschiedenen Stufen der Sekundärliteratur zum neuen Buch. Eine Quelle, die bereits in die Sekundärliteratur eingegangen ist, wird in der Regel nicht mehr benutzt, nicht einmal mehr geprüft. Aber immerhin kann man, wenn das seriös belegt ist, den Weg zur Quelle zurückverfolgen. Bei den Informationen, um die es hier geht, ist das anders; die sind nicht seriös; sie stammen aus dubiosen Quellen, und dubiose Quellen werden verschwiegen. Welcher auf seine Reputation achtende Historiker gibt schon zu, dass er Santanders Pamphlet benutzt, die Prognosen von Curt Riess über den sich bildenden Nazi-Untergrund für Tatsachen gehalten oder das wirre Buch von Allan Chase über die Bedrohung Amerikas durch eine dort bereits operierende Geheimarmee der Faschisten[73] ernstgenommen hat.

Ovidio Gondi jedenfalls nicht. Vier Jahre nach Francos Tod veröffentlicht er in Madrid einen Aufsatz über "Hispanidad y Nazismo", in dem er die Rolle der Falange und ihrer deutschen Hintermänner in Argentinien untersucht. Elf Seiten, aber auf keiner fällt der Name Santander, und auf keiner wird auf die von Santander veröffentlichten "Dokumente" hingewiesen. Und trotzdem ist Santanders *Técnica de una traición* im ganzen Artikel präsent, an zwei Stellen sogar wörtlich.

Das erste Mal auf Seite 8: "Finalmente hemos terminado con el maldito Yencken [...]", und dann folgt der komplette erste Absatz von 'Brief' 5 ("Endlich haben wir den verfluchten Yenken [...] zur Strecke gebracht" usw.), jene Geschichte also, die genau ein Vierteljahrhundert vorher schon einmal durch die Presse gegangen war. Das zweite Mal auf Seite 13: "Por el medio que en este momento me parece más

---

[73] Die das IAI betreffenden Passagen in diesen Büchern (Chase 1943 und Riess 1944) hat Gliech in Anhang 7 zu seinem Beitrag über Faupel veröffentlicht.

seguro [...] la alusión contra nosotros", das ist der erste Satz von
'Brief' 6: "Auf dem mir gegenwärtig am sichersten erscheinenden
Weg [...] die Spitze gegen uns." Was Gondi hier – nicht ganz buch-
stabengetreu – veröffentlicht, sind Passagen aus Santanders Übersetzung der im Faksimile wiedergegebenen "Faupel-Briefe".[74]

Diese zwei Textstellen beweisen, dass Gondi – auch wenn er das
verschweigt – Santanders Buch gekannt und benutzt hat. Und wer die
Técnica de una traición gelesen hat, findet viele Stellen, an denen
Gondi – auch wenn man das nicht so klar nachweisen kann – aus Santanders Buch Nutzen gezogen hat. Überall dort, wo das Ibero-Amerikanische Institut zur "Lunge der nationalsozialistisch-falangistischen
Propaganda in Lateinamerika" wird (Gondi 1978: 5), wo ein Autor in
solchem Zusammenhang "die Handschrift seiner Direktoren" entdeckt
(ebenda), sollte man vorsichtig werden und nach den Quellen schauen.

Es gibt noch andere Indizien für trübe Quellen. Der "verfluchte
Yenken", wie Jürges ihn in 'Brief' 5 korrekterweise nennt und wie er
auch tatsächlich hieß, ist in Santanders Buch[75] der "maldito Yencken",
und so finden wir ihn dann bei Gondi und anderswo wieder. Yencken
mit "ck" ist ein Indiz; Wilhelm "von" Faupel ist ein anderes. Jürges
nennt ihn "Wilhelm Faupel", und ebenso heißt er in Santanders Buch,
allerdings nicht durchgehend: In den Übersetzungen der Faksimiles
wurde aus dem "General Wilhelm Faupel" der "General Guillermo
von Faupel".[76] Santander hatte Faupel übrigens schon zehn Jahre vorher "geadelt", und auch da war er nicht der erste: Allan Chase hatte
ihn bereits "von" Faupel genannt, ebenso Curt Riess und vermutlich
noch eine Reihe anderer Autoren aus diesem Milieu – so, als ob die
Rolle eines diabolischen deutschen Generals nach einem Adelsprädikat verlangt hätte.[77]

---

[74] Die beiden von Gondi ohne Quellenangabe zitierten Textstellen (1978: 8 und 13)
findet man bei Santander in den Übersetzungen der 'Briefe' 5 und 6 (1955: 58
und 65).

[75] An zwei Stellen: In der Übersetzung von 'Brief' 5 (1955: 58) und in der *United
Press*-Meldung (1955: 60).

[76] Im Register gibt es 18 Verweisungen auf Faupel: 15 auf Wilhelm Faupel und drei
auf Wilhelm von Faupel (1955: 125). Das "von" steht in der Übersetzung der
Adresse von 'Brief' 1 und 2 und im Text von 'Brief' 4; in 'Brief' 3 ist der Name
nicht übersetzt worden.

[77] Santander in *Nazismo en Argentina* (1945: 15); zu Chase und Riess siehe Anhang 7 in Oliver Gliechs Beitrag über Faupel.

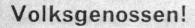

Volksgenossen!

Macht euch keine Sorgen um den Führer!

Wenn wir auch alles verlieren –
Ein Fern-Flugzeug oder Groß-
U-Boot ist immer noch da, ihn
nach Japan oder Argentinien
zu retten.

Seid guten Mutes!

Abb. 11: Die "Bairestransporte" aus 'Brief' 5. Laut Jürges & Santander war es der Direktor des Berliner Ibero-Amerikanischen Instituts, der die dunklen Kanäle anlegte, durch die die Nazi-Größen mit ihrem Gold nach Argentinien verschwanden. Eine Aufgabe, die Faupel sicherlich gerne übernommen hätte, aber man hat ihn nicht gefragt. Er hat jedenfalls keine Kanäle angelegt, es hat sie in dieser Form wohl auch nicht gegeben, und das Gold sucht man heute noch. Es sind alte Geschichten, Jürges hat sie nur benutzt. Die Abbildung zeigt ein Flugblatt, das die Alliierten gegen Kriegsende abgeworfen haben (nach Weber 1995; den Hinweis verdanke ich Oliver Gliech).

Man braucht also eigentlich nur nach "Wilhelm *von* Faupel" zu suchen, aber man sollte es nicht: Es ist ernüchternd, wo man fündig wird. "Das Dritte Reich setzte sich das Ziel, mit Hilfe des Ibero-Amerikanischen Instituts in ganz Lateinamerika Fünfte Kolonnen aufzubauen." Und wer das tat, steht auch da: "Wilhelm von Faupel". Und das steht nicht etwa in irgendeinem Pamphlet, sondern in der 1987/88 erschienenen *Gran Enciplopedia de México* (V: 2640), in einem Nachschlagewerk, das objektiv informieren will. Und man kann noch nicht einmal sagen, ob eine solche Auskunft auf den Büchern von damals basiert oder auf Untersuchungen auf der Basis der damaligen Bücher, ob also auf Santander und Chase oder auf Gondi und anderen.

Ob aber nun direkt oder indirekt vermittelt, es zeigt sich, wie wirksam die alten Geschichten immer noch sind: jene Angstträume von Curt Riess oder die spannenden Fiktionen von Allan Chase oder – und das vor allem – die "Beweise", die "Dokumente" von Heinrich Jürges und Silvano Santander.

Literaturverzeichnis

AH [Akte Hagen]: Hermann B. Hagen (1889-1976) hat eine Mappe mit Briefen, Briefentwürfen und Notizen zu Santanders Buch und zur Rolle Faupels hinterlassen, die heute im IAI (Nachlass Hagen) aufbewahrt werden. Es handelt sich dabei um zwei Vorgänge: Um handschriftliche Entwürfe seiner Briefe über Santanders Buch an die Deutsche Botschaft in Buenos Aires (Anhang 3) und an Karl Heinrich Panhorst aus dem Jahre 1956, die nur in dieser Form erhalten sind (Bl. 1-13), sowie um seine Korrespondenz aus dem Jahre 1973 mit Klaus Volland über die Rolle Faupels und mit Hans-Joachim Bock und Wilhelm Stegmann über Vollands Anfrage (Bl. 14-42).

AJ [Akte Jürges]: "Jürges, Heinz". BStU (Bundesbeauftragter für die Unterlagen des Staatssicherheitsdienstes der ehemaligen DDR), MfS, AP 1240/55, 231 Bl.

Abendroth, Hans-Henning (1973): *Hitler in der spanischen Arena. Die deutsch-spanischen Beziehungen im Spannungsfeld der europäischen Interessenpolitik vom Ausbruch des Bürgerkrieges bis zum Ausbruch des Weltkrieges 1936-1939.* Paderborn: Ferdinand Schöningh.

Becke, Carlos von der (1956): *Destrucción de una infamia. Falsos "Documentos Oficiales".* Buenos Aires: ohne Verlag.

Berliner Mitarbeiter [d.i. Heinrich Jürges ?] (1952): "Starhemberg im Dienst der Hitler-Spionage". In: *Neue Zeit*, Graz, 1.5.1952.

Bock, Hans-Joachim (1964): *El Instituto Ibero-Americano. Su origen y desarrollo.* Berlin (*Miscelanea Ibero-Americana*, 1).

— (2001): "Hans-Joachim Bocks Buchbeschaffungsreisen 1958-1968. Berichte und Pressemeldungen". Kopie von Zeitungsausschnitten, zusammengestellt von Günter Vollmer. Unikat in der Bibliothek des IAI, Berlin.

Chase, Allan (1943): *Falange. The Axis Secret Army in the Americas.* New York: G. P. Putnam's.

Diario de sesiones (1942): *Diario de sesiones de la Cámara de Diputados. Año 1941.* Bd. 4 (9.-19. 9. 41), Buenos Aires: Imprenta del Congreso Nacional.

Enciclopedia de México (1987-88). Hrsg. von José Rogelio Álvarez. 14 Bde., México: EdeM/Sep.

Epler, Ernst (1955): *Akt Starhemberg.* Wien: KPÖ.

Farago, Ladislas (1974): *Aftermath: Martin Bormann and the Fourth Reich.* New York: Simon and Schuster.

Gondi, Ovidio (1978): "Hispanidad y Nazismo". In: *Tiempo de Historia*, 4 (48): 4-15, Madrid.

Gran Enciclopedia de España (1990-99). 15 Bde., Zaragoza: Enciclopedia de España, S. A.

Holzhausen, Rudolf (1950): "Die Quellen zur Erforschung der Geschichte des 'Dritten Reichs'". In: *Archivalische Zeitschrift*, 46: 196-206, München.

Merck, C. E. von (1956): "Sowjetvorstoß am La Plata. Vertreter Moskaus und der Zone sind auffallend betriebsam". In: *Die Welt*, Hamburg, 22.1.1956.

Newton, Ronald C. (1994): "'Graue Eminenzen und schiefe Existenzen': Die deutsch-sprachigen Berater der Alliierten in Argentinien während des Zweiten Welt-kriegs". In: Kohut, Karl/von zur Mühlen, Patrick (Hrsg.): *Alternative Lateiname-rika. Das deutsche Exil in der Zeit des Nationalsozialismus*. Frankfurt am Main: Vervuert Verlag (*Bibliotheca Ibero-Americana*, 51), S. 182-200.

Riess, Curt (1944): *The Nazis Go Underground*. Garden City, N.Y.: Doubleday, Doran & Co.

Rout Jr., Leslie B./Bratzel, John F. (1984): "Heinrich Jürges and the Cult of Disinfor-mation". In: *The International History Review*, 6.4: 611-623, Burnaby.

Santander, Silvano (1945): *Nazismo en Argentina. La conquista del ejército*. Buenos Aires: Ediciones Pueblos Unidos.

— (1955): *Técnica de una traición. Juan D. Perón y Eva Duarte, agentes del nazis-mo en la Argentina*. Buenos Aires: Editorial Antygua.

Simons, Walter von (1956): *Santander bajo la lupa. Técnica de un papelón*. Buenos Aires: Ed. Aluminé.

Spiegel (1956): "Der unverdrossene Fälscher". In: *Der Spiegel*, Nr. 52, 26.12.1956, S. 31f.

Volberg, Heinrich (1981): *Auslandsdeutschtum und Drittes Reich. Der Fall Argenti-nien*. Köln: Böhlau Verlag.

Volland, Klaus (1976): *Das Dritte Reich und Mexiko. Studien zur Entwicklung des deutsch-mexikanischen Verhältnisses 1933-1942 unter besonderer Berücksich-tigung der Ölpolitik*. Frankfurt am Main: P. Lang/Bern: H. Lang (*Europäische Hochschulschriften*, Reihe III, Bd. 76).

Vollmer, Günter (1985): "Gerdt Kutschers Leben. Erkundungen". In: *Indiana*, 10: 485-518, Berlin.

— (1993): "El Instituto Ibero-Americano de Berlín". In: *Del este al oeste al en-cuentro de otros mundos: líneas actuales de investigación*, hrsg. von Ma. Sarabia Viejo, Justina/Ma. Ciudad Suárez, Milagros, pp. 23-34, Sevilla: CSIC.

Weber, Hildegard (Hrsg.) (1995): *aufgehoben, aufbewahrt. Bilder und Dokumente aus Deutschland, 1933-1948*. Frankfurt am Main: Fischer.

Wiltschegg, Walter (1985): *Die Heimwehr. Eine unwiderstehliche Volksbewegung?* München: R. Oldenbourg Verlag (*Studien und Quellen zur österreichischen Zeit-geschichte*, 7).

ANHANG

1. Der Corpus der Fälschungen
   - .1 Niebuhr an Faupel, 7. August 39
   - .2 Niebuhr an Faupel, 26. August 41
   - .3 Niebuhr an Faupel, 27. Januar 43
   - .4 Meynen an Niebuhr, 12. Juni 43
   - .5 Faupel an von Merkatz, 22. Mai 44
   - .6 Freude an Faupel, 22. November 44
   - .7 Fricke an Schoenemann, 14. Juli 39
   - .8 Telegramm an Faupel, 17. Juni 43
   - .9a Die "Aussage" des Botschaftsrats Prinz Stephan zu Schaumburg-Lippe vor der OMGUS-Kommission im September 46. Der "Originaltext": die deutsche Fassung von Jürges.
   - .9b Dieselbe "Aussage" des Prinzen zu Schaumburg-Lippe. Santanders spanische "Übersetzung" (1.9c) des deutschen "Originals" (1.9a), zum Textvergleich "rück"-übersetzt (von Jutta Seeger-Vollmer).
   - .9c Die "Aussage" des Prinzen zu Schaumburg-Lippe. Santanders spanische "Übersetzung" des deutschen "Originals" (1.9a).
   - .9d Santander über weitere "Aussagen" des Prinzen Stephan zu Schaumburg-Lippe zur Finanzierung deutscher Zeitungen in Buenos Aires (nur in dieser Form belegt; 1955: 30).
   - .10a Die "Aussage" des Botschafters von Thermann vor der OMGUS-Kommission im September 46. Der "Originaltext": die deutsche Fassung von Jürges.
   - .10b Dieselbe "Aussage" des Botschafters von Thermann. Santanders spanische "Übersetzung" (1.10c) des deutschen "Originals" (1.10a), zum Textvergleich "rück"-übersetzt (von Jutta Seeger-Vollmer).
   - .10c Die "Aussage" des Botschafters von Thermann. Santanders spanische "Übersetzung" des deutschen "Originals" (1.9a).
   - .11a Die "Aussagen" Edmund von Thermanns und Hermann B. Hagens vor der OMGUS-Kommission im September 46. Nur in der spanischen Fassung Santanders (1.11b) vorhanden; "rück"-übersetzt (von Jutta Seeger-Vollmer).
   - .11b Die Aussagen Edmund von Thermanns und Hermann B. Hagens vor der OMGUS-Kommission im September 46. Spanische Fassung von Santander.

2. Heinrich Jürges und die deutschen Spione aus Lankwitz. Szenario nach sechs Briefen von, an und über Wilhelm Faupel.

3. Hermann B. Hagen, 1930-57 Bibliotheksdirektor, später Direktor des IAI, über die Jürges-Texte und die Rolle Faupels.

4. Hans-Joachim von Merkatz, 1938-45 Generalsekretär des Ibero-Amerikanischen Instituts, über Faupels Auslandsaufenthalte während des Krieges.

5. Heinrich Jürges über sein Strafregister und seine Rolle in Buenos Aires.

ANHANG 1: Der Corpus der Fälschungen

Anlass der Veröffentlichung: An dieser Stelle werden alle elf bisher bekannt gewordenen "Jürges-Dokumente" veröffentlicht. Es gibt drei Gründe dafür: Einerseits sind es Zeugnisse einer verqueren, in Nöte geratenen Phantasie, reizvolle Fiktion also. Zum anderen geben sie Einblick in die Werkstatt des Fälschens, in das Produzieren von Fehlinformationen, da man hier das Erfinden rekonstruieren und die Erfindungen an der Realität messen kann. Und zum dritten – und das ist der Hauptgrund – sind es 'Un-Dokumente': **Alle Aussagen über das Ibero-Amerikanische Institut und die deutsch-argentinischen Beziehungen während des Dritten Reichs, die mit Angaben in diesen "Dokumenten" übereinstimmen oder dort zwischen den Zeilen stehen, sind falsch. Alle Schlüsse, die direkt oder indirekt aus Angaben dieser "Dokumente" gezogen werden, sind falsch.** Anhang 1 'dokumentiert' also die falsche Materialbasis, den falschen Schluss.

Bestandsaufnahme der Texte: Der Corpus der Jürges-Fälschungen besteht aus den sechs "Faupel-Briefen", die Santander im Faksimile veröffentlicht hat, einem weiteren Brief, der nur in einer Abschrift überliefert ist, einem Telegramm und aus einzelnen Passagen aus Vernehmungsprotokollen.

Den wichtigsten Teil bilden die "Faupel-Briefe":

1. Kapitän zur See Dietrich **Niebuhr** (Marine- und Luftattaché an der Deutschen Botschaft in Argentinien) **an** Wilhelm **Faupel** (Adresse: Lateinamerikanisches Institut, Berlin-Lankwitz, über Ausw. Amt), Buenos Aires, 7.8.39; 2 Seiten (Santander 1955: 42f.).
   Diesen Brief hat Jürges – zusammen mit 'Brief' 4 – am 28.4.52 der Oberstaatsanwaltschaft Wuppertal vorgelegt; er ist demzufolge auch als Abschrift in der Stasi-Akte überliefert (AJ 210-212).

2. **Niebuhr an Faupel** (über SS-Obersturmbannführer Bernard, Deutsche Botschaft, Madrid), Buenos Aires, 26.8.41; 1 Seite (Santander 1955: 46); mit "Bernard" ist vermutlich Johannes Bernhardt, Hisma-Chef in Madrid und ehrenamtlicher Mitarbeiter des Sicherheitsdienstes der SS, gemeint (vgl. Abendroth 1973: 40).

3. **Niebuhr an Faupel** (über Deutsche Botschaft, Madrid), Buenos Aires, 27.1.43; 2 Seiten (Santander 1955: 50f.).
   Dieser Brief wurde außerdem am 1.5.52 in der in Graz erscheinenden *Neuen Zeit* – ebenfalls im Faksimile – veröffentlicht.

4. Otto Erich **Meynen** (Deutscher Botschafter in Buenos Aires) **an Niebuhr** (OKM Berlin; via Madrid und AA), Buenos Aires, 12.6.43; 2 Seiten (Santander 1955: 54f.); handschriftlicher Vermerk: "Exz. Faupel z.K. / Niebuhr [Stempel]".

Diesen Brief hat Jürges – zusammen mit 'Brief' 1 – am 28.4.52 der Oberstaatsanwaltschaft Wuppertal vorgelegt; er ist demzufolge auch als Abschrift in der Stasi-Akte überliefert (AJ 213-214).

5. Faupel (Madrid) an Generalsekretär Dr. Hans von Merkatz (Latein-amerikanisches Institut, Berlin-Lankwitz), Madrid, 22.5.44; 1 Seite (Santander 1955: 59).

6. Ludwig Freude an Faupel (ohne Adresse), Buenos Aires, 22.11.44; 2 Seiten (Santander 1955: 66f.). Am Fuß von Seite 2: Aufzeichnung eines Funkspruchs (Empfangsbestätigung Faupels an Freude, undatiert).

Ein weiterer 'Brief' ist nicht im Faksimile, sondern nur als Abschrift einer Abschrift überliefert:

7. Bruno Fricke (Herausgeber der 1935-36 in Buenos Aires erscheinenden Halbmonatsschrift Die schwarze Front. Kampfblatt für Südamerika) an Dr. Erico Schoenemann (Montevideo), Buenos Aires, 14.7.39; 2 Seiten (AJ 51f.); Abschrift (10.2.53 = Bo.) einer Abschrift, die Jürges als Anlage 5 (vgl. AJ 61) zu seinem Brief vom 25.11.51 an den Beschwer-deausschuss beim Referat VdN (Berlin C2, Georgenkirchplatz 2/10) eingereicht hat.

In diesen Zusammenhang gehört auch ein "Telegramm", das Santander in spanischer Übersetzung zitiert:

8. Graf Karl von Luxburg über die Spanische Botschaft in Buenos Aires an Faupel, 17.6.43 (Santander 1955: 31).

Außerdem bringt Santander zwei Passagen aus "Vernehmungsprotokollen" vor einer OMGUS-Kommission (Berlin, September 46). Von beiden gibt es zwei Fassungen: Das deutsche Original im Faksimile und die "sehr freie" Übersetzung von Santander.

9a "Aussage" des Botschaftsrats Prinz Stephan zu Schaumburg-Lippe über Geldzahlungen an Perón, Evita, General Carlos von der Becke und andere. Faksimile, 29 Zeilen (Santander 1955: 34 oben).

9b Die gleiche "Aussage" in der völlig veränderten spanischen Fassung von Santander (1955: 33f.).

10a "Aussage" des Botschafters Edmund von Thermann über die allge-meine Praxis von Geldzahlungen an argentinische Politiker und Militärs. Faksimile, 25 Zeilen (Santander 1955: 34 unten).

10b Die gleiche "Aussage" in der völlig veränderten spanischen Fassung von Santander (1955: 35).

Das letzte "Dokument" dieser Art ist nur in Santanders spanischer Fassung überliefert:

11. Edmund **von Thermann** (Deutscher Botschafter in Buenos Aires) **und** "doctor Haggen, que actuaba como secretario del Instituto Ibero-Americano de Berlín" (also Dr. Hermann B. **Hagen,** damals Bibliotheksdirektor am IAI) über die angebliche Fahrt Faupels nach Buenos Aires im Mai 43 (Santander 1955: 30f.).

Vermutlich hat Jürges damals noch andere Texte über Faupel und die Deutsche Botschaft geschrieben, aber bisher sind nur diese elf "Dokumente" bekannt geworden.

Überlieferung der Texte: Keines dieser "Dokumente" ist im Original überliefert. Es sind Faksimiles von Photokopien des Originals, Abschriften des Originals oder Übersetzungen des Originals.

Bei den Übersetzungen (8, 11) handelt es sich um Texte, die Santander nach eigenen Worten in Jürges' Wohnung abgeschrieben hat. Der "Fricke-Brief" (7) hat offensichtlich immer nur in der Abschrift von Jürges vorgelegen. Und was die Faksimiles der Vernehmungsprotokolle (9a, 10a) betrifft: Die hätte jeder schreiben können; Santander gibt jedenfalls keinen Anhaltspunkt für die Echtheit.

Mehr Mühe gab er sich mit den 'Briefen': Laut Santander sind alle Photokopien der sechs "Faupel-Briefe" im Amtsgericht Berlin-Pankow von der Justizobersekretärin Höhne beglaubigt worden: "Die Unterschrift des Richters lautet Höne [!]. Alle hier veröffentlichten Dokumente sind beglaubigt und stimmen mit dem Original überein."[79] Das ist nicht ganz richtig; denn – ebenfalls laut Santander – ist 'Brief' 6 auf der (nicht abgebildeten) Rückseite nicht von Frau Höhne, sondern von Bernhard Baruch, Notar in Berlin-Pankow, beglaubigt worden.[80]

Auf Santanders Faksimiles sind der entsprechende Stempel und das Datum fast verschwunden; lediglich die Unterschrift "Höhne" ist in den 'Briefen' 1, 3 und 4 deutlich zu erkennen (was außerdem durch das Grazer Faksimile und die Wuppertaler Abschriften bestätigt wird). In den ersten

---

[79] "La firma del juez es Höne [!]. Todos los documentos que se insertan tienen esta certificación y dan fe de su autenticidad" (Santander 1955: 41). In den drei Ausgaben seines Buchs, also 1953/55, schreibt er mehrmals "alle Dokumente"; 1954 sagt er vor der uruguayischen Kommission aus, nur drei der Dokumente hätten diese Beglaubigung; und ein Jahr später sagt er dann wieder der Zeitung *El Plata* (Montevideo), der "doctor [!] Hölme [!], magistrado [!]" habe alle Dokumente beglaubigt (zitiert bei von der Becke 1956: 217). Bei den "drei Dokumenten" handelte es sich nach seiner Aussage um 'Brief' 6 ("de un escribano público", d.h. Baruch) und zwei andere ("de un juez", d.h. Höhne). In seinem Buch hat er aber mindestens drei von Frau Höhne beglaubigte Kopien veröffentlicht.

[80] Santander ist eindeutig (1955: 69): "Al dorso de esta carta consta lo siguiente: 'Fotocopia coincide con el original. Berlin-Pankow. Febrero 3 de 1953. Bernard Baruch. Escribano'."

beiden Ausgaben – Montevideo 1953 – sind auch Stempel und Datum noch einigermaßen lesbar: 19. März 52.[81] In zwei Fällen gibt es keinen Hinweis im Faksimile: 'Brief' 2 ist laut Vermerk am Fuß der Seite auf der (nicht abgebildeten) Rückseite beglaubigt worden; das Gleiche dürfte für 'Brief' 5 gelten, da dort auf der ersten Seite ebenfalls kein Platz mehr für den Stempel blieb.

Die 'Briefe' 1 und 4 wurden für das Schreiben an die Oberstaatsanwaltschaft Wuppertal vom 28. April 52 photokopiert und beglaubigt, 'Brief' 3 für den auf "Ende April" 52 datierten Artikel in der *Neuen Zeit*. Die Photokopien der 'Briefe' 1, 3 und 4 – und vermutlich auch der 'Briefe' 2 und 5 – sind am 19. März 52 für die auf den 17. April 52 anberaumte Sitzung des Beschwerdeausschusses beglaubigt worden. Sie wurden dort nicht zu den Akten genommen,[82] waren also noch in Jürges' Besitz, als Santander Ende November 52 nach Berlin kam. Anders ist es mit 'Brief' 6: Der ist laut Datum der Beglaubigung (3. Februar 53) offensichtlich erst kurz vor der Drucklegung der ersten Auflage (Juli 53) von Jürges nachgeliefert worden.

Beglaubigung der "Faupel-Briefe"

Brief	Santander (1955) / [Santander (1953)*]	OStA Wuppertal / *Neue Zeit* (Graz)*
1. Niebuhr, 7. 8.39	"Höhne" [19.3.52*]	Höhne, 28.4.52
2. Niebuhr, 26.8.41	"Beglaubigung umseitig!"	
3. Niebuhr, 27.1.43	"Höhne, ?.3?.52" [19.3.52*]	Höhne, 25.3.52*
4. Meynen, 12.6.43	"Höhne" [19.3.52*]	Höhne, 28.4.52
5. Faupel, 22.5.44	-	
6. Freude, 22. 11.44	Baruch, 3.2.53	

Die Originale hat niemand gesehen. Selbst dem Beschwerdeausschuss des VdN, für den er diese "Dokumente" doch erfunden hatte, hat Jürges am 17. April 52 nur beglaubigte Photokopien vorgelegt. Offensichtlich waren die Originale weiter nichts als Kopiervorlagen, von denen er bei Bedarf Photokopien machte, die er dann beglaubigen ließ. Er war ein guter Kunde der Justizobersekretärin Höhne: am 19. März 52 war er dort, am 25. März, am 28. April und vermutlich noch öfter. Für die Herstellung der Photokopien reichte der Film, und den muss er weiterhin in seiner Wohnung gehabt haben. Als aber die Pankower VoPo im März 53 die Echtheit der beiden in

---

[81] "En las ediciones de Montevideo, la certificación es algo legible": Von der Becke hat natürlich auch noch die einzelnen Ausgaben im Detail verglichen (1956: 217f.).

[82] Im Protokoll der Verhandlung (AJ 65-67) steht nichts über die "Faupel-Briefe", es gibt nicht einmal einen Vermerk über irgendwelche von ihm vorgelegte Beweismittel (vgl. Kap. 5.1).

Wuppertal vorgelegten 'Briefe' prüfen wollte und dazu von Jürges die entsprechenden Originale anforderte, erhielt sie die Auskunft, die Originale habe er nicht mehr, die seien in Argentinien, und das heißt: bei Santander.[83] Eine Behauptung, die offensichtlich falsch ist, denn Santander hatte, wie er selbst sagt und wie das "Höhne" auf seinen Faksimiles beweist, nur die Pankower Photokopien (und zwar die vom 19. März 52, die er für den VdN angefertigt hatte).

Schrifteigentümlichkeiten: Die im Faksimile wiedergegebenen "Dokumente" (1-6, 9-10) wurden auf mindestens fünf verschiedenen Schreibmaschinen geschrieben: auf Niebuhrs, Meynens, Faupels und Freudes Maschine und auf der des OMGUS-Protokollanten. Leider ist aber die Qualität der Faksimiles so schlecht, dass man Unterschiede im Schriftbild oder Eigentümlichkeiten einzelner Typen nicht erkennen kann.

Nur eins wird deutlich: Kapitän Niebuhr schrieb auf einer argentinischen Schreibmaschine; alle anderen benutzten eine deutsche. Man erkennt das daran, dass dem Kapitän Niebuhr die Umlaute ä/ö/ü und das ß fehlten. Er behilft sich in 'Brief' 1 und 3 mit ae/oe/ue und ss. Er hätte das nicht nötig gehabt; denn auf der argentinischen Maschine hätte ihm das Trema zur Verfügung gestanden (¨a zu ä), wovon er offensichtlich in 'Brief' 2 Gebrauch gemacht hat, in dem er das argentinisch mögliche ä/ö/ü schreibt, nicht aber das argentinisch unmögliche ß.

"Tastatur": Umlaute und ß in den Faupel-Briefen

Brief	"deutsch" ä / ö / ü / – ß		"spanisch" ae / oe / ue – ss	
1. Niebuhr, 7.8.39	7	7	79	13
2. Niebuhr, 26.8.41	33	-	-	15
3. Niebuhr, 27.1.43	1	-	59	11
4. Meynen, 12.6.43	51	5	-	-
5. Faupel, 22.5.44	22	6	-	-
6. Freude, 22.11.44	72	16	-	-

---

[83] Ermittlungsbericht des VP.-Mstr. Conrad vom Volkspolizeirevier 281, Berlin-Pankow, 27. März 53 (AJ 227): "Jürgens [!] erklärte nunmehr, daß er diese Briefe in Urschrift einigen Kollegen mitgegeben habe, die ihn Weihnachten 52 in West-Berlin besuchten. Diese Kollegen sind nach Lateinamerika zurück und wollen nach Angaben des Jürgens die Briefe dort veröffentlichen." Wir wissen es besser: Es war nicht Weihnachten, sondern der 29. November 52, und nicht West-, sondern Ost-Berlin.

Es war also eine "argentinische" Schreibmaschine, die Kapitän Niebuhr benutzte; natürlich, er war ja Attaché an der Botschaft in Buenos Aires. Aber bei all seinen Bemühungen, mit ue und ae "argentinisch" zu wirken, sind dem Schreiber doch richtige Umlaute unterlaufen, insgesamt sieben: Südamerika-politik, Kräfte, durchgeführten, Glaubwürdigkeit, Durchführung, Staatssekretär, Kapitän (in Brief 1); Kapitän (in Brief 3). Und nicht nur das: In Brief 2 und 3 tritt Dr. Ruiz Guiñazú auf, mit Akzent und Tilde. Den Akzent setzt der Schreiber mit seiner Maschine; die Tilde trägt er in allen drei Fällen handschriftlich nach. Für den Akzent reichte die deutsche Tastatur, für die Tilde hätte er die argentinische gebraucht. Es war also eine deutsche Schreibmaschine; das "Argentinische" war nur vorgetäuscht, um die Briefe "suedamerikanischer" erscheinen zu lassen.

In den 'Briefen' 4-6 hat er sich nicht solche Mühe gemacht: Meynen, Faupel und Freude schreiben aus Buenos Aires und Madrid die deutschen Umlaute ä/ö/ü und das deutsche ß.

Zur Textgestaltung: Im Folgenden werden alle bisher bekannt gewordenen "Jürges-Dokumente" transkribiert. Die als **Faksimiles** überlieferten 'Briefe' (1-6) und 'Protokoll'-Auszüge (9, 10) werden **in Schreibmaschinen-Schrift** wiedergegeben. In allen Fällen **sind** es **Transkriptionen** der nur schwer lesbaren Wiedergaben in Santanders Buch. Dabei wurde, um eine zu starke Verkleinerung der im Original auf DIN-A 4 oder größerem Format geschriebenen "Dokumente" zu vermeiden, die Zeilenlänge von ursprünglich ca. 60 auf ca. 50 Anschläge verkürzt. Der Zeilenfall ist also anders als in den Faksimiles; alle übrigen Texteigentümlichkeiten (und Fehler) wurden beibehalten.

In den übrigen nicht im "Original", sondern als **Abschrift**, Übersetzung oder Entwurf überlieferten Texten – hier **im Blocksatz** wiedergegeben – wurden offensichtliche Schreibfehler korrigiert. Verbindende Texte Santanders in seinen "Übersetzungen" (Anh. 1.9-11) wurden kursiv gesetzt.

In den Texten verwendete Abkürzungen: AA = Auswärtiges Amt; AO = Auslandsorganisation der NSDAP; BAT = Banco Translatlántico Alemán (Deutsche Bank); BG = Banco Germánico de la América del Sud (Dresdner Bank u.a.); DHK = Deutsche Handelskammer; OKM = Oberkommando der Marine; RK = Reichskanzlei.

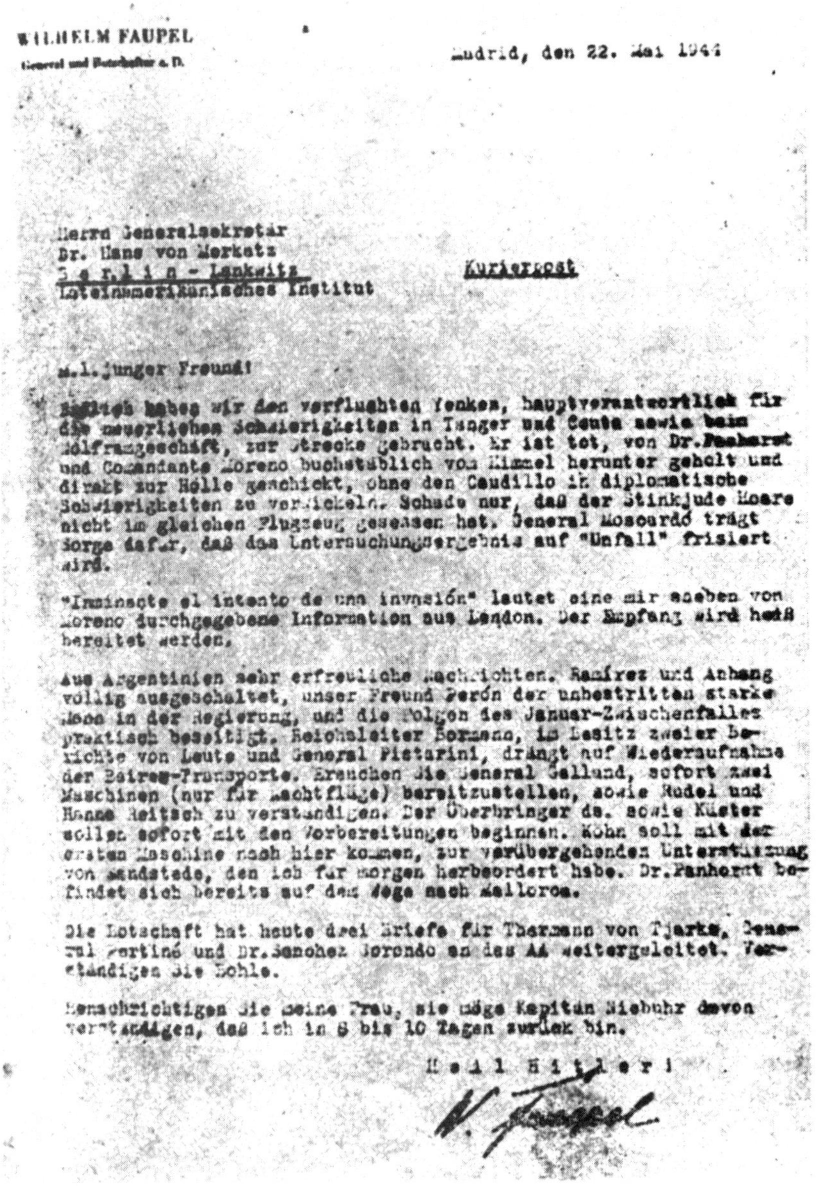

WILHELM FAUPEL
General und Botschafter a. D.

Madrid, den 22. Mai 1943

Herrn Generalsekretär
Dr. Hans von Merkatz
B e r l i n - Lankwitz   Kurierpost
Lateinamerikanisches Institut

M.l. Junger Freund!

Endlich haben wir den verfluchten Yenkes, hauptverantwortlich für die neuerlichen Schwierigkeiten in Tanger und Ceuta sowie beim Wolframgeschäft, zur Strecke gebracht. Er ist tot, von Dr. Eberhardt und Comandante Moreno buchstäblich vom Himmel herunter geholt und direkt zur Hölle geschickt, ohne den Caudillo in diplomatische Schwierigkeiten zu verwickeln. Schade nur, daß der Stinkjude Hoare nicht im gleichen Flugzeug gesessen hat. General Moscardó trägt Sorge dafür, daß das Untersuchungsergebnis auf "Unfall" frisiert wird.

"Insinúe el intento de una invasión" lautet eine mir soeben von Moreno durchgegebene Information aus London. Der Empfang wird heiß bereitet werden.

Aus Argentinien sehr erfreuliche Nachrichten. Ramírez und Anhang völlig ausgeschaltet, unser Freund Perón der unbestritten starke Mann in der Regierung, und die Folgen des Januar-Zwischenfalles praktisch beseitigt. Reichsleiter Bormann, im Besitz zweier Berichte von Leute und General Pistarini, drängt auf Wiederaufnahme der Betreu-Transporte. Ersuchen Sie General Gellund, sofort zwei Maschinen (nur für Nachtflüge) bereitzustellen, sowie Rudel und Hanna Reitsch zu verständigen. Der Überbringer ds. sowie Küster sollen sofort mit den Vorbereitungen beginnen. Köhn soll mit der ersten Maschine nach hier kommen, zur vorübergehenden Unterstützung von Sandstede, den ich für morgen herbeordert habe. Dr. Panhorst befindet sich bereits auf dem Wege nach Mallorca.

Die Botschaft hat heute drei Briefe für Thermann von Tjarks, General Martins und Dr. Sanchez Sorondo an das AA weitergeleitet. Verständigen Sie Kohle.

Benachrichtigen Sie meine Frau, sie möge Kapitän Niebuhr davon verständigen, daß ich in 8 bis 10 Tagen zurück bin.

H e i l H i t l e r !

Abb. 12: Muster eines Santander-Faksimiles (1955: 59): 'Brief' 5 in Originalgröße und fast gleicher Wiedergabequalität.

der beim Banco Germánico und dem Banco Aleman Transatlántico geführten Spezialkonten der Deutschen Botschaft. Die ehemalige Botschaftssekretärin Gerda von Arenstorff hat sehr präzise Angaben gemacht über Ihre aktive Mitwirkung bei der Verteilung der von diesen Konten abgehobenen Gelder während Ihrer Tätigkeit als Legationsrat an der Deutschen Botschaft in Argentinien. Was haben Sie dazu zu sagen?

Schaumburg-Lippe:

Verfügungsberechtigt über die Gelder dieser Spezialkonten waren zuerst der Botschafter Freiherr von Thermann zusammen mit Herrn Ludwig Freude. Nach der Abberufung des Botschafters ging die Verfügungsberechtigung – wenn ich mich recht erinnere durch eine besondere Anordnung der Reichskanzlei – auf Graf Karl von Luxburg über. Meine Tätigkeit beschränkte sich darauf, gemäß den Anweisungen dieser Herren die Schecks auszustellen, sie persönlich einzulösen, das Bargeld den mir bezeichneten Personen ohne Quittung auszuhändigen und anschließend dem Botschafter bzw. Graf Luxburg die erfolgte Aushändigung der Gelder schriftlich zu melden. Nach meinen leider nur unvollständig erhalten gebliebenen Aufzeichnungen sind z.B. von den in der letzen Juniwoche 1941 von mir persönlich eingelösten Schecks in Höhe von rund 550000,- Pesos folgende Beträge ausgezahlt worden:

an Oberst Juan Domingo Perón	200000.-	Pesos
an Fräulein Eva Duarte	33600.-	"
an General Carlos von der Becke	50000.-	"
an den Chef der Kriminalpolizei, Miguel Viancarlos	25000.-	"
an den Justiz-Vertrauensmann Dr. Belisario Gache Pirán	50000.-	"

Mit der Zahlung dieser Beträge war der Auftrag verbunden, die soeben begonnene Arbeit der parlamentarischen Untersuchungskommission zu blockieren und in den maßgebenden Kreisen der Armee und der Polizei [illegible] [illegible] Stimmung gegen die [illegible]

von Ihnen bisher gemachten Angaben zur Frage der Spezialkonten beim Banco Germánico und Banco Aleman Transatlántico waren durchaus ungenügend. Die von Ihrer früheren Sekretärin Gerda von Arenstorff und dem Prinzen Stephan zu Schaumburg-Lippe zur Sache gemachten Aussagen beweisen, daß Sie mehr darüber wissen als bisher zugegeben.

v. Thermann: Wie bereits zu Protokoll gegeben, habe ich vor meiner Abreise von Argentinien meinem Nachfolger im Amt, dem Gesandten Dr. Meynen, sämtliche amtlichen Unterlagen übergeben. Meine nach Deutschland mitgebrachten privaten Notizen sind bei einem Bombenangriff auf Berlin vernichtet worden, sodaß ich lediglich das noch aussagen kann, was mir in der Erinnerung haften geblieben ist. Es stimmt, daß ich zusammen mit Herrn Freude über die Spezialkonten verfügte. Es stimmt weiterhin, daß diese Gelder bestimmt waren für den Zweck, denjenigen argentinischen Militärs und Politikern, die an einer Aufrechterhaltung freundschaftlicher Beziehungen zu den Achsenmächten interessiert waren, finanzielle Beihilfe für ihre vielfältige Arbeit zu gewähren. An wen alles während meiner Amtszeit als Botschafter in Argentinien gezahlt worden ist und wieviel, kann ich aus der Erinnerung heraus nicht mehr sagen. Ich gebe aber zu, daß die von Fräulein Gerda von Arenstorff und dem Prinzen Stephan zu Schaumburg-Lippe darüber gemachten Zagaben im Großen und ganzen den Tatsachen entsprechen. Spionageaufträge habe ich nie erteilt; dafür war Kapitän zur See Niebuhr zuständig, der nach direkten Weisungen des Admirals Canaris arbeitete und

Abb. 13: Die "Originale" der Jürges-Protokolle (Anh. 1.9a und 1.10a) nach den Faksimiles von Santander (1955: 34; gleiche Größe, gleiche Qualität).

Anhang 1.1: Niebuhr an Faupel, 7. August 39.

```
                          Via Condor
```

Deutsche Botschaft   Buenos Aires, den 7. August 1939
Der Marine- und Luftattaché   Av. L. N. Alem 168, 6ᵃ p.


```
Exz. Botschafter a.D.
General Wilhelm Faupel                              ueber Ausw. Amt
Lateinamerikanisches Institut
Berlin - Lankwitz
```


```
Sehr geehrter Herr General!
```

Der Stoss, den der Hochverraeter Juerges der mit Ihrem
Vortrag vom 9. Maerz d.J. in der Deutschen Akademie in
Berlin eingeleiteten Neuorientierung und Intensivierung
der Südamerikapolitik der Reichsregierung versetzt hat,
wirkt sich auf der politischen Ebene hier weiter nachhaltig aus. Das Verbotsdekret des argentinischen Staatsprae-
sidenten Dr. Ortiz gegen alle NS-Organisationen vom 15.
Mai d.J. hat inzwischen in Uruguay und Bolivien Schule
gemacht. Eingegangenen Informationen zufolge sind auch in
Paraguay und Chile starke Kräfte am Werk mit dem Ziel,
die Haltung der dortigen Regierungen unseren Organisationen gegenueber mit derjenigen der argentinischen Regierung gleichzuschalten.
   Unsere bisherigen Anstrengungen auf publizistischem
Gebiet haben nicht ausgereicht, den psychologischen Folgen dieser Entwicklung Einhalt zu gebieten. Mit dem in
einer Auflage von 80000 Exemplaren erschienenen Heft 161
des "Trommler" (davon 20000 fuer Brasilien und 10000 fuer
Chile) haben wir nur den deutschsprechenden Teil der Be-
voelkerung erfasst - ungenuegend, wie mir scheint. Die
publizistische Wirkung unserer Ende Juni durchgeführten
Flugblatt-Aktion mit dem Text der von Dr. Bergadá Mugica
eingelegten Haftbeschwerde ist auch zum groessten Teil
verpufft [...] dass die Appellationskammer des Federal-
gerichtes bis heute keine Entscheidung gefaellt hat. Zwar
haben wir Pg. Alfred Mueller wieder auf [...] freien Fuss
bekommen, gegen Kaution, aber - worauf die gegnerischen
Zeitungen mit Nachdruck hinweisen - der Haftbefehl gegen
ihn besteht noch. Aus diesem Grunde muessen wir unseren

bereits begonnenen Gegenstoss auf dem juristischen Kampf-
feld mit aller Kraft vorantragen. Gute Aussichten fuer
einen Erfolg bestehen, werden wir doch von unserem neu
gewonnenen Freund Dr. Gache Piràn ueber alle Einzelheiten
der gerichtlichen Untersuchung auf dem Laufenden gehalten.

Entscheidend fuer die Haltung des Federalrichters Dr.
Jantus wird sein, welche Glaubwürdigkeit der dem Kronzeu-
gen des Federalstaatsanwaltes Dr. Paulucci Cornejo, dem
Verraeter Juerges, beimisst, die wir mit allen Mitteln
erschuettern muessen. Unser bereits in Heft 161 des
"Trommler" angefuehrtes und in der Haftbeschwerde des
Dr. Bergada Mugica besonders in den Vordergrund gestell-
tes Argument, Juerges sei ein in Deutschland schwer vor-
bestraftes Subjekt, duerfte nicht ohne Eindruck auf den
Federalrichter geblieben sein. In der Absicht, diesen
Eindruck zu vertiefen, hat Pg. Dr. Freiherr von Thermann
vor zwei Wochen - auf Anraten unserer Freunde General von
der Becke und Dr. Gache Pirán und nach vorherigem Einvernehmen mit dem AA und der AO - im Aussenministerium
eine Note ueberreicht, in der er unter Hinweis darauf,
dass Juerges in Deutschland schwer vorbestraft sei, gegen
dessen Auftreten als Zeuge protestiert.

Dieser Protest hat eine unerwartete Gegenwirkung aus-
geloest. Unser Vertrauensmann im Aussenministerium teilt
uns mit, der Staatspraesident Dr. Ortiz habe dem argentinischen Geschaeftstraeger in Berlin Auftrag gegeben, die
in der Note des Pg. v. Thermann amtlich zur Kenntnis ge-
brachten Beschwerdegruende in Deutschland auf ihre Rich-
tigkeit hin nachzupruefen. Moeglicherweise wird sich der
argentinische Geschaeftstraeger in Berlin darauf be-
schraenken, das AA um eine entsprechende Auskunft zu
ersuchen. Moeglich ist aber ebenso, dass er zur Durchfuehrung des ihm erteilten Auftrags andere, von uns
schwer zu kontrollierende Wege geht. Diese Eventualitaet
zwingt dazu, unseren hier zuerst publizistisch, dann
juristisch und jetzt auch auf diplomatischem Wege vorgetragenen Beschwerdegruenden vorsorglich in Deutschland
einen amtlichen Charakter zu geben.

Als persoenlicher Ratgeber unseres Fuehrers in allen
Fragen der Suedamerikapolitik der Reichsregierung duerfte
es Ihnen leicht sein, die / zur Durchführung dieser Notwendigkeit m.E. von der Geheimen Staatspolizei zu treffende Vorsorge anzuregen. Die von uns hier ueber die juristische Ebene noch erreichbare Wiedereroberung des ver-

lorenen politischen Terrains und die damit verbundenen
Vorteile werden in Frage gestellt, wenn der Bericht des
arg. Geschaeftstraegers in Berlin nicht genau oder zumindest annaehernd uebereinstimmend ausfaellt mit dem
Inhalt der hier von Pg. v. Thermann ueberreichten Note.
Abschrift derselben ist in doppelter Ausfuehrung dem AA,
zu Haenden des Pg. Staatssekretär Bohle, bereits zugegan-
gen.

Aus einigen mir vom OKM erteilten Sonderauftraegen
entnehme ich, dass weitreichende Plaene unseres Fuehrers
zur Entscheidung draengen und wir am Vorabend grosser
militaerischer Ereignisse stehen. Die strategische Lage
der patagonischen und Feuerland-Kueste eignet sich vor-
zueglich zur Anlage von Versorgungsstuetzpunkten fuer
Kaperschiffe und U-Boote. Die Durchfuehrung meiner dies-
bezueglichen Plaene haengt davon ab, ob es uns schnell
gelingt, die von dem Verraeter Juerges hier aufgebaute
Wand des Misstrauens gegen uns wieder abzutragen. Ihre
alten, auch mir sehr freundschaftlich gesinnten Kameraden
im argentinischen Generalstab haben mich in vertraulichen
Gespraechen auf diese dringende Notwendigkeit hingewiesen
und werden, davon bin ich ueberzeugt, ihre aktive Hilfe
davon abhaengig machen, ob es uns gelingt, in der oef-
fentlichen Haltung hier einen Umschwung zu unseren Gunsten herbeizufuehren. Da eine physische Liquidierung des
Juerges unter den gegenwaertigen Umstaenden eine gegenteilige Wirkung hier ausloesen wuerde, muessen wir uns
darauf konzentrieren, ihn moralisch zu liquidieren. Ich
bitte Sie, sehr verehrte Exzellenz, in Berlin unverzueg-
lich alles zu mobilisieren, was uns bei der Verfolgung
dieses Zieles nuetzlich sein kann.

      Heil Hitler!

                        Ihr sehr ergebener
                        [gez.:] Niebuhr
                        Kapitän zur See

[unten: Beglaubigung, nicht lesbar bis auf "...März (?) 1952, Höhne, ..."]

Anhang 1.2: Niebuhr an Faupel, 26. August 41.

Deutsche Botschaft   Buenos Aires, den 26. August 1941
Der Marine- und Luftattaché   Av. L. N. Alem 168, 6º p.

Herrn Botschafter a.D.
General Wilhelm Faupel

                    über

                    SS-Obersturmbannführer Bernard
                    Deutsche Botschaft

                    M a d r i d

Sehr geehrter Herr General:

Wie bereits mit Funkspruch nach Berlin gemeldet, mussten wir auf dringendes Anraten unseres Freundes Dr. Ruiz
Guiñazú unseren Presse-Attaché, Pg. Gottfried Sandstede,
etwas plötzlich ausser Landes bringen. Mit knapper Not
gelang es mir, ihn heute früh auf dem Flugplatz Quilmes
in eine nach Rio de Janeiro fliegende Condor-Maschine zu
verfrachten.

Die Vorgeschichte ist kurz folgende: vor einer Woche,
am 19., ist der erwiesenermassen vom britischen Botschafter dazu angestiftete Präsident der sogenannten Parlamentarischen Untersuchungskommission, der Deputierte Damonte
Taborda, auf den tollen Einfall gekommen, Pg. Sandstede
durch Polizeigewalt der Kommission zwecks Vernehmung vor-
führen zu lassen. Gegen neun Uhr vormittags wurde er am
Eingang des Botschaftsgebäudes von einem Polizeioffizier
namens José Villanueva aufgefordert, ihn zwecks Vorführung ins Kongressgebäude zu begleiten. Selbstverständlich
weigerte sich Pg. Sandstede unter Berufung auf seine diplomatische Immunität, der Aufforderung Folge zu leisten,
und erstattete unmittelbar darauf dem Herrn Botschafter
Pg. Dr. Freiherr von Thermann Bericht über den Vorfall.
Sofort richtete dieser eine Protestnote an den Herrn Aussenminister und forderte Aufklärung.

Während der folgenden Tage kam es zu einem Notenwech-
sel zwischen dem Aussenministerium und der Untersuchungskommission, durch den die Situation aber nicht im Sinne
der von Pg. v. Thermann aufgestellten Forderung geklärt
wurde, was, uns zugegangenen vertraulichen Mitteilungen
zufolge, auf eine neuerliche Intervention des Britischen
Botschafters zurückzuführen ist.

Da zu befürchten stand, dass Pg. Sandstede u.U. Objekt eines neuen Verhaftungsversuches werden könne, hat er auf Anordnung des Herrn Botschafters seit dem 19. d.M. das Botschaftsgebäude nicht mehr verlassen. Gestern vormittag hatte Pg. v. Thermann eine vertrauliche Unterredung mit dem Herrn Aussenminister, und in einer sofort anschliessenden Attaché-Besprechung wurde beschlossen, Pg. Sandstede ausser Landes zu schicken. Vermutlich durch eine Indiskretion im Büro der Condor-Gesellschaft hat die Untersuchungskommission bereits gestern Kenntnis davon bekommen, dass für Pg. Sandstede Passage belegt worden war für die heutige Früh-Maschine nach Rio de Janeiro. In der Nacht noch erhielten wir von unserer über alle Vorgänge in der Untersuchungskommission stets ausgezeichnet informierte Agentin Frl. Eva Duarte eine Information dahingehend, dass die Untersuchungskommission die Abreise von Pg. Sandstede unter allen Umständen verhindern wolle und neuerdings seine Verhaftung und Vorführung angeordnet habe. Weiter gelangte zu unserer Kenntnis, die Polizei habe alle Zufahrtsstrassen zum Flugplatz Quilmes besetzt in der Absicht, Pg. Sandstede auf der Fahrt dorthin abzufangen.

Hier wusste Frl. Duarte sehr guten Rat. Sie holte einen Mantel und eine Mütze ihres und auch unseres Freundes Oberst Perón, und mit diesen Attributen eines argentinischen Generalstäblers bekleidet, konnte Pg. Sandstede, begleitet von Frl. Duarte, die Polizeisperre ungehindert in einem Wagen des Kriegsministeriums passieren und den Flugplatz zeitig erreichen. Sofort nach dem Abflug habe ich die Deutsche Botschaft in Rio de Janeiro durch Funkspruch davon verständigt, dass Pg. Sandstede nach dort unterwegs ist. Sollte Berlin entscheiden, dass Pg. Sandstede nach Deutschland zurückkehren soll, empfehle ich Ihnen, sich in ihm einen hervorragenden Mitarbeiter zu sichern.

Heil Hitler!
[Stempel]   [gez.] Niebuhr
Kap. z. See

[unten, handschriftlich: "Beglaubigung umseitig!"]

Anhang 1.3: Niebuhr an Faupel, 27. Januar 43.

Deutsche Botschaft   **Buenos Aires,** den 27. Januar 1943
Der Marine- und Luftattaché /v.A.   Av. L. N. Alem 168, 6º p.

Exz. Botschafter a.D.
General Wilhelm Faupel
                          ueber Deutsche Botschaft
                                M a d r i d

Sehr verehrte Exzellenz!

Das von dem uruguayischen Vizepraesidenten Guani diri-
gierte panamerikanische "Comité Consultivo de Emergencia
para la Defensa Política" hat gekreisst, und geboren wurde das "Nazispionage in Argentinien" betitelte und ueber-
wiegend Kuriositaetswert besitzende Machwerk des State-
Department. Exz. Canaris teilt mir durch Funkspruch mit,
er habe Sie ueber Einzelheiten dieses wie ein Kriminal-
reisser anmutenden Dokumentes bereits informiert. Soviel
Stuemperhaftigkeit habe ich der USA-Spionageabwehr nicht
zugetraut, hat sie doch einige ihr von mir hingeworfene
Koeder gierig geschluckt, aber falsch verdaut. Erfreu-
lich, dass sie, abgesehen von einer Ausnahme, von der
Existenz und Arbeit unserer wichtigen Leute und Verbindungen keinerlei Wind bekommen haben.
    Mit dieser beruhigenden Gewissheit verlasse ich Argen-
tinien, nachdem jetzt endlich Exz. Canaris meinem Gesuch
um Versetzung ins OKM zugestimmt hat. Urspruenglich sollte ich mich gestern mit der auch Rio anlaufenden "Cabo de
Hornos" auf die Reise begeben. Leider hat mir der kleine
Gernegross im Palast von Itamaraty durch Verweigerung des
nachgesuchten "salvoconducto" einen Strich durch diese
Rechnung gemacht, wahrscheinlich eines fuer seinen weibs-
tollen Schwiegersohn peinlichen Zwischenfalles wegen,
dessen Urheber er in mir vermutet, ohne jedoch zu ahnen,
welche Rolle unsere bewaehrte Mitarbeiterin Eva Duarte
dabei gespielt hat. Hoffentlich kann ich [...] in den
naechsten Tagen mit einem direkt nach Spanien auslaufen-
den Dampfer abreisen und endlich zu dem aktiven Einsatz
in Deutschland kommen, den ich mir seit Eintritt der USA
in den Krieg gewuenscht habe.
    Ungewollt haben mir die Autoren des von dem in Monte-
video versammelten panamerikanischen Diplomatenkluengel

veroeffentlichten und von der hiesigen Judenpresse (als
Beispiel beifolgender Ausschnitt aus dem "Argentinischen
Tageblatt" vom 24. d.M.) mit Gier aufgegriffenen nord-
amerikanischen Memorandums eine gute Tarnung fuer meinen
Abgang hier geliefert. Der kindlich-naive Glaube, meine
Rueckkehr nach Deutschland sei eine unmittelbare Folge
dieser Dilettantenarbeit und von der argentinischen Regierung erzwungen, kann nicht nur die Position unseres
Freundes Dr. Ruiz Guiñazú den Botschaftern von Gross-Bri-
tannien und der USA gegenueber ungemein staerken, sondern
auch die weitere Arbeit unserer unentdeckt gebliebenen
Leute vor unerwuenschter Neugierde und Ueberraschungen
bewahren, wenn der in mir gesehene "Gefaehrlichste Nazi-
spion in Amerika" nicht mehr hier ist. Pg. Dr. Meynen
hatte heute vormittag mit Dr. Ruiz Guiñazú eine laengere
vertrauliche Unterredung, in der sie die nach meiner Abreise zu befolgende Taktik den hier noch akkreditierten
Dollar-Diplomaten und auch dem angloamerikanischen Spio-
nageabwehrdienst gegenueber auf einen gemeinsamen Nenner
brachten nach dem Prinzip, so zu tun als ob.

Wirklich aergerlich an der ganzen Sache ist, dass
Schulz-Hausmann den amerikanischen Schnuefflern in die
Witterung gekommen ist, meiner Ansicht nach durch eigene
Dummheit. Nach einer scharfen Auseinandersetzung mit ihm
und Ruecksprache mit Graf Luxburg besteht fuer mich kein
Zweifel mehr daran, dass gegen ihn die Imperativ-Klausel
anzuwenden ist, denn er kann fuer einige unserer wichti-
gen Leute gefaehrlich werden. Unser Freund Oberst Perón
hat die Notwendigkeit auch erkannt und ihre unauffaellige
Erledigung freundschaftlichst uebernommen.

Als Nachfolger von Schulz-Hausmann will Graf Luxburg
den in Einzelauftraegen bereits bewaehrten, nur mitunter
sehr anspruchsvollen Fuersten / Starhemberg einsetzen,
das bereits nachgesuchte Einverstaendnis von Exz. Canaris
vorausgesetzt. Die Arbeitsgebiete Brasilien und suedliche
Pazifikkueste habe ich in der Spitze vereinigt in den
Haenden der ihrer in Rio geleisteten vorzueglichen Arbeit
wegen von Exz. Canaris hochgeschaetzten Frl. Duarte, ein
verteufelt huebsches, intelligentes, charmantes, zielstrebiges und draufgaengerisches Frauenzimmer, auf das
Oberst Perón bereits ein Auge geworfen hat.

Dieser machte mir gelegentlich eines Abschiedstreffens
interessante Mitteilungen ueber Vorgaenge in der Casa
Rosada. Zwei Minister und notorische Anglomanen, Culaciati und Amadeo Videla, machen aus ihren Zweifeln an unse-

rem Endsieg nicht nur keinen Hehl mehr, sondern bemuehen sich auch, den amtierenden Vizepraesidenten Castillo in diesem Sinne zu beeinflussen. Der Kriegsminister, General Ramírez, berichtete darueber im Kasino des Campo de Mayo. In einer nachfolgenden Besprechung der anwesenden Regimentskommandeure ist auf Vorschlag Peróns beschlossen worden, von Castillo die strikte Einhaltung der nach dem Hinauswurf von Ortis vereinbarten aussenpolitischen Linie zu fordern, und ausserdem noch eine schroffere Haltung als bisher gegenueber der immer noch existierenden, wenn auch kleinlaut gewordenen Parlamentarischen Untersuchungskommission.

Was mir erheblich bedenklicher erscheint, ist die Mitteilung Peróns, dass auch unter Ihren alten Kameraden im Generalstab Meinungsverschiedenheiten ueber den Ausgang des Krieges aufgetaucht sind. Es waere wuenschenswert, dass Sie mit der Autoritaet alter kameradschaftlicher Verbundenheit den Zweiflern das Rueckgrat steiffen. Nach Uebernahme meines Amtes im OKM werde ich Exz. Canaris und Ihnen ausfuehrlich ueber Einzelheiten berichten.

Die heutige "Crítica" hat, wie Sie aus dem ebenfalls beifolgenden Ausschnitt ersehen, nicht nur mir giftgeschwollene Abschiedsworte gewidmet, sondern auch von Ihnen und ueber Sie orakelt in einem Artikel, der von Gehaessigkeit gegen unsere falangistischen Freunde in Spanien nur so trieft. Nach unserem Endsieg wird es keinen Schmierfinken mehr geben, der so etwas hier zu schreiben wagt.

Sollten Sie waehrend meiner Durchreise durch Spanien zufaellig dort sein, bitte ich in der Deutschen Botschaft in Madrid Nachricht zu hinterlassen, wo ich Sie treffen kann. Sollte das nicht moeglich sein, werde ich mich nach meiner Rueckmeldung im OKM in Berlin ehestens bei Ihnen in Lankwitz zur Stelle melden.

H e i l H i t l e r !

Ihr stets ergebenster
[gez.:] D. Niebuhr
Kapitän zur See

[Stempel]

[unten: Beglaubigung, nicht lesbar bis auf "Höhne"]

Anhang 1.4: Meynen an Niebuhr, 12. Juni 43.

Deutsche Botschaft   **Buenos Aires,** 12.6.1943

Pg. Kapitän zur See Dietrich Niebuhr, OKM Berlin,

                              via Madrid und AA.

Mein lieber Käpt'n!

Kaum hatte ich während der letzten 8 Tage Zeit, die
beigelegten Ausschnitte aus "Pampero" und "Deutsche La-
Plata-Zeitung" für Sie zu sammeln. Tag und Nacht war ich
teils unterwegs, teils von aus allen Teilen des Landes zu
mir kommenden Pgg. in Anspruch genommmen. Meine Anstrengungen waren nicht vergeblich. Der Revolutionserfolg unserer Freunde ist komplett, wie Sie aus den Beilagen ersehen. Auch außenpolitisch ist Sieg auf der ganzen Linie.
Einer gestrigen vertraulichen Mitteilung von Prinzessin
Koudacheff zufolge steht die diplomatische Anerkennung der
neuen Regierung durch die USA unmittelbar bevor. Das ist
der Sieg der geschickten Regie unseres Freundes Perón über
den blöden Roosevelt. Er war es auch, der die Ausbootung
des Generals Rawson durchgesetzt hat, der, wie mir Frl.
Duarte versicherte, überhaupt nur in die Revolution mit
hinein genommen worden ist um zu verhindern, daß er sich
mit seinem zahlreichen Anhang im Offizierskorps im entscheidenden Moment dagegen stellt. Die Abdankung Castillo's machte ihn als einen durchaus unsicheren Kantonisten
überflüssig. Frl. Duarte zeigte mir einen Brief ihres Ge-
liebten, in dem dieser folgenden Leitgrundsatz für die zukünftige Arbeit der Revolutions-Regierung stipuliert:
    "Die argentinischen Arbeiter sind als Herdentiere ge-
    boren und als solche werden sie sterben. Um sie zu
    regieren, genügt es, ihnen zu fressen zu geben, viel
    Arbeit, und sie mit Herdengesetzen in Schach zu hal-
    ten".
Wenn ich nicht irre, hat Mussolini auch schon einmal
den Ausdruck "Herdenvieh" gebraucht in bezug auf die
italienischen Analphabeten. Perón macht gute Schule.

Alles, was sich hier bisher uns entgegengestellt hat,
ist mit Schwung hinweggefegt worden. Das Parlament aufgelöst, das verfluchte Comité 0,10 geschlossen. Die beiden
britischen Agenten in der gestürzten Regierung, Culaciati
und Amadeo y Videla, sitzen hinter Gittern. Die Polizei
ist fest in den Händen unserer Freunde (und damit auch
der unseren!). Der Hochverräter Jürges ist verschwunden,
wie vom Erdboden verschluckt. Vermutlich ist er nach Chile oder Uruguay geflohen. Die Pgg. von Bohlen und Holzer
haben Auftrag festzustellen, ob, wann und wo er dort auftaucht. Inzwischen wird die Suche nach ihm hier fortgesetzt. Beim Ausräumen seiner Stadtwohnung sind den Pgg.
Pochhammer und Wolfersdorff eine Menge Beweise über seine
bisherige Tätigkeit und Querverbindungen in die Hände gefallen. Er war nicht nur Mitglied der jüdisch-kommunisti-
schen "Acción Argentina" und des berüchtigten "Comité contra el Racismo y el Antisemitismo de la Argentina", sondern auch führend beteiligt bei der Organisation fast aller gegen uns im Parlament und in der jüdischen Presse
lanzierten Verleumdungs-Kampagnen. Bei der Hetze gegen Pg.
von Thermann hat der Lump eine ausgesprochene Organisa-
tionswut entwickelt, zusammen mit dem kommunistisch ver-
seuchten General Calderón. Leider mit Erfolg. Ihre frühere
Ansicht, Jürges sei nur ein wenn auch gefährlicher Einzelgänger, müssen Sie revidieren. Der Schweinehund hat uns
mehr geschadet als alle anderen aus Deutschland nach hier
gekommenen Emigranten zusammen. Heute noch verstehe ich
Pg. von Thermann nicht, der sich bereits vor 4 Jahren und
später auch noch dagegen sträubte, ihn kurzerhand tot-
schlagen zu lassen, ohne Rücksicht auf die möglichen Folgen. Das wäre besser gewesen als die lächerliche 39er Idee
mit dem erfundenen Strafregister. Leider haben wir in den
in seiner Wohnung beschlagnahmten Papieren keinerlei Anhaltspunkte darüber gefunden, mit wem in der Botschaft er
in / Verbindung gestanden hat. Jedenfalls ist seine Rolle
jetzt in Argentinien ausgespielt, und in den Nachbarlän-
dern wird er kein Betätigungsfeld mehr finden, wenn die
sich hier angebahnte und unseren Plänen außerordentlich
günstige Entwicklung auch nach dort übergreift. Die Aussichten dafür sind günstig. Die dahin zielenden Absichten
bereits im Stadium der Vorbereitung, und eisern der dahinter stehende Wille.
        Baß erstaunt war ich über die Mitteilung von Frl. Du-
arte, Exz. Faupel sei im vergangenen Monat hier gewesen.
Sein Inkognito-Besuch war zweifellos gut organisiert, denn

stellen Sie sich den Lärm der angloamerikanischen Spürna-
sen vor, hätten sie Kenntnis davon bekommen.
   Soviel für heute, wegen Zeitmangels im Telegrammstil.
Schade daß Sie nicht mehr hier sind; ein ungeahntes Betätigungsfeld würde sich Ihnen jetzt auftun. Pgn. von Arenstorff hat Auftrag, Zeitungsausschnitte zu sammeln und
Ihnen laufend per "Cabo" und "Monte" zuzusenden. Sobald ich
mehr Zeit habe, hören Sie ausführlich von mir.

Heil Hitler!
Ihr
[gez.:] O. Meynen

[handschriftlich:]

"Exz. Faupel z. K.
[Stempel]   Niebuhr"

[unten: Beglaubigung, nicht lesbar bis auf "Höhne"]

Anhang 1.8: Telegramm an Faupel, 17. Juni 43

"Los amigos argentinos han coronado su empresa con un éxito pleno y
seguro."

Luxburg

   ["Die argentinischen Freunde haben Ihr Unternehmen mit einem vollen
und sicheren Erfolg gekrönt." – Luxburg.]

Anhang 1.5: Faupel an von Merkatz, 22. Mai 44.

WILHELM FAUPEL
General und Botschafter a. D.   Madrid, den 22. Mai 1944

Herrn Generalsekretär
Dr. Hans von Merkatz
B e r l i n - Lankwitz   · Kurierpost
Lateinamerikanisches Institut

M. 1. junger Freund!

Endlich haben wir den verfluchten Yenken, hauptverantwortlich für die neuerlichen Schwierigkeiten in Tanger und
Ceuta sowie beim Wolframgeschäft, zur Strecke gebracht. Er
ist tot, von Dr. Panhorst und Comandante Moreno buchstäblich vom Himmel herunter geholt und direkt zur Hölle geschickt, ohne den Caudillo in diplomatische Schwierigkeiten zu verwickeln. Schade nur, daß der Stinkjude Hoare
nicht im gleichen Flugzeug gesessen hat. General Moscardó
trägt Sorge dafür, daß das Untersuchungsergebnis auf "Unfall" frisiert wird.

"Inminente el intento de una invasión" lautet eine mir
soeben von Moreno durchgegebene Information aus London.
Der Empfang wird heiß bereitet werden.

Aus Argentinien sehr erfreuliche Nachrichten. Ramírez
und Anhang völlig ausgeschaltet, unser Freund Perón der
unbestritten starke Mann in der Regierung, und die Folgen
des Januar-Zwischenfalles praktisch beseitigt. Reichsleiter Bormann, im Besitz zweier Berichte von Leute und General Pistarini, drängt auf Wiederaufnahme der Baires-
Transporte. Ersuchen Sie General Galland, sofort zwei Maschinen (nur für Nachtflüge) bereitzustellen, sowie Rudel
und Hanna Reitsch zu verständigen. Der Überbringer ds.
sowie Küster sollen sofort mit den Vorbereitungen beginn-
nen. Köhn soll mit der ersten Maschine nach hier kommen,
zur vorübergehenden Unterstützung von Sandstede, den ich
für morgen herbeordert habe. Dr. Panhorst befindet sich
bereits auf dem Wege nach Mallorca.

Die Botschaft hat heute drei Briefe für Thermann von
Tjarks, General Pertiné und Dr. Sánchez Sorondo an das AA
weitergeleitet. Verständigen Sie Bohle.

Benachrichtigen Sie meine Frau, sie möge Kapitän Niebuhr davon verständigen, daß ich in 8 bis 10 Tagen zurück
bin.

H e i l   H i t l e r !

[gez.:] W. Faupel

Anhang 1.6: Freude an Faupel, 22. November 44.

Deutsche Botschaft (51)   Buenos Aires, den 22. November 1944

Sehr verehrte Exzellenz!

Auf dem mir gegenwärtig am sichersten erscheinenden Weg über das Büro Aunós übersende ich Ihnen den soeben erschienenen zweiten Jahresbericht des "Club Guani" in Montevideo. Unmißverständlich die Spitze gegen uns im vorletzten Absatz des von Guani selbst geschriebenen Vorwortes (S.6). Aus dem weiteren Inhalt (Abschnitt b, S.11 ff.) ersehen Sie z.T. das, worüber Ihnen Dr. Meynen bereits von Lissabon aus berichtete. Unmittelbares Interesse für uns hat weiter der Inhalt des Capitulo V (S.57 bis 90), dessen Anfang Sept. d.J. zu meiner Kenntnis gelangten Bestimmungen es mir, wie Ihnen bereits mitgeteilt, angeraten erscheinen ließen, Oberst Perón die sofortige Zurückziehung der argentinischen Delegation dringendst anzuempfehlen. In welcher Form das Comité Consultivo auf die Zurückziehung reagiert hat, ersehen Sie auf den Seiten 112 bis 118.

Gestrigen Berichten aus Montevideo zufolge hat Guani inzwischen Kenntnis bekommen von den seit Mitte September in New York geführten Gesprächen, die sich in den letzten zwei Wochen - ich bin erfreut, Ihnen das auf Grund heute morgen eingelaufener Berichte mitteilen zu können - zu Vorverhandlungen mit der USCC verdichtet haben, an denen außer Mr. Rowe auch zwei geschäftlich stark interessierte Herren vom State Department teilnehmen.

Der von Perón und mir für diese Vorverhandlungen ausgearbeiteten Instruktionen wegen ist es zu Meinungsverschiedenheiten mit Peluffo gekommen, den ich mit dem pagaré Nr.97 kurzerhand zum Schweigen brachte. Er bleibt jetzt ausgeschaltet und wird zum gegebenen Zeitpunkt a.D. gestellt. An seiner Stelle ist Dr. Ameghino beauftragt, in Zusammenarbeit mit mir weitere Instruktionen auszuarbeiten, die ihres starken geschäftlichen Anreizes wegen gute Aussicht haben, bei den maßgeblichen Persönlichkeiten Eindruck zu machen und so dem von Perón angestrebten vorläufigen "apaciguamiento" den Boden vorzubereiten, entsprechend dem von uns vertretenen Prinzip: Geschäftliche Vorteile gegen Wiederaufnahme volldiplomatischer Beziehungen

und politische Nichteinmischung! Damit wird allen in den
kommenden turbulenten Monaten zweifellos zu erwartenden
politischen und diplomatischen Manövern sowie Einmi-
schungsversuchen in die innerargentinischen Angelegenheiten vorgebeugt, die außenpolitische Position unserer
Freunde erheblich gefestigt und genügend Zeit gewonnen,
die innenpolitischen Verhältnisse so umzuformen, wie unsere Ansichten es erfordern.

Mein Bericht 47 enthält die zwischen Perón und mir
vereinbarten Richtlinien, nach denen ich die Geschäfte der
Botschaft de facto weiterzuführen habe, im Einverständnis
mit der RK. Auf Grund eines von Dr. M. von Lissabon aus
dem AA erstatteten Berichtes wendet sich jetzt das Büro
Ribbentrop über Luxburg mit Anfragen an mich, die auf eine
Einengung der mir von der RK erteilten außerordentlichen
Vollmachten und zugestandenen Handlungsfreiheit hinaus-
laufen. Ich bin gewillt, diese Anfragen einfach zu ignorieren, und ich bitte Sie zu veranlassen, daß weitere Anfragen unterbleiben, da ich weder mit den AA noch mit dem
Büro Ribbentrop etwas zu tun haben will.

Oberst Brinckmann meldet mir, daß die Wege über L & S
wieder regelmäßig funktionieren, trotz der veränderten Situation. Das von Ihnen für unsere Freundin Eva bestimmte
Brillantkollier aus der letzten Sendung habe ich bereits
überreicht und bin ich beauftragt, Ihnen herzlichste Dankesgrüße zu übermitteln.

Ungehalten ist Brinckmann über einen Sandstede unter-
laufenen Lapsus. Seit Mai d.J. gilt er hier als tot.
Trotzdem hat er der letzten Hornos-Sendung einen Bericht
für Leute beigefügt, aus dem erkenntlich ist, daß er noch
lebt. Weder Leute noch irgendein anderer nicht unmittelbar
beteiligter braucht das zu wissen, da das ebenso mögli-
cher- wie unnötigerweise unsere spanischen Freunde verärgern und nur uns zum Schaden gerei-/chen kann. Sorgen
Sie bitte für sofortige Abstellung.

Die Berichte aus New York lassen die Absicht einiger
subalterner Beamten des State Department erkennen, mich
bald zur Zielscheibe politischer Angriffe zu machen. Auf
Anraten von Perón habe ich daher, um möglichst wenig Angriffsfläche zu bieten und ihm die Verteidigung unserer
Interessen zu erleichtern, meine sämtlichen Ämter in den
deutschen Organisationen sowie Industrie- und Handelsun-
ternehmen niedergelegt und die argentinische Staatsbürger-

schaft angenommen. An dieser meiner Position, ebenso uner-
schütterlich wie diejenige Peróns, können sich die Herren
alliierten Diplomaten die Zähne ausbeißen.

Unser Freund Perón ist außerordentlich skeptisch hinsichtlich der Möglichkeit eines Separatfriedens zwischen
Deutschland und den westlichen Alliierten. Er drängt darauf, wenigstens in der Durchführung unserer Mission beim
Endspurt des Krieges dem Amokläufer Eisenhower stets um
eine Nasenlänge voraus zu sein. Hier beschäftigt uns jetzt
das Problem des deutschen Vermögens in Argentinien, das
gegen zweifellos zu erwartende angloamerikanische Ansprüche gesichert werden muß. Nach vorbereitenden Besprechun-
gen mit Dr. Ameghino, General Checchi und Oberst de Olano
sind wir überein gekommen, argentinische Forderungen gegen
das Reich zu konstruieren und zur Sicherstellung der Be-
friedigung derselben das gesamte deutsche Vermögen in Argentinien zu beschlagnahmen. Die von uns in Zusammenarbeit
mit der DHK, dem BG und BAT anzustellenden Erhebungen sollen bis Mitte Januar k.J. die erforderliche Gesamtüber-
sicht verschaffen, damit wir genau wissen, wie hoch sich
die gegen das Reich zu konstruierenden Ansprüche zu belau-
fen haben. Im Rahmen dieser Aktion werden alle diejenigen
deutschen Vermögenswerte erfasst, die ihrer Natur, Anlage
und wirtschaftlichen Funktion nach als solche erkennbar
sind und durch andere Maßnahmen nicht ausreichend "argen-
tinisiert" werden können. Selbstverständlich bleibt die
Verfügungsgewalt darüber in unseren Händen, abzüglich der
vereinbarten Provisionen in Höhe des Ihnen bekannten Pro-
zentsatzes. Allerdings rechnet Perón mit weiteren Sonder-
zuschlägen unsererseits und aktiven Einsatz unserer Organisationen zur Schaffung eines stabilen innerpolitischen
Fundamentes.

Soviel für heute. Mit der Bitte, nur das Büro Aunós
zur Nachrichtenübermittlung zu benutzen, verbleibe ich mit
treudeutschen Grüßen und Heil Hitler

                              Ihr
                              [gez.:] L. Freude

[gez.:] F

Funkspruch Chiffre Bibra/CdM:

Berichte 50/51 erhalten. RK verständigt. Habe Vorschlag
A 9 dringend befürwortet und nochmalige Bestätigung Ihrer
Sondervollmacht verlangt. Bericht an Sie auf gewünschtem
Wege in wenigen Tagen, nach Erhalt angekündigter wichtiger
Instruktionen. X 13 gewarnt. X 17 mit überfälligem Flug-
zeug vermisst. Absturz wahrscheinlich. Sonderzuschüsse
nach Ihrem Ermessen. UW am 2. ab Cadiz. Heutige Standort-
meldung 80 Meilen Südwest Capverdi.

[gez.:] Faupel

Anhang 1.7: Fricke an Schoenemann, 14. Juli 39.

Abschrift einer Abschrift

DIE SCHWARZE FRONT	Buenos Aires, den 14. Juli 1939
Kampfblatt für Südamerika	Casilla Correo 811
Herausgeber: Bruno Fricke	

Kg. Dr. Erico Schoenemann
Montevideo
Casilla de Correo 214

Betr.: Patagonienprozeß / Jürges, Vertraulich!

Gelegentlich meines Mai-Besuches in Punta del Este erwähnte ich im Laufe unserer Besprechung meinen Bericht an Dr. Strasser über den von Botschafter Thermann über das Ministerio de Relaciones dem Federalgericht offiziell überreichten Auszug aus dem Vorstrafenregister des Jürges. Während ich hier weitere Nachforschungen anstellte, hat Dr. Strasser über René in Zürich seine Berliner Informationsquelle in Bewegung gesetzt und um Auskunft ersucht, was es damit für eine Bewandnis hat.

Das Ergebnis teilt mir Dr. Strasser in einem gestern erhaltenen Luftpostbrief mit. Es deckt sich im wesentlichen mit meinen inzwischen hier eingezogenen Informationen, die ich über F. erhalten habe.

Nach Dr. Strassers Mitteilung handelt es sich offensichtlich um eine von der AO (Koehn!) und Himmlers Gestapo ausgeführte Fälschung, mit der Zielsetzung, Jürges als Zeuge gegen Müller, sowohl beim Federalgericht als auch bei der argentinischen Regierung in Mißkredit zu bringen und das Gewicht seiner Aussagen zu paralysieren. Bereits vor sechs Wochen erfuhr ich von F., daß zwischen Sandstede und Koehn ein Schriftwechsel stattgefunden hat über die dringende Notwendigkeit, Jürges vor der Öffentlichkeit zu diffamieren und so die Atmosphäre zugunsten der Hitlerei zu beeinflussen. Möglicherweise ist die Idee, das mit einem gefälschten Vorstrafenregister zu machen, sogar von Sandstede ausgegangen, dessen Position in der Botschaft und Partei ja ebensosehr vom Ausgang des Prozesses ab-/hängt wie diejenige Müllers. F. ist der Ansicht, daß auch Thermann bei der Unterzeichnung seines offiziellen Berichtes an den Außenminister nicht guten Glaubens gewesen ist, sondern um das Manöver und das damit verfolgte Ziel gewußt hat. Er schließt das u.a. daraus, daß gerade Thermann es war, der den Informe "in voce" des Dr. Bergadá Mugica zweimal korrigiert hat und, wie Sie aus der Beilage (Diario de Sesiones de la Cámara de Diputados vom 23. Juni

1939, Seite 905, letzte Spalte) ersehen, das "offizielle" Vorstrafenregister des Jürges besonders in den Vordergrund stellt.

So weit meine heutige Mitteilung zu Ihrer persönlichen Information. Wir von der SF haben keinen Anlaß, mit unserem Wissen zu Gunsten des Jürges zu plädieren, nachdem er den Fall Gastel zum Anlaß genommen hat, Dr. Strasser und mir den Stuhl vor die Türe zu setzen. Großartig wäre es, wenn in diesem Sensationsprozeß sowohl Müller als auch Jürges auf der Strecke blieben und ausgewiesen würden, was bei geschickter propagandistischer Auswertung für uns nur von Vorteil sein könnte. In meinem nächsten Kommentar werde ich eine entsprechende Anregung vorsichtig einflechten.

In der Anlage finden Sie die Korrekturabzüge für den Leitartikel der nächsten Ausgabe. Bei Platzmangel können Sie den zweiten und notfalls auch den fünften Absatz weglassen.

Heil Deutschland!
[gez.:] Fricke

[Vermerk: "Gef.: 1 Exemplar / F.d.R.d.A.: (Bo) 10. 2. 53"]

Anhang 1.9a: Die "Aussage" des Botschaftsrats Prinz Stephan zu Schaumburg-Lippe vor der OMGUS-Kommission im September 46. Der "Originaltext": die deutsche Fassung von Jürges.

[...] der beim Banco Germánico und dem Banco Alemán Transatlántico geführten Spezialkonten der Deutschen Botschaft. Die ehemalige Botschaftssekretärin Gerda von Arenstorff hat sehr präzise Angaben gemacht über Ihre aktive Mitwirkung bei der Verteilung der von diesen Konten abgehobenen Gelder während ihrer Tätigkeit als Legationsrat an der Deutschen Botschaft in Argentinien. Was haben Sie dazu zu sagen?

Schaumburg-Lippe:

Verfügungsberechtigt über die Gelder dieser Spezialkonten waren zuerst der Botschafter Freiherr von Thermann zusammen mit Herrn Ludwig Freude. Nach der Abberufung des Botschafters ging die Verfügungsberechtigung - wenn ich mich recht erinnere durch eine besondere Anordnung der Reichskanzlei - auf Graf Karl von Luxburg über. Meine Tätigkeit beschränkte sich darauf, gemäß den Anweisungen dieser Herren die Schecks auszustellen, sie persönlich einzulösen, das Bargeld den mir bezeichneten Personen ohne Quittung auszuhändigen und anschließend dem Botschafter bzw. Graf Luxburg die erfolgte Aushändigung der Gelder schriftlich zu melden. Nach meinen leider nur unvollständig erhalten gebliebenen Aufzeichnungen sind z.B. von den in der letzten Juniwoche 1941 von mir persönlich ausgelösten Schecks in Höhe von rund 550000,- Pesos folgende Beträge ausgezahlt worden:

an Oberst Juan Domingo Perón	200000,- Pesos
an Fräulein Eva Duarte	33600,- "
an General Carlos von der Becke	50000,- "
an den Chef der Kriminalpolizei, Miguel Viancarlos	25000,- "
an den Justiz-Vertrauensmann Dr. Belisario Gache Pirán	50000,- "

Mit der Zahlung dieser Beträge war der Auftrag verbunden, die soeben begonnene Arbeit der parlamentarischen Untersuchungskommission zu blockieren und in den maß-gebenden Kreisen der Armee und der Polizei eine feindselige Stimmung gegen die Mitglieder derselben zu erzeugen. [...]

Anhang 1.9b: Dieselbe "Aussage" des Prinzen zu Schaumburg-Lippe. Santanders spanische "Übersetzung" (1.9c) des deutschen "Originals" (1.9a), zum Textvergleich "rück"-übersetzt (von Jutta Seeger-Vollmer).

Kommission: Können Sie uns, Herr Schaumburg-Lippe, sagen, was es mit diesem Schreiben der Botschaft in Buenos Aires auf sich hat, in dem von *Propaganda*-Ausgaben in Höhe von 500.000 Pesos die Rede ist, nachdem nun ja der andere Posten, der für die Zeitungen bestimmt war, zufriedenstellend geklärt ist?

Schaumburg-Lippe: Wir hatten eine geheime Dienstanweisung für Propaganda. Dort hieß es, dass man bei jedem Versuch, bestimmte ausländische Persönlichkeiten mit materiellen Mitteln zu beeinflussen, dafür zu sorgen hatte, nirgendwo Spuren zu hinterlassen. Es durften daher nur Barzahlungen gemacht werden, und auch das nur eigenhändig.

Kommission: Was nicht in allen Fällen verhindert hat, dass Sie Belege hinterlassen haben über die Verteilung der Mittel und über die Höhe der Zahlungen an Personen, die im Dienste der Nazis standen. Könnten Sie sich – mit unserer Hilfe, d.h., wenn wir Ihnen das Datum und die Nummern der Schecks geben – erinnern, an wen Sie Geld ausgezahlt haben?

Schaumburg-Lippe: Jetzt, nach dem Zusammenbruch, ist alles anders. Ich werde über das, was ich weiß, wahrheitsgemäß aussagen.

Kommission: Sie sind endlich vernünftig geworden.

Daraufhin wird eine kurze Zwischenpause eingelegt, um einen Stapel Papiere durchzusehen. Nach dem Vergleich verschiedener Schreiben, die auf unterschiedlichen Wegen, zum Teil mehrfach, nach Berlin gekommen waren, wird das Verhör wieder aufgenommen, und Schaumburg-Lippe bekundet, dass er nun in der Lage sei auszusagen, da die ganze Dokumentation, die man ihm gezeigt habe, ihm helfe, sich genau an alles zu erinnern, und zwar auf Grund der Stellung der Personen, die im Spiele waren.

Kommission: Sie können jetzt aussagen. Wir zeigen Ihnen die Nummern der von Ihnen eingelösten Überbringerschecks, wobei wir Sie darauf hinweisen, dass es sich um auf die Banco Germánico und die Banco Transatlántico Alemán ausgestellte Schecks handelt.

Schaumburg-Lippe: Ich werde jetzt aussagen. Ich werde alle Umstände präzisieren, wobei ich hinzufügen möchte, dass diese Summen auf Anweisung des Botschafters von Thermann ausgehändigt wurden, der wiederum seinerseits den Befehl erhielt, so vorzugehen. Ich erinnere mich an Folgendes:

Scheck-Nr. 463801 vom 24.6.41, 25.000,00 Pesos, eingelöst (wie auch die andern) von mir, für Miguel Viancarlos.

Scheck-Nr. 463803 vom 26.6.41, 33.600,00 Pesos für Eva Duarte.

Scheck-Nr. 682113 vom 28.6.41, 50.000,00 Pesos für Belisario Gache Pirán.

Scheck-Nr. 682117 vom 30.6.41, 200.000,00 Pesos für Oberst Juan Domingo Perón.

Kommission: Was können Sie uns noch darüber sagen?

Schaumburg-Lippe: Vielleicht kann Freiherr von Thermann diese Informationen vervollständigen.

Anhang 1.9c: Die "Aussage" des Prinzen zu Schaumburg-Lippe.
Santanders spanische "Übersetzung" des deutschen "Originals" (1.9a).

La Comisión: Puede decirnos, señor Schaumburg-Lippe, ¿qué significa esta
comunicación de la embajada de Buenos Aires dando cuenta de la inver-
sión de 500 mil pesos para *propaganda*, después de haber quedado bien
precisada la otra partida que se destinó a los diarios?

Schaumburg-Lippe: Nosotros teníamos un manual de instrucciones secretas
para la propaganda. En él se indicaba que, en general, cada vez que se
intentaba influir con medios materiales a ciertas personalidades extran-
jeras, sería necesario velar por que la operación no dejara rastros en parte
alguna. Sólo se deberían hacer, pues, entregas en metálico y en propia
mano.

La Comisión: Lo que no ha impedido en todos los casos que ustedes dieran
cuenta de distribución de fondos y su cuantía a personas al servicio del
nazismo. ¿Podría usted, si lo ayudamos, recordar a quiénes usted entregó
dinero, dándole la fecha y los números de cheques?

Schaumburg-Lippe: Ahora, después del desastre es distinto. Diré la verdad de
lo que sé.

La Comisión: Ha entrado usted en razón.

*En estas circunstancias se pasa a un breve cuarto intermedio, para revisar
un cúmulo de papeles. Después de cotejar las distintas comunicaciones que
por varios conductos llegaban a Berlín, en algunos casos repetidas, se
reanuda el interrogatorio y es entonces que Schaumburg-Lippe manifiesta
que está en condiciones de hablar, porque toda la documentación que se le
enseña lo ayuda a recordar bien todas las cosas, por la jerarquía de las
personas en danza.*

La Comisión: Puede hablar, y aquí tiene usted los números de los cheques al
portador cobrados por usted, advirtiéndole que se trata de cheques contra
los bancos Germánico y Alemán Transatlántico de Buenos Aires.

Schaumburg-Lippe: Hablaré. Precisaré todas las circunstancias, debiendo
agregar que esas sumas fueron entregadas por orden del embajador Von
Thermann quien, a su vez, recibía órdenes para que así procediera. He
aquí lo que personalmente recuerdo:
> Cheque número 463801 del 24-6-941, $25.000.00 firmado, cobrado
> por mí, igual que los otros, a Miguel Viancarlos.
> Cheque número 463803 del 26-6-941, $ 33.600.00 a Eva Duarte.
> Cheque número 682113 del 28-6-941, $ 50.000.00 a Belisario Gache
> Pirán.
> Cheque número 682117 del 30-6-941, $ 200.000.00 al coronel Juan
> Domingo Perón.

La Comisión: ¿Qué más nos puede decir sobre el particular?

Schaumburg-Lippe: Quizá el Barón Von Thermann pueda ampliar estas informaciones.

Anhang 1.9d: Santander über weitere "Aussagen" des Prinzen Stephan zu Schaumburg-Lippe zur Finanzierung deutscher Zeitungen in Buenos Aires (nur in dieser Form belegt; 1955: 30).

Ahora estamos en presencia de lo que Von Thermann comunicaba a Berlín y ratificara personalmente en el interrogatorio, según la versión del príncipe Sthephan [!] Zu Schaumburg-Lippe, quien manifestó que desde el 24 al 27 de junio del año 1940, se habían pagado las sumas que en seguida se mencionan, a los siguientes diarios: "El Pampero", cheque 682106, Banco Germánico, $ 66.492,20; "Deutsche La Plata Zeitung", cheque 458405, $ 32.910,10; "Der Trommler", cheque 463.802, pesos 24.125,10; "Clarinada", cheque 463804, $ 23.916,30.

[Wir wissen jetzt, was von Thermann damals nach Berlin mitgeteilt und später im Verhör persönlich bestätigt hat, und zwar auf Grund der Aussagen des Prinzen Stephan zu Schaumburg-Lippe, der bestätigte, dass vom 24. bis zum 27. Juni 1940 die nachstehend aufgeführten Summen an folgende Zeitungen gezahlt worden sind: *El Pampero*, Scheck 682106, Banco Germánico, 66.492,20 Pesos; *Deutsche La Plata Zeitung*, Scheck 458405, 32.910,10 Pesos; *Der Trommler*, Scheck 463.802, 24.125,10 Pesos; *Clarinada*, Scheck 463804, 23.916,30 Pesos.]

Anhang 1.10a: Die "Aussage" des Botschafters von Thermann vor der OMGUS-Kommission im September 46. Der "Originaltext": die deutsche Fassung von Jürges.

[...] von Ihnen bisher gemachten Angaben zur Frage der Spezialkonten beim Banco Germánico und *Banco* Alemán Transatlántico waren durchaus ungenügend. Die von Ihrer früheren Sekretärin Gerda von Arenstorff und dem Prinzen Stephan zu Schaumburg-Lippe zur Sache gemachten Aussagen beweisen, daß Sie mehr darüber wissen als bisher zugegeben.

v. Thermann: Wie bereits zu Protokoll gegeben, habe ich vor meiner Abreise von Argentinien meinem Nachfolger im Amt, dem Gesandten Dr. Meynen, sämtliche amtlichen Unterlagen übergeben. Meine nach Deutschland mitgebrachten privaten Notizen sind bei einem Bombenangriff auf Berlin vernichtet worden, sodaß ich lediglich das noch aussagen kann, was mir in der Erinnerung haften geblieben ist. Es stimmt, daß ich zusammen mit Herrn Freude über die Spe-zialkonten verfügte. Es stimmt weiterhin, daß diese Gelder bestimmt waren für den Zweck, denjenigen argentinischen Militärs und Politikern, die an einer Aufrechterhaltung freundschaftlicher Beziehungen zu den Achsenmächten interessiert waren, finanzielle Beihilfe für ihre vielfältige Arbeit zu gewähren. An wen alles während meiner Amtszeit als Botschafter in Argentinien gezahlt worden ist und wieviel, kann ich aus der Erinnerung heraus nicht mehr sagen. Ich gebe aber zu, daß die von Fräulein Gerda von Arenstorff und dem Prinzen Stephan zu Schaumburg-Lippe darüber gemachten Angaben im Großen und ganzen den Tatsachen entsprechen. Spionageaufträge habe ich nie erteilt; dafür war Kapitän zur See Niebuhr zuständig, der nach direkten Weisungen des Admirals Canaris arbeitete und [...]

Anhang 1.10b: Dieselbe "Aussage" des Botschafters von Thermann. Santanders spanische "Übersetzung" (1.10c) des deutschen "Originals" (1.10a), zum Textvergleich "rück"-übersetzt (von Jutta Seeger-Vollmer).

Kommission: Herr Thermann, nachdem Sie nun wissen, was uns Schaumburg-Lippe gestanden hat, was können Sie uns dazu sagen?

von Thermann: Unserer Arbeitsweise entsprechend erhielt ich Befehle.

Kommission: Sie, der Botschafter, erhielten Befehle?

von Thermann: Aber selbstverständlich. Sie arbeiten auf andere Weise, deshalb sind Sie darüber erstaunt. Einer der Botschaftsangestellten war der persönliche Vertreter Himmlers, und einer meiner Kameraden – ich habe nie erfahren, wer – war ein wichtiger Mann aus dem Geheimdienst, der in direkter Verbindung zur Reichskanzlei stand.

Kommission: Gut. Aber können Sie uns sagen, ob Sie sich an irgend etwas erinnern, was Schaumburg-Lippe vorgetragen hat.

von Thermann: Ich habe meine persönlichen Notizen verloren. Die Aufzeichnungen über diese Bestechungsfälle waren verschlüsselt.

Kommission: Geben Sie zu, dass es Bestechung war, wofür man das Geld ausgab?

von Thermann: Wofür sonst? Was die fraglichen Schecks angeht, kann ich nicht verbindlich bestätigen, dass es so war. Ich gebe aber zu, dass es so gewesen sein könnte, denn alle diese Personen waren unsere Freunde.

Kommission: Im Juli 1941 haben Sie als Botschafter der Reichskanzlei mitgeteilt, dass Sie zwischen dem 24. und dem 30. Juni 1941 über 500.000 Pesos Verfügungen getroffen haben. Ist dieses Geld so verteilt worden, wie Schaumburg-Lippe es angegeben hat? War es so?

von Thermann: Das Schreiben trägt meine Unterschrift, und nach allem, was ich sehen kann, war es so. Das waren Niebuhrs Angelegenheiten. Später habe ich auch noch andere Dinge erfahren, die ich nicht wusste.

Kommission: Was, zum Beispiel?

von Thermann: Dass sich General Faupel im Mai 1943, als ich noch in Argentinien war, in Buenos Aires aufhielt. Das erfuhr ich erst viel später.

Es folgen bei der weiteren Vernehmung andere Informationen, die keine größere Bedeutung haben.

Anhang 1.10c: Die "Aussage" des Botschafters von Thermann. Santanders spanische "Übersetzung" des deutschen "Originals" (1.9a).

La Comisión: Señor Thermann, después de enterarse de lo que nos ha confesado Schaumburg-Lippe ¿qué podría usted decirnos?

Von Thermann: Por el sistema de nuestro trabajo, yo recibía órdenes.

La Comisión: Usted, el embajador, ¿recibiendo órdenes?

Von Thermann: En efecto. Ustedes trabajan en distinta forma, por eso les llama la atención. Uno de las ordenanzas de la embajada era el representante personal de Himmler y uno de mis valets, nunca pude saber cuál, era el hombre de mayor jerarquía del servicio de espionaje que estaba en comunicación directa con la Cancillería del Reich.

La Comisión: Bien. Pero concrétenos si recuerda algo de lo que ha referido Schaumburg-Lippe.

Von Thermann: Yo he perdido mis apuntes personales. En clave, llevaba las anotaciones sobre estos actos de soborno.

La comisión: ¿Admite que era para soborno que se entregaba dinero?

Von Thermann: ¿Qué otra explicación iba a tener? Sobre esos cheques, precisamente, no puedo hacer una afirmación categórica que sea así. Admito, sin embargo, que haya podido ser así, porque todas esas personas han sido nuestros amigos.

La Comisión: En el mes de julio de 1941, usted, como embajador, comunicaba a la Cancillería que entre los días 24 y 30 de junio de 1941, había dispuesto de 500 mil pesos. Ese dinero, ¿fué distribuido en la forma que ha indicado Schaumburg-Lippe? ¿Fué así?

Von Thermann: La nota lleva mi firma y todo me hace ver que ha sido así. Esos eran enlaces de Niebuhr. Con posterioridad me he enterado de otras cosas que ignoraba.

La Comisión: ¿Como, por ejemplo?

Von Thermann: La estad[í]a del general Faupel en Buenos Aires en el mes de mayo de 1943, cuando aún estaba en la Argentina. De ello me enteré mucho tiempo después.

Luego, en el interrogatorio siguen otras informaciones que no tienen mayor importancia.

Anhang 1.11a: Die "Aussagen" Edmund von Thermanns und Hermann B. Hagens vor der OMGUS-Kommission im September 46. Nur in der spanischen Fassung Santanders (1.11b) vorhanden; rück-übersetzt von Jutta Seeger-Vollmer.

Aus den Berichten, die von Thermann und Dr. Hagen, der als Sekretär des Ibero-Amerikanischen Instituts Berlin gearbeitet hat, darüber gegeben haben, transkribieren wir einige Passagen von höchstem Interesse. Man wird im Folgenden ein Dokument lesen, in dem genau angegeben wird, wer unter den damaligen Umständen eine wichtige Rolle gespielt hat. Die Aussagenden erklären:

[von Thermann/Hagen]: Mitte April 1943 schiffte sich General Faupel, begleitet von Gottfried Sandstede, im Hafen von Cádiz in einem U-Boot ein. Im Morgengrauen des 2. Mai kam er in Argentinien an. Dort erwartete ihn Admiral Scasso an einem vorher vereinbarten Ort. Faupel wurde in der deutschen evangelischen Kirche in der Calle Esmeralda in Buenos Aires untergebracht.

Anlass der Reise war unter anderem, das Nazi-Vermögen und die Kriegsverbrecher in Sicherheit zu bringen.

Unter anderem hat Faupel während seines Aufenthalts in Buenos Aires mit folgenden Persönlichkeiten gesprochen: Graf Luxburg, Ludwig Freude, Richard Leute, Heinrich Volberg, die Generäle von der Becke und Pertiné, die Obristen Perón, Mittelbach, Brickman und Tauber und den Doktoren Fresco und Ibarguren. In der Nacht des 2. Mai 1943 schifften sich Faupel und Sandstede in der Nähe von Mar del Plata im gleichen U-Boot, das sie von Cádiz hergebracht hatte, ein und kamen Ende Mai im dortigen Hafen wieder an.

Von Thermann erklärte, dass er von diesem Besuch erst einige Zeit später erfahren habe. Er rief aus: "Es war eine gute Operation." Am 4. Juni desselben Jahres brach die Revolution aus, die – wie Oberst Perón das kürzlich ausgedrückt hat – beschleunigt werden musste. Es ist sehr gut möglich, dass diese Beschleunigung in Zusammenhang mit den folgenden Umständen steht. Weiterhin nach den Aussagen von Thermanns und Hagens:

[von Thermann/Hagen]: Der wahre Grund des Faupel-Besuchs war, in der Gewissheit der Niederlage aus Argentinien ein sicheres Zentrum für die Zukunft zu machen. Faupel dürfte Perón gesagt haben: Es ist möglich, dass wir den Krieg verlieren. In diesem Fall werden Sie und Ihre Freunde, die sich mit uns kompromittiert haben, vor ein internationales Tribunal kommen und wegen Hochverrat angeklagt. Die einzige Möglichkeit, das zu vermeiden, ist, an die Macht zu kommen und sie – koste es, was es wolle – zu behalten.

Im Mai war Faupel in Buenos Aires. Im Juni wurde der G.O.U. ausgerufen.

Anhang 1.11b: Die "Aussagen" Edmund von Thermanns und Hermann B. Hagens vor der OMGUS-Kommission im September 46. Spanische Fassung von Santander.

De los relatos que en este sentido hicieron Von Thermann y el doctor Haggen, que actuaba como secretario del Instituto Ibero-Americano de Berlín, transcribimos unos fragmentos de sumo interés. Se leerá, luego, un documento en que se precisa quién desempeñó un importante papel en estas circunstancias. Dicen los declarantes:

[Von Thermann/Hagen:] El general Faupel, acompañado de Godofredo Sandstede, a mediados de abril de 1943, se embarca en un submarino en el puerto de Cádiz. Llegó a la Argentina en la madrugada del 2 de mayo. Allí lo esperaba el almirante Scasso en un lugar preestablecido. Fué alojado, Faupel, en la iglesia evangélica alemana de la calle Esmeralda, de la ciudad de Buenos Aires.

El propósito del viaje, entre otros, era poner a buen recaudo las fortunas nazis y a los criminales de guerra.

Entre las personas con quienes conversó Faupel, durante su permanencia en Buenos Aires, figuran los siguientes personajes: conde Luxburg, Ludwig Freude, Ricardo Leute, Enrique Volberg, los generales Von der Becke y Pertiné, los coroneles Perón, Mittelbach, Brickman y Tauber, así como los doctores Fresco e Ibarguren. En la noche del 8 de mayo de 1943, Faupel y Sandstede se embarcaron cerca de Mar del Plata, en el mismo submarino que los había conducido desde Cádiz, llegando a este puerto a fines de mayo.

Von Thermann declaró que él no se enteró de esta visita sino un tiempo después. Exclamó: "Fué una buena operación." El 4 de junio de ese mismo año estalló la revolución que debió adelantarse, según lo ha expresado recientemente el coronel Perón. Es muy posible que ese adelanto responda a las siguientes circunstancias, siempre según los dichos de Von Thermann y Haggen:

[Von Thermann/Hagen:] El motivo verdadero de la visita de Faupel fué hacer de la Argentina, un centro seguro para el futuro, en la certeza de la derrota. Faupel le habría dicho a Perón: es posible que perdamos la guerra. En este caso Ud. y sus amigos que se han comprometido con nosotros, van a ir a parar a un tribunal internacional, acusados por alta traición. La única manera de evitarlo es apoderarse del poder y mantenerse en él cueste lo que cueste.

En el mes de mayo estuvo Faupel en Buenos Aires. En junio se pronuncia el G.O.U.

ANHANG 2: Heinrich Jürges und die deutschen Spione aus Lankwitz.
Szenario nach sechs Briefen von, an und über Wilhelm Faupel

1939 1. Durch die Veröffentlichung geheimer Pläne der Deutschen Bot-
         schaft hat Heinrich Jürges der (nazi-)deutschen Position in Argen-
         tinien und in Lateinamerika insgesamt schweren Schaden zu
         gefügt. Er muss "moralisch" liquidiert werden. Mit gefälschten
         Vorstrafen sollen seine Aussagen entkräftet werden.

1940 -   *[FEHLT?] Trotz dieser Diskreditierung wird Jürges vor einen*
         Ausschuss des argentinischen Abgeordnetenhauses geladen, um
         über die Machenschaften der Nazis in Buenos Aires und die Rolle
         der Botschaft auszusagen. Gottfried Sandstede, Presse-Attaché
         der Botschaft und stellvertretender Leiter der NSDAP-Landes-
         gruppe, mischt sich ein und verhindert die Aussage.

1941 2. Auf Betreiben des Ausschusses wird Sandstede von der argen-
         tinischen Polizei gesucht. Mit Hilfe Eva Duartes gelingt ihm in
         Peróns Uniform die Flucht aus Argentinien.

1942 3. Ein uruguayisches Komitee veröffentlicht einen Bericht über
         "Nazispionage in Argentinien", in dem aber nur der Marine-
         Attaché Niebuhr belastet wird (der bereits vorher seine Verset-
         zung beantragt hatte und nun Argentinien verlässt, was als Bestä-
         tigung aufgefasst wird). Der deutsche Spionagering bleibt dadurch
         voll funktionsfähig. Im argentinischen Offizierskorps regt sich
         Widerspruch: Eine Gruppe um Oberst Perón fordert strikte Neu-
         tralität.

1943 4. Mit deutscher Unterstützung ist Perón an die Macht gekommen.
         Die deutschfeindlichen Kräfte in Argentinien werden ausgeschal-
         tet. Jürges, der gefährlichste Antifaschist in Buenos Aires, muss
         untertauchen.

1944 5. Wenn sich auch die deutsche Position in Spanien nach der Er-
         mordung des britischen Attachés Yenken wieder stabilisiert hat,
         muss doch täglich mit der Invasion der Alliierten gerechnet
         werden. Die Reichskanzlei ordnet daher an, Wege für die Flucht
         von Nazi-Größen nach Argentinien und für den Gold-Transfer
         vorzubereiten. Geheimdienstchef Faupel trifft von Spanien aus
         entsprechende Vorkehrungen.

1944 6. Im Auftrag der Reichskanzlei schafft derweil Ludwig Freude in
         Buenos Aires die Voraussetzungen, die deutschen "Flüchtlinge"
         in Argentinien aufzunehmen. Gemeinsam mit Perón gelingt es,
         die USA vertraglich zur Nichteinmischung in innerargentinische
         Angelegenheiten zu verpflichten und den Zugriff der Siegermäch-
         te auf das deutsche Vermögen in Argentinien zu verhindern.

1.0   *Die "moralische Liquidierung"*
        des Heinrich Jürges   *[Niebuhr an Faupel, 7. 8. 39]*

.1   Heinrich Jürges hat der von Faupel "neu orientierten" Südamerika-
        politik der Reichsregierung schweren Schaden zugefügt. Ihm ist es zu
        verdanken, dass in Argentinien und später auch in den Nachbarländern
        alle NS-Organisationen verboten wurden.

.2   Die Botschaft hat publizistische Gegenmaßnahmen ergriffen, aber nur
        mit begrenztem Erfolg. Man muss also gerichtlich gegen Jürges vor-
        gehen.

.3   Für den bevorstehenden Prozess ist es wichtig, dass Jürges' Glaub-
        würdigkeit erschüttert wird. Die Botschaft hat dazu offiziell vorge-
        tragen, dass Jürges in Deutschland bereits einschlägig wegen Urkun-
        denfälschung und Meineid vorbestraft sei.

.4   Die argentinische Regierung will nun ihre Botschaft in Berlin beauf-
        tragen, das entsprechende Strafregister zu überprüfen.

.5   Faupel soll dafür sorgen, dass unverzüglich ein (falsches) amtliches
        Strafregister angelegt wird.

.6   Diese "moralische Liquidierung" von Jürges muss sofort erfolgen, da
        für den bevorstehenden Krieg dringend Stützpunkte für Kaperschiffe
        und U-Boote an der südargentinischen Küste angelegt werden müssen
        und die Vorbereitungen durch diese Affäre unterbrochen wurden.

2.0   *Sandstedes Flucht*   *[Niebuhr an Faupel, 26. 8. 41]*

.1   Gottfried Sandstede, der Presse-Attaché der Botschaft, musste außer
        Landes gebracht werden.

.2   Anlass: Die Parlamentarische Untersuchungskommission des argen-
        tinischen Abgeordnetenhauses [die Comisión Investigadora de Activi-
        dades Antiargentinas, deren Mitglied auch Santander war] hatte ihn
        zur Vernehmung vorgeladen. Sandstede weigerte sich.

.3   Ein offizieller Protest der Botschaft beim Außenministerium hatte
        keinen Erfolg.

.4   Sandstede, der nur noch im Botschaftsgebäude sicher ist, soll das
        Land verlassen. Nach Informationen "unserer Agentin" Eva Duarte
        will die Untersuchungskommission das mit allen Mitteln verhindern.

.5   Eva Duarte besorgt daraufhin Mantel und Mütze "ihres und auch
        unseres Freundes" Perón, und Sandstede passiert als argentinischer
        Generalstäbler unerkannt die Polizeisperren.

3.0   *Niebuhrs Abreise*   *[Niebuhr an Faupel, 27. 1. 43]*

.1   Das von dem uruguayischen Vizepräsidenten Alberto Guani geleitete "Comité Consultivo de Emergencia para la Defensa Política" hat eine Dokumentation über "Nazispionage in Argentinien" veröffentlicht: keine gefährlichen Enthüllungen; von einer Ausnahme abgesehen, wurde kein deutscher Agent enttarnt.

.2   Besonders belastet wird in diesem Memorandum Kapitän Niebuhr, Marine-Attaché und Abwehrmann, der aber inzwischen auf eigenen Wunsch zum OKM versetzt worden ist und deshalb ohnehin nach Deutschland zurückkehrt.

.3   Niebuhrs Abreise wird in Argentinien als Bestätigung des Memorandums angesehen; die Botschaft stützt diesen Irrtum, da er von der tatsächlichen Spionagetätigkeit ablenkt.

.4   Der einzige deutsche Spion, der – und zwar durch eigene Schuld – enttarnt wurde, ist Ludwig Schulz-Hausmann. Da er zu viel weiß, muss er liquidiert werden. "Unser Freund" Perón will das "freundschaftlichst" übernehmen.

.5   Sein Nachfolger wird Fürst Starhemberg. Die Leitung der Gebiete Brasilien und südliche Pazifik[!]küste wird Eva Duarte übertragen.

.6   Auf Vorschlag Peróns haben einige Regimentskommandeure beschlossen, bei der Regierung auf Einhaltung der Neutralität Argentiniens und Ablehnung der Parlamentarischen Untersuchungskommission zu drängen.

.7   Unter den argentinischen Offizieren machen sich Zweifel über den deutschen Endsieg breit; Faupel soll deshalb entsprechend auf seine früheren Freunde einwirken.

4.0   *Umschwung in Argentinien*   *[Meynen an Niebuhr, 12. 6. 43]*

.1   Perón hat in Argentinien gesiegt und setzt sich inzwischen auch außenpolitisch durch. Auch "der blöde Roosevelt" wird ihn in Kürze anerkennen.

.2   Das Parlament wurde aufgelöst, das "Comité 0,10" [die Comisión Investigadora] geschlossen; Parteigänger der Alliierten wurden verhaftet. Jürges ist seitdem verschwunden. Die Durchsuchung seiner Wohnung ergab, dass er keineswegs nur ein gefährlicher Einzelgänger war. Er hat mit jüdischen und kommunistischen Gruppen zusammengearbeitet und dabei mehr Schaden angerichtet "als alle anderen aus Deutschland nach hier gekommenen Emigranten zusammen".

.3   Nach seinem Amtsantritt als Botschafter hat ihn Eva Duarte auch über Faupels Reise nach Argentinien [2.-8. Mai 43] informiert. Er war "baß erstaunt". Das Unternehmen war zweifellos so gut organisiert, dass niemand, nicht einmal gegnerische Geheimdienste, davon erfahren haben.

[1.8 *Telegramm*, 17. 6. 43: Perón hat gesiegt. Luxburg.]

5.0 *Attentat auf Yenken*
    und Argentinientransporte   *[Faupel an von Merkatz, 22.5.44]*

.1 Großer Erfolg in Spanien: Einer der gefährlichsten Gegner, der britische Attaché Yenken, ist tot, ermordet von Dr. Panhorst und Comandante Moreno. Die spanischen Freunde werden das Attentat als Unfall
   deklarieren.

.2 Aber die Lage ist kritisch: Die Invasion der Alliierten steht kurz bevor, wie Faupel über den spanischen Geheimdienst erfahren hat.

.3 Umso erfreulicher die Nachrichten aus Argentinien: Perón hat die
   Macht fest in der Hand. Reichsleiter Martin Bormann drängt deshalb
   darauf, die "Bairestransporte" [den Vermögens- und Personentransfer
   nach Buenos Aires im Falle einer Niederlage] wieder aufzunehmen.
   Faupel gibt von Madrid aus die entsprechenden Anweisungen.

6.0 *Ausbau der Basis in Argentinien*   *[Freude an Faupel, 22.11.44]*

.1 Das von Guani geleitete "Comité Consultivo" hat einen zweiten
   Bericht veröffentlicht: wieder ein scharfer Angriff auf die Botschaft,
   weil sie den Rückzug der argentinischen Delegation veranlasst hatte.

.2 Die Gespräche, die in Peróns Auftrag seit Mitte September in New
   York geführt wurden, waren so erfolgreich, dass inzwischen Vorverhandlungen mit Vertretern des State Departments daraus geworden
   sind.

.3 Die Botschaft hat – gemeinsam mit Perón – die Richtlinien für diese
   Verhandlungen festgelegt: Argentinien bietet geschäftliche Vorteile
   unter der Bedingung, dass die Amerikaner sich nicht in innerargenti-
   nische Angelegenheiten einmischen.

.4 Freude handelt dabei mit Vollmacht der Reichskanzlei. Seine Arbeit
   wird jedoch dadurch erschwert, dass Ribbentrop und das Auswärtige
   Amt sich einmischen. Er bittet Faupel, das abzustellen.

.5 Oberst Brinkmann teilt mit, dass die Wege über L & S wieder
   funktionieren. Das Brillantkollier, Faupels Geschenk für "unsere
   Freundin Eva", ist überreicht worden.

.6 Brinkmann bemängelt jedoch einen Lapsus von Sandstede, der seit
   Mai 1944 in Buenos Aires als tot gilt, kürzlich aber ein Lebenszeichen
   an Richard Leute gegeben hat. Dies könne die spanischen Freunde
   verärgern. Er bittet Faupel, das in Zukunft zu verhindern.

.7 Um politischen Machenschaften des State Departments keine Angriffsfläche zu bieten, hat Freude alle Ämter in deutschen Organisationen niedergelegt und die argentinische Staatsbürgerschaft angenommen.

.8 Da Perón nicht glaubt, dass es zu einem Separatfrieden Deutschlands
   mit den westlichen Alliierten kommt, drängt er darauf, bei der Durch-

führung "unserer Mission" dem "Amokläufer Eisenhower stets um eine Nasenlänge voraus zu sein", also dafür zu sorgen, dass die Transporte rechtzeitig vor Kriegsende abgeschlossen sind. Um das in Argentinien befindliche deutsche Vermögen gegen Ansprüche der Siegermächte abzusichern, ist im Einvernehmen mit Perón eine formelle Beschlagnahmung eingeleitet worden. Die Kontrolle über das Vermögen bleibt bei Freude; die Argentinier erhalten nur Provisionen. Perón erwartet allerdings weitere Sonderzuschläge und deutsche Unterstützung beim Aufbau eines "stabilen innenpolitischen Fundaments".

Die Nummerierung bezieht sich auf die Absätze in den Briefen.

ANHANG 3: Hermann B. Hagen, 1930-57 Bibliotheksdirektor, später Direktor des IAI, über die Jürges-Texte und die Rolle Faupels.

Brief an die Deutsche Botschaft in Buenos Aires; nach einer Notiz Hagens aus dem Jahre 1956. Der Durchschlag des Briefs und die vermutlich eingegangene Antwort der Botschaft sind seinerzeit nicht in die Ablage des IAI gegeben worden und fehlen dementsprechend heute in den Institutsakten (GStA). Der folgende Text ist eine Transkription von Hagens handschriftlichem Entwurf (AH 1-7).

Dr. Hermann B. Hagen [Berlin, 1956]
Direktor der Ibero-Amerikanischen Bibliothek

An die
Botschaft der Bundesrepublik Deutschland
zu Händen des Herrn Geschäftsträgers
Buenos Aires

Privatbrief – Streng vertraulich
Betrifft: Buch von Silvano Santander: *Técnica de una traición*

Hochgeehrter Herr Geschäftsträger!

Herr Hasso Vitz von der Zeitung *Freie Presse*, der kürzlich aus Buenos Aires hier eingetroffen ist, stellte mir leihweise zur Einsichtnahme sein Exemplar des mir bis dahin noch unbekannt gebliebenen Buches von

Silvano Santander: *Técnica de una traición. Juan D. Perón y Eva Duarte – Agentes del nazismo en la Argentina*. Edición argentina. 1955

zur Verfügung.

Ich darf wohl annehmen, daß sich die Botschaft der Bundesrepublik Deutschland in den letzten Monaten schon eingehend mit dem Inhalt dieses in sehr hoher Auflage verbreiteten Buches hat auseinandersetzen müssen und daß sich für die Botschaft und für die führenden deutschen Persönlichkeiten und Firmen in Buenos Aires die Frage erhebt, wie gegen die schädlichen Auswirkungen des Buches angekämpft werden kann. Zu dem Material, das zur Kritik des fragwürdigen Buches wahrscheinlich schon bei der Botschaft vorliegt, möchte ich durch meine heutigen Ausführungen einiges beitragen.

Im Mittelpunkt meiner Ausführungen wird General Wilhelm Faupel stehen, der von 1934 bis 1945 – mit einer Unterbrechung 1937 bis 1938 – Präsident des Ibero-Amerikanischen Instituts zu Berlin und als solcher mein dienstlicher Vorgesetzter war.

Ich möchte jedoch vorausschicken, daß meinem Schreiben nicht die Absicht zu Grunde liegt, mich zum Sachwalter des Generals Faupel zu machen, der eine sehr verschiedenartig beurteilte Persönlichkeit war. Es geht mir bei meinen nachfolgenden Beweisführungen, die die Verlogenheit des Buches von Santander an Hand zweier für mich kontrollierbarer Einzelfälle beleuchten sollen, nicht um Herrn Faupel, der mir aus charakterlicher und politischer Gegensätzlichkeit niemals nahe stand, sondern um das Ansehen Deutschlands und des Deutschtums in einem der bedeutendsten lateinamerikanischen Länder.

1. **Angebliche Reise des Generals Faupel nach Buenos Aires 1943**: Auf Seite 30-31 des Buches von Santander wird behauptet, der frühere, inzwischen verstorbene Botschafter von Thermann und Dr. "Haggen", der Sekretär des Ibero-Amerikanischen Instituts gewesen sei, hätten über eine geheime Reise des Generals Faupel nach Buenos Aires Bericht erstattet. Der Zusammenhang ergibt, daß dies offenbar wohl 1946 oder 1947 vor der auf Seite 26 erwähnten Untersuchungs-Kommission der amerikanischen Besatzungsmacht geschehen sein soll. Die Aussagenden ("los declarantes") hätten folgendes bekundet:

> General Faupel, Präsident des Ibero-Amerikanischen Institutes zu Berlin, habe sich Mitte April 1943 in Begleitung von Herrn Gottfried Sandstede in Cádiz auf einem U-Boot eingeschifft. Er sei am Morgen des 2. Mai in Argentinien eingetroffen, wo ihn der argentinische Admiral Scasso erwartet habe. Er sei in Buenos Aires in der deutschen evangelischen Kirche in der Calle Esmeralda untergebracht worden. Faupel habe in Buenos Aires u.a. mit Graf Luxburg, Ludwig Freude, Richard Leute, Heinrich Volberg, den Generälen Von der Becke und Pertiné, den Obersten Perón, Mitttelbach, Brickman und Tauber sowie mit Dr. Fresco und Dr. Ibarguren Fühlung genommen. Die Reise habe u.a. bezweckt, die Vermögenswerte von Nationalsozialisten in Sicherheit zu bringen und für Kriegsverbrecher Fluchtmöglichkeiten zu schaffen. Sie habe zum Ziel gehabt, für den Fall der deutschen Niederlage aus Argentinien ein sicheres Zentrum zu machen. Es sei Perón bedeutet worden, bei einer deutschen Niederlage würden er und seine Freunde als Hochverräter vor ein internationales Tribunal gestellt werden, und der einzige Weg, dies zu vermeiden, sei der, sich in Argentinien an die Macht zu bringen und sich in ihr zu erhalten. Faupel und Sandstede hätten sich am 8. Mai 1943 in der Nähe von Mar del Plata wieder an Bord des U-Bootes begeben und seien Ende Mai in Cádiz eingetroffen.

Mit dem als Zeugen angeführten "Dr. Haggen" kann nur ich gemeint sein. Ich war zwar nicht, wie behauptet wird, Sekretär des Ibero-Amerikanischen Instituts, aber (seit 1930) Leiter der Bibliothek des Instituts, also fachlicher Abteilungsleiter, glücklicherweise in einer Abteilung, an die politische Dinge kaum herantraten.

Daß ich jemals mündlich oder schriftlich über die Reise Faupels nach Buenos Aires ausgesagt haben solle, ist eine von Anfang bis zu Ende erlogene Behauptung. In Wirklichkeit habe ich zur Zeit der in Berlin durchgeführten Vernehmungen von einer derartigen Reise nicht das mindeste gewußt, und ich kann mich auch nicht erinnern, danach gefragt worden zu sein. Vielmehr habe ich die Behauptung, eine derartige Reise solle stattgefunden haben, zum ersten Male etwa im Jahre 1950 gehört, und ich habe damals dem mir unbekannten Besucher, der sie mir gegenüber aussprach – es war der in Santanders Buch mehrfach genannte Heinrich Jürges –, sofort entgegengehalten, daß ich das für völlig undenkbar hielte.

Hätte die Reise stattgefunden, so hätte F[aupel] für mindestens sechs Wochen von Berlin abwesend sein müssen, wahrscheinlich sogar für annähernd zwei Monate. Es ist jedoch während des ganzen Krieges nicht vorgekommen, daß die Mitarbeiter des Ibero-Amerikanischen Instituts ihn für längere Zeit aus dem Blickfeld verloren hätten.

Eine Reise mit unbekanntem Ziel und ohne ständigen Briefwechsel mit dem Ibero-Amerikanischen Institut hat es niemals während des Krieges gegeben. Herr Faupel verreiste überhaupt nur wenig und immer nur auf kurze Zeit. Bei seinen Reisen in Deutschland blieb er ständig in telefonischer und brieflicher Verbindung mit dem Institut; keine dieser Reisen kann deshalb als Tarnung für eine geheime Fahrt nach Argentinien gedient haben.

Faupel ist während des ganzen Krieges nur einmal im Ausland gewesen, und zwar vom 15. Mai bis 7. Juni 1943 in Madrid. Seine Frau, Dr. Edith Faupel, und der Generalsekretär des Ibero-Amerikanischen Instituts, Dr. von Merkatz (jetzt Bundesminister) begleiteten ihn damals. Vor der Abreise nach Madrid übergab er die Geschäftsführung des Ibero-Amerikanischen Instituts an den dienstältesten Mitarbeiter [Studienrat Peter Bock], der mir jetzt bestätigte, sich genau an diesen Vorgang zu erinnern.

Wäre Faupel nicht von Berlin, sondern von Buenos Aires nach Madrid gereist und am 8. Mai 1943 in Argentinien mit dem U-Boot in See gegangen, so hätte er kaum schon am 15. Mai in Madrid sein können. Auch die behauptete Ankunft Faupels in Argentinien am 2. Mai 1943 steht in zeitlichem Widerspruch zu einem anderen belegbaren Vorgang. Nach einer mir vorliegenden Notiz veranstaltete nämlich am 21. April 1943 die Deutsch-Spanische Gesellschaft zu Berlin im Hotel Kaiserhof einen Empfang zu Ehren des spanischen Staatsrates und Schriftstellers Dr. Ernesto Giménez Caballero. In Abwesenheit Faupels, des Präsidenten der Gesellschaft, wäre das kaum möglich gewesen. Wenn aber Faupel am 21. April in Berlin war, konnte er keinesfalls am 2. Mai mit einem U-Boot in Argentinien eintreffen.

Die im Buche von Santander enthaltenen Datumsangaben für Anfang und Ende des angeblichen Argentinienaufenthaltes sind also mit anderen verbürgten Daten aus der Wirksamkeit Faupels nicht in Einklang zu bringen.

Da die Reise nach Buenos Aires nur ein Phantasieprodukt Santanders oder wahrscheinlicher seiner Hintermänner ist, entfällt auch ihre Schlußfolgerung, daß der argentinische politische Umsturz vom 4. Juni 1943 durch Faupel in Buenos Aires am 2. bis 8. Mai eingefädelt worden sei.

2.   Brief des Generals Faupel an Dr. von Merkatz: Auf Seite 59 wird ein Brief in Faksimile wiedergegeben, den Faupel am 22. Mai 1944 aus Madrid an den Generalsekretär des Ibero-Amerikanischen Instituts, Dr. von Merkatz, geschrieben haben soll. Es ist leicht, diesen Brief, von dem übrigens der erste

Absatz bereits vor mehreren Jahren in einer kommunistischen Zeitung Ost-Berlins abgedruckt wurde, als Fälschung zu entlarven. Ich führe dazu folgendes an:

a) Faupel ist, wie schon bemerkt, nur einmal während des Krieges in Spanien gewesen, und zwar zusammen mit Herrn von Merkatz, und nicht 1944, sondern 1943.

b) In der Adresse steht "Lateinamerikanisches Institut". Das Institut hieß aber "Ibero-Amerikanisches Institut". Das Wort "lateinamerikanisch" war bei Faupel verpönt, weil die französische Kulturpropaganda sich dies Wort zu Nutze machte. Aber im Jahre 1946 mußte aus einer politischen Zwangslage heraus aus dem "Ibero-Amerikanischen Institut" eine "lateinamerikanische Bibliothek" gemacht werden, die dann erst 1954 wieder zu dem Adjektiv "ibero-amerikanisch" zurückkehren konnte. So wird es verständlich, daß der Fälscher in den Anachronismus verfiel, dem langjährigen Präsidenten des Instituts das von 1946 bis 1954 verwendete Wort "Lateinamerikanisch" und somit eine falsche Bezeichnung der von ihm selbst geleiteten Institution in den Mund zu legen.

c) Herr von Merkatz wurde in den Jahren seiner Tätigkeit stets mit doppeltem Vornamen "Hans-Joachim von Merkatz" benannt und angeschrieben, während der faksimilierte Brief die Anschrift "Hans von Merkatz" hat.

d) Faupel hätte Herrn von Merkatz im Jahre 1943 wohl kaum mit "Mein lieber junger Freund!" angeredet.

e) Zweimal wird Dr. Panhorst (jetzt Ministerialrat im Reichswirtschafts-ministerium[!]) erwähnt, und zwar mit Redewendungen, die nur als beifällig aufgefaßt werden können. Zwischen Faupel und Panhorst bestand jedoch – nach einem sehr schweren Konflikt im Jahre 1938 – ein so zugespitzter persönlicher Gegensatz, daß für beide Herren jedes Zusammengehen völlig undenkbar sein mußte.

3. Faupel bewohnte außerhalb von Berlin eine Villa in Babelsberg. Er erledigte dort seine Privatkorrespondenz, die sicher vorwiegend politischen Inhalts war, in der Weise, daß seine Frau ihm, meist zu Nachtstunden, die Briefe auf der Schreibmaschine schrieb. Niemand im Ibero-Amerikanischen Institut wußte, worauf sich diese Korrespondenz bezog. Ich halte es für wahrscheinlich, daß, nachdem Herr und Frau Faupel am 1. Mai 1945 ihrem Leben durch Gift ein Ende gemacht hatten, die Russen in der Villa beträchtliche Bestände von Privatakten geheimen Inhalts gefunden haben. Es ist mir etwa 1950 von dem schon erwähnten Besucher Heinrich Jürges berichtet worden, er habe einen bedeutenden Bestand derartiger Akten in einem von den Russen angelegten Aktenlager in Dresden zu sehen bekommen. Ich halte es für wahrscheinlich, daß das der Wahrheit entspricht. Es scheint mir ziemlich gewiß zu sein, daß die von Santander herangezogenen Schriftstücke, die Faupel betreffen, in irgendeinem Zusammenhang mit

diesem den Russen in die Hände gefallenen Aktenbestand stehen. Der Fälscher, der den oben erwähnten Brief an Herrn von Merkatz hergestellt hat, mag viele echte Briefe von Faupel gesehen und studiert haben; wahrscheinlich hat er nach ihnen den Stil geformt, die namentlich erwähnten Personen ausgewählt und manche Sätze und Redewendungen, die ihm für seine Zwecke passend schienen, wörtlich oder wenig abgeändert in das Falsifikat übernommen.

4. Es liegt mir ein Zeitungsausschnitt aus der Zeitung *Die Welt* (Hamburg) vor, in dem Herr C. E. v. Merck unter dem 22. Januar 1956 aus Buenos Aires schreibt, die Photokopien von Aktenstücken, die Santander abbildet, seien ihm von Heinrich Jürges geliefert worden. (Zu der Person des Herrn Jürges sei angemerkt, daß er von 1950 bis 1955 mit Unterbrechungen zu den Lesern der Ibero-Amerikanischen Bibliothek gehörte und als solcher sehr harmlose Bücher, z.B. Romane und Biographien, entlieh; er ist hier zuletzt Ende September 1955 gesehen worden. Er gab eine Wohnung in Westberlin an (Potsdamer Straße 103). Die Bibliothekare des Ausleihdienstes hatten von ihm den Eindruck einer undurchsichtigen Persönlichkeit, möglicherweise eines Agenten des amerikanischen Geheimdienstes.)

5. Ich kann nicht beurteilen, ob der von Santander auf Seite 42-43 abgebildete Brief des Kapitäns zur See Niebuhr an General Faupel echt oder gefälscht ist. Es fällt mir jedoch auf, daß auch hier die Adresse "Lateinamerikanisches Institut" lautet, während es richtig "Ibero-Amerikanisches Institut" heißen müßte.

Wenn der Verfasser dieses Briefes – sei es nun Niebuhr oder ein Fälscher – den General Faupel als "persönlichen Ratgeber unseres Führers in allen Fragen der Südamerikapolitik" ansprach, so lag darin eine starke Überbewertung des politischen Einflusses von Faupel. Dieser hatte, nachdem er Ende 1937 von dem Botschafterposten bei Franco abberufen worden war, jeden Einfluß bei Hitler verloren; er hatte keine Gelegenheit, Hitler zu beraten, und ist nach 1937 nie wieder mit Hitler in persönliche Berührung gekommen.

6. Auf Seite 54-55 des Buches von Santander wird ein Brief des Gesandten Meynen vom 12. Juni 1943 abgebildet. Er ist für das Buch von Santander insofern von besonderer Wichtigkeit, als er eine Äußerung Peróns über die argentinischen Arbeiter als Herdentiere enthält, die dem ganzen Buche als Motto vorangestellt ist.

In diesem Briefe äußert sich Herr Meynen auch über die Reise Faupels nach Buenos Aires, von der er erst nachträglich durch Eva Duarte Kenntnis erhalten habe. Da die Reise Faupels, wie ich darlegte, nicht stattgefunden haben kann, wird man an der Echtheit dieser Äußerung Meynens ebenfalls stärkste Zweifel haben dürfen. Ich vermute, daß nicht nur diese Äußerung, sondern der ganze Brief, einschließlich des bösen Perón-Wortes von den

"Herdentieren" eine Fälschung ist. (Kann man im übrigen der klugen Eva Duarte so viel Unbedachtheit zutrauen, daß sie Herrn Meynen diesen angeblichen Satz Peróns nicht nur lesen, sondern sogar abschreiben ließ?)

7. Die Zeitung *Nacht-Express*, aus der das Buch Santanders eine Stelle abbildet (Seite 62 des Buches), ist eine kommunistische Zeitung aus Ost-Berlin.

Falls die Botschaft es unter dem Gesichtspunkte der deutschen Interessen in Argentinien für ratsam halten sollte, meine Beweisführungen in geeigneter Weise auszuwerten, so habe ich hiergegen keine Einwendungen. Ich bitte jedoch, in solchen Fällen zwar meine sachlichen Angaben zu verwenden, meinen Namen und die Ibero-Amerikanische Bibliothek aber unbedingt aus dem Spiele zu lassen. Ich glaube, daß es für die Ibero-Amerikanische Bibliothek, die nach dem Zusammenbruch von 1945 mit vielen Mühen wieder zu einem wichtigen Faktor des deutschen wissenschaftlichen Lebens und zu hohem internationalen Ansehen emporgehoben wurde, nicht gerade förderlich wäre, wenn die vielen Argentiniern wohlbekannte Einrichtung und der Name ihres Direktors in dem Zusammenhang einer politischen Polemik auftauchte.

Mit dem Ausdruck ausgezeichneter Hochachtung

[Hermann B. Hagen]

ANHANG 4: Hans-Joachim von Merkatz, 1938-45 Generalsekretär des Ibero-Amerikanischen Instituts, über Faupels Auslandsaufenthalte während des Krieges.

Spanischer Brief an Carlos von der Becke, Mai 1956 (von der Becke 1956: 238); deutsche Übersetzung von Jutta Seeger-Vollmer. Von Merkatz bestätigt hier die Aussage Hagens in Anhang 3. Da beide nach dem Krieg keinen Kontakt mehr miteinander hatten (jedenfalls nicht bis 1956: s. Anm. 10), handelt es sich hier also um zwei unabhängige Informationen aus dem engsten Umfeld Faupels.

Nach meiner Erinnerung war General Faupel von Herbst 1936 bis Herbst 1937 in Spanien, zunächst als Geschäftsträger, dann als Botschafter bei der Regierung Franco. Später haben wir dann auf Einladung von General Moscardó vom 9. Mai bis Anfang Juni 1943 gemeinsam eine Reise nach Spanien gemacht und dabei Madrid, Segovia, Salamanca und andere Städte besucht. Im Frühjahr 1944 litt der General an einer schweren Erkrankung des Rückgrats, und nach meiner genauen Erinnerung blieb er im Mai 1944 in seiner Wohnung in Potsdam. Seit 1937 hatte er seinen Wohnsitz in Glienicke; bis zu seinem Selbstmord 1945 hat er ihn nicht mehr gewechselt.

Außer der Reise, die wir 1943 zusammen nach Spanien machten, war er nur 1939 und 1941 abwesend, um zwei Kuraufenthalte in Bad Nauheim zur Behandlung seiner Herzkrankheit zu absolvieren. Mir ist nicht bekannt, daß er andere Reisen gemacht hat.

Während der Kriegsjahre lebte er wegen seiner immer prekärer werdenden Gesundheit sehr zurückgezogen und kam seinen Aufgaben als Präsident des Ibero-Amerikanischen Instituts nur einige Stunden am Tag nach.

ANHANG 5: Heinrich Jürges über sein Strafregister und seine Rolle in Buenos Aires.

Brief an den VdN, der am 14. April 51 Jürges' Anerkennung als "Opfer des Faschismus" annulliert hatte. Die Verhandlung vor dem Beschwerdeausschuss hatte am 22. November 51 stattgefunden, war aber – laut Jürges – wegen der von ihm präsentierten "dokumentarischen Beweise" vertagt worden. Der Brief ist in zwei Abschriften erhalten (AJ 54-62 und 171-176; ***: geschwärzt).

Abschrift

Heinrich Jürges   Berlin, den 25. November 1951
Berlin-Pankow
***
Tel. ***

An den
Beschwerdeausschuß beim Referat VdN des Magistrats
von Groß-Berlin, Abteilung Arbeit, Hauptsozialamt

Berlin C 2
Georgenkirchplatz 2/10

Die Vertagung der Verhandlung am 22. d.M. in meiner Angelegenheit gibt mir Veranlassung, folgendes aktenkundig zu machen:

Als ich im Jahre 1935 begann, in Chile in der Zeitschrift *Wahrheit* journalistisch gegen die Nazis aufzutreten und diesen Kampf anschließend in Argentinien verstärkt weiter führte, wäre es für die Hitlerregierung ein leichtes gewesen, mich nicht nur mundtot zu machen, sondern auch meiner habhaft zu werden, wenn damals bereits dieses Strafregister in Wahrheit existiert hätte, das jetzt vom Referat VdN zur Grundlage eines Antrags auf Aberkennung gemacht worden ist. Wer die Einwanderungsgesetze der südamerikanischen Staaten kennt, weiß, daß die bloße Vorlage des Strafregisters und der dazu gehörenden Gerichtsakten durch die Naziregierung genügt hätte, nicht nur meine Ausweisung durch die zuständigen Einwanderungsbehörden zu erzwingen, sondern auch noch meine Zwangsdeportation nach dem Herkunftsland, in diesem Fall also Hitlerdeutschland. Dieses Naheliegendste – vorausgesetzt, das Vorstrafenregister hätte damals bereits bestanden – geschah nicht, fünf Jahre lang nicht, trotz aggressivster Federführung in meinen Publikationen.

Im Jahre 1939, am Vorabend des Nazikrieges, holte ich dann zu einem Schlage aus, der die Hitlerregierung zur Raserei bringen sollte. Am 31. März 1939 veröffentlichte ich in Buenos Aires (siehe Beilage Nr. 1: "Última Edición") ein Geheimdokument, das ich mit Hilfe des damaligen Handelsattachés Dr. Richard Burmester aus der Nazibotschaft in Argentinien heraus-geholt hatte. Dr. Burmester war ein Kriegskamerad von mir aus dem ersten Weltkrieg, von dem ich während meiner mehr als achtjährigen Kampfzeit in Argentinien viele Daten und Fingerzeige, mitunter sogar dokumentarische Unterlagen über die Naziumtriebe in Südamerika erhalten habe. Anfang 1944 unterlief ihm ein Fauxpas in seiner geheimen Verbindung zu mir. Die Gesta-po kam dahinter, und am 19. Mai 1944 wurde er auf ausdrückliche Anwei-sung des damals in Madrid sitzenden Präsidenten des Lateinamerikanischen Instituts, General Wilhelm Faupel, von der Gestapo in Buenos Aires geselbst-mordet (siehe Beilage 1a).

Die Folge der Veröffentlichung des Geheimdokumentes war der soge-nannte Patagonienprozeß gegen die Naziorganisationen in Argentinien, der sich in zwei Teile spaltete: ein politisches Verfahren in der Präsidialkanzlei des damaligen Staatspräsidenten Dr. Roberto Ortiz und ein juristisches Ver-fahren vor dem Federalgericht. Das politische Verfahren wurde von mir forciert durch Beibringung weiterer dokumentarischer Beweismaterials und endete bereits am 15. Mai 1939 mit dem vom Staatspräsidenten dekretierten Verbot aller Naziorganisationen in Argentinien, eine Schutzmaßnahme, der sich auch die Regierungen von Uruguay, Chile und Bolivien anschlossen.

Psychologisch verständlich die rasende Wut der Naziregierung auf mich als den Urheber dieser gegen sie gerichteten Maßnahme, sah sie sich doch gezwungen, die bereits begonnene Anlage von geheimen U-Boot-Versor-gungsstützpunkten an der patagonischen und feuerländischen Küste einzu-stellen. Wenige Tage später, am 20. Mai 1939, veröffentlichte die Leitstelle der Naziorganisationen in Argentinien in der Zeitschrift *Der Trommler* einen wutschäumenden Artikel gegen mich, mit einer erstmaligen Erwähnung meines angeblichen Vorstrafenregisters. Die damals darüber gemachten Angaben weichen aber von dem, was bei der Staatsanwaltschaft Wuppertal offensichtlich erst später naziamtlich gemacht worden ist, erheblich ab.

Vier Wochen später trat auch der Nazibotschafter von Thermann in Aktion, nicht ohne ausdrückliche Anweisung und Instruktionen von Ribben-trop und E. W. Bohle, wie ich nach meiner Rückkehr nach Deutschland im Jahre 1947 festzustellen Gelegenheit hatte. In einem am 23. Juni 1939 in den amtlichen Parlamentsnachrichten der argentinischen Deputiertenkammer ver-öffentlichten naziamtlichen Dokument stellt Thermann in einer wutgeladenen Polemik gegen mich ebenfalls mein angebliches Vorstrafenregister in den Vordergrund, als Beweis für seine Behauptung, das von mir veröffentlichte Geheimdokument, das zur Auslösung des Patagonienprozesses und zum Ver-bot der Naziorganisationen in Argentinien, Uruguay und Bolivien geführt hatte, sei eine Fälschung. Diese zweite, sozusagen nazibotschaftsamtliche Version des angeblichen Vorstrafenregisters stimmt aber nicht überein mit der am 20. Mai 1939 veröffentlichten naziparteiamtlichen Version, wie sie auch, heute noch dokumentarisch nachweisbar, abweicht von dem, was jetzt, zwölf Jahre später, von den in Westdeutschland nach fröhlicher Renaissance wieder in Amt, Würden und Macht sitzenden Nazis sozusagen bundesrepublikamtlich herüber geschickt worden ist. In der zweiten – nazibotschafts-amtlichen – Version ist die Rede von nur einer angeblichen Vorstrafe wegen Urkundenfälschung und Betrug. Erst drei Monate später, im September 1939, als ich in dem juristischen Verfahren gegen den inhaftierten Landesleiter der NSDAP in Argentinien, Alfred Müller, als Zeuge vernommen werden sollte, protestierte der Nazibotschafter von Thermann in einer Sonderaudienz beim damaligen argentinischen Außenminister heftig dagegen mit der Behauptung, ich sei in Deutschland auch wegen Meineid vorbestraft. Schon allein aus diesem Sachverhalt geht hervor, daß die Nazis damals mein angebliches Vor-strafenregister stückweise zusammengelogen und gefälscht haben, jeweils in Anpassung an das mit ihrer verlogenen Argumentation verfolgte Ziel.

Der argentinische Staatspräsident Dr. Ortiz hat damals den Nazibot-schafter von Thermann aufgefordert, ihm die deutschen Gerichtsakten über meine angeblichen Vorstrafen vorzulegen, zwecks Nachprüfung. Dieser Auf-forderung ist Thermann nicht nachgekommen, konnte ihr auch nicht nach-kommen, weil derartige Akten überhaupt nicht existieren. Ebenso arrogant wie künstlich entrüstet verlangte er von Dr. Ortiz, seine diplomatischen Noten mit den Angaben über meine angeblichen Vorstrafen ohne weiteres als wahr zu unterstellen, was dieser wiederum ablehnte unter Hinweis auf ihm vorliegende polizeiliche Führungszeugnisse, die ich im Jahre 1933 den nordamerikanischen und chilenischen Einwanderungsbehörden zur Erlan-gung von Einreisevisen vorgelegt hatte.

Die naziamtliche Eintragung des gefälschten Vorstrafenregisters in die Registerakten der Staatsanwaltschaft Wuppertal – möglicherweise auch noch die Fälschung einiger anderer zweckdienlicher Dokumente – hat folgende Ursache: Im November 1939 hat der argentinische Staatspräsident, Dr. Ortiz, dem damaligen argentinischen Botschafter in Berlin Auftrag gegeben, an Ort und Stelle in Deutschland Nachforschungen anzustellen über den Wahrheits-gehalt der von Thermann in seinen diplomatischen Noten aufgestellten Be-hauptungen. Wie ich nach meiner Rückkehr nach Deutschland festzustellen Gelegenheit hatte, hat der argentinische Botschafter damals den Fehler begangen, sich an das Ribbentrop'sche Auswärtige Amt zu wenden, das ihm dann auch prompt über die Gestapo einen von der Staatsanwaltschaft Wup-pertal ausgefertigten Strafregisterauszug zugehen ließ. Gerichtsakten sind ihm aber trotz mehrmaliger Aufforderung nicht zur Einsichtnahme und Prü-fung vorgelegt worden. Die zweifellos damals von der Gestapo vorgenom-mene fälschliche Strafregistereintragung aber, naziamtlich frisiert, blieb be-stehen, besteht sogar über den Zusammenbruch des Naziregimes hinaus heute noch und wird jetzt wieder in den Händen meiner in Westdeutschland zur Macht gelangten alten Widersacher dazu benutzt, mich zu diffamieren und vor allen Dingen mundtot zu machen.

Soweit meine heutigen Ausführungen über das von den Nazis gefälschte Strafregister.

[Es folgen vier Seiten über die Diffamierungskampagne, die seine westdeutschen Widersacher (allen voran "Dr. Hans von Merkatz") und deren Helfer "Wolfgang Leonhard, Kurt Neidhart und Prof. Dr. Eduard Schulz, mit denen ich bereits einige Hühnchen gerupft habe, als sie noch als Mitglieder der SED in der DDR Sabotage- und Spionageaufträge ausführten" (AJ 59) entfacht haben, und über sein Verhältnis zur "Schwarzen Front" (mit dem Brief Frickes an Schoenemann vom 14. Juli 39 als Anlage). Über das Ibero-Amerikanische Institut wird dabei folgendes mitgeteilt:]

Der letztgenannte [von Merkatz] war während der Hitlerzeit Generalsekretär des sogenannten Latein-amerikanischen Instituts in Berlin-Lankwitz und Madrid, einer Organisation, die von der Hitlerregierung während ihrer tausend Jahre als Vorbereitungs- und Vollzugsorgan für ihre subversiven Pläne in latein-amerikanischen Ländern und während des Krieges ausserdem für Spionage- und Sabotagezwecke benutzt wurde. Aus der damaligen Zeit kennt Merkatz mich als denjenigen, der ihm und seinem damaligen Chef, General Faupel, einige macchiavellistische Pläne mit Erfolg durchkreuzt hat. Außerdem kennt er – aktiv beteiligt wie er war – auch die Entstehungsgeschichte des gefälschten Vorstrafenregisters.

Oliver Gliech

Der Staatssicherheitsdienst der DDR, das Ibero-Amerikanische Institut und seine verschwundenen Buchbestände 1945-1969/70

Angesichts der Spekulationen, die sich um die Geschichte des Ibero-Amerikanischen Instituts rankten, kann es nicht verwundern, dass auch das ostdeutsche Ministerium für Staatssicherheit (MfS) Ende der sechziger Jahre begann, sich für das IAI zu interessieren. Es war kein Geringerer als der Chef des Staatssicherheitsdienstes, Erich Mielke, der durch seine Anweisung eine aufwändige Untersuchung der Vergangenheit des Instituts durch den ostdeutschen Geheimdienst auslöste. Es soll im Folgenden kurz nachgezeichnet werden, welches Interesse das MfS am Ibero-Amerikanischen Institut hatte und welches die Ergebnisse seiner Ermittlungen waren. Vier Sachverhalte scheinen in diesem Zusammenhang von Bedeutung: Erstens sollte das MfS Material sammeln, das Aufschluss über die Tätigkeit zwischenstaatlicher Verbände der Bundesrepublik geben konnte, die sich auf Lateinamerika spezialisiert hatten. Zweitens sollte die Geschichte des IAI zwischen 1933 und 1945 von den zuständigen Stellen des MfS analysiert werden, da eine institutionelle Kontinuität zwischen den nationalsozialistischen und den westdeutschen Ibero-Verbänden vermutet wurde. Drittens begann das MfS, nach den umfangreichen Buch- und Archivbeständen des Ibero-Amerikanischen Instituts zu suchen, die seit 1945 als vermisst galten. Dem ehemaligen Generalsekretär des Instituts, von Merkatz, schließlich galt das besondere Augenmerk der "Tschekisten", hatte er doch in der Ära Adenauer mehrere Ministerämter bekleidet. Das MfS suchte im Zuge der Ermittlungen, die sich gegen das Ibero-Amerikanische Institut richteten, auch nach Material aus der NS-Zeit, das geeignet erschien, den Bundesminister a.D. in Misskredit zu bringen. Dokumentiert sind die gesamten Recherchen des MfS im "Forschungsvorgang 8/69" (FV 8/69). Die betreffenden

Unterlagen sind aufbewahrt im Archiv des ehemaligen Ministeriums
für Staatssicherheit. Die Auswertung dieses Materials ist Grundlage
der folgenden Darstellung, die sich auf eine möglichst quellennahe
Bestandsaufnahme konzentriert.[1] Die Aufnahme zahlreicher Zitate aus
den MfS-Unterlagen hat den Zweck, den eigentümlichen Sprachduk-
tus der Geheimdienstmitarbeiter sichtbar zu lassen, und unterstreicht
das eher Dokumentarische des vorliegenden Beitrags.

1. Das Interesse des MfS an der Geschichte des Ibero-Amerika-
nischen Instituts

Am 13. Januar 1969 betraute Erich Mielke, Minister für Staatssicherheit, den Leiter der Abteilung IX seines Ministeriums mit einer unge-
wöhnlichen Aufgabe:

> [Der] Genosse Minister ... [teilt mit], daß in Westdeutschland ein ibero-
> amerikanischer Verein existiert, der bereits während der Zeit des
> Faschismus bestanden haben soll. In der Zeit vor 1945 soll dieser ibero-
> amerikanische Verein (eventuell auch ibero-amerikanische Gesellschaft)
> mit legalen und illegalen Mitteln andere Staaten durchdrungen und
> 5. Kolonnen – vor allem in Spanien und Südamerika – organisiert haben.
> Genosse Minister erteilte den Auftrag festzustellen, welche Materialien
> es darüber gibt.[2]

Etwas weniger als einen Monat später rief Oberstleutnant Coburger die verantwortlichen Sachbearbeiter zu einer Besprechung zusammen, um sie in die Einzelheiten einzuweihen:

> Der FA [Forschungsauftrag] hat eine große poli[tische] Bedeutung. Im
> Zusammenhang mit den vor 1945 ... [bestehenden] Ibero-amerikani-
> schen Institutionen und der Tatsache, daß gleiche heute in Westdeutsch-
> land und Westberlin bestehen, ist es die Aufgabe, deren geschichtliche
> Entwicklung von ihrer Entstehung an mit allen Erscheinungen, ihrer Tä-
> tigkeit, ihren Aufgaben und Zusammenwirken mit anderen Institutionen

---

[1] Die Nutzung von Unterlagen eines Geheimdienstes wie des MfS sind in der
Öffentlichkeit umstritten. Solange die Historiographie diese Dokumente mit der
nötigen kritischen Distanz verwendet, sehe ich keine überzeugenden Einwände
gegen einen wissenschaftlichen Gebrauch. Für den vorliegenden Beitrag danke
ich insbesondere Frau Büttner (Sachbearbeiterin beim Bundesbeauftragten für die
Unterlagen des ehemaligen Staatssicherheitsdienstes der DDR) für ihre freundli-
che Unterstützung.

[2] Aktenvermerk Hauptmann Zank, MfS, 14.1.1969 (BStU, MfS FV 8/69, Bd. 17:
Berichte und Maßnahmenkomplexe, Bl. 53). Die Weisung des Ministers trug die
interne Bezeichnung VMA 19/69 (BStU, MfS FV 8/69, Bd. 17, Bl. 79).

aufzuklären bzw. zu erforschen und deren Einfluß auf alle politischen, kulturellen, wirtschaftlichen und anderen Bereiche *nachzuweisen*. Ihre Rolle bei der Schaffung und Tätigkeit 5. Kolonnen im Ausland, welche erhebliche Schwierigkeiten bereitet haben, ist nachzuweisen. Die Untersuchungen sind, ausgehend von dem "Wer ist Wer" System, zu führen und alle in Betracht kommenden Personen sind zu ermitteln, deren Tätigkeit aufzuklären, ihre Rolle im Zusammenhang dieser Tarnorganisation des deutschen Imperialismus aufzudecken. Alle diese Organisationen betreffenden Fragen sind lückenlos zu erforschen, evtl. Aktenkomplexe über Geschichte, Aufgaben und Personen anzulegen und in entsprechender Form auszuwerten. Wer lebt noch in der DDR? Gibt es Hinweise auf solche getarnten Stützpunkte bei uns in der Wirtschaft, Kultur, Politik und andere[n] Bereichen?

Abschließend müssen wir in der Lage sein, *alles* über diese Institutionen zu wissen, über den Charakter *jeder* einzelnen Einrichtung auf diesem Gebiet.[3]

Die Anweisung Mielkes setzte eine Untersuchung in Gang, die sich bald auf das Ibero-Amerikanische Institut (Berlin) konzentrieren sollte. Die Abteilung IX/11 war für Recherchen des Staatssicherheitsdienstes zuständig, die die Zeit des Nationalsozialismus betrafen, deshalb war sie für den Vorgang verantwortlich.[4] Zunächst wurde die bei der "Dokumentationsstelle beim Innenministerium der DDR" geführte Namenskartei konsultiert, in der ein beträchtlicher Teil der Akten auf dem Gebiet der DDR verschlagwortet war, die das "Dritte Reich" betrafen.[5] Mit den dort gewonnenen Informationen durchforstete das MfS im Verlauf eines Jahres alle in Frage kommenden Archive des Landes und legte eine 22 Aktenordner umfassende Dokumentation an, in der Unterlagen zu sämtlichen erfassbaren Mitarbeitern des IAI aus der Zeit vor 1945 zu finden waren.

In seinem Beuteakten-Archiv verfügte das MfS über eigene Aktenbestände von beträchtlichem Umfang. Ehemals Sammelstelle der in der DDR aufgefundenen Archivalien der NS-Zeit, die während der Kriegszeit ausgelagert worden waren, wurde es 1968 auf Weisung Erich Mielkes zum Spezialarchiv umgewandelt, auf das nur das MfS

---

[3] Vermerk über die Besprechung bei Gen. Oberstleutnant Coburger am 12.2.1969 über den FA Ibero-Amerikanische Institutionen (BStU, MfS FV 8/69, Bd. 17, Bl. 68).

[4] Zur Struktur des MfS und den Aufgaben seiner einzelnen Abteilungen vgl. Gill/Schröter (1991: 31-89).

[5] Vgl. Kapitel 1 meines Beitrags zu General Faupel sowie Maßnahmeplan MfS HA IX/11, 28.2.1969 (BStU, MfS FV 8/69, Bd. 17, Bl. 71).

Zugriff hatte. Nach DDR-Diktion hatte es die Aufgabe, die in "Westdeutschland im Staats-, Wirtschafts- und Militärapparat sowie in Parteien und Organisationen tätigen und durch ihre faschistische Vergangenheit belasteten Personen noch zielgerichteter zu erfassen", d.h., es
wurde in den Dienst der politischen Auseinandersetzung mit der Bundesrepublik gestellt und sollte Material für verdeckte Operationen und
Kampagnen gegen Vertreter der bundesdeutschen Eliten bieten.[6] Doch
diente es auch der strafrechtlichen Verfolgung nationalsozialistischer
Verbrechen. Es war der Abteilung IX/11 des MfS unterstellt, der auch
– wie bereits erwähnt – die Untersuchung über das IAI anvertraut war.
Nicht nach professionellen archivalischen Kriterien geordnet, wurde
bei der Organisation des Archivs durch den Arbeitsprozess häufig die
Provenienz der Archivalien verwischt. Es war nur über eine Namenskartei erschließbar. Um 1990 umfasste es etwa 10.000 laufende Meter.[7] Das Beuteakten-Archiv bot zusätzliches Material für den Fahn-
dungsauftrag gegen das IAI.

In diesem Spezialarchiv des MfS wurde ein Bericht von Hermann
Hagen und Peter Bock, zweier Mitarbeiter des IAI, aufbewahrt, der
Ende Juni 1945 angefertigt worden war und eine knappe Zusammen-
fassung der Institutsgeschichte bis zum Kriegsende enthielt (Hagen/
Bock 1945). Darin war erwähnt, dass das IAI bei seinem Umzug vom
Marstall in das neue Lankwitzer Institutsgebäude 600 große Kisten
zurückgelassen und 1944 73 Kisten auf das Gut Hohenlandin (Kreis
Angermünde) ausgelagert hatte. Beide Örtlichkeiten lagen auf dem
Gebiet der DDR. Solche Kisten unbekannten Inhalts mussten das Inte-
resse des MfS wecken, und so wurde die Suche nach ihrem Verbleib
ein Bestandteil des Auftrags.

Am 28.2.1969 schließlich lag der "Maßnahmeplan" der Hauptabteilung IX/11 vor, in dem die Erwartungen präzisiert wurden, die der

---

6   *Der Spiegel* 19, 9.5.1994, S. 89.
7   *Der Spiegel* 19, 9.5.1994, S. 84-91. Zu diesem Archiv vgl. auch *Die Tageszeitung*
    23.4.1991, S. 13, Wolle (2001: 145f.). Das Beuteakten-Archiv der Abteilung
    IX/11 des MfS (interne Bezeichnung: Archiv HA IX/11, laut: BStU, MfS FV
    8/69, Bd. 5, IAI, Bl. 119) lag ursprünglich in einem abgeschotteten Komplex in
    Berlin-Hohenschönhausen. Es untersteht mittlerweile dem Bundesarchiv und
    wird in der Außenstelle Dahlwitz-Hoppegarten aufbewahrt. Die Bestände sollen
    weitgehend aufgelöst und, soweit möglich, den ermittelbaren Provenienzzusam-
    menhängen zugeordnet werden (Auskunft BA Berlin an den Verfasser, Herbst
    1990).

Minister für Staatssicherheit mit dem Auftrag verband, und in dem die Schritte aufgelistet waren, die zu seiner Erfüllung gegangen werden sollten. Tatsächlich hoffte Erich Mielke, aus dem Studium der deutsch-iberoamerikanischen Organisationen Aufschluss über die Praktiken der neuen bundesdeutschen Ostpolitik zu gewinnen, da diese nach Meinung des Ministers auf die erprobte Vorgehensweise beim Aufbau von "Fünften Kolonnen" zurückgriff, um den "sozialistischen Staatenblock" zu destabilisieren:

> Ziel der Bearbeitung des Vorganges ist ... die Nachweisführung, daß der faschistische Staatsapparat das Ibero-Amerikanische Institut und ähnliche, insbesondere gegen die heutigen sozialistischen Staaten tätig gewordenen Einrichtungen zur Organisierung der Untergrundtätigkeit in diesen Staaten eingesetzt bzw. ausgenutzt hat und das westdeutsche Herrschaftssystem, anknüpfend an die während des Faschismus gesammelten Erfahrungen, heute in gleicher und ähnlicher Weise die Feindtätigkeit gegen die sozialistischen Staaten organisiert.[8]

Es war offenkundig das Phantasma der ewigen "imperialistischen Subversion", das den Minister veranlasst hatte, den Stein ins Rollen zu bringen. Das Mythem der "Fünften Kolonne" nahm aus biographischen Gründen im Denken höherer MfS-Funktionäre einen exponierten Platz ein. Es stammte aus dem Spanischen Bürgerkrieg, der für die historische Legitimierung der SED eine wichtige Rolle spielte. Der Kampf gegen Franco und seine Hilfstruppen aus Deutschland und Italien bot Gegnern der NSDAP drei Jahre nach der Machtübernahme Hitlers erstmals wieder Gelegenheit, in großem Umfang bewaffneten Widerstand gegen die extreme Rechte zu leisten. Eine Reihe späterer Offiziere des Staatssicherheitsdienstes waren unter den Freiwilligen, die sich in Spanien den Verteidigern der Republik anschlossen: Der erste Chef des Staatssicherheitsdienstes, Wilhelm Zaisser, hatte in Spanien unter dem Namen "General Gómez" in den Internationalen Brigaden gekämpft. Auch Erich Mielke nahm am Spanischen Bürgerkrieg teil, allerdings nicht an der Front. Unter anderem beteiligte er

---

[8] Maßnahmeplan zum Forschungsauftrag 8/69 – Tätigkeit Ibero-Amerikanischer Institutionen vor 1945 und Fortsetzung dieser Tätigkeit in Westdeutschland und Westberlin (BStU, MfS FV 8/69, Bd. 17, Bl. 71).

sich als Offizier der Militärgeheimpolizei SIM an der Jagd auf linke
Gegner der Stalinisten.[9]

Der langjährige Präsident des IAI, Wilhelm Faupel, hingegen
stand in diesem Krieg als zeitweiliger Botschafter Hitlers bei Franco
symbolhaft für das feindliche Lager. Wenn das Ibero-Amerikanische
Institut ohne nähere Prüfung zum Organisator von "Fünften Kolonnen" deklariert wurde, darf man dies als Ergebnis einer reflexhaften
assoziativen Verkettung interpretieren. Die Grundannahme, dass die
Institutspolitik vor 1945 quasi paradigmatisch für "imperialistische
Unterwanderungspolitik" gestanden habe und eine Analyse derselben
auch Rückschlüsse auf außenpolitische Praktiken der Bundesrepublik
zulasse, gewann vor dem Hintergrund des manichäischen Geschichts-
bildes der SED eine gewisse Plausibilität, das der Bundesrepublik
ähnliche strategische Ziele zusprach wie dem "Dritten Reich". Erstaunlicherweise entfernten sich die Sachbearbeiter des Staatssicherheitsdienstes schnell von dieser vorgegebenen Interpretation, denn nur
unter vorsichtiger Einhegung der Paranoia Mielkes war die rationale
Durchführung des Auftrags zu gewährleisten.[10]

Der Maßnahmenplan zur Umsetzung des "Forschungsauftrages"
zum IAI war entsprechend anwendungsorientiert:

–   Es sollten zunächst alle in der DDR erreichbaren Dokumente aus
    der NS-Zeit, die über die Geschichte deutsch-ibero-amerikanischer
    Organisationen Auskunft geben konnten, zusammengestellt wer-
    den.

–   Die Sowjetunion sollte gebeten werden, ihr vorliegende Erkennt-
    nisse zur Verfügung zu stellen.

–   Es sollten gezielt Nachforschungen über den Verbleib der ca. 673
    verschwundenen Kisten mit Unterlagen des IAI angestellt werden,
    die auf ostdeutschem Territorium vermutet wurden.

–   Zusätzlich sollten die Beziehungen des IAI zu den wichtigsten
    Institutionen des NS-Regimes dokumentiert werden.

---

[9]   Zu Zaisser: *Wer war wer in der DDR* (1995: 819f.). Zu Mielkes Teilnahme am
      Spanischen Bürgerkrieg: Lang (1993: 56-59). Zum Begriff der "Fünften Kolon-
      ne": Pommerin (1977: 128).
[10] Der Komplex auf Osteuropa spezialisierter deutscher Organisationen der Zeit vor
      1945 wurde abgespalten und in einem eigenen Fahndungsvorgang zusammenge-
      fasst. Darauf wird weiter unten eingegangen.

– Als abschließende Maßnahme war eine allgemeine Überprüfung deutsch-iberoamerikanischer Verbände der Bundesrepublik und namentlich der NS-Vergangenheit ihrer führenden Funktionäre vorgesehen.[11]

Erich Mielke hatte den Ermittlern der HA IX/11 das Recht gegeben, "alle infrage kommenden" Abteilungen des Staatssicherheitsdienstes für seine Recherchen gegen das IAI in Anspruch zu nehmen, was das besondere Interesse des Ministers an dem Vorgang unterstrich.[12]

Getrennt von diesem "Forschungsvorgang" wurde offenbar ein eigener Vorgang "Überlebenskader" konzipiert, der die nationalsozialistische Fluchtgemeinde in Lateinamerika ins Visier nehmen sollte.[13] Eine Reihe operativer Maßnahmen gegen NS-Flüchtlinge in Chile scheint wenig später im Zusammenhang mit der Machtübernahme Allendes vorbereitet worden zu sein. Da die angenommenen Kontinuitäten in den Aktivitäten der deutsch-iberoamerikanischen Organisationen in der erhofften Form nicht nachweisbar waren, wurde offenbar auf eine Verknüpfung dieser Komplexe verzichtet, die andernfalls nahegelegen hätte.

---

[11] BStU, MfS FV 8/69, Bd. 17, Bl. 71-76.

[12] Aktenvermerk Hauptmann Zank, MfS, 14.1.1969 (BStU, MfS FV 8/69, Bd. 17, Bl. 53). Neben der HVA wurden die Hauptabteilungen VIII, XVIII und XX zur Kooperation in Anspruch genommen (Vermerk Plötz, 12.2.1969, BStU, MfS FV 8/69, Bd. 17, Bl. 68).

[13] Dieser Vorgang ist als Anweisung des Ministers dokumentiert: "Die großen Faschisten haben sich alle nach Südamerika abgesetzt, Aktion 'Überlebenskader' im Auge behalten" (Vermerk über die Besprechung bei Gen. Oberstleutnant Coburger am 12.2.1969 über den FA Ibero-Amerikanische Institutionen, BStU, MfS FV 8/69, Bd. 17, Bl. 68). Details über diese "Aktion" sind der vorliegenden Dokumentation nicht zu entnehmen. 1970 wurde ein offenbar mit dem vorliegenden Vorgang im Zusammenhang stehender Auftrag (interne MfS-Bezeichnung VMA 267/70) gegeben, "Materialien zur Vergangenheit von Personen zu erarbeiten, die in der internationalen faschistischen Bewegung eine Rolle spielen". Er sollte Anfang 1972 abgeschlossen werden (Oberst Heinitz (HA IX): Übergabe von Materialien zu imperialistischen deutschen Ostforschungsinstituten und dort tätigen Personen an die HVA/X, an Mielke, 12.11.1971, BStU, MfS FV 143/69, Bd. 44, Bl. 71).

2. Die Nachforschungen des Staatssicherheitsdienstes und ihre Ergebnisse

2.1 Die politische Funktion des "Forschungsvorgangs"

Es ist in den eingangs zitierten Dokumenten des MfS bereits ausreichend deutlich geworden, dass das Ministerium für Staatssicherheit sich nicht für die Geschichte des IAI als solche interessierte, sondern die Untersuchung in der Hoffnung eingeleitet hatte, das Ergebnis in der politischen Auseinandersetzung mit der Bundesrepublik verwerten zu können. Doch war dies nicht die einzige Funktion des Projekts. Die Auseinandersetzung des Geheimdienstes mit dem Nationalsozialismus war stets auch ein Akt der Sinnstiftung, ein Element des "funktionalen Antifaschismus", der konstitutiv für die DDR als Ganze war.

In jeglicher Auseinandersetzung mit der Bundesrepublik musste sich der Antagonismus abbilden, der das Selbstverständnis der ostdeutschen Eliten prägte: Die eigene Seite stand nach ihrer Diktion in antifaschistischer Tradition, während die politischen Entscheidungsträger im Westen weiterhin den strategischen Zielen des "Dritten Reichs" verpflichtet blieben, wenn nicht offen, dann im Verborgenen. Investigation konnte nur das Aufdecken dieses im Verborgenen Gehaltenen zum Ziel haben, von dessen Existenz das MfS überzeugt war. Die Deutung historischer Vorgänge wurde automatisch der Binnenrationalität des Staatssicherheitsdienstes angepasst. Die Suche nach Kontinuitätslinien, die Segmente der westdeutschen Gesellschaft mit der Zeit des Nationalsozialismus verbanden, diente nicht der Aufklärung, sondern der Sicherung von Tatbeständen, die sich im Bedarfsfall politisch gegen einzelne Vertreter des westdeutschen *Establishments* verwerten ließen (Wolle 2001). Doch wurde die Geschichte des "Dritten Reiches" nicht nur in der Auseinandersetzung mit dem Westen instrumentalisiert. Sie diente zugleich dazu, die Legitimationsbasis des ostdeutschen Geheimdienstes zu zementieren. Der fortgesetzte Kampf gegen Kräfte, die mutmaßlich dem Faschismus entstammten, rechtfertigte nach innen – notfalls auch nach außen – die Existenz des Repressionsapparates. Insofern wäre eine Analyse unzureichend, die sich darauf beschränkte, das Forschungsprojekt des MfS zur Geschichte des Ibero-Amerikanischen Instituts primär nach historiographischen Gesichtspunkten zu bewerten und die hier skizzierte doppelte Funktionalität außer Acht zu lassen. Dennoch hing der Wert der

Analyse davon ab, wie realitätsnah das Bild war, das sich das MfS nach dem Aktenstudium von seinem Zielobjekt machte.

2.2 Die Ermittlungen des MfS zwischen Faktenlage und ideologischem Anspruch

Das "Forschungsprojekt" des Staatssicherheitsdienstes zum Ibero-Amerikanischen Institut hatte zwei entscheidende Schwächen. Der Minister persönlich hatte ohne Kenntnis der Sachlage autoritativ festgelegt, wie die Institutsgeschichte zu interpretieren sei. Seinen Untergebenen blieb es vorbehalten, den gewünschten Nachweis zu erbringen. Selbst wenn sie von den Vorgaben abwichen, wäre eine völlige Zurückweisung der Grundannahmen Mielkes von diesem wohl nicht hingenommen worden. Das MfS verfügte zudem nicht über die Akten des Ibero-Amerikanischen Instituts, die zum Zeitpunkt der Nachforschungen bereits im Geheimen Staatsarchiv (Berlin) lagerten. Auf die naheliegende Idee, einen "informellen Mitarbeiter" in den Westen Berlins zu senden, um sie zu sichten, ist in der Umgebung Mielkes offenbar niemand gekommen. Erst nach Abschluss des Projekts hat die DDR in den USA die Mikrofilmfassung eines Teils des Institutsarchivs gekauft, was von einem bleibenden Interesse ostdeutscher Stellen an der Materie zeugt.[14]

Über ein Jahr lang sammelten die Sachbearbeiter des MfS alles, was an Dokumenten erreichbar war, wobei sich die Kreise des zu Erfassenden immer weiter zogen. Aufbauend auf einer vom Reichsminister für Wissenschaft, Erziehung und Volksbildung angefertigten Liste des Personals des IAI wurde zumindest der feste Mitarbeiterstamm der Zeit vor 1945 "durchleuchtet". Ein beträchtlicher Teil der Dokumentation des MfS enthält die in diesem Zusammenhang ermittelten personenbezogenen Informationen. Die Masse des Materials wurde nahezu unkommentiert abgeheftet. Diese Unterlagen, die das MfS in verschiedenen Archiven der DDR aufspürte, ließ eine grobe Rekonstruktion der Institutsgeschichte zu. Das fehlende Archiv des IAI war jedoch nicht zu ersetzen. Die Sachbearbeiter der HA IX/11 dürften schnell bemerkt haben, dass es aussichtslos war, den oben

---

[14]   Die betreffenden Filme wurden vom DZA Potsdam aufbewahrt. Zum weiteren Verbleib der Filme vgl. die Ausführungen in meinem Beitrag zu Wilhelm Faupel im vorliegenden Sammelband.

beschriebenen ambitionierten Vorgaben ihres Ministers auf einer solchen Datengrundlage gerecht zu werden. Da der geforderte Kontinui-
tätsnachweis nicht erbracht werden konnte und mithin die Gefahr bestand, die Erwartungen des obersten Vorgesetzten zu enttäuschen,
reagierte der Apparat des MfS auf die Vorgaben des Ministers mit
einer manisch anmutenden Sammelwut.[15] Die mutmaßlichen Bezie-
hungslinien zwischen dem Nationalsozialismus und dem "westdeutschen Imperialismus" im Bereich der deutsch-lateinamerikanischen
Beziehungen konnten nur rhetorisch konstruiert werden. Für sich genommen war dieses Konstrukt plausibel, solange seine mangelhafte
empirische Absicherung nicht hinterfragt wurde.

In der Dokumentation des "Forschungsvorgangs" stechen die Unterlagen zu einzelnen Personen durch ihren besonderen Umfang hervor und deuten auf Interessenschwerpunkte des MfS hin. Neben dem
Institutspräsidenten Faupel waren der führende SS-Funktionär Franz
Six und der Generalsekretär des IAI, von Merkatz, durch voluminöse
Teilakten vertreten. Die Ermittlungen gegen den Letztgenannten wei-
teten sich aus naheliegenden Gründen aus. Seine exponierte Stellung
als Minister in mehreren Kabinetten Konrad Adenauers hatten staatliche Stellen der DDR, vor allem das Außenministerium, mindestens
fünf Jahre zuvor veranlasst, Ermittlungen in Gang zu setzen, deren
Ziel es war, politisch Verwertbares aus der NS-Zeit zu Tage zu fördern. Das MfS konnte hier also anknüpfen und das bereits gesammelte
Material übernehmen.

*2.3 Der "Auskunftsbericht" über die deutschen Ibero-Verbände vor
1945 (Januar 1970)*

Die Abteilung IX/11 fasste Anfang 1970 die Ergebnisse ihrer Untersuchungen in einem Bericht zusammen. Dieser bestand aus einer
33-seitigen Analyse und einem umfangreichen Dokumentenanhang, in
dem die wichtig erscheinenden Archivalien als Kopie zu finden wa-

---

[15] Die vom MfS zusammengetragenen Kopien von Originalakten sind als historische Dokumentation vorbehaltlos zu verwenden, zumal Herkunftsarchive und Signaturen vermerkt sind. Es kann im vorliegenden Beitrag nicht darum gehen, die
Aktenfunde des MfS inhaltlich zusammenzufassen. Dies geschieht vor allem in
meinem Beitrag zu Wilhelm Faupel in diesem Sammelband.

ren.[16] Ohne Zweifel war der Erwartungsdruck des Ministers groß. In einem Begleitschreiben hatte Oberst Heinitz eine Vollzugsmeldung vorweggeschickt:

> Es wurde festgestellt, daß das [Ibero-Amerikanische] Institut im System der faschistischen Expansionspolitik gegenüber Spanien und Lateinamerika eine besondere Rolle gespielt hat. Es hat aktiv mitgewirkt bei der Organisierung der politisch-ideologischen Zersetzungstätigkeit und der wirtschaftlichen Durchdringung dieser Länder. In bezug auf Spanien wurde der Anteil des Instituts und seines Präsidenten bei der Schaffung und Unterstützung der 5. Kolonnen nachgewiesen.[17]

Mielke hatte seinen Untergebenen die Interpretation des Sachverhalts mit auf den Weg gegeben, den sie eigentlich erst investigativ ergründen sollten. Den Anweisungen eines Geheimdienstchefs widerspricht man nicht. Insofern konnte die Rolle, die das IAI im "Dritten Reich" gespielt hatte, nicht anders gedeutet werden, als Oberst Heinitz dies in der oben zitierten Schlussfolgerung tat. Der "Auskunftsbericht" vermochte die hier geweckten Erwartungen jedoch nicht zu erfüllen und konnte die prekäre Beweislage nur notdürftig verdecken.

Nach einem überwiegend sachlich gehaltenen Überblick, in dem die Eckdaten der Institutsgeschichte und der Laufbahn seines Präsidenten Faupel im Wesentlichen richtig zusammengefasst sind, erörterte der Bericht die Funktionen des IAI.[18] Die Datenbeschaffung und

---

[16]   Auskunftsbericht über die Entwicklung, Hauptaufgaben und Arbeitsweise iberoamerikanischer Institutionen im faschistischen Deutschland, ohne Verfasser, Januar 1970 (BStU, MfS FV 8/69, Bd. 17a, Bl. 2-39).

[17]   Oberst Heinitz, MfS, HA IX/11, an Mielke, 21.1.1970 (BStU, MfS FV 8/69, Bd. 17, Bl. 79).

[18]   Die Institutsgeschichte ist Gegenstand des vorliegenden Sammelbandes. Da die vom MfS niedergeschriebenen Eckdaten nichts substantiell Neues bieten, wird an dieser Stelle darauf verzichtet, sie wiederzugeben. Der "Auskunftsbericht" hatte folgende Gliederung: "I. Zur Gründung, Entwicklung ibero-amerikanischer Institutionen in Deutschland; II. Zu den Hauptaufgaben und den Methoden der Arbeitsweise des Ibero-Amerikanischen Instituts Berlin in der Zeit des Faschismus; II/1. Mitwirkung bei der ideologischen Beeinflussung der Bevölkerung Spaniens, Portugals und südamerikanischer Staaten; II/2. Massive individuelle Beeinflussung einzelner Persönlichkeiten und Personengruppen aus dem ibero-amerikanischen Sprachgebiet während ihrer zeitweiligen Aufenthalte in Deutschland; II/3. Zielgerichtetes Einwirken auf einzelne besonders ausgewählte Persönlichkeiten der betreffenden Staaten und Vermittlung dieser Personen an Wirtschaftsunternehmen des faschistischen Deutschland; II/4. Fördernde Einflussnahme bei der Konsolidierung faschistischer Organisationen und Strömungen in Spanien

Erstellung von Länderanalysen zu Lateinamerika und der Iberischen Halbinsel fielen nach Einschätzung der Ermittler zwar ins Gewicht.

Diese "rein wissenschaftliche" oder "ausschließlich kulturpolitische" Arbeit des Instituts war jedoch nur ein geringer, der Öffentlichkeit bekannt werdender Teil der Tätigkeit dieser Einrichtung. Die Hauptaufgaben des Institut[s] und der ihm zugeordneten gleichen und ähnlichen Einrichtungen bestanden in der Organisierung und Forcierung einer groß angelegten ideologischen Diversionstätigkeit in Spanien, Portugal und den lateinamerikanischen Staaten, sowie in der Anbahnung und dem Ausbau wirtschaftlicher Beziehungen des faschistischen Deutschland in diese Länder. Die Realisierung dieser Hauptaufgaben diente einerseits der Bekämpfung des vor allem von Frankreich und später von den USA ausgehenden politischen und wirtschaftlichen Einflusses auf diese Staaten, anderseits war sie ausgerichtet auf die Erzeugung und Aufrechterhaltung deutschfreundlicher Stimmungen in der Bevölkerung und auf die damit verbundene Schaffung von politischen und wirtschaftlichen Stützpunkten des faschistischen Deutschland in diesen Ländern.

Bei der Verwirklichung dieser in die faschistische Großmachtkonzeption eingegliederten Zielstellung wandte das Ibero-Amerikanische Institut im engen Zusammenwirken mit anderen Organen und Einrichtungen des faschistischen Staates eine breite Skala von aufeinander abgestimmten und teilweise komplex eingesetzten Mittel[n] und Methoden an. Sie reichten vom konzentrierten Einsatz damals existierender Massenmedien über die individuelle ideologische Beeinflussung einzelner Persönlichkeiten und Personengruppen bis zur Vermittlung von Verbindungen zu deutschen Wirtschaftsunternehmungen und zur fördernden Einflußnahme bei der Entwicklung und Konsolidierung faschistischer Organisationen und Strömungen in Spanien und einigen südamerikanischen Staaten.[19]

Die Ermittler des MfS kamen zu dem Schluss, dass sich die Tätigkeit des IAI auf vier Bereiche konzentrierte:

- Propaganda und ideologische Einflussnahme auf die Bevölkerungen der Iberischen Halbinsel und Lateinamerikas;

- die Beeinflussung von Multiplikatoren der genannten Kulturkreise während ihres Aufenthalts in Deutschland;

- die Herstellung von Kontakten zwischen deutschen Unternehmen und interessierten Vertretern der lateinamerikanischen und iberischen Eliten;

---

und Südamerika; III. Zur Existenz ibero-amerikanischer Institutionen in Westberlin und Westdeutschland" (BStU, MfS FV 8/69, Bd. 17a, Bl. 2-39).

19 MfS HA IX: Auskunftsbericht über die Entwicklung, Hauptaufgaben und Arbeitsweise ibero-amerikanischer Institutionen im faschistischen Deutschland, Berlin Januar 1970 (BStU, MfS FV 8/69, Bd. 17, Bl. 9).

– Initiativen zur "Konsolidierung faschistischer Organisationen und Strömungen in Spanien und Südamerika".

Wenn die Ermittler die Bedeutung des IAI in den genannten Bereichen offenkundig weiterhin überschätzten, so fällt auf, dass die Hauptabteilung IX/11 sich im Laufe eines Jahres langsam aber sicher vom pompös wirkenden Anspruch der ministerlichen Weisung und der frühen Maßnahmekataloge, die die Aufgaben des Projekts umrissen hatten, entfernt hatten. Mit der Konzentration auf die vier genannten Aufgabenbereiche des IAI war man der Realität um einiges näher gekommen als zu Beginn des Projekts. Der umfangreiche Katalog von Institutionen des nationalsozialistischen Staats, deren Beziehungen zum IAI überprüft werden sollten, war stark reduziert worden. Der Anspruch eines systematischen Nachweises der politischen Funktionen des Instituts war angesichts der desolaten Quellenlage stillschweigend aufgegeben worden. Das Phantasma einer transatlantischen Subversion, in deren Zentrum das Institut eingangs gerückt worden war, erschien im Auskunftsbericht, der letztlich ein Abschlussbericht war, stark geschrumpft und hatte mit seinem Glanz auch seinen Reiz verloren. Die Ermittler des MfS versuchten fraglos, zentrale Elemente der ursprünglichen Arbeitshypothese zu retten. Doch konnten sie ihre Behauptung, das IAI habe in den genannten vier Bereichen eine führende Rolle gespielt, nur mit einer Ansammlung von Beispielen und Zitaten aus Rechenschaftsberichten Faupels belegen. Als Institutspräsident war der General a.D. gezwungen, den Staat in Zeiten leerer Kassen davon zu überzeugen, sein Institut finanziell am Leben zu erhalten. Notwendigerweise fiel die in eigener Sache formulierte Erfolgsbilanz seines Hauses eindrucksvoll aus. Diese Rechenschaftsberichte des Generals kamen den Ermittlern des MfS höchst gelegen, denn sie enthielten die eindrucksheischenden Funktionsbeschreibungen des IAI, die auch Mielke hören wollte. Faupels Erfolgsmeldungen wurden portioniert von den Verfassern des MfS-Berichts an den Minister für Staatssicherheit weitergereicht und als Erfolgsnachweis in eigener Sache gewertet. Dass das Institut im "Dritten Reich" eine bedeutende Rolle gespielt hatte, war bewiesen, wenn man bewies, dass der Präsident desselben Institut behauptet hatte, dass dies so gewesen sei. Ergänzt mit eingestreuten Funden aus den Akten wurde im Abschlussbericht letztlich die Selbstdarstellung der Institutsführung re-

produziert, weil diese den Ermittlern die Stichworte zuspielte. Selbst
die US-amerikanische Kriegspropaganda wurde aufgegriffen:

> Die Einflußnahme des im Gesamtsystem der Auslandsarbeit des faschis-
> tischen Staates integrierten Ibero-Amerikanischen Instituts bei der Förde-
> rung und Konsolidierung profaschistischer Organisationen und Strömun-
> gen in den bearbeiteten Staaten war selbstverständlich nicht auf Spanien
> beschränkt, läßt sich jedoch in bezug auf Portugal und die lateinameri-
> kanischen Staaten nicht exakt nachweisen. Es wurde lediglich eine Nach-
> richt des "Deutschen Nachrichtenbüros" aus Buenos Aires vom 5.10.
> 1943 aufgefunden, die in diesem Zusammenhang von Bedeutung ist.
> Nach dieser DNB-Meldung hat der Staatssekretär des Innern der USA,
> ICKES, "vor einer angeblichen Totalitätspropaganda der Falangisten und
> mexikanischen Sinarchisten in Amerika" gewarnt. ICKES behauptete,
> "daß diese Parteigruppen auf Weisung des Leiters des Ibero-Amerika-
> nischen Instituts, General Faupel, besonders in Mexiko, Kuba und Por-
> torico arbeiteten" und daß es sich um "finanziell stark unterstützte
> Parteien" handelte. In der DNB-Meldung heißt es weiter, daß ein süd-
> amerikanischer Autor namens Chase in dem Buch "Falange" bereits
> zuvor behauptet habe, "daß Faupel bereits ein geheimes Heer an der
> nordamerikanischen Grenze aufgestellt habe."
>
> Obwohl die vorliegende DNB-Meldung selbstverständlich davon aus-
> geht, daß diese Behauptungen angeblich nicht den Tatsachen entsprechen
> und "auf Grund offensichtlich gefälschter Unterlagen" zustande kamen,
> erscheinen die darin enthaltenen Hinweise auf die politische Aktivität des
> Ibero-Amerikanischen Instituts in Mittelamerika außerordentlich auf-
> schlußreich.[20]

Vielleicht waren die Angaben von Chase falsch, so die Logik des
MfS-Berichts, dennoch gaben sie Aufschluss über die Arbeitsmetho-
den des Ibero-Amerikanischen Instituts.

Schließlich griff der "Auskunftsbericht" auf eine offenkundige
Fälschung zurück, einen "Brief Faupels" an den Generalsekretär des
IAI von Merkatz aus dem Jahre 1944, in dem von der Beteiligung von
führenden Institutsangehörigen am Attentat auf einen englischen Diplomaten und einer Schirmherrschaft Faupels über einen argentinischen
Offizier die Rede ist: Juan Domingo Perón. Die Fälschung wird ausführlich von Günter Vollmer im vorliegenden Band analysiert. Des
weiteren bezieht sich das 4. Kapitel des vorliegenden Beitrags auf den
zur Diskussion stehenden "Faupel-Brief", so dass an dieser Stelle
nicht weiter darauf eingegangen wird.

---

[20]   MfS HA IX: Auskunftsbericht über die Entwicklung, Hauptaufgaben und Ar-
       beitsweise ibero-amerikanischer Institutionen im faschistischen Deutschland,
       Berlin, Januar 1970 (BStU, MfS FV 8/69, Bd. 17a, Bl. 29).

Der "Auskunftsbericht" des MfS ist ein beredtes Beispiel für den Umgang des Geheimdienstes mit historischen Quellen. Die verantwortlichen Analytiker haben offensichtlich im Laufe des Projekts viele Grundannahmen fallen lassen und eine größere Realitätsnähe angestrebt. Dem ideologischen Anspruch, der das Projekt die ganze Zeit über begleitet hat, musste gleichwohl Genüge getan werden.

2.4 Die Geheimdienstverbindungen des IAI aus der Sicht des MfS

Die Suche nach Verbindungen des IAI zu Geheimdiensten des "Dritten Reichs" hatte zunächst im "Forschungsvorgang" eine relativ große Rolle gespielt,[21] doch scheint die Fragestellung angesichts der Quellenfunde vom MfS in ihrer Bedeutung immer weiter zurückgestuft worden zu sein. Die Materialien zur deutschen Spionage in Spanien und Lateinamerika, die sich in ostdeutschen Archiven finden ließen, enthielten ganz überwiegend keine Hinweise auf eine Kooperation von Auslandsgeheimdienst des SD, Abwehr und IAI.[22] Dass Generalmajor a.D. Wilhelm Faupel, zunächst 1934-1936 Direktor des IAI, nach seiner Ernennung zum deutschen Geschäftsträger bei Franco auch zu den in Spanien aktiven deutschen Geheimdiensten und Vertretern der ortsansässigen NSDAP/A.O. enge Beziehungen pflegte, lag angesichts der Bedeutung seines Amtes nahe. Die bloße Feststellung, dass dies so war, ersetzte aus Sicht der Ermittler des MfS den Beweis, dass das Ibero-Amerikanische Institut als *Institution* in diesen Beziehungen irgend eine zentrale Rolle gespielt hat.[23]

Was die Beziehungen des IAI zur Auslandsspionage des SD betraf, war die Aktenlage in der Dokumentation des MfS unübersichtlich. Dass Institutspräsident Faupel gute Beziehungen zur SS besaß, wird an anderer Stelle erörtert.[24] Nach Ausbruch des Zweiten Weltkriegs rege bemüht, sein Institut vor einem drohenden, kriegsbeding-

---

21 Maßnahmeplan MfS HA IX/11, 28.2.1969 (BStU, MfS FV 8/69, Bd. 17, Bl. 71).

22 Die Unterlagen sind verstreut über den Aktenkomplex BStU, MfS FV 8/69, doch auch aus anderen "Forschungsvorgängen" floss Material ein, so vor allem aus BStU, MfS FV 270/68, Bd. 40, Südamerika VI E 3, Bd. 28.

23 Namentlich Band 16 des "Forschungsvorgangs" enthält Material zu deutschen Subversionsakten im republikanischen Spanien, darunter eine Kopie des Buches von Spielhagen: *Spione und Verschwörer in Spanien. Nach offiziellen nationalsozialistischen Dokumenten* (1936) (BStU, MfS FV 8/69, Bd. 16: "Spionage in Spanien").

24 Vgl. mein Beitrag zu Faupel im vorliegenden Sammelband.

ten Bedeutungsverlust zu bewahren, hatte der General a.D. nichts un-
versucht gelassen, allen in Frage kommenden staatlichen Stellen des
Reiches seine Unterstützung anzubieten. Für den SD war das Institut
aus drei Gründen von Interesse: Es verfügte erstens über eine bedeutende Fachbibliothek und bot dem Geheimdienst Gelegenheit, sich
landeskundliche Informationen über die Iberische Halbinsel und Lateinamerika zu verschaffen. Zweitens konnten die Mitarbeiter des IAI
gelegentlich gebeten werden, Expertisen zu erarbeiten. Und schließlich verfügte das Institut selbst nach Ausbruch des Krieges über ein
funktionierendes Beziehungsnetz, in das Exponenten der Eliten des
iberischen und lateinamerikanischen Kulturkreises eingebunden waren. Wie der SD die Rolle des IAI und seiner Unterorganisationen
bewertete, konnte das MfS nur fragmentarisch dokumentieren. Gleichwohl sprechen die aufgefundenen Dokumente eine relativ deutliche
Sprache. So hieß es im April 1940 in einem namentlich nicht gekenn-
zeichneten Vermerk der SD-Abteilung VI E 3:

> Nachrichtendienstliche Momente, die geeignet sind, die von hier bereits
> zu der genannten [dem IAI de facto unterstehenden ibero-amerikani-
> schen] Gesellschaft bestehenden Verbindungen noch enger zu gestalten,
> sind nicht gegeben und werden nach Lage der Dinge auch in Zukunft
> keine bedeutende Rolle spielen. Von Interesse für das Bestehen der Ver-
> bindung von VI E 3 zur ibero-amerikanischen Gesellschaft ist lediglich
> die Tatsache, daß den Angehörigen des Referats, vornehmlich denen, die
> der spanischen Sprache mächtig sind, Gelegenheit geboten ist, ihr All-
> gemeinwissen über Südamerika zu erweitern. Darüber hinaus geben die
> Zusammenkünfte, bei denen u.a. sehr inhaltsreiche und interessante Vor-
> träge gehalten werden, Gelegenheit zum Anknüpfen persönlicher Bezie-
> hungen mit in Berlin ansässigen Südamerikanern.[25]

Allem Anschein nach waren die für die praktische Geheimdienstarbeit in Spanien und Lateinamerika verantwortlichen SD-Funktionäre
am Personal des IAI nur sehr bedingt interessiert. Sie machten sich als
Praktiker keine Illusionen über die Einsatzfähigkeit von fachfremden
Laien, die nie eine geheimdienstliche Ausbildung absolviert hatten.
Das Institut war ein geeigneter Ort, um Lateinamerikaner zu treffen, in
diskreter Runde ihre Informationen abzuschöpfen, gegebenenfalls zu
sondieren, welcher von ihnen für eine nähere Zusammenarbeit mit

---

25   Vermerk der SD-Abteilung VI E 3, ohne Verfasser (Ge/Kg), 3.4.1940 ([RSHA]
     VI E 3, Berlin, den 3. April 1940 an VI E, betr. Zwischenstaatliche Gesellschaft
     und Verbände), BStU, MfS FV 8/69, Bd. 8a, Bl. 103.

dem SD von Interesse war. Das IAI konnte sein landesspezifisches Fachwissen beisteuern, um SD-Agenten auf ihren Einsatz vorzubereiten. Eine weitere Einbindung war für diese Praktiker aber offenkundig uninteressant. Es war im Zweifelsfalle besser, professionelle Agenten aus den eigenen Reihen einzusetzen und wissenschaftlichen Instituten wie dem IAI allenfalls einen Platz in der Peripherie der Geheimdienstarbeit zuzuweisen. Sie ohne engste Anbindung an die SS mit Aufgaben zu betrauen, die den Kernbereichen geheimdienstlicher Arbeit zuzuordnen waren, hätte diese *outsider* ohne Zweifel zu einem Sicherheitsrisiko werden lassen.

Das MfS kam in seinem "Auskunftsbericht" zum IAI vom Januar 1970 gleichwohl zu einem ambivalenten Urteil:

> Vor allem für den faschistischen Geheimdienst war die iberische Halbinsel, wie u.a. Schellenberg in seinen Memoiren an verschiedenen Stellen hervorhob, außerordentlich wichtig. Der Auslandsnachrichtendienst des RSHA und vor allem auch der Canaris-Apparat unterhielten in ganz Spanien und Portugal ein umfangreiches und gut funktionierendes Netz von V-Leuten, und darüber hinaus wurde Spanien und Portugal Zwischenstation für die Aufrechterhaltung nachrichtendienstlicher Verbindungen der faschistischen Geheimdienste nach Südamerika genutzt. Obwohl im einzelnen bisher nicht nachweisbar, muß mit hoher Wahrscheinlichkeit angenommen werden, daß das Ibero-Amerikanische Institut auch in dieser Hinsicht wertvolle Hilfsdienste leistete. Schließlich hatte Faupel 1942 in dem bereits zitierten Auszug eines Berichts ausdrücklich darauf hingewiesen, daß einige der vom Institut betreuten und beratenen Personen aus den ibero-amerikanischen Ländern "von deutschen Dienststellen zu Sonderaufgaben verwendet [werden], die hier nicht näher zu erläutern sind".[26]

Trotz der hier gemachten Andeutungen haben die Ermittler des MfS den Nutzen, den das IAI für die Welt der Geheimdienste hatte, offenkundig nicht sehr hoch veranschlagt. Nachdem das MfS die Dokumente, die die deutsche Geheimdienstarbeit in Lateinamerika betrafen, gesichtet hatte, verzichteten die Ermittler darauf, sie für das laufende Forschungsprojekt zum Ibero-Amerikanischen Institut weiter auszuwerten. Dies deutet auf wachsende Zweifel hin, wie realistisch die Arbeitshypothese war, dass das IAI mit diesen eng zusammengearbeitet habe. Im "Auskunftsbericht" vom Januar 1970, der die Pro-

---

[26] MfS HA IX: Auskunftsbericht über die Entwicklung, Hauptaufgaben und Arbeitsweise ibero-amerikanischer Institutionen im faschistischen Deutschland, Berlin Januar 1970 (BStU, MfS FV 8/69, Bd. 17, Bl. 28).

jektergebnisse zusammenfasste, spielten diese Geheimdienstbeziehungen bereits eine untergeordnete Rolle: In den Reigen der "Hauptfunk-
tionen" des Instituts wurden sie nicht aufgenommen. Trotz allen rheto-
rischen Überschwangs ist im zitierten Urteil nur von "wertvollen
Hilfsdiensten" die Rede. In thematisch benachbarten späteren Ermittlungen zur deutschen Spionage in Lateinamerika während des Zweiten
Weltkriegs taucht das IAI gar nicht mehr auf, oder allenfalls am Rande. In dem 1973 vom MfS veranlassten "Forschungsvorgang", der die
nationalsozialistische Spionage in Chile zum Gegenstand hatte, wurden Bezüge zum IAI bereits nicht mehr hergestellt. Offenbar hatten
die Verantwortlichen die ursprüngliche Arbeitshypothese einer besonderen Rolle des Instituts in der Geheimdienstarbeit des "Dritten Reiches" zu diesem Zeitpunkt bereits aufgegeben.[27]

2.5 Die westdeutschen Ibero-Verbände aus der Sicht des MfS

Gemessen an seinem ursprünglichen Zweck war das "Forschungsprojekt" ein klarer Fehlschlag. Ein zentrales Ziel, "die in der Zeit des
Faschismus [von den deutschen zwischenstaatlichen Verbänden] an-
gewandten Methoden umfassend zu analysieren und für die Abwehrtä-
tigkeit der Sicherheitsorgane der sozialistischen Staaten nutzbar zu
machen",[28] war stillschweigend aufgegeben bzw. in andere Projekte
ausgegliedert worden. Material, das sich politisch gegen die deutsch-
iberoamerikanischen Verbände in der Bundesrepublik verwenden ließ,
hat das MfS bis zur Abgabe seines Abschlussberichts (August 1970)
nicht gefunden.

Der ostdeutsche Auslandsspionagedienst (HVA) war gebeten worden, "sämtliche Unterlagen über die Entwicklung dieser Einrichtungen
sowie über Personen, die dort tätig sind" zur Verfügung zu stellen,
doch hatten diese bislang nicht unter Beobachtung gestanden.[29] Der
investigative Aufwand der HVA beschränkte sich auf einen Gang zum
Bücherregal der Abteilung, in dem man allgemein zugängliche Hand-
bücher westdeutscher Provenienz fand: Die "Tschekisten" schöpften
ihr Wissen aus dem "Jahrbuch der auswärtigen Kulturbeziehungen"

---

[27]   BStU, MfS AV 9/73.
[28]   HA IX/11, Forschungsvorgang "Ibero-Amerikanisches Institut" (ohne Verfasser,
       ohne Datum, ca. Februar 1969, BStU, MfS FV 8/69, Bd. 17, Bl. 77).
[29]   Major Schwabe, MfS HA IX/11 an HVA, Abt. VII, 29.7.1969, BStU, MfS FV
       8/69, Bd. 17, Bl. 342).

und dem "Handbuch der Entwicklungshilfe", in denen die gesuchten Verbände mit eigenen Einträgen vertreten waren.[30] Die mit großem Aufwand geführte Suche nach weiteren Informationen über die führenden Funktionsträger westdeutscher Ibero-Verbände erbrachte nur wenige vorzeigbare Ergebnisse: Lexikoneinträge, in einzelnen Fällen verstreute Dokumente über die Karriere der betreffenden Unternehmer vor 1945. Lediglich zu Hermann Viktor Hübbe, Präsident des Lateinamerikanischen Vereins Hamburg-Bremen, wurde eine umfangreichere Dokumentation angelegt.[31] Der zuständige Referent, Oberst Heinitz, schlug bei der Übergabe des Abschlussberichts an Minister Mielke vor, die weiteren Recherchen zu den westdeutschen Ibero-Verbänden an die HVA zu delegieren, um "geeignete operative Maßnahmen zur Aufklärung der heute in Westdeutschland und Westberlin existierenden ibero-amerikanischen Einrichtungen einzuleiten". Auch regte er "an, bei Vernehmungen von geeigneten Beschuldigten Hinweise über die heutige Tätigkeit ibero-amerikanischer Institutionen Westdeutschlands und Westberlins" zu gewinnen.[32] Bedauerlicherweise lässt der Vorgang kein Urteil darüber zu, ob der Staatssicherheitsdienst tatsächlich diesen Vorschlägen gefolgt ist. Es bleibt deshalb unklar, ob die Ermittlungen gegen das IAI weiterreichende Maßnahmen gegen die westdeutschen Ibero-Verbände ausgelöst haben, in denen sich Unternehmer mit besonderem Interesse an Lateinamerika zusammengetan hatten. Die Veränderung der politischen Großwetterlage in den frühen siebziger Jahren lässt dies eher unwahrscheinlich erscheinen. Die ostdeutsche Staatsführung verlor im Zuge der fortschreitenden Entspannungspolitik nach und nach das Interesse an Kampagnen gegen das westdeutsche Unternehmerlager, was den Minister für Staatssicherheit nicht daran gehindert haben muss, "kampagnenfähiges" Material zu sammeln.

---

[30]   BStU, MfS, FV 8/69, Bd. 10. Oberst Heinitz stellte im Begleitschreiben zum Abschlussbericht des FV 8/69 fest, dass dem MfS "keine operativen Erkenntnisse über diese Institutionen" vorliegen (Tätigkeit ibero-amerikanischer Institutionen in der Zeit des Faschismus, 10.8.1970, BStU, MfS FV 8/69, Bd. 17, Bl. 81).

[31]   BStU, MfS FV 8/69, Bd. 11 (H.V. Hübbe).

[32]   Oberst Heinitz: Tätigkeit ibero-amerikanischer Institutionen in der Zeit des Faschismus, 10.8.1970 (BStU, MfS FV 8/69, Bd. 17, Bl. 81f.).

2.6 Konsequenzen der "Fahndung" gegen das IAI

Am 10.8.1970 erhielt Erich Mielke von der Hauptabteilung IX des
MfS die Ergebnisse der von ihm in Gang gesetzten "Fahndung" gegen
die deutsch-ibero-amerikanischen Organisationen.[33] Nach der Lektüre
gab der Minister "Hinweise" zur weiteren Bearbeitung des Vorgangs,
die weitgehend seinen ursprünglichen Intentionen zu entsprechen
schienen, das Wirken zwischenstaatlicher Verbände beim Aufbau
"Fünfter Kolonnen" in Osteuropa und "imperialistische" Herrschafts-
pläne für diesen Raum zu dokumentieren. Der angesprochene Apparat
der Staatssicherheit zögerte nicht, den Erwartungen des Ministers zu
entsprechen. Die Sachbearbeiter nutzten die ihnen zufallende Definiti-
onsmacht, um die Grenzen des potentiell Verdächtigen auszudehnen.
Möglichst viele Untersuchungsobjekte waren das Lebenselixier des
Recherche-Apparats, und so war es von essentiellem Interesse, dem
Minister nicht nur zu bieten, was er erwartete, sondern auch, ihn durch
suggestive Formulierungen zu vehementen Nachforderungen und
neuen Projekten zu animieren:

> Auf der Grundlage der von Ihnen [Erich Mielke] gegebenen Hinweise
> zur Erforschung der Tätigkeit und Rolle ibero-amerikanischer Institutio-
> nen wurden die Untersuchungen auf die Feststellung ähnlicher Einrich-
> tungen ausgedehnt, die in den heutigen sozialistischen Ländern Europas
> eine zentrale Rolle bei der Bildung 5. Kolonnen in Vorbereitung des
> 2. Weltkrieges einnahmen.
>
> Im Ergebnis der Sichtung umfangreicher Dokumentenmaterialien aus
> den Archiven der DDR wurde festgestellt, daß in der Zeit des Faschis-
> mus zahlreiche Institutionen existieren, die sich mit Auslandsfragen be-
> schäftigten.[34]

Die mehrfach mit ähnlich entwaffnender Offenheit präsentierte
Banalität des *outputs* "umfangreicher Sichtung" seitens der MfS-Be-

---

[33]   Oberst Heinitz: Information über das "Institut für Auslandsbeziehungen" in
       Stuttgart, an Mielke, 6.1.1971 (BStU, MfS FV 143/69, Bd. 44, Bl. 68); Vermerk
       zur Übergabe von Untersuchungsergebnissen zum Forschungsvorgang Nr. 8/69 –
       Tätigkeit ibero-amerikanischer Institutionen (BStU, MfS FV 8/69, Bd. 17,
       Bl. 84). Es wurden von diesem Schlussbericht fünf Exemplare angefertigt, deren
       Empfänger außer Mielke folgende MfS-Offiziere waren: Oberst Heinitz, Oberst
       Coburger, "Gen. Velin" (BStU, MfS FV 8/69, Bd. 17, Bl. 83f.).

[34]   Oberst Heinitz: Bericht über die Tätigkeit des "Deutschen Auslands-Instituts"
       (DAI) Stuttgart und dessen Nachfolgereinrichtungen in Westdeutschland, des
       "Instituts für Auslandsbeziehungen" (IAB) Stuttgart, an Mielke, 21.1.1970
       (BStU, MfS FV 143/69, Bd. 44, Bl. 59).

diensteten scheint den Minister nicht veranlasst zu haben, einer Aus-
uferung des "Forschungsvorgangs" entgegenzutreten und eine strin-
gente Beweisführung zu verlangen. Die Verantwortlichen mussten
sich ermutigt fühlen, weitere Strukturelemente feindlicher Netzwerke
auf Halde zu produzieren, auf die der Minister bei Bedarf zurückgrei-
fen konnte, wenn es galt, dem nebulösen Bild allgegenwärtiger "Fünfter Kolonnen" Gestalt zu verleihen.

Die Ergebnisse der Untersuchungen über das IAI gingen in ein
anderes, bereits laufendes MfS-Projekt ein, dessen Gegenstand unter
anderem das Deutsche Auslands-Institut (DAI) in Stuttgart war.[35]
Dem DAI war in einem Zwischenbericht über den Stand des "Forschungsvorgangs Ibero-Amerikanisches Institut" eine koordinierende
Rolle bei den nationalsozialistischen Unterwanderungsstrategien im
Ausland zugeschrieben worden, doch relativierte das MfS diese Behauptung sogleich durch die Bemerkung, dass "konkrete Erkenntnisse
über die Tätigkeit dieses Instituts ... bisher noch nicht [vorliegen]".[36]

Dieser "Fahndungsvorgang" war weit eher geeignet, die Kontinui-
tätslinie zwischen nationalsozialistischen Herrschaftsplänen in Osteuropa und der neuen bundesdeutschen Ostpolitik zu konstruieren, deren
Nachweis Mielke verlangt hatte. Die Neuorientierung des Projekts fiel
in die frühen siebziger Jahre, eine Zeit, in der die Führung der DDR
begann, die Vorteile einer Entspannungspolitik für sich zu entdecken.
Die verfügbaren Akten lassen kein Urteil darüber zu, wie die Fortsetzung dieses auf Torpedierung der Entspannung ausgerichteten "Fahn-
dungsvorgangs" im Kontext dieser sich verschiebenden außenpolitischen Koordinaten interpretiert werden muss. Das gesammelte Material zu den deutschen "Ostforschungsinstituten" und dem DAI wurde
"zur Unterstützung der von dortiger Diensteinheit geplanten politisch-
operativen Maßnahmen" an die HVA, also den Auslandsnachrichten-
dienst, weitergeleitet.[37] War diese Maßnahme eine späte Folge des
Fahndungsprojekts zur Vergangenheit des IAI, so kann diese Spur hier

---

[35] Der "Leitordner" dieses FV 143/69 befindet sich in Bd. 44 des Vorgangs.

[36] MfS HA IX/11: Forschungsvorgang "Ibero-Amerikanisches Institut". Nicht da-
tierter Vermerk, ca. Herbst 1969 (BStU, MfS FV 8/69, Bd. 17, Bl. 77).

[37] Oberst Heinitz (HA IX): Bereitstellung von Material zu imperialistischen deutschen Ostforschungsinstituten und dort tätigen Personen, an die HVA, Abteilung X, 16.12.1971 (BStU, MfS FV 143/69, Bd. 44, Bl. 72).

nicht weiter verfolgt werden, da sie in Gefilde weist, die jenseits der Grenzen des behandelten Themas liegen.

3. Das Schicksal der ausgelagerten Bestände des Ibero-Amerikanischen Instituts

Die Suche des MfS nach den ausgelagerten Teilnachlässen und Bibliotheksbeständen des IAI, die bei Kriegende verschollen sind, brachte substantiell Neues zu Tage. Dieser Teil der Geheimdienst-Recherchen stand nicht unter dem Zwang, möglichst schnell ideologisch Verwertbares zu liefern. Somit entfällt die Notwendigkeit, vor der Auswertung der Texte eine "optische Entzerrung" vorzunehmen. Die Ergebnisse verdienen eine ausführlichere Erörterung, da sie Auskunft über den Verbleib wertvoller Kulturgüter geben, die einmal dem IAI gehört haben. Zunächst scheint es geboten, kurz in Erinnerung zu rufen, welchen Kenntnisstand es hinsichtlich der Auslagerungen bislang gab. Das Schicksal der Institutsakten ist in einem anderem Beitrag dieses Sammelbandes beschrieben,[38] so dass an dieser Stelle nur der Verbleib aus dem Institut ausgelagerter Bücher und Privatnachlässe zur Sprache kommen soll.

Bereits beim Umzug des IAI vom Marstall, dem ursprünglichen Sitz des Instituts, in die ehemalige Siemensvilla in Berlin-Lankwitz mussten 1941 aus Platzgründen am alten Standort etwa 600 Bücherkisten zurückgelassen werden (Hagen/Bock 1945: 8). Seit Beginn des Jahres 1943 wurde das Institut in seinem neuen Standort mehrfach von alliierten Bombenangriffen in Mitleidenschaft gezogen. Am 16. Januar, 1. März, 24. August und 26. August 1943 hatte es infolge von Luftangriffen "mehr oder minder schweren Schaden" erlitten. Dabei waren die gesamte Musikbibliothek und wertvolle Bände der Mexiko-Bibliothek vernichtet worden.[39] Diese Erfahrungen veranlassten den Institutspräsidenten Faupel, eine Evakuierung von Teilen der Bibliothek vorzubereiten. Das Landesplanungsamt teilte Faupel auf seinen Antrag als Auslagerungsort das Gut Hohenlandin bei Angermünde zu,

---

[38] Vgl. meinen Beitrag zu Wilhelm Faupel in diesem Band.

[39] Klatovsky an Firma G. Ricordi/Musikverlag, Leipzig, 8.3.1943 (BA Potsdam Film 59281, S 4/18), Brief Faupel an RPMW, "Betr. Bergung von Teilen der Bibliothek des Ibero-Amerikanischen Instituts", 17.11.1943 (GStA, HA I, Rep. 76, Nr. 1359, Bl. 2, sowie GStA, HA I, Rep. 151 IC, Nr. 7109, zitiert nach BStU, MfS FV 8/69, Bd. 1, Bl. 484f.).

das Verwandten des Generalsekretärs von Merkatz gehörte.[40] Waren
ursprünglich deutlich über 100 Kisten zur Auslagerung vorbereitet, so
scheinen aus organisatorischen Gründen nur 73 von ihnen abtransportiert worden zu sein.[41] Von besonderem Wert waren Teile des Nachlasses von Ernesto Quesada, dessen Bibliotheksstiftung zur Gründung
des IAI beigetragen hatte,[42] sowie ein Teil des Nachlasses des Altamerikanisten Max Uhle (1856-1944).[43] Über den Inhalt der Kisten, die als
"Quesada-Archiv" bezeichnet sind, lassen sich bislang nur Mutmaßungen anstellen, da vor 1945 darauf verzichtet wurde, ihn systematisch zu erschließen.[44] Im Januar 1939 resümierte Faupel in einer Bitte
um mehr Personal, dass "der geringe Personalbestand ... es bei dem
schnellen Wachsen der erst 1930 begründeten Bibliothek des Instituts
bis heute nicht einmal ermöglicht [hat], ... die Bearbeitung der großen
und kostbaren Handschriftensammlung durchzuführen".[45]

Es bleibt unklar, nach welchen Kriterien die Auswahl der auszulagernden Bücher vorgenommen wurde, doch weist die entsprechende
Liste eine größere Zahl von Dubletten auf. Es darf vermutet werden,
dass der Bibliotheksdirektor Hagen die Entscheidung getroffen hat,
was den auszulagernden Beständen zuzuordnen war.[46] Die Evakuierung der 73 Kisten fand im Lauf des Jahres 1944 statt. Die Kisten
wurden im großen Saal des Gutshauses von Hohenlandin aufgesta-

---

40   Grunddaten zum Gut Hohenlandin sind zu finden in *Niekammer's landwirtschaft-
      liche Güter-Adreßbücher* Bd. 7, 2 (1914: 6f.) sowie im *Verzeichniß sämmtlicher
      [sic] Ortschaften ...* (1885).
41   Die Signaturen der ausgelagerten Bücher sind als Liste aufbewahrt in: GStA,
      HA I, Rep. 218, Nr. 379.
42   Zu Quesada vgl. die Literaturangaben in meinem Beitrag "Lateinamerikanische
      Multiplikatoren im Visier" im vorliegenden Sammelband.
43   GStA, HA I, Rep. 218, Nr. 379: Akte "Verzeichnis der nach Hohenlandin verla-
      gerten Bücher". Die Kisten 61-73 enthielten das Quesada-Archiv, doch fehlt in
      der Auslagerungsliste eine genauere Angabe des Inhalts der genannten Kisten.
      Zum Nachlass Uhles: Morris (1958: 32f.) und Wolff (1998: 42f.).
44   Vollmer (o.J.). Dr. Günter Vollmer hat sich am intensivsten mit dem Nachlass
      Quesadas auseinandergesetzt. Von ihm stammt die zuverlässigste Aufstellung.
      Chávez/Venturini (1994) übernehmen weitgehend die Angaben des Manuskripts
      zum Quesada-Nachlaß von G. Vollmer, ohne den Autor anzugeben. Vgl. außer-
      dem Liehr (1983).
45   Faupel an den Präsidenten der Preußischen Bau- und Finanzdirektion, 13.1.1939
      (GStA, HA I, Rep. 151 IC, Nr. 7109, zitiert nach BStU, MfS FV 8/69, Bd. 1,
      Bl. 338).
46   Dieser Einschätzung des gegenwärtigen Leiters der Bibliothek des IAI, P. Alte-
      krüger, schließe ich mich an (Unterredung Juli 2001).

pelt.[47] Der Generalsekretär des IAI, von Merkatz, ließ sich im April
1945 beurlauben und zog sich ebenfalls auf das Gut Hohenlandin zurück, um dort das Ende des Zweiten Weltkriegs abzuwarten (Ha-
gen/Bock 1945: 9).

3.1 Das Gut Hohenlandin bei Kriegsende

Die an der Oder stehende Rote Armee begann am 16. April 1945 ihre
Großoffensive, die mit der Eroberung Berlins enden sollte. Während
die wichtigsten Kräfte bei den Seelower Höhen östlich von Berlin
konzentriert wurden, wo eine der letzten großen Weltkriegsschlachten
im Osten stattfand, durchbrachen die sowjetischen Streitkräfte die
Front nördlich von Schwedt erst etwa eine Woche später. Die SS-
Besatzung unter Befehl des "Mussolini-Befreiers" Otto Skorzeny hatte die Stadt Anfang Februar auf Befehl Himmlers zu einem Brückenkopf für eine geplante Gegenoffensive ausgebaut und damit einen
früheren Durchbruch der Front an dieser Stelle unter Inkaufnahme
schwerer Verluste unter der Zivilbevölkerung verhindert. Das Gebiet
westlich der Stadt, wo auch das Gut Hohenlandin lag, wurde von der
49. sowjetischen Armee nach dem Fall von Schwedt in Besitz genommen. Das Gut mit den ausgelagerten Beständen des IAI muss also
Einheiten der Roten Armee um den 26. April 1945 herum in die Hände gefallen sein.[48] Nach den in Hohenlandin vorgenommenen Ermittlungen des Ministeriums für Staatssicherheit, auf die weiter unten eingegangen wird, richtete die Rote Armee im schlossähnlichen Hauptgebäude des Rittergutes zeitweilig ein Lazarett ein und nutzte die
verschlossenen Kisten des IAI "als Unterlage für die Verwundeten".[49]

---

[47]   Befragungsprotokoll des Brennmeisters des Gutes Hohenlandin, 16.9.1969
       (BStU, MfS FV 8/69, Bd. 17, Bl. 214, vgl. Anhang 1).
[48]   Ballentin (1985: 10-12), Cartier (1967: 1163f.), Infield (1981: 102-105) sowie die
       Karte der militärischen Vorstöße am Ende des Zeitschriftenbandes. Der Raum
       Schwedt gehörte zum Operationsgebiet der 2. Belorussischen Front unter Mar-
       schall Rokossowski. Die 49. Armee, die die Operationen nördlich und westlich
       von Schwedt durchführte, also wahrscheinlich auch das Gut Hohenlandin als ers-
       te besetzte, wurde befehligt von Generaloberst Grischin (Ballentin 1985: 10).
       Auch von deutschen Quellen wird diese Datierung bestätigt. Die Aufzeichnungen
       eines Schallmesstrupps der SS wenige Kilometer östlich vom Gut Hohenlandin
       endeten am 25.4.1945, 8°°. Offenbar verließ der betreffende SS-Mann seinen
       Posten wegen der Ankunft der Roten Armee (Arnim 1961: 201).
[49]   Bezirksverwaltung für Staatssicherheit Frankfurt (O), KD Schwedt/Angermünde,
       20.8.1969 (BStU, MfS FV 8/69, Bd. 17, Bl. 197). Befragungsprotokoll des

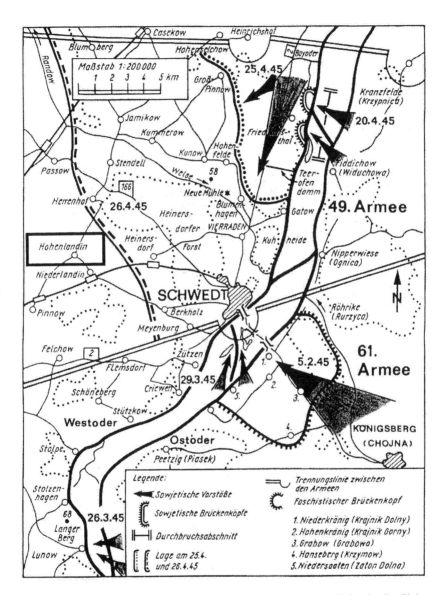

Frontverlauf im Raum Schwedt/Oder Ende April 1945. Das Gut Hohenlandin (links im Bild, schwarz umrandet) liegt wenige Kilometer nordwestlich von Schwedt (Ballentin 1985, Kartenbeilage).

Brennmeisters des Gutes Hohenlandin, 16.9.1969 (BStU, MfS FV 8/69, Bd. 17, Bl. 215, vgl. Anhang 1).

Nach dem Abzug der sowjetischen Armee erlebte das Gut Hohenlandin das Schicksal allen ostelbischen Großgrundbesitzes in Ost-
deutschland. Wurde der Boden im Rahmen der Landreform für eine
Umverteilung vorgesehen, so gab es für das soziale Zentrum, das
Gutshaus, nur wenige Verwendungsmöglichkeiten. Entweder führte
man es einer anderen Nutzung zu oder es wurde dem Verfall preisge-
geben. Letzteres war beim Hohenlandiner Gutshaus der Fall. 1861 in
gotisierendem Stil erbaut, gehörte es zu einem Gebäudekomplex mit
Wohn- und Wirtschaftshäusern, einer Schule und einer Brennerei, in
der Branntwein hergestellt wurde. Der Park selbst war 1820 von dem
Landschaftsarchitekten Lenné angelegt worden. Die Flucht der alten
ortsansässigen Grundbesitzer bei Kriegsende machte die ganz auf sie
zugeschnittene Architektur funktionslos. Der fortschreitende Verfall
der zentralen Gutsgebäude verdeutlichte also den sozialen Wandel auf
dem Lande nach 1945. Kurz nach dem Kollaps der DDR wurden die
verbleibenden architektonischen Reste des Gutshauses im Rahmen
einer Fotodokumentation aufgenommen, so dass sie wenigstens visuell gesichert wurden.[50]

3.2 Die Ermittlungen des Staatssicherheitsdienstes in Hohenlandin über den Verbleib der ausgelagerten Bestände des IAI

Sie hacken mir meine Lorbeerwälder um und pflanzen darauf Kartoffeln,
die Liljen, welche nicht spannen und arbeiteten und doch so schön ge-
kleidet waren wie König Salomon, werden ausgerauft aus dem Boden der
Gesellschaft, wenn sie nicht etwa zur Spindel greifen wollen ... und ach !
mein Buch der Lieder wird der Kräuterkrämer zu Düten verwenden, um
Kaffee und Schnupftabak darin zu schütten ...

Heinrich Heine: Vorrede zu "Lutezia"[51]

Die Nachforschungen des MfS nach den 673 verschollenen Kisten des
IAI begannen in Berlin. Der schlossseitige Trakt des Marstalls, der
ehemals das Institut beherbergt hatte, gehörte mittlerweile zur Humboldt-Universität. Die bei Kriegsende in diesem Gebäude vorgefunde-
nen Unterlagen waren im Archiv der Universität eingelagert worden.
Von den 600 Kisten des IAI, die dort zurückgelassen worden waren,

---

[50]   Steffen (1997). Der Beitrag enthält eine Reihe von Fotografien, die den Zustand
des Gutskomplexes 1993 dokumentieren. Zum genannten Dokumentationsprojekt
Mönninger (1997).

[51]   Heine (1988: 294, der Text wurde orthographisch geglättet).

fand sich in den Akten keine Spur. Die Suche scheint im Sande verlaufen zu sein.[52]

Mit größerem Nachdruck wurden die Ermittlungen in Hohenlandin betrieben, wobei vor Ort auf "konspiratives" Vorgehen größter
Wert gelegt wurde. Die Einheimischen sollten im Unklaren darüber
gelassen werden, dass der Staatssicherheitsdienst gekommen war, um
sie auszufragen, doch wurde die Vertraulichkeit der Nachforschungen
durch den Umstand beschränkt, "daß nahezu alle Einwohner in Hohenlandin untereinander verwandt und verschwägert sind."[53] Am 20.2.
1969 reisten Hauptmann Zank und Oberleutnant Plötz nach Angermünde, um der dort gelegenen Kreisdienststelle des MfS die nötigen
Instruktionen für die Suche nach den verlorenen Auslagerungsgütern
zu erteilen. Hohenlandin, das zu diesem Zeitpunkt etwa 300 Einwohner hatte, war ein schwarzer Fleck auf der Landkarte der zuständigen
Kreisdienststelle. Die Kerblochdatei warf bei ihrer Befragung weder
einen "informellen Mitarbeiter", noch einen "operativen Vorgang"
aus, kein Dorfbewohner wurde geheimdienstlich überwacht – mit
einem Wort: Die Hohenlandiner waren auf verdächtige Weise unverdächtig. Die Offiziere des MfS stellten verblüfft fest, dass man sie bei
ihrer Ankunft für Emissäre der geflohenen Gutsbesitzer hielt: "Angenommen wird im Ort, daß der ehemalige Bonner Justizminister
v. Meerkatz [sic] einen … Auftrag an uns gegeben hat, die … [Kisten
des IAI] zu suchen. Meerkatz sollte den Besitz in Hohenlandin mal
erben."[54]

Bevor die eigentlichen Vernehmungen begannen, war zu ermitteln, welche Zeugen im gutsnahen Dorf staatstreu waren und von wem
man zuverlässige Auskünfte erwarten durfte. Für eine Befragung
schienen sich der Lehrer, der Brennmeister des Rittergutes sowie ehemaliges Dienstpersonal der Gutsbesitzer zu eignen, während darauf
verzichtet wurde, den zuständigen Pfarrer aufzusuchen.[55] Der Brenn-

---

[52] Aktenvermerk Undeutsch, HA IX/11, 2.6.1969 (BStU, MfS FV 8/69, Bd. 17,
      Bl. 174). Auch im Marstall sollte gesucht werden, doch ist kein Ergebnis überlie-
      fert.
[53] Hauptmann Büttner/Leutnant Langer, MfS KD Schwedt/Angermünde, an MfS/
      HA IX 11, 20.8.1969 (BStU, MfS FV 8/69, Bd. 17, Bl. 198).
[54] Hauptmann Büttner/Leutnant Langer, MfS KD Schwedt/Angermünde, an MfS/
      HA IX 11, 20.8.1969 (BStU, MfS FV 8/69, Bd. 17, Bl. 198).
[55] Bericht, MfS HA IX/11, Berlin, den 21.2.1969, BStU, MfS FV 8/69, Bd. 17,
      Bl. 182-184).

meister erwies sich als ergiebigste Quelle. Seit 1929 auf dem Gut mit
der Herstellung von Branntwein betraut, blieb er dort beschäftigt,
nachdem die Rote Armee sich einquartiert hatte. Seine Fähigkeit,
hochprozentigen Alkohol zu fabrizieren, war ebenso gefragt wie sein
handwerkliches Können, weshalb er während des Aufenthalts der
Sowjets in Hohenlandin Zugang zu dem vom Militär in Besitz genommenen Gutsgebäude hatte. Die Ermittler wurden beim Brennmeister am 16.9.1969 mit einem umfangreichen Fragenkatalog vorstellig.[56]

Der Brennmeister sah nach eigener Darstellung die ausgelagerten
Kisten des IAI erstmals nach Kriegsende. Die Gutsbesitzerin hatte
sich vor Ankunft der Roten Armee mit leichtem Gepäck den Flüch-
tenden angeschlossen. Was sie zurückließ, war herrenloses Gut, für
das sich niemand verantwortlich fühlte. Die Kistenaufschrift ließ die
Einheimischen vermuten, hier lagere Eigentum eines "amerikanischen
Konzerns". Ob die Rote Armee eine Sichtung des Inhalts vornahm, ist
ungewiss, kann aber nicht ausgeschlossen werden. Als die neuen Herren das Rittergut in Besitz nahmen, hatten sie andere Sorgen. Wie
bereits erwähnt, wandelten sie das Gutshaus in ein Krankenlager um,
wobei die Bücherkisten als Sockel für Krankenbahren verwendet wurden. Im Sommer 1945 wurde dieses Lazarett verlegt. Wer bald darauf

---

[56] Die Fragen lauteten: "1. Den Staatsorganen der DDR wurde im Rahmen einer
Untersuchung bekannt, daß im Jahre 1944 aus Berlin eine größere Anzahl Kisten
mit Büchern auf das damalige Gut in Hohenlandin verlagert wurden. Ist Ihnen
darüber etwas bekannt, wenn ja, dann: Wann trafen die Kisten ein? Haben Sie
diese mit transportiert? Anzahl der Kisten? Wo wurden diese Kisten untergebracht? Können Sie Angaben über den Inhalt der Kisten machen? Von wem wurden die Kisten nach Hohenlandin gebracht? Mit welchen Verkehrsmitteln? Gab
es Sicherheitsmaßnahmen beim Transport und später bei der Lagerung? Können
Sie Angaben über den Verbleib der Kisten machen? Wer war der Eigentümer
dieser Kisten? Wer war der Versender? Waren Sie beim Eintreffen der Roten
Armee in Hohenlandin? Wurden die Kisten, oder Teile des Inhaltes (Bücher),
von den sowjetischen Freunden verlagert? ... Sie waren ferner mit an den Auf-
räumungsarbeiten beteiligt und haben des öfteren über die Bücher und Kisten gesprochen. Sie werden nochmals auf die Ihnen gemäß § 25 STPO obliegende
Pflicht zur Zeugenaussage hingewiesen, wahrheitsgemäß über die Ihnen damals
getroffenen Feststellungen auszusagen. 4. Wer hat noch Kenntnis von den Kisten,
deren Eintreffen, Inhalt und Verbleib? 5. Wer war damals auf dem Gut Hohem-
landin [sic] aus Berlin mitgekommen oder danach in Hohenlandin eingetroffen?
Wer ordnete die Einlagerung und Unterbringung im Gutsgebäude an? Wenn bejat
[sic], dann: Ist Ihnen bekannt, ob diese Person(en) noch leben? Haben diese Pers.
jemals über diese Kisten Erkundigungen eingeholt?" (Vernehmungsplan zur
Zeugenvernehmung, o.D., BStU, MfS FV 8/69, Bd. 17, Bl. 201-202).

den Beschluss fasste, das Gutshaus in einen Getreidespeicher umzu-
wandeln, bleibt unklar. Um Platz für das Korn zu schaffen, wurden die
Bücherkisten aus dem Fenster geworfen. Der Brennmeister beschrieb
den Vorgang wie folgt:

> In den nächsten Tagen und Wochen haben dann die Einwohner von Ho-
> henlandin die Kisten entleert und mit nach Hause genommen. Jeder, der
> Kisten brauchte, holte sich welche. Die Bücher wurden einfach auf Hau-
> fen geworfen. Ich erinnere mich, daß damals vor dem Schloß ein mindes-
> tens drei Meter hoher Haufen von Büchern lag. Ich weiß jetzt nicht mehr,
> ob es noch 1945 oder schon 1946 war, als die Anweisung zum Aufräu-
> men gegeben wurde. Damals wurden die Bücher auf Fuhrwerke geladen
> und in der Umgebung des Dorfes in Erdbunker und Schützenlöcher, die
> noch aus dem Durchzug der Front vorhanden waren, geworfen. ... Da ich
> damit selbst nicht zu tun hatte, kann ich auch nicht sagen, wo bzw. an
> welchen Stellen die Bücher verblieben sind. ... Die Sowjetarmee hat
> meines Wissens keine Kisten abtransportiert.[57]

Ausdrücklich betonte der Brennmeister, dass von der beschriebenen Zerstörung nur Bücher, aber keine Akten betroffen waren. Es
blieb unklar, ob einzelne Dorfbewohner Bücher an sich genommen
haben.

Die Zeugenaussage des Brennmeisters macht insgesamt einen ver-
trauenserweckenden Eindruck. Die Ermittler hatten vor der Befragung
Erkundigungen über die Zuverlässigkeit des Zeugen eingeholt und
sahen keinen Anlass, an seinen Angaben zu zweifeln. Auf nähere
Nachforschungen bei den Dorfbewohnern wurde verzichtet, nachdem
es sich als unmöglich erwiesen hatte, den Ort der Bücherverschüttung
zu ermitteln.[58]

Es lassen sich folgende Ergebnisse der MfS-Ermittlungen in Hohenlandin festhalten:

– Die auf das Gut der Verwandten von Merkatz' ausgelagerten Büchern des IAI sind mit hoher Wahrscheinlichkeit zum größten Teil
  im Herbst oder Winter 1945 vernichtet worden. Die Zerstörung
  war das Ergebnis der Entscheidung einer unbekannten Stelle,
  wahrscheinlich der örtlichen russischen Besatzungsbehörden, den
  Auslagerungsort als Speicherplatz zu nutzen. Eine direkte Ver-

---

[57] Verhörprotokoll des Brennmeisters von Hohenlandin, 16.9.1969 (BStU, MfS FV
8/69, Bd. 17, Bl. 215-216), vgl. Anhang 1.

[58] Verhörprotokoll des Brennmeisters von Hohenlandin, 16.9.1969 (BStU, MfS FV
8/69, Bd. 17, Bl. 213-217), vgl. Anhang 1.

nichtungsorder gab es nicht. Keine Autorität schritt ein, um die Zerstörung aufzuhalten. Die Dorfbewohner interessierten sich nicht für die der Witterung preisgegebenen Kulturgüter. Die bereits eingesetzte Verwaltung unter Bürgermeister Hasenbank unternahm offenbar keine Initiative zur Bergung der Bücher.

– Ein Totalverlust ist nicht belegt. Ein Abtransport von Teilen der Bücher ist immerhin denkbar. Die mehrere Kisten umfassenden Teilnachlässe von Quesada und Uhle scheinen von der Zerstörung nicht betroffen gewesen zu sein. Dies deutet auf eine teilweise Sichtung durch Unbekannte, wahrscheinlich die Rote Armee, hin und lässt die Vermutung zu, dass die betreffenden Nachlässe noch existieren.

– Das MfS hat die Suche nach diesen Ermittlungen abgebrochen. Ob die Anfragen bei sowjetischen Archiven nach dem Verbleib von Unterlagen des Ibero-Amerikanischen Archivs zu einem Ergebnis führten, ist nicht dokumentiert.

Das Schicksal der nach Hohenlandin ausgelagerten Bücher kann damit als geklärt gelten. Der Verbleib der im Marstall aufbewahrten Buchbestände ist unbekannt. Die fraglos wichtigsten Auslagerungsgüter, die Teilnachlässe der genannten Gelehrten, müssen weiter als verschollen gelten.

4. Die Recherchen des MfS gegen Hans-Joachim von Merkatz

> Wer da wühlt im Kehrichthaufen
> üblen Kram erschnüffeln möchte
> in der Gosse und in Traufen,
> sucht den Dreck und alles Schlechte
> der kann aus dem Schutt der Schöpfung
> sich mit Leichtigkeit versehen,
> ohne viele Müh' und Wirkung
> wird's ihm schnell von Händen gehen.
> Hans Joachim von Merkatz: Das Spiel von den zwei Barken.
> Nach einem portugiesischen Mysterienspiel (1977).

Die politische Rentabilität des groß angelegten "Forschungsvorgangs Ibero-Amerikanisches Institut" muss den Ermittlern im Laufe des Projekts immer fragwürdiger erschienen sein, und allein diese zählte für einen Geheimdienst. Die Ermittler des MfS brauchten mehr vorzeigbare Erfolge. Ein Unionspolitiker wie Hans-Joachim von Merkatz war als ehemaliger Generalsekretär des IAI dazu prädestiniert, ins Zentrum der Recherchen der "Tschekisten" zu rücken. Was diese im "Schutt der Schöpfung" an Material zu seiner Person zusammengeklaubt hatten, füllte zwei Aktenordner und einen personenbezogenen Vorgang.[59] Die Funde waren allenfalls historisches Treibgut, das nicht mehr zuließ als die schemenhafte Rekonstruktion des Lebenslaufes eines preußischen Adligen, der wie so viele seiner Standesgenossen in Ermangelung eines Vermögens gezwungen war, in den Staatsdienst zu treten.[60] Das Bild, das die Akten zeichneten, zeigte wenig Spektakuläres, dennoch bot die Vergangenheit des späteren Bundesministers eine Reihe von Angriffsflächen. Offenkundig war Merkatz ein eifriger Jurist, der zielstrebig in den frühen Jahren des "Dritten Reiches" seine Karriere aufgebaut hatte. In seiner 1934 abgeschlossenen Dissertation hatte er ein überaus politisches Thema bearbeitet; den Doktortitel hätte man fraglos auch mit einem unverfänglichen Stoff erlangen können. Seine Abhandlung zur "Politischen Entwicklung und rechtlichen Gestaltung der Ministerverantwortlichkeit" enthielt wortreiche Rechtfertigungen des Führerstaates und seiner autoritären Konstitution, die wenig Spielraum für Interpretationen ließen: Hier bot ein Aufsteiger den neuen Machthabern seinen Sachverstand an, und er erwartete im Gegenzug einen Posten. Von Merkatz unterschied sich in seiner Haltung jedoch wenig von der Masse der Juristen seines Alters, die den neuen Staat bejahten und die nach oben wollten. An Akten juristischer Willkür der Nationalsozialisten hat von Merkatz nicht an verantwortlicher Stelle teilgenommen, zumindest ist nichts bekannt, was eine solche Vermutung rechtfertigen würde. In seiner Referendarszeit hatte er 1934 an einem politischen Prozess in Thüringen in der völlig untergeordneten Rolle eines Urkundsbeamten mitgewirkt.[61] Ebenso bemerkenswert wie rätselhaft blieb von Merkatz' halbjähriges Intermezzo bei der SS. Im Mai 1934 trat er bei dem Berliner Sturm I N 3 seinen Dienst an, im Oktober des Jahres schied er wieder aus. Über den Sta-

---

[59]   Zu den Archivquellen über von Merkatz vgl. den Eintrag in den "Bio-bibliographischen Grunddaten" in diesem Sammelband.

[60]   Die Eckdaten der Biographie Merkatz' sind in den "Bio-bibliographischen Grunddaten" in diesem Sammelband zu finden, so dass hier darauf verzichtet wird, sie erneut aufzuführen.

[61]   Kopie des Urteils OLG Thüringen gegen den Polier Paul K., Jena, 4.12.1934 (IML NJ 11056, Kopie in: BStU, MfS FV 8/69, Bd. 8, Bl. 2-33, 147-178).

tus eines Anwärters kam er laut Aktenlage nicht hinaus. Seinen Auf-
nahmeantrag muss er im Herbst 1934 wieder zurückgezogen haben,
wobei er "Ortswechsel, Erkrankung und ... Examensvorbereitungen"
als Grund angab.[62] Über von Merkatz' Tätigkeit als Generalsekretär
des Ibero-Amerikanischen Instituts (1938-1945) hatte der Staatssicherheitsdienst alles Erreichbare aus den Archiven zusammengetragen. Es war ein Sammelsurium aus Haushaltsberichten, Ernennungs-
vorschlägen, der Anforderung einer Spanien-Expertise durch den SD
und einigen schmalen Veröffentlichungen des Juristen.

Bereits viereinhalb Jahre vor dem MfS hatte das "Wissenschaftliche Archiv" des Außenministeriums der DDR Nachforschungen über
Hans Joachim von Merkatz in Gang gesetzt. Aus welchem konkreten
Anlass belastendes Material gesucht wurde, bleibt unklar.[63] Der
Staatssicherheitsdienst übernahm 1969 diese Akte, und forderte bei
diversen ostdeutschen Mediendiensten und "Forschungszentren" Arti-
kelsammlungen und Dokumentationen an. Die Presseausbeute des
"Deutschen Instituts für Zeitgeschichte" war allem Anschein nach
umfangreich und vielversprechend. Was Journalisten vor Jahren über
von Merkatz gefunden und im Eifer ihres expurgatorischen Antifaschismus über Jahre hinweg verbreitet hatten, schien den Geheimdienst zu deklassieren. Denn sie hatten, was dem MfS fehlte: kampagnenfähiges Material gegen den ehemaligen Generalsekretär des IAI
und späteren Minister Adenauers. Ein "Dokument" schien alle Voraussetzungen zu bieten, das MfS für seine aufwändige, aber – gemessen an seinen Ansprüchen – weitgehend ergebnislose Suche zu ent-
schädigen. Es belegte augenscheinlich die Mitwisserschaft von Merkatz' bei dem Mord an dem britischen Diplomaten Yenken, die sein
Vorgesetzter Wilhelm Faupel in die Wege geleitet und die sein Vorgänger im Amte des Generalsekretärs, Karl Heinrich Panhorst, ausgeführt hatte. Jemand hatte vor Jahren einem ostdeutschen Journalisten
diesen skandalösen Fund präsentiert. Das Original des Briefes war

---

62 Vorschläge zur Ernennung von höheren Beamten. Akte von Merkatz (BA Berlin,
    RMdI, Abt. III (98), Dez. 1942 (1661), zitiert nach BStU, MfS FV 8/69, Bd. 8,
    Bl. 62). Vgl. auch den Eintrag in den "Bio-bibliographischen Grunddaten" in die-
    sem Sammelband.
63 Schuck (Wissenschaftliches Archiv des Ministeriums für Auswärtige Angelegen-
    heiten der DDR) an Stumpf (Dokumentations-Zentrum/MdI), 18.8.1964 (BStU,
    MfS FV 8/69, Bd. 8, Bl. 350).

verschwunden. Das war kein Wunder, denn der betreffende Faupel-Brief war eine Fälschung. Der Fälscher und ominöse Informant der "antifaschistischen Presse" war kein Geringerer als der Nachrichten-händler und interatlantische Hochstapler Heinrich Jürges, den die Staatssicherheit mit größtem Misstrauen überwachte, solange er in der DDR lebte. Auf die Geschichte des Betrügers Jürges geht Günter Vollmer im vorliegenden Band ausführlich ein; ebenso bietet er den Nachweis, dass der "Faupel-Brief" zum "Yenken-Mord" ein Mach-werk dieses Hochstaplers ist.[64] Es ist deshalb nicht erforderlich, die Argumente an dieser Stelle *en détail* erneut aufzuführen. Entscheidend ist, dass das besagte "Dokument" zahlreiche Hinweise enthielt, die es als Fälschung kennzeichneten, und diese Indizien hätten einem Ge-heimdienst auffallen müssen. Der angebliche Geheimdienstoffizier Faupel übermittelte in seinem "Brief" unverschlüsselt Interna der höchsten Geheimhaltungsstufe, die sowohl die Verantwortlichen eines Diplomatenmords als auch die Beteiligten einer vermeintlich von deutscher Hand gelenkten Umsturzbewegung in Argentinien beim Namen nannten. Kein moderner Geheimdienst würde sich derart dilet-tantisch verhalten. Zudem war die Adresse des Briefes sichtbar falsch: er war von Faupel "per Kurierpost" an von Merkatz als Generalsekre-tär des *Lateinamerikanischen Instituts* in Berlin Lankwitz geschickt worden; der Staatssicherheitsdienst aber wusste, dass das Institut, gegen das es ermittelte, einen anderen Namen getragen hatte. Der ge-samte "Forschungsvorgang" betraf das *Ibero-Amerikanische Institut*. Die Diskrepanz zwischen Adressierung des "Dokumentes" und dem Arbeitstitel der Ermittlung ist keinem der Verantwortlichen aufgefal-len. Am vorliegenden Beispiel wird sichtbar, dass der Geheimdienst professionelle Mindeststandards in der Bewertung eines Vorgangs aufgab, wenn die politische Opportunität dies verlangte.

Die Emissäre des MfS hatten den "Schutt der Schöpfung" nach Material gegen von Merkatz durchstöbert und "Dokumente" gefun-den, die den späteren Bundesminister in ein Mordkomplott verwickelt sahen. Die "Tschekisten" ließen von allen anderen Spuren ab und verfolgten nur noch diese eine. Alle anderen Handlungsfäden seiner Biographie wurden fallen gelassen. Der abgebrochene Anlauf des Juristen, bei der SS zu landen, verdiente kein Interesse mehr. Das MfS

---

[64]   Der "Brief" ist im Anhang zu Vollmers Beitrag im Wortlaut abgedruckt.

machte sich auf die Suche nach dem Original eines Briefes, der nicht existierte, aber existieren musste.

4.2 Das MfS auf Phantom-Jagd: Die Suche nach dem Original von Faupels "Yenken-Brief"

Seeungeheuer werden häufig in den Seen Schottlands (und nicht allein im Loch Ness), aber auch in Irland und Skandinavien gesichtet, selten hingegen in den Süßwassern unserer Breiten.
Jean-Jacques Barloy: Rumeurs sur des animaux mystérieux (1990: 202)

Wer sich eine Schimäre vor den Karren spannt, sollte sich nicht wundern, wenn die Fahrt im Nebel endet. Der Staatssicherheitsdienst machte diese Erfahrung, als er sich bemühte, die Echtheit einer Fälschung zu beweisen, die der notorische Betrüger Heinrich Jürges lanciert hatte, den das MfS selbst für einen Hochstapler oder Spion hielt und deshalb argwöhnisch überwachte. Dass das "Dokument", das die Ermittler suchten, von dem besagten Fälscher stammte, haben diese bis zum Ende ihrer Recherchen nicht begriffen. Die zahlreichen Indizien, die darauf hindeuteten, dass das "Dokument" eine Fälschung war, wurden von ihnen konsequent ignoriert. Die Jagd eines professionellen Geheimdienstes nach einem Fabeltier, dass der Werkstatt eines Betrügers entsprungen war und über mehrere Jahre hinweg eine breite Spur in der "antifaschistischen" Presse hinterlassen hatte, trägt die Züge einer Groteske.[65] Es erscheint allerdings weniger um ihres Kuriositätswertes willen von Interesse, sie nachzuzeichnen. Vielmehr dokumentiert sie die Verbreitung eines Gerüchts und sein Einfließen in deutsche Alltagsmythen der Nachkriegszeit, sie belegt anschaulich die Nachlässigkeit ostdeutscher Medien in der Recherche über die NS-Vergangenheit westdeutscher Politiker und ihre Bereitschaft, ungeprüft selbst schwerwiegende Vorwürfe zu verbreiten, wenn sich dies als politisch opportun erwies.

Die Legende von Merkatz als "Leiter einer Spionagezentrale" und dem "Mord an dem englischen Diplomaten Yenken" kursierte in der "antifaschistischen" Presse bereits seit den frühen 50er Jahren. Die dort verwendete Topologie lässt keinen Zweifel daran zu, dass die

---

[65] Dieses Kapitel ist in einem Ton gehalten, der diesem Umstand Rechnung trägt, was die Leser, die an andere Formen der Wissenschaftsprosa gewöhnt sind, verzeihen mögen.

"Informationen" aus dem Fundus des Fälschers Jürges stammten oder indirekt auf den gefälschten "Faupel-Brief" rekurrierten.[66] Eigentliche Grundlage für die Suche des MfS nach dem "Brief" des Generals war allerdings ein Artikel in der ostdeutschen *Berliner Zeitung* vom 28.8. 1957, in dem von Merkatz als "der Mann, der Yenken zur Strecke brachte" vorgestellt wurde. Dieser Vorabdruck aus einem Buch mit dem Titel "Bonn und das Dritte Reich", dessen Herausgabe der "Ausschuss für Deutsche Einheit" vorbereitete, bot eine Abschrift des fraglichen Briefes,[67] fasste ihn jedoch gleich für den Leser sichtbar falsch zusammen (Merkatz wurde von den Journalisten als "Direktor des Lateinamerikanischen Instituts", während er im zitierten "Dokument" als Generalsekretär bezeichnet wurde), kommentierte ihn mit der für den Kalten Krieg üblichen Häme und beschuldigte von Merkatz offen, "wahrscheinlich tätigen Anteil" am "Yenken-Mord" gehabt zu haben.

---

[66] Die *Tägliche Rundschau* (Berlin), 8.11.1952, präsentierte von Merkatz als "Leiter einer Spionagezentrale in Berlin-Lankwitz, die als Lateinamerikanisches Institut getarnt war". Im *Volks-Echo* (Bielefeld) war am 9.4.1953 zu lesen, er sei in "leitender Stelle in dem von den Nationalsozialisten zu einer Spionagezentrale ausgebauten Ibero-Amerikanischen Institut tätig" gewesen (Paraphrase nach "Deutsches Institut für Zeitgeschichte": Zusammenstellung zu von Merkatz, 18.12. 1953 (BStU, MfS HA IX/11 PA 37-Merkatz). Die Merkatz-Legende erschien außerdem beispielsweise in folgenden Zeitungen: *Fuldaer Volkszeitung* 22.3. 1956, *National-Zeitung* (Berlin/Ost) 25.3.1956, *Neues Deutschland* 18.10. 1956 ("Arbeiterfeind Dr. von Merkatz als Justizminister"), *Berliner Zeitung* 30.10. 1956, *Die Wirtschaft (Berlin/Ost)* 12.9.1957, *Wiener Volksstimme* 27.6. 1962 (Artikelsammlung des "Deutschen Instituts für Zeitgeschichte" zu von Merkatz in BStU, MfS FV 8/69, Bd. 8, Bl. 294-319).

[67] Vgl. den vollständigen Text im Beitrag von Günter Vollmer im vorliegenden Band.

Bundesjustizminister von Merkatz als Meerkatze, "Verfolger der KPD" und "Arbeiterfeind". Karikatur im Neuen Deutschland (18.10.1956).

Die Ermittler folgten dem ihnen vertrauten Suchablauf. Das "Dokumentationszentrum des Ministeriums des Innern", als erstes befragt, musste passen:

> Wo sich das Original des Briefes befindet, ist nicht bekannt. Wir haben die in der Akte Merkatz befindliche Abschrift aus dem Institut für Zeitgeschichte. Dort ist ebenfalls nicht bekannt, woher die Abschrift stammt bzw. wo sich das Original befindet. Die gleiche Abschrift ist auch im wissenschaftl[ichen] Archiv des M[inisteriums] f[ür] A[uswärtige] A[ngelegenheiten], auch ohne Quellenangabe.[68]

Als nächstes wurde die Verwaltung für Staatssicherheit Groß-Berlin, Abteilung XX eingeschaltet, an die folgendes Hilfsersuchen ging:

> Bei der Bearbeitung eines Forschungsvorganges der Hauptabteilung IX/11 wurde bekannt, daß in der "Berliner Zeitung" vom 28.8.1957 ein Brief des früheren Generals und faschistischen Botschafters aus Deutschland in Madrid, Wilhelm Faupel, an den Generalsekretär des damaligen Lateinamerikanischen Institutes Berlin, Dr. Hans von Merkatz, mit Datum vom 22.5.1944 veröffentlicht wurde. Es wird um Feststellung gebeten, welche Originaldokumente dieser Veröffentlichung zu Grunde lagen und wie dieselben zugänglich sind. Nach Möglichkeit sollte die Beschaf-

---

68 Vermerk Dokumentations-Zentrum/MdI, ohne Datum (1969) (BStU, MfS FV 8/69, Bd. 17, Bl. 138).

fung dieser Originaldokumente veranlaßt werden. Um baldige Erledigung wird gebeten.[69]

Ein Vorgang dieser Bedeutung verlangte nach größerem Personaleinsatz und generalstabsmäßiger Planung. Als Informationseigner und *agenda setter* bewachten die Offiziere der HA IX/11 ihren Feldherrenhügel und dirigierten von dort aus die weiteren Maßnahmen der anderen Einsatzkräfte des MfS "bezüglich der authentischen Unterlagen zum Faupel-Brief an Merkatz", "die zur Beschaffung dieser Unterlagen geeignet sind",[70] während die Abteilung XX der Verwaltung Groß-Berlin ihre Späher auszusenden hatte. Im Spätherbst des Jahres 1969 waren aus dem Ministerium für Staatssicherheit nach Aktenlage Major Zank, Oberleutnant Plötz, Oberstleutnant Stange, Oberleutnant Klemer, Oberstleutnant Schwanitz, Major Häbler als Leiter der Abteilung XX (Groß-Berlin) sowie Oberfeldwebel Undeutsch, die Genossen Boy, Geissler und Knaust wenigstens zeitweilig zur Jagd nach dem Fabeltier abgestellt.

Diese begaben sich folgerichtig in die Redaktion der *Berliner Zeitung*, denn diese hatte den besagten Merkatz-Artikel veröffentlicht.

Genosse BOY, der für die operative Bearbeitung der Berliner Zeitung zuständig ist und auch bereits über diese Angelegenheit informiert war, teilte mit, daß die Berliner Zeitung vermutlich kein authentisches Material bekommen hat, da in der Regel dort nur derartige Hinweise vom ADN bzw. nach abgehaltenen Pressekonferenzen u.d.g. entsprechende Informationen eingehen, wonach dann die Meldungen zusammengestellt werden. Selbst diese Unterlagen werden dann gewöhnlich nach einer bestimmten Zeit aus Platzmangel oder da sie ihre Aktualität verloren haben, vernichtet. Derzeit konnten vom Gen. BOY keine Hinweise auf die Quelle des Artikels ermittelt werden.

Bei der am 22.9.69 erneut geführten fernmündlichen Absprache mit dem Genossen BOY wurde festgelegt, daß er nochmals, insbesondere bei den älteren Mitarbeitern der Berliner Zeitung nach den der Zeitungsmeldung vom 28.8.57 zugrundeliegenden Quellen forscht.[71]

Die Quellensuche ging weiter. Der Merkatz-Artikel der *Berliner Zeitung* war als Vorabveröffentlichung für ein Enthüllungsbuch des

---

[69] Major Schwabe, HA IX/11, an die Verwaltung für Staatssicherheit Groß-Berlin, Abteilung XX, 28.7.1969 (BStU, MfS FV 8/69, Bd. 17, Bl. 141).

[70] Absprache bei Gen. Major Zank am 18.9.1969 (BStU, MfS FV 8/69, Bd. 17, Bl. 142).

[71] Vermerk Oberleutnant Plötz, MfS HA IX/11, 22.9.1969 (BStU, MfS FV 8/69, Bd. 17, Bl. 143).

"Ausschusses für Deutsche Einheit" angekündigt worden. Der Ausschuss existierte nicht mehr. In den Abteilungen "West Dokumentation" und "Koordinierung" beim Nationalrat oder beim "Staatssekretariat für Westdeutsche Fragen" wurde hingegen das Quellenmaterial für besagtes Buch vermutet, weil diese das archivierte Material des "Ausschusses" übernommen hatten. Der operative Mitarbeiter des MfS ermittelte "konspirativ und offiziell" und kam zu folgendem Schluss: Die Dokumentation war nicht zu finden.[72]

Am 26.9.1969 konnte der Leiter der Abteilung XX des MfS, Major Häbler, und sein Stellvertreter Operativ, Oberstleutnant Schwanitz, Rapport über die abschließenden Untersuchungen bei der *Berliner Zeitung* erstatten:

Die Ermittlungen ergaben,

1. daß das Manuskript des Artikels nicht mehr existiert;

2. daß sich kein Mitarbeiter der BZ an diese Veröffentlichung erinnern kann;

3. daß die Veröffentlichung aufgrund einer gezielten Information des Ausschusses für Deutsche Einheit erfolgt sein muß;

4. daß vom Ausschuß für Deutsche Einheit 1957 nur eine Veröffentlichung unter dem Titel "Wer regiert in Bonn" mit dem Untertitel "Die wahren Herren der Bundesrepublik" veröffentlicht wurde;

5. daß in dieser Veröffentlichung S. 121 zu v[on] Merkatz der interessierende Brief gekürzt abgedruckt wurde;

6. daß weitere Hinweise evtl. Gen[osse] Rehahn, Stellvertreter des Gen. Herrmann vom Staatssekretariat für westdeutsche Fragen erteilen könnte.[73]

Der Merkatz-Passus in "Wer regiert in Bonn. Die wahren Herren der Bundesrepublik" lag den Ermittlern vor. Die Mühe, sich den Beitrag genauer anzusehen, hat man sich nicht gemacht. Vermutlich wäre sonst aufgefallen, dass ein wichtiges, den "Faupel-Brief" als Fälschung kennzeichnendes Indiz stillschweigend korrigiert worden war. War als Merkatz' Arbeitsort im "Brief" das *Lateinamerikanische In-*

---

[72] Oberleutnant Plötz: Aktenvermerk über durchgeführte Maßnahmen zur Ermittlung der Quellen über die Zeitungsmeldung in der Berliner Zeitung vom 28.8. 1957 (BStU, MfS FV 8/69, Bd. 17, Bl. 144).

[73] Major Häbler, Oberstleutnant Schwanitz, Verwaltung für Staatssicherheit, Groß-Berlin, Abteilung XX, 26.9.1969, an das MfS, HA IX/11 (BStU, MfS FV 8/69, Bd. 17, Bl. 147).

stitut genannt, ein Name, der jenem ähnelte, den das Institut nach 1945 kurzzeitig trug und der folglich nicht in einem angeblich 1944 geschriebenen Brief auftauchen konnte, so hieß es hier in der Paraphrase korrekt *Ibero-Amerikanisches Institut*. Den Autoren des "Ausschusses für Deutsche Einheit" muss der Widerspruch aufgefallen sein, sonst hätten sie die Angabe nicht verändert. Es war ihnen also klar, dass das von ihnen publizierte Dokument gefälscht war. Nach der Namenskorrektur wurde jedoch die in der Fälschung gesponnene Legende vom Ibero-Amerikanischen Institut als interatlantischem "Spionagezentrum" minutiös kolportiert.

Das "Deutsche Institut für Zeitgeschichte" (Ost-Berlin) schließlich entdeckte in seinem Archiv eine weitere Spur des Fabeltiers. Am 24.3. 1956 hatte der Deutschlandsender einen entscheidenden Hinweis für die weitere Suche gegeben:

> Wer sich für die Vergangenheit einiger westdeutscher Regierungsmitglieder interessiert, der greife nach dem Buch "Técnica de una traición" erschienen in Montevideo, von einem Exilargentinier als Dokumentation faschistischer Verbrechen zusammengestellt.
>
> Es geht um das erschütternde Schicksal des britischen Sonderbotschafters Yenken. Yenken durchkreuzte die unsauberen Pläne des damaligen Generalsekretärs des lateinamerikanischen Instituts in Berlin, Dr. Hans von Merkatz. Darum mußte er beiseite geräumt werden ...[74]

Das hier zitierte Buch "Technik einer Verschwörung", Autor: Silvano Santander, hatte die zweite und folgenreichste Veröffentlichung des "Faupel-Briefes" enthalten. Der argentinische Verfasser hatte im Osten Berlins dieses "Dokument" von dem Fälscher Heinrich Jürges überreicht bekommen, quasi unter den Augen des Staatssicherheitsdienstes, denn das Treffen wurde von einer Informantin unverzüglich an das MfS gemeldet.[75] Die Registratur des Geheimdienstes erlaubte es allerdings nicht, einen Zusammenhang zwischen beiden Vorgängen herzustellen. Ende Oktober machte sich Oberfeldwebel Undeutsch auf den Weg in die Staatsbibliothek, um das Buch zu finden, musste aber unverrichteter Dinge umkehren. Santanders Opus war hier nicht zu finden, wohl nicht zuletzt, weil in der Radiomeldung nur der Titel des

---

[74] *Deutschlandsender Pressedienst*, 24.3.1956: Die Geschichte eines Verrats. Vom Nazi-Attentäter zum Bundesminister (Dr. Hans von Merkatz [sic], BStU, MfS FV 8/69, Bd. 17, Bl. 153).

[75] BStU, MfS AP 1240/55, Bl. 115 (Akte Heinrich Jürges). Vgl. den Beitrag von Günter Vollmer im vorliegenden Band.

Buches, nicht aber der Autor genannt worden war. MfS-Oberstleutnant Stange, der zum "Deutschlandsender im Staatlichen Komitee für Rundfunk" geschickt worden war, stellte nach "umfangreichen Überprüfungen im Archiv, in der Bibliothek sowie im ehemaligen Pressedienst" des Rundfunks fest, "dass über den genannten Komplex kein Material vorhanden ist".[76]

Am 12. Januar 1970 endete die Suche des MfS nach dem "Faupel-Brief", den es nicht gab. Die Schimäre, die sich die Ermittler des MfS vor den Karren gespannt hatten, führte sie in den Nebel und löste sich dort auf. Als dieser Nebel sich lichtete, wurde den Ermittlern bewusst, dass sie nicht den Schweif des gejagten Fabeltiers in den Händen hielten, sondern den Rocksaum ihres Nachbarn.

Der gefälschte "Faupel-Brief" gehört zu den Nachkriegsfälschungen mit größerem Verbreitungsradius. Auch in der "antifaschistischen" Presse Westdeutschlands fand er seine Abnehmer. Als die *Andere Zeitung* (Hamburg) am 29.8.1957 darauf zurückgriff, schlug von Merkatz zurück: Er verklagte die Zeitung wegen Beleidigung. Mitte April 1958 kam es zum Prozess vor dem Hamburger Amtsgericht. Die verantwortlichen Redakteure strichen unverzüglich die Segel, gaben für den Minister eine Ehrenerklärung ab und gaben zu, einer Fälschung zum Opfer gefallen zu sein. Sie distanzierten sich öffentlich von ihrem Artikel und übernahmen die Kosten des Verfahrens. Die lapidare Meldung der *Frankfurter Allgemeinen Zeitung* über den Ausgang dieses Verfahrens stammte vom 17. April 1958, zehneinhalb Jahre vor Beginn der Recherchen des MfS gegen von Merkatz. Die Ermittler des Staatssicherheitsdienstes hatten den *FAZ*-Artikel feinsäuberlich in ihren Unterlagen abgeheftet.

---

[76] Oberstleutnant Stange, HA IX/11: Nachforschungen zu dem Buch "Técnica de una Traición", 12.1.1970 (BStU, MfS FV 8/69, Bd. 17, Bl. 166).

Literaturverzeichnis

Arnim, Jochen von (1961): "Die Aufzeichnungen eines Schallmeßtrupps vom April 1945 aus dem Raum Schwedt (Oder)". In: *Heimatbuch des Kreises Angermünde*, Neuwied: Verlag Strüder, 1, S. 201-211.

Ballentin, Günter (1985): "Vor 40 Jahren. Die Befreiung Schwedts vom Faschismus". In: *Vor 40 Jahren. Die Befreiung Schwedts durch die Sowjetarmee im Frühjahr 1945. Schwedter Jahresblätter*, 6, S. 5-24.

Barloy, Jean-Jacques (1990): "Rumeurs sur des animaux mystérieux". In: Campion-Vincent, Véronique (Hrsg.): *Rumeurs et légendes contemporaines*. Paris: Seuil, S. 197-218.

Bender, Peter (1996): *Die "Neue Ostpolitik" und ihre Folgen. Vom Mauerbau bis zur Vereinigung*. 4. Aufl., München: dtv.

Der Bundesbeauftragte für die Unterlagen des Staatssicherheitsdienstes der ehemaligen Deutschen Demokratischen Republik (Hrsg.) (1997): *Abkürzungsverzeichnis. Häufig verwendete Abkürzungen und Begriffe des Ministeriums für Staatssicherheit, Abteilung Bildung und Forschung*, 3. Aufl. Berlin: Der Bundesbeauftragte für die Unterlagen des Staatssicherheitsdienstes der ehemaligen Deutschen Demokratischen Republik.

Cartier, Raymond (1967): *Der Zweite Weltkrieg*. Bd. 3: 1944-1945. Köln: Lingen.

Chávez, Fermín/Venturini, Aurora (1994): "El 'Ibero-Amerikanisches Institut' de Berlín: Los Quesada". In: *Revista del Instituto de Investigaciones históricas Juan Manuel de Rosas*, 37, S. 2-18.

Corino, Karl (Hrsg.) (1988): *Gefälscht! Betrug in Politik, Literatur, Wissenschaft, Kunst und Musik*. Nördlingen: Greno.

Fuhrmann, Horst (1985): "'Mundus vult decipi'. Über den Wunsch des Menschen, betrogen zu werden". In: *HZ*, 241, S. 529-547.

Gill, David/Schröter, Ulrich (1991): *Das Ministerium für Staatssicherheit. Anatomie des Mielke-Imperiums*. Berlin: Rowohlt.

Hagen, Hermann/Bock, Peter (1945): *Bericht über die Geschichte, den gegenwärtigen Zustand und die Zukunftsmöglichkeiten des Ibero-Amerikanischen Instituts in Berlin, Berlin-Lankwitz, den 27.6.1945*. Unveröffentlichtes Manuskript (BA Berlin, Außenstelle Dahlwitz-Hoppegarten, Signatur ZB II 2180, Akte 3: Wiederaufbau des Ibero-Amerikanischen Instituts).

Heine, Heinrich (1988): *Historisch-kritische Gesamtausgabe der Werke*. Bd. 13/I, Hamburg: Hoffmann und Campe.

Infield, Glenn B. (1981): *Skorzeny: Hitler's Commando*. New York: St. Martin's Press.

Lang, Jochen von (1991): *Erich Mielke. Eine deutsche Karriere*. Berlin: Rowohlt.

Liehr, Reinhard (1983): "El fondo Quesada en el Instituto Iberoamericano de Berlín". In: *LARR*, 18, S. 125-133.

Merkatz, Hans Joachim von (o.J. [1977]): *Das Spiel von den zwei Barken. Nach einem portugiesischen Mysterienspiel*. (o.O. [Bonn]): Ostdeutscher Kulturrat.

Mönninger, Michael (1997): "Kulturelles Kapital der Langsamkeit. Ein gigantisches Dokumentationsprojekt über ostdeutsche Landschaften kurz vor ihrem Verschwinden". In: *Berliner Zeitung*, 15. Februar.

Morris, Arno (1958): *Sicherstellung von Gelehrtennachlässen unter besonderer Berücksichtigung solcher Bestände in der ibero-amerikanischen Bibliothek in Berlin*. Diplomarbeit, Köln.

Niekammer's landwirtschaftliche Güter-Adreßbücher (1914), 7, 2, Provinz Brandenburg, Reichenbach, Leipzig, Stettin: Niekammer.

Pommerin, Reiner (1977): *Das Dritte Reich und Lateinamerika. Die deutsche Politik gegenüber Süd- und Mittelamerika 1939-1942*. Düsseldorf: Droste.

Spielhagen, Franz (Pseudon.) (1936): *Spione und Verschwörer in Spanien. Nach offiziellen nationalsozialistischen Dokumenten*. Paris: Éditions du Carrefour.

Steffen, Günter (1997): "Vergessene Landschlösser: Hohenlandin, Schönow, Blumberg". In: Kerbs, Diethart/Schleussner, Sophie (Hrsg.): *Brandenburg: eine Bilddokumentation*. Berlin/Brandenburg: be.bra-Verlag, S. 124-131.

Verzeichniß sämmtlicher [sic] *Ortschaften ... (1885), Provinz Brandenburg mit Angabe des Kreises, des Amtsgerichstbezirks und der Postanstalt durch welche die Bestellung der Postsendungen ausgeführt wird*. Berlin: Reichsdruckerei.

Vollmer, Günter (o.J.): *Das Quesada-Archiv* (Manuskript).

Wer war wer in der DDR (1995): *Ein biographisches Lexikon*. Frankfurt am Main: Fischer Taschenbuch Verlag.

Wolle, Stefan (2001): "Staatsfeind Faschist". In: *Der Spiegel*, 34, 20.8., S. 144-150 (Über den instrumentellen Antifaschismus in der DDR).

ANHANG 1: Inhaltsverzeichnis des MfS-Forschungsvorgangs zum IAI (BStU, MfS FV 8/69)

Ordner-Nr.	Inhalt
1-3	Fotokopien von Archivalien zum IAI und seinen Mitarbeitern aus Archiven der ehemaligen DDR (Signaturen ermittelt über Dokumentations-Zentrum des MdI)
4	Personen: Handakte Faupel, Wilhelm
5	Personen: B – P (Mitarbeiter des IAI vor 1945)
6	Personen: Q – Z (Mitarbeiter des IAI vor 1945)
7-7a	Andere Objekte vor 1945 (zwischenstaatliche Organisationen im deutsch-spanischen und deutsch-lateinamerikanischen Spektrum)
8-8a	Hans-Joachim von Merkatz
9-9a	Mitarbeiter an Ibero-Amerikanischen Instituten vor 1945
10-10a	Mitarbeiter deutsch-iberoamerikanischer Organisationen der Bundesrepublik
11	Hermann Viktor Hübbe
12	Personen aus dem Umfeld des IAI, vor 1945
13	Deutsches Auslandswissenschaftliches Institut, SS-Oberführer Franz Six
14-15	Deutsches Auslandswissenschaftliches Institut
16	Spionage in Spanien
17-17a	Rechercheergebnisse des FV 8/69

ANHANG 2: Die Auslagerungen von Büchern und Teilnachlässen des IAI auf das Gut Hohenlandin. Ermittlungen des Staatssicherheitsdienstes zum Verbleib der ausgelagerten Kisten des Instituts (1969)

Hohenlandin, den 16.9.1969

Befragungsprotokoll des Bürgers *****

Beruf: Brennmeister
seit 1965 Rentner, z.Zt. beschäftigt als Gemeindesekretär beim Rat der Gemeinde Hohenlandin
wohnhaft: Hohenlandin, Kr. Angermünde
PA-Nr. V 0110963

Frage: Seit wann sind Sie in Hohenlandin wohnhaft?

Antwort: Ich wohne in Hohenlandin bereits seit 1929. Seit dieser Zeit bin ich in dieser Gemeinde auch beruflich tätig. Bis 1945 arbeitete ich auf dem damaligen Gut der ***** als Brennmeister. Nach dem Zusammenbruch 1945 habe ich einige Jahre weiter in der Brennerei gearbeitet. Seit 1955 bin ich Angestellter des Rates der Gemeinde Hohenlandin. Auf Grund dieser Umstände bin ich über die wesentlichen Ereignisse in Hohenlandin informiert.

Frage: Welche Besonderheiten stellten Sie im Jahre 1945 im ehemaligen Wohngebäude der ***** fest?

Antwort: Bei den *****, denen das Gut Hohenlandin in einer Erbengemeinschaft gehörte, handelte es sich um vier Geschwister, und zwar waren es zwei Brüder und zwei Schwestern.
Den Wohnsitz in Hohenlandin hatte nur Frau ****, verwaltet wurde das Gut jedoch von ihrem Bruder, *****. Dieser ließ sich etwa nur alle zwei Wochen für kurze Zeit in Hohenlandin sehen. Ob dieser in der Zeit des Faschismus irgendeine besondere Rolle spielte, ist mir nicht bekannt.
Frau ***** selbst bewohnte hier in Hohenlandin das Schloßgebäude. Noch vor dem Zusammenbruch 1945 verzog sie nach Bad Doberan an die Ostsee, von wo aus sie später nach Westdeutschland gegangen sein soll. Bei allen ***** handelte es sich schon 1945 um ältere Menschen, die heute nicht mehr leben.
Als eine Besonderheit aus der Zeit des Zusammenbruchs 1945 ist mir noch in Erinnerung, daß im großen Saal des Schlosses zahlreichen Kisten lagerten.

Frage: Was ist Ihnen über die Herkunft und den Inhalt dieser Kisten bekannt?

Antwort: Ich nehme an, daß diese Kisten einem Ibero-Amerikanischen Institut gehörten. Zu dieser Annahme gelangte ich dadurch, daß ein gewisser von MEERKATZ [sic], der ein Verwandter der ***** ist und in Westdeutschland als Minister tätig war, vor 1945 im Ibero-Amerikanischen Institut eine führende Rolle spielte. Ich kann mich heute nicht mehr erinnern, woher mir das bekannt ist. Ich weiß auch heute nicht, welche konkrete Rolle MEERKATZ in diesem Institut spielte und was das Institut überhaupt bedeutet.

Wie die Kisten auf das Schloß gekommen sind und wann dieses etwa geschah, ist mir nicht bekannt, da ich solche Feststellungen nicht getroffen habe. Ich sah die Kisten erstmals nach Kriegsende 1945, als diese einfach aus dem Fenster des Schlosses geworfen wurden. Die Kisten waren etwa ein[en] Meter lang und ca. 50 Zentimeter breit und hoch. Jede Kiste war mit einer großen schwarzen Nummer versehen. Ich glaube, mich heute daran erinnern zu können, daß ich Zahlen um die 80 sah. Daher schätze ich die Anzahl der Kisten auf etwa 80 Stück.

Beinhaltet haben die Kisten alte englisch- und spanischsprachige Bücher. Ich habe die Bücher selbst gesehen und einige durchgeblättert, so daß ich das mit Sicherheit sagen kann. Meines Wissens handelt es sich nur um Bücher. Aktenstücke habe ich nicht gesehen. Über den Inhalt der Bücher kann ich nichts aussagen, da ich deren Inhalt nicht lesen konnte. Erinnern kann ich mich nur an die Abbildung eines Buches, zu der Maße angegeben waren.

Frage: Wo sind in der Folgezeit diese Bücher verblieben?

Antwort: In Erinnerung ist mir, daß nach dem Durchzug der Front die Sowjetarmee im Schloß ein Lazarett einrichtete. Die Kisten sollen als Unterlage für die Verwundeten gedient haben. Im Sommer 1945, als das Lazarett bereits verlegt war, wurde festgelegt, daß im Schloß Getreide eingelegt werden sollte. Um diese Zeit wurden die Kisten einfach aus dem Fenster geworfen, um Platz zu schaffen. Wer daran beteiligt war, kann ich heute nicht mehr sagen. In den nächsten Tagen und Wochen haben dann die Einwohner von Hohenlandin die Kisten entleert und mit nach Hause genommen. Jeder, der Kisten brauchte, holte sich welche. Die Bücher wurden einfach auf Haufen geworfen. Ich erinnere mich, daß damals vor dem Schloß ein mindestens drei Meter hoher Haufen von Büchern lag. Ich weiß jetzt nicht mehr, ob es noch 1945 oder schon 1946 war, als die Anweisung zum Aufräumen gegeben wurde. Damals wurden die Bücher auf Fuhrwerke geladen und in der Umgebung des Dorfes in Erdbunker und Schützenlöcher, die noch aus dem Durchzug der Front vorhanden waren, geworfen. Wer an diesen Arbeiten beteiligt war, kann ich heute nicht mehr sagen. Da ich damit selbst nicht zu tun hatte, kann ich auch nicht sagen, wo bzw. an welchen Stellen die Bücher verblieben sind. In Hohenlandin wohnen auch noch viele Bürger aus der Zeit vor 1945, die darüber eventuell noch etwas Genaueres wissen. Jedoch ist mir nicht bekannt, wer konkret etwas weiß. Mir ist auch nicht bekannt, ob jemand damals von den Büchern welche mit nach Hause genommen hat. Die Sowjetarmee hat meines Wissens keine Kisten abtransportiert.

Frage: Ist Ihnen bekannt, ob sich nach 1945 jemand für den Verbleib der Bücher interessierte?

Antwort: Mir ist bekannt, daß nach Kriegsende 1945, und zwar im Winter 1945/46 in Hohenlandin eine entsprechende Anfrage erfolgt sein muß. In dieser Zeit war für etwa sechs Monate Georg HASENBANK in Hohenlandin als Bürgermeister eingesetzt. Soweit ich mich heute noch dunkel erinnere, erzählte mir damals HASENBANK, der bereits 1948 oder 1949 verstorben ist, daß jemand nach den Büchern gefragt habe. Ob das persönlich oder brieflich geschah und wer das war, weiß ich nicht. Wie mir damals HASENBANK sagte, habe er damals geantwortet, daß die Bücher weg seien und der Betreffende hätte früher kommen müssen. An weitere Einzelheiten diesbezüglich kann ich mich nicht erinnern. Sollte es sich damals um eine schriftliche Anfrage gehandelt haben und sollte HASENBANK schriftlich Antwort gegeben haben, dann wäre es möglich, daß sich noch ein Durchschlag im Archiv beim Rat des Kreises Angermünde befindet. Vor etwa fünf Jahren hat der Rat der Gemeinde die Akten aus dieser Zeit an das Archiv des Rates des Kreises eingesandt.
Weitere Hinweise kann ich in dieser Sache nicht geben. ...
Ich habe das Befragungsprotokoll selbst gelesen. Es entspricht in allen Teilen den von mir gemachten Aussagen. Meine Worte sind darin richtig wiedergegeben.

gez. ****

Trautenberg, Major.

Quelle: BStU, MfS FV 8/69, Bd. 17: Berichte und Maßnahmen-Komplexe, Bl. 205-217. Bemerkung: Die Namen der Beteiligten wurden mit Ausnahme der Mitarbeiter des MfS und staatlicher Funktionsträger vom BStU geschwärzt.

Oliver Gliech

Bio-bibliographische Grunddaten zu den Referenten und Generalsekretären des IAI, 1929-1945

Zu einzelnen Mitarbeitern des IAI sind biographische Daten bereits in meinen ersten beiden Beiträgen in diesem Band zu finden. Die Beschreibungen der betreffenden Personen enthalten deshalb hier nur ergänzende Angaben und einen Hinweis auf den Beitrag, in dem ausführlicher auf sie eingegangen wird.[1]

Die Liste der Veröffentlichungen der einzelnen Mitarbeiter des Instituts erhebt keinen Anspruch auf Vollständigkeit. Die aufgeführten Titel wurden teilweise nur bibliographisch ermittelt und nicht in jedem Einzelfall überprüft.[2]

Der institutionelle Fortbestand des IAI war in der frühen Nachkriegszeit bedroht. Um den Westalliierten einen Bruch mit der Vergangenheit unter Beweis zu stellen, wurde das Institut 1946 zeitweilig in "Lateinamerikanische Bibliothek" umbenannt.[3] Damit wurden auch die internen Funktionszuweisungen aus der Zeit vor 1945 hinfällig. Erst Anfang der 50er Jahre wurde der Name "Ibero-Amerikanisches Institut" wieder offiziell verwendet. Da die hier vorliegenden biogra-

---

[1] Eine allgemeine Übersicht über die Funktionsbezeichnung der Mitarbeiter des IAI für 1933 befindet sich in: Personeller Aufbau des IAI, ohne Datum (ca. Mai/Juni 1933; GStA, HA I, Rep. 218, Nr. 235, Bl. 6f., vgl. Anhang). Anhand der Vereidigungsnachweise lässt sich im Falle fehlender Personalakten der Beginn des Beschäftigungsverhältnisses nachweisen (GStA, HA I, Rep. 218, Nr. 269, o.Bl.).

[2] Nützlich für die Ermittlung der in der Institutszeitschrift IAA erschienenen Arbeiten der Mitarbeiter des IAI ist Oppel (1980). Grunddaten für die Biographie einzelner Referenten des IAI bietet Liehr (1992). Einen Gesamtüberblick über die im IAI aufbewahrten Nachlässe gibt Wolff (1998). Für den vorliegenden Beitrag danke ich Dr. Günter Vollmer für die Überlassung mehrerer unveröffentlichter Manuskripte zu Biographie und Nachlass einzelner Mitarbeiter des IAI. Die Manuskripte sind im Literaturverzeichnis aufgeführt.

[3] Zu den Umständen der Umbenennung des IAI: H. Hagen an K. Volland, 6.2.1973 (IAI, NL Hagen).

phischen Grunddaten möglichst knapp gehalten sind, wurde darauf verzichtet, auf diese kurzfristigen institutionellen Veränderungen bei jenen Referenten des IAI hinzuweisen, die auch nach dem Zweiten Weltkrieg im Institut gearbeitet haben. Titel, die Mitarbeiter des IAI erst nach 1945 erworben haben, sind in eckige Klammern gesetzt worden. Bei einigen Referenten ist unbekannt, wie lange sie ihre Funktion ausgeübt haben. Dies gilt insbesondere für ehrenamtlich Beschäftigte. Die Jahre, für die ihre Arbeit am IAI nachgewiesen ist, sind in eckige Klammern gesetzt.

Berndt
[1938] Referent des IAI für Chile und Bolivien[4]
Der Rektor der Berliner Volkshochschule arbeitete ehrenamtlich als Referent am IAI, musste aber 1938, weil er "durch Parteidienst stark in Anspruch genommen" war, diese Funktion aufgeben.[5]

Peter Bock
geb. 5.1.1886 (Hauweiler), gest. ?
Studienrat. Länderreferent des IAI für Guatemala, El Salvador, Honduras, Nicaragua, Costa Rica, Panama und Westindien. Ab 1941 Schriftleiter der Zeitschrift "Ibero-Amerikanisches Archiv"
Bock war 1924-1929 "im Auftrage des damaligen Auswärtigen Amtes in den mittelamerikanischen Staaten Salvador und Guatemala als Berater und Organisator bei der Neuordnung des dortigen Lehrerbildungswesens tätig."[6] Als Experte für Bildungswesen oblag ihm im IAI unter anderem die Bearbeitung von Angelegenheiten des Schul- und Erziehungswesens lateinamerikanischer Staaten.[7] In der Zeit des Militärdienstes des Generalsekretärs von Merkatz vertrat ihn Bock als dienstältester Beamter in einigen seiner Funktionen (zum Beispiel der des Generalsekretärs der Deutsch-Ibero-Amerikanischen Gesellschaft).[8] Er war nach bisherigem Kenntnisstand nicht Mitglied der

---

[4]   Merkatz an RPMW, 27.8.1938 (GStA, HA I, Rep. 151 IC, Nr. 7109, zitiert nach BStU, MfS FV 8/69, Ordn. 8, Bl. 109).

[5]   Ibid.

[6]   Auskunftsbericht über die Entwicklung, Hauptaufgaben und Arbeitsweise ibero-amerikanischer Institutionen im faschistischen Deutschland, ohne Verfasser, Januar 1970 (BStU, MfS FV 8/69, Ordn. 17, Bl. 93).

[7]   Ibid.

[8]   [RSHA] Amt VI A 4 (SD) an [RSHA] Gruppe VI E, 28.3.1940 (BA Berlin, Außenstelle Dahlwitz-Hoppegarten: ZB 7702 Bd. I, Kopie in: BStU, MfS FV 8/69, Bd. 2, Bl. 165).

NSDAP.[9] Nach dem Kriegsende 1945 war Bock zeitweilig kommissarischer Leiter des IAI.[10]

Nachlass: Verbleib unbekannt.

Archivalien: Nachweislich zerstörte Unterlagen: Die gesamten Personalvorgänge über Studienrat Bock beim RPMW sind 1943 oder 1944 verbrannt.[11] BStU, MfS FV 8/69, Ordn. 5, IAI, Personen, Bl. 24-60. GStA, HA I, Rep. 151 IC, Nr. 7109, passim. GStA, HA I, Rep. 218: Akten der Referate für die oben genannten Länder; Bundesarchiv Koblenz (1960); Geheimes Staatsarchiv PK (1985).

Veröffentlichungen und Manuskripte Bocks:

"Sammlung deutscher Werke in spanischer, portugiesischer und katalanischer Sprache". In: *IAA*, 4, S. 558, 1930/31.

"Das 'Instituto Hispano-Cubano de Historia de América' in Sevilla". In: *IAA*, 5, S. 89-91, 1931/32.

"Landívar, der Dichter der 'Rusticatio Mexicana' (1731-1793)". In: *IAA*, 6, S. 94-95, 1932/33a.

"Zur Außenpolitik der Vereinigten Staaten im westindischen Mittelmeergebiet". In: *IAA*, 6, S. 299-301, 1932/33b.

"Die Entscheidung im Grenzstreit zwischen Guatemala und Honduras". In: *IAA*, 7, S. 60, 1933/34a.

"Grundfragen des Bildungs- und Unterrichtswesens in Mittelamerika". In: *IAA*, 7, S. 377-390, 1933/34b.

"Das spanisch-portugiesische Kulturgebiet an den deutschen Hochschulen im Wintersemester 1934-35". In: *IAA*, 8, S. 371-375, 1934/35.

"Die Errichtung der Landesuniversität in Panamá im Herbst 1935". In: *IAA*, 10, S. 88-89, 1936/37.

zusammen mit Karl H. Panhorst: "Aus dem Arbeitsgebiet des Ibero-Amerikanischen Instituts und der Deutsch-Ibero-Amerikanischen Gesellschaft". In: *IAA*, 11, S. 124-126, 245-247, 392-394, 513-514, 1937/38.

"Aus dem Arbeitsgebiet des Ibero-Amerikanischen Instituts und der Deutsch-Ibero-Amerikanischen Gesellschaft". In: *IAA*, 12, S. 97f., 272-274, 420-422, 488-490, 1938/39.

"Aus dem Tätigkeitsbericht des Ibero-Amerikanischen Instituts Berlin". In: *IAA*, 15, S. 81-83, 1941/42.

Hagen/Bock (1945).

---

[9] Anlage zur Inventaraufnahme des IAI, 6.6.1945 (BA Berlin, Außenstelle Dahlwitz-Hoppegarten: ZB II 2180 A 3, Kopie in: BStU, MfS FV 8/69, Bd. 2, Bl. 11).

[10] Aufstellung über die im Ibero-Amerikanischen Institut beschäftigten Personen (1945; BA Berlin, Außenstelle Dahlwitz-Hoppegarten: ZB II 2180 A 3, Kopie in: BStU, MfS FV 8/69, Bd. 8, Bl. 17).

[11] Dahnke (RPMW) an Faupel, 22.4.1944: "Zum Bericht vom 12. Oktober 1943, betreffend Unterlagen für den Staatshaushalt 1944" (GStA, HA I, Rep. 218, Nr. 266/1, Personalakte Dr. Hans-Joachim von Merkatz, o.Bl.).

Dr. Otto Boelitz

geb. 18.4.1876 (Wesel), gest. 29.12.1951 (Düsseldorf)

1929/30 – März 1934 Direktor des IAI

Ergänzende biographische Angaben:[12] 1945 war Boelitz einer der Gründer der westfälischen CDU sowie der Zeitung *Westfalenpost.*

Literatur:[13] Archiv für publizistische Arbeit (Intern. Biogr. Archiv) (1934): Otto Boelitz, 6.9, *Reichshandbuch der Deutschen Gesellschaft,* I: 165.

Döhn (1970); Kaupp (o.J./1925); Möller (1985).

Archivalien: BStU, MfS FV 8/69, Ordn. 5, IAI, Personen, Bl. 68-79. GStA, HA I, Rep. 218, Nr. 398 sowie Akten des Direktorialsekretariats des IAI bis 1934; Bundesarchiv Koblenz (1960); Geheimes Staatsarchiv PK (1985).

Nachlass: Boelitz' Nachlass wurde im Zweiten Weltkrieg zerstört (Mommsen 1971, I: 56).

Veröffentlichungen:

Kausalität und Notwendigkeit in Émile Boutroux' Lehre von der Kontingenz. Ein Beitrag zur Geschichte der Neuesten Französischen Philosophie. Leipzig: Quelle & Meyer, 1907.

Die Lehre vom Zufall bei Émile Boutroux. Ein Beitrag zur Geschichte der neuesten französischen Philosophie. Leipzig: Quelle & Meyer, 1907.

Schillers Gedichte. 3 (?) Teile, Leipzig: Bredt, 1910/11.

Die Kulturpolitik im Programm der Deutschen Volkspartei. Berlin: Staatspolitischer Verlag, 1919.

Preußens Zerstückelung – Deutschlands Untergang. 2. Aufl., Berlin: Staatspolitischer Verlag, 1919.

Preußen und der Einheitsstaat. Berlin: Staatspolitischer Verlag, 1920.

"Der nationale und kulturelle Beruf Preußens. Rede in Potsdam 1921". In: *Nationalliberale Korrespondenz,* 7, 1921.

Abbau oder Aufbau unseres Bildungswesens? Leipzig: Quelle & Meyer, 1924.

Der Aufbau des preußischen Bildungswesens nach der Staatsumwälzung. Leipzig: Quelle & Meyer, 1925.

Die Bewegungen im deutschen Bildungsleben und die deutsche Bildungseinheit. Leipzig: Quelle & Meyer, 1926.

Der Charakter der höheren Schule. Vortrag. Leipzig: Quelle & Meyer, 1926.

Das Grenz- und Auslandsdeutschtum. Seine Geschichte und seine Bedeutung. München/Berlin: Oldenbourg, 1926.

zusammen mit Franz Schmidt (Hrsg.): *Aus deutscher Bildungsarbeit im Auslande. Erlebnisse und Erfahrungen in Selbstzeugnissen aus aller Welt.* 2 Bde., Langensalza: Beltz, 1927-28.

---

[12] Vgl. die Daten im Beitrag von O. Gliech über "Lateinamerikanische 'Multiplikatoren' im Visier" in diesem Band.

[13] Vgl. auch die Literaturangaben zu Boelitz im Beitrag von O. Gliech über "Lateinamerikanische 'Multiplikatoren' im Visier" in diesem Band.

"La instrucción pública alemana después de la guerra. Conferencia". In: *Revista de la Universidad de Buenos Aires*, 2. Serie, Sektion 6, Bd. 3, 1928.

zusammen mit Hermann Südhof (Hrsg.): *Die deutsche Auslandschule. Beiträge zur Erkenntnis ihres Wesens und ihrer Aufgaben.* Berlin: Beltz, 1929.

"Aufbau und Ziele des Ibero-Amerikanischen Instituts in Berlin". In: *IAA*, 4, S. 6-10, 1930/31.

Das Auslandsdeutschtum. Bielefeld/Leipzig: Velhagen & Klasing, 1931.

Grundsätzliches zur Kulturlage der Gegenwart. Berlin: Staatspolitischer Verlag, 1931.

"El actual intercambio cultural entre Ibero-América y Alemania". In: Wilhelm Faupel, Adolf Grabowsky, M. Cruchaga Ossa, Karl H. Panhorst und Baron Werner von Rheinbaben (1933): *Ibero-América y Alemania.* Berlin: Carl Heymann, 1933, S. 165-170.

Erziehung und Schule im christlich-demokratischen Staat. Recklinghausen: Bitter & Co., 1946.

Dr. rer. pol. Edith Faupel, geb. Fleischauer[14]

geb. 10.8.1890 (Magdeburg), gest. 1.5.1945 (?) (Berlin oder Potsdam-Babelsberg?)

1931-1936, 1938-1945 Referentin des IAI für die Länder Peru, Bolivien; [ab 1933 (?)] Ecuador; [1936] zeitweilig Referentin für Argentinien;[15] Leiterin des Sachreferats Betreuung

Edith Faupel stammte wie ihr Ehemann aus einer bildungsbürgerlichen Familie.[16] Sie muss Wilhelm Faupel während seiner Garnisonszeit in Magdeburg kennen gelernt haben. Die Heirat beider fand 1909 statt.[17]

In den verfügbaren Quellen trat sie erst während des Peru-Aufenthalts ihres Mannes 1926-1930 in Erscheinung. Da sie nach dessen Angaben insgesamt zwölf Jahre in Lateinamerika verbracht hat, darf angenommen werden,

---

14   Der Titelzusatz "rer. pol." ist nachgewiesen in: H. Hagen an K. Volland, 6.2.1973 (IAI, NL Hagen). Offizieller Titel laut Boelitz: "Doctora en ciencias políticas y económicas der Universität Lima" (Boelitz an PrMW, 18.2.1932, GStA, HA I, Rep. 218, Nr. 235, Bl. 212).

15   Edith Faupel unterschrieb in diesem Jahr Briefe unter anderem mit "Jefe de la Sección Argentina [del IAI]" (GStA, HA I, Rep. 218, Nr. 4, Bl. 5 et passim).

16   Ihr Vater Max René Gustav Fleischauer war Justizrat, Rechtsanwalt und Notar (*Biographisches Handbuch des deutschen Auswärtigen Dienstes*, 2000: 544). Knappe biographische Grunddaten zu Edith Faupel finden sich unter anderem in: *Nazi Party Membership Records* (1946, III: 657, Länderliste Spanien, Supplementary List 2); BA Berlin, ehem. BDC, Mitgliederkartei der NSDAP; Eintrag für Edith Faupel in BStU, MfS FV 8/69, Ordn. 5, IAI, Personen Bl. 114-140.

17   Genaues Datum der Heirat: 6.11.1909 (*Biographisches Handbuch des deutschen Auswärtigen Dienstes*, 2000: 544).

dass sie ihn bei sämtlichen Südamerika-Aufenthalten begleitet hat.[18] Edith Faupel absolvierte an "mehreren südamerikanischen Universitäten" ein Studium[19] und verfasste in Lima 1929 eine Dissertation über das "Ökonomische Scheitern des Bolschewismus" (Faupel 1929). Diese nur 39 Seiten zählende Arbeit stellte keine tiefergehende Analyse kommunistischer Wirtschaftssysteme dar, auch wurde in der Folgezeit wiederholt sichtbar, dass Edith Faupel nur über geringe ökonomische Grundkenntnisse verfügte.[20] Ihre Stärken lagen nicht in der wissenschaftlichen, sondern in der organisatorischen Arbeit und dem Aufbau tragfähiger sozialer Beziehungen. Offenbar nutzte sie ihre Zeit in Argentinien, Bolivien und Peru dafür, die Bekanntschaft möglichst vieler Exponenten der Eliten zu machen, wobei ihr die berufliche Stellung ihres Ehegatten von Nutzen gewesen sein dürfte.[21] Bereits kurze Zeit nach der gemeinsamen Rückkehr aus Peru trat sie aus dem Schatten des Generals. Seit dem 1.4.1931 arbeitete sie ehrenamtlich im IAI als Referentin für die "bolivarianischen" Andenländer. Bis 1933 scheint sie diese Funktion ohne klare Kompetenzabgrenzung gemeinsam mit Major von Issendorff ausgeübt zu haben.[22] Anschließend leitete sie diese Länderreferate bis Kriegsende, sieht man von einer etwa anderthalb Jahre währenden Unterbrechung ab, in der sie ihren Mann bei dessen Spanienmission begleitete.

Als Wilhelm Faupel 1934 die Führung des IAI übernahm, fiel ihr ein beträchtlicher Teil der sozialen Betreuungsarbeit unterhalb der Präsidialebene zu. Edith Faupel, die kinderlos blieb, nahm sich vor allem der jüngeren La-

---

[18] Faupel an RPMW, 24.7.1936 (GStA, HA I, Rep. 151 IC, Nr. 7109, zitiert nach BStU, MfS FV 8/69, Bd. 1, Bl. 147).

[19] Zu ihren Lehrern gehörte der peruanische Historiker Basadre. Handschriftliche Widmung des Autors in: Basadre (1968), Bd. I (Exemplar im IAI).

[20] Charakteristisch war z.B. die von Dr. Faupel an das Institut für Weltwirtschaft in Kiel gerichtete Bitte, "Zeitschriften und Bücher namhaft zu machen, die sich mit wirtschaftlichen, finanziellen Fragen oder solchen der Buchhaltung beschäftigen", worauf das Institut konsterniert mit folgenden Worten reagierte: "Ihr gefälliges Schreiben ... ist nicht leicht zu beantworten. [...] Was sollen wir darunter verstehen? Mit diesen Fragen beschäftigen sich 100.000 Bände unserer Bibliothek [...]"! (Antwortschreiben des Instituts für Weltwirtschaft, Kiel, an E. Faupel, 13.12.1933, GStA, HA I, Rep. 218, Nr. 95, Bl. 149).

[21] Laut Boelitz verfügte sie über "beste Verbindung mit den intellektuellen Kreisen [von Bolivien und Peru]", Boelitz an PrMW, 18.2.1932 (GStA, HA I, Rep. 218, Nr. 235, Bl. 212).

[22] Boelitz an PrMW, 18.2.1932 (GStA, HA I, Rep. 218, Nr. 235, Bl. 212), Personeller Aufbau des IAI, ohne Datum, ca. Mai/Juni 1933 (GStA, HA I, Rep. 218, Nr. 235, Bl. 6f.). Dort wie an anderen Stellen ist belegt, dass sie unbesoldet und nur gegen eine Aufwandsentschädigung gearbeitet hat (Panhorst an Hans Gildemeister (Peru), 27.4.1931, GStA, HA I 218, Nr. 739, o.Bl.). Die Kontakte Edith Faupels zum IAI reichen bis 1929, also bis in die Zeit vor seiner offiziellen Eröffnung zurück. Das IAI gratulierte ihr im Oktober des Jahres in einem Brief nach Lima zur bestandenen Promotionsprüfung (AA an IAI 28.10.1929, GStA, HA I, Rep. 218, Nr. 211, Bl. 329).

teinamerikaner an, die in Deutschland ein Studium absolvierten. Die Übernahme von Mutterfunktionen gegenüber diesem Teil der lateinamerikanischen "Gemeinde" wurde von den Betreffenden dankbar in Anspruch genommen. Edith Faupel gewann durch ihre verbindlichen, formlos-persönlichen
Integrationsversuche Einblick in die persönlichen Verhältnisse der Betreffenden.[23] Das IAI zögerte nicht, solche Interna an interessierte Stellen des "Dritten Reiches", weiterzuleiten. Für den Informationsaustausch des IAI mit der
Gestapo war sie eine der Anlaufstellen. Das IAI leitete sein Wissen über in
Deutschland ansässige Lateinamerikaner an die Geheimpolizei weiter, als
diese nach geeigneten Personen suchte, die im Zuge von Repressalien gegen
lateinamerikanische Staaten festgenommen werden könnten. Im Gegenzug
übermittelte die Gestapo auf Anfrage erstaunlich formlos eigene Informationen über Lateinamerikaner an Edith Faupel.[24] Die etwas chaotisch anmutende
Aktenführung der Referentin des IAI, in der sich Privatkorrespondenz mit
dem Schriftverkehr des Instituts vermischte, macht es schwer, sich schnell in
den von ihr überlieferten Aufzeichnungen zu orientieren.

Der gemeinsame Selbstmord des "Generalsehepaars" Anfang Mai 1945
ist nicht sicher belegt, kann aber als wahrscheinlich gelten.[25]

Nachlass: Von der Existenz eines Nachlasses Edith Faupels ist nichts bekannt.
Ein beträchtlicher Teil ihrer Privatkorrespondenz 1934-1944/45 scheint aber
in den Akten der von ihr geleiteten Länderreferate überdauert zu haben.

Archivalien: BStU, MfS FV 8/69, Ordn. 5, IAI, Personen, Bl. 114-140 (eher un-
bedeutendes Material). IAI, Dok, Personalakte Edith Faupel. GStA, HA I,
Rep. 218: Akten der Referate für die oben genannten Länder; Bundesarchiv
Koblenz (1960), Geheimes Staatsarchiv PK (1985).

Veröffentlichungen E. Faupels:
*Causas del fracaso económico del bolchevismo. Tesis para optar el grado
de Doctor en Ciencias Políticas y Económicas*, Lima, 1929.
"Zur Indianerfrage". In: *IAA*, 7, S. 118-126, 1933/34.
"Angélica Palma zum Gedächtnis (1883-1935)". In: *IAA*, 9, S. 199, 1936.
zusammen mit Karl H. Panhorst: "Ein Beitrag zur Würdigung von Otto Philipp Braun, Großmarschall von Montenegro". In: *IAA, 9*, S. 243-256,
1936.

---

[23] Der Beitrag von Silke Nagel in diesem Band geht darauf genauer ein.
[24] Ebel (1971: 409); Dr. Faupel an Akademische Auslandsstelle, betr. Ergebnisse
      ihrer Anfrage über Pérez Delgado 16.7.1940 (GStA, HA I, Rep. 218, Nr. 260,
      Bl. 13).
[25] Vgl. den Beitrag von O. Gliech über Wilhelm Faupel in diesem Band (Kapitel 7).

Prof. Dr. h.c. Karl Fiebrig

geb. 25.05.1869 (Hamburg), gest. 25.10.1951 (Tucumán)[26]

1936-1943/45 Leiter des Länderreferats Argentinien, Uruguay und Paraguay sowie Fachreferent für Biologie am IAI. Zeitweilig Länderreferent für Kolumbien und Venezuela[27]

Als Prof. Karl Fiebrig Ende 1935 in Asunción (Paraguay) bei der dortigen deutschen Gesandtschaft um Unterstützung seines Anstellungsgesuchs beim IAI nachsuchte, hatte er die Pensionsgrenze bereits überschritten. Zuvor hatte der Biologe und Agronom 37 Jahre in verschiedenen Ländern Lateinamerikas verbracht, darunter in Argentinien, Bolivien, Brasilien und Zentralamerika.[28] 26 Jahre davon hatte er in Paraguay als Botaniker und Hochschullehrer gearbeitet. Beispielsweise war er Professor für Botanik und Biologie an der Universität von Asunción.

Fiebrig wurde 1869 in Hamburg in eine Kaufmannsfamilie geboren, verbrachte seine Schulzeit allerdings in Brandenburg. Er entwickelte früh Interesse für Naturwissenschaften und Landwirtschaft. Wegen einer Tuberkulose-Erkrankung konnte er weder das Gymnasium noch sein in Berlin absolviertes Universitätsstudium abschließen. Seine umfassende Bildung eignete er sich im Wesentlichen autodidaktisch an. Da ihm ein Klimawechsel aus gesundheitlichen Gründen nahegelegt wurde, unternahm er mehrere Forschungsreisen nach Lateinamerika, wo er sich schließlich dauerhaft niederließ (Dittmann 1994: 1491f.).

1914 war er an der Gründung des Botanischen Gartens in Asunción beteiligt, dem er später ein "naturwissenschaftliches Museum, eine landwirtschaftliche Versuchsstation und ein botanisch-genetisches Institut" angliederte.[29] Zudem wurde ihm die Leitung der "Dirección de Agricultura" anvertraut, die laut Faupel zu den Vorläufern des paraguayischen Landwirtschaftsministeriums zu rechnen ist.[30] Fiebrigs Fachkenntnisse waren breit und umfassten die Flora Südamerikas ebenso wie die tropische Landwirtschaft, Waldbau, Schädlings- und Insektenkunde. Er korrespondierte mit zahlreichen ausländischen Forschungseinrichtungen und bestückte ihre Sammlungen mit eigenen Pflanzenfunden (Dittmann 1994: 1494). Politisch scheint er sich nicht exponiert zu haben.

---

[26] Die wesentlichen biographischen Grunddaten hat Dittmann (1994) ermittelt.

[27] Merkatz an RPMW, 27.8.1938 (GStA, HA I, Rep. 151 IC, Nr. 7109, zitiert in: BStU: FV 8/69, Ordn. 8, Bl. 108).

[28] v. Me[rkatz] an Fiebrig, 26.9.1939 (BA Potsdam, Film 59558, S 24, o.Bl.).

[29] Faupel an RPMW, 1.10.1936 (GStA, HA I, Rep. 151 IC, Nr. 7109, zitiert nach BStU, MfS FV 8/69, Bd. 1, Bl. 150). Faupel nennt als Gründungsdatum für den Botanischen Garten das Jahr 1912, doch beruht diese Datierung laut Dittmann (1994: 1493) auf einem Irrtum.

[30] GStA, HA I, Rep. 151 IC, Nr. 7109, zitiert nach BStU, MfS FV 8/69, Bd. 1, Bl. 150.

Aufgrund des Chaco-Krieges und der damit einhergehenden politischen und wirtschaftlichen Erschütterungen beschloss Fiebrig 1935, Paraguay zu verlassen. Da er zeitlebens in Lateinamerika gearbeitet hatte, konnte er in Deutschland nicht mit einer Rente rechnen. Faupel, der Fiebrig bereits von seinen eigenen Paraguay-Reisen der Jahre 1921 und 1925 kannte, scheint sich vorrangig aus einem paternalistischen Impetus heraus für den Professor eingesetzt zu haben. Zum einen sollte Fiebrig dem IAI mit seinen Landeskenntnissen zur Verfügung stehen, zum anderen sollte ihm und seiner Familie ein Absturz in die Armut erspart bleiben, denn der paraguayische Staat zahlte ihm für seine langjährige Arbeit an der Universität keinerlei Ruhegehalt.[31] Faupel verschaffte ihm also einen Referentenposten, den Fiebrig am 1.10.1936 antrat. Er war fortan für die Länder Argentinien, Uruguay und Paraguay verantwortlich. 1943 ließ sich Fiebrig dauerhaft beurlauben und zog sich zu Forschungsarbeiten nach Herrsching bei München zurück. Es ist unklar, ob er vor Kriegsende seine Arbeit als Referent am IAI noch einmal aufgenommen hat.[32] Nach 1945 wanderte er erneut nach Lateinamerika aus und wurde als Botaniker Mitarbeiter des Instituto Lillo (Tucumán/Argentinien).[33]

Fiebrigs erste Ehe mit Anna Gertz (1866-1920) blieb kinderlos. In zweiter Ehe war er mit Ingeburg Fick verheiratet (1893-1976), mit der er vier Kinder hatte.

Literatur: Dittmann (1994); Vollmer (1998).

Nachlass: Ein Teil des Nachlasses Fiebrigs befindet sich im IAI (Vollmer 1998; Wolff 1998: 45f.).

Archivalien: BStU, MfS FV 8/69, Ordn. 5, IAI, Personen, Bl. 141-165 (Karl Fiebrig). DZA Potsdam: Film 59558, S 24.[34] GStA, HA I, Rep. 218 (Akten der Referate für die oben genannten Länder; Bundesarchiv Koblenz (1960); Geheimes Staatsarchiv PK (1985). IAI, Dok, Personalakte Karl Fiebrig.

Veröffentlichungen: Fiebrigs zahlreiche Veröffentlichungen betreffen überwiegend naturwissenschaftliche Fragen. Eine Liste seiner Schriften bieten Dittmann (1994) und Oppel (1980: 11).

---

[31] GStA, HA I, Rep. 151 IC, Nr. 7109, zitiert nach BStU, MfS FV 8/69, Bd. 1, Bl. 151f.; Trendelenburg, Oberrechnungskammer, an RPMW, 23.11.1938 (GStA, HA I, Rep. 151 IC, Nr. 7109); PrFM, Akte IAI 1928-1945, zitiert nach BStU, MfS FV 8/69, Bd. 1, Bl. 320.

[32] Faupel an Fiebrig, Herrsching bei München, 29.4.1943 (GStA, HA I, Rep. 218, Nr. 192, Bl. 33). Den Hinweis verdanke ich G. Vollmer.

[33] Meding (1992: 212). Die personenbezogenen MfS-Ermittlungen brachten zu Fiebrig nur den Beleg mehrerer Besuche bei den I.G. Farben, deren Zweck unklar bleibt (DZA Potsdam, IG-Farben A 106 und A 2030, zitiert nach BStU, MfS FV 8/69, Ordn. 5, Bl. 154-164).

[34] Der Verbleib der vom ehemaligen DZA Potsdam aufbewahrten Filme von Archivalien war zum Zeitpunkt der Veröffentlichung nicht restlos geklärt (vgl. den Beitrag von O. Gliech über Wilhelm Faupel in diesem Band, Kapitel 1).

Dr. Hermann B. Hagen

geb. 25.1.1889 (Heidelberg), gest. 9.4.1976 (Berlin)
1929/30-1945/1951 Leiter des Länderreferats Mexiko und der Bibliothek des IAI.
1951-1957 Direktor des IAI[35]

Bibliotheksrat Dr. Hermann Hagen war ausgebildeter Geograph, doch war er von der Neigung her eher Bibliothekar. Nach einem Studium in Göttingen, Jena, Kiel, Berlin und München (1907-1914) promovierte er in Kiel. Nach dem Ersten Weltkrieg wirkte Hagen als Privatdozent in Marburg (Vollmer 1997: 4). Anlässlich eines Deutschlandbesuchs des mexikanischen Präsidenten Plutarco Elías Calles (1924) erhielt er eine Einladung nach Mexiko. Hagens Aufenthalt in diesem Land dauerte von Januar 1926 bis Juni 1927 und diente vor allem dem Erwerb von Büchern. Mit der Unterstützung des mexikanischen Präsidenten besuchte er die größeren Bibliotheken des Landes und bat sie um Abgabe von Dubletten. Seine Initiativen waren außerordentlich erfolgreich. Bis zu seiner Abreise hatte er 25.000 Bücher gesammelt, die den Beständen des später gegründeten IAI einverleibt wurden. Ein ausführliches Tagebuch und seine Fotografien sind erhalten geblieben und gelten als wertvolle historische Dokumente (Vollmer 1997: 2f.).

Nach seiner Rückkehr trat Hagen eine Stelle an der Preußischen Staatsbibliothek (Berlin) an, doch wurde er nach der Gründung des IAI 1931 für eine Tätigkeit als Referent des Instituts und Leiter seiner Bibliothek offiziell dauerhaft beurlaubt, ein Rechtszustand, der bis 1940 andauerte.[36]

Hagen hat sich, soweit die Quellenlage ein Urteil zulässt, in der Zeit des "Dritten Reiches" politisch nicht exponiert. Nach Einschätzung Vollmers war er dem konservativen, aber republiktreuen Teil des Weimarer Bürgertums zuzurechnen (Vollmer 1997: 3). Er gehörte zu jenen, die sich bemühten, in der Zeit der Diktatur bildungsbürgerliche Traditionen zu bewahren. Dass es der Bibliothek des Instituts gelang, ihre Bestände seit 1929/30 trotz begrenzter Mittel in erheblichem Umfange zu erweitern und ihr damit früh die führende Stellung in Europa zu sichern, die sie bis heute behaupten konnte, war wesentlich seiner jahrelangen, beharrlichen Arbeit zu verdanken. Diese zielte darauf ab, ein breites internationales Beziehungsgeflecht zu Verlagen, Bibliotheken und Autoren aufzubauen, die dem IAI oftmals unentgeltlich Bücher zur Verfügung stellten. Er blieb bei Kriegsende im Institut und war auch bei den Untersuchungen der Alliierten zur politischen Rolle des IAI zusammen mit Peter Bock der ranghöchste anwesende Vertreter des Instituts. Im Gegensatz zum ehemaligen Generalsekretär von Merkatz, der nach seinem "Urlaub" im April 1945 nicht in seine Stellung nach Berlin zurückkehrte und das Institut und seine Mitarbeiter ihrem Schicksal überließ, übernahm Hagen zusammen mit den verbliebenen Referenten die schwierige Aufgabe, das

---

[35] Zu den Eckdaten seiner Tätigkeit am IAI: Brief H. Hagen an K. Volland, 6.2.1973 (IAI, NL Hagen) sowie Vollmer (1997).

[36] Verhandlungsschrift über die Sitzung des Kuratoriums des IAI, 5.11.1932 (GStA, HA I, Rep. 218, Nr. 235, Bl. 140).

Überleben des IAI und seiner Bibliothek in der Nachkriegszeit zu sichern. 1951-1957 leitete er das Institut als Direktor.[37]

Literatur: Haupt (1955); Dittmann (1992: 45-49); Vollmer (1997).

Nachlass: Der Nachlass Hagens wird vom IAI aufbewahrt (Vollmer 1997; Wolff 1998: 29).

Archivalien: BStU, MfS FV 8/69, Ordn. 5, IAI, Personen, Bl. 173-192 (Dr. Hermann Hagen). GStA, HA I, Rep. 218, Nr. 434, Nr. 553, Nr. 651 (Private Mexiko-Korrespondenz H. Hagens). GStA, HA I, Rep. 218 (Akten des Mexiko-Referats). Bundesarchiv Koblenz (1960); Geheimes Staatsarchiv PK (1985).

Veröffentlichungen und Manuskripte:

Dittmann (1992: 46-48)

"Das 'Archivo Histórico Diplomático Mexicano'". In: *IAA*, 4, S. 234-247, 1930/31a.

"Die Mexiko-Bücherei". In: *IAA*, 4, S. 19-29, 1930/31b.

zusammen mit Hedda Oehlke: "Bibliographie der Schriften Ernesto Quesadas (1877-1933)". In: *IAA*, 7, S. 207-237, 1933.

zusammen mit Hedda Oehlke: "Bibliographie der Schriften Ernesto Quesadas (1877-1933), Nachtrag". In: *IAA*, 8, S. 90, 1934/35.

Hagen/Bock (1945).

"Die Schöne Literatur Lateinamerikas in deutscher Übersetzung". In: *Übersee-Rundschau*, S. 20-21, 1952.

Major a.D. Walter von Issendorff

geb. 13.10.1887 (Frankfurt a. M.), gest. ?

1930-1933 Referent des IAI für die Länder Ecuador, Kolumbien, Venezuela (andere Angabe: Referent für die "Bolívar-Länder"), Referent für Militärpolitik und Militärgeschichte

Rittmeister von Issendorff war Berufssoldat.[38] Nach seiner Teilnahme am Ersten Weltkrieg hatte er als Freikorpsoffizier eine Maschinengewehrabteilung geleitet und war anschließend in die Reichswehr übernommen worden, der er bis 1925 angehörte (Reiterregiment 13, später als Lehrer an der Kavallerieschule). Von Faupel angeworben, arbeitete er in dessen engerem Umfeld als Militärinstruktor in Argentinien (1925-1927, Lehrer für Kavallerie und Maschinengewehr-Dienst) und danach in Peru (1927-1929).[39]

---

37 Hagen an Volland, 6.2.1973 (IAI, NL Hagen); Haupt (1955: 59f.).

38 Seine Eltern waren Rittmeister Franz von Issendorff und Helene I., geb. von Schüssler. Seit Juli 1920 war er verheiratet mit Theda von Frese (Lebenslauf Issendorffs, GStA, HA I, Rep. 218, Nr. 739, o.Bl.).

39 Lebenslauf Issendorffs (GStA, HA I, Rep. 218, Nr. 739, o.Bl.); Deutsche Gesandtschaft Argentinien an AA 22.12.1927 (PAAA III Po 13 Mil. Arg. Bd. 1); Memorandum Issendorffs an AA, o.D. [Frühjahr 1927] (PAAA III Po 13 Mil

Die Referentenstelle am Institut erhielt von Issendorff durch die Fürsprache des in Peru ansässigen Deutschen Hans Gildemeister, der zu den Förderern des IAI gehörte und anfangs auch die Stelle des Rittmeisters finanzierte.
Das Sponsoring diente der "Einrichtung eines Archivs über die Beteiligung
deutscher Kräfte an der Entwicklung des Heereswesens und der Marine der
süd- und mittelamerikanischen Länder [...] Es wurde [in einer Vereinbarung
des IAI mit dem Sponsor] hervorgehoben, dass das Ganze eine historisch-
wissenschaftliche Arbeit sei, die zunächst ausschließlich archivalischen Charakter trage und nicht veröffentlicht würde".[40] Die Ergebnisse dieser speziellen Arbeit, deren Vorarbeiten 1931 abgeschlossen waren, scheinen nicht
überliefert zu sein.[41] Als Referent war von Issendorff für die oben genannten
Länder zuständig. Er scheint diese Funktion ohne klare Kompetenzabgrenzung zusammen mit Dr. Edith Faupel ausgeübt zu haben.[42] Daneben fielen
ihm allgemein "militärwissenschaftliche" Aufgaben zu. Von Issendorff erhielt keine feste Planstelle (offiziell war er "wissenschaftlicher Hilfsarbeiter")
und arbeitete bereits seit Mai 1931 aufgrund der schwierigen Haushaltslage
nur noch "aushilfsweise" auf der Basis monatlich verlängerter Verträge. Da
für ihn keine dauerhafte Anstellung bei der Reichswehr zu finden war, hatte
die Referentenstelle am IAI offenkundig den Zweck, einen ehemaligen Militärberater in Lateinamerika nach seiner Rückkehr finanziell abzusichern.[43] Er
verschaffte sich durch Kompetenz schnell die Anerkennung der anderen
Mitarbeiter des Instituts. Zusammen mit Studienrat Bock baute von Issendorff im IAI eine Dauerausstellung auf, "die neben ethnographischem, mine-
ralogischem und zoologischem Material aus Peru besonders die landwirtschaftlichen und teilweise industriellen Erzeugnisse der Länder Mexiko, Peru
und Venezuela umfaßt".[44]

Am 13.5.1933 wurde von Issendorffs Arbeitsvertrag mit dem IAI auf
seinen Wunsch hin gekündigt, da er eine dauerhafte Anstellung beim Vetera-
nenverband "Stahlhelm" gefunden hatte.[45] Ohne Zweifel gehörte er zu den
Vertrauensleuten Wilhelm Faupels. Drei Jahre nach seinem Ausscheiden aus
dem IAI forderte der General a.D., inzwischen deutscher Geschäftsträger bei

---

Arg. Bd. 1). Rinke (1996, II: 583, 649-652). Vgl. auch den Beitrag von O. Gliech
über Wilhelm Faupel in diesem Band, Kapitel 3.

[40]   Gildemeister an Boelitz, 31.7.1930 (GStA, HA I, Rep. 218, Nr. 739, o.Bl.); Notiz
       Panhorsts als Anlage dieses Schreibens, sowie Panhorst an Hans Gildemeister
       (Peru), 27.4.1931 (GStA, HA I, Rep. 218, Nr. 739, o.Bl.).

[41]   Boelitz an Hans Gildemeister (Peru), 2.4.1931 (GStA, HA I, Rep. 218, Nr. 739,
       o.Bl.).

[42]   Personeller Aufbau des IAI, ohne Datum (ca. Mai/Juni 1933) (GStA, HA I, Rep.
       218, Nr. 235, Bl. 6f.); Panhorst an Hans Gildemeister (Peru), 27.4.1931 (GStA,
       HA I, Rep. 218, Nr. 739, o.Bl.).

[43]   Notiz von Panhorst, 27.5.1930 (GStA, HA I, Rep. 218, Nr. 739, o.Bl.).

[44]   "Verhandlungsschrift über die Sitzung des Kuratoriums des IAI", 5.11.1932
       (GStA, HA I, Rep. 218, Nr. 235, Bl. 147).

[45]   Boelitz an RPMW, 13.5.1933 (GStA, HA I, Rep. 218, Nr. 739, o.Bl.).

den spanischen Nationalisten um Franco, von Issendorff als militärischen Ausbilder für die Falange an.[46] 1936 gehörte von Issendorff der Remonteschule Gardelegen an und war Spanisch-Dolmetscher des OKH.[47] 1940 fungierte er im Range eines Oberstleutnants, dann eines Obersts als Standortältester des Kreises Gardelegen.[48]

> *Archivalien:* BA Freiburg, Personalakte über von Issendorf.[49] BStU, MfS FV 8/69, Ordn. 12, Bl. 267-280. GStA, HA I, Rep. 218, Nr. 739 (Personalakte über von Issendorff, 1930-1933) sowie Akten der Referate für die oben genannten Länder; Bundesarchiv Koblenz (1960); Geheimes Staatsarchiv PK (1985).

Richard Klatovsky

> *geb. 23.4.1903 (Wien)*
>
> *1939-1943 Leiter der Abteilung Musik im IAI*

Der aus Österreich stammende Musikwissenschaftler war nach seinem Studium in Wien mehrere Jahre als Musiker in spanischsprachigen Ländern tätig. Anfang 1939 wurde er im IAI zum Leiter der neu geschaffenen Abteilung Musik ernannt.[50] Nach Ausbruch des Krieges war er für einen Teil des für Lateinamerika bestimmten musikalischen Programms des "Deutschen Überseesenders" verantwortlich.[51] Er war zugleich Musikreferent der Deutsch-Spanischen Gesellschaft.[52] 1943-1945 leistete er Kriegsdienst bei der Wehrmacht.

> *Archivalien:* BA Potsdam, Film 59281 (Teilbestand IAI, S 4/17: Musikabteilung, Korrespondenz Klatovsky). GStA, HA I, Rep. 218, Nr. 357, 458 (Personalakte Richard Klatovsky, 1941-1943, Schriftwechsel 1943-1945), 724, 736, 774, 782, 783, 825 (Unterlagen der Musikabteilung des IAI).

---

[46] Telegramm Faupel an AA, Salamanca, 10.12.1936 (DZA Potsdam, AA, Film 3178, zitiert nach: BStU, MfS FV 8/69, Ordn. 12, Bl. 279). Vgl. den Beitrag von O. Gliech über Wilhelm Faupel in diesem Band (Kapitel 5.2).

[47] DMA Potsdam, Film Wehrkreise und Formationen des Friedens- und Ersatzheeres, Nr. 1927, Nr. 2647 (Dolmetscherliste des OKH, zitiert nach: BStU, MfS FV 8/69, Ordn. 12, Bl. 273, 275, 277).

[48] KA Haldersleben, Gemeinde Böddensell, Nr. 4 (1942); KA Haldersleben, Gemeinde Walbeck, Nr. 31 (1940; zitiert nach: BStU, MfS FV 8/69, Ordn. 12, Bl. 275f.).

[49] Laut Rinke (1996, II: 585). Diese Akte konnte für die vorliegende Arbeit nicht ausgewertet werden.

[50] GStA, HA I, Rep. 218, 237, Bl. 202.

[51] Klatovsky an Firma G. Ricordi/Musikverlag, Leipzig, 8.3.1943 (BA Potsdam, Film 59281, S 4/18). Zum Südamerikaprogramm des Deutschen Kurzwellensenders: Boelcke (1974: 239).

[52] Aufstellung von Merkatz: Mitarbeiter der Deutsch-Spanischen Hauptgesellschaft, 7.8.1944 (GStA, HA I, Rep. 218, Nr. 347).

[Prof. Dr.] Gerdt Kutscher

geb. 27.6.1913 (Berlin/Charlottenburg), gest. 17.9.1979

seit 1942 Fachreferent des IAI für Amerikanistik (indianische Ethnologie)

Das IAI stand seit seiner Gründung in enger Beziehung zu einer Reihe führender Vertreter der Altamerikanistik, namentlich zu den Professoren Walter Lehmann und Max Uhle. Am Institut wurde dennoch erst 1942 eine feste Stelle für einen Ethnologen dieses Fachs geschaffen. Der Präsident des IAI, Wilhelm Faupel, konnte das zuständige Reichsministerium für Wissenschaft, Erziehung und Volksbildung mit dem Hinweis auf die US-amerikanische Konkurrenz im Bereich der Altamerikanistik, die es auszubalancieren gelte, zur Einrichtung eines solchen Postens bewegen. Auch wurde auf die im IAI aufbewahrten Nachlässe von Walter Lehmann und Teobert Maler verwiesen, die es zu ordnen galt. Die Wahl für die Besetzung fiel vorschlagsgemäß auf Gerdt Kutscher, der zu diesem Zeitpunkt an seiner Dissertation arbeitete und der sich zuvor bereits "einige Zeit am Ibero-Amerikanischen Institut betätigt und … durch die Art, wissenschaftlich zu arbeiten, einen sehr guten Eindruck hinterlassen hat". Kutscher war wegen eines Hüftleidens "wehruntauglich" und wurde deshalb nach einer Woche aus dem aktiven Kriegsdienst entlassen.[53] Kutscher war Kosmopolit und nach den rassenideologischen Kriterien des NS-Regimes "Vierteljude", doch gelang es ihm, dies notdürftig gegenüber den Behörden des "Dritten Reiches" zu verbergen. Die Rassenideologien lehnte er vehement ab. Er kann zu Gegnern des NS-Regimes gerechnet werden. Seine Aufgaben im IAI bestanden während des Zweiten Weltkriegs vor allem in der Aufarbeitung der im Institut vorhandenen oben genannten Nachlässe und Privatbibliotheken von Altamerikanisten.[54]

Kutscher gehörte zu den Mitarbeitern des IAI, die dort auch nach Kriegsende blieben. "1955 wurde er Wissenschaftlicher Rat, 1966 Wissenschaftlicher Oberrat, 1970 Wissenschaftlicher Direktor. Die FU [Berlin] ernannte ihn 1962 zum Honorarprofessor" (Vollmer 1985a: 510f.). Von 1974 bis 1978 war er stellvertretender Direktor des IAI.[55] Von 1971 bis 1976 leitete er den Institutsrat des Lateinamerika-Instituts der FU Berlin (Vollmer 1985a: 513; FU Berlin 1971: 479).

Literatur: Eisleb (1982); Dittmann (1992: 56-62); Vollmer (1985a; 1985b); *Wer ist wer* (1970: 720).

Nachlass: Der Nachlass Kutschers wird im IAI aufbewahrt (Wolff 1998: 30f.); *Inventar* von Günter Vollmer (1987).

---

[53] Antrag Faupels auf Einstellung Kutschers als wissenschaftlicher Mitarbeiter am IAI, 3.11.1941 (GStA, HA I, Rep. 151 IC, Nr. 7109, PrFM, Akte IAI 1928-1945, zitiert nach BStU, MfS FV 8/69, Bd. 1, Bl. 218f.).

[54] Faupel an PrFM, 3.11.1941 (GStA, HA I, Rep. 151 IC, Nr. 7109, PrFM, zitiert nach BStU, MfS FV 8/69, Bd. 1, Bl. 218f.).

[55] Wolff (1998: 30) und Auskunft G. Vollmer.

Veröffentlichungen Kutschers: Ein Verzeichnis der Veröffentlichungen Kutschers findet sich bei Vollmer (1985b).

Dr. jur. Hans-Joachim von Merkatz

geb. 7.7.1905 (Stargard/Pommern), gest. 25.2.1982 (Bonn)
Generalsekretär des Ibero-Amerikanischen Instituts (1938-1945). Bundesminister in verschiedenen Ressorts unter Adenauer

Hans-Joachim von Merkatz entstammte einer preußischen Offiziersfamilie, die im 18. Jahrhundert in den Adelsstand erhoben worden war (von Ledebur o.J.: 96). Einer seiner Urahnen war zur Zeit der Kanonade von Valmy (1792) Generalinspekteur der preußischen Artillerie, ein weiterer beteiligte sich im Alter von 14 Jahren unter Nettelbeck an der Verteidigung Kolbergs gegen die Truppen Napoleons.[56] Merkatz' Vater Benno fiel 1915 als Hauptmann in Russland. Während seine Mutter aus einer Siegerländer Industriellenfamilie stammte, scheint sein Vater nicht besonders wohlhabend gewesen zu sein. In Brandenburg, der Stammprovinz der Familie Merkatz, ist ebenso wenig ein größerer Landbesitz verzeichnet wie in Merkatz' Herkunftsprovinz Pommern.[57] Nachdem er an der Staatlichen Bildungsanstalt in Naumburg an der Saale das Abitur abgelegt hatte, beabsichtigte er zunächst, Arzt zu werden. Er studierte stattdessen "unter bedrängten wirtschaftlichen Verhältnissen" Jura, Nationalökonomie und Geschichte in Jena, München und Lausanne.[58] Danach setzte er seine juristische Ausbildung am Landgericht und der Staatsanwaltschaft in Naumburg (1932/33) sowie 1934 beim Amtsgericht in Weißenfels fort.[59] Von Merkatz promovierte anschließend und erhielt am 21.4.1934 für seine Dissertation "Politische Entwicklung und rechtliche Gestaltung der Ministerverantwortlichkeit" die Note "Magna cum laude".[60] Die Arbeit ent-

---

[56] Zu Johann Friedrich von Merkatz vgl. Henkels (1963: 210f.) und Priesdorff (1937, II: 855).

[57] Das zentrale Nachschlagewerk zum Thema, Niekammer's landwirtschaftliche Güter-Adreßbücher (1928), enthält keinen Eintrag zu "von Merkatz". Vgl. außerdem die Angaben bei Henkels (1963: 210f.).

[58] Henkels (1963: 211), Munzinger-Archiv/Internationales biographisches Archiv 19.1.1957, Lieferung 3/57z.

[59] Promotionsakten der Rechts- und Wirtschaftswiss. Fakultät der Univ. Jena, von Merkatz (Thür. LHA, T Abt. I/K. Nr. 1328, lt. Vermerk Pfotenhauer, Forschungsbeauftragter des Thür. LHA, 10.11.1964, BStU, MfS FV 8/69, Bd. 8a, Bl. 48) sowie selbstverfasster Lebenslauf von Merkatz'. In: Promotionsakten (Universitätsarchiv Jena Bestand K, Nr. 334: H. J. von Merkatz, zitiert nach BStU, MfS FV 8/69, Ordn. 8, Bl. 275).

[60] Die Disputation fand an der Thüringischen Landesuniversität Jena statt. Der Betreuer von Merkatz' Doktorarbeit und Hauptreferent bei der Verteidigung war der Professor des Staatsrechts Otto Koellreutter (Bescheinigung Faupel 10.2. 1945, GStA, HA I, Rep. 218, Nr. 266/1, o.Bl.); Promotionsakten der Rechts- und Wirtschaftswiss. Fakultät der Univ. Jena, von Merkatz (Thür. LHA, T Abt. I/K.

hielt ein klares Bekenntnis zum Führerstaat und seiner autoritären politischen Ordnung.[61] Von Merkatz trat dem NSRB bei und leistete von Mai bis Oktober 1934 Dienst in dem Berliner SS-Sturm I N 3, blieb allerdings Anwärter und zog seinen Antrag für die Aufnahme in die SS "infolge Ortswechsel, Erkrankung und ... Examensvorbereitungen" wieder zurück.[62] Vom 1.1.1936 bis 31.5.1938 arbeitete von Merkatz als Referent am KWI für Ausländisches Öffentliches Recht und Völkerrecht als Sachbearbeiter für Frankreich, Luxemburg und Belgien.[63]

Seit dem 1.6.1938 war er Generalsekretär des IAI.[64] Es ist unklar, welchen Umständen er seine Ernennung zum Nachfolger von Dr. Panhorst zu verdanken hatte. Wahrscheinlich war Faupel auf von Merkatz aufmerksam geworden, weil dieser am o.g. KWI völkerrechtliche Gutachten im Zusammenhang mit dem spanischen Bürgerkrieg verfasst hatte.[65] Seine Anstellung erfolgte erst, nachdem die NSDAP/A.O. ihr Einverständnis gegeben hatte.[66] Von Merkatz unterstützte in seiner Funktion den Präsidenten des Instituts und stand ihm mit seinem juristischen Sachverstand zur Verfügung. Zusammen mit Faupel übernahm er die politisch relevanten Betreuungsfälle. Ähnliche

---

Nr. 1328, lt. Vermerk Pfotenhauer, Forschungsbeauftragter des Thür. LHA, 10.11.1964, zitiert nach BStU, MfS FV 8/69, Bd. 8a, Bl. 48; sowie Bl. 86f. (Gutachten Koellreuters zur Diss. von Merkatz').

[61] Textbeispiel: "Der radikal-demokratische Irrtum der Identität von Herrschern und Beherrschten beruht in der These von der Willensfähigkeit des Volkes. Das Volk, welche Auffassung man auch von seinem Wesen haben mag, ist eines Willens nicht fähig. Regierung und Gestaltung ist aber ein Willensakt. Die Zustimmung des Volkes zu einem Regierungsakt ist nicht eine eigene Willensäußerung, sondern das Spiegelbild eines fremden Willens, also nichts anderes als die Bestätigung der Vertrauensbeziehung zur Regierung; sie ist Ausdruck der Autorität der Regierung, sie ist mit dieser Autorität identisch. Der Willen des Volkes wird in dem Einzelnen, in dem berufenen Führer geboren. Hier ist nicht eine Identität des Volkswillen mit dem Führerwillen, sondern eine Identifikation des Führerwillens gegeben [...]" (Merkatz 1935: 11).

[62] Vorschläge zur Ernennung von höheren Beamten. Akte von Merkatz (BA Berlin, RMdI, Abt. III (98), Dez. 1942 (1661), zitiert nach BStU, MfS FV 8/69, Bd. 8, Bl. 62).

[63] Unter Direktor Professor Dr. Victor Bruns (GStA, HA I, Rep. 218, Nr. 266/1, Personalakte Dr. Hans-Joachim von Merkatz, o.Bl.). Das Anfangsjahr am KWI ist genannt in BA Berlin, RMdI, Abt. III (98), Dez. 1942 (1661), zitiert nach BStU, MfS FV 8/69, Bd. 8, Bl. 61. Auftrag Nr. 324/68 u. 70/68-Se., Köhler, 15.10.1964, betr. von Merkatz: BStU, MfS HA IX-11, PA 37, Bl. 65-69. Einige Quellen nennen irrtümlicherweise als Daten für seine Tätigkeit am KWI "1938-39" (FAZ 15.11.1961, S. 13).

[64] RPMW, 28.7.1938 (GStA, HA I, Rep. 218, Nr. 266/1, o.Bl.).

[65] Vorschläge zur Ernennung von höheren Beamten. Akte von Merkatz (BA Berlin, RMdI, Abt. III (98), Dez. 1942 (1661), zitiert nach BStU, MfS FV 8/69, Bd. 8, Bl.6, Bl. 61).

[66] Faupel an RPMW, 7.6.1938 (GStA, HA I, Rep. 218, Nr. 266/1, o.Bl.).

Funktionen fielen ihm in der Deutsch-Spanischen und Deutsch-Ibero-Amerikanischen Gesellschaft zu. Nach den verbliebenen Dokumenten zu urteilen, war von Merkatz ein karriereorientierter Jurist, der vor 1945 keine Distanz zur bestehenden Diktatur erkennen ließ. Sein Vorgesetzter Faupel bescheinigte ihm eine "klare, zuverlässige nationalsozialistische Gesinnung".[67] Für Bewertungen seiner politischen Einstellung vor 1945, die in die entgegengesetzte Richtung weisen, gibt es keinen überzeugenden Beleg. So sind Nahms biographische Anmerkungen zu von Merkatz eindeutig apologetisch: "Mit [...] General Taupel [sic] befreundet, arbeitete von Merkatz [...] im Ibero-Amerikanischen Institut. Dort herrschte eine Atmosphäre, die dem Nationalsozialismus nicht zugetan war. Der schwülstige und überhebliche Propagandastil ... wurde als widerlich empfunden. Frühzeitig sind Andeutungen von Verbrechen bekannt geworden, welche die Distanz der Institute gegenüber dem System noch vergrößerten. Die wachsende Erkenntnis weckte Kräfte des Widerstands. Da der Partei eine Gleichschaltung der Institutsmitglieder nicht gelang, war deren wissenschaftliche Laufbahn blockiert" (Nahm 1975: 10).

Bei Kriegsbeginn meldete sich von Merkatz freiwillig zur Wehrmacht. Vom 1.12.1939 bis 11.8.1941 nahm er in einer Maschinengewehrkompanie am Frankreichfeldzug teil, schied dann aber – im Rang eines Gefreiten – aus gesundheitlichen Gründen aus dem Militärdienst aus und wurde auf Antrag Faupels "uk gestellt".[68] Als der Präsident des IAI seit 1944 zusehends körperlich hinfällig wurde, übernahm von Merkatz zeitweilig *de facto* die Leitung des Instituts. In dieser Zeit übernahm er mindestens eine bezahlte Auftragsarbeit für den Auslandsgeheimdienst des SD. Es handelte sich dabei um eine längere Ausarbeitung zum Thema "Der spanische Raum unter dem Gesichtspunkt des Leistungspotentials".[69] Die von Merkatz nach dem Krieg unterstellte Mitwisserschaft in einem angeblichen Mordanschlag gegen den britischen Diplomaten Yenken beruht hingegen auf einer Fälschung.[70]

Am 20.4.1945 reiste von Merkatz auf das Gut seiner Tante bei Hohenlandin/Kreis Angermünde, um dort das Kriegsende abzuwarten (Hagen/Bock 1945: 9). Als Flüchtling kam er später bei Baron von Klencke auf der Hämel-

---

[67] Mentzel/RPWM an RFM, 26.11.1942 (BA Berlin, RMdI, Abt. III (98), Dez. 1942 (1661), zitiert nach BStU, MfS FV 8/69, Bd. 8, Bl. 67) sowie GStA, HA I, Rep. 218, Nr. 266/1, o.Bl.

[68] Faupel an Ortsgruppe der NSDAP Berlin-Lankwitz, betr. Verleihung des Kriegsverdienstkreuzes an Merkatz, 12.4.1944 (GStA, HA I, Rep. 218, Nr. 266/1, o.Bl.).

[69] BA Berlin, AA, Nr. 215 (Kult. Abt.), zitiert nach BStU, MfS HA IX-11, PA 37, Bl. 123; DZA Potsdam, Film SS Versch. Prod. 2431 T 175 R 455 (BStU, MfS HA IX/11: FV 143/69, Bd. 27, Bl. 349); DZA Potsdam, Nachr. Dienst-Kartei RSHA VI A, Film 1581 pos. 1554 (BStU, MfS FV 8/69, Bd. 8a, Bl. 16); DZA Potsdam, SS Versch. Provenienz Film 2431, Bl. 953, 955 (zitiert nach BStU, MfS FV 8/69, Bd. 8a, Bl. 13).

[70] Vgl. dazu den Beitrag von G. Vollmer zu Heinrich Jürges und seinen Fälschungen in diesem Band.

schenburg bei Hameln unter, wo er sich als Holzarbeiter verdingte.[71] Das IAI und seine Mitarbeiter ließ von Merkatz im Stich. Die schwierige Aufgabe, das Institut über die Nachkriegszeit zu retten, sich den Verhören der Alliierten zu stellen und sie zu überzeugen, die Bibliothek bestehen zu lassen, überließ er den in Berlin verbliebenen Referenten.

Stattdessen begann von Merkatz im Westen Deutschlands eine neue Karriere. 1945 arbeitete er an der Akademie für Raumforschung und Landesplanung in Hannover und stieg schließlich in die Politik ein. Zunächst wurde er 1946 Rechtsberater der aus der Welfenbewegung hervorgegangenen NLP, die sich später in "Deutsche Partei" (DP) umbenannte (Strelow: 316). 1948/ 49 wirkte er als wissenschaftlicher Mitarbeiter bei der Vertretung der Partei im Parlamentarischen Rat. 1952 wurde er Mitglied des Direktoriums, 1955 schließlich stellvertretender Vorsitzender der DP. 1960 wechselte von Merkatz über zur CDU.[72]

Von Merkatz war von 1949 bis 1969 MdB. Er erlebte einen schnellen politischen Aufstieg. 1955-1962 war er Bundesminister für Angelegenheiten des Bundesrats beziehungsweise des Bundesrats und der Länder, 1956-1957 zugleich Bundesminister für Justiz, 1960-1961 zugleich Bundesminister für Vertriebene, Flüchtlinge und Kriegsgeschädigte. 1964-1968 gehörte er dem Exekutivrat der Unesco an. Von Merkatz' Arbeitsschwerpunkte waren die Rechts-, Vertriebenen- und Europapolitik. Unter anderem war er an der Ausarbeitung eines Kommentars des Grundgesetzes beteiligt. 1957-1979 leitete er die Paneuropa-Union. Zwölf Jahre lang arbeitete er als Lehrbeauftragter für staats- und völkerrechtliche Probleme der Europäischen Integration an der Universität Bonn.[73]

Politisch stand von Merkatz nach 1945 am rechten Rand des konservativen Spektrums. Wiederholt gab er sich als Monarchist zu erkennen.[74] Verbände wie die Abendländische Akademie oder der CEDI, in denen er eine wichtige Rolle spielte, kooperierten eng mit dem Regime Francos, von dem von Merkatz am 26. Jahrestag des Beginns des Spanischen Bürgerkriegs 1962 sogar einen der höchsten spanischen Orden entgegennahm. Im Gegenzug lobte er die Regierung Francos in der Öffentlichkeit.[75] Trotz seiner in vielem vordemokratisch anmutenden Grundhaltung ist er zu jenen zu rech-

[71]   von Merkatz (o.J./ca. 1977: Vorrede); Munzinger Archiv/Int. Biograph. Archiv: Hans-Joachim von Merkatz, Lieferung 17/82 P 002779-13/4. Nahm (1975: 11).
[72]   Nahm (1975: 11) und Wer ist wer (1967: 1267).
[73]   Munzinger-Archiv/Internationales biographisches Archiv 19.1.1957 (Lieferung 3/57z). Konrad-Adenauer-Stiftung, Archiv: Nachlässe, biographischer Eintrag zu von Merkatz (http://www.kas.de/archiv/deposita_m.html) und Nahm (1975: 11).
[74]   Munzinger-Archiv/Internationales biographisches Archiv 19.1.1957 (Lieferung 3/57z), Der Kurier (Berlin) 11.10.1951 (BStU, MfS HA IX-11, PA 37, Bl. 126).
[75]   Weber (1992: 232-255); Der Spiegel, 10.8.1955, 21.11.1962, S. 55-66; Vorwärts 27.6.1962; ADN-Informationsbulletin I-VII/1-28.6.1962 (BStU, MfS HA IX-11, PA 37, Bl. 58).

nen, die die der Demokratie skeptisch bis ablehnend gegenüber stehenden Teile des konservativen Spektrums dazu gebracht haben, die vom Grundgesetz definierte politische Ordnung zu akzeptieren. Zu einer kritischen Auseinandersetzung mit seiner eigenen Rolle in der Zeit des Nationalsozialismus war er hingegen nicht bereit.[76] Ein beträchtlicher Teil "antifaschistischer" Kampagnen gegen von Merkatz stützten sich auf die oben genannte Fälschung, die der Betrüger Heinrich Jürges lanciert hatte.[77] Das Außenministerium der DDR und später das MfS sammelten Material gegen den Bundesminister. Es bleibt unklar, in welchem Umfang sie davon Gebrauch gemacht haben.

Literatur und biographische Artikel: Henkels (1963: 210-212); Holzgräber (1955); Nahm (1975a); Strelow (1995); *Wer regiert in Bonn?* (1957: 121f., ostdeutsche Propagandaschrift). *Munzinger-Archiv/Internationales biographisches Archiv* 19.1.1957, Lieferung 3/57z.

Nachlass: Von Merkatz' Nachlass wird von der Konrad-Adenauer-Stiftung (Bonn/Sankt-Augustin) aufbewahrt. Die dort archivierten Unterlagen betreffen nur die Zeit seit 1946 (Konrad-Adenauer-Stiftung, Archiv: Nachlässe: http://www.kas.de/archiv/deposita_m.html).

Archivalien: Nachweislich zerstörte Unterlagen: Die gesamten Personalvorgänge über Dr. v. Merkatz beim RPMW sind 1943 oder 1944 verbrannt.[78]
BA Berlin, RMdI, Abt. III (98), Dez. 1942 (1661): Vorschlag der Ernennung von Merkatz' zum Oberregierungsrat. Akte mit ausführlichen Angaben zu seiner bisherigen beruflichen Laufbahn (BStU, MfS FV 8/69, Bd. 8).
BStU, MfS FV 8/69, Bd. 8, 8a: IAI, Personen, Hans-Joachim von Merkatz.
BStU, MfS FV 8/69, Bd. 17 Bl. 135-175: Nachforschungen über den Verbleib des "Originalbriefes" von Faupel an von Merkatz (Jürges-Fälschung).
BStU, MfS FV 143/69, Bd. 27.
BStU, MfS HA IX-11 PA 37: Von Merkatz.
BA Berlin, DAWI, Bd. 1 (passim) (Kopien davon in: BStU: FV 8/69, Ordn. 15).
GStA, HA I, Rep. 218, Nr. 266/1 (Personalakte von Merkatz), 351 (Weitere Personalvorgänge von Merkatz (1943).
Universitätsarchiv Jena Bestand K, Nr. 334: Promotionsakten Hans Joachim von Merkatz (Kopie in: BStU: FV 8/69, Ordn. 8, Bl. 268-293).

---

[76] Zum Beispiel kam von Merkatz der Bitte von Rolf Seeliger, zu seiner Dissertation Stellung zu nehmen, in der er die Idee des Führerstaates vehement verteidigt hatte, nicht nach (Seeliger 1966: 46-49; den Hinweis verdanke ich Liehr 1992: 652).

[77] Vgl. dazu den Beitrag von G. Vollmer zu Heinrich Jürges und seinen Fälschungen in diesem Band.

[78] Dahnke/RPMW, 22.4.1944, an Faupel: "Zum Bericht vom 12. Oktober 1943, betreffend Unterlagen für den Staatshaushalt 1944" (GStA, HA I, Rep. 218, Nr. 266/1, o.Bl.).

Veröffentlichungen (Auswahl):

Politische Entwicklung und rechtliche Gestaltung der Ministerverantwortlichkeit. Eine vergleichende Studie. Jur. Diss., Univ. Jena. Quakenbrück: Kleinert 1935.

"Der spanische Geist und der deutsche Geist. Zu einem Vortrag von Ernesto Giménez Caballero". In: *IAA*, 15, S. 123-125, 1941/42.

"Walter Hoppe [Nekrolog]". In: *IAA*, 16, S. 129, 1942/43.

"Bolivien". In: *Jahrbuch der Weltpolitik*, S. 924-931, 1943.

"Das Ibero-Amerikanische Institut Berlin und seine Beziehungen zu Portugal". In: *Das Neue Europa*, 3, S. 6-7, 1943.

"Kolumbien". In: *Jahrbuch der Weltpolitik*, S. 860-865, 1943.

"Venezuela". In: *Jahrbuch der Weltpolitik*, S. 866-871, 1943.

Die Umgestaltung des deutschen Kohlenbergbaus sowie der deutschen Stahl- und Eisenindustrie und die Zuständigkeit der Besatzungsmächte. Ein Rechtsgutachten. Bonn: Institut für Raumforschung, 1951.

Die konservative Funktion. Ein Beitrag zur Geschichte des politischen Denkens. München: Isar, 1957.

Politik im Widerstreit. München: Isar, 1957.

"Die Parteien in ihrer heutigen verfassungspolitischen Bedeutung". In: *Zs. f. ausländisches öffentliches Recht und Völkerrecht*, 19, S. 249-268, 1958.

"La infiltración comunista en la América Latina". In: *Universidad de Antioquia (Medellín)*, 147, S. 881-889, 1961.

Die kommunistische Infiltration Iberoamerikas. X Reunión Internacional del CEDI: El Occidente en esta hora de Iberoamérica, Madrid, 7-9 julio 1961.

In der Mitte des Jahrhunderts. Politische Lebensfragen unserer Zeit. München/Wien: Langen, Müller, 1963.

zusammen mit Harald von Königswald (Hrsg.): *Besinnung auf Preußen.* Oldenburg/Hamburg: Stalling, 1964.

(Hrsg.:) *Völkerwanderung heute [Festschrift Peter Paul Nahm].* Bielefeld: Gieseking, 1971.

(Hrsg.:) *Fremd in Deutschland? Hörspiele, Funkerzählungen, Essays.* Bielefeld: Gieseking, 1973.

Das Spiel von den zwei Barken. Nach einem portugiesischen Mysterienspiel. o.O. [Bonn]: Ostdeutscher Kulturrat, o.J. [1977].

(Hrsg.:) *Aus Trümmern wurden Fundamente: Vertriebene, Flüchtlinge, Aussiedler. Drei Jahrzehnte Integration.* Düsseldorf: Rau, 1979.

Dr. Hedda Oehlke

geb. 27.6.1897 (Breslau), gest. 22.2.1981 (Berlin)

1930-[1945] wissenschaftliche Bibliothekarin am IAI

Hedda Oehlke stammte aus einer schlesischen Verlegerfamilie.[79] Nach einem Studium der klassischen Philologie und Archäologie an den Universitäten

---

[79] Der Vater Dr. Alfred O. war Zeitungsverleger; Lebenslauf Oehlke, o.J. (ca. 1929), IAI, Dok, Personalakte Oehlke.

Breslau, Marburg, Hamburg und Berlin promovierte sie am 15.2.1924 in ihrer Heimatstadt. Nach einer Ausbildung zur Buchhändlerin und einem Praktikum an der Staats- und Universitätsbibliothek Breslau legte sie die Lehramtsprüfung ab. Bald nach ihrer bibliothekarischen Fachprüfung trat sie ihre Stelle am IAI an.[80] Außerhalb der Bibliotheksorganisation scheint sie keine Funktionen innerhalb des IAI übernommen zu haben.

Archivalien: IAI, Dok, Personalakte Oehlke.

Veröffentlichungen:

zusammen mit Hermann Hagen: "Bibliographie der Schriften Ernesto Quesadas (1877-1933)". In: *IAA*, 7, S. 207-237, 1933.

zusammen mit Hermann Hagen: "Bibliographie der Schriften Ernesto Quesadas (1877-1933), Nachtrag". In: *IAA*, 8, S. 90, 1934/35.

Dr. Karl H. Panhorst

geb. 12.8.1899 (Eickel/Kreis Gelsenkirchen), gest. 10.5.1986
Direktorialassistent, später Generalsekretär des IAI 1929/30-1938. 1930-1933 Referent für die Andenländer. (Diese offizielle Funktion hat Panhorst nicht ausgeübt. Die Aufgaben wurden delegiert an Major von Issendorff und Frau Dr. Faupel.)

Ergänzende biographische Angaben:[81] Karl Heinrich Panhorsts Eltern waren Landwirte.[82] Er nahm als Flieger am Ersten Weltkrieg teil und studierte seit 1919 in Deutschland, den USA, Mexiko und Spanien.[83] Panhorst schrieb seine Dissertation an der Madrider Universität über ein historisches Thema.[84] 1928 trat er eine einjährige Lateinamerikareise an, die von der Notgemeinschaft der deutschen Wissenschaft finanziert wurde und die ihn nach Mexiko, Zentralamerika, Cuba, Haiti, in die Dominikanische Republik sowie nach Venezuela, Kolumbien, Ecuador, Bolivien und Peru führte.[85] Der Direktor des IAI, Boelitz, sorgte für seine Ernennung als Direktorialassistent, eine Funktion, aus der sich jene des Generalsekretärs entwickelte.[86] Kurz vor der großen Mitgliedersperre ist Panhorst am 1.5.1933 in die NSDAP eingetreten.

---

[80]   Lebenslauf Oehlke, o.J. (ca. 1929), IAI, Dok, Personalakte Oehlke.
[81]   Vgl. die Daten im Beitrag von O. Gliech: "Lateinamerikanische 'Multiplikatoren' im Visier". Ausführlich für die Zeit vor 1930: Lebenslauf Panhorsts, Juli 1929 (GStA, HA I, Rep. 151 IC, Nr. 7109, Bl. 114-115, zitiert nach BStU, MfS FV 8/69, Bd. 2, Bl. 147-149).
[82]   Vater: Wilhelm P., Landwirt, Mutter Johanna, geb. Schomburg (*Wer ist wer?* 1967/68, XV).
[83]   Lebenslauf Panhorsts, Juli 1929 (GStA, HA I, Rep. 151 IC, Nr. 7109, Bl. 114R).
[84]   Panhorst kannte den Freiherrn von Welser persönlich. Es darf angenommen werden, dass seine Themenwahl von diesem Umstand beeinflusst war (Briefwechsel Panhorsts mit dem Freiherrn: GStA, HA I, Rep. 218, Nr. 92, Bl. 140-142).
[85]   Lebenslauf Panhorsts, Juli 1929 (GStA, HA I, Rep. 151 IC, Nr. 7109, Bl. 115).
[86]   GStA, HA I, Rep. 218, Nr. 92, Bl. 9.

Panhorst war maßgeblich am Aufbau der persönlichen Beziehungsnetze des
IAI auf politischer und diplomatischer Ebene beteiligt. Offiziell mindestens
bis 1933 Referent des IAI für die Andenländer, hat er diese Aufgabe früh an
Major von Issendorff und Dr. Edith Faupel delegiert.

Panhorst schied am 30.9.1938 nach einem vergeblichen Versuch, die
Rückkehr Faupels an die Spitze des IAI zu verhindern, "freiwillig" aus seiner
Stellung als Generalsekretär des Instituts aus.[87] Die 1960 vom *Bundesanzeiger* wiedergegebene Darstellung seiner Biographie von 1938 bis 1945 ist
offenbar geschönt: "Im September 1938 wurde er aus parteipolitischen Gründen aus dem Staatsdienst entlassen. In den Jahren 1938 bis 1939 betätigte er
sich als Privatgelehrter und unternahm Studienfahrten in den Fernen Osten
und nach Südamerika."[88]

Im Zweiten Weltkrieg arbeitete Panhorst im Rang eines Hauptmanns als
Agent der Abwehr in Spanien. Seit Ende 1941 war er vom Amt Ausland
Abwehr/Kdo. Luft I der KO Spanien zugeordnet und arbeitete unter der Tar-
nung eines Mitarbeiters des Verlages "Ardia" in Barcelona, das das "Archiv
der Gegenwart" herausgab.[89] Nach seiner Repatriierung aus Spanien bei
Kriegsende war Panhorst am Hohen Asberg interniert.[90] Die Panhorst unter-
stellte Beteiligung an der angeblichen Ermordung des britischen Diplomaten
Yenken (1944) beruht auf einer Fälschung.[91]

"Von März bis September 1949 gehörte er der Verwaltung für Wirtschaft
des Vereinigten Wirtschaftsgebietes und ab 21.9.1949 bis zu seiner Übernahme in den Geschäftsbereich des Auswärtigen Amtes dem Bundesministe-
rium für Wirtschaft, zuletzt als Ministerialrat an."[92] Im Bundeswirtschaftsmi-
nisterium wurde er 1949 zum Leiter des Referates Süd- und Mittelamerika
ernannt.[93] Nach eigenen Angaben war er Verhandlungsführer der ersten
deutsch-lateinamerikanischen Wirtschaftsgespräche der Nachkriegszeit.[94]

---

[87] Panhorst an RPMW, 2.6.1938 (GStA, HA I, Rep. 151 IC, Nr. 7109, zitiert nach
      BStU, MfS FV 8/69, Bd. 1, Bl. 201).
[88] *Bundesanzeiger*, Köln, 1.6.1960: Agrément für Botschafter Dr. Panhorst (mit
      Kurzbiographie).
[89] Vermerk Amt Ausland Abwehr, Geheime Kommandosache, 8.7.1943, betr. Ein-
      bau des Hptm. Dr. Panhorst in die deutsche Botschaft in Madrid. Besprechung
      Hptm. v. Bentheim, Lt. Meyer Burckhardt, Leg. Rat v. Grothe (1.7.1943), AA:
      Pol I M 1523 (DZA Potsdam, Film AA, Nr. 4662).
[90] Entlassungsschreiben für Panhorst, von Howard E. Hammerl, 2nd Lt. Camp
      Commander, Asperg/Germany, 19.8.1946 "Repatriierung n. Spanienaufenthalt"
      unterzeichnet (NL Panhorst).
[91] Vgl. dazu den Beitrag von G. Vollmer zu Heinrich Jürges und seinen Fälschun-
      gen in diesem Band.
[92] *Bundesanzeiger*, 1.6.1960 (BStU, MfS FV 8/69, Ordn. 9, Bl. 113).
[93] BStU, MfS FV 8/69, Ordn. 17, Bl. 88.
[94] Panhorst (1972: 176); *Weser-Kurier*, 13.10.1953; *Die Neue Zeitung* (Berlin),
      18.3.1954.

1960-1964 gehörte er dem Auswärtigen Amt an, seit 1960 vertrat er die Bundesrepublik Deutschland als Botschafter in Guatemala.[95]

Literatur: Friederici (1929); Liehr (1992: 646-47).

Nachlass: In Privatbesitz.[96]

Archivalien: BA Berlin, BDC Mitgliederkartei der NSDAP, Mitgliedskarte von Panhorst.
BStU, MfS FV 8/69, Ordn. 9, Bl. 102-216.
GStA, HA I, Rep. 151 IC Nr. 7109 (passim).
GStA, HA I, Rep. 218, Nr. 278 (Personalvorgänge Karl Panhorst, 1925-1938).
PAAA, Personalakte Karl Heinrich Panhorst (aus Datenschutzgründen für die Nutzung gesperrt bis zum Jahr 2016).[97]

Veröffentlichungen:

Parteipolitik und Gemeindeverwaltung. Detmold: Meyer, 1921.
Los alemanes en Venezuela durante el siglo XVI. Carlos V y la casa Welser. Madrid: Ed. Voluntad, 1927a.
"Nikolaus Federmann und die Entdeckung Neu-Granadas". In: *Iberica*, 7, S. 106-130, 1927b.
Das Verhältnis der Ehinger zu den Welsern in den ersten deutschen Unternehmungen in Amerika. Stuttgart, 1927c.
"Das Kolonisationsunternehmen der Fugger in Amerika". In: *IAA*, 2, S. 131-149, 1927/28.
"Das Verhältnis der Ehinger zu den Welsern in den ersten deutschen Unternehmungen in Amerika". In: *VSWG*, 20, S. 174-182, 1927/28.
"Der erste deutsche Kolonisator in Amerika". In: *VSWG*, 20, S. 408-432, 1927/28.
Deutschland und Amerika. Ein Rückblick auf das Zeitalter der Entdeckungen und die ersten deutsch-amerikanischen Verbindungen unter besonderer Berücksichtigung der Unternehmungen der Fugger und Welser. München: Reinhardt, 1928.
"Prof. Dr. Albrecht Hase". In: *Reichshandbuch der Deutschen Gesellschaft.* I, S. 669, 1930.[98]
"Die ibero-amerikanischen Institute in Deutschland". In: *Das deutsche Buch*, 10, 3/4, März/April, S. 65f., 1930.

---

[95] Mitteilung der Erteilung des Agréments für Panhorst als Botschafter in Guatemala: *Bulletin des Presse- und Informationsamtes der Bundesregierung*, 28.5.1960 (BStU, MfS FV 8/69, Ordn. 9, Bl. 115); *Bundesanzeiger*, 1.6.1960, *Die Welt*, 31.5.1960 (BStU, MfS FV 8/69, Ordn. 17, Bl. 88). Die Angaben in *Wer ist wer?* (1967: 1442) sind zum Teil falsch.

[96] 1990 vom Verfasser gesichtet. Der nicht sehr umfangreiche Nachlass Panhorsts enthält unter anderem eine ca. 30 Seiten umfassende autobiographische Aufzeichnung, die nicht redigiert ist.

[97] Mitteilung PAAA an den Verfasser, 6.9.2001. Die Akte konnte aufgrund der genannten Datenschutzbestimmungen nicht eingesehen werden.

[98] Der Beitrag ist namentlich nicht gekennzeichnet. Zuordnung nach Hase an Hagen, 4.8.1934 (GStA, HA I, Rep. 218, Nr. 101, 134).

"Die ibero-amerikanischen Länder in ihrem Kulturaustausch mit Deutschland". In: *Hochschule und Ausland*, 8, 9, S. 2-11, 1930.

"Zur Hundertjahrfeier der Unabhängigkeit Uruguays". In: *IAA*, 4, S. 167-172, 1930/31.

"Simón Bolívar und Alexander von Humboldt". In: *IAA*, 4, S. 35-47, 1930/31.

"Aus der Chronik des Instituts". In: *IAA*, 5, S. 179-180, 1931/32.

"Altamerikanische Kunst – Eine Ausstellung in Berlin". In: *Badische Presse*, 12. Januar, 1932.

"Kunstausstellung in Berlin". In: *Magdeburger Tageszeitung*, 5. Januar, 1932.

"Las relaciones germano-ibero-americanistas en el pasado y el presente". In: Faupel, Wilhelm/Grabowsky, Adolf/Cruchaga Ossa, M./Panhorst, Karl H./Rheinbaben, Baron Werner von (1933): *Ibero-América y Alemania*. Berlin: Carl Heymann, 1933, S. 253-259.

"Über den deutschen Anteil an der Entdeckung und Eroberung des Chibcha-Reiches durch Gonzalo Jiménez de Quesada". In: *IAA*, 7, S. 188-194, 1933/34.

"Aus dem Arbeitsgebiet des Ibero-Amerikanischen Instituts und der Deutsch-Ibero-Amerikanischen Gesellschaft". In: *IAA*, 8, S. 189-193, 290-296, 378-380, 1934/35.

zusammen mit Edith Faupel: "Ein Beitrag zur Würdigung von Otto Philipp Braun, Großmarschall von Montenegro". In: *IAA*, 9, S. 243-256, 1936.

"Aus dem Arbeitsgebiet des Ibero-Amerikanischen Instituts und der Deutsch-Ibero-Amerikanischen Gesellschaft". In: *IAA*, 9, S. 48-49, 128-130, 200-204, 301-302, 1935/36.

"Aus dem Arbeitsgebiet des Ibero-Amerikanischen Instituts und der Deutsch-Ibero-Amerikanischen Gesellschaft". In: *IAA*, 10, S. 90-92, 191-196, 323-327, 512-515, 1936/37.

zusammen mit Peter Bock: "Aus dem Arbeitsgebiet des Ibero-Amerikanischen Instituts und der Deutsch-Ibero-Amerikanischen Gesellschaft". In: *IAA*, 11, S. 124-126, 245-247, 392-394, 513-514, 1937/38.

"Erhard und Lateinamerika". In: *Ludwig Erhard. Beiträge zu einer politischen Biographie. Festschrift zum 75. Geburtstag*. Berlin: Propyläen, 1972, S. 173-185.

Lic. Gisela Pape

1939-1945 Referentin des IAI für Chile

Gisela Pape stammte aus einer Bankiersfamilie.[99] Sie ging als Austauschstudentin nach Chile, wo sie ihr Examen machte. 1938 beantragte der Generalsekretär des IAI, von Merkatz, eine Referentenstelle für Chile, für die er Pape vorsah. Biographische Daten sind für die Chile-Referentin nur bruchstückhaft überliefert. Zu ihren Aufgabenbereichen gehörte die Auswertung spanisch- und portugiesisch-sprachiger Zeitungen, aus denen während des Zweiten

---

[99]   BA Potsdam, Film 59279, S 4/14, o.Bl.

Weltkriegs Stimmungsberichte aus den betreffenden Ländern erstellt wurden.[100]

> *Literatur:* Farías (2000) behandelt ausführlich die Beziehungen des IAI zu Chile, darunter auch die Tätigkeit des Chile-Referates, das Pape im Zweiten Weltkrieg leitete.
>
> *Nachlass:* Verbleib unbekannt.
>
> *Veröffentlichungen:* "Die Gründung von Santiago de Chile und seine Verwaltung". In: *IAA*, 15, S. 27-56, 1941/42.

Prof. Dr. Otto Quelle

> *geb. 23.10.1879 (Nordhausen), gest. 19.12.1959*
>
> *1929-1942/45 Länderreferent für Brasilien. 1929-1934 stellvertretender Direktor des IAI. Schriftleiter der Zeitschrift Ibero-Amerikanisches Archiv*

Der Geograph Otto Quelle stammte aus einer Kaufmannsfamilie und spezialisierte sich in seiner Ausbildung früh auf den iberischen und lateinamerikanischen Raum (Brauer 1968: 215). Er richtete Anfang der zwanziger Jahre mit großem Engagement ein privates Forschungsinstitut zu Ibero-Amerika ein, das 1925 der Bonner Universität angegliedert wurde.[101] Es ging zusammen mit seiner umfangreichen Bibliothek und der von Quelle gemeinsam mit dem Inhaber des Dümmler-Verlags begründeten Zeitschrift *Ibero-Amerikanisches Archiv* im Berliner IAI auf und bildete dort die Grundlage für den Aufbau des Länderreferats Brasilien. Quelle übernahm mit seiner Übersiedlung nach Berlin eine Professur in der Hauptstadt. Er gehörte zu den Referenten des IAI, die seit der Gründung dort arbeiteten und bis in den Zweiten Weltkrieg hinein blieben. Seit dem 18.1.1933 war Quelle Mitglied der NSDAP (Mg.-Nr. 1.595.882). Als entdeckt wurde, dass er bis 1933 Freimaurer gewesen war und als solcher eine höhere Funktion innerhalb einer Loge bekleidet hatte, wurde seine Parteimitgliedschaft für nichtig erklärt.[102]

Quelles Leistungen als Geograph und Historiker sind unbestritten, doch hatte er offenkundig einen überaus schwierigen Charakter. Die Quellen wei-

---

[100] von Merkatz: "Dienstanweisung, betr. Lesen der beim Institut eingehenden Zeitungen aus den Ländern spanischer und portugiesischer Sprache", 20.10.1939 (GStA, HA I, Rep. 218, Nr. 979, o.Bl.).

[101] Biographische Grunddaten zu Quelle: Liehr (1992: 646-47). Laut Brauer (1968: 215) fand die Gründung des Instituts 1923, laut Hagen/Bock (1945: 2) 1922 statt. Vgl. den Beitrag von O. Gliech über "Lateinamerikanische 'Multiplikatoren' im Visier" in diesem Band (Kapitel 6).

[102] In Bonn gehörte er folgenden Logen an: 1910-1918: Johannisloge "Friedrich-Wilhelm zum Eisernen Kreuz" sowie 1918-1933: Andreasloge "Robar". 1933 erfolgte sein Austritt aus der Loge. Die Nichtigkeitserklärung seiner Parteimitgliedschaft erfolgte durch das Kreisgericht II Berlin der NSDAP. Gauschatzmeister Berlin der NSDAP/Mitgliedschaftswesen an Reichsleitung der NSDAP, 11.2.1941, Anlagen (BA Berlin, ehem. BDC, Akte Otto Quelle).

sen ihn als angriffslustig, intrigant und mit einem vormodernen Eigentums-
begriff versehen aus. Er scheint als NSDAP-Mitglied der erste im Hause
gewesen zu sein, der die Ablösung des liberalen Institutsdirektors Boelitz
betrieb, dem er seine Stellung im IAI verdankte. Quelle nutzte die Abwesenheit Boelitz', der im Frühjahr 1933 eine Lateinamerikareise antrat, um ihn
wegen vermeintlicher Zweckentfremdung von Institutsmitteln zu denunzie-
ren, ein Vorwurf, der sich als unhaltbar erwies.[103] Mit dem als besonnen,
zurückhaltend und diplomatisch geltenden Bibliotheksleiter Dr. Hagen begann er früh ohne ersichtlichen Grund eine Art Privatfehde. Auf dem Höhepunkt des Konflikts (1942) fasste Hagen in einem vertraulichen Memorandum an den Präsidenten des IAI, Faupel, die Vorwürfe gegen Quelle zusammen. Er konnte dem Professor nachweisen, dass er sich regelmäßig Bücher
aneignete, die dem Institut gehörten; zum Teil reichte er sie mit einem Eintrag, der sie als sein Privateigentum auswiesen, als "Leihgabe" an das IAI
zurück, darunter einen Band, der eindeutig als Geschenk an Faupel gekennzeichnet war.[104] Hagen fällte ein hartes Urteil über Quelle:

> Das persönliche Verhältnis der meisten wissenschaftlichen Mitarbeiter des Insti-
> tuts, insbesondere der älteren, zu Q. ist mit den Jahren immer schlechter gewor-
> den, und es hat vielfache Spannungen gegeben. Q. genießt bei ihnen keinerlei
> persönliche Achtung, zumal er es liebt, bei dem einen Mitarbeiter über den ande-
> ren herzuziehen und die Arbeit des Abwesenden in oft masslosen Ausfällen her-
> abzusetzen, aber dann sofort zurückzuweichen, sobald ihm deutlich entgegenge-
> treten wird. Er wird von den meisten Mitarbeitern als pathologischer Lügner
> [und] Verleumder [...] beurteilt. [...] Q. [zeigte] schon vor 20 Jahren eine auf
> anormaler Geistesverfassung beruhende Hinneigung zu Verleumdungen und ein
> pathologisches Querulantentum [...] Beide Eigenschaften sind in den letzten
> 12 Jahren bei zahllosen Anlässen zu Tage getreten, und durch Q.'s Hinneigung
> zu unbegründeten Verleumdungen ist er manchmal geradezu gemeingefährlich
> geworden.[105]

Das Urteil Hagens scheint von der Mehrzahl der Referenten geteilt worden
zu sein. Namentlich die Herausgabe des *IAA* hat sichtlich unter den Konflikten Quelles mit den anderen Referenten gelitten. Quelle, der seit 1940 Ordi-
narius für Geographie an der Berliner Friedrich-Wilhelms-Universität war,
zog sich schließlich aus dem Institut zurück, auch wenn er offenbar nominell
Brasilien-Referent geblieben ist.[106] 1942 war er Abteilungsleiter am DAWI,

---

[103] Dr. Hermann Hagen: "Betrifft Prof. Quelle. Nur für Herrn Botschafter Faupel persönlich", 20.7.1942 (GStA, HA I, Rep. 218, Nr. 553, o.Bl.).

[104] Ibid.

[105] Ibid.

[106] Quelle wurde am 17.2.1940 Professor für Geographie, Volks- und Landeskunde Spaniens (Asen 1955: 153). Zu Quelles geplantem Ausscheiden aus der Referentenstelle am IAI und zur geplanten Einsetzung Weimanns als Nachfolger: GStA, HA I, Rep. 151 IC, Nr. 7109, zitiert nach BStU, MfS FV 8/69, Bd. 1, Bl. 209, 294f.

mit dem das IAI eng zusammenarbeitete.[107] Seit dem Wintersemester 1949/
50 arbeitete er als Lehrbeauftragter an der FU Berlin. 1951 wurde er dort
Honorarprofessor. Seine Emeritierung erfolgte am 15.9.1955 (Brauer 1968:
221).

> *Literatur:* Behrmann (1954); Brauer (1958), Brauer (1968); Liehr (1992: 646-
> 647); *Reichshandbuch der Deutschen Gesellschaft* (1931, II: 1459); Schind-
> ler (1954).
>
> *Nachlass:* Archiv des Dümmler-Verlags: Briefverkehr Quelles mit dem Verlag
> (Brauer 1968: 222).
>
> *Archivalien:* BStU, FV 8/69, Ordn. 6, IAI, Personen, Bl. 12-248 (Prof. Dr. Otto
> Quelle). GStA, HA I, Rep. 218, Nr. 553 (Personalvorgänge Prof. Quelle
> 1937-1942), Nr. 548 (Leihgabe Quelle, 1936-1943; Erwerb der Bibliothek
> Otto Quelle, 1947) sowie Akten des Länderreferats Brasilien (Bundesarchiv
> Koblenz (1960); Geheimes Staatsarchiv PK (1985)).
>
> *Veröffentlichungen:* Ein Schriftenverzeichnis Quelles ist bei Schindler (1954)
> sowie bei Oppel (1980: 17-19) zu finden.

Albrecht Reinecke

> *geb. 3.6.1871, gest. 1943*
>
> *Generalmajor a.D., 1936-1938 Präsident des IAI*

Albrecht Reinecke war Berufssoldat. Bei dem Einsatz gegen den chinesischen Boxeraufstand und wahrscheinlich bei einem weiteren Auslandseinsatz
war er mit Faupel in Berührung gekommen. 1906-1910 arbeitete er als Militärinstruktor an der *Escuela de Guerra* in Argentinien.[108] Bis 1925 gehörte
er der Reichswehr an.[109]

Nach Faupels Ernennung zum deutschen Geschäftsträger bei den aufständischen spanischen Nationalisten wurde ihm die Leitung des IAI übertragen, allerdings "nur auftragsweise".[110] Seine Präsidentschaft erscheint aus der
Rückschau als reines Interregnum. Zum Zeitpunkt seiner Ernennung befand
er sich bereits im Pensionsalter, so dass er seine Arbeit nahezu geräuschlos
ausgeführt zu haben scheint. In den vorhandenen Institutsakten bleibt Reinecke nahezu unsichtbar. 1936-1938 Präsident des IAI, musste er seine Funktion an Faupel abtreten, als dieser von seinem Posten als Botschafter in Spanien abberufen wurde.

---

[107] *Nachrichten des Deutschen Auslandswissenschaftlichen Instituts* (1942): 342.
       Vgl. den Beitrag von O. Gliech über General Faupel (Kap. 5.3).

[108] Reinecke an Gesandten von Thermann, 7.9.1937 (GStA, HA I, Rep. 218, Nr. 25,
       Bl. 167).

[109] Brief BA Freiburg an Prof. Dr. H.-J. Puhle, 11.10.1988, dem Verfasser freund-
       licherweise überlassen von Prof. H.-J. Puhle.

[110] Rust, RPMW, an PrFM, 25.2.1937 (GStA, HA I, Rep. 151 IC, Nr. 7109, zitiert
       nach BStU, MfS FV 8/69, Bd. 1, Bl. 172f.).

Nachlass: Verbleib unbekannt.

Archivalien: BA Freiburg, Personalakte (bis 1925).[111] GStA, HA I, Rep. 151 IC, Nr. 7109 (passim).

Dr. Ingeborg Richarz, geborene Simons
(zum Teil auch: Simons de Richarz, Richarz-Simons)

Länderreferentin des IAI für Argentinien, Uruguay und Paraguay 1929-1935. Referentin für Zeitschriften und Lesesaal. Zuständig für Auswertung der Tageszeitungen[112]

Die Juristin Ingeborg Richarz-Simons stammte aus bildungsbürgerlichem Milieu und hatte vor dem Antritt ihrer Referentenstelle am IAI 15 Jahre lang in Argentinien gelebt. Nach dem Studium wurde sie Rechtsanwältin und schrieb unter Pseudonym für mehrere argentinische Zeitungen *(Bases, Nosotros)*.[113] 1927 siedelte sie nach Deutschland über, wo sie 1928-1929 als Südamerika-Referentin des Instituts für ausländisches und öffentliches Recht arbeitete.[114] Ihre Mutter, Prof. Haenny Simons-Stoecker, war zeitweilig stellvertretende Direktorin der Universität von La Plata (Argentinien)[115]. Ihr Onkel, Dr. Walter Simons (1861-1937), war ein führender Exponent der Weimarer Eliten: 1918 wurde er Ministerialdirektor in der Reichskanzlei und stieg dann zum Direktor der Rechtsabteilung des Auswärtigen Amtes auf. Im April 1919 nahm er als Generalkommissar der deutschen Abordnung an den Friedensverhandlungen in Versailles teil. Im Kabinett des Reichskanzlers Fehrenbach übernahm der Parteilose von Juni 1920 bis Mai 1921 den Posten des Reichsaußenministers. Von 1922 bis 1929 war er Präsident des Reichskammergerichts und hatte seit 1927 eine Professur für Völkerrecht in Leipzig inne. Nach dem Tod Friedrich Eberts übernahm er 1925 die Funktion des stellvertretenden Reichspräsidenten und war damit für kurze Zeit der ranghöchste politische Würdenträger Deutschlands.[116] Als Führer der deutschen Delegation bei einer Tagung der "International Law Association" war Simons nach Buenos Aires gereist und hat seit dieser Zeit "ein lebhaftes Interesse für die ibero-amerikanische Kultur behalten".[117] Er gehörte später zu

---

[111] Brief BA Freiburg an Prof. Dr. H.-J. Puhle, 11.10.1988. Die Akte konnte für den vorliegenden Eintrag nicht ausgewertet werden.

[112] Verhandlungsschrift über die Sitzung des Kuratoriums des IAI, 5.11.1932 (GStA, HA I, Rep. 218, Nr. 235, Bl. 143, 152).

[113] GStA, HA I, Rep. 218, Nr. 3, Bl. 169; Richarz-Simons an Boelitz, 5.9.1929 (IAI, Dok, Personalakte Richarz-Simons).

[114] Richarz-Simons an Boelitz, 5.9.1929 (IAI, Dok, Personalakte Richarz-Simons).

[115] GStA, HA I, Rep. 218, Nr. 4, Bl. 99.

[116] *Ursachen und Folgen* (o.J./III: 617); *Britannica CD* (1998): Eintrag "Simons, Walter"; *Deutsche biographische Enzyklopädie* (1998, IX: 335); Degener (1935: 1505); Mommsen (1983, II: 1147).

[117] Walter Simons an I. Richarz-Simons, 2.4.1934 (GStA, HA I, Rep. 218, Nr. 103, Bl. 215).

den Förderern des IAI. Es war seiner Fürsprache zu verdanken, dass seine – fraglos hoch qualifizierte – Nichte die Referentenstelle am Institut erhielt.[118] Sie übernahm am Institut die Länderreferate für Argentinien, Uruguay und Paraguay.

Die vielseitig interessierte Juristin, die sich in ihren Forschungen unter anderem mit der Rechtssituation der Frauen in Lateinamerika beschäftigte, scheint nach der Übernahme des Institutspräsidentschaft durch General Faupel mehr und mehr als liberales Relikt der Weimarer Zeit angesehen worden zu sein. Auch wenn der General es vermieden zu haben scheint, sie offen auszubooten, so zeigen doch die Akten, dass er offenkundige Lappalien nutzte, um sie in Misskredit zu bringen. Bereits zur stellvertretenden Sachbearbeiterin der La Plata-Länder degradiert, nutzte der General a.D. beispielsweise einen unbedeutenden Fehler bei der Bearbeitung eines Artikels des *IAA*, um ihr die redaktionellen Aufgaben zu entziehen.[119]

Offiziell gab Richarz-Simons ihre Referentenstelle am IAI aus Gesundheitsgründen auf (Vollmer 1988: 5). Sie blieb allerdings mit dem Institut in Verbindung, veröffentlichte regelmäßig im *IAA* und korrespondierte bis in den Zweiten Weltkrieg hinein mit der Referentin für die Andenstaaten, Edith Faupel.

Archivalien: GStA, HA I, Rep. 218, Nr. 456 (Korrespondenz Dr. Richarz-Simons, 1943). IAI, Dok, Personalakte Richarz-Simons. GStA, HA I, Rep. 218: Akten der Referate für die oben genannten Länder; Bundesarchiv Koblenz (1960); Geheimes Staatsarchiv PK (1985).

Veröffentlichungen:

unter dem Namen Ingeborg Simons: "La mujer en el derecho civil argentino". In: *Phoenix. Zeitschrift für deutsche Geistesarbeit in Südamerika.* Buenos Aires, 12, N. F. 6, 1, S. 239-251, 1926.

"Argentinien". In: Julius Magnus (Hrsg.): *Die höchsten Gerichte.* Leipzig: W. Moeser, S. 469-477, 1929.

---

[118] Walter Simons an Boelitz, 14.11.1929, Walter Simons an Dr. Richter/PrMW, 21.11.1929 (IAI, Dok, Personalakte Richarz-Simons). Dr. Richter/PrMW an Boelitz, 26.11.1929: "Ist es möglich, Frau Richarz irgendwie unterzubringen? Ich würde es [...] begrüßen, weil ich dann dem dynastischen Eifer der Familie Simons etwas weniger ausgesetzt zu sein hoffe." Die Einstellung erfolgte zum 2.12.1929 (IAI, Dok, Personalakte Richarz-Simons).

[119] "In der letzten Nr. [des IAA, Bd. 9, H. 4] ist der stellvertretenden Bearbeiterin der La Plata-Länder eine Dummheit unterlaufen, insofern als sie eine von Herrn Schwelm seinerzeit herausgegebene 'El-Dorado-Festschrift' besprochen und dabei in Unkenntnis der Sachlage den 'gebürtigen Deutschen Schwelm' erwähnt hat. Meines Wissens stammt Schwelm aus Galizien. Ich habe, um solche Entgleisungen in Zukunft zu vermeiden, sofort einen Wechsel in der Bearbeitung eintreten lassen." Schreiben Faupel an Köhn, 19.3.1936 (GStA, HA I, Rep. 218, Nr. 5, Bl. 145). Laut Arbeitszeugnis Faupels verließ Richarz-Simons das IAI "auf ihren eigenen Wunsch" (IAI, Dok, Personalakte Richarz-Simons).

"Gesetzgebung und Schrifttum in Argentinien 1926/27 und Rechtsprechung 1926". In: *Zeitschrift für ausländisches und internationales Privatrecht*, 3, 2/3, S. 382-401, 1929.

"Chronik der interamerikanischen Rechtsbeziehungen". In: *IAA*, 4, S. 544-557, 1930/31.

"Das 'Instituto de Economía Bancaria'". In: *IAA*, 5, S. 393-394, 1931/32.

"Die regionalen Ausnahmen von der Meistbegünstigung in den Handelsverträgen der ibero-amerikanischen Länder". In: *IAA*, 5, S. 138-155, 1931/32.

"Der Vorentwurf zu einem neuen argentinischen Zivilgesetzbuch". In: *IAA*, 5, S. 353-358, 1931/32.

"Argentinische Schulpolitik". In: *IAA*, 6, S. 339-344, 1932/33.

"Der Grenzstreit zwischen Honduras und Guatemala". In: *IAA*, 6, S. 383-384, 1932/33.

"Das Programm der 7. Panamerikanischen Konferenz in Montevideo". In: *IAA*, 7, S. 391-392, 1933/34.

"Die rechtliche Stellung der Frau in Ibero-Amerika". In: *IAA*, 7, S. 161-172, 1933/34.

"Die VII. Panamerikanische Konferenz". In: *IAA*, 8, S. 22-33, 1934/35.

"Das Instituto Sanmartino in Buenos Aires". In: *IAA*, 8, S. 284-285, 1934/35.

"Die neuen Verfassungen in Brasilien und Uruguay". In: *IAA*, 9, S. 8-17, 1935/36.

"Die interamerikanische Friedenskonferenz von Buenos Aires". In: *IAA*, 11, S. 1-13, 1937/38.

"Die dritte brasilianische Verfassung vom 10. November 1937". In: *IAA*, 12, S. 244-254, 1937/38.

unter dem Pseudonym Miguel Andrade: *Der Einbruch der Vereinigten Staaten in die ibero-amerikanische Welt*. Essen: Essener Verlagsanstalt, 1942.

"Die Entwicklung des Panamerikanismus in der Ära Roosevelt. (Bis zur Konferenz von Rio de Janeiro)". In: *IAA*, 16, S. 1-16, 1942/43.

"Der Weg der argentinischen Außenpolitik. Zwischen Ideal und Wirklichkeit". In: *Zs. f. Politik*, 34, 1/2, S. 22-46, 1944.

Dr. phil. Gertrud Richert

geb. 24.11.1885 (Groß Strelitz/Oberschlesien), gest. 5.11.1965 (Berlin)[120]

1935-1950/65 Referentin des IAI für Spanien, Portugal, zeitweilig auch für Argentinien, Uruguay und Paraguay. Referentin für Kunstgeschichte

Die Kunsthistorikerin Gertrud Richert stammte aus einer schlesischen Beamtenfamilie.[121] Sie studierte seit 1907 romanische und germanische Philologie sowie Geschichte in Berlin, Paris und Heidelberg. 1912 legte sie ihr Staats-

---

[120] Die biographischen Grunddaten hat Günter Vollmer (1988: 5-7) zusammengestellt. Der vorliegende Eintrag orientiert sich im Wesentlichen daran.

[121] Ihre Eltern waren Alexander Richert, Zollinspektor, und Rose Schwéers (Vollmer 1988: 5).

examen ab. Ein Jahr später promovierte sie in Berlin zum Thema "Die Anfänge der romanischen Philologie und die deutsche Romantik" (Vollmer 1988: 5). Nach mehrjähriger Arbeit im Schuldienst siedelte sie 1920 nach Spanien über, wo sie dank eines Stipendiums Forschungen zur spanischen und katalanischen Malerei des Mittelalters vornehmen konnte. Die iberische und lateinamerikanische Kunstgeschichte blieb seit dieser Zeit ihr wichtigstes Arbeitsgebiet. 1933/34 hatte sie eine Stelle als *Profesora encargada* an der Universität Barcelona, wo sie deutsche Kunstgeschichte lehrte. Während ihrer Zeit in Spanien reiste sie wiederholt nach Portugal und lehrte dort sechsmal auf Ferienkursen in Coimbra.[122] Sie hatte den Direktor des IAI, Boelitz, 1930 bei dessen Portugal-Aufenthalt kennen gelernt, und blieb seit diesem Zeitpunkt mit dem Institut in Kontakt.[123]

Am 1.2.1935 trat sie ihre Stelle als wissenschaftliche Referentin des IAI an (Vollmer 1988: 5). Sie übernahm die Stelle von Ingeborg Richarz-Simons, die nominell aus gesundheitlichen Gründen ausschied, vermutlich aber in Wirklichkeit von Faupel wegen ihrer liberalen Grundhaltung aus dem IAI verdrängt wurde. Gertrud Richert war nicht Mitglied der NSDAP, ließ aber an ihrer Loyalität zum NS-Regime keinen Zweifel (Vollmer 1988: 6). Nach bisheriger Aktenlage war sie an der Betreuung und den kulturpolitischen Aktivitäten des IAI beteiligt, doch hat Faupel die ihm wichtig erscheinenden Angelegenheiten ihres geographischen Zuständigkeitsbereichs an sich gezogen und im Präsidialbüro verwalten lassen. Als ihre Privatwohnung im Zweiten Weltkrieg während eines Bombenangriffs zerstört wurde, zog sie ins Institut, wo sie bis zu ihrem Tod wohnte. "Sie gehörte – mit Hagen, P. Bock, Oehlke und Kutscher – zu den fünf Referenten, die das Institut über die Nachkriegsjahre brachten, hat aber dabei keine besondere Rolle gespielt", sie wurde vielmehr mit Arbeiten im Magazin betraut (Vollmer 1988: 6). Nach ihrer Pensionierung behielt sie ihren Wohnsitz im IAI und arbeitete weiterhin als Referentin.

Literatur: Briesemeister/Schönberger (1998); Dittmann (1992: 92-96); Vollmer (1988).

Nachlass: Teilweise im IAI (Vollmer 1988; Wolff 1998: 38).

Archivalien: BStU, MfS FV 8/69, Ordn. 6, IAI, Personen, Bl. 280-363 (betr. hauptsächlich Teilnahme R.s an Tagungen). IAI, Dok, Personalakte Richert. GStA, HA I, Rep. 218: Akten der Referate für die oben genannten Länder; Bundesarchiv Koblenz (1960); Geheimes Staatsarchiv PK (1985).

---

[122] Vollmer (1988: 5), Übersetzung eines fingierten Interviews mit Dr. Gertrud Richert aus der Zeitschrift *A Voz*, 1937, ohne genaues Datum (BA Berlin, REM, Nr. 2955; Kopie in: BStU, MfS FV 8/69, Ordn. 9a, Bl. 51-56). Die in dem fingierten Interview gemachten Angaben beruhten auf Material, das Richert zur Verfügung gestellt hatte (Richert an RMW, 14.9.1937, BA Berlin, REM, Nr. 2955, Kopie in: BStU, MfS FV 8/69, Ordn. 9a, Bl. 50).

[123] G. Richert an Boelitz, 2.8.1932 (GStA, HA I, Rep. 218, Nr. 97, Bl. 30).

Veröffentlichungen: Die Publikationen Dr. Richerts betreffen überwiegend kunst-historische Themen und sind verzeichnet in Vollmer (1988: 8-11) sowie in Oppel (1980: 21).

Dr. phil. Ernst Samhaber

geb. 28.4.1901 (Valparaiso/Chile), gest. 17.3.1974 (Hamburg)

1930-1931 Referent des IAI für Chile

Samhaber studierte Philosophie, Geschichte und semitische Sprachen in Ber-lin, Hamburg und München. Bereits 1921 war seine Promotion abgeschlos-sen. Anschließend kehrte er nach Chile zurück, wo er als Professor an der Staatsuniversität von Santiago Alte Geschichte lehrte.[124] Samhaber wurde am IAI als einer der ersten hauptamtlichen Mitarbeiter angestellt, schied aber bereits am 31.5.1931 wieder aus, um erneut nach Chile überzusiedeln.[125] Nach Deutschland zurückgekehrt, verdiente er seinen Lebensunterhalt als freier Schriftsteller und Journalist. 1935-1939 wirkte er als Ressortleiter der *Deutschen Zukunft* (Berlin) (*Wer ist wer?* 1967: 1442). 1941-1944 arbeitete er als Korrespondent in Chile.[126] 1945/46 wurde er von den britischen Besat-zungsbehörden dazu bestimmt, in Hamburg an führender Stelle am Aufbau neuer Zeitungen mitzuwirken. Samhaber hatte maßgeblichen Anteil an der Gründung der Wochenzeitschrift *Die Zeit*, die er als erster Chefredakteur leitete. Zudem baute er zusammen mit Hans Zehrer die Tageszeitung *Die Welt* auf.[127] Bucerius, der ihn als "streitbaren Konservativen" kennzeichnete, rechnete ihn zu den bedeutendsten deutschen Journalisten der Nachkriegszeit (Bucerius 1974: 13). 1956-1961 hatte Samhaber einen Lehrauftrag für ibero-amerikanische Soziologie an der TU Berlin.

Literatur, biographische Artikel: Bucerius (1974); *Kürschners Deutscher Litera-tur-Kalender* (1958: 606); *Wer ist wer?* (1967: 1442); *FAZ*, 29.4.1971; *Ham-burger Abendblatt*, 27.4.1971; *Die Welt*, 27.4.1966, 28.4.1971, 18.3.1974.

Nachlass: In Privatbesitz.

Archivalien: GStA, HA I, Rep. 218 (Akten des Chile-Referats; Bundesarchiv Koblenz (1960); Geheimes Staatsarchiv PK (1985).

Veröffentlichungen:

"Die chilenische Sozialgesetzgebung". In: *IAA*, 4, S. 254-258, 1930/31.

"Chiles Sechsjahresplan". In: *IAA*, 5, S. 62-71, 1931/32.

"Das spanische Kolonialreich als Beispiel eines künstlichen Staates". In: *Zs. f. Geopolitik*, 10, 10, S. 587-594, 1933.

---

[124] Biographische Angaben zum Autor in Samhaber (1982: o.S.).

[125] Panhorst an von Welser, 13.8.1930 (GStA, HA I, Rep. 218, Nr. 92, Bl. 140v). "Verhandlungsschrift über die Sitzung des Kuratoriums des IAI", 5.11.1932 (GStA, HA I, Rep. 218, Nr. 235, Bl. 152).

[126] *Die Welt*, 28.4.1971.

[127] *Die Welt*, 28.4.1971 und Bucerius (1974; 1986).

"Das südamerikanische Problem". In: *Preußische Jahrbücher*, 232, S. 136-140, 1933.

"Die Elemente des Gran Chaco Krieges". In: *Marine-Rundschau*, 4, S. 157-168, 1934.

"Die Volksernährung in Chile: ein Beispiel südamerikanischer Eigenart". In: *Zs. f. Volksernährung*, 9, 22, S. 339-341, 1934.

"Die wirtschaftlichen Bedingungen der Goldproduktion in Chile". In: *IAA*, 8, S. 153-165, 1934/35.

"Die Bedeutung der Stadt in der südamerikanischen Geschichte". In: *Zs. f. Geopolitik*, 13, 4, S. 241-246, 1936.

Die Rohstofffrage in Wirtschaft und Politik. Köln, 1939: Hermann Schaffstein, 1939.

Südamerika – Gesicht, Geist, Geschichte. Hamburg: H. Goverts, 1939.

"Südamerika und der Krieg". In: *Monatshefte für Auswärtige Politik*, 6, S. 1047-1050, 1939.

"Südamerika in der Weltpolitik". In: *Nationalsozialistische Monatshefte*, 11, 1929, S. 754-763, 1940.

Wie werden Kriege finanziert? Leipzig: Gloeckner, 1940.

Spanisch-Südamerika. Berlin: Deutscher Verlag, 1941a.

"Die Engländer am La Platastrom". In: *Zs. f. Politik*, 31, S. 160-176, 1941b.

Die neuen Wirtschaftsformen. 1914-1940. Berlin: Neff, 1941c.

Der Magier des Kredits. Glück und Unglück des John Law of Lauriston. 2. Aufl. München: Bruckmann, 1943.

Sudamérica. Biografía de un continente. Buenos Aires: Ed. Sudamericana, 1946.

"Die westliche Hemisphäre". In: *Deutsche Rundschau*, 71, 3, S. 185-190, 1948.

Die Neue Welt. Wandlungen in Südamerika. Eine Fibel. Freiburg i. Br.: Badischer Verlag, 1949.

125 Jahre Hamburger Sparcasse von 1827. [Hamburg: Hamburger Sparcasse], 1952.

"Die Kulturleistungen Spaniens und Portugals in Amerika". In: *Südamerika*, Buenos Aires, 5, 3, S. 206-210, 1954.

Südamerika von heute. Ein Kontinent wird neu entdeckt. Stuttgart: Scherz & Goverts, 1954.

"Industrialisierung in Argentinien". In: *Zs. f. Geopolitik*, 26, 12, S. 745. 1955a.

Die großen Fahrten ins Unbekannte. Knaurs Geschichte der Entdeckungsfahrten. München: Th. Knaur, 1955b.

Kleine Geschichte Südamerikas. Frankfurt a. M.: Heinrich Scheffler, 1955c.

"Brasilien im Umbruch". In: *Westermanns Monatshefte*, 97, 10, S. 15-20, 1956.

"Der Südamerikaner lernt um". In: *Übersee-Rundschau*. Hamburg, 8, 10, S. 34-36, 1956.

zusammen mit Otto A. Friedrich: *Hundert Jahre Weltwirtschaft im Spiegel eines Unternehmens*. Freiburg: Klemm, Seemann, 1956.

Kaufleute wandeln die Welt. Frankfurt a.M.: Scheffler, 1960.

"Der wirtschaftliche Aufstieg Argentiniens". In: *Übersee-Rundschau*, Hamburg, 12, 5, S. 8-9, 1960.

"Die Revolutionen in Lateinamerika". In: *Das Ende der Kolonialzeit und die Welt von morgen*. Stuttgart: Alfred Kröner, S. 111-130, 1961.

"Venezuela: Segen und Fluch des Erdöls". In: *Westermanns Monatshefte*, 102, 2, S. 15-22, 1961.

"Die gesellschaftliche Umschichtung in Lateinamerika". In: *Südamerika*, Bonn, 2, S. 25-28, 1962.

"Revolutionäres Südamerika". In: *Lateinamerika. Ein Beitrag zur Entwicklungsproblematik*. Köln, Opladen, S. 152-160, 1963.

Südamerika und der Kommunismus. Hannover: Niedersächsische Landeszentrale für Politische Bildung, 1964.

Weltgeschichtliche Zusammenhänge: Perspektiven für die Zukunft. Gütersloh: Bertelsmann Lexikon-Verlag, 1976.

Geschichte Europas. Bonn: Europa-Union, 1982.

Literaturverzeichnis

Asen, Johannes (Bearb.) (1955): *Gesamtverzeichnis des Lehrkörpers der Universität Berlin*. Bd. 1: "1810-1945. Die Friedrich-Wilhelms-Universität. Die Tierärztliche Hochschule. Die Forstliche Hochschule". Leipzig: Harrassowitz.

Basadre, Jorge (1968): *Historia de la República del Perú*. Bd. 1, Lima: Editorial Universitaria.

Behrmann, Walter (Hrsg.) (1954): *Festschrift Otto Quelle*. Sonderband von: *Die Erde. Zeitschrift der Gesellschaft für Erdkunde zu Berlin*, 6, 3/4.

Biographisches Handbuch des deutschen Auswärtigen Dienstes (2000). Bd. 1: A-F. Paderborn: Schöningh.

Boelcke, Willi A. (1974): "Das 'Seehaus' in Berlin-Wannsee. Zur Geschichte des deutschen 'Monitoring-Service' während des Zweiten Weltkrieges". In: *JbGMO*, 23, S. 231-268.

Brauer, Adalbert (1958): *Dümmler-Chronik. Aus anderthalb Jahrhunderten Verlagsgeschichte*. Bonn: Dümmler.

—   (1968): "Otto Quelle 1879-1959". In: *150 Jahre Rheinische Friedrich-Wilhelms-Universität zu Bonn 1818-1968, Mathematik und Naturwissenschaften*. Bonn, S. 215-222.

Briesemeister, Dietrich/Schönberger, Axel (1998): "Geschichte der Lusitanistik in Deutschland". In: Dietrich Briesemeister und Axel Schönberger (Hrsg.): *Bestandsaufnahme und Zukunftsperspektiven der deutschsprachigen Lusitanistik: Standpunkte und Thesen*. Frankfurt a.M.: TFM, S. 321-366.

Britannica CD (1998): *Encyclopædia Britannica* (CD-ROM).

Bucerius, Gerd (1974): "Ernst Samhaber" [Nachruf]. In: *Die Zeit*, 22. März, S. 13.

—   (1986): "Vierzig Jahre *DIE ZEIT*". In: *Die Zeit*, 21. Februar, S. 1.

Bundesarchiv Koblenz (1960): "Bestandsverzeichnis Repositur 218: Das Ibero-Amerikanische Institut (Berlin)". Ms., Koblenz: o.V. (wird im GStA aufbewahrt).

Degener, Hermann A. L. (Hrsg.) (1935): *Degeners Wer ist's?* 10, Berlin: Hermann Degener.

Deutsche biographische Enzyklopädie (1995-2000). 11 Bde., München: Saur.

Dittmann, Alden (1992): *Bio-Bibliographische Dokumentation des Ibero-Amerikanischen Instituts Berlin (1945-1992).* Berlin: Ibero-Amerikanisches Institut Preußischer Kulturbesitz.

— (1994): "Carlos Fiebrig (1869-1951): Bio-Bibliographie eines deutschen Naturforschers in Südamerika und Berlin". In: Axel Schönberger und Klaus Zimmermann (Hrsg.): *De orbis hispani linguis litteris historia moribus. Festschrift für Dietrich Briesemeister zum 60. Geburtstag.* Bd. 2, Frankfurt a.M.: Domus Verlag, S. 1489-1522.

Döhn, Lothar (1970): *Politik und Interesse. Die Interessenstruktur der Deutschen Volkspartei.* Meisenheim am Glan: Hain.

Ebel, Arnold (1971): *Das Dritte Reich und Argentinien. Die diplomatischen Beziehungen unter besonderer Berücksichtigung der Handelspolitik (1933-1939).* Köln: Böhlau.

Eisleb, Dieter (1982): "Gerdt Kutscher, 27. Juni 1913-17. September 1979". In: *Zs. f. Ethnologie*, 17, 1, S. 1.

Farías, Víctor (2000): *Los nazis en Chile.* Barcelona: Seix Barral.

Freie Universität Berlin (1971): *Vorlesungsverzeichnis der Freien Universität Berlin. Wintersemester 1971/72.* Berlin: Freie Universität Berlin.

Friederici, Georg (1929): "Rezension zu K. H. Panhorst: Deutschland und Amerika (1928)". In: *Hansische Geschichtsblätter*, 33, S. 213-222.

Geheimes Staatsarchiv PK (1985): *Vorläufige Übersicht über den 2. Teilbestand "Ibero-Amerikanisches Institut".* Ms., Berlin: o.V. (wird im GStA aufbewahrt).

Hagen, Hermann/Bock, Peter (1945): "Bericht über die Geschichte, den gegenwärtigen Zustand und die Zukunftsmöglichkeiten des Ibero-Amerikanischen Instituts in Berlin". Berlin-Lankwitz, den 27.6.1945. BA Berlin, Außenstelle Dahlwitz-Hoppegarten, Signatur ZB II 2180, Akte 3: Wiederaufbau des Ibero-Amerikanischen Instituts.

Haupt, Werner (1955): "Die Nachkriegsentwicklung der Ibero-Amerikanischen Bibliothek". In: *Zs. f. Bibliothekswesen und Bibliographie*, 2, 1, S. 58-60.

Henkels, Walter (1963): *99 Bonner Köpfe.* Düsseldorf: Econ.

Holzgräber, Rudolph (1955): "Die DP – Partei eines neuen Konservativismus ?". In: *Parteien in der Bundesrepublik. Studien zur Entwicklung der deutschen Parteien bis zur Bundestagswahl 1953.* Stuttgart/Düsseldorf: Ring.

Kaupp, H. (o.J. [1925]): *Zum Dreißigjährigen Bestehen der Deutschen Schule in Barcelona. Bericht über die Entwicklung der Schule 1894-1924.* Barcelona: Revista Alemana de España (in: PAAA: Botschaft Madrid, Deutsche Schule in Barcelona, Bd. 3).

Kürschners Deutscher Literatur-Kalender (1958). Berlin: de Gruyter.

Ledebur, Leopold Freiherr von (o.J.): *Adelslexicon der preußischen Monarchie.* Bd. 2, Berlin, Artikel "Merkatz".

Liehr, Reinhard (1992): "Geschichte Lateinamerikas in Berlin". In: Reimer Hansen und Wolfgang Ribbe (Hrsg.): *Geschichtswissenschaft in Berlin im 19. und*

20. Jahrhundert. Persönlichkeiten und Institutionen. Berlin: de Gruyter, S. 633-656.

Meding, Holger (1992): *Flucht vor Nürnberg? Deutsche und österreichische Einwanderung in Argentinien 1945-1955.* Köln: Böhlau.

Möller, Horst (1985): *Parlamentarismus in Preußen 1919-1932.* Düsseldorf: Droste.

Mommsen, Wolfgang A. (Bearb.) (1971/83): *Die Nachlässe in den deutschen Archiven.* 2 Bde., Boppard a.rh.: Boldt.

Nachrichten des Deutschen Auslandswissenschaftlichen Instituts (1942), 12, 5.

Nahm, Peter Paul (1975a): "Im Dienst für Politik und Kultur [über H. J. von Merkatz]". In: Nahm (1975b), S. 9-12.

Nahm, Peter Paul (Hrsg.) (1975b): *Kultur und Politik. Im Spannungsfeld der Geschichte. Hans Joachim von Merkatz zum 70. Geburtstag.* Bielefeld: Gieseking.

Nazi Party Membership Records (1946): "Submitted by the War Department to the Subcommittee on War Mobilization of the Committee on Military Affairs United States Senate". 4 Parts, August 1946, Washington: Government Printing Office.

Niekammer's landwirtschaftliche Güter-Adreßbücher (1928): *Landwirtschaftliches Adreßbuch der Provinz Pommern,* 8/1. Leipzig: Niekammer.

Oppel, Helmut (1978): *Bibliographie zum Ibero-Amerikanischen Institut Preußischer Kulturbesitz.* Berlin: Colloquium.

— (1980): *Alphabetisches, geographisches und systematisches Register zum Ibero-Amerikanischen Archiv, Bd. 1-18 (1924-1944).* Berlin: Colloquium.

Priesdorff, Kurt (1937): *Soldatisches Führertum.* II. Hamburg: Hanseatische Verlagsanstalt.

Reichshandbuch der Deutschen Gesellschaft (1930-31): *Das Handbuch der Persönlichkeiten in Wort und Bild.* 2 Bde., Berlin: Deutscher Wirtschaftsverlag.

Rinke, Stefan H. (1996): *"Der letzte freie Kontinent": Deutsche Lateinamerikapolitik im Zeichen transnationaler Beziehungen, 1918-1933.* 2 Bde., Stuttgart: Hans Dieter Heinz.

Schindler, Hans-Georg (1954): "Die Schriften Otto Quelles". In: *Die Erde,* 6, 3/4, S. 369-376.

Seeliger, Rolf (Hrsg.) (1966): *Doktorarbeiten im Dritten Reich. Dokumentation mit Stellungnahmen.* München: Selbstverlag.

Strelow, Heinz-Siegfried (1995): "Konservative Politik in der frühen Bundesrepublik: Hans Joachim von Merkatz (1905-1982)". In: Hans-Christof Kraus (Hrsg.): *Konservative Politiker in Deutschland.* Berlin: Duncker & Humblot, S. 315-334.

Ursachen und Folgen (o.J.): *Vom deutschen Zusammenbruch 1918 und 1945 bis zur staatlichen Neuordnung Deutschlands in der Gegenwart. Eine Urkunden- und Dokumentensammlung zur Zeitgeschichte.* Bd. 3, Berlin: Dokumentenverlag Wendler.

Vollmer, Günter (1985a): "Gerdt Kutschers Leben. Erkundungen". In: *Indiana,* 10: 485-518.

— (1985b): "Verzeichnis der von Gerdt Kutscher verfaßten, bearbeiteten, übersetzten und herausgegebenen Werke". In: *Indiana,* 10: 543-560.

— (1987): "Nachlaß Gerdt Kutscher. Inventar". Ms., Berlin: IAI.

— (1988): "Nachlaß Richert. Materialien zur spanischen und lateinamerikanischen Kunst und Kunstgeschichte". Gesichtet und geordnet von Günter Vollmer. Ms., Berlin: IAI.

— (1997): "Nachlaß Hagen. Hermann Hagens Reisen nach Mexiko und Spanien". Ms., Berlin: IAI.

— (1998): "Inventar zum Nachlass Karl Fiebrig". Ms., Berlin: IAI.

Weber, Petra-Maria (1992): *Spanische Deutschlandpolitik 1945-1958. Entsorgung der Vergangenheit.* Saarbrücken/Fort Lauderdale: Breitenbach.

Wer ist wer? (1967/1970): Berlin: Arani-Verlag.

Wer regiert in Bonn? Die wahren Herren der Bundesrepublik. (1957). [Berlin/ Ost:] Ausschuss für deutsche Einheit.

Wolff, Gregor (1998): "Nachlässe in einer wissenschaftlichen Spezialbibliothek: zur Nachlaßsammlung des Ibero-Amerikanischen Instituts (IAI), Preußischer Kulturbesitz". Hausarbeit zur Prüfung für den höheren Bibliotheksdienst, Fachhochschule Köln, FB Bibliotheks- und Informationswesen, Köln: Ms.

ANHANG: **Geschäftsverteilung des Ibero-Amerikanischen Instituts**

	1933	1941	weitere Besetzungen
Institutsleitung:	Direktor: Dr. Otto Boelitz Stellvertr. Direktor: Dr. Otto Quelle Direktorialassistent Dr. Karl H. Panhorst	Präsident: Wilhelm Faupel Generalsekretär: Dr. Hans-Joachim von Merkatz	
Länderreferate:			
- Mexiko	Dr. Hermann Hagen	Dr. Hermann Hagen	
- Guatemala, El Salvador, Honduras, Nicaragua, Costa Rica, Panama, Westindien	Peter Bock	Dr. Hermann Hagen	
- Argentinien, Uruguay, Paraguay	Dr. Ingeborg Richarz- Simons	Dr. Carl Fiebrig	1936 (kommissarisch): Dr. Edith Faupel[128]
- Peru	Dr. Edith Faupel[129]	Dr. Edith Faupel	
- Bolivien	Dr. Edith Faupel	[Dr. Edith Faupel]	
- Ecuador	Walter von Issendorff	Dr. Edith Faupel	
- Chile	•	Dr. Gisela Pape	1930-31: Dr. Ernst Samhaber 1938 (ehrenamtlich): Berndt, Rektor der Berliner VHS[130]
- Kolumbien	Walter von Issendorff	•	1938: Prof. Fiebrig[131]
- Venezuela	Walter von Issendorff	•	1938 (kommissarisch): Prof. Fiebrig[132]
- Brasilien	Prof. Dr. Otto Quelle	Prof. Dr. Otto Quel- le	
- Spanien	•	Dr. Gertrud Richert	
- Portugal	•	Dr. Gertrud Richert	

---

[128]　GStA, HA I, Rep. 218, Nr. 4, Bl. 8.
[129]　Die Kompetenzabgrenzung gegenüber W. von Issendorff war nicht eindeutig
　　　geklärt.
[130]　Merkatz/IAI an RPMW, 27.8.1938 (GStA, HA I, Rep. 151 IC, Nr. 7109, zit.
　　　nach: BStU, MfS FV 8/69, Ordn. 8, Bl. 109).
[131]　Ibid.
[132]　Ibid.

	1933	1941	weitere Besetzungen
Gesamtbibliothek	Dr. Hermann Hagen	Dr. Hermann Hagen	
- Bibliothek deutscher Werke in spanischer, portugiesischer und katalanischer Sprache (Übersetzungen)	Peter Bock	Peter Bock	
- Zeitschriften, Lesesaal, Fernleihe	Dr. Ingeborg Richarz-Simons	•	
- Schriftleitung des IAA	Dr. Otto Quelle	Dr. Otto Quelle	
- Philosophie und weltanschauliche Fragen	Heinz Müller (Student)		
- Schul- und Erziehungsfragen	•	Peter Bock	
- Internationales Recht und Völkerrecht	•	Dr. Hans-Joachim von Merkatz	
- Bildende Künste	•	Dr. Gertrud Richert	
- Musik	•	Richard Klatovsky	
- Betreuung	•	Dr. Edith Faupel	
- Wirtschaft	•	Johannes Lumme (Kaufmann)	
- Amerikanistik (indianische Ethnologie)			ab 1942: Gerdt Kutscher

• : Nicht besetzt.

Quellen: Aufstellung für 1933 und 1941, Personeller Aufbau des IAI, ohne Datum (ca. Mai/Juni 1933; GStA: HA I, Rep. 218, Nr. 235, Bl. 6f.); GStA HA I, Rep. 218, Findbuch, zusammengestellt von Dr. Dr. Schmalz, Bundesarchiv Koblenz, 1959/60; Ergänzungen von O. Gliech. Zur personellen Zusammensetzung des IAI vgl. auch GStA, HA I, Rep. 218, Nr. 347 (Personalstand 1944).

1. Repräsentativer Rahmen

1.1/1.2: Erster Sitz des Ibero-Amerikanischen Instituts (1930-1941) im Schlossflügel des früheren Marstalls (heute: Rathausbrücke in Berlin-Mitte)

1.3/1.4: Zweiter Sitz des Ibero-Amerikanischen Instituts in der "Siemens-Villa" in Berlin-Lankwitz (Gärtnerstr. 25) mit Park (1941-1977)

Bild 1.5 Festsaal des IAI im Marstall

Bild 1.6 Festsaal des IAI in der "Siemens-Villa"

Bild 1.7 Flur im Marstall

Bild 1.8 Flur in der "Siemens-Villa"

Bild 1.9 Lesesaal im Institutsgebäude in Berlin-Lankwitz

Bild 1.10 Hauptsekretariat im Institutsgebäude in Berlin-Lankwitz

2. Gründungsgeschichte des Instituts unter Direktor Otto Boelitz

2.1 Otto Boelitz, der erste Direktor des Ibero-Amerikanischen Instituts

2.2 Otto Boelitz und seine Mitarbeiter beim Auspacken der Bücher des Instituts

3. Wilhelm Faupel

3.1 Wilhelm Faupel, 1934-1936 Direktor und 1938-1945 Präsident des IAI

3.2 Wilhelm Faupel als Offizier im 1. Weltkrieg

3.3 Einmarsch des Freikorps Faupel im revolutionären München (1919)

3.4 Werbeplakat des Freikorps Faupel (1919)

3.5 Freikorps Faupel vor der Reichenberger Schule, Görlitz (1919)

3.6 Einführung Faupels in das Amt des Generalinspekteurs der peruanischen Armee (1927)

3.7 Karl Eduard, ehemaliger Herzog von Sachsen-Coburg und Gotha, Gründer und Vorsitzender der von Faupel mitorganisierten Gesellschaft zum Studium des Faschismus

3.8 Faupel als deutscher Botschafter im Gespräch mit General Franco

3.9 Faupel bei einer Kranzniederlegung am Grabe Alexander von Humboldts (9.4.1935, links im Bild K.H. Panhorst, Generalsekretär des IAI)

3.10 Teilnehmer an der Gedenkfeier am Grabe Alexander von Humboldts (9.4.1935)

3.11 Einweihung der Bogotástraße mit Faupel, dem Stadtpräsidenten Lippert, dem Geschäftsträger von Kolumbien Rocha-Schloß und dem neuen kolumbianischen Botschafter Arango (6.8.1938)

3.12 Faupel an seinem Schreibtisch

3.13 Faupel mit dem Vorsitzenden der Deutsch-Ibero-Amerikanischen Gesellschaft von Humboldt-Dachröden und dem Staatskommissar Lippert

4. Festakte des Instituts zum "Día de la Raza"

4.1 Feier zum "Día de la Raza" (Berlin)

4.2 Feier zum "Día de la Raza" (Berlin)

4.3 Rede des lateinamerikanischen Studentenvertreters Manchego auf der Feier zum "Día de la Raza" (Berlin)

4.4 Feier zum "Día de la Raza"

5. Kultur- und Betreuungsarbeit

5.1 Edith Faupel

5.2 Wilhelm und Edith Faupel mit ausländischen Gästen in ihrem Wohnhaus in Babelsberg bei Berlin

5.3 Zeitschriftenlesesaal im Gebäude Berlin-Lankwitz

5.4 Büchermagazin im Marstall

5.5 Faupel mit jungen Falangistinnen

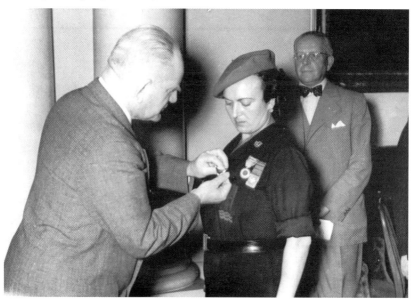

5.6 Faupel mit einer Führerin der Frauenorganisation der spanischen Falange

5.7 Falange-Delegation in Weimar

5.8 Faupel mit einer spanischen Ärzte-Delegation

6. Der Staatssicherheitsdienst der DDR und das Ibero-Amerikanische Institut

6.1 Hans-Joachim von Merkatz, Generalsekretär des IAI, später Bundes-minister unter Konrad Adenauer

6.2/6.3 Heinrich Jürges

6.4 Gut Hohenlandin (Kreis Angermünde), Ort der Auslagerung von Buch-
beständen und Archivalien des IAI (Zustand um 1990)

Quellenverzeichnis der Fotos

1. Repräsentativer Rahmen

Abb. 1.1   IAI, Ba, B-Deut be, 1930-41.03
Abb. 1.2   IAI, Ba, B-Deut be, 1930-41.01
Abb. 1.3   IAI, Ba, B-Deut be, 1941-77.1.01
Abb. 1.4   IAI, Ba, B-Deut be, 1941-77.1.06
Abb. 1.5   IAI, Ba, B-Deut be, 1930-41.4
Abb. 1.6   IAI, Ba, B-Deut be, 1941-77.1.17
Abb. 1.7   IAI, Ba, B-Deut be, 1930-41.10
Abb. 1.8   IAI, Ba, B-Deut be, 1941-77.1.13
Abb. 1.9   IAI, Ba, B-Deut be, 1941-77.3.03
Abb. 1.10 IAI, Ba, B-Deut be, 1941-77.1.24

2. Gründungsgeschichte des Instituts unter Direktor Otto Boelitz

Abb. 2.1   IAI, Ba, B-Deut ba 35
Abb. 2.2   IAI, Ba, ohne Signatur

3. Wilhelm Faupel

Abb. 3.1   IAI, Ba, Deut ba 36.03
Abb. 3.2   Aus Privatbesitz
Abb. 3.3   Bildarchiv Preußischer Kulturbesitz (bpk), 1666h Bayern 1919
Abb. 3.4   Görlitzer Nachrichten, 27.01.1939
Abb. 3.5   StA Görlitz
Abb. 3.6   Aus Privatbesitz
Abb. 3.7   Bildarchiv Preußischer Kulturbesitz (bpk)
Abb. 3.8   Bildarchiv Preußischer Kulturbesitz (bpk), 3702b
Abb. 3.9   GStA, HA I, Rep. 218, Nr. 756
Abb. 3.10 GStA, HA I, Rep. 218, Nr. 756
Abb. 3.11 IAI, Ba (Veranstaltungen des IAI 1930-1945), ohne Signatur
Abb. 3.12 IAI, Ba, Deut ba 36.12
Abb. 3.13 GStA, HA I, Rep. 218, Nr. 756

4. Festakte des Instituts zum "Día de la Raza"

Abb. 4.1   IAI, Ba, Deut be, Día de la Raza 2
Abb. 4.2   IAI, Ba, Deut ba 36.10
Abb. 4.3   GStA, HA I, Rep. 218, Nr. 756
Abb. 4.4   IAI, Ba, Deut be, Día de la Raza 6

5. Kultur- und Betreuungsarbeit

Abb. 5.1   Aus Privatbesitz
Abb. 5.2   IAI, Ba, Deut ba 36.09
Abb. 5.3   IAI, Ba, B-Deut be, 1941-77.1.30
Abb. 5.4   IAI, Ba, B-Deut be, 1930-41.14
Abb. 5.5   IAI, Ba, Deut ba 36.06
Abb. 5.6   IAI, Ba (Veranstaltungen des IAI 1930-1945), ohne Signatur
Abb. 5.7   IAI, Ba (Veranstaltungen des IAI 1930-1945), ohne Signatur
Abb. 5.8   IAI, Ba (Veranstaltungen des IAI 1930-1945), ohne Signatur

6. Der Staatssicherheitsdienst der DDR und das Ibero-Amerikanische Institut

Abb. 6.1   IAI, Ba, B-Deut be, 1941-77.1.26
Abb. 6.2   BStU
Abb. 6.3   BStU
Abb. 6.4   Steffen (1997: 125)

Zu den Autorinnen und Autoren

Dr. des. **Dawid D. Bartelt** hat Neuere Geschichte an der Freien Universität Berlin studiert und 2001 seine Doktorarbeit über "Sertão, Republik und Nation. Canudos als sozialhistorisches und diskursives Ereignis der Geschichte Brasiliens 1874-1902" abgeschlossen. Zur Zeit arbeitet er als Pressesprecher der deutschen Sektion von amnesty international. Anschrift: Kaiserstraße 22a, 12209 Berlin <e-mail: danilo@zedat.fu-berlin.de>. Veröffentlichungen: Zahlreiche Aufsätze, z.B. "Fünfte Kolonne ohne Plan. Die Auslandsorganisation der NSDAP in Brasilien 1931-1939". In: *Ibero-Amerikanisches Archiv*, 19, 1-2 (1993), S. 3-35; "Kosten der Modernisierung. Der Sertão des brasilianischen Nordostens in der zweiten Hälfte des 19. Jahrhunderts: zwischen Homogenisierung und Diskurs". In: *Jahrbuch für Geschichte Lateinamerikas*, 38 (2001), S. 327-352.

Oliver Gliech M.A. studierte ebenfalls Neuere Geschichte an der Freien Universität Berlin und schließt zur Zeit seine Doktorarbeit über das Thema "Der Sklavenaufstand von Saint-Domingue und die Französische Revolution. Eine Studie über die Ursachen und Folgen des Untergangs der Eliten einer karibischen Plantagenwirtschaft (1789-1803)" ab. Er ist als Wissenschaftlicher Mitarbeiter am Institut für Wirtschaftspolitik und Wirtschaftsgeschichte der Freien Universität Berlin tätig. Anschrift: Garystr. 20, 14195 Berlin <e-mail: gliech1@ zedat.fu-berlin.de>. Veröffentlichungen: "Die Spandauer SA 1926 bis 1933. Eine Studie zur nationalsozialistischen Gewalt in einem Berliner Bezirk". In: Wolfgang Ribbe (Hrsg.): *Berlin-Forschungen*, III, Berlin: Colloquium-Verlag (1988), S. 107-205; "Augusto Roa Bastos' Roman 'Yo el Supremo' als 'Anti-Historie' oder: Die Rekonstruktion von Geschichte als Mythos und die Grenzen der Historisierbarkeit mythischer Erzählstrukturen". In: *Iberoamericana*, 19/57, 1 (1995), S. 32-75.

Prof. **Reinhard Liehr** hat das Studium der Neueren Geschichte 1969 an der Universität Köln mit einer Dissertation über das koloniale Mexiko abgeschlossen. Er arbeitet zur Zeit als Professor für Geschichte Lateinamerikas an der Freien Universität Berlin. Anschrift: Freie Universität Berlin, Lateinamerika-Institut, Rüdesheimer Str. 54-56,

14197 Berlin <e-mail: liehr@zedat.fu-berlin.de>. Veröffentlichungen unter anderem: *Stadtrat und städtische Oberschicht von Puebla am Ende der Kolonialzeit (1787-1810)*. Wiesbaden: Franz Steiner Verlag 1971; *Sozialgeschichte spanischer Adelskorporationen. Die Maestranzas de Caballería (1670-1808)*. Stuttgart: Franz Steiner Verlag 1981; Editionen: *América Latina en la época de Simón Bolívar. La formación de las economías nacionales y los intereses económicos europeos 1800-1850*. Berlin: Colloquium Verlag 1989; *La deuda pública de América Latina en perspectiva histórica*. Frankfurt am Main: Vervuert 1995.

Dr. **Günther Maihold** hat Politikwissenschaft und Soziologie an der Universität Regensburg studiert und 1987 mit einer Doktorarbeit abgeschlossen. Er arbeitete als Akademischer Rat an der Universität Regensburg und als Projektleiter und Referent der Friedrich-Ebert-Stiftung, verbunden mit längeren Forschungsaufenthalten in zahlreichen Ländern Lateinamerikas, und leitet seit 1999 das Ibero-Amerikanische Institut Preußischer Kulturbesitz als Direktor. Anschrift: Potsdamer Str. 37, 10785 Berlin <e-mail: iai@iai.spk-berlin.de>. Wichtigste Veröffentlichungen: *Identitätssuche in Lateinamerika: Das indigenistische Denken in Mexiko*. Saarbrücken: Breitenbach 1986; *Jose Carlos Mariátegui: Nationales Projekt und Indio-Problem. Zur Entwicklung der indigenistischen Bewegung in Peru*, Frankfurt am Main: Athenäum 1988; Editionen: *Ein "freudiges Geben und Nehmen"? – Stand und Perspektiven der Kulturbeziehungen zwischen Lateinamerika und Deutschland*. Frankfurt am Main: Vervuert 2001; (hrsg. mit Peter Birle, Jörg Faust und Jürgen Rüland): *Globalisierung und Regionalismus. Bewährungsproben für Staat und Demokratie in Asien und Lateinamerika*. Opladen: Leske & Budrich 2002.

Dr. des. **Silke Nagel** studierte Neuere Geschichte an der Freien Universität Berlin und wurde 2001 mit einer Dissertation über "Ausländerkolonien in Mexiko-Stadt. Deutsche und US-Amerikaner zwischen Integration und Ethnizität, 1890-1942" promoviert. Sie ist zur Zeit als Lehrbeauftragte am Lateinamerika-Institut der Freien Universität Berlin und als Mitarbeiterin des Unternehmens Eurotec Technologische Entwicklungs- und Vertriebsgesellschaft mbH tätig. Anschrift: Grüntaler Str. 78, 13357 Berlin <e-mail: Silke.Nagel@t-online.de>.

Prof. **Friedrich E. Schuler** hat Neuere Geschichte in Deutschland und den USA studiert und seinen Ph.D. 1990 an der University of Chicago erworben. Er arbeitet zur Zeit als Professor für Geschichte und Internationale Beziehungen an der Portland State University in Portland, Oregon. Anschrift: Dept. of History, P. O. Box 751, Portland, OR 97207-0751, U.S.A. <e-mail: friedrich@ch2.ch.pdx.edu>. Veröffentlichungen: *Mexico between Hitler and Roosevelt: Mexican Foreign Relations in the Age of Lázaro Cárdenas, 1934-1940.* Albuquerque, N.M.: University of New Mexico Press, 1998; "Mexico and the Outsideworld". In: *The Oxford History of Mexico*, Oxford: Oxford University Press, 2000, S. 503-542; "From Multinationalization to Expropriation: The German I.G. Farben Concern and the Creation of a Mexican Chemical Industry, 1936-1943". In: *Jahrbuch für Geschichte von Staat, Wirtschaft und Gesellschaft Lateinamerikas*, 25 (1988), S. 303-320.

Dr. **Günter Vollmer** hat das Studium der Neueren Geschichte an der Universität Köln 1965 mit einer bevölkerungsgeschichtlichen Dissertation abgeschlossen. Er leitete 1965-1973 mehrere Forschungsprojekte im Rahmen des interdisziplinären, deutsch-mexikanischen Puebla-Tlaxcala Projekts der Deutschen Forschungsgemeinschaft. Von 1974-2001 arbeitete er als Wissenschaftlicher Angestellter am Ibero-Amerikanischen Institut Preußischer Kulturbesitz. In dieser Funktion organisierte er als Schriftleiter die Institutszeitschrift *Ibero-Amerikanisches Archiv* N.F. (1975-2000). Anschrift: Düppelstr. 34, 12163 Berlin. Wichtigste Veröffentlichungen: *Bevölkerungspolitik und Bevölkerungsstruktur im Vizekönigreich Peru zu Ende der Kolonialzeit (1741-1821).* Bad Homburg: Gehlen; "Die Encomenderos, Encomiendas und Tributarios von Pánuco oder das verschwundene Land". In: *Ibero-Amerikanisches Archiv*, 20, 3-4 (1994), S. 279-336; "Pánuco im Jahre 1547 oder der Versuch, ein verschwundenes Land zu rekonstruieren". In: *Ibero-Amerikanisches Archiv*, 22, 3-4 (1996), S. 365-420.